Jean-Claude Perrigault - Rolf Meister

Götz von Berlichingen

Tome I

Traductions
John Lee et Hermann Laage

HEIMDAL

– Ouvrage conçu et réalisé par Georges Bernage, Xavier Hourblin, Jean-Xavier de Saint-Jores.

– Un ouvrage réalisé d'après les archives et documents de Rolf Meister, avec la participation de Lionel Humbert et écrit par Jean-Claude Perrigault.

– Maquette : Francine Gautier.

– Cartes : Bernard Paich et Jean-Claude Perrigault.

– Suivi de fabrication : Gabrielle Baqué.

– Mise en pages : Eric Bruneval et Christel Lebret.

– Photogravure : Christian Caïra, Philippe Gazagne.

– Infographie : Philippe Gazagne.

Editions Heimdal
Château de Damigny - BP 61 350 - 14 406 BAYEUX Cedex
Tél. : 02.31.51.68.68 - Fax : 02.31.51.68.60 - E-mail : Editions.Heimdal@wanadoo.fr

ISBN 2 84048 186 3

Remerciements
Acknowledgments

Les auteurs et les Editions Heimdal adressent leurs plus vifs remerciements à tous ceux qui ont aidé à la réalisation de cet ouvrage et à la collecte des documents iconographiques, objets et vestiges présentés dans ces pages.

Cet ouvrage n'aurait pu voir le jour sans les archives privées concernant la « GvB » qui sont la propriété de l'association des Vétérans de la division et qui constituent le fond principal de documents et d'iconographies de ce volume. L'apport de Rolf Meister est donc essentiel et qu'il soit ici remercié pour son aide incontournable. D'autres fonds ont été mis à contribution pour illustrer l'histoire de cette division, qu'ils leurs soient ici rendu hommage de façon explicite ou anonyme. Nos remerciements vont directement à Messieurs Lionel Humbert, Jean-Xavier de Saint Jores, Hermann Laage, François-Xavier Goublet, Jacques Brière, Serge Varin, Patrick Fissot, Philippe Braun, Philippe Esvelin, Marc Negrault, Alain Verwicht et au Musée de la Poche de Royan. D'une manière générale, nous remercions tous ceux qui, d'une manière ou d'une autre, ont apporté leur contribution à la réalisation de ce livre.

The authors and Editions Heimdal extend their warmest thank to all those people who have contributed to producing this book or collecting the iconographical documents and other items and remains presented in these pages.

This book would not have been possible without the « GvB » private archives which are the property of the Veterans of the Division Association and form the principal source of documents and iconographic material in this volume. Rolf Meister's contribution was therefore crucial, and our thanks go to him for his invaluable help. Other sources were also used to illustrate the history of this division, and are here acknowledged either explicitly or anonymously. Those we can thank in person are Messrs Lionel Humbert, Jean-Xavier de Saint Jores, Hermann Laage, François-Xavier Goublet, Jacques Brière, Serge Varin, Patrick Fissot, Philippe Braun, Philippe Esvelin, Marc Negrault, Alain Verwicht and the Musée de la Poche de Royan. In a general way, we wish to thank all those people without whose help of one kind or another this book would not have been possible.

Le chevalier Götz von Berlichingen

Né en 1480 au château de Jagsthausen, au nord-est de Heilbronn, Götz (ou Gottfried) sera fait page, à l'âge de 14 ans par un oncle, Conrad Berlichingen. Dans cette activité, le jeune homme, au niveau largement au-dessus de la moyenne, atteint très vite la couche sociale dirigeante, mondaine et culturelle. Quand son oncle meurt à la Diète de Lindau, Götz, âgé de 17 ans, conduit le cérémonial officiel du cortège funèbre auquel est aussi apparu l'archichancelier avec sa suite. Comme page du margrave von Brandenburg-Onolzbach, Götz prend part à sa première expédition militaire, la campagne suisse de l'Empereur Maximilien. Il se révèle très vite comme un chef militaire-né, comme un tacticien qui sait organiser en saisissant avec une rapidité foudroyante les situations les plus difficiles. Constamment en selle avec ses lansquenets, il galope à travers la moitié de l'Allemagne, apparaît tantôt devant Nuremberg, tantôt devant Bamberg. En 1505, lors d'un combat devant Landshut, alors qu'il avait apporté son aide à Albert IV, duc de Bavière, sa main droite est coupée. Il fait alors confectionner une prothèse par le forgeron de Olnhausen, un poing de fer qui se révèle un chef d'œuvre sur le plan technique.

Au cours de la décennie suivante, Götz au poing de fer devient un héros populaire. Il chevauche à travers la Hesse et la Westphalie, fait son apparition en Bohème. On le rencontre avec ses gens au bord du Rhin, vers Baccarat. Ses aventures sont connues et propagées partout. Les princes et l'Empereur règlent ses querelles.

Dans l'espace sud-est allemand, il est l'un des premiers chevaliers à se convertir au protestantisme.

Quand éclate la « Guerre des paysans » (révolte des paysans allemands qui profitèrent de la réforme luthérienne pour se soulever contre le poids des charges féodales), ceux-ci le pressent d'en accepter le commandement. Ils le choisissent comme chef, non seulement pour avoir un homme de guerre, mais aussi parce qu'ils voient en lui un chef populaire. Mais, pour Götz, la rébellion n'est rien qu'une terrible révolte, qui va d'ailleurs échouer.

Par deux fois, il est retenu prisonnier contrairement à la parole qui lui avait été donnée et à laquelle il n'a jamais manqué. Malgré tout l'affront qui lui a été fait, il est resté fidèle à son Empereur.

À 64 ans, après une longue captivité dans son château, sous Charles V (Charles Quint), il prend part à la grande campagne de France. Pendant les dernières années de sa vie, il écrit ses souvenirs sur les instances de ses amis.

Le 23 juillet 1562, ce dernier chevalier au sens le plus vrai du mot, s'éteint à Hornberg, au nord-est de Fribourg in Brisgau, à l'âge de 82 ans.

Résumé d'après H. Stöber.

Born in 1480 at Jagsthausen Castle, north-east of Heilbronn, Götz (or Gottfried) became a page at the age of 14, by an uncle, Conrad Berlichingen. In this activity, the young man, who was well above average ability, very soon climbed into the governing, society, cultural class. When his uncle died at the Diet of Lindau, Götz, aged 17, led the official funeral procession ceremony at which the arch-chancellor put in an appearance with his retinue. As page to Margrave von Brandenburg-Onolzbach, Götz took part in his first military expedition, Emperor Maximilian's Swiss campaign. He very quickly proved a born military commander, as a tactician capable of organizing and taking in the most complicated situations with lightning speed. Constantly in the saddle with his lansquenets, he galloped across half of Germany, appearing now before Nuremberg, now before Bamberg. In 1505, his right hand was shot off in a battle before Landshut, while he was coming to the help of Albert IV, Duke of Bavaria. He then had an artificial hand made for him by a blacksmith from Olnhausen, an iron fist that proved a technical masterpiece.

During the decade that followed, Götz of the iron fist became a folk hero. He rode across Hesse and Westphalia, made an appearance in Bohemia. We find him with his people on the edge of the Rhine, near Baccarat. Everywhere his adventures were known and retold. The princes and the Emperor settled his quarrels.

He was one of the first knights in the south-east corner of Germany to convert to Protestantism.

When the "Peasants' War" broke out (a revolt of German peasants who took advantage of the Lutheran reform to try to shake off the burden of feudalism) the peasants pressed him to take over as their commander. They chose him not just to have a warlord to lead them but also because they saw in him a popular leader. But for Götz, the rebellion was no more than a terrible rising, and one that was to fail.

He was twice kept a prisoner, in breach of promises made to him, although he never broke his word. Despite the serious affront to him, he remained loyal to his Emperor.

At the age of 64, after a long period of captivity in his castle, under Charles the Fifth, he took part in the great French campaign. During the final years of his life, he wrote his memoirs at his friends' instigation.

On 23 July 1562, this the last of the true knights died at Hornberg, north-east of Freiburg in Brisgau, at the age of 82.

Summary based on H. Stöber.

Der Abglanz der Kaiserherrlichkeit lag über Deutschland, als Götz von Berlichingen, der schwäbische Ritter mit der eisernen Faust, ein Mann von abenteuerlicher, aber einfacher Lebensart, im Jahre 1480 geboren wurde.

Den 14 Jahre alten Götz macht ein Onkel, Conrad Berlichingen, zum Pagen. In dieser Tätigkeit gewinnt der weit über den Durchschnitt begabte Junge sehr bald die Sicherheit der gesellschaftlich und kulturell führenden Schicht. Als der Onkel auf dem Reichstag zu Lindau stirbt, leitet der 17 Jahre alte Götz das feierliche Zeremoniell des Leichenkondukts, zu dem auch der Erzkanzler mit seinem Gefolge erschienen ist. Als Page des Markgrafen von Brandenburg-Onolzbach nimmt Götz an seinem ersten Kriegszug, dem Schweizer Feldzug Kaiser Maximilians, teil. Er erweist sich schon bald als der geborene militärische Führer, als planender Taktiker im Blitzschnellen Erfassen schwierigster Situationen. Rastlos im Sattel jagt er mit seinen Knechten durch halb Deustchland, taucht bald vor Nürnberg, bald vor Bamberg auf. Bei einem Gefecht vor Landshut verliert er die Schwerthand. Er lässt den Schmied von Olnhausen, einem seiner Dörfer, eine Prothese anfertigen. Später entsteht bei einem Plattner jene wunderbare Eisenhand, die nicht nur technisch, sondern auch künstlerisch ein Meisterwerk ist.

Während der nächsten Jahrzehnte wird Götz mit der Eisenfaust zum Volkshelden. Er reitet in Hessen und Westfalen, er erscheint in Böhmen, man begegnet ihm mit seinen Leuten in den Schenken zu Bacharach am Rhein. Von überall strömen ihm Freude und Knetche zu; seine Abenteuer werden über alle Strassen getragen und verbreitet. Fürsten und der Kaiser Maximilian schlichten seine Händel.

Götz von Berlichingen war im süddeutschen Raum einer der ersten Ritter, die sich zum evangelischen Glauben bekannten. Als der Bauernkrieg ausbricht, nötigen ihn die „Hellen Haufen", die Führung anzunehmen. Sie, die den Rittern den Untergang geschworen haben, wählen ihn zum Führer, nicht nur, um den erfahrenen Kriegsmann zu gewinnen, sondern weil sie in tragischer Verwechslung einen Volksführer in ihm sehen, so deuten sie seinen Bauern gegenüber bewiesene humane Haltung. Aber Götz ist ein Individuum, dazu ein Ritter, der sich ausschliesslich mit seinem Stand auseinandersetzt.

Zweimal wurde er gegen das ihm gegebene Wort gefangengehalten; er brach nie das gegebene Wort; trotz aller ihm angetanen Schmach hielt er seinem Kaiser die Treue. Noch mit 64 Jahren macht Götz nach langer Haft auf seiner Burg unter Karl V. den grossen Feldzug in Frankreich mit. Während der letzten Lebensjahre schreibt er auf Drängen seiner Freunde seine Erinnerungen nieder. Am 23. Juli 1562 stirbt dieser buchstäblich letzte Ritter im Alter von 82 Jahren.

Nach Hans Stöber.

IAXHOUSEN.

Sommaire

Contents

Mise sur pied

Après les terribles pertes humaines à l'Est, le Führer décide en octobre 1943 de créer de nouvelles divisions de la *Waffen SS*.

Führer-Hauptquartier, 3.10.1943

« J'ordonne la mise sur pied d'une SS-Panzer-Grenadier-Division *qui recevra le nom de* « Götz von Berlichingen »

Signé Adolf Hitler.

Ce même jour voit aussi la naissance de la *16. SS-Panzer-Grenadier-Division* « Reichsführer-SS » tandis que la « Götz von Berlichingen » sera numérotée 17 le 22.10.1943.

Mais alors que la *16. Panzer-Grenadier-Division* « Reichsführer-SS » sera constituée à partir d'une unité déjà existante, la *Sturmbrigade* « Reichsführer-SS », la « Götz » sera mise sur pied à partir de troupes de dépôt et d'instruction *(Ausbildungs-und-Ersatz-Bataillone* ou *Abteilungen)*. Elle portera le nom du célèbre chevalier au poing de fer, qui vivait à l'époque de la Renaissance et la prothèse qu'il portait au bras droit deviendra l'emblème de cette unité. On retrouve aussi le même blason à la *8./Sturzkampfgeschwader 51* de la Luftwaffe, dotée du Ju 87 B1 et à la *6./Kampfgeschwader 2*, dont les Dornier 17 Z porteront le poing de fer et le nom du chevalier. Ce même 22 octobre, ses régiments de *Panzergrenadiere* reçoivent les numéros 35 et 36, qui seront modifiés par la suite.

Le 30 octobre 1943, le *SS-Obergruppenführer* Jüttner, chef du *SS-Führungshauptamt (SS-FHA)* publie des directives concernant la mise sur pied de la Division :

Cette longue directive donnera au lecteur une idée de la complexité des services et des bureaux du *SS-Führungs-Hauptamt,* le service central de la direction de la SS.

1) The "Götz" birth certificate, signed by Hitler.

2)The "Götz" Kommandeur, OstendMorff, here in 1943.

1) Geburtsurkunde der "Götz", von Hitler unterschrieben.

2) Kommandeur der "Götz" Ostendorff im Jahre 1943.

1) Acte de naissance de la « Götz » paraphé par Hitler.

2) Le Kommandeur de la « Götz », Ostendorff, ici en 1943.

Il est aussi à noter l'absence d'intervention de l'*O.K.W (Oberkommando der Wehrmacht)* et du ministère de l'Armement.

Enfin est mise ici en évidence la pauvreté des moyens mis à disposition pour constituer cette nouvelle Division avec des unités prélevées dans la *10. SS-Panzer-Division* « Frundsberg » et dans la *Sturmbrigade* « Reichsführer-SS ».

Dans l'ouvrage de H. Stöber, on relève, en outre, que : *« Conformément à une disposition du personnel en date du 15.12.43 et avec effet à partir du 26.11.43,* le SS-Oberführer *Werner Ostendorff est chargé du commandement de la Division avec la remarque : l'entrée en fonction doit avoir lieu immédiatement (1). »*

La région de mise sur pied de la *17. SS-Panzer-Grenadier-Division* « Götz von Berlichingen » est délimitée par un triangle dont la partie nord touche La Loire moyenne avec Saumur et ses alentours. Puis elle s'étend vers le sud-est pour atteindre Châtellerault et vers le sud-ouest jusqu'à Coulonges.

Sont ainsi occupées les régions sud du Maine et Loire (Saumur, Montreuil-Bellay, Doué la Fontaine), une grande partie des Deux-Sèvres (Bressuire, Parthenay, Thouars) et la région de Châtellerault, dans la Vienne.

(1) H. Stöber. Ouvrage cité p. 9.

I. Le *Führer* a ordonné la mise sur pied de la *17. SS-Panz.-Gren.-Div.* et lui a conféré le nom de « *Götz von Berlichingen* ».

II. Le *SS-Oberführer* Ostendorff sera nommé *Kommandeur* de la Division.

III. Organisation :

La *17. SS-Panz.-Gren.-Div « Götz von Berlichingen »* doit être mise sur pied d'après l'annexe 1.

Liste de validité de la KSt et de la KAN (tableau d'effectif de guerre et de dotation de guerre), voir annexe 2.

Après parution des nouvelles KSt et KAN nouveau modèle *(neuer Art)*, celles-ci entreront en vigueur.

IV. Lieu de mise sur pied :

Région de Saumur, Bressuire, Parthenay, Poitiers, Châtellerault.

V. Début de la mise sur pied :

15.11.43.

VI. Exécution de la mise sur pied :

1 - Dans la région de mise sur pied doivent être constitués :

a) État-Major divisionnaire *(Div. Stab)* ;

Div. Sich. Kp. 17 (Compagnie de sécurité) ;

SS-Panz.-Gren.-Rgt 35 sans *Pionier-Kompanien* (pionniers), sans *Tr. Nachr. Verband* (unités de transmissions) ;

SS-Panz.-Gren.-Rgt 36 sans s.I.G. (canons lourds d'infanterie, sans six *le.I.G. Züge* (sections de canons légers d'infanterie) ;

SS-Panz.-Aufkl.-Abteilung 17 sans *Pz.-Sp.-Kp* (compagnie d'automitrailleuses) et sans section de pionniers de la *Schw. Kp* (compagnie lourde) ;

SS-Sturmgeschütz-Abt. 17 sans deux batteries.

b) En hommes de troupe-cadre seront à disposition :

270 instructeurs de l'école de sous-officiers de Posen-Treskau.

La *2. Panzerjäger-Kp* (Sf sur affûts automoteurs) de la *Sturmbrigade « Reichsführer-SS »*.

Cette compagnie devra être employée pour la mise sur pied de la *Sturmgeschütz-Abteilung 17* et mutée à la *17. SS-Panz.-Gren.-Div. « Götz von Berlichingen »*. L'ordre de déplacement sera donné à part.

Les *9.* et *10. Kp* du *SS-Ausb.-Btl.-z.b.V* (bataillon SS d'instruction à emploi spécial), de la *SS-Tr.-Üb.-Pl.* de Heidelager (camp d'instruction).

Ces 2 compagnies seront acheminées sans armes d'instruction et sans matériel pour le 10.11.43 dans la région de mise sur pied de la Division et, avec l'arrivée à la *17. SS-Panz.-Gren.-Div. « Götz von Berlichingen »*, considérées comme mutées.

Des détachements précurseurs pour ces deux compagnies sont à mettre immédiatement en route.

Le transport des deux compagnies aura lieu après transmission des effectifs à transporter au *TO-SS (Transport-Offizier* : commissaire régulateur) par le *SS-FHA*.

Le *SS-Ausbildungs-Bataillon.-z.b.V* déposera, pour le 5.11.43, une liste nominale des officiers, sous-officiers et hommes de troupe à muter au *SS-FHA, Amt V/IIa* (service) ou bien à l'*Amt II, Org. Abt. I E*.

Comme cadres pour la *SS-Panz.-Aufkl.-Abt. 17* seront mutées les *Krad-Schütz.-Kpnen des SS-Panz.-Gren.-Rgter 21* et *22* de la *10. SS-Panz.-Div. « Frundsberg »* avec armes, matériel et munitions à la *17. SS-Panz.-Gren.-Div « Götz von Berlichingen »*. L'acheminement aura lieu pour le 15.11.43.

c) L'acheminement des recrues aura lieu d'après l'annexe 3.

d) Les armes d'instruction seront acheminées dans la région de mise sur pied de la Division d'après l'annexe 4. Elles seront déduites de la dotation finale.

e) Instruction :

L'instruction de base devra être achevée pour le 15.02.44.

L'instruction du groupe pour le 15.03.44.

L'instruction dans le cadre de la section et de la compagnie pour le 15.04.44.

2 - Pour le 1.03.44 sont à mettre sur pied :

a) La *Div. Kartenstelle* (service divisionnaire des cartes) à mettre sur pied par la *SS-Artillerie-Schule I*, en ce qui concerne le personnel, pour le 15.12.43.

b) L'*Art.-Rgt. 17*

Conformément à la disposition du *SS-FHA, Amt II, Org. Abt. Ia/II, Tgb. Nr 1632/43 g.Kdos* du 26.10.43, la *III./SS-Art. Rgt 10* (III° groupe d'artillerie de la *10. SS-Panz. Div « Frundsberg »*, NDA) à muter deviendra la *I./SS-Art.-Rgt. 17*. La mutation du groupe d'artillerie avec armes, matériel et munitions devra avoir lieu pour le 20.11.43.

La mise en marche de la *III./SS-Art.-Rgt. 10* de la *10. SS-Panz.-Div. « Frundsberg »* dans la région de mise sur pied de la *17. SS-Panz.-Gren.-Div. « Götz von Berlichingen »* est à signaler par télétype au *SS-FHA, Org. Abt. Ia* par la *10. SS-Panz.-Div. « Frundsberg »*.

La *II./SS-Art.-Rgt. 17* sera mise sur pied dans la région de la mise sur pied de la Division en se référant à la *I./SS-Art.-Rgt. 17*.

L'État-Major régimentaire, la batterie de commandement et la *III./SS-Art.-Rgt. 17* seront mis sur pied par le *SS-Art.-Ausb.u.Ers.-Rgt*.

Pour la *II./SS-Art.-Rgt. 17* seront attribuées des recrues provenant du *SS-Art.-Ausb.u.Ers.-Rgt* avec du personnel-cadre pour 2 batteries.

c) 2 *Sturmgeschütz-Batterien* seront mises sur pied en ce qui concerne le personnel par la *SS-Stu.-Gesch.-Ausb.u.Ers.-Abt.*

d) La *SS-Flak-Abt. 17* et 2 sections de *2 cm Flak-Vierling* par le *SS-Flak-Ausb.u.Ers.-Rgt.*

e) Le *SS-Pionier-Btl. 17*, les *Rgts.-Pi.-Kp* ; des *SS-Panz.-Gren.-Rgter 35* et *36* et le *Pionier-Zug* (section de pionniers de la *SS-Panz.-Aufkl.-Abt. 17* par le *SS-FHA In 5 (Inspektion)*.

f) La *SS-Panz.-Abt. 17*, la *Pz.-Sp.-Kp* (automitrailleuses) de la *SS-Panz.-Aufkl.-Abt. 17* et la *Instandsetzungs-Abt. 17* (bataillon de réparation) par le *SS-FHA In 6*. Pour la *SS-Panzer-Abt. 17*, sa mise sur pied doit être prévue avec 4 *Kompanien* de chacune 17 *Panzer IV*.

g) 500 chauffeurs pour camions, 50 pour voitures légères et 100 motocyclistes sont à instruire par le *SS-FHA In 6* pour le 1.03.44.

h) 6 sections de canons légers d'infanterie et 2 compagnies de canons lourds d'infanterie par le *SS-FHA In 8*.

i) La *SS-Div.-Nachr.-Abt. 17* en entier (transmissions), toutes les unités de transmissions de troupe de la *17. SS-Panz.-Gren.-Div. « Götz von Berlichingen »*, sans la *Panz.-Abt. 17* seulement pour le personnel par le *SS-FHA In 7*.

j) *Waffenmeister-Kp* (compagnie d'armuriers) par le *SS-FHA, Amt VII* pour le 15.12.43.

k) La *Feldgendarmerie-Kp.* par le *SS-FHA, Amt II. Abt. Ic* pour le 15.11.43.

l) *San. Dienste* (Services sanitaires) par le *SS-FHA, Amt. sgr. D.*
1 *San.-Kp* et 1 *Krkw.-Zug* (section d'ambulances) sont à mettre sur pied pour le 25.11.43 et pour l'approvisionnement médical des unités citées sous le chiffre VI. 1), à transférer dans la région de mise sur pied de la Division.

m) *Feldpostamt* (Service de la poste aux armées) immédiatement par le *SS-FHA, Amt II, Abt Ic*. Après mise sur pied effectuée, le *Feldpostamt 17* sera à acheminer à la Division.

n) *SS-Wirtschafts-Bataillon* : 17 (bataillon économique) :
Sans le *Feldpostamt*, par l'*Ers.-Abt.d.SS-Verwaltungs-Dienste* (Services d'intendance SS) pour le 1.01.44.

o) Les armes d'instruction, dans la mesure où elles ne sont pas en quantité suffisante, seront à demander pour le 15.11.43 près du *SS-FHA, Amt II, Org.-Abt. Ib*. Une attribution aura lieu autant que possible.

p) Lieu de mise sur pied et unités d'instruction à mettre sur pied devront être signalés au *SS-FHA, Amt II, Org.-Abt. Ia* par les Inspections, services et groupe de service D pour le 10.11.43.

q) Toutes les formations et les unités à mettre sur pied devront être organisées de telle manière qu'elles puissent être déplacées à tout moment à partir du 1.12.43 comme unités d'instruction avec armes d'instruction et les matériels des corps de troupe d'instruction.

r) Le personnel prévu pour la mise sur pied doit être immédiatement signalé dans les comptes rendus de la situation des remplacements comme personnel bloqué. La mutation sera à demander immédiatement près du *SS-FHA, Abt. II, Org.-Abt. I E*.

Sont responsables de la mise sur pied :

En rapport avec le paragraphe VI. 1) le *Kommandeur* de Division.

Jusqu'au déplacement de la Division en rapport avec le paragraphe

VI. 2.) a) d) l'Inspecteur de l'artillerie.

VI. 2.) e) l'Inspecteur des pionniers.

VI. 2.) f) h) l'Inspecteur *der Panzertruppen*.

VI. 2.) i) l'Inspecteur des *Nachrichtentruppen*.

VI. 2.) k) le chef de service *Amt VII*.

VI. 2.) l) le Ic au *SS-FHA, Amt II*.

VI. 2.) m) le chef de groupe de services *Amtsgr. D*.

VI. 2.) n) le Ic au *SSFHA, Amt II*.

VI. 2.) o) le *Kommandeur* du bataillon de dépôt des services d'intendance SS.

Après déplacement vers la Division des formations et unités à mettre sur pied, conformément au paragraphe VI. 2.) la responsabilité passera au *Kommandeur* de la Division.

3 - Le *Kommandeur* de la Division reçoit « le droit d'être présent lors du service » pour les formations et unités à mettre sur pied, conformément au paragraphe VI. 2.) a) o)

4 - Le *SS-FHA, Amt IV* mettra sur pied pour le 15.11.43 la section *IVa* de la Division avec la trésorerie divisionnaire et les services administratifs (intendance, NDA) afin d'être aptes à fonctionner pour un *Panz.-Gren.-Rgt.* et 3 *Panz.-Gren.-Bataillone* et les mettra en route en temps voulu dans la région de mise sur pied de la Division. Arrivée dans la région de mise sur pied de la Division pour le 10.11.43. Il est demandé au service du personnel du *SS-W.V.-Hauptamt* (administration économique) d'attribuer immédiatement les officiers d'administration nécessaire.

5 - Il est demandé au *Hauptamt SS-Gericht* (Justice) de mettre sur pied le tribunal de Division et de l'acheminer à la *17. SS-Panz.-Gren.-Div. « Götz von Berlichingen »* dans la région de mise sur pied pour le 20.11.43.

6 - Le *Divisions.-Nachsch.-Führer 17* (directeur des services du ravitaillement) avec des colonnes de transport mises à ses ordres et une *Nachschub-Kp* (compagnie de ravitaillement sont à mettre sur pied par la *17. SS-Panzer.-Gren.-Div. « Götz von Berlichingen »*, à partir du 1.03.44.

VII. Relation de subordination :

La *17. SS-Panz.-Gren.-Div. « Götz von Berlichingen »* relèvera, pour le service de la troupe, ainsi que pour l'instruction, du *SS-FHA*, concernant la tactique et le territoire, de la *Heeresgruppe* compétente ou du *Wehrmachtsbefehlshaber* (Commandant en Chef de la *Wehrmacht*). Les formations à mettre sur pied conformément au paragraphe VI. 2.)a-o) relèveront directement du *SS-FHA* jusqu'au déplacement de la Division.

VIII. Distribution des postes d'officiers :

Elle aura lieu par le *SS-FHA*, *Amt V/IIa*.

Le *SS-FHA*, *Amt.sgr. D* ou le *Personnalamt* (service du personnel) du *SS-V.-Hauptamt* fourniront les chauffeurs des services sanitaires ou d'intendance.

IX. Dotation en matériel :

1. a) Pour les unités à mettre sur pied pour le 1.01.44 conformément au paragraphe VI. 2.)k-o), armes et matériel seront à mettre à disposition par le SS-FHA pour le 5.11.43, dans la mesure des disponibilités.

La prise de possession devra avoir lieu en accord direct.

L'*Amt VII* déposera remise et compte rendu provisoire à l'*Amt II, Org.-Abt. Ib* pour le 15.11.43.

Véhicules (neufs) et *K. Gerät* (matériel) jusqu'à 75 % du Soll (dotation théorique) seront à mettre à disposition par le *SS-FHA*, *Amt X* pour le 10.11.43.

Prise de possession en accord direct. Établissement numérique et remise à signaler par l'*Amt X* à l'*Amt II, Org.-Abt. Ib* pour le 15.11.43.

b) Armes d'instruction et munitions :

D'après l'annexe 4, elles doivent être expédiées par le *SS-FHA. Amt VII*, pour le 5.11.43 dans la région de mise sur pied de la Division. Transport et détachements d'escorte par le *TO-SS* (*Transport-Offizier*), au *SS-FHA*.

c) Pour usage économique, le *SS-FHA* affectera 60 chevaux lourds de trait jusqu'à la mise en marche de la Division pour être engagée au combat.

A cet effet, le *SS-FHA* fournira à titre de prêt l'équipement pour les bêtes et les chevaux nécessaires ainsi que 30 voitures hippomobiles de campagne (Feldwagen). Le *SS-FHA, Amt II, Org.-Abt. I E* affectera, en accord avec le *SS-FHA*, *In 3,30* cochers. Pour la durée de l'affectation, les conducteurs seront considérés comme mutés. Arrivée de tous les détachements dans la région de mise sur pied de la Division pour le 15.11.43.

d) A partir du *Kraftfahr-Abt. 1* (bataillon motorisé SS 1), la *1. Kraftfahr-Kp.* (90 t) sera affectée à la *17. SS-Panz.-Gren.-Div.* pour être employée à l'approvisionnement jusqu'à nouvel ordre et mise à ses ordres pour l'emploi et pour les questions disciplinaires. La *Kp* devra être déplacée dans la région de mise sur pied de la Division pour le 15.11.43. Transport en accord immédiat avec le *TO-SS* au *SS-FHA*.

2 - Concernant l'équipement méthodique avec armes, matériel, chars et véhicules seront publiés des ordres particuliers par le *SS-FHA, Amt II, Org.-Abt. Ib*. L'acheminement des armes, matériel et véhicules pour les unités et les formations à mettre sur pied conformément au paragraphe VI. 2.) a) aura lieu, dans la mesure du possible, aux corps de troupe de mise sur pied.

3 - *KSt* et *KAN* (voir plus haut) seront attribuées sans demande à la *17. SS-Panz.-Gren.-Div. « Götz von Berlichingen »* ou aux corps de troupe de mise sur pied par le *SS-FHA, Org.-Abt. Ia/II*.

4 - L'envoi du règlement aura lieu sans demande à la *17. SS-Panz.-Gren.-Div. « Götz von Berlichingen »* ou aux corps de troupe de mise sur pied au plus tard le 20.11.43 par la section « Règlement et matériel d'instruction ».

5 - Les ordres fondamentaux devront être transmis au bureau central du *SS-FHA* pour le 5.11.43 par tous les services et sections du *SS-FHA* afin d'être remis à la *17. SS-Panz.-Gren.-Div. « Götz von Berlichingen »*.

X. Les numéraux de secteurs postaux seront attribués par le *SS-FHA, Amt II, Abt. Ic/FP* (Feldpost).

XI. Comptes rendus :

Des comptes rendus devront être fournis par la *17. SS-Panz.-Gren.-Div. « Götz von Berlichingen »* au *SS-FHA, Org.-Abt. Ia*, d'après l'annexe 5-6 pour les formations et unités à mettre sur pied, conformément au paragraphe VI. 1.) a) par les corps de troupe de mise sur pied et pour les unités et formations à mettre sur pied, conformément au paragraphe VI. 2.) a-o.

Les délais doivent être absolument respectés.

Signé : Jüttner

Immédiatement, il est constitué un *Aufstellungsstab* (état-major de mise sur pied) dont le *SS-Obersturmbannführer* Binge avec, pour officier-adjoint, le *SS-Hauptsturmführer* Partouns. L'état-major de mise sur pied est cantonné provisoirement à Poitiers jusqu'en Février 1944 près du *LXXX. A.K (General der Artillerie* Gallenkamp). L'officier de liaison près de ce corps d'armée est le *SS-Obersturmführer* Hennings. Le *SS-Hauptsturmführer* Partouns, muté à la *4. SS-Polizei-Division*, est remplacé par le *SS-Hauptsturmführer* Hallwachs.

Dès octobre 1943, un *Auffangstab* (état-major d'accueil) arrive à l'état-major du *LXXX. A.K.* Formé des *SS-Hauptsturmführer* Ullrich, des *SS-Obersturmführer* Krehnke et Hennings, il a pour mission de régler les questions d'approvisionnement et de cantonnement.

Dès le mois de novembre, commence l'arrivée des recrues qui vont constituer les différentes unités de la Division. Le 12 novembre, par suite du changement de nombre des *SS-Panzer-Grenadier-Regimenter*, ceux de la *« Götz von Berlichingen »* reçoivent les numéros 37 et 38 ;

Seront à acheminer pour le 15.11.43 au plus tard :

Venant du *SS-Panzer-Grenadier-Ausb.u.Ers-Btl. 2* : (2) 200 recrues.

Venant du *SS-Panzer-Grenadier-Ausb.u.Ers-Btl. 4.* : 1 000 recrues.

Venant du *SS-Panzer-Grenadier-Ausb.u.Ers-Btl. 12* : 1 000 recrues.

Venant du *SS-Inf.-Gesch.-Ausb.u.Ers-Btl. 1* (canons d'infanterie) : 300 recrues.

(à partir de recrues destinées au *SS-Inf.-Gesch.-Ausb.-Btl. 2*)

Venant du *SS-Pionier-Ausb.u.Ers.-Btl. 1* : 300 recrues.

Venant de la *SS-Nachr.-Ausb.u.Ers.-Abteilung 5* : (transmissions) : 300 recrues.

Pour le 10.12.43 :

Venant du *SS-Panzer-Grenadier-Ausb.u.Ers.Btl. 1* : 500 recrues.

Venant du *SS-Panzer-Grenadier-Ausb.u.Ers.Btl. 3* : 500 recrues.

Venant du *SS-Panzer-Grenadier-Ausb.u.Ers.Btl. 5* : 500 recrues.

3 venant du *SS-Panzer-Grenadier-Ausb.u.Ers.Btl. 9* : 500 recrues.

Venant de la *SS-Nachr.-Ausb.u.Ers.-Abt. 1* : 200 recrues.

Venant du *SS-Pionier.-Ausb.u.Ers.-Btl. 1* : 300 recrues.

Soit un total de 5 400 hommes.

Les acheminements pour le 15.11.43 concernant des soldats de la classe 1926 et ceux qui doivent rejoindre la Division au 10.12.43 appartiennent aux classes 1902-1922. La mise en marche devra avoir lieu avec habillement et équipement selon l'ordonnance des *Waffen-SS* du 1.09.41, toutefois sans toile de tente et sans masque à gaz. (3)

Plusieurs raisons sont à la base de la décision de mettre sur pied la *17. SS-Panzer-Grenadier-Division « Götz von Berlichingen »* en zone française occupée.

En premier lieu, pour décongestionner le territoire allemand où les casernes et les terrains d'exercice suffisaient à peine. Ensuite, l'activité de l'aviation alliée menaçait déjà fortement les installations militaires qui se trouvaient dans/et à proximité des villes. Du fait des nombreuses alertes aériennes, les possibilités d'instruction se trouvaient limitées.

En raison des sévères mesures de rationnement sur le territoire allemand, le ravitaillement pour une troupe formée d'adolescents relativement nombreux n'était plus suffisant. Le service pénible qui leur était demandé, avec des nuits souvent perturbées, pouvait entraîner des effets dangereux pour leur santé et leur croissance.

Et, dans les territoires occupés, il fallait aussi sécuriser suffisamment l'industrie qui travaillait pour le Reich et se trouver prêt à intervenir lors d'un éventuel débarquement. À proximité de la région de mise en place de la Division se trouvait une importante centrale électrique, un terrain de manœuvre et une usine d'explosifs, sans compter les ponts sur la Loire à Saumur et dans les environs et cet important nœud routier et ferroviaire. (4)

Il fallait aussi tenir compte des mouvements de résistance français présents dans la région.

Pour répondre au nouveau type *(neue Art)* de *Panzer-Grenadier-Division* en 1944, la « Götz » doit être formée comme suit :

1 - Un *Divisionsstab* (État-Major) avec une *SS-Feldgendarmerie-Kp* et une *SS-Sicherung-Kp* (compagnie de sécurité).

2 - Une *SS-Panzer-Aufklärungs-Abteilung* (Groupe de reconnaissance) avec une *Panzer-Späh-Kp* (automitrailleuses), trois *Aufklärungs-Kpnen* sur *Volksschwimmwagen* (voitures amphibies *Kfz 2 S*), une *schwere Kp.* (compagnie lourde et une *Versorgungs-Kp* (compagnie des services).

3 - Deux *Panzer-Grenadier-Regimenter* avec chacun un *Regimentsstab* (État-Major régimentaire) et une *Stabs 6 Kp* (compagnie de commandement). Chacun des *SS-Panzer-Grenadier-Regimenter* est formé de trois *Bataillone* et d'une *schwere Kp.* S'y ajoutent les unités régimentaires :

— 13. *(I.G.) Kp* (canons lourds d'infanterie)

— 14. *(Flak) Kp* (en partie sur affûts automoteurs)

— 15. *(Pi.) Kp*

— 16. *(Aufkl.) Kp* sur *Volksschwimmwagen.*

4 - Un *Artillerie-Regiment* avec :

— 2 *le.Abteilungen* (groupes légers)

— 1 *schwere Abteilung* avec :

      — 2 *schwere Feldhaubitze-Batterien* (obusiers lourds)

      — 1 *schwere Feldkanonen-Batterie* (canons lourds de campagne)

5 - Un *Pionier-Bataillon* avec :

— 3 *Pionier-Kompanien*

— 1 *le. Brückenkolonne* (colonne légère de pont) et *Stabskp.*

6 - Une *Panzer-Abteilung* (bataillon blindé) avec

— *Stabskp* formée d'un *Pionierzug* (section de pionnier), *Aufklärungszug, Nachrichtenzug* et *Flakzug.*

— Trois *Panzerkompanien* avec chacune 14 *Sturmgeschütze* armés de 7,5 cm Stu. K ; 40/L 48)

— Une *Versorgungs-KP*

7 - Une *Panzerjäger-Abteilung* avec :

— Deux *Kompanien* de *Jagdpanzer IV* (attribuées seulement en juillet 1944)

— Une *Kp* (gemischt : mixte) avec 7,5 cm Sfl : sur affûts automoteurs) et motorisée Z (tractée)

— Une *Versorgungs-Kp*

8 - Une *Flak-Abteilung* (groupe de Flak) avec :

— Une *Stabs-Batterie* (batterie de commandement) et une *le. Flak-Kolonne* (colonne légère de Flak)

— trois *schwere Batterien* batteries lourdes) comprenant chacune 4 pièces de 8,8 cm Flak et une *le. Flakzug* (section légère de Flak dotée de 3,7 cm Solo).

— Une *Flak-Batterie* (mittlere : moyenne) avec 9 pièces de 3,7 cm Flak, en partie sur Sfl, en partie mot-Z.

9 - Une *Nachrichten-Abteilung* (bataillon de transmissions) avec :

— Une *Fernsprech-*(téléphone) et une *Funk-*(radio) *Kp* ainsi qu'une *le.Nachrichten-Kolonne* (colonne légère de transmissions)

10 - *Versorgungs-Einheiten* (unités d'approvisionnement) :

— Un *Nachschub-Abteilung* (bataillon de ravitaillement) avec :

      — Six *Kraftfahrzeug-Kolonne* (colonnes de véhicules)

      — Une *Tank-Kolonne* (colonne de camions-citerne)

---

(2) *Ausbildungs-und Ersatz-Bataillon* : Bataillon de dépôt et d'instruction.

(3) Anlage 3 : SS-FHA, Amt II, Org.-Abt. Ia/II.

(4) H. STÖBER ; Ouvrage cité p. 15. Tgb. Nr. 1658/43 g. Kdos.

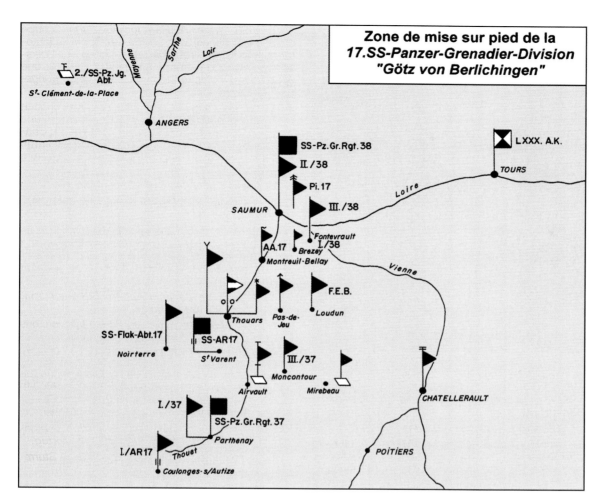

Zone de mise sur pied de la
**17.SS-Panzer-Grenadier-Division
"Götz von Berlichingen"**

— Une *Instandsetzungs-Abteilung* (bataillon de réparation) formé de 2 *Kompanien*

— Un *Wirtschafts-Bataillon* (bataillon économique) avec :

— *Verwaltungs-Kp* (compagnie d'intendance), *Schlächterei-Kp* (abattage des animaux), *Bäckerei-Kp* (boulangerie) et le *Feldpostamt* (poste aux armées).

I. Répartition des unités de la *17. SS-Panzer-Grenadier-Division « Götz von Berlichingen »*.

Au 15.12.43, ses formations sont distribuées comme suit :

1 - Quartier général de Division : Thouars

— Kommandeur : *SS-Oberführer* Ostendorff

— Ia (conduite des opérations) : *SS-Hauptsturmführer* Dr. Conrad

— Ib (logistique) : *SS-Hauptsturmführer* Linn

— *Waffen und Gerät* (W.u.G matériel et armement) : *SS-Hauptsturmführer* Grellmann

— Ic (renseignement) : *SS-Obersturmführer* von le Coq

— IIa (personnel) : *SS-Hauptsturmführer* Kotthaus

— III (justice) : *SS-Sturmbannführer* Dr. Schorn

— IVa (services) : *SS-Sturmbannführer* Augustin

— IVb (services) : *SS-Sturmbannführer* Dr. Pries

— *Vk (Vergaser-Kraftstoff* : essence) : Divisions ingenieur *SS-Hauptsturmführer* Funke

— *Musikzug* (section de musique) : *SS-Hauptsturmführer* Schmidt-Petersen

— *Gräberoffizier* (responsable des sépultures) : *SS-Oberscharführer* Dukowetz

Funke, ici avec le grade de Hauptsturmführer.

Funke, here with the rank of Hauptsturmführer

Finke, hier als Hauptsturmführer.

Jacob Fick, Kommandeur du Regiments 37.

Jacob Fick, Kommandeur of Rgt 37.

Jacob Fick, Kommandeur des Regiments 37 hier als Sturmbannführer

— Divisions-Sicherungs-Kompanie (sécurité) : *SS-Obersturmführer* Koch (5)

— *SS-Feldgendarmerie-Kompanie SS-Obersturmführer* Lösel

2 - *SS-Panzer-Grenadier-Regiment 37.*

— *Kommandeur* : *SS-Obersturmbannführer* Fick. Pc à Parthenay

I./37 : *SS-Sturmbannführer* Häussler à Parthenay

II./37 : *SS-Sturmbannführer* Opificius à Secondigny

III./37 : *SS-Sturmbannführer* Zorn à Moncoutant

3 - *SS-Panzer-Grenadier-Regiment 38*

— *Kommandeur* : *SS-Obersturmbannführer* Horstmann à St-Hilaire, puis à St-Florent

I./38 : *SS-Hauptsturmführer* Ertl à Saumur

II./38 : *SS-Sturmbannführer* Nieschlag à Saumur

III./38 : *SS-Sturmbannführer* Bolte à Chantes (Chaintré)

4 - *SS-Panzer-Aufklärungs-Abteilung 17*

Kommandeur : *SS-Hauptsturmführer* (puis *SS-Sturmbannführer*) Holzapfel à Montreuil-Bellay

2./SS.A.A.17 : *SS-Untersturmführer* Walzinger à Brion près de Thouet

Cycle d'instruction pour cadres subalternes à Brion près de Thouet

3./SS.A.A.17 : *SS-Obersturmführer* Buck à Bouillé-Loretz

4./SS.A.A.17 : *SS-Obersturmführer* Mumm à Montreuil-Bellay

5./SS.A.A.17 : *SS-Obersturmführer* Priehler à Le Puy Notre-Dame

À noter l'absence de la *1./SS.A.A. 17 (Panzer-Späh-Kompanie.*

5 - *SS-Artillerie-Regiment 17*

Kommandeur : *SS-Obersturmbannführer* Binge à St-Varent

(5) Le *SS-FHA* emploie la dénomination Sicherungs-Kompanie (Compagnie de sécurité).
Dans la *1. SS-Panzer-Division « LSSAH «* : *Divisions-Stabskompanie* (Compagnie de commandement)
Dans les autres *SS-Panzerdivisionen* : *Divisions-Begleit-Kompanie* (Compagnie divisionnaire d'accompagnement)

I./SS-A.R.17 : *SS-Sturmbannführer* Ernst à Coulonges-Thouarsais

II./SS-A.R.17 : *SS-Hauptsturmführer* Helm à Doué-la-Fontaine

III./SS-A.R.17 : *SS-Obersturmbannführer* Drexler à La Maucarrière.

Il est à remarquer que, sur cet extrait du *K.T.B* de la Division, ne figurent pas les autres unités qui doivent être mises sur pied. C'est ainsi que la *SS-Flak-Abteilung 17* n'arrivera que le 24.12.43, la *Panzer-Abteilung 17*, le 15.01.44 et les unités de pionniers des régiments et du bataillon *(SS-Pionier-Bataillon 17)*, fin Mars 1944.

Un soldat de la *SS-Pz Abl 17* du nom de Ott raconte :

On aura maintenant une idée de la complexité et de la lourdeur de l'appareil de commandement allemand à la lecture de ce télétype adressé à la *17. SS-Panzer-Grenadier-Division « Götz von Berlichingen »* en date du 23.12.43 :

« L'*O.B. West* (Le *Generalfeldmarschall* von Rundstedt) a ordonné (ce qui suit) :

La *17. SS-Panzer-Grenadier-Division « Götz von Berlichingen »* est mise aux ordres du *Generalkommando II. SS-Panzer-Korps* relativement à l'emploi, au service de troupe et à l'instruction, lequel, avec ses divisions est mis aux ordres de l'*O.B. West* comme réserve de *Heeresgruppe* relativement à l'emploi (après établissement de sa capacité d'emploi, la *17. SS-Panzer-Grenadier-Division*), relativement au service de la troupe, au *SS-Führungs-Hauptamt*, pour l'instruction, au *General der Panzertruppen West*. La Division reste aux ordres de l'*A.O.K. 1* pour le ravitaillement et, sur le plan territorial, elle dépend du *Militär-Befehlshaber in Frankreich* (Commandant militaire en France). Additif de l'*A.O.K. 1 (Ia Nr. 2989/43. g.Kdos)*.

Dans l'emploi des groupes d'intervention, conformément à l'*A.O.K. 1, Ia Nr.2836/43 g.Kdos.*, rien ne change par la présente jusqu'à nouvel ordre. Un ordre suivra à ce propos.

Additif du *Generalkommando. LXXX* : la Division reste mise aux ordres du *Generalkommando LXXX. A.K* pour les questions de ravitaillement. »

Gen.Kdo.LXXX.A.K.

Ia Nr.5502/43 g.Kdos.

Ajoutons enfin que la « *Götz* » fera partie de l'*O.K.W.* — Reserve avec la *Panzer-Lehr-Division*, la *1. SS-Panzer-Division « LSSAH »* et la *12. SS-Panzer-Division « Hitlerjugend »* et seul, un ordre de l'*O.K.W.* (c'est-à-dire de Hitler) permettra de l'engager en cas d'un éventuel débarquement.

Le 16.01.44, sous le timbre *Ia Nr 21/44 g.Kdos*, le *SS-Oberführer* Ostendorff communique l'état de son unité au *Generalkommando II. SS-Panzer-Korps*. Il est établi comme suit :

État au 15.01.44.

I. Organisation des détachements déjà mis sur pied :

Divisionsstab.

2 *Grenadier-Regimenter*

1 *Artillerie-Regiment*

1 *Panzer-Abteilung*

1 *Flak-Abteilung*

Détachements de l'*Aufklärungs-Abteilung*

Détachements de la *Sanitäts-Abteilung*

Détachements de la *Feldgendarmerie-Kompanie*

Opérationnels : 1 *Kampfgruppe* partiellement motorisé avec : (voir P.16)

Aux environs du 15.01.44, débarquement à la gare de Mirebeau. La population ne se montrait pas, on pouvait seulement voir le personnel de la gare. Marche à travers la ville. Même dans les jours qui suivirent, on ne voyait à peine la population. La compagnie de commandement occupa un camp de baraquements à l'extérieur de l'enceinte nord de la ville, qui était entouré d'un haut réseau de barbelés. Jusqu'à notre arrivée, des soldats de l'Armée de terre (soldats de l'Armée territoriale ?) y avaient séjourné. Avant la guerre, il y avait ici des troupes coloniales françaises.

La 1. et la 2. Kp. furent transférées à Thenezay, à environ 12 km à l'ouest de Mirebeau. A savoir la 1. Kp. dans l'école sur la place du marché, la 2. Kp. dans des baraques de pierre, à la limite de la localité, parmi lesquelles quelques-unes étaient habitées encore par des civils français.

La 3 Kp. rejoint St-Jean-de-Sauve, à environ 6 km au nord-ouest de Mirebeau. La 4. Kp. fut transférée. Mais elle ne resta que peu de semaines près de la *Panzer-Abteilung* et fut ensuite cédée à la *Panzerjäger-Abteilung 17*.

Le *SS-Stubaf.* Bayer fut muté après quelques semaines à la 16. SS-Div.-RF-SS, son successeur, le *SS-Sturmbannführer Weiß*, ne resta que peu de temps près de l'*Abteilung* et rejoignit ensuite la *s.SS-Pz.-Abt. 502*.

Comme nouveau *Kommandeur* arriva le *SS-Stubaf.* Kniep. Celui-ci mourut le 22.04.44 lors d'un exercice à tir réel par ses propres armes, en outre son officier-adjoint, le *SS-Ostuf.* Hasselmann fut blessé. Le *SS-Stubaf.* Kniep fut inhumé dans le cimetière municipal de Poitiers, la *Panzer-Abteilung* fournit une compagnie d'honneur pour tirer une salve. Kniep était *Ritterkreuzträger*. Le nouveau *Kommandeur* fut le *SS-Sturmbannführer* Kepplinger qui avait reçu le *RK* dans la campagne à l'ouest, alors qu'il était *Hschf.* À Mirebeau se trouvaient plusieurs foyers du soldat. Le *Soldatenheim* pour tous les soldats était installé à l'Hôtel de France, celui de Monsieur D…, sur le marché. Deux maisons plus loin, se trouvait l'infirmerie du bataillon. Dans la rue nationale, le foyer des officiers (décoré par l'artiste-peintre le *SS-Uscha* Reinsch). Plus loin, un foyer pour cadres subalternes pour sergents et un pour cadres subalternes (sous-officiers adjudants ayant droit au port du sabre et de la dragonne d'officier). Cette distinction était nécessaire parce que des espaces supplémentaires appropriés ne pouvaient se trouver. Le central de transmissions du bataillon se trouvait aussi dans la rue nationale en face du foyer des officiers. Derrière le central de transmissions était installé l'EM du bataillon (bureau, officiers adjoints pour le personnel et au général, etc.). La section-atelier du bataillon se trouvait dans un marché couvert le long du mur d'enceinte au nord de la ville, près de la compagnie de commandement. Le chef de l'intendance, le *SS-Ostuf.* Brocke s'était installé avec ses collaborateurs, le *SS-Oscha* Freitag et le *SS-Oscha* Mannisch, à l'extrémité nord de la rue nationale.

La ville de Mirebeau

Une petite ville de province, très vieille et idyllique, à 25 km au nord, nord-ouest de Poitiers. Au beau milieu de la localité, à peu près au centre entre la place du marché et les baraques de cantonnement de la compagnie de commandement, les restes d'un ancien château sur une butte. Le quart environ de l'enceinte était conservé. La rue (route) nationale 147 allant de Poitiers vers le nord, traverse la localité. La gare, à l'ouest de la ville, se trouve le long d'une voie secondaire qui était apparemment abandonnée pendant la guerre. Le transport des voyageurs vers Poitiers, le chef-lieu du département de la Vienne *(et non des Deux-Sèvres, comme il est écrit dans le rapport)* était maintenu péniblement par des autocars. Quand la *Panzer-Abteilung 17* arriva à Mirebeau, la population se montra extraordinairement réservée. Dans les premiers jours, on ne pouvait guère voir de Français, toutefois cela changea assez vite. Les premiers à proposer leurs services furent des Tsiganes parlant allemand, soi-disant partis de la région de Sarrebrück, comme interprètes. Mais ils se comportaient de manière si provocante, non seulement entre eux, mais aussi envers la population française, qu'il fallut même intervenir avec la garde contre eux. La raison était l'abus de l'alcool. Quelques Juifs habitaient également à Mirebeau mais n'étaient pas importunés. Un Juif d'un certain âge, peut-être 60 ans, travaillait comme interprète du maire, il portait l'étoile. Un électro-technicien juif de Berlin qui habitait Berlin avec sa femme Christine et son fils d'environ 4 ans travaillait sans entraves, même à l'intérieur du secteur du bataillon.

Les relations entre les troupes d'occupation allemandes *(B Abt. 17)* et la population civile s'établissent doucement après dissipation de la réserve française. Première occasion : un StuG IV avait renversé un poteau électrique ; le maire fut appelé. Son attention attirée sur le danger représenté par les lignes sous-tension pour la population, il veilla à la réparation. Le foyer (du soldat) installé pour les soldats, à l'Hôtel de France était assidûment fréquenté, sur la place du marché. Le propriétaire, M. Dauzac, n'était manifestement pas très estimé par la population française, à cause, soi-disant de ses affaires importantes de marché noir (avant l'arrivée de la *Pz.-Abt. 17*). En outre, il avait une liaison avec une ouvrière polonaise ce que Madame Dauzac n'appréciait guère. Un jour, à peu près en avril 1941, il disparut et on ne le vit plus. Sur la route nationale, au nord de la place du marché, une salle était utilisée à peu près une fois par semaine par un cinéma itinérant (un film sonore en 16 mm). Les soldats y étaient nombreux en tant que spectateurs, bien que les films français soient guère ou pas compris. Étonnant, les Français fumaient sans gêne et intensément dans le cinéma, si bien que la projection en souffrait.

Du fait que le *Soldatenheim* à l'Hôtel de France n'était pas toujours ouvert, les soldats se cherchaient d'autres « possibilités » de sortie. À cette occasion, le café *Chez Louis* qui se trouvait en face de l'église jouait un très grand rôle. Les propriétaires M. et Mme Raté y servaient le vin français habituel, mais aussi des œufs sur le plat accompagnés de pain.

Lorsqu'une nuit deux *SS-Uscha* éméchés sonnèrent les cloches de l'église, il y eut une protestation du curé, le prêtre de la localité. Les promesses que les « coupables » devaient être recherchés et punis donnèrent lieu immédiatement pour ceux-ci de répondre et de demander clémence. Les deux *SS-Uscha* se sont excusés alors près du curé en présence de l'interprète *(un camarade)* grâce à quoi, une satisfaction générale fut obtenue.

Pour les besoins de l'unité, et chaque jour de travail, un grand nombre de camions avec chauffeurs issus de la population devait être mis en place. Ceux-ci devaient arriver chaque jour sur le marché et l'intendance (*SS-Oscha* Willi Freitag) leur distribuait leurs missions de transport avec leur ordre de circulation. La plupart du temps, on allait chercher du ravitaillement provenant de Parthenay (environ à 25 km ouest, sud-ouest de Mirebeau) pain, légumes, viande, etc.

Les Français appelaient cela « ravitaillement ». Du fait que des soldats allemands devaient accompagner ces trajets, il s'ensuivit des contacts qui furent pour partie vraiment amicaux. Que soit mentionné ici : le commerçant français H. P, qui avait remplacé son chauffeur tombé malade. Le ravitaillement de la troupe, qu'on devait aller chercher au dépôt de ravitaillement de Parthenay avec des camions français, fut amélioré par les propres mesures du bataillon. On put acheter du vin rouge en fûts à un négociant en vin de Mirebeau, vendu bon marché dans les compagnies, à la gamelle. On achetait des œufs et du lait cédés à bas prix dans les compagnies. On parvenait régulièrement à acheter des porcs, des veaux et des vaches qui étaient ensuite utilisés dans les cuisines de la troupe. A cette occasion, les soldats participaient aux frais. Les frais étaient très réduits. De temps à autre, les cigarettes qui leur revenaient n'étaient pas distribuées aux soldats les plus jeunes mais, en échange, on leur procurait du ravitaillement. Les possibilités furent d'autant meilleures qu'une relation de confiance entre la troupe et la population s'esquissa. Un exemple : l'interprète du bataillon avait appris par un ami boucher, où on pouvait acheter des porcs. L'hôtelier à qui on avait rendu visite, indigné, refusa notre demande de porcs, démentit détenir des porcs et expliqua que le « marché noir » était passible d'une sanction. C'est seulement après quelques verres de vin et après qu'il ait demandé le nom de l'interprète qu'il rayonna franchement. « Ah ! vous êtes M. … de Mirebeau ? Ah, vous êtes Monsieur de Mirebeau ? Mais vous portez un uniforme gris et à Mirebeau, les soldats sont en noir. Je vous connais bien, mon ami, le maître-boucher. À Mirebeau, on a parlé de vous. Venez ! vous pouvez vous choisir un porc ! »

La relation troupe/population était correcte, les incidents n'arrivaient pour ainsi dire pas. Malgré tout, les contacts avec les jeunes Français étaient rares.

Un jour, le négociant en vin qui se trouvait à proximité du marché de Mirebeau, qui avait régulièrement fourni jusqu'ici du vin rouge, refusa d'autres livraisons de vin. Il expliqua avec indignation que plusieurs fûts de vin lui avaient été volés pendant la nuit chez lui. Il ne voulait plus rien avoir à faire avec des soldats : « *tous les soldats sont des brigands* ». Tous les soldats sont des criminels. C'est seulement après avoir fait des reproches insistants qu'il expliqua que des soldats, venus en camion, avaient dérobé du vin dans son dépôt à la limite de la ville. Nos recherches entreprises avec la *Feldgendarmerie* démontrèrent qu'une patrouille de sauveteurs de la *Luftwaffe*, qui devait découvrir un bombardier américain abattu dans la région, avait manigancé ce cambriolage. Le corps de troupe de la *Luftwaffe* fut bientôt identifié et les coupables durent non seulement payer le vin mais aussi rendre les fûts vides. Cet incident contribua considérablement à rehausser la réputation du « régiment 44 » (on nous appelait « régiment 44 » car les runes sur les pattes de col étaient lues 44) dans la population. Jusqu'au prêtre catholique français qui était très courtois et qui saluait officiers et soldats.

Les *1.* et *2. Kp*, à Thenezay, avaient des relations semblables avec la population. Après que les *StuG IV* sur châssis de R IV et avec des KwK 7,5 cm L 76 arrivèrent, on y pratiqua sans arrêt l'instruction sur blindés. À cette occasion il s'ensuivit un accident mortel : quand les blindés revinrent d'un exercice et passèrent sur la place du marché à Thenezay, le *SS-Oscha* Kistner voulut guider les conducteurs. Il sauta (malgré une stricte interdiction !) vers l'avant d'un *Stug* qui roulait, tomba et fut écrasé par le véhicule. Le conducteur qui n'avait pas pu le voir, n'y fut pour rien. Kistner était mort immédiatement. Il fut inhumé dans le cimetière municipal de Poitiers et les habitants de Thenezay lui firent une haie d'honneur, le *SS-Ostuf.* Dedelow 1. *Kp*, et à la demande de la population, établit un ordre de marche pour deux autobus qui emmenèrent à Poitiers la population pour l'inhumation de Kistner.

Sur le terrain de sport de Thenezay fut organisée une fête sportive par le bataillon, à laquelle participa aussi la compagnie de Tiger du *Heer* mise à ses ordres. Le meilleur joueur de Hand-Ball de nos hommes de troupe était le *SS-Uscha* Hugo Hanett de Krennstadt en Transsylvanie, qui appartenait, dit-on, aussi à l'équipe nationale de hand-ball roumaine. Il fut tué plus tard dans le territoire de la Sarre. À chaque but, les pionniers tiraient une charge de dynamite, ce qui provoquait beaucoup de bruit et de divertissement.

À St-Jean-de-Sauve, se trouvait le *5. Kp.* qui s'entendait très bien avec la population. En particulier, le médecin qui résidait dans la localité et qui parlait allemand, prit part considérablement à la bonne entente.

Dans l'ensemble, les relations entre la troupe et la population dans le secteur de la *Pz.-Abt. 17* furent bonnes. Il n'y avait pas d'action de partisans. L'entourage de barbelés, près des baraques de la compagnie de commandement, fut bientôt enlevé.

Source : Conservatoire de la Résistance et de la Déportation des Deux-Sèvres et des régions limitrophes à Thouars (Deux-Sèvres).

2 *Grenadier-Kpnen*

2 *schw.Kpnen* (compagnies lourdes)

1 *le.F.H.-Battr.* (batterie d'obusiers légers)

II. Personnel

Personnel	*Bestand* (effectif)	*Fehl* (déficit)
Officiers	136	526
Sous-Officiers	760	2 448
Hommes de troupe	9 872	3 535
Soit un total de	10 768	6 509

III. Matériel

Sans entrer dans toutes les rubriques du tableau, il faut remarquer que la « Götz » souffre d'une grande pénurie de matériel :

Matériel en possession	*Bestand*	*Fehl*
le.I.G (canons légers d'infanterie)	19	10
s.I.G (canons lourds d'infanterie)	—	12
le.F.H (obusiers légers)	15	10

s.F.H (obusiers lourds)	4	8
10 cm Kan. (canons de 10 cm)	—	4
s.Pak (pièces lourdes antichars)	7	24
Motos de tous types	—	1 170
Voitures légères de tous types	7	940
Camions légers de tous types	2	1 688
RSO (Raupenschlepper Ost : tracteurs chenillés Steyr)	—	9
Tracteurs 1 to	—	90
Tracteurs 3 to		31
Tracteurs 8 to		28
Tracteurs 12 to		15
Tracteurs18 to		10
Schwimmwagen	134	

IV. Niveau d'instruction

Les 2/3 des recrues ont bénéficié de 7 semaines d'instruction, 1/3, de 4 semaines.

V. Jugement de valeur sur la disponibilité de la Division :

Un *Kampfgruppe* opérationnel

VI. Difficultés particulières

Pénurie d'officiers, pénurie de véhicules

Signé : Ostendorff

Le 15.02.44, le *SS-Oberführer* Ostendorff fait parvenir un compte rendu sur l'état de sa Division au *Generalkommando II./SS-Panzer-Korps* (référence la 104/44 g.Kdos)

1 - Situation en personnel

Personnel	*Soll* (effectif théorique)	*Fehl* (déficit)
Officiers	625	447
Sous-Officiers	3 280	2 078
Hommes de troupe	12 665	2 601
Soit :	16 570	5 126

Au cours de la période du rapport sont arrivés en complément : 20 officiers, 1 342 sous-officiers et hommes de troupe.

2 - Situation en matériel.

Matériels		**1**	**2**	**3**
Sturmgeschütze		76++	1	—
Schtz. Pz. Pz. Sp. Art. Pz. B (o Pz. Fu. Wg) (y compris Mun. Pr)		69	—	—
Pak		24	9	—
Kräder	Ketten	5	—	—
	m. angetr. Bwg	304	55	—
	sonst.	493	54	—
PKW	gel.	763	482	—
	o.	131	42	
Lkw	Maultiere	18	4	
	gel.	758	7	
	o.	716	34	
Zgkw	mit 1-5 to	156	—	—
	mit 8-18 to	25	2	—
RSO (Raupenschlepper Ost)		33	—	—
schwere Pak		27	9+7	—

Art. Geschütze	41	25
MG (dont MG 42)	959 (931)	874 (849)
sonst. Waffen (autres armes)	210+++	219
	1	2
8 cm. Granatwerfer (mortiers)	99	86
le.I.G (canons légers d'infanterie)	29	26
s.I.G (canons lourds d'infanterie)	12	5
5 cm Pak	1	33
2 cm Flak	44	44
2 cm Flak Vierling (quadruples)	4	4
3,7 cm Flak	9	9
8,8 cm Flak	12	12

(+) *Panzerjäger-Kp* (Sfl : affûts automoteurs)

(++) la *Panzer-Abteilung 17* sera équipée de Sturmgeschütze

(+++)

Le Dinafü devant une entrée décorée à Thouars.

The Dinafü in Thouars.

Dinafü in Thouars.

3 - Bref jugement de valeur du *Kommandeur* :

La Division avec 2/3 de recrues a bénéficié de 11 semaines d'instruction, avec 1/3 de recrues ayant bénéficié de 8 semaines. Les sous-officiers et le personnel-cadre sont seuls complètement instruits.

Trois Kampfgruppen pleinement opérationnels pour missions défensives, sous certaines réserves opérationnelles pour missions offensives.

Deux Kampfgruppen opérationnels seulement pour missions défensives.

Détachement d'une compagnie sanitaire et détachement d'une section d'ambulance appropriés, seulement sous réserve en transport ferroviaire pour opération.

Tous les détachements restants de la Division convenant seulement pour des missions locales de sécurité.

signé : Ostendorff

Cette *Meldung* entraîne les commentaires suivants :

a) En comparant la colonne 1 verticalement (matériel dont la Division devrait disposer en théorie) avec la colonne 2, on constate la pauvreté des moyens mis à la disposition du *SS-Oberführer* Ostendorff (pas de SPW pour équiper au moins un bataillon de chaque *Panzer-Grenadier-Regiment*, un seul *Sturmgeschütz*).

b) Manque de camions.

c) Manque de tracteurs pour l'artillerie.

d) Toutefois, la *SS-Flak-Abteilung 17* est entièrement équipée. Les *1., 2.,* et *3. Batterien* sont dotées chacune de 4 pièces de 8,8 cm Flak tractées, selon H. Stöber, par des camions des *Nachschub-Truppen* de la Division, de 3 pièces de 2 cm Flak (mot Z ?) et la *4. Batterie*, de 9 pièces de 3,7 cm Flak (Sfl) Sd. Kfz. 7/2. Le *Stab* de SS-Artillerie-Regiment 17 dispose de 4 pièces de *2 cm Flak-Vierling (Sfl) SdKfz 7/1* et la 14 (Flak)./37 de 6 pièces de 2 cm Flak (Sfl).

Le 22.02.44, est ordonnée la mise sur pied des *Divisions-Nachschub-Truppen 17* (troupes de ravitaillement de la Division) pour le 1.03.44.

Conformément aux *Kst* et *KAN* du 1.11.42 et 1.11.43, elles seront organisées comme suit :

— *Stab Kdr. Div. Nschb. Tr.*

— *Kraftfahr-Kp* (compagnie automobile) de 90 t

— *Kraftfahr-Kp b* (compagnie automobile) de 120 t

— *Nachschub-Kp. (mot.)*

Il sera à mettre sur pied 5 *Kraftfahr-Kpnen* (4 de 90 to et 1 de 120 t) avec un volume de tonnage total de 480 t.

Il faudra prendre pour base les 85 % du *Sollstärke* (effectif théorique) d'après le tableau d'effectifs de guerre *(KstN)* pour 6 compagnies automobiles. Complément en personnel à prélever dans la compagnie à emploi spécial *(Kp.z.b.V)*.

L'ordre de mise sur pied paraîtra séparément.

Le 25.02.44, le *SS-Sturmbannführer* Sarnow, le *Kommandeur* des *SS-Divisions-Nachschub-Truppen 17 (DiNaFü)* reçoit l'ordre de mettre sur pied une section de désinfection pour le 6.03.44. *(Ia. Tgb. Nr. 129/44 g.kdos)*.

Le personnel en effectif ci-après devra être prélevé dans la *Nachschub-Kp* et les véhicules dans les *Divisions-Nachschub-Truppen*.

Elle sera organisée comme suit :

Personnel	Effectif		Véhicules
1 Officier	1		1 voiture légère
1 Chauffeur	1		
2 équipes de détection 1/3	2/6		2 voitures légères
2 motocyclistes	2		2 motos légères
2 équipes de désinfection 1/4	2/8		2 camions
1 véhicule d'approvisionnement	2		1 camion

Effectif total : 1 officier, 4 sous-officiers et 19 hommes de troupe.

Le matériel manquant est à demander au *Ib* (logistique) de la Division.

Lors du début de la guerre des gaz, la section de désinfection routière se rassemblera ; 18 autres soldats devront être prélevés afin de pourvoir les véhicules de répandage dans les *Divisions-Nachschub-Truppen*. Les véhicules de désinfection routière des régiments et des bataillons autonomes seront ensuite aussi acheminés.

Malgré les difficultés, la mise sur pied de la « *Götz von Berlichingen* » se poursuit tant bien que mal.

Le 29 février, est ordonnée la constitution du *Feld-Ersatz-Bataillon 17* (bataillon de dépôt).

Comme les cadres et le matériel manquent, il faut procéder à des ponctions dans les unités déjà mises sur pied comme il apparaît ci-dessous *(Ia.309/44 geheim)*.

« Avec effet du 1.03.44, sera mis sur pied le *Feld-Ersatz-Bataillon 17*.

Chef de bataillon : le *SS-Hauptsturmführer* Siems *(Kommandant)*

Lieu de mise sur pied : Châtellerault

En premier lieu, il faut constituer un état-major, 2 *Panzer-Grenadier-Kpnen* et 1 batterie mixte.

Les *SS-Panzer-Grenadier-Regimenter 37* et *38* ainsi que l'*Artillerie-Regiment 17* devront détacher au *F.E.B. 17* chacun respectivement un chef de compagnie et un chef de batterie.

Seront mutés :

— Par l'*Art.-Rgt. 17* : 1 chef de pièce avec servants pour obusier lourd ; 1 chef de pièce pour obusier lourd

— Par la *Flak-Abt. 17* : 1 chef de pièce avec servants pour 2 cm Flak

— Par le *Pz.-Gren.-Rgt. 37* : 1 chef de pièce et un canon d'infanterie

— Par le *Pz.-Gren.-Rgt. 38* : 1 chef de groupe de *Granatwerfer*

D'autres personnels-cadres nécessaires devront être prélevés à la compagnie d'emploi particulier et affectés au bataillon.

L'attribution du reste du personnel spécialisé, d'administration et sanitaire aura lieu par la Division.

Armes, matériel et munitions seront fournis par le *Ib*.

La compagnie d'emploi particulier sera mise aux ordres du *F.E.B. 17* sur le plan disciplinaire avec le début de la mise sur pied.

Le compte rendu de la mise sur pied qui aura eu lieu devra être envoyé au *Ia* de la Division pour le 5.03.44.

Ici encore, comme l'indique l'annexe jointe à cet ordre, il faudra prélever du matériel dans les unités de la Division pour doter le *F.E.B 17* :

« Le *Feld-Ersatz-Bataillon* sera équipé avec les armes suivantes :

— 3 *Gewehre 41* :

1 venant du *Rgt. 37*

1 venant du *Rgt. 38*

1 venant du Q.G. de Division

— 6 pistolets 08 venant du centre de distribution du matériel de Thouars

— 23 M.P 40 venant du centre de distribution du matériel de Thouars

— 25 M.G. 42 avec matériel :

12 venant du *Kdr* des *Div.-Nachsch.-Truppen*

13 venant du centre de distribution de matériel

— 4 schwere M.G 42 : acheminement du Reich

— 2 *8 cm Granatwerfer* :

1 venant du *Rgt. 37*

1 venant du *Rgt. 38*

— 2 *le.Infanterie-Geschütze 18* :

1 venant du *Rgt. 37*

1 venant du *Rgt. 38*

— 2 *2 cm Flak-38* venant de la *Flak-Abteilung* (y compris servants)

— 1 *s.Feldhaubitze 18* venant de l'*Artillerie-Rgt.* (y compris servants)

— 1 *le.Feldhaubitze 18* venant de l'*Artillerie-Rgt.* (y compris servants)

— 2 goniomètres-boussoles : acheminement du Reich

— 500 bêches courtes venant du centre de distribution du matériel de Thouars.

Le déficit éventuel en fusils, matériel de protection contre les gaz devra être demandé près du *Ib/Waffen.u.Munitions.*

Le 14.04.44, le *SS-Brigadeführer und Generalmajor der Waffen-SS* Ostendorff (depuis le 4.04.44) transmet un compte rendu sur l'état de sa Division *(Tgb. Nr. 229/44 g.kdos)* au *Panzergruppen-Kommando West* :

I. Organisation des détachements déjà mis sur pied :

Div.-Stab, deux *Pz.-Gren.-Rgter*, un *Art.-Rgt.*, un *Pz.-Aufkl.-Abt.*, un *Pz.-Abt.*, un *Stugesch.-Abt.*, une *Flak-Abt.*, un *Pionier-Btl.*, une *Nachr.-Abt.*, *Div.-Nachschub.-Truppen*, un *Wirtschaft-Btl.*, une *San.-Abt.*, une *Instandsetzungs-Abt.*, un *Feld-Ersatz-Btl.*, une *Feldgendarmerie-Kp.*, une *Div.-Sicherungs-Kp.*

Opérationnels :

1 - *Div. Stab*

SS-Div. Sicherungs-Kp

gem (mixte) *Nachr.-Kp*, *SS-Nachr.-Abt. 17*

SS-Feldgendarmerie-Kp 17

Werkstatt-Kp (atelier), *SS-Inst.-Abt. 17*

Waffenwerkst-Zug 17 (atelier pour les armes)

2 - *SS-Pz.-Aufkl.-Abt. 17*

Organisation : *Abt.-Stab et Nachr.-Zug*

Pak-Zug

2., 3., et *4. Aufkl.-Kp* (sans 1 *Zug* (section) chacune)

3 - *verst.* (renforcé) *SS-Pz.-Gren.-Rgt 37* :

Organisation : *Rgts.-Stab*

I., II., et *III. Btl.*

13., 14., et *15. Kp.*

en plus : *I./SS-Art.-Rgt. 17*

1. Pz.-Jäg. 6 Kp (Sfl)

1 *Gem.-Zug-SS-San.-Abt. 17*

Mobilité : motorisé avec des moyens de fortune.

Le *III./37* sur bicyclettes, armes lourdes attelées.

4 - *verst. SS-Pz.-Gren.-Rgt. 38*

Organisation : *Rgts-Stab*

I., II. et *III. Btl.*

13., 14. et *15. Kp*

en plus : 1 *le.Feldhaubitze-Bat.* du *II./SS-Art.-Rgt. 17*

1 *s. Feldhaubitze-Bat.* du *III./SS-Art.-Rgt. 17*

1 *8,8 cm Flak-Bat.* du *SS-Flak-Abt. 17*

1 *gem. Zug* du *SS-San.-Abt. 17*

Mobilité : motorisé avec des moyens de fortune

15./38 sans 1 section, motorisée avec des moyens de fortune

III./38 sur bicyclettes, armes lourdes attelées.

II. Personnel	*Ist*	*Fehl*
Officiers	316	255
Sous-officiers	1 747	1 754
Hommes de troupe	15 027	—
III. Matériel	*Bestand* (existant)	*Fehl* (déficit)
— Pistolen	5145	—
— Gewehre	12792	—
— M.P	942	160
— le.M.G	913	131

armes lourdes.

En mai 1944, la « *Götz von Berlichingen* » est loin de la dotation qui lui permettrait d'être pleinement opérationnelle.

« À la *SS-Flak-Abteilung* manquaient les véhicules. L'*Aufklärungs-Abteilung* était équipée au complet et avait atteint un haut niveau d'instruction, comme la *Panzer-Abteilung*. La *Panzerjäger-Kompanie* n'avait que sa *3 (Sfl) Kp* opérationnelle, la *1.* et *2.Kp.* attendaient encore leur *Jagdpanzer IV*.

Le *Pionier-Bataillon* et 3 bataillons de *Panzergrenadiere*, le *III./37* et deux du *Regiment 38* étaient et restaient sans véhicule.

Les *Nachrichten-Abteilung* et les *Nachschub-und-Wirtschaftseinheiten* étaient insuffisamment motorisées, mais bien entraînées.

L'*Artillerie-Regiment* était motorisé à 60 %, il avait prouvé son aptitude dans une série d'exercices.

En ce qui concerne la situation des *Divisions-Nachschub-Truppen*, voici quelques extraits d'un compte rendu du *SS-Sturmbannführer* Sarnow, le DiNafü :

« *Comme on voyait clairement en haut lieu qu'il ne fallait pas s'attendre à un volume de transport à attribuer en camions pour les* Divisions-Nachschub-Truppen *dans un délai prévisible, on réalisa un recensement de véhicules français fonctionnant au gaz de bois (gazogènes) en accord avec les parcs automobiles disponibles des commandants d'arrondissement de la Wehrmacht.*

Pour cela, et malgré l'ordre existant de l'O.B. West-Quartiermeister (Quartier-Maître de l'O.B. West), nous avons trouvé peu d'appui. Comme un exercice, ces prises des véhicules français, auxquelles on avait pensé, furent aussi répétées dans la mesure où nos chauffeurs, qui devraient continuer la conduite plus tard de ces gazogènes avec les chauffeurs français qui y étaient attachés (comme personnel de la Wehrmacht), ont été amenés aux lieux de stationnement pour vérifier si les gazogènes se trouvaient actuellement à l'endroit indiqué. Le déroulement de l'opération, qu'on avait imaginé fut tel que, lors d'une invasion, la plus grosse partie de la dotation en munitions de notre Division pouvait être transportée par route dans l'opération avec ces camions à gaz de bois.

À l'époque, et à plusieurs reprises, j'ai exposé l'impossibilité de la réussite de ce pis-aller non seulement près de la Division, mais aussi près de l'O.B. West-Quartiermeister, sans obtenir cependant de cette façon, une attribution de volume de transport par camions, qu'à cette occasion, on pourrait considérer que ces camions français étaient tous pourvus de moteurs gazogènes de types les plus différents. Seuls, les chauffeurs français connaissaient exactement leur fonctionnement. Malgré la formation de nos chauffeurs, même dans le domaine des moteurs à gaz, on ne parvenait pas à ce que ceux-ci puissent seuls mettre les véhicules en marche et les maintenir en service. »

Le 1.06.44

s.M.G	52	58
mittl. Granatwerfer (moyens : 8 cm)	91	8
le.Infanterie-Geschütze	7	22
s.Infanterie-Geschütze	5	7
le.Feldhaubitzen	25	—
s.Feldhaubitzen	12	—
10 cm Kanonen	4	—
s. Pak	17	10
Kräder (tous types)	276	526
Personenkraftwagen	977	—
Lastkraftwagen	96	1 397
RSO (Raupenschlepper Ost)	2	31
Zugkraftwagen (tracteurs) 1 to	2	83
Zugkraftwagen (tracteurs) 8 to	2	69
Zugkraftwagen (tracteurs) 8 to	5	1
Zugkraftwagen (tracteurs) 12 to	—	11
Zugkraftwagen (tracteurs) 18 to	1	5
Schwimmwagen	192	—

IV. Niveau d'instruction : 2/3 de la troupe avec 19 semaines d'instruction, 1/3 avec 16 semaines.

V. *Kampfgruppen* :

Le *Kampfgruppe* de la Division (d'après I.1 ; — 4.) opérationnel sous réserve pour des missions offensives.

Le reste de la Division convenant pour une défense locale.

VI. Manque d'officiers, manque de véhicules, pas de pièces de rechange, manque de matériel de transmissions, faibles moyens de traction pour armes lourdes.

Le 1.06.44, la *Meldung Ia Tgb. Nr. 372/44 g.Kdos* rend compte de l'état de la Division.

1 - Situation en personnel

a)

Personnel	*Soll*	*Fehl*
Officiers	584	233
Sous-officiers	3 566	1 541
Hommes de troupe	14 204	+ 741
Hiwis (auxiliaires)	959	—
Total	19 313	2 515

b)

Pertes et autres motifs d'absence :

Officiers : 1 « malade », 2 « autres ».

c) Complément arrivé à la période du rapport :

Officiers : 14 ; sous-officiers et hommes de troupe : 40.

2 - Situation en matériel

	1	**2**	**3**
Sturmgeschütze	42	37	5
Pz. III	3	—	—
SchTz. Pz, Pz. Sp. Art. Pz. B. (o. Pz. Fü. Wg.)	35	26	—
Flak (Sfl)	26	11	

Kräder	Ketten	42	—	—
	m. angetr. Bwg	274	61	6
	sonst	369	389	34
Pkw	gel.	1043	763	47
	o.	83	459	9
Lkw	Maultiere	31	18	2
	gel.	874	50	7
	o.	812	121	22
Kettenfahrzeuge	Zgkw. 1-5 to	171	5	—
	Zgkw. 8-18 to	50	6	—
	RSO	2	2	
s. Pak		27	8++ 22	1++
Art. Gesch.		41	40	1
M.G (dont M.G 42)		1 154	1 050 (950)	14(8)
sonstige Waffen		225+++	232	13

1 : dotation théorique **2** : dotation réelle **3** : en réparation à bref délai jusqu'à 3 semaines.

+++ : *Erläuterungen* (commentaires)

Dotation théorique	Dotation réelle	
99	99	cm Gr. Werfer
—	5	Ofenrohre (Pz. Schreck)
—	33	5 cm Pak
—	3	7,62 cm Pak
29	8	le.Inf. Geschütze 18
12	12	s. Inf. Geschütze 33
18	13	2 cm KwK
38	44	2 cm Flak 38
7	7	2 cm Flak-Vierling
9	9	3,7 cm Flak
12	12	8,8 cm Flak
224	**245**	**Total**

3 - Bref jugement de valeur du *Kommandeur* :

Division avec 2/3 des hommes dans la 25ᵉ semaine d'instruction, 1/3 dans la 22ᵉ semaine d'instruction. La Division se trouve en instruction dans le cadre de l'unité constituée.

La *17. SS-Panzer-Grenadier-Division « Götz von Berlichingen »*, la veille du Débarquement.

Au 1.06.44, elle est articulée et répartie comme suit dans sa région de mise sur pied :

A. Le *Kommandeur*, le *SS-Brigadeführer* et son état-major Ostendorff : Thouars.

B. *SS-Aufklärungs-Abteilung 17. Kommandeur* : *SS-Sturmbannführer* Holzapfel. PC à Montreuil-Bellay

a) *1. Pz.-Späh-Kp* (automitrailleuses). *SS-Obersturmführer* Arnken. PC à Montreuil-Bellay.

1 section lourde (2 demi-sections soit 4 *Pz.Späh-Wg « Achtrad »*) et 3 sections légères (chacune 2 « Vierrad « et 3 véhicules-radios)

b) *2. (Aufklärungs)-Kp.* SS-*Untersturmführer* Walzinger. PC à Brion près de Thouet ; avec 3 sections de fantassins de 3 groupes chacun sur *Schwimmwagen*.

1 section lourde (2 groupes de *s.MG* avec chacun 2 *M.G*, 2 groupes de *s.Gr.Werfer* avec chacun 2 *s.Gr.Werfer* sur *Schwimmwagen*).

c) *3. (Aufklärungs)-Kp.* SS-*Obersturmführer* Buck. PC à Bouilly-Loretz.

Même équipement que la *2. Kp.*

d) *4. (Aufklärungs)-Kp.* SS-*Obersturmführer* Mumm. PC à Montreuil-Bellay

Même équipement que les *2.* et *3. Kp.*

e. *(schwere) Kp.* SS-*Obersturmführer* Priehler. PC au Puy-Notre-Dame : avec 1 section de Pak (3 pièces de 7,5 cm Pak 40 tractées par Opel-Blitz

1 section de *1e. Inf. Gesch.* (3 pièces tractées par des *Opel-Blitz*)

1 section de pionniers sur *Schwimmwagen*

f. *Versorgungs-Kp.* (services). SS-*Obersturmführer* Rahn.

C. *SS-Panzer-Grenadier-Regiment 37.*

Kommandeur : SS-*Obersturmbannführer* Fick. PC à Parthenay

a) *I./37. Kommandeur :* SS-*Sturmbannführer* Häussler. PC à Parthenay

(Chaque bataillon est formé de 3 *Schützen-Kp* et d'1 *schwere Kp*)

— *1. Kp :* SS-*Hauptsturmführer* Schlebes

— *2. Kp :* SS-*Obersturmführer* von Böckmann

— *3. Kp :* SS-*Obersturmführer* Wagner

— *4 (schw.) Kp :* ?

b) *II./37. Kommandeur :* SS-*Sturmbannführer* Opificius. PC à Secondigny

— *5. Kp :* ?

— *6. Kp :* SS-*Obersturmführer* Tetzmann

— *7. KP :* ?

— *8. KP :* SS-*Hauptsturmführer* Hennings

c) *III./37. Kommandeur :* SS-*Hauptsturmführer* Zorn. PC à Moncoutant, puis Secondigny, puis à Moncontour en Mars 44

— *9. Kp :* SS-*Untersturmführer* Stöhr

— *10. Kp :* SS-*Obersturmführer* Witt

— *11. Kp :* SS-*Obersturmführer* Schmolzer

— *12. Kp :* SS-*Hauptsturmführer* Altvater

Unités régimentaires :

— *13. (Inf. Gesch.) Kp :* SS-*Obersturmführer* Borchers

— *14. (Flak-) Kp :* SS-*Hauptsturmführer* von Seebach

— *15. (Pionier) Kp :* SS-*Obersturmführer* Scharnitzy

— *16 (Aufklärungs-) Kp :* SS-*Hauptsturmführer* Anders

D. *SS-Panzer-Grenadier-Regiment 38.*

Kommandeur : SS-*Obersturmbannführer* Horstmann. PC à Nantilly. (Selon le *Ia Tgb.Nr. 52/43 g.Kdos* du 15.12.43, il devait se trouver à l'origine à St Hilaire-St Florent, à la sortie nord-ouest de Saumur)

a) *I./38. Kommandeur :* SS-*Hauptsturmführer* von der Wielen (pendant la mise sur pied). PC à Saumur, puis Brézé

— *1. Kp :* SS-*Obersturmführer* Graf zu Dohna

— *2. Kp :* SS-*Obersturmführer* Hinz

— *3. Kp :* SS-*Obersturmführer* Schwab

— *4. (schw.) Kp :* SS-*Obersturmführer* Kraatz

b) *II./38. Kommandeur :* SS-*Sturmbannführer* Nieschlag. PC à Saumur.

— *5. Kp :* SS-*Obersturmführer* Baldauf

— *6. Kp :* SS-*Obersturmführer* Tramontana

— *7. Kp :* SS-*Hauptsturmführer* Lipp

— *8 (schw.) Kp :* SS-*Hauptsturmführer* Hamel

c) *III./38. Kommandeur :* SS-*Sturmbannführer* Bolte. PC à Chantes (Candes ?) puis à Fontevraud.

— *9. Kp :* SS-*Hauptsturmführer* Krehnke

— *10. Kp :* SS-*Obersturmführer* Witt

— *11. Kp :* SS-*Untersturmführer* Kuhnla (mise sur pied)

— *12. (schw.) Kp :* ?

d) Unités régimentaires :

— *13. (Inf. Gesch.) Kp :* ?

— *14. (Flak) Kp :* SS-*Obersturmführer* Riegger

— *15. (Pionier) Kp :* SS-*Hauptsturmführer* Rechenberg

— *16. (Aufklärungs-) Kp :* SS-*Obersturmführer* Eberle

— *17. (Stabs-) Kp :* SS-*Untersturmführer* Hoffmann

e) *SS-Panzer-Abteilung 17.*

Kommandeur : SS-*Sturmbannführer* Kepplinger. PC à Mirebeau.

Stabs-Kp : SS-*Hauptsturmführer* Grams, *Nachr. Zug :* SS-*Untersturmführer* Steinhäusser, *Erkundings-Zug* (reconnaissance : SS-*Untersturmführer* Seitz, *Flak-Zug* (trois 2 cm *Flak-Vierling* sur *Sfl* sur *SdKfz 7/1*), *Pionier-Zug* (3 groupes) : SS-*Oberscharführer* Lammer.

— *1. Kp :* SS-*Obersturmführer* Dedelow, avec 14 *Sturmgeschütze IV* armés du 7,5 cm Stu.K. 40 L/48.

— *2. Kp :* SS-*Obersturmführer* Hörmann avec 14 *Sturmgeschütze IV* armés du 7,5 cm Stu.K. 40 L/48.

— *3. Kp :* SS-*Obersturmführer* Brittinger avec 14 *Sturmgeschütze IV* armés du 7,5 cm Stu.K. 40 L/48.

— *4. Kp (Versorgungskp.) :* SS-*Hauptsturmführer* Heuser

Werkstatt-Kp : SS-*Hauptsturmführer* Pfeil

avec *Bergezug* (section de dépannage) et *Instandsetzungs-Züge* pour véhicules et armes

1 échelon sanitaire avec SPW 251/8

f) *SS-Flak-Abteilung 17*

Kommandeur : SS-*Sturmbannführer* Braune. PC à Noirterre (région de mise sur pied (Coulonges —

Le SS-*Oberscharführer* Theodor Hommes de la *1. /37.*

SS-*Oberscharführer* Theodor Hommes from *1./37.*

Oberscharführer Theodor Hommes von der *1./37.*

21

Thouarçais — Pierrefitte) puis à Saumur (Château Launay) en mai 44.

— *1. Batterie* : *SS-Obersturmführer* Baier à Villebernier (mai 1944)

4 pièces de 8,8 cm Flak (mot.Z)

3 pièces de 2 cm Flak (mot.Z)

— *2. Batterie* : *SS-Obersturmführer* Weiss à St-Hilaire (mai 1944)

4 pièces de 8,8 cm Flak (mot.Z)

3 pièces de 2 cm Flak (mot.Z)

— *3. Batterie* : *SS-Hauptsturmführer* Günther à La Tour, puis St Vincent (mai 1944)

4 pièces de 8,8 cm Flak (mot.Z)

3 pièces de 2 cm Flak (mot.Z)

— *4. Batterie* : *SS-Untersturmführer* Kreil au Sud de Dampierre.

9 pièces de 3,7 cm Flak répartie en 4 sections dont 1 sur Sfl

En outre, une *le.Flak-Kolonne* de 20 to : *SS-Hauptscharführer* Lackner

g) *SS-Panzerjäger-Abteilung 17*

Kommandeur : *SS-Sturmbannführer* Schuster. PC à Airvault

Région de mise sur pied : Airvault, St-Loup sur Thouet, Gourgé, Parthenay.

— *1. Kp* : *SS-Hauptsturmführer* Bahrend

— *2. Kp* : *SS-Hauptsturmführer* Denkert

Ces deux *Kompanien* ne recevront leurs *Jagdpanzer IV* que fin juillet 1944.

— *3. Kp* : *SS-Obersturmführer* Ratzel

En partie mot.Z et en partie dotée de 7,5 cm Pak 40/3 (Sfl) in Pz.Kpwg.38(t) « *Marder III Ausführung H* ou M « *SdKfz 138*.

— *Versorgungs-Kp* : ?

h) *SS-Pionier-Bataillon 17*

Kommandeur : *SS-Hauptsturmführer* Fleischer. PC à Saumur

— *1. Kp* : *SS-Obersturmführer* Schleichert

— *2. Kp* : *SS-Obersturmführer* Eggert

— *3. Kp* : *SS-Hauptsturmführer* Müller

— *le.Brückenkolonne* : *SS-Obersturmführer* Volkenand

i) *SS-Artillerie-Regiment 17*

Kommandeur : *SS-Standartenführer* Binge. PC à St- Varent

Stabsbatterie : *SS-Untersturmführer* Wilkening

Quatre *2 cm Flak-Vierling* sur *SdKfz 7/1*

a) *I. Abteilung.*

Kommandeur : *SS-Sturmbannführer* Ernst. PC à Coulonges sur l'Autize

— *1. Batterie* : 4 pièces de *10,5 cm le.Feldhaubitze 18 (M)** ; *SS-Untersturmführer* Zenker

— *2. Batterie* : 4 pièces de *10,5 cm le.Feldhaubitze 18 (M)** ; *SS-Untersturmführer* ?

— *3. Batterie* : 4 pièces de *10,5 cm le.Feldhaubitze 18 (M)** ; *SS-Untersturmführer* ?

b) *II. Abteilung.*

Kommandeur : *SS-Hauptsturmführer* Helms. PC à Doué la Fontaine

— *4. Batterie* : 4 pièces de *10,5 cm le.Feldhaubitze 18 (M)* *SS-Obersturmführer* Hasselwander

— *5. Batterie* : « *SS-Obersturmführer* Werner

— *6. Batterie* : « *SS-Obersturmführer* Mattausch

c) *III. Abteilung.*

Kommandeur : *SS-Sturmbannführer* Drexler. PC à la Maucarrière

— *7. Batterie* : 4 pièces de *15 cm s.Feldhaubitze 18* ; *SS-Untersturmführer* Winkler

— *8. Batterie* : 4 pièces de *15 cm s.Feldhaubitze 18* ; *SS-Obersturmführer* Fritsch

— *9. Batterie* : 4 pièces de 10 cm K 18 *SS-Obersturmführer* Prinz

— *10. Batterie* : 4 pièces de *15 cm s.Feldhaubitze 18* *SS-Hauptsturmführer* Billerbeck

Attribuée : la *Beobachtungs-Batterie 107* (Observation avec *Schall-Lichtmess-Zug* (section de repérage au son et section de repérage aux lueurs)

Batteriechef : *SS-Obersturmführer* Dr. Geisl

* (M) : *Mündungsbremse* (frein de bouche)

j) *SS-Nachrichten-Abteilung 17*

Kommandeur : *SS-Sturmbannführer* Wiederhold. PC au Pas de Jeu

— *1. (Fernsprech* : téléphonique) *Kp* : *SS-Hauptsturmführer* Klemm

— *2. (Funk* : radio) *Kp* : *SS-Obersturmführer* Bender

Nachrichten-Kolonne : *SS-Obersturmführer* Harlacher

70 camions, véhicules-radios voitures légères, 3 motos

k) *SS-Divisions-Nachschub-Truppen 17 (DiNaFü 17)*

Kommandeur : *SS-Sturmbannführer* Sarnow. PC à Châtellerault

Kfz-Werkstatt-Zug (section-atelier pour véhicules) : *SS-Hauptscharführer* Bierbaumer

Betr-Stoff-Verwaltung (gestion du carburant) : *SS-Hauptsturmführer* Wösner

— *1. Kraftfahr-Kp* : *SS-Hauptsturmführer* Wolf

— *2. Kraftfahr-Kp* : *SS-Hauptsturmführer* Schumacher

— *3. Kraftfahr-Kp* : *SS-Obersturmführer* Miller

— *4. Kraftfahr-Kp* : *SS-Sturmscharführer* Vettern

— *5. Kraftfahr-Kp* : *SS-Untersturmführer* Seidel

— *????* Bauer

Avec centre de distribution de munitions et de carburant, ainsi qu'un dépôt de matériel

l) *San-Abteilung 17*

Kommandeur : *SS-Sturmbannführer* Dr. Pries. PC région de Châtellerault

— *1. Kp (Sanitäts-Kp)*

— *2. Kp (Sanitäts-Kp)*

— *3. Krankenwagen-Züge* (sections d'ambulances)

m) *Wirtschafts-Bataillon 17*

Kommandeur : *SS-Sturmbannführer* Augustin. PC région de Thouars

— *Bäckerei-Kp* (boulangerie) : *SS-Hauptsturmführer* May

— *Schlächterei-Kp* (abattage des animaux) : *SS-Hauptsturmführer* Dr. Kammann

— *Verpflegungs-Amt* (Gestion du service-*Verwaltungs-Kp* : compagnie d'administration) : *SS-Obersturmführer* Wolf

Bekleidungslager mit Werkstatt (dépôt d'habillement et atelier)

Feldpost amt (Poste aux armées)

Divisions-Kasse (trésorerie) : *SS-Obersturmführer* Kabelitz, *Inspek.* Schaede

Formation

Without going into all the items in the table, notice how the « Götz » suffered from a great shortage of equipment

Führer-Hauptquartier 3.10.1943

"I hereby order the raising of an SS-Panzer-Grenadier-Division which is to be called the "Götz von Berlichingen""

Signed Adolf Hitler.

That same day also saw the birth of the 16. SS-Panzer-Grenadier-Division "Reichsführer-SS" while the "Götz von Berlichingen" was numbered 17 on 22.10.1943.

But whereas the 16. Panzer-Grenadier-Division "Reichsführer-SS "was raised from an already existing unit, the Sturmbrigade "Reichsführer-SS", the "Götz" was raised from training and replacement troops (Ausbildungs-und-Ersatz-Bataillone or Abteilungen). It was named for the famous knight with the iron hand who lived during the Renaissance period and the prosthesis he wore on his right arm became the unit's symbol. The same emblem was used by the Luftwaffe's 8./Sturzkampfgeschwader 51, which flew the Ju 87 B1, and 6./Kampfgeschwader 2, whose Dornier 17 Zs also carried the iron fist and the knight's name. On that same 22 October, its Panzergrenadier regiments were numbered 35 and 36, but these numbers were later changed.

On 30 October 1943, SS-Obergruppenführer Jüttner, commander of the SS-Führungshauptamt (SS-FHA), issued directives concerning the raising of the

I. The Fuehrer ordered the 17. SS-Panz.-Gren.-Div. to be raised and gave it the name "Götz von Berlichingen".

II. SS-Oberführer Ostendorff was appointed Kommandeur of the Division.

III. Organization:

The 17. SS-Panz.-Gren.-Div "Götz von Berlichingen" is to be raised in accordance with Appendix 1.

List of validity of the KSt and the KAN (table of war strength and unit war equipment), see Appendix 2.

Following publication of the new new model (neuer Art) KSts and Kans, these will come into force.

IV. Establishment area:

Saumur, Bressuire, Parthenay, Poitiers, Chatellerault area.

V. Start of establishment:

15.11.43.

VI. Execution of establishment:

1 – The following must be constituted in the establishment area:

a) Divisional staff (Div. Stab);

Div. Sich. Kp. 17 (security company);

SS-Panz.-Gren.-Rgt 35 minus Pionier-Kompanien (engineers), minus Tr. Nachr. Verband (signalling units);

SS-Panz.-Gren.-Rgt 36 minus s.I.G. (heavy infantry guns, minus six le.I.G. Züge (light infantry gun platoons);

SS-Panz.-Aufkl.-Abteilung 17 minus Pz.-Sp.-Kp (armored car company) and minus the engineers section of the Schw. Kp (heavy company);

SS-Sturmgeschütz-Abt. 17 minus two batteries.

b) Skeleton rank & file, the following will be available:

270 instructors from the NCO school at Posen-Treskau.

2. Panzerjäger-Kp (Sf on SP carriages) of the Sturmbrigade "Reichsführer-SS".

This company is to be used for raising the Sturmgeschütz-Abteilung 17 and transferred to 17. SS-Panz.-Gren.-Div. "Götz von Berlichingen". The move order will be issued separately.

9. and 10. Kp of SS-Ausb.-Btl.-z.b.V (SS special duty training battalion), of SS-Tr.-Üb.-Pl. of Heidelager (training camp).

These 2 companies will be routed minus training weapons and minus equipment by 10.11.43 to the Division's establishment area, with the arrival at 17. SS-Panz.-Gren.-Div. "Götz von Berlichingen", deemed to have been transferred.

Advance detachments for these two companies are to set off forthwith.

Transport of both companies is to take place following transmission of the numbers to be transported to the TO-SS (Transport-Offizier) by SS-FHA.

SS-Ausbildungs-Bataillon.-z.b.V will file, by 5.11.43, a list with the names of officers, NCOs and men for transfer to SS-FHA, Amt V/IIa (service) or to Amt II, Org. Abt. I E.

As officers and NCOs for SS-Panz.-Aufkl.-Abt. 17 the Krad-Schütz.-Kpnen of SS-Panz.-Gren.-Rgter 21 and 22 of 10. SS-Panz.-Div. "Frundsberg" will be transferred with weapons, equipment and ammunition to 17. SS-Panz.-Gren.-Div "Götz von Berlichingen". Routing will take place by 15.11.43.

c) Routing of recruits will take place in accordance with Appendix 3.

d) Training arms will be routed to the Division's establishment area in accordance with Appendix 4. They are to be deducted from the final equipment.

e) Training:

Basic training must be completed by 15.02.44.

Group training by 15.03.44.

Training within the section and the company by 15.04.44.

2 – The following are to be raised by 1.03.44:

a) The Div. Kartenstelle (divisional map department) to be equipped by SS-Artillerie-Schule I, in terms of personnel, by 15.12.43.

b) Art.-Rgt. 17

In accordance with the disposition of SS-FHA, Amt II, Org. Abt. Ia/II, Tgb. Nr 1632/43 g.Kdos of 26.10.43, III./SS-Art. Rgt 10 (III artillery group of 10. SS-Panz. Div "Frundsberg", NdA) to be transferred will become I./SS-Art.-Rgt. 17. Transfer of the artillery group with weapons, equipment and ammunition must take place by 20.11.43.

Setting in motion of III./SS-Art.-Rgt. 10 of 10. SS-Panz.-Div. "Frundsberg" in the establishment area of 17. SS-Panz.-Gren.-Div. "Götz von Berlichingen" is to be notified by teleprinter to SS-FHA, Org. Abt. Ia by 10. SS-Panz.-Div. "Frundsberg".

II./SS-Art.-Rgt. 17 will be raised in the Division's establishment area referring to I./SS-Art.-Rgt. 17.

The regimental staff, command battery and III./SS-Art.-Rgt. 17 are to be raised by SS-Art.-Ausb.u.Ers.-Rgt.

II./SS-Art.-Rgt. 17 will be allocated recruits taken from SS-Art.-Ausb.u.Ers.-Rgt with officers and NCOs for 2 batteries.

c) 2 Sturmgeschütz-Batterien will be raised in terms of personnel by SS-Stu.-Gesch.-Ausb.u.Ers.-Abt.

d) SS-Flak-Abt. 17 and 2 2 cm Flak-Vierling sections by SS-Flak-Ausb.u.Ers.-Rgt.

e) SS-Pionier-Btl. 17, Rgts.-Pi.-Kp ; SS-Panz.-Gren.-Rgter 35 and 36 and the Pionier-Zug (engineer platoon) of SS-Panz.-Aufkl.-Abt. 17 by SS-FHA In 5 (Inspektion).

f) SS-Panz.-Abt. 17, Ia Pz.-Sp.-Kp (armored cars) of SS-Panz.-Aufkl.-Abt. 17 and Instandsetzungs-Abt. 17 (repair battalion) by SS-FHA In 6. For SS-Panzer-Abt. 17, it is to be raised with 4 Kompanien each with 17 Panzer IVs.

g) 500 drivers for trucks, 50 for light cars and 100 motorcyclists are to be trained by SS-FHA In 6 by 1.03.44.

h) 6 light infantry gun sections and 2 heavy infantry gun companies by SS-FHA In 8.

i) SS-Div.-Nachr.-Abt. 17 as a whole (signals), all troop signals units of 17. SS-Panz.-Gren.-Div. "Götz von Berlichingen", minus Panz.-Abt. 17 only by personnel by SS-FHA In 7.

j) Waffenmeister-Kp (armorers company) by SS-FHA, Amt VII by 15.12.43.

k) The Feldgendarmerie-Kp. by SS-FHA, Amt II. Abt. Ic by 15.11.43.

l) San. Dienste (medical services) by SS-FHA, Amt. sgr. D.

1 San.-Kp and 1 Krkw.-Zug (ambulance platoon) are to be equipped by 25.11.43 and for medical supplies under the figure VI. 1), to be transferred into the Division's establishment area.

m) Feldpostamt (army postal service office) immediately by SS-FHA, Amt II, Abt Ic. Once equipped, Feldpostamt 17 will be routed to the Division.

n) SS-Wirtschafts-Bataillon: 17 (economic battalion):

Minus the Feldpostamt, by the Ers.-Abt.d.SS-Verwaltungs-Dienste (SS administration services) by 1.01.44.

o) Training weapons, inasmuch as there are not sufficient quantities, must be requested by 15.11.43 from SS-FHA, Amt II, Org.-Abt. Ib. An allocation will be made as far as is possible.

p) Establishment location and training units to be equipped must be reported to SS-FHA, Amt II, Org.-Abt. Ia by the Inspections, services and service group D by 10.11.43.

q) All formations and units to be equipped must be organized in such a way that they can be moved at any time as of 1.12.43 as training units with training weapons and equipment of training troop corps.

r) Establishment personnel must be mentioned immediately in replacement status reports as tied-up personnel. Transfer to be requested immediately from SS-FHA, Abt. II, Org.-Abt. I E.

Responsible for establishment are:

In relation to paragraph VI. 1) the Divisional Kommandeur.

Until the Division moves in relation to paragraph

VI. 2.) a) d) the artillery Inspector.

VI. 2.) e) the engineers Inspector.

VI. 2.) f) h) the Inspecteur der Panzertruppen.

VI. 2.) i) the Inspecteur des Nachrichtentruppen.

VI. 2.) k) the chief officer, Amt VII.

VI. 2.) l) the Ic at SS-FHA, Amt II.

VI. 2.) m) the services group commander, Amtsgr. D.

VI. 2.) n) the Ic at SSFHA, Amt II.

VI. 2.) o) the Kommandeur of the depot battalion of the SS quartermaster services.

Once formations and units to be raised are moved to the Division, in accordance with paragraph VI. 2.) responsibility will pass to the Division Kommandeur.

3 - The Division Kommandeur receives "the right to be present during service" for formations and units to be equipped, in accordance with paragraph VI. 2.) a) o)

4 - SS-FHA, Amt IV will raise by 15.11.43 Section IVa of the Division with the divisional treasury and the administrative services (quartermaster, NdA) so as to be ready to operate for one Panz.-Gren.-Rgt. and 3 Panz.-Gren.-Bataillone and will set them in motion when the time is right in the Division's establishment area. Arrival in the establishment area by the Division by 10.11.43. The personnel department of SS-W.V.-Hauptamt (economic administration) is requested to allocate the necessary administrative officers at once.

5 - The Hauptamt SS-Gericht (Justice) is requested to set up the Divisional court and to route it to 17. SS-Panz.-Gren.-Div. "Götz von Berlichingen" in the establishment area by 20.11.43.

6 - The Divisions.-Nachsch.-Führer 17 (head of resupply services) with transport columns under his orders and a Nachschub-Kp (resupply company) are to be raised by 17. SS-Panzer.-Gren.-Div. "Götz von Berlichingen", as of 1.03.44.

VII. Relation of subordination:

17. SS-Panz.-Gren.-Div. "Götz von Berlichingen", for troop service and training, will come under SS-FHA, concerning tactics and territory under the competent Heeresgruppe or the Wehrmachtsbefehlshaber (Commander-in-Chief of the Wehrmacht). The formations to be equipped in accordance with paragraph VI. 2.)a-o) will come directly under SS-FHA until the Division is moved.

VIII. Allocation of officer posts:

It will be made by SS-FHA, Amt V/IIa.

SS-FHA, Amt.sgr. D or Personnalamt (personnel department) of SS-V.-Hauptamt will provide drivers for the medical or administrative services.

IX. Unit equipment:

1. a) For units to be equipped by 1.01.44 in accordance with paragraph VI. 2.) k-o), weapons and equipment will be made available by SS-FHA by 5.11.43, to the extent possible.

Entry into possession must take place in direct agreement.

Amt VII will file delivery and provisional report to Amt II, Org.-Abt. Ib by 15.11.43.

Vehicles (new) and K. Gerät (equipment) up to 75 % of the Soll (theoretical numbers) are to be made available by SS-FHA, Amt X by 10.11.43.

Entry into possession in direct agreement. Numerical establishment and delivery to be reported by Amt X to Amt II, Org.-Abt. Ib by 15.11.43.

b) Training weapons and ammunition:

According to Appendix 4, they must be shipped by SS-FHA. Amt VII, by 5.11.43 to the Division's establishment area. Transport and escort detachments by TO-SS (Transport-Offizier), to SS-FHA.

c) For economic use, SS-FHA will allocate 60 heavy draught horses until the Division is set in motion for committal to action.

To this end, SS-FHA will supply on a loan basis the equipment for the animals and the necessary horses and 30 horsedrawn field carts (Feldwagen). SS-FHA, Amt II, Org.-Abt. I E will allocate, in agreement with SS-FHA, In 3,30 coach drivers. For the duration of their assignment, the drivers will be considered as having been transferred. Arrival of all detachments in the Division's establishment area by 15.11.43.

d) From Kraftfahr-Abt. 1 (SS motorized battalion 1), 1. Kraftfahr-Kp. (90 t) will be allocated to 17. SS-Panz.-Gren.-Div. To be used for supplying until further notice and placed under its orders for employment and for disciplinary matters. The Kp must be moved into the Division's establishment area Ia by 15.11.43. Transport in immediate agreement with the TO-SS at SS-FHA.

2 – Concerning methodical equipment with weapons, materiel, tanks and vehicles, special orders will be issued by SS-FHA, Amt II, Org.-Abt. Ib. Routing of weapons, materiel and vehicles for units and formations to be equipped in accordance with paragraph VI. 2.) a) will take place, insofar as is possible, with raised independent units.

3 - KSt and KAN (see above) will be allocated without request to 17. SS-Panz.-Gren.-Div. "Götz von Berlichingen" or to raised independent units by SS-FHA, Org.-Abt. Ia/II.

4 – Sending of the regulations will take place without request to 17. SS-Panz.-Gren.-Div. "Götz von Berlichingen" or to raised independent units by no later than 20.11.43 by the "Regulation and training equipment" section.

5 – Basic orders are to be transmitted to SS-FHA central office by 5.11.43 by all services and sections of SS-FHA for handing over to 17. SS-Panz.-Gren.-Div. "Götz von Berlichingen".

X. Postal sector numbers will be allocated by SS-FHA, Amt II, Abt. Ic/FP (Feldpost).

XI. Reports:

Reports must be handed in by 17. SS-Panz.-Gren.-Div. "Götz von Berlichingen" to SS-FHA, Org.-Abt. Ia, in accordance with Appendix 5-6 for formations and units to be equipped, in accordance with paragraph VI. 1.) a) by independent units to be equipped and for units and formations to be equipped, in accordance with paragraph VI. 2.) a-o.

Deadlines are imperative.

Signed: Jüttner

Division:

This long directive will give the reader some idea of the complexity of the departments and offices of the SS-Führungs-Hauptamt, the main SS management office.

Notice also the lack of intervention on the part of O.K.W (Oberkommando der Wehrmacht) and the Ministry for Armament.

Lastly, highlighted here is the paucity of means made available for raising this new Division with units taken from the 10. SS-Panzer-Division "Frundsberg" and Sturmbrigade "Reichsführer-SS".

In H. Stöber's book, we also learn that: "In accordance with a personnel arrangement dated 15.12.43 to come into effect on 26.11.43, SS-Oberführer Werner Ostendorff is placed in command of the Division with the comment: duties to be taken over forthwith (1)."

The area in which the 17. SS-Panzer-Grenadier-Division "Götz von Berlichingen" was raised was bounded by a triangle whose northern section touched the middle Loire with Saumur and the surrounding area. It then extended south-east as far as Châtellerault and south-west as far as Coulonges.

This area covered the south part of the Maine et Loire department (Saumur, Montreuil-Bellay, Doué la Fontaine), most of the Deux-Sèvres (Bressuire, Parthenay, Thouars) and the Châtellerault area of the Vienne.

Immediately an Aufstellungsstab (formation staff) was set up, with SS-Obersturmbannführer Binge and SS-Hauptsturmführer Partouns as his deputy officer. This formation staff being billetted for the time being at Poitiers until February 1944 with LXXX. A.K (General der Artillerie Gallenkamp). That army corps'liaison officer was SS-Obersturmführer Hennings. SS-Hauptsturmführer Partouns was transferred to 4. SS-Polizei-Division, to be replaced by SS-Hauptsturmführer Hallwachs.

As of October 1943, an Auffangstab (reception staff) arrived at LXXX. A.K. headquarters. Trained by SS-Hauptsturmführer Ullrich, SS-Obersturmführers Krehnke and Hennings, it was assigned to deal with questions of supplies and quartering.

As of November, the recruits began to arrive who were to make up the Division's various units. On 12 November, when the SS-Panzer-Grenadier-Regimenter had their numbers changed, the "Götz von Berlichingen" was given the numbers 37 and 38;

The following were to be routed by 15.11.43 at the latest:

Coming from SS-Panzer-Grenadier-Ausb.u.Ers.Btl. 2: (2) 200 recruits.

Coming from SS-Panzer-Grenadier-Ausb.u.Ers.Btl. 4.: 1 000 recruits.

Coming from SS-Panzer-Grenadier-Ausb.u.Ers.Btl. 12: 1 000 recruits.

Coming from SS-Inf.-Gesch.-Ausb.u.Ers-Btl. 1 (infantry guns): 300 recruits.

(from recruits intended for SS-Inf.-Gesch.-Ausb.-Btl. 2)

Coming from SS-Pionier-Ausb.u.Ers.-Btl. 1: 300 recruits.

Coming from SS-Nachr.-Ausb.u.Ers.-Abteilung 5: (signals): 300 recruits.

By 10.12.43:

Coming from SS-Panzer-Grenadier-Ausb.u.Ers.Btl. 1: 500 recruits.

Coming from SS-Panzer-Grenadier-Ausb.u.Ers.Btl. 3: 500 recruits.

Coming from SS-Panzer-Grenadier-Ausb.u.Ers.Btl.

5: 500 recruits.

3 coming from SS-Panzer-Grenadier-Ausb.u.Ers.Btl. 9: 500 recruits.

Coming from SS-Nachr.-Ausb.u.Ers.-Abt. 1: 200 recruits.

Coming from SS-Pionier.-Ausb.u.Ers.-Btl. 1: 300 recruits.

A grand total of 5 400 men.

The contingents for 15.11.43 concerning men of the 1926 class and those due to join the Division on 10.12.43 were taken from the years 1902-1922. They were to be set in motion with dress and kit in line with the Waffen-SS order dated 1.09.41, except with no tent canvas or gas masks. (3)

There were several reasons behind the decision to raise the 17. SS-Panzer-Grenadier-Division "Götz von Berlichingen" in the occupied zone of France.

First of all, to reduce congestion in Germany where there were barely enough barracks and drill grounds to go round. Secondly, Allied aircraft were already posing a major threat to military facilities in and around the cities. With numerous air raids going on, there was precious little opportunity to organize training.

Owing to drastic rationing measures in Germany itself, supplies were no longer adequate for a troop comprising a good many teenagers. The hard service required of them, with their nights regularly disturbed, was liable to have dangerous consequences for their health and growth.

Also, in the occupied territories, industry working for the Reich also had to be adequately secured, and ready to come into action in the event of a landing. Near the area where the Division was set up there was a major electric power station, a parade ground and an explosives factory, not to mention bridges over the Loire at Saumur and in the vicinity, and this major road and rail junction. (4)

Allowance also had to be made for French Resistance movements operating in the area.

To meet the new style (neue Art) of Panzer-Grenadier-Division in 1944, the "Götz" was to be formed as follows:

1 - A Divisionsstab (divisional staff) with an SS-Feldgendarmerie-Kp and an SS-Sicherung-Kp (security company).

2 - An SS-Panzer-Aufklärungs-Abteilung (reconnaissance battalion) with a Panzer-Späh-Kp (machine-guns), three Aufklärungs-Kpnen sur Volksschwimmwagen (Kfz 2 S amphibious vehicles), one schwere Kp. (heavy company) and a Versorgungs-Kp (service company).

3 - Two Panzer-Grenadier-Regimenter each with a Regimentsstab (regimental staff) and a Stabs-Kp (command company). Each of the SS-Panzer-Grenadier-Regimenter were made up of three Bataillone and a schwere Kp. To these were added the regimental units:

— 13. (I.G.) Kp (heavy infantry guns)

— 14. (Flak) Kp (partly on self-propelled carriages)

— 15. (Pi.) Kp

(1) H. Stöber. Cited book p. 9.

(2) Ausbildungs-und Ersatz-Bataillon: Training and replacement battalion.

(3) Anlage 3: SS-FHA, Amt II, Org.-Abt. Ia/II.

(4) H. Stöber; Cited book p. 15. Tgb. Nr. 1658/43 g. Kdos.

— 16. (Aufkl.) Kp on the Volksschwimmwagen.

4 - One Artillerie-Regiment with:

— 2 le.Abteilungen (light battalions)

— 1 schwere Abteilung with:

    — 2 schwere Feldhaubitze-Batterien (heavy howitzers)

    — 1 schwere Feldkanonen-Batterie (heavy field guns)

5 - One Pionier-Bataillon with:

— 3 Pionier-Kompanien

— 1 le. Brückenkolonne (light bridge column) and Stabskp.

6 - One Panzer-Abteilung (armored battalion) with:

— Stabskp made up of a Pionierzug (engineer platoon), Aufklärungszug, Nachrichtenzug and Flakzug.

— Three Panzerkompanieneach with 14 Sturmgeschütze armed with 7,5 cm Stu. K; 40/L 48)

— One Versorgungs-KP

7 - One Panzerjäger-Abteilung with:

— Two Kompanien de Jagdpanzer IV (not allocated until July 1944)

— One Kp (gemischt: mixed) with 7,5 cm Sfl: on self-propelled carriages) and motorized Z (towed)

— One Versorgungs-Kp

8 - One Flak-Abteilung (Flak battalion) with:

— One Stabs-Batterie (command battery) and one le. Flak-Kolonne (light Flak column)

— three schwere Batterien (heavy batteries) each comprising 4 8,8 cm Flak guns and one le. Flakzug (light Flak section armed with 3,7 cm Solo guns).

— One Flak-Batterie (mittlere: medium) with nine 3,7 cm Flak guns, part on Sfl, part mot-Z.

9 - One Nachrichten-Abteilung (signals battalion) with:

— One Fernsprech-(telephone) and one Funk-(radio) Kp and one le.Nachrichten-Kolonne (light signals battalion)

10 - Versorgungs-Einheiten (supply units):

— One Nachschub-Abteilung (replenishment battalion) with:

    — Six Kraftfahrzeug-Kolonne (vehicle columns)

    — One Tank-Kolonne (tanker truck column)

    — One Instandsetzungs-Abteilung (repair battalion) made up of 2 Kompanien

— One Wirtschafts-Bataillon (economic battalion) with:

    — Verwaltungs-Kp (administration company), Schlächterei-Kp (stock slaughter), Bäckerei-Kp (bakery) and the Feldpostamt (field post office).

I. Distribution of the units of the 17. SS-Panzer-Grenadier-Division « Götz von Berlichingen ».

On 15.12.43, its formations were distributed as follows:

1 – Divisional headquarters: Thouars

— Kommandeur: SS-Oberführer Ostendorff

— Ia (chief-of-staff): SS-Hauptsturmführer Dr Conrad

— Ib (logistics): SS-Hauptsturmführer Linn

— Waffen und Gerät (W.u.G weapons and equipment): SS-Hauptsturmführer Grellmann

— Ic (intelligence): SS-Obersturmführer von le Coq

— IIa (personnel): SS-Hauptsturmführer Kotthaus

— III (justice): SS-Sturmbannführer Dr Schorn

— IVa (services): SS-Sturmbannführer Augustin

— IVb (services): SS-Sturmbannführer Dr Pries

— Vk (Vergaser-Kraftstoff: gasoline): Divisions ingenieur SS-Hauptsturmführer Funke

— Musikzug (music section): SS-Hauptsturmführer Schmidt-Petersen

— Gräberoffizier (graves officer): SS-Oberscharführer Dukowetz

— Divisions-Sicherungs-Kompanie (security): SS-Obersturmführer Koch (5)

— SS-Feldgendarmerie-Kompanie SS-Obersturmführer Lösel

2 - SS-Panzer-Grenadier-Regiment 37.

— Kommandeur: SS-Obersturmbannführer Fick. HQ at Parthenay

I./37: SS-Sturmbannführer Häussler at Parthenay

II./37: SS-Sturmbannführer Opificius at Secondigny

III./37: SS-Sturmbannführer Zorn at Moncoutant

3 - SS-Panzer-Grenadier-Regiment 38

— Kommandeur: SS-Obersturmbannführer Horstmann at St-Hilaire, then St-Florent

I./38: SS-Hauptsturmführer Ertl at Saumur

II./38: SS-Sturmbannführer Nieschlag at Saumur

III./38: SS-Sturmbannführer Bolte at Chantes (Chaintré)

4 - SS-Panzer-Aufklärungs-Abteilung 17

Kommandeur: SS-Hauptsturmführer (later SS-Sturmbannführer) Holzapfel at Montreuil-Bellay

2./SS.A.A.17: SS-Untersturmführer Walzinger at Brion near Thouet

Training course for subaltern officers and NCOs at Brion near Thouet

3./SS.A.A.17: SS-Obersturmführer Buck at Bouillé-Loretz

4./SS.A.A.17: SS-Obersturmführer Mumm at Montreuil-Bellay

5./SS.A.A.17: SS-Obersturmführer Priehler at Le Puy Notre-Dame

Notice the absence of the 1./SS.A.A. 17 (Panzer-Späh-Kompanie).

5 - SS-Artillerie-Regiment 17

Kommandeur: SS-Obersturmbannführer Binge at St-Varent

I./SS-A.R.17: SS-Sturmbannführer Ernst at Coulonges-Thouarsais

II./SS-A.R.17: SS-Hauptsturmführer Helm at Doué-la-Fontaine

III./SS-A.R.17: SS-Obersturmbannführer Drexler at La Maucarrière.

It is worth noting how this extract from the Division's K.T.B, does not mention the other units that had to be raised. Thus SS-Flak-Abteilung 17 did not arrive until 24.12.43, Panzer-Abteilung until 17 15.01.44 and engineer units of the regiments and battalion (SS-Pionier-Bataillon 17) until the end of March 1944.

A solder of SS.-Pz.-Abl. 17 named Ott tells his story:

To locate billettings, it is helpful to refer to the Michelin maps.

You will now get some idea of the complexity and unwieldiness of the German command machinery by reading this teleprinter message sent to the 17. SS-Panzer-Grenadier-Division "Götz von Berlichingen" on 23.12.43:

(5) The SS-FHA uses the name Sicherungs-Kompanie (security company).

In the 1. SS-Panzer-Division "LSSAH": Divisions-Stabskompanie (command company)

In the other SS-Panzerdivisionen: Divisions-Begleit-Kompanie (divisional escort company).

Around 15.01.44, alighted at Mirebeau station. The population not showing their faces, you could only see the station attendants. March through town. Even in the days that followed, we hardly saw the local people at all. The command company occupied a hutment camp outside the north wall of the town, surrounded by a tall barbed wire entanglement. Until we arrived, land army (territorial army?) soldiers had been staying there. Before the war, there were French colonial troops here.

1. and 2. Kp. were transferred to Thenezay, some 12 km west of Mirebeau. Specifically, 1. Kp. in the school on the marketplace, 2. Kp. in stone huts, on the edge of the locality, some of which were still being lived in by French civilians.

3 Kp. went to St-Jean-de-Sauve, about 6 km north-west of Mirebeau. 4. Kp. was transferred. But it only stayed for a few weeks alongside the Panzer-Abteilung and was then passed on to Panzerjäger-Abteilung 17.

SS-Stubaf. Bayer was transferred after a few weeks to 16. SS-Div.-RF-SS, his successor, SS-Sturmbannführer Weiß, did not stay long with the Abteilung and then joined s.-Pz.-Abt. 502.

SS-Stubaf. Kniep arrived as new Kommandeur. He died on 22.04.44 during an exercise using live ammunition with his own weaponry, and his deputy officer, SS-Ostuf. Hasselmann was wounded. SS-Stubaf. Kniep was buried in the municipal cemetery at Poitiers, the Panzer-Abteilung supplied a company of honor to fire a salvo. Kniep was a Ritterkreuzträger. The new Kommandeur was SS-Sturmbannführer Kepplinger who had received the RK during the campaign in the west, when he was a Hschf. At Mirebeau there were a number of soldiers'clubs. The Soldatenheim for all soldiers was based at the Hotel de France, Monsieur D…'s on the marketplace. Two houses further on was the battalion infirmary. In the Rue Nationale was the officers'club (decorated by the artist SS-Uscha Reinsch). Further down, a club for sergeants and one for subalterns (NCOs, adjutants entitled to wear a saber and officer's sword-knot). This distinction was necessary because appropriate extra spaces were not to be found. The battalion signalling exchange was also in the Rue Nationale opposite the officers'club. Behind the signalling exchange was the battalion headquarters (office, deputy officers for personnel and to the general, etc.). The battalion workshop department was in a covered market along the enclosure wall on the north side of town, near the command company. The senior officer of the Quartermaster General's staff, SS-Ostuf. Brocke, had settled in with his colleagues, SS-Oscha Freitag and SS-Oscha Mannisch, at the northern end of the Rue Nationale.

The town of Mirebeau

A small provincial town, very old and idyllic, 25 km north, north-west of Poitiers. Cardinal de Richelieu's birthplace ? I don't know if this fact stated in 1944 is true or not. Smack in the middle of the place, just about dead center between the marketplace and the command company's barracks, stood the remains of an ancient castle on a mound. About a quarter of the enclosure was still standing. The northbound Highway 147 from Poitiers passes through. The station, west of town, lies along a side track which apparently was disused during the war. Getting passengers to Poitiers, the main town in the department of Vienne (and not Deux-Sèvres, as it says in the report) was an awkward affair using buses. When Panzer-Abteilung 17 arrived at Mirebeau, the local people were extraordinarily shy. In the early days you hardly saw a Frenchman, but that soon changed. The first ones to offer their services were German-speaking gypsies, they said they hailed from the Sarrebrück area, as translators. But they behaved in such a provocative way, not just among themselves but also with the French people, that we had to bring in the guard to deal with them. It was the demon drink. There were also a few Jews living at Mirebeau but they were not disturbed. One Jew who would have been about 60, working as the mayor's interpreter, he wore the star. A Jewish electrical technician from Berlin who lived in Mirebeau with his wife Christine and his son of about four worked unhampered, even inside the battalion's sector.

Relations between the German occupying troops (B Abt. 17) and the civilian population gradually settled down once the French got over their initial reserve. The first opportunity: a StuG IV had knocked down a pole carrying electric cables; the mayor was called in. Thinking first and foremost of the danger for the population from these live electricity lines, he saw to it that was repaired. The soldier's club set up at the Hotel de France always had a lot of soldiers using it, on the marketplace. The landlord, M. Dauzac, was obviously not held in high regard by the local French people, on account, they said, of all the black market business he did (this was before Pz.-Abt. 17 came along). Also he was having an affair with a Polish worker and Madame Dauzac did not approve. One day, sometime around April 1941, he disappeared and was never seen again. On the highway, north of the marketplace, there was a room used about once a week by a travelling cinema (a 16 mm sound movie). They were many soldiers in the audience, although the films were in French and they understood little or nothing. The astonishing thing was the way the French would smoke their heads off during this movie to the point of rather spoiling the show.

On account of the Soldatenheim at the Hotel de France not always being open, the men would look for others ways of spending a night on the town. On these occasions, the café Chez Louis opposite the church played a major role. The landlords M. and Mme Raté served the usual French wine, but also fried eggs with bread.

When one night two drunken SS-Uschas rang the church bells, the local parish priest protested. After promises that the "culprits" would be found and punished they quickly confessed and asked for clemency. The two SS-Uschas then apologized to the priest with a comrade present to translate, so way the incident was sorted out to everyone's satisfaction.

To meet the unit's needs, every working day a large number of trucks had to be laid on with drivers taken from the population. They had to turn up each day in the marketplace and the Quartermaster General's department (SS-Oscha Willi Freitag) doled out their transport assignments with their driving orders. Most of the time, they went to fetch supplies from Parthenay (about 25 km west, south-west of Mirebeau) bread, vegetables, meat, etc.

The French called it "ravitaillement". As German soldiers had to go along on these trips, it followed that some of the contacts got really quite friendly. I should mention here: the French storekeeper H. P, who replaced his driver who had fallen sick. Troop supplies, which had to be fetched in French trucks from the supply depot at Parthenay, were improved through measures taken by the battalion itself. You could buy red wine in casks from a wine merchant in Mirebeau, sold cheap in the companies, by the mug. You got eggs and milk cheap in the companies. We managed to buy pigs, calves and cows on a regular basis which were then used in the troop kitchens. When this happened, the men shared the cost. It didn't amount to much. Now and again, the cigarettes they should have got were not distributed to the younger men but supplies were procured for them instead. The chances of doing this were all the better when a trusting relationship was built up between the troops and the population. One example: the battalion's interpreter found out from a butcher friend where some pigs could be bought. The hotel owner we went to see indignantly refused to let us have any pigs, said he didn't have any pigs and explained that there were penalties for "black market" dealings. It was only after a few glasses of wine and after asking the interpreter's name he beamed and said "Ah! so you are M. ... de Mirebeau ? Ah, so you are Monsieur de Mirebeau ? But you are wearing a gray uniform and in Mirebeau, the soldiers are in black. I know you well, my friend, the master butcher. They have been talking about you in Mirebeau. Come! you can choose yourself a pig!"

Relations between the troops and the local people were all right, there were hardly any incidents. All the same, there were few contacts with young French people.

One day, the wine merchant, who was near the Mirebeau market, and who until then had supplied red wine on a regular basis, refused to deliver any more wine. He explained indignantly that several barrels had been stolen from his place during the night. He would have no more to do with soldiers: "Tous les soldats sont des brigands". All soldiers are scoundrels. It was only after he had made these lengthy reproaches that he explained that some soldiers had come in a truck and stolen some wine from a store on the edge of town. Our enquiries conducted with the Feldgendarmerie revealed that a patrol of Luftwaffe salvagers looking for a US bomber that had been brought down in the area, had committed the burglary. The Luftwaffe unit was soon identified and the culprits not only had to pay for the wine, they had to take back the empty barrels as well. This incident helped a lot to improve "Regiment 44's" reputation (the name "Regiment 44" was because the local people read the runes on the collar flaps as being a number 44). Even the French Catholic priest who was very courteous and greeted the officers and men.

1. and 2. Kp, at Thenezay, had similar relations with the population. After StuG IV on R IV chassis and with KwK 7,5 cm L 76s arrived, tank training went on there non-stop. On one occasion a fatal accident occured. When the tanks came back from an exercise and passed by Thenezay marketplace, SS- Oscha Kistner tried to guide the drivers. Although it was strictly forbidden, he jumped towards the front of a moving Stug, fell and was run over by the vehicle. The driver couldn't see him and could do nothing about it. Kistner was killed instantly. Il He was buried at Poitiers municipal cemetery and the inhabitants of Thenezay gave him a guard of honor. SS-Ostuf. Dedelow 1. Kp, by popular request, issued marching orders for two buses to take the people to Poitiers for Kistner's funeral.

At Thenezay sports ground the battalion organized a sports event, in which the Heer Tiger under its command also took part. The best Hand-Ball player among our men was SS-Uscha Hugo Hanett from Krennstadt in Transsylvania, who was said to play handball for the Rumanian national team. He was killed later on in the Saar. Every time a goal was scored, the engineers fired a dynamite charge, which was great fun and very noisy.

At St-Jean-de-Sauve was 5. Kp, which got on very well with the population. In particular, the doctor who lived locally and spoke German, did a lot to keep things running smoothly.

On the whole, relations were good between the troops and the population in Pz.-Abt. 17's sector. There was no action by partisans. The barbed wire near the command company barracks was soon taken down.

Source: Conservatoire de la Résistance et de la Déportation des Deux-Sèvres et des régions limitrophes à Thouars (Deux-Sèvres).

"O.B. West (Generalfeldmarschall von Rundstedt) has ordered (what follows):

The 17. SS-Panzer-Grenadier-Division "Götz von Berlichingen" is placed under the command of Generalkommando II. SS-Panzer-Korps with regard to employment, troop service and training, which itself, along with its divisions, takes orders from O.B. West as Heeresgruppe reserve with regard to employment (after establishing its capacity for employment, the 17. SS-Panzer-Grenadier-Division), with regard to troop service, to SS-Führungs-Hauptamt, for training, from the General der Panzertruppen West. The Division remains under the command of A.O.K. 1 for supplies and, in territorial matters, it is subordinate to the Militär-Befehlshaber in Frankreich (military commander in France). Addition by A.O.K. 1 (Ia Nr. 2989/ 43. g.Kdos).

In the use of mobile forces, in line with A.O.K. 1, Ia Nr.2836/43 g.Kdos., nothing is changed hereby until further notice. An order will be issued later on this subject.

Generalkommando. LXXX addition: the Division remains under the command of Generalkommando LXXX. A.K for supply questions."

Gen.Kdo.LXXX.A.K.

Ia Nr.5502/43 g.Kdos.

Lastly it should be added that the "Götz" will be part of O.K.W. — Reserve with the Panzer-Lehr-Division, 1. SS-Panzer-Division "LSSAH" and 12. SS-Panzer-Division "Hitlerjugend" and only an order from O.K.W. (i.e. from Hitler) will allow it to be committed in the event of invasion.

On 16.01.44, under the stamp of Ia Nr 21/44 g.Kdos, SS-Oberführer Ostendorff reports on his unit's status to Generalkommando II. SS-Panzer-Korps. It stands as follows:

Status on 15.01.44.

I. Organization of detachments already equipped:

Divisionsstab.

2 Grenadier-Regimenter

1 Artillerie-Regiment

1 Panzer-Abteilung

1 Flak-Abteilung

Detachments of the Aufklärungs-Abteilung

Detachments of the Sanitäts-Abteilung

Detachments of the Feldgendarmerie-Kompanie

Operational: 1 Kampfgruppe partially motorized with:

2 Grenadier-Kpnen

2 schw.Kpnen (heavy companies)

1 le.F.H.-Battr. (light howitzer battery)

II. Personnel

Personnel	Bestand (available)	Fehl (shortfall)
Officers	136	526
NCOs	760	2 448
Rank & file	9 872	3 535
Grand total	10 768	6 509

III. Matériel

Without going into every item in the table, notice how the "Götz" was badly short of materiel:

Materiel in possession	available	shortfall
le.I.G, (light infantry guns)	19	10
s.I.G, (heavy infantry guns)	—	12
le.F.H (light howitzers)	15	10
s.F.H (heavy howitzers)	4	8
10 cm Kan, (10 cm guns)	—	4
s.Pak, (heavy antitank guns)	7	24
Motorcycles of all types	—	1 170
Light cars, of all types	7	940
Light trucks, of all types	2	1 688
RSO (Raupenschlepper Ost):		
Steyr tracked prime movers)	—	9
1 ton prime movers	—	90
3 ton prime movers		31
8 ton prime movers		28
12 ton prime movers		15
18 ton prime movers		10
Schwimmwagen	134	

IV. Level of training

2/3 of recruits have had 7 weeks training, 1/3 4 weeks.

V. Value judgement on the Division's availability:

One operational Kampfgruppe

VI. Particular difficulties

Shortage of officers, shortage of vehicles

Signed: Ostendorff

On 15.02.44, the SS-Oberführer Ostendorff sent in a report on the status of his Division to General-kommando II./SS-Panzer-Korps (reference la 104/44 g.Kdos)

1 – Status in personnel

Personnel	Soll (theoretical strength)	Fehl (shortfall)
Officers	625	447
NCOs	3 280	2 078
Rank & file	12 665	2 601
Total:	16 570	5 126

During the report period a further 20 officers, 1 342 NCOs and rank & file arrived.

2 – Matériel status.

Matériel		1	2	3
Surmgeschütze		76++	1	—
Schtz. Pz. _				
Pz. Sp. Art. Pz. B_				
(o Pz. Fu. Wg) _				
(including Mun. Pr)		69	—	—
Pak		24	9	—
Kräder	Ketten	5	—	—
	m. angetr.			
	Bwg	304	55	—
	sonst.	493	54	—
PKW	gel.	763	482	—
	o.	131	42	
Lkw	Maultiere	18	4	
	gel.	758	7	
	o.	716	34	
Zgkw	mit 1-5 to	156	—	—
	mit 8-18 to	25	2	—
RSO (Raupenschlepper Ost)		33	—	—
schwere Pak		27	9+7	—
Art. Geschütze		41	25	
MG (inc. MG 42)		959	874	
		(931)	(849)	
sonst. Waffen (other weapons)		210+++	219	
		1	2	
8 cm. Granatwerfer (mortars)		99	86	
le.I.G (light infantry guns)	29	26		
s.I.G (heavy infantry guns)		12	5	
5 cm Pak		1	33	
2 cm Flak		44	44	
2 cm Flak Vierling (quadruple)	4	4		
3,7 cm Flak		9	9	
8,8 cm Flak		12	12	

(+) Panzerjäger-Kp (Sfl: self-propelled carriages)

(++)Panzer-Abteilung 17 will be equipped with Sturmgeschütze

(+++)

3 – Kommandeur's brief value judgement:

The Division with 2/3 of recruits has had the benefit of 11 weeks of training, with 1/3 of recruits having had the benefit of 8 weeks. Only the NCOs and cadres are fully trained.

Three Kampfgruppen fully operational for defensive assignments, with certain operational reserves for offensive assignments.

Two Kampfgruppen operational for defensive assignments only.

Detachment of one medical company and detachment of one appropriate ambulance section, only subject to rail transport for operation.

All the Division's remaining detachments being suitable for local security assignments only.

signed: Ostendorff

This Meldung calls for the following comments:

a) Comparing column 1 vertically (the materiel theoretically at the Division's disposal) with column 2, we note the paucity of resources made available to SS-Oberführer Ostendorff (no SPWs to fit out at least one battalion of each Panzer-Grenadier-Regiment, a single Sturmgeschütz, lack of trucks and prime movers...)

b) Lack of trucks.

c) Lack of prime movers for the artillery.

d) However, SS-Flak-Abteilung 17 is fully equipped. 1., 2., and 3. Batterien each have four 8,8 cm Flak guns towed, according to H. Stöber, by trucks belonging to the Division's Nachschub-Truppen, three 2 cm Flak (mot Z ?) guns and 4. Batterie, nine 3,7 cm Flak (Sfl) Sd. Kfz. 7/2 guns. The Stab of SS-Artillerie-Regiment 17 has four 2 cm Flak-Vierling (Sfl) SdKfz 7/1 guns and 14 (Flak)./37 six 2 cm Flak (Sfl) guns.

On 22.02.44, orders were issued to raise Divisions-Nachschub-Truppen 17 (Divisional supply troops) by 1.03.44.

In accordance with Kst and KAN of 1.11.42 and 1.11.43, they will be organized as follows:

— Stab Kdr. Div. Nschb. Tr.

— Kraftfahr-Kp (motor vehicle company), 90 t

— Kraftfahr-Kp b (motor vehicle company), 120 t

— Nachschub-Kp. (mot.)

5 Kraftfahr-Kpnen (four 90 t and one 120 t) will be raised for a total 480 t volume of tonnage.

The working basis is 85 % of the Sollstärke (theoretical strength) as per the wartime strength table (KstN) for 6 motor vehicle companies. Extra personnel to be taken from the special assignment company (Kp.z.b.V).

The equipment order will be issued separately.

On 25.02.44, SS-Sturmbannführer Sarnow, Kommandeur of SS-Divisions-Nachschub-Truppen 17 (DiNaFü), was ordered to raise a disinfection section by 6.03.44. (Ia. Tgb. Nr. 129/44 g.kdos).

Personnel in numbers given below is to be taken from Nachschub-Kp and vehicles from the Divisions-Nachschub-Truppen.

It will be organized as follows:

Personnel	Numbers		Vehicles
1 Officer	1		1 light car
1 Driver	1		
2 detection teams 1/3	2/6		2 light cars
2 motorcyclists	2		2 light motorcycles
2 disinfection teams 1/4	2/8		2 trucks
1 supply vehicle	2		1 truck

Overall strength: 1 officer, 4 NCOs and 19 rank & file.

The missing materiel is to be requested from the Divisional Ib (logistics).

At the start of gas warfare, the road disinfection section will assemble; 18 other men are to be taken in order to operate the spreader vehicles in the Divisions-Nachschub-Truppen. The independent regiments'and battalions'road disinfection vehicles will then also be routed.

Despite the difficulties, the raising of the "Götz von Berlichingen" is proceeding after a fashion.

On 29 February, the formation of the Feld-Ersatz-Bataillon 17 (depot battalion) was ordered.

As there was a shortage of officers and NCOs and materiel, some will have to be taken from units already raised as shown below (Ia.309/44 geheim).

"To take effect on 1.03.44, Feld-Ersatz-Bataillon 17 is to be raised.

Battalion commander: SS-Hauptsturmführer Siems (Kommandant)

Location: Châtellerault

Are to formed in the first instance a staff, 2 Panzer-Grenadier-Kpnen and 1 mixed battery.

SS-Panzer-Grenadier-Regimenter 37 and 38 and Artillerie-Regiment 17 shall detach to F.E.B. 17 each respectively a company commander and a battery commander.

To be transferred:

— By Art.-Rgt. 17 h 1 gun commander and crew for heavy howitzer; 1 gun commander for heavy howitzer

— By Flak-Abt. 17 h 1 gun commander and crew for 2 cm Flak

— By Pz.-Gren.-Rgt. 37: 1 gun commander and one infantry gun

— By Pz.-Gren.-Rgt. 38: 1 Granatwerfer battalion commander.

Other officers and NCOs will be taken as required from the special duty company and allocated to the battalion.

Allocation of other special duty, administration and medical personnel will be performed by the Division.

Weapons, equipment and ammunition will be supplied by the Ib.

The special duty company will be placed under F.E.B. 17 with regard to disciplinary matters immediately upon constitution.

The coming formation report is to be sent in to the Division's Ia by 5.03.44.

Here again, as indicated in the annex appended to this order, materiel is to be taken from units of the Division to equip F.E.B 17:

"The Feld-Ersatz-Bataillon is to be issued the following weapons:

— 3 Gewehre 41:

1 from Rgt. 37

1 from Rgt. 38

1 from Divisional HQ

— 6 08 pistols from the equipment distribution center at Thouars

— 23 M.P 40 from the equipment distribution center at Thouars

— 25 M.G. 42 with equipment:

12 from Kdr des Div.-Nachsch.-Truppen

13 from the equipment distribution center

— 4 schwere M.G 42: routed from the Reich

— 2 8 cm Granatwerfer:

1 from Rgt. 37

1 from Rgt. 38

— 2 le.Infanterie-Geschütze 18:

1 from Rgt. 37

1 from Rgt. 38

— 2 2 cm Flak-38 from Flak-Abteilung (crews included)

— 1 s.Feldhaubitze 18 from the Artillerie-Rgt. (crews included)

— 1 le.Feldhaubitze 18 from the Artillerie-Rgt. (crews included)

— 2 aiming circles: routed from the Reich

— 500 short spades from the equipment distribution center at Thouars.

Any shortage of guns or equipment to protect against gas should be requested from Ib/Waffen.u.Munitions.

On 14.04.44, SS-Brigadeführer und Generalmajor

der Waffen-SS Ostendorff (since 4.04.44) sent in a report on his Division's status (Tgb. Nr. 229/44 g.kdos) to Panzergruppen-Kommando West:

I. Organization of the detachments already raised:
Div.-Stab, two Pz.-Gren.-Rgter, one Art.-Rgt., one Pz.-Aufkl.-Abt., one Pz.-Abt., one Stugesch.-Abt., one Flak-Abt., one Pionier-Btl., one Nachr.-Abt., Div.-Nachschub-Truppen, one Wirtschaft-Btl., one San.-Abt., one Instandsetzungs-Abt., one Feld-Ersatz-Btl., one Feldgendarmerie-Kp, one Div.-Sicherungs-Kp.

Operational:

1 - Div. Stab

SS-Div. Sicherungs-Kp

gem (mixed) Nachr.-Kp, SS-Nachr.-Abt. 17

SS-Feldgendarmerie-Kp 17

Werkstatt-Kp (workshop), SS-Inst.-Abt. 17

Waffenwerkst-Zug 17 (weapons shop)

2 - SS-Pz.-Aufkl.-Abt. 17

Organization: Abt.-Stab and Nachr.-Zug

Pak-Zug

2., 3., and 4. Aufkl.-Kp (minus 1 Zug (platoon) each)

3 - verst. (reinforced) SS-Pz.-Gren.-Rgt 37:

Organization: Rgts.-Stab

I., II., and III. Btl.

13., 14., and 15. Kp.

in addition: I./SS-Art.-Rgt. 17

1. Pz.-Jäg. 6 Kp (Sf1)

1 Gem.-Zug-SS-San.-Abt. 17

Mobility: motorized with whatever is to hand.

III./37 on bicycles, heavy weapons harnessed.

4 - verst. SS-Pz.-Gren.-Rgt. 38

Organization: Rgts-Stab

I., II. and III. Btl.

13., 14. and 15. Kp

in addition: 1 le.Feldhaubitze-Bat. of II./SS-Art.-Rgt. 17

1 s. Feldhaubitze-Bat. of III./SS-Art.-Rgt. 17

1 8,8 cm Flak-Bat. of SS-Flak-Abt. 17

1 gem. Zug of SS-San.-Abt. 17

Mobility: motorized with makeshift resources

15./38 minus 1 section, motorized with whatever is to hand

III./38 on bicycles, heavy weapons harnessed.

II. Personnel	Ist	Fehl
Officers	316	255
NCOs	1 747	1 754
Rank & file	15 027	—
III. Equipment	Bestand (available)	Fehl (shortfall)
— Pistolen	5 145	—
— Gewehre	12 792	—
— M.P	942	160
— le.M.G	913	131

heavy weapons.

In May 1944, the "Götz von Berlichingen" had far less equipment than it needed to be fully operational.

"SS-Flak-Abteilung was short of vehicles. The Aufklärungs-Abteilung was fully equipped and had reached a high standard of training, as had the Panzer-Abteilung. The Panzerjäger-Kompanie had only its 3 (Sfl) Kp operational, 1. and 2.Kp. were still waiting for their Jagdpanzer IVs.

The Pionier-Bataillon and 3 Panzergrenadiere battalions, III./37 and two of Regiment 38 were and remained without any vehicles.

The Nachrichten-Abteilung and Nachschub-und-Wirtschaftseinheiten were inadequately motorized, but well trained.

The Artillerie-Regiment was 60 % motorized and had proven its ability in a series of exercises.

As regards the situation of the Divisions-Nachschub-Truppen, here are a few excerpts from a report by SS-Sturmbannführer Sarnow, the DiNafü:

"As was clearly seen in high places that no volume of truck transport for allocation to the Divisions-Nachschub-Truppen should be expected within the foreseeable future, a census was taken of wood gas-driven French vehicles in accordance with the fleet of automobiles available to Wehrmacht subdivision commanders.

For this, and despite the existing order from O.B. West-Quartiermeister (Quarter-Master, O.B. West), we have found little support. As an exercise, the taking of these French vehicles, which had occurred to us, was also repeated inasmuch as our drivers, who ought to continue to drive these gas-powered vehicles with the French drivers who have been allocated to them (as Wehrmacht personnel), were taken to the parking places to check whether these gas-powered vehicles were at present at their stated location. The planned operation proceeded in such a way that in the event of an invasion, the greater part of our Division's ammunition supply could be transported by road using these wood gas-driven trucks.

At the time, and on several occasions, I explained how it was not possible for this makeshift arrangement to work either for the Division or for O.B. West-Quartiermeister, without however being allocated any transport volume by truck, that on this occasion, it may be considered that these French trucks were all fitted with gas-powered engines all of very different types. Only the French drivers knew exactly how they worked. Although our drivers were given training, even in the field of gas-powered engines, it was not possible to get them on their own to get the vehicles running and keep them running."

1.06.44

s.M.G	52	58
mittl. Granatwerfer (medium: 8 cm)	91	8
le.Infanterie-Geschütze	7	22
s.Infanterie-Geschütze	5	7
le.Feldhaubitzen	25	—
s.Feldhaubitzen	12	—
10 cm Kanonen	4	—
s. Pak	17	10
Kräder (all types)	276	526
Personenkraftwagen	977	—
Lastkraftwagen	96	1 397
RSO (Raupenschlepper Ost)	2	31
Zugkraftwagen (prime movers) 1 to	2	83
Zugkraftwagen (prime movers) 8 to	2	69
Zugkraftwagen (prime movers) 8 to	5	1
Zugkraftwagen (prime movers) 12 to	—	11
Zugkraftwagen (prime movers) 18 to	1	5
Schwimmwagen	192	—

IV. Level of training: 2/3 of the troop with 19 weeks of training, 1/3 with 16 weeks.

V. Kampfgruppen:

The Division's Kampfgruppe (as per I.1; — 4.) operational with reservation for offensive assignments. The rest of the Division being suitable for ocal defense.

VI. Lack of officers, lack of vehicles, no spare parts, lack of signalling equipment, few resources for towing heavy weapons.

On 1.06.44, Meldung Ia Tgb. Nr. 372/44 g.Kdos reported on the Division's status.

1 - Situation in personnel

a)

Personnel	Soll	Fehl
Offiziere	584	233
NCOs	3 566	1 541
Rank & file	14 204	+ 741
Hiwis (auxiliaries)	959	—
Total	19 313	2 515

b)

Losses and other reasons for absence:
Officers: 1 "sick", 2 "others".

c) Additional arrivals during the report period:
Officers: 14 ; NCOs and Rank & File: 40.

2 – Equipment status

		1	2	3
Sturmgeschütze		42	37	5
Pz. III		3	—	—
SchTz. Pz, Pz. Sp. Art. Pz. B. (o. Pz. Fü. Wg.)		35	26	—
Flak (Sf1)		26	11	
Kräder	Ketten m. angetr.	42	—	—
	Bwg	274	61	6
	sonst	369	389	34
Pkw	gel.	1 043	763	47
	o.	83	459	9
Lkw	Maultiere	31	18	2
	gel.	874	50	7
	o.	812	121	22
Kettenfahrzeuge	Zgkw. 1-5 to	171	5	—
	Zgkw. 8-18 to	50	6	—
	RSO	2	2	
s. Pak	22	27	8++	1++_
Art. Gesch.		41	40	1
M.G (including M.G 42)		1 154	1 050 (950)	14(8)
sonstige Waffen		225+++	232	13

1: theoretical numbers **2**: actual numbers **3**: on short-term repair (up to 3 weeks).

+++: Erläuterungen (comments)

Theoretical numbers	Actual numbers	
99	99	cm Gr. Werfer
—	5	Ofenrohre (Pz. Schreck)
—	33	5 cm Pak
—	3	7,62 cm Pak
29	8	le.Inf. Geschütze 18
12	12	s. Inf. Geschütze 33
18	13	2 cm KwK
38	44	2 cm Flak 38
7	7	2 cm Flak-Vierling
9	9	3,7 cm Flak
12	12	8,8 cm Flak
224	**245**	**Total**

3 – Kommandeur's brief value judgement:

Division with 2/3 of the men in their 25th week of training, 1/3 in their 22nd week of training. The Division is in training within the framework of the established unit.

17. SS-Panzer-Grenadier-Division "Götz von Berlichingen", on the eve of D-day.

As of 1.06.44, it is articulated and distributed as follows in the establishment area:

A. The Kommandeur, the SS-Brigadeführer and his staff Ostendorff: Thouars.

B. SS-Aufklärungs-Abteilung 17. Kommandeur: SS-Sturmbannführer Holzapfel. HQ at Montreuil-Bellay

a) 1. Pz.-Späh-Kp (armored cars). SS-Obersturmführer Arnken. HQ at Montreuil-Bellay.

1 heavy section (2 half-sections i.e. 4 Pz.Späh-Wg "Achtrad") and 3 light sections (2 "Vierrad" and 3 radio-vehicles each)

b) 2. (Aufklärungs)-Kp. SS-Untersturmführer Walzinger. HQ at Brion near Thouet ; with 3 foot platoons each of 3 groups on Schwimmwagen.

1 heavy section (2 s.MG groups each with 2 M.G, 2 s.Gr.Werfer groups each with 2 s.Gr.Werfer on Schwimmwagen).

c) 3. (Aufklärungs)-Kp. SS-Obersturmführer Buck. HQ at Bouilly-Loretz.

Same equipment as 2. Kp.

d) 4. (Aufklärungs)-Kp. SS-Obersturmführer Mumm. HQ at Montreuil-Bellay

Same equipment as 2. and 3. Kp.

e). (schwere) Kp. SS-Obersturmführer Priehler. HQ at Le Puy-Notre-Dame: with 1 Pak platoon (three 7,5 cm Pak 40 guns towed by Opel-Blitz

1 1e. Inf. Gesch. section (3 guns towed by Opel-Blitz)

1 section of engineers on Schwimmwagen

f). Versorgungs-Kp. (services). SS-Obersturmführer Rahn.

C. SS-Panzer-Grenadier-Regiment 37.

Kommandeur: SS-Obersturmbannführer Fick. HQ at Parthenay

a) I./37. Kommandeur: SS-Sturmbannführer Häussler. HQ at Parthenay

(Each battalion is made up of 3 Schützen-Kp and 1 schwere Kp)

— 1. Kp: SS-Hauptsturmführer Schlebes

— 2. Kp: SS-Obersturmführer von Böckmann

— 3. Kp: SS-Obersturmführer Wagner

— 4 (schw.) Kp: ?

b) II./37. Kommandeur: SS-Sturmbannführer Opificius. HQ at Secondigny

— 5. Kp: ?

— 6. Kp: SS-Obersturmführer Tetzmann

— 7. KP: ?

— 8. KP: SS-Hauptsturmführer Hennings

c) III./37. Kommandeur: SS-Hauptsturmführer Zorn. HQ at Moncoutant, then Secondigny, then at Moncontour en Mars 1944

— 9. Kp: SS-Untersturmführer Stöhr

— 10. Kp: SS-Obersturmführer Witt

— 11. Kp: SS-Obersturmführer Schmolzer

— 12. Kp: SS-Hauptsturmführer Altvater

Regimental units:

— 13. (Inf. Gesch.) Kp: SS-Obersturmführer Borchers

— 14. (Flak-) Kp: SS-Hauptsturmführer von Seebach

— 15. (Pionier) Kp: SS-Obersturmführer Scharnitzy

— 16 (Aufklärungs-) Kp: SS-Hauptsturmführer Anders

D. SS-Panzer-Grenadier-Regiment 38.

Kommandeur: SS-Obersturmbannführer Horstmann. HQ at Nantilly. (According to Ia Tgb.Nr. 52/43 g.Kdos of 15.12.43, he was originally supposed to be at St Hilaire-St Florent, on the north-west exit from Saumur)

a) I./38. Kommandeur: SS-Hauptsturmführer von der Wielen (during formation). HQ at Saumur, then Brézé

— 1. Kp: SS-Obersturmführer Graf zu Dohna

— 2. Kp: SS-Obersturmführer Hinz

— 3. Kp: SS-Obersturmführer Schwab

— 4. (schw.) Kp: SS-Obersturmführer Kraatz

b) II./38. Kommandeur: SS-Sturmbannführer Nieschlag. HQ at Saumur.

— 5. Kp: SS-Obersturmführer Baldauf

— 6. Kp: SS-Obersturmführer Tramontana

— 7. Kp: SS-Hauptsturmführer Lipp

— 8 (schw.) Kp: SS-Hauptsturmführer Hamel

c) III./38. Kommandeur: SS-Sturmbannführer Bolte. HQ at Chantes (Candes ?) then at Fontevraud.

— 9. Kp: SS-Hauptsturmführer Krehnke

— 10. Kp: SS-Obersturmführer Witt

— 11. Kp: SS-Untersturmführer Kuhnla (formation)

— 12. (schw.) Kp: ?

d) Regimental units:

— 13. (Inf. Gesch.) Kp: ?

— 14. (Flak) Kp: SS-Obersturmführer Riegger

— 15. (Pionier) Kp: SS-Hauptsturmführer Rechenberg

— 16. (Aufklärungs-) Kp: SS-Obersturmführer Eberle

— 17. (Stabs-) Kp: SS-Untersturmführer Hoffmann

e) SS-Panzer-Abteilung 17.

Kommandeur: SS-Sturmbannführer Kepplinger. HQ at Mirebeau.

Stabs-Kp: SS-Hauptsturmführer Grams, Nachr. Zug: SS-Untersturmführer Steinhäusser, Erkundungs-Zug (reconnaissance: SS-Untersturmführer Seitz, Flak-Zug (three 2 cm Flak-Vierling on Sfl on SdKfz 7/1), Pionier-Zug (3 groups): SS-Oberscharführer Lammer.

— 1. Kp: SS-Obersturmführer Dedelow, with 14 Sturmgeschütze IV armed with the 7,5 cm Stu.K. 40 I/48.

— 2. Kp: SS-Obersturmführer Hörmann with 14 Sturmgeschütze IV armed with the 7,5 cm Stu.K. 40 I/48.

— 3. Kp: SS-Obersturmführer Brittinger with 14 Sturmgeschütze IV armed with the 7,5 cm Stu.K. 40 I/48.

— 4. Kp (Versorgungskp.): SS-Hauptsturmführer Heuser

Werkstatt-Kp: SS-Hauptsturmführer Pfeil

with Bergezug (breakdown repair platoon) and Instandsetzungs-Züge for vehicles and weapons

1 medical echelon with SPW 251/8

f) SS-Flak-Abteilung 17

Kommandeur: SS-Sturmbannführer Braune. HQ at Noirterre (establishment area (Coulonges —Thouarçais — Pierrefitte) then at Saumur (Château Launay) in May 44.

— 1. Batterie: SS-Obersturmführer Baier at Villebernier (May 1944)

4 8,8 cm Flak guns (mot.Z)

3 2 cm Flak guns (mot.Z)

— 2. Batterie: SS-Obersturmführer Weiss at St-Hilaire (May 1944)

4 8,8 cm Flak guns (mot.Z)

3 2 cm Flak guns (mot.Z)

— 3. Batterie: SS-Hauptsturmführer Günther at La Tour, then St Vincent (May 1944)

4 8,8 cm Flak guns (mot.Z)

3 2 cm Flak guns (mot.Z)

— 4. Batterie: SS-Untersturmführer Kreil south of Dampierre.

9 3,7 cm Flak guns spread over 4 platoons incl. 1 on SFL

Also one le.Flak-Kolonne 20 to: SS-Hauptscharführer Lackner

g) SS-Panzerjäger-Abteilung 17

Kommandeur: SS-Sturmbannführer Schuster. HQ at Airvault

Establishment area: Airvault, St-Loup sur Thouet, Gourgé, Parthenay.

— 1. Kp: SS-Hauptsturmführer Bahrend

— 2. Kp: SS-Hauptsturmführer Denkert

These two Kompanien will not be getting their Jagdpanzer IV until the end of July 1944.

— 3. Kp: SS-Obersturmführer Ratzel

Part mot.Z and part armed with 7,5 cm Pak 40/3 (Sfl) guns in Pz.Kpwg.38(t) "Marder III Ausführung H or M" SdKfz 138.

— Versorgungs-Kp: ?

h) SS-Pionier-Bataillon 17

Kommandeur: SS-Hauptsturmführer Fleischer. HQ at Saumur

— 1. Kp: SS-Obersturmführer Schleichert

— 2. Kp: SS-Obersturmführer Eggert

— 3. Kp: SS-Hauptsturmführer Müller

— le.Brückenkolonne: SS-Obersturmführer Volkenand

i) SS-Artillerie-Regiment 17

Kommandeur: SS-Standartenführer Binge. HQ at St-Varent

Stabsbatterie: SS-Untersturmführer Wilkening

Four 2 cm Flak-Vierling sur SdKfz 7/1

a) I. Abteilung.

Kommandeur: SS-Sturmbannführer Ernst. HQ at Coulonges sur l'Autize

— 1. Batterie: 4 10,5 cm le.Feldhaubitze 18 (M)* guns ; SS-Untersturmführer Zenker

— 2. Batterie: 4 10,5 cm le.Feldhaubitze 18 (M)* guns ; SS-Untersturmführer ?

— 3. Batterie: 4 10,5 cm le.Feldhaubitze 18 (M)* guns ; SS-Untersturmführer ?

b) II. Abteilung.

Kommandeur: SS-Hauptsturmführer Helms. HQ at Doué la Fontaine

— 4. Batterie: 4 10,5 cm le.Feldhaubitze 18 (M) guns SS-Obersturmführer Hasselwander

— 5. Batterie: "SS-Obersturmführer Werner

— 6. Batterie: SS-Obersturmführer Mattausch

c) III. Abteilung.

Kommandeur: SS-Sturmbannführer Drexler. HQ at la Maucarrière

— 7. Batterie: 4 15 cm s.Feldhaubitze 18 guns; SS-Untersturmführer Winkler

— 8. Batterie: 4 15 cm s.Feldhaubitze 18 guns; SS-Obersturmführer Fritsch

— 9. Batterie: 4 10 cm K 18 guns; SS-Obersturmführer Prinz

— 10. Batterie: 4 15 cm s.Feldhaubitze 18 guns; SS-Hauptsturmführer Billerbeck

Allocated: Beobachtungs-Batterie 107 (Observation with Schall-Lichtmess-Zug (sound ranging platoon and flash ranging section)

Batteriechef: SS-Obersturmführer Dr Geisl

* (M): Mündungsbremse (muzzle brake)

j) SS-Nachrichten-Abteilung 17

Kommandeur: SS-Sturmbannführer Wiederhold. HQ at Le Pas de Jeu

— 1. (Fernsprech: telephone) Kp: SS-Hauptsturmführer Klemm

— 2. (Funk: radio) Kp: SS-Obersturmführer Bender

Nachrichten-Kolonne: SS-Obersturmführer Harlacher

70 trucks, radio-vehicles light cars, 3 motorcycles

k) SS-Divisions-Nachschub-Truppen 17 (DiNaFü 17)

Kommandeur: SS-Sturmbannführer Sarnow. HQ at Châtellerault

Kfz-Werkstatt-Zug (vehicle workshop-section): SS-Hauptscharführer Bierbaumer

Betr-Stoff-Verwaltung (fuel management): SS-Hauptsturmführer Wösner

— 1. Kraftfahr-Kp: SS-Hauptsturmführer Wolf

— 2. Kraftfahr-Kp: SS-Hauptsturmführer Schumacher

— 3. Kraftfahr-Kp: SS-Obersturmführer Miller

— 4. Kraftfahr-Kp: SS-Sturmscharführer Vettern

— 5. Kraftfahr-Kp: SS-Untersturmführer Seidel

— ???? Bauer

With ammunition and fuel distribution center, and equipment dump

l) San-Abteilung 17

Kommandeur: SS-Sturmbannführer Dr Pries. HQ Châtellerault area

— 1. Kp (Sanitäts-Kp)

— 2. Kp (Sanitäts-Kp)

— 3. Krankenwagen-Züge (ambulance platoon)

m) Wirtschafts-Bataillon 17

Kommandeur: SS-Sturmbannführer Augustin. HQ Thouars area

— Bäckerei-Kp (bakery): SS-Hauptsturmführer May

— Schlächterei-Kp (stock slaughter): SS-Hauptsturmführer Dr Kammann

— Verpflegungs-Amt (office for food supply-Verwaltungs-Kp: administration company): SS-Obersturmführer Wolf

Bekleidungslager mit Werkstatt (clothing camp and workshop)

Feldpostamt (army postal service office).

Hans Lingner ici avec le grade de *Sturmbannführer*. Il rejoindra la division ultérieurement.

Hans Lingner here as a *Sturmbannführer*. He will come later in the Division

Hans lingner, hier als *Sturmbannführer*. Er kam viel später zur Division.

En bas : *Wehrpass* de HeinrichKruse qui fait partie des premiers contingents envoyés à la « Götz ». 300 hommes provenant comme lui de la *SS-Nachr.-Ausb.-u.-Ers.-Abteilung 5* qui sont détachés lors de la création de la division. Il sert ensuite dans l'unité du *Ustuf.* Walzinger puis du *Ostuf* Mumm au cours de la bataille de Normandie. (coll. privée).

Bottom: Wehrpass of Heinrich Kruse who came with the first contingents sent to the "Götz". 300 men coming, like him, from SS-Nachr.-Ausb.u.Ers.-Abteilung 5 were detached when the division was raised. He then served in Ustuf. Walzinger's unit and later Ostuf Mumm's during the Battle of Normandy. (private coll.)

Unten: Wehrpass von Heinrich Kruse, der mit den ersten Transporten bei "Götz" eintraf. Mit ihm schickt die SS-Nachr.-Ausb.-u.-Ers.-Abteilung 5 dreihundert Männer, als die Division aufgestellt wird. Er dient später unter Ustuf. Walzinger, dann unter Ostuf Mumm und erlebt mit ihnen die Normandie kämpfe (Privatsammlung).

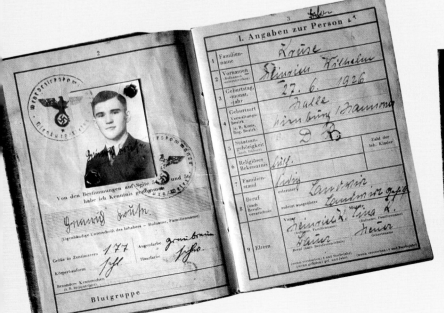

Aufstellung

Führerhauptquartier, den 3.10.1943

Ich befehle die Aufstellung einer SS-Panzer-Grenadier-Division, die den Namen „Götz von Berlichingen" tragen soll.

gezeichnet Adolf Hitler

An diesem Tag entsteht auch die 16. SS-Panzer-Grenadier-Division „Reichsführer-SS", während die „Götz von Berlichingen" am 22.10.1943 die Nummer 17 erhält.

Im Gegensatz zur 16. Panzer-Grenadier-Division „Reichsführer SS", die aus einer schon existierenden Einheit, der Sturmbrigade „Reichsführer-SS", hervorgeht, wird die „Götz von Berlichingen" aus Ausbildungs- und Ersatz-Bataillonen bzw.-Abteilungen aufgestellt. Sie wird den Namen des berühmten Ritters mit der Eisernen Faust tragen, der zu Zeiten der Renaissance lebte, und dessen Prothese, die er anstelle der rechten Hand trug, wird das Symbol dieser Einheit.

Das gleiche Wappenbild findet sich bei der 8. / Sturzkampfgeschwader 51 der Luftwaffe, das auf Ju 87 B1 fliegt und bei der 6. / Kampfgeschwader 2, dessen Do 17 Z ebenfalls die Faust und den Namen des Ritters führen.

An diesem 22. Oktober erhalten die zwei Panzergrenadierregimenter der Division die Nummern 35 und 36, welche später aber geändert werden.

Am 20. Oktober 1943 gibt Gruppenführer Jüttner, Leiter des SS-Führungshauptamts (SS-FHA), seine Anweisungen hinsichtlich der Aufstellung der Division bekannt:

I. Der Führer hat die Aufstellung der 17. SS-Panzer-Grenadier-Division befohlen und ihr den Namen „Götz von Berlichingen" verliehen.

II. Der SS-Oberführer Ostendorff wird Kommandeur der Division.

III. Gliederung:

Die 17. SS-Panzer-Grenadier-Division „Götz von Berlichingen" wird gemäß Anhang 1 gegliedert. Aufzählung in der KSt. und KAN (Kriegsstärke und Kriegsausrüstung-Nachweis) im Anhang 2.

Nach Erscheinen des neuen KSt und KAN tritt dieser in Kraft.

IV. Aufstellungsraum:

Umgebung Saumur, Bressuire, Parthenay, Poitiers, Châtellerault.

V. Aufstellungsbeginn:

15.11.43

VI. Ausführung der Aufstellung:

1 — Im Aufstellungsraum müssen gebildet werden:

a) Divisionsstab (Div. Stab)

Div. Sich. Kp. 17 (Divisions-Sicherungs-Kompanie)

SS-Panzer-Gren.-Rgt. 35 ohne Pionier-Kompanien und ohne Tr. Nachr. Verband (Nachrichteneinheiten).

SS-Panzer-Gren.-Rgt. 36 ohne s.I.G. (schwere Infanterie-Geschütze) und ohne sechs le. I.G.-Züge.

SS-Panzer-Aufkl-Abteilung 17 ohne Pz.-Sp.-Kp (Panzerspäher) und ohne Pionierzug innerhalb der Schw. Kp.

SS-Sturmgeschütz-Abt. 17 ohne zwei Batterien.

b) Als Rahmenpersonal stehen zur Verfügung:

270 Ausbilder der Unteroffiziersschule Posen-Treskau.

Die 2. Panzerjäger-Kp. auf Selbstfahrlafette der Sturmbrigade „Reichsführer SS".

Diese Kompanie soll beim Aufbau der Sturmgeschütz-Abteilung 17 eingesetzt werden und zur 17. SS-Panz. Gren.-Div. „Götz von Berlichingen" versetzt werden. Der Marschbefehl erfolgt gesondert..

Die 9. und 10. Kp. des SS-Ausb.-Btl.-z.b.B. vom SS.-Tr.-Üb.-Pl. Heidelager.

Diese beiden Kompanien werden ohne Ausbildungswaffen und Ausrüstung bis zum 10.11.43 in den Aufstellungsraum der Division in Marsch gesetzt, und mit der Indienststellung der Division endgültig zu ihr versetzt.

Vorauskommandos dieser Kompanien sind umgehend in Marsch zu setzen.

Der Transport der beiden Kompanien erfolgt, sobald dem TO (Transport-Offizier) die genaue Kopfstärke vom SS-FHA bekanntgegeben wurde.

Das SS-Ausb.-Bataillon z.b.V. hat dem Amt V/IIa (Verwaltung) oder dem Amt II, Org. Abt. I E beim SS-FHA eine Namensliste aller Offiziere, Unteroffiziere und Mannschaften vorzulegen.

Als Rahmenpersonal für die SS-Panz.-Aufkl.-Abt. 17 werden die Krad-Schütz.-Kpnen der SS-Panz.-Gren-Rgter 21 und 22 der 10. SS-Panz.-Div. „Frundsberg" mit Waffen, Ausrüstung und Munition zur 17. SS-Panz.Gren.-Div. „Götz von Berlichingen" versetzt. Die Zuführung findet zum 15.11.43 statt.

c) Zuführung von Rekruten gemäß Anhang 3.

d) Die Ausbildungswaffen werden gemäß Anhang 4 in den Aufstellungsraum der Division überführt. Sie sind in den Gesamtbestand einzurechnen.

e) Ausbildung:

Die Grundausbildung soll bis zum 15.2.44 abgeschlossen sein.

Die Gruppenausbildungbis zum 15.3.44.

Die Zug- und Kompanieausbildung bis zum 15.4.44.

2 — Bis zum 1.3.44 sind aufzustellen:

a) Die Div. Kartenstelle durch Ausbildung von Personal durch die SS-Artillerie-Schule I bis zum 15.12.43.

b) Das Art.-Rgt. 17

In Übereinstimmung mit der Entscheidung des SS-FHA, Amt II, Org. Abt. Ia/II, Tgb. Nr. 1632/43 g.Kdos vom 26.10.43, ist die III./SS-Art.-Rgt. 10 (III.Abt. des Art.Rgt. 10 der 10. SS-Panz.-Div. „Frundsberg" — Anmer. kund des Autors) in die I./SS-Art.-Rgt. 17 umzuwandeln. Die Zuversetzung mit Waffen, Ausrüstung und Munition erfolgt zum 20.11.43.

Die Inmarschsetzung der III./SS-Art.-Rgt. 10 von der 10. SS-Panz.-Div. „Frundsberg" in den Aufstellungsraum der 17. SS-Panz.-Gren.-Div. „Götz von Berlichingen" ist dem SS-FHA, Org. Abt. Ia von der 10. SS-Panz. Div. „Frundsberg" per Fernschreiben zu melden.

Die II./SS-Art.-Rgt. 17 wird im Aufstellungsraum der Division unter Mitwirkung der I./SS-Art.-Rgt. 17 aufgestellt.

Der Regimentsstab, die Stabsbatterie und die III./SS-Art.-Rgt. 17 sind vom SS-Art.-Ausb. u. Ers.-Rgt. aufzustellen.

Für die II./SS-Art.-Rgt. 17 werden vom SS-Art.-Ausb. u. Ers.-Rgt. Rekruten und Rahmenpersonal in Stärke von 2 Batterien gestellt.

c) Von der SS-Stu.-Gesch.-Ausb. u. Ers.-Abt. wird Personal für zwei Sturmgeschütz-Batterien gestellt.

d) Das SS-Flak.Ausb. u. Ers.-Rgt. stellt der SS-Flak-Abt. 17 zwei Züge mit 2 cm Flak Vierlingen.

e) Das SS-Pionier-Bataillon 17, die Rgts.-Pi. Kpnen, die SS-Panz.-Gren.-Rgter 35 und 36 sowie der Pionier-Zug der SS-Panz.-Aufkl.-Abt. 17 werden vom SS-FHA In 5 (Inspektion) gestellt.

f) Die SS-Panz.-Abt. 17, die Pz.-Sp.-Kp. der Panz.-Aufkl.-Abt. 17 und die Instandsetzung-Abt. 17 werden von SS-FHA In 6 gestellt.

Die SS-Panz.-Abt. 17 soll aufstellungsmäßig 4 Kompanien mit Panzer IV umfassen.

g) Bis zum 1.3.44 hat das SS-FHA In 6 auszubilden:

500 LKW-Fahrer, 50 Fahrer für leichte Fahrzeuge und 100 Kradfahrer.

h) Das SS-FHA In 8 stellt: 6 Züge leichte Infanterie-Geschütze und zwei Kompanien schwere Infanterie-Geschütze.

i) Das SS-FHA In 7 stellt: Die vollständige SS-Div. Nachr.-Abt. 17, alle Nachrichteneinheiten der 17. SS-Panz.-Gren.-Div. „Götz von Berlichingen", außer denjenigen, die für die Panz.-Abt. 17 benötigt werden. Hier stellt es nur Personal.

j) Waffenmeister-Kp. muss bis 15.12.43 vom SS-FHA, Amt 7, gestellt werden.

k) Die Feldgendarmerie-Kp. stellt das SS-FHA, Amt II, Abt. Ic zum 15.12.43.

l) Die San.-Dienste ebenfalls das SS-FHA, Amtsgr. D.

1 San.-Kp. und 1 Krkw.-Zug, die die in unter Ziffer VI. 1 angeführten Einheiten medizinisch versorgen sollen, sind bis 25.11.43 in den Aufstellungraum der Division zu verlegen.

m) Vom SS-FHA, Amt II, Abt Ic, ist sofort ein Feldpostamt zu stellen, das der Division nach ihrer Aufstellung zugeführt wird.

n) Das SS-Wirtschafts-Bataillon 17, ohne Feldpostamt, wird bis 1.1.44 von der Ers.-Abt.d.SS- Verwaltungsdienste gestellt.

o) Ausbildungswaffen sind, sofern hier ein Abmangel besteht, bis 15.11.43 vom SS-FHA, Amt II, Org.-Abt. Ib anzufordern. Zuteilung erfolgt zum frühest möglichen Zeitpunkt.

p) Aufstellungsort und aufzustellende Ausbildungseinheiten sind bis 10.11.43 dem SS-FHA, Amt II, Org. Abt. Ib von den Inspektionen, der Verwaltung und den Verwaltungsgruppen D zu melden.

q) Alle aufzustellenden Formationen und Einheiten müssen so beweglich sein, dass sie ab 1.12.43 jederzeit — unter Mitführung von Ausbildungswaffen und — material — verlegt werden können.

r) Das für die Aufstellung vorgesehene Personal muss in allen Listen als für andere Verwendung nicht verfügbar ausgewiesen werden. Seine Versetzung erfolgt über das SS-FHA, Abt. II, Org. Abt. I E.

Verantwortlich für die Aufstellung:

In Verbindung mit Paragraph VI.1 der Divisionskommandeur.

Bis zur Verlegung der Division in Verbindung mit dem Paragraphen:

VI. 2) a) d) der Inspekteur der Artillerie

VI. 2) e) der Inspekteur der Pioniere

VI. 2) f) h) der Inspekteur der Panzertruppen

VII Die 17. SS-Panz.-Gren.-Div. „Götz von Berlichingen" untersteht hinsichtlich Verwaltung und Ausbildung der Truppe dem SS-FHA. Hinsichtlich der taktischen und örtlichen Verwendung der zuständigen Heeresgruppe, bzw. dem Wehrmachtbefehlshaber. Die nach Paragraph VI.2)a)o) aufzustellenden Abteilungen unterstehen bis zu ihrer Verlegung zur Division dem SS-FHA.

VIII. Verteilung der Offiziersstellen:

Diese erfolgt durch das SS-FHA, Amt VII a.

Das SS-FHA, Amtsgr. D, bzw. das Personalamt des SS.-V.-Hauptamtes, stellen ferner Fahrer für die Sanitäts- und Verwaltungsdienste.

IX. Ausstattung mit Material:

1. a) Bis zum 5.11.43 wird das SS-FHA im Rahmen seiner Möglichkeiten gem. Paragraph VI. 2) k-o) Waffen und Ausrüstung für die bis 1.1.44 aufzustellenden Einheiten zur Verfügung stellen.

Die Übergabe von beidem ist auf direktem Wege zu regeln.

Das Amt VII legt Rückmeldung und vorläufigen Bericht bis zum 15.11.43 dem Amt II, Org.-Abt. Ib, vor.

Fahrzeuge (neu) und K. gerät (Ausstattung) bis zu einem Umfang von 75 % Sollstärke werden vom SS-FHA X bis zum 10.11.43 verfügbar gemacht.

Übergabe ist diekt zu regeln. Zahlenmäßige Erfassung und Übergabe werden dem Amt X vom Amt II, Org. Abt. Ib, bis zum 15.11.43 gemeldet.

b) Ausbildungswaffen und Munition:

Gemäß Anhang 4 müssen diese bis zum 5.11.43 vom SS-FHA, Amt VII, in den Aufstellungsraum der Division geleitet werden.

Transport und Transportbegleitung regelt der TO (Transportoffizier) des SS-FHA.

c) Aus wirtschaftlichen Erwägungen teilt das SS-FHA der Division bis zu ihrem Kriegseinsatz 60 Kaltblüter als Zugtiere zu.

Zu diesem Zweck werden neben den Pferden auch deren Zubehör leihweise vom vom SS-FHA überlassen, ebenso 30 pferdebespannte Feldwagen. Das SS-FHA, Amt II, Org. Abt. I E stellt in Übereinstimmung mit dem SS-FHA, In 3, dreißig Wagenlenker. Die Fahrer werden als für die Dauer der Abstellung versetzt betrachtet.

Ankunft aller Abteilungen im Aufstellunsraum der Division zum 15.11.43.

d) Hervorgehend aus der Kraftfahr-Abt. 1 wird die Kraftfahr-Kp. (90 to) der 17. SS-Panz.-Gren.-Div. für Versorgungszwecke bis auf weiteres zugeteilt. Sie untersteht ihr sowohl einsatzmäßig, als auch disziplinarisch. Die Kp. soll bis zum 15.11.43 in den Aufstellungsraum der Division verlegt werden. Der Transport erfolgt in unmittelbarer Übereinkunft mit dem TO des SS-FHA.

2 — Was die gezielte Ausstattung mit Waffen, Gerät, Panzern und Fahrzeugen anbelangt, wird das SS-FHA, Amt II, Org.-Abt. Ib, gesondert Befehle erlassen.

Die Zuführung von Waffen, Gerät und Fahrzeugen für die Aufstellungseinheiten und — abteilungen nach Paragraph VI. 2) a) wird im Rahmen der Möglichkeiten erfolgen.

3 — KSt und KAN (s. o.) gehen der 17. SS-Panz.-Gren.-Div. „Götz von Berlichingen" und ihren aufzustellenden Einheiten und Abteilungen unaufgefordert vom SS-FHA, Org.-Abt. Ia/II, zu.

4 — Ausbildungsanleitungen gehen der 17. SS-Panz.-Gren.-Div. „Götz von Berlichingen" und den aufzustellenden Einheiten und Abteilungen bis zum 20.11.43 von der Abteilung „Vorschriften und Ausbildung" unaufgefordert zu.

5 — Befehle von grundsätzlicher Bedeutung sind der Zentralstelle des SS-FHA bis zum 5.11.43 von allen Stellen und Abteilungen des SS-FHA vorzulegen, bevor sie an die 17. SS-Panz.-Gren.Div „Götz von Berlichingen" gehen.

X Feldpostnummern werden von SS-FHA, Amt II, Abt. Ic/FP (Feldpost) zugeteilt.

XI. Berichte:

Die 17. SS-Panz. Gren.-Div. „Götz von Berlichingen" hat dem SS-FHA, Org.-Abt. Ia, gemäß Anhang 5-6 betreffend Abteilungen und Einheiten in Aufstellung und gemäß Paragraph VI. 2) a-o über Verbände und deren Teileinheiten während der Aufstellung, Bericht zu erstatten.

Fristen sind unbedingt einzuhalten.

gezeichnet: Jüttner

Diese ausführlichen Anweisungen vermitteln dem Leser einen Eindruck davon, wie komplex die Struktur und die Verwaltung des SS-Führungshauptamtes, das die zentrale Dienststelle der SS darstellte, waren.

Bemerkenswert ist auch, dass sich das O.K.W. (Oberkomando der Wehrmacht) jeder Einmischung enthielt, ebenso das Reichsministerium für Bewaffnung und Munition.

Hier wird auch deutlich mit welch eingeschränkten Mitteln diese neue Division auskommen musste, die aus Teileinheiten gebildet wurde, welche der 10. SS-Panzer-Division „Frundsberg" und der Sturmbrigade „Reichsführer-SS" entstammten.

Im Werk von H. Stöber ist im übrigen folgendes nachzulesen:

„Laut Personalverfügung vom 15.12.43, die rückwirkend zum 26.11.43 wirksam wird, tritt Oberführer Werner Ostendorff das Kommando über die Division an. Die Verfügung tritt sofort in Kraft." (1)

Der Aufstellungsraum der 17. SS-Panzer-Grenadier-Division „Götz von Berlichingen" liegt in einem Dreieck, dessen Nordseite die Loire mit Saumur und seiner Umgebung bildet. Es erstreckt sich nach Südosten bis Châtellerault und nach Südwesten bis Coulognes.

So wird der Südteil von Maine und Loire (mit Saumur, Montreuil-Bellay, und Doué la Fontaine) abgedeckt.

Ebenfalls ein Großteil des Départements der Deux Sèvres (mit Bressuire, Parthenay und Thouars) und die Gegend von Châtellerault im Département Vienne.

(1) H. Stöber, S. 9

Sofort wird ein Aufstellungsstab gebildet, den Obersturmbannführer Binge und sein Adjutant, der Hauptsturmführer Partouns, leiten. Dieser Aufstellungsstab ist bis zum Februar 1944 provisorisch beim LXXX.A.K. (des Generals der Artillerie Gallenkamp) in Poitiers untergebracht. Verbindungsoffizier zum Armeekorps ist der Obersturmführer Hennings. Hauptsturmführer Partouns wird zur 4. SS-Polizei-Division versetzt. Seine Aufgaben übernimmt der Hauptsturmführer Hallwachs.

Seit Oktober 1943 gibt es beim LXXX.A.K. einen Auffangstab. Er besteht aus dem Hauptsturmführer Ullrich, den Obersturmführern Krehnke und Hennings und hat die Aufgabe, Versorgungs- und Unterbringungsfragen zu regeln.

Ab November treffen Rekruten, aus denen die verschiedenen Einheiten der Division entstehen sollen, ein.

Am 12. November werden die Panzer-Grenadier-Regimenter der „Götz von Berlichingen" im Zuge einer allgemeinen Änderung in 37 und 38 umbenannt.

Bis spätestens 15.11.43 sind zuzuführen:

Vom SS-Panzer-Grenadier-Ausb. u. Ers.-Btl. 2 (2): 200 Rekruten.(2)

Vom SS-Panzer-Grenadier-Ausb. u. Ers.-Btl. 4: 1000 Rekruten.

Vom SS-Panzer-Grenadier-Ausb. u. Ers.-Btl. 12: 1000 Rekruten.

Vom SS-Inf.-Gesch.-Ausb. u. Ers.-Btl. 1: 300 Rekruten

(diese sollten ursprünglich dem SS-Inf. Gesch.-Ausb.-Btl. 2 zugehen)

Vom SS-Pionier-Ausb. u. Ers. Btl. 1: 300 Rekruten

Von der SS-Nachr.-Ausb. u. Ers.-Abteilung 5: 300 Rekruten

Bis 10.12.43:

Vom SS-Panzer-Grenadier-Ausb. u. Ers.-Btl. 1: 500 Rekruten

Vom SS-Panzer-Grenadier-Ausb. u. Ers.-Btl. 3: 500 Rekruten

Vom SS-Panzer-Grenadier-Ausb. u. Ers.-Btl. 5: 500 Rekruten

Vom SS-Panzer-Grenadier-Ausb. u. Ers.-Btl. 9: 500 Rekruten

Von der SS-Nachr.-Ausb. u. Ers. Abt. 1: 200 Rekruten

Von der SS-Pionier-Ausb. u. Ers.-Abt. 1: 300 Rekruten

Woraus sich eine Gesamtzahl von 5400 Zugängen ergibt.

Die Transporte, die der Division am 15.11.43 zulaufen umfassen Soldaten des Jahrgangs 1926. Die Transporte vom 10.12.43 bestehen aus den Jahrgängen 1902 bis 1922. Die Soldaten sollen nach der Bekleidungs- und Ausrüstungsvorschrift der Waffen-SS vom 1.9.41 ausgestattet und in Marsch gesetzt werden. Eine Austattung mit Zeltbahn und Gasmaske hat zu unterbleiben (3).

Der Entscheidung, die 17. SS-Panzer-Grenadier-Division „Götz von Berlichingen" in Frankreich aufzustellen, liegen die folgenden Umstände zugrunde:

In erster Linie gilt es das Reichsgebiet zu entlasten, wo die bestehenden Kasernen- und Ausbildungseinrichtungen ohnehin kaum ausreichen.

Schließlich bedroht auch die alliierte Lufttätigkeit die in Stadtnähe angesiedelten militärischen Anlagen. Infolge des häufigen Luftalarms werden auch die Ausbildungsmöglichkeiten beeinträchtigt.

Aufgrund der einschneidenden Einschränkungen des Versorgungswesens im Reichsgebiet, wäre die Verpflegung einer Truppe mit relativ hohem Anteil heranwachsender Soldaten schwierig. Der von ihnen geforderte harte Dienst würde bei häufigem Schlafmangel zu Gesundheits- und Wachstumsstörungen führen.

Auch muss in den besetzten Gebieten die Industrie, die im Dienste des Reiches arbeitet, ausreichend geschützt und die Invasionsabwehr sichergestellt werden. In Nähe zum Aufstellungsraum der Division befinden sich ein großes Stromkraftwerk, ein Truppenübungsplatz und eine Sprengstoff-Fabrik sowie die Loire-Brücken in und beim großen Straßen- und Bahn-knotenpunkt Saumur (4).

Auch muss mit den französischen Widerstandsgruppen in der Region gerechnet werden.

Um den Anforderungen an die neue Art der Panzer-Grenadier-Division des Typs 1944 gerecht zu werden, muss die „Götz" folgendermaßen gegliedert werden:

1 — Ein Divisionsstab mit einer SS-Feldgendarmerie-Kp. und einer SS-Sicherungskompanie.

2 — Eine SS-Panzer-Aufklärungs-Abteilung mit einer Panzerspäh-Kp. drei Aufklärungs-Kpn auf VW-Schwimmwagen (Typ K 2 s)

einer schweren Kp. und einer Versorgungs-Kp.

3 — Zwei Panzer-Grenadier-Regimenter mit ihrem jeweiligen Regimentsstab und einer Stabs-Kp … Jedes Panzer-Grenadier-Regiment besteht aus drei Bataillonen und einer schweren Kp … Außerdem aus den folgenden Regiments-Einheiten:

— 13. IG-Kp.

— 14. Elak-Kp. (tw. auf Selbstfahrlafette)

— 15. Pi.-Kp.

— 16. Aufkl.-Kp. auf Schwimmwagen

4 — Ein Artillerie-Regiment mit

— 2 le. Abteilungen

— 1 schweren Abteilung mit:

— 2 schweren Batterien Feldhaubitzen

— 1 schweren Batterie Feldkanonen

5 — Ein Pionier-Bataillon mit

— 3 Pionier-Kompanien

— 1 le. Brückenkolonne mit Stabskompanie

6 — Eine Panzer-Abteilung (Bataillonsstärke) mit

— Stabskp. bestehend aus Pionierzug, Aufklärungszug, Nachrichtenzug und Flakzug.

— 3 Panzerkompanien bestehend aus jeweils 14 Sturmgeschützen mit Stu.K 40 /L 48

— 1 Versorgungs-Kp.

7 — Panzerjäger-Abteilung mit

— 2 Kpn Jagdpanzer IV, Zuteilung erst im Juli 1944

— 1 gemischte Kp mit 7,5 cm Sfl (Selbstfahrlafette) und Motorzug-Mitteln (kurz: Z)

— 1 Versorgungs-Kp.

8 — Eine Flak-Abteilung mit:

— 1 Stabs-Batterie und le. Flak-Kolonne

— 3 schwere Batterien zu jeweils 4 8,8 cm Flakgeschützen und 1 le. Flakzug mit 3,7 cm Flak auf Einzellafette

— 1 mittlere Flak-Batterie bestehend aus 9 3,7 cm Flakgeschützen tw. auf Sfl und mot. Z.

(2) Ausbildungs- und Ersatz-Bataillon: Im Frz.: „Bataillon de dépôt et d'instruction"

(3) Anlage 3: SS-FHA, Amt II, Org-Abt. Ia/II.

(4) H. Stöber, S. 15: Tgb. Nr. 1658/g.Kdos.

9 — Eine Nachrichten-Abteilung (Bataillonsstärke) mit:

— 1 Fernsprech- und einer Funk-Kp. sowie einer le. Nachrichten-Kolonne

10 — Versorgungs-Einheiten

— 1 Nachschub-Abteilung (Bataillonsstärke) mit:

— 6 Kraftfahrzeuge-Kolonnen

— 1 Tank-Kolonne (Tankwagen)

— 1 Instandsetzungs-Abteilung (Bataillonsstärke), aus 2 Kpn bestehend

— 1 Wirtschafts-Bataillon mit:

— Verwaltungs-Kp.

— Schlächterei-Kp.

— Bäckerei-Kp.

— Feldpostamt

I. Unterbringung der Teileinheiten der 17. SS-Panzer-Panzer-Grenadier-Division „Götz von Berlichingen" (Stand: 15.12.43) u. Stellenbesetzung:

1 — Divisionsgefechtsstand: Thouars

— Kommandeur: Oberführer Ostendorff

— Ia (Durchführung mil. Operationen): Hauptsturmführer Dr. Conrad

— Ib (Nachschubwesen): Hauptsturmführer Linn

— W.u.G. (Waffen und Gerät): Hauptsturmführer Grellmann

— Ic (Feindlage): Obersturmführer von le Coq

— IIa (Personaloffizier): Hauptsturmführer Kotthaus

— III (Gerichtsoffizier): Sturmbannführer Dr. Schorn

— IVa (Nachschuboffizier): Sturmbannführer August

— IVb (Vergaser-Kraftstoff — Technischer Offizier Kraftfahrzeuge): Hauptsturmführer Funke

— Musikzug: Hauptsturmführer Schmidt-Petersen

— Gräberoffizier: Oberscharführer Dukowetz

— Divisions-Sicherungs-Kompanie: Obersturmführer Koch (5)

— Feldgendarmerie-Kompanie: Obersturmführer Lösel

2 — SS-Panzer-Grenadier-Regiment 37

— Kommandeur: Obersturmbannführer Fick mit Gefechtsstand in Parthenay

I./37: Sturmbannführer Häussler in Parthenay

II./37: Sturmbannführer Opificius in Secondigny

III./37: Sturmbannführer Zorn in Moncoutant

3 — SS-Panzer-Grenadier-Regiment 38

— Kommandeur: Obersturmbannführer Horstmann in St.-Hilaire, später St.-Florent

I./38: Hauptsturmführer Ertl in Saumur —

II./38: Sturmbannführer Nieschlag in Saumur

III./38: Sturmbannführer Bolte in Chantes (Chaintré)

4 — SS-Panzer-Aufklärungs-Abteilung 17

Kommandeur: Hauptsturmführer, später Sturmbannführer Holzapfel in Montreuil-Bellay

2./ SS A.A. 17: Untersturmführer Walzinger in Brion bei Thouet Unteroffizierslehrgang in Brion bei Thouet

3./ SS-A.A. 17: Obersturmführer Buck in Bouillé-Loretz

4./ SS A.A. 17: Obersturmführer Mumm in Montreuil-Bellay

(5) Das SS-FHA verwendet die Bezeichnung Sicherungs-Kompanie
In der 1. SS-Panzer-Division „LSSAH" heißt es dagegen: Divisions-Stabskompanie. In den anderen SS-Panzerdivisionen: Divisions-Begleit-Kompanie.

5./ SS A.A. 17: Obersturmführer Priehler in Le Puy, Notre Dame Anzumerken ist das Fehlen der 1./SS-A.A. 17, der Panzerspäh-Kompanie

5 — SS-Artillerie-Regiment 17

Kommandeur: Obersturmbannführer Binge in St.-Varent

I./ SS-A.R. 17: Sturmbannführer Ernst in Coulognes-Thouarsais

II./ SS-A.R. 17: Hauptsturmführer Helm in Doué-la-Fontaine

III./ SS-A.R. 17: Obersturmbannführer Drexler in La Maucarrière

Es muss angemerkt werden, dass in diesem Auszug des K.T.B. der Division nicht alle aufzustellenden Teileinheiten aufgeführt werden.

So tritt die SS-Flak-Abteilung 17 erst am 24.12.43 zur Division, die Panzer-Abteilung 17 am 15.1.44 und die Regiments- und Bataillonspioniere (SS-Pionier-Bataillon 17) erst Ende März 1944.

Ein Angehöriger der SS-Pz, Abt. 17 namens Ott berichtet:

Um die einzelnen Unterbringungsräume der Truppe zu lokalisieren, empfiehlt sich die Verwendung von Michelin-Karten.

Obige Darstellung gibt einen Eindruck von der Unhandlichkeit des deutschen Befehlswesens, was durch das folgende Fernschreiben vom 23.12.43 noch unterstrichen wird:

„Der O.B. West (Generalfeldmarschall von Rundstedt) hat befohlen:

Die 17. SS-Panzer-Grenadier-Division „Götz von Berlichingen" ist einsatz-, nachschub- und ausbildungsmäßig dem Generalkommando des II. SS-Panzer.Korps unterstellt. Dieses untersteht mit seinen Divisionen wiederum dem O. B. West, der es zur Reserve der Heeresgruppe bestimmt. Die Heeresgruppe befiehlt (nach vorhergehender Herstellung der Einsatz-bereitschaft der 17. SS-Panzer-Grenadier-Division) deren Einsatz, wohingegen das SS-Führungshauptamt die Ausstattungsfragen und der General der Panzertruppen West die Ausbildung regeln.

Versorgungsmäßig ist die Division vom A. O. K. 1 abhängig, während sie in den Fragen der örtlichen Befehlsgebung dem Militärbefehlshaber Frankreich untersteht.

Ausführungsbestimmung des A.O.K. 1 mit der Nr. 2989/43. gKdos.

Diese Bestimmung betrifft vorläufig nicht den Einsatz von Kampfgruppen aufgrund von Befehlen des A.O.K. 1 gemäß Anweisung Nr. 2836/43 g.Kdos...

Diesbezüglich ergehen weitere Befehle.

Ergänzungsbefehl vom Generalkommando LXXX:

In Versorgungsangelegenheiten bleibt die Division weiter dem LXXX.

A.K. unterstellt.

Gen. Kdo. LXXX. A. K.

Ia Nr. 5502/43 g.Kdos.

Nehmen wir also zur Kenntnis, dass die „Götz", ebenso wie Panzer-Lehr-Division, die 1. SS-Panzer-Division „LSSAH" und die 12. SS-Panzer-Division „Hitlerjugend" zur O.K.W.-Reserve gehört. Nur ein O.K.W.-Befehl (d. h. ein Befehl Hitlers) kann somit den Einsatz der Division im Falle einer möglichen Landung bewirken.

Am 16.1.44 meldet Oberführer Ostendorff dem Generalkommando des II. SS-Panzer-Korps unter der Laufnummer 21/44 g.Kdos. folgenden Stärke und Ausrüstungsstand seiner Division:

Um den 15.1.44 herum wird im Bahnhof von Mirebeau ausgeladen. Die Bevölkerung lässt sich nicht blicken, lediglich das Bahnhofspersonal ist zu sehen. Marsch durch die Stadt. Auch in den folgenden Tagen kaum eine Spur von Zivilisten. Die Stabskompanie bezog ein Barackenlager außerhalb der nördlichen Stadtmauer, das von einem hohen Drahtverhau umgeben war. Bis zu unserer Ankunft war es mit Heeressoldaten (Landas-schützen?) belegt. Vor dem Krieg lagen hier französische. Kolonial-truppen.

Die 1. und 2. Kp. verlegten nach Thenezay, das ungefähr 12 km westlich von Mirebeau liegt. Das heißt, die 1. Kp. kam in die Schule am Marktplatz und die 2. Kp. in gemauerte Baracken am Ortsrand. Einige waren noch von Zivilisten bewohnt.

Die 3. Kp. zog in St.-Jean-de-Sauve, ca. 6 km nordwestlich von Mirebeau, unter. Die 4. Kp. wurde abgestellt. Aber sie blieb nur ein paar Wochen bei der Panzer — Abteilung und wurde schließlich der Panzerjäger-Abteilung 17 angegliedert.

Stubaf. Bayer wurde nach einigen Wochen zur 16. SS-Div. RFSS versetzt, Sein Nachfolger, Sturmbannführer Weiß, blieb nur kurze Zeit bei der Abteilung und kam anschließend zur s.SS.Pz.Abt. 502.

Als neuer Kommandeur traf Stubaf Kniep ein. Dieser kam am 22.4.44 bei einem Übungsschießen mit scharfer Munition durch einen Schießunfall ums Leben. Bei dem gleichen Vorfall wurde sein Adjutant Ostuf. Hasselmann verwundet. Stubaf. Kniep wurde auf dem städtischen Friedhof von Poitiers beigesetzt. Die Panzer-Abteilung stellte die Ehrenkompanie, die eine Salve über seinem Grab schoss. Kniep war Ritterkreuzträger. Neuer Kommandeur wurde Sturmbannführer Kepplinger, der sich das RK im Westfeldzug verdient hatte, als er noch Hschf. war.

In Mirebeau gab es verschiedene Soldatenheime. Das Soldatenheim für alle Dienstgrade befand sich in Hôtel de France am Marktplatz, das Monsieur D. gehörte.

Zwei Häuser weiter war der Sanitätsbereich des Bataillons. An der Nationalstraße lag das Offiziersheim (dekoriert von Kunstmaler Uscha. Reinsch). Etwas weiter gab es Unteroffiziersheime für Unteroffiziere mit und ohne Portepée. Hier gab es Schwierigkeiten, die benötigten Räume zu finden.

Die Fernmeldezentrale des Bataillons befand sich ebenfalls an der National straße gegenüber dem Offiziersheim.

Hinter der Fernmeldezentrale lag der Bataillonsstab (Schreibstube, Personaloffizier und Verbindungsoffizier zur Division usw.).

Der Instandsetzungszug des Bataillons war in einer Markthalle untergekommen, die an die nördliche Stadtmauer gebaut war. Daneben die Stabskompanie. Der Nachschuboffizier, Ostuf. Brocke, hatte mit seinen Gehilfen, dem Oscha. Freitag und dem Oscha. Mannisch, am Nordende der Nationalstraße Quartier bezogen.

Die Stadt Mirebeau.

Ein Provinzstädtchen, sehr alt und idyllisch, 25 km nordwestlich von Poitiers gelegen. War es der Geburtsort des Kardinals Richelieu?

Ich weiß nicht, ob diese Behauptung, die man uns gegenüber 1944 machte, richtig ist. Mitten im Ort, auf halbem Wege zwischen Marktplatz und Barackenunterkunft der Stabskompanie, lagen auf einer Erhebung die Ruinen eines alten Schlosses.

Ungefähr ein Viertel seiner Mauern stand noch. Die Nationalstraße 174 von Poitiers nach dem Norden geht durch die Stadt. Der Bahnhof im Westteil liegt an einer Nebenstrecke, die offenbar während des Krieges nicht von Reisezügen befahren wurde.

Der Reiseverkehr nach Poitiers (dem Hauptort des Départements Vienne — und nicht wie im Bericht fälschlich angegeben der Deux-Sèvres) wurde mühsam mit Autobussen aufrecht erhalten.

Als die Panzer-Abteilung 17 in Mirebeau ankam, zeigte sich die Bevölkerung äußerst zurückhaltend. Während der ersten Tage zeigten sich die Franzosen kaum, aber das änderte sich sehr schnell. Die ersten, die ihre Dienste anboten, waren Zigeuner. Sie sprachen deutsch, gaben an aus der Saarbrücker Gegend zu kommen und wollten als Dolmetscher arbeiten. Sie traten allerdings untereinander und auch den Franzosen gegenüber so provozierend auf, dass die Wache einschreiten musste.

Der Grund hieß Alkohol!

Auch einige Juden wohnten in Mirebeau, wurden aber nicht belästigt.

Ein älterer Jude, vielleicht 60, diente dem Bürgermeister als Dolmetscher, wobei er den Stern trug.

Ein aus Berlin stammender jüdischer Elektrotechniker, der eine Frau namens Christine und einen 4 jährigen Sohn hatte, arbeitete ohne Aufsicht sogar im Bataillonsbereich.

Die Beziehungen zwischen der Besatzungsmacht (8 Abt. 17) und der Zivilbevölkerung entwickelten sich langsam, nachdem die anfängliche Zurückhaltung der Franzosen verflogen war.

Die erste Gelegenheit entstand, als ein StuG IV einen Elektromasten umfuhr. Der Bürgermeister wurde verständigt. Man machte ihn darauf aufmerksam, dass die Leitungen unter Strom standen und eine Gefahr für die Öffentlichkeit darstellten, woraufhin er sich um die Reparatur kümmerte.

Das Soldatenheim im Hôtel de France am Marktplatz genoss regen Zulauf.

Der Besitzer, Monsieur Dauzac, stand bei den Franzosen in keinem guten Ruf, da er ein großer Schwarzmarkthändler sein sollte (vor der Ankunft der Pz.-Abt. 17.).

Überdies hatte er ein Verhältnis mit einer polnischen Arbeiterin, was Madame Dauzac wenig gefiel.

Eines Tages im April 1941 verschwand er spurlos.

An der Nationalstraße, nördlich des Marktplatzes, fand ungefähr einmal wöchentlich in einem Saal ein Wanderkino statt (mit 16 mm Tonfilm).

Unter den Zuschauern waren viele Soldaten, obwohl sie die französischen Filme kaum oder gar nicht verstanden. Zur allgemeinen Überraschung rauchten die Franzosen ungezwungen und stark, so dass die Vorstellung darunter litt.

Da das Soldatenheim im Hôtele de France nicht immer geöffnet war, suchte die Truppe nach anderen Unterhaltungsmöglichkeiten.

Dabei spielte das Café Chez Louis, das gegenüber der Kirche lag, eine sehr große Rolle. Die Besitzer, Herr und Frau Raté, servierten hier den traditionellen französischen Wein, aber auch Spiegelei mit Brot.

Als in einer Nacht zwei angetrunkene Uschas die Kirchenglocken läuteten, kam es zu einem öffentlichen Protest des Geistlichen.

Das Versprechen, die Schuldigen ausfindig zu machen und zu bestrafen, führte dazu, dass diese sich stellten und um Nachsicht baten.

Die beiden Uschas entschuldigten sich in Gegenwart eines Dolmetschers (ein Kamerad) beim Pfarrer, was zu allseitiger Zufriedenheit führte.

Eine Anzahl Lkw mit Zivilfahrern aus der Bevölkerung stand an jedem Werktag im Dienst unserer Einheit.

Die Fahrer Kamen jeden Tag auf den Marktplatz, wo ihnen der Gehilfe des Nachschuboffiziers (Oscha. Willi Freitag) den Fahrauftrag gab und ihnen Marschbefehle aushändigte. Meistens ging es darum, aus Parthenay (etwa 25 km west-südwestlich von Mirebeau) Verpflegung zu holen: Brot, Gemüse, Fleisch usw…

Die Franzosen nannten dies „Ravitaillement". Aus dem Umstand, dass deutsche Soldaten die Transporte begleiten mussten, entstanden Kontakte, die teilweise wirklich freundschaftlich waren. Erwähnt sei hier der einheimische Händler H.P., der eines Tages seinen kranken Fahrer vertrat.

Die Truppenverpflegung, die man mit französischen Lkw aus dem Lager in Parthenay herbeischaffte, wurde durch eigene Maßnahmen des Bataillons aufgebessert. Bei einem Weinhändler in Mirebeau gab es roten Fasswein zu kaufen, der dann billig in den Kantinen der Kompanïen weiter verkauft wurde.

Dort gab es ebenfalls Eier und Milch, welche die Einheit eingekauft hatte. Es gelang regelmäßig, Schweine, Kälber und-Kühe einzukaufen, die dann der Küche zur Verfügung standen. Bei solchen Gelegenheiten legte die Truppe zusammen. Der Beitrag war für den einzelnen gering.

Manchmal wurde den jüngeren Soldaten die zustehende Zigarettenration in Form von Lebensmitteln ausgehändigt.

Die Möglichkeiten, die es gab, waren umso zahlreicher, als sich langsam ein Vertrauensverhältnis zwischen Soldaten und Zivilisten einstellte.

Ein Beispiel: Der Dolmetscher des Bataillons hatte durch einen befreundeten Metzger erfahren, wo man Schweine einkaufen konnte.

Der Hotelier, den wir daraufhin besuchten, wies uns empört ab und erklärte uns, dass er keine Schweine besäße. Auf Schwarzmarktgeschäfte stünden schließlich Strafen!

Erst nach einigen Gläsern und nachdem er den Namen des Dolmetschers erfahren hatte, begann er zu strahlen:

„Ach so, Sie sind der Monsieur aus Mirebeau! Warum tragen Sie eine graue Uniform? In Mirebeau tragen slle Soldaten Schwarz! Ich weiß viel über Sie. — Mein Freund, der Metzgermeister aus Mirebeau, hat mir von Ihnen erzählt. Kommen Sie, suchen Sie ein Schwein aus!"

Das Verhältnis zwischen Truppe und Bevölkerung war korrekt. Auf der anderen Seite waren Kontakte zwischen jungen Leuten und Soldaten recht selten.

Eines Tages verweigerte der Weinhändler, der am Marktplatz von Mirebeau wohnte, weitere Lieferungen seines Rotweins. Er erklärte empört, dass ihm in der Nacht mehrere Fässer Wein aus dem Haus gestohlen worden seien. Mit Soldaten wollte er nichts mehr zu tun haben: „Alle Soldaten sind Räuber!" Alle Soldaten seien also Kriminelle. Erst nachdem eine zeitlang getobt hatte, erklärte er, dass Soldaten mit einem Lkw gekommen seien und den Wein aus seinem Lager am Stadtrand entwendet hätten.

Unsere Erkundigungen bei der Feldgendarmerie ergaben, dass ein Bergungskommando der Luftwaffe, das auf der Suche nach einem in der Gegend abgestürzten amerikanischen Bomber war, diesen Einbruch verübt hatte.

Der Truppenteil der Luftwaffe wurde bald ermittelt und die Schuldigen hatten nicht nur den Wein zu bezahlen, sie mussten auch die leeren Fässer zurückgeben.

Dieser Zwischenfall stärkte den Ruf des „Regiments 44" beträchtlich (man nannte uns so, da die Runen auf den Kragenspiegeln als „44" gelesen wurden).

Selbst auf den katholischen Geistlichen machte dies Eindruck, und er verhielt sich sehr höflich, grüßte Offiziere und Mannschaften.

Bei der 1. und 2. Kompanie in Thenezay war das Verhältnis zur Bevölkerung ähnlich. Nachdem die StuG IV auf dem Fahrwerk des P IV mit KwK 7,5 L 76 eingetroffen waren, wurde die Ausbildung an den Kampfwagen intensiv betrieben.

Dabei kam es zu einem tödlichen Unfall: Als die Geschütze von einer Übung zurückkehrten und über den Marktplatz von Thenezay fuhren, wollte Oscha.

Kistner die Fahrer einweisen.

Er sprang (trotz strengen Verbots!) nach vorne vom fahrenden Stug ab, stürzte und wurde von ihm überrollt. Der Fahrer, der ihn nicht hatte sehen können, war schuldlos. Kistner war auf der Stelle tot. Er wurde auf dem Stadtfriedhof von Poitiers begraben, wobei die Einwohner von Thenezay ein Ehrenspalier bildeten.

Stabsquartier, 15.1.44

I. Gliederung bereits aufgestellter Teileinheiten:

Divisionsstab

2 Grenadier-Regimenter

1 Artillerie-Regiment

1 Panzer-Abteilung

1 Flak-Abteilung

Aufklärungs-Abteilung (in Teileinheiten)

Sanitäts-Abteilung (in Teileinheiten)

Feldgendarmerie-Kompanie (in Teileinheiten)

Einsatzbereit: 1 Kampfgruppe, teilmotorisiert, mit:

2 Grenadier-Kpnen

2 schwere Kpnen

1 le. F.H.-Battr. (Feldhaubitzbatterie)

II. Personal

	Bestand	Fehl
Führer	136	526
Unterführer	760	2 448
Männer	9 872	3 535
Insgesamt	10 768	6 509

III. Materialbestand

	Bestand	Fehl
le.I.G	19	10
s.I.G	—	12
le.F.H	15	10
s.F.H	4	8
10 cm Kan.	—	4
s.Pak	7	24
Kräder	—	1 170
PKW	7	940
LKW	2	1 688
RSO (Raupenschlepper Ost : Halbketten-Fahrz Steyr)	—	9
Zugkratfw.1 to	—	90
Zugkratfw.3 to		31
Zugkratfw.8 to		28
Zugkratfw.12 to		15
Zugkratfw.18 to		10
Schwimmwagen		

IV. Ausbildungsstand

2/3 der Rekruten haben 7 Wochen Grundausbildung hinter sich, 1/3 4 Wochen.

V. Beurteilung der Einsatzfähigkeit der Division

Eine Kampfgruppe ist einsatzbereit.

VI. Besondere Schwierigkeiten

Abmangel von Offizieren und Kraftfahrzeugen.

gezeichnet: Ostendorff

Am 15.1.44 gibt der Oberführer Ostendorff unter der Laufnummer 104/44 g.Kdos. einen Bericht über den Zustand seiner Division an das General-kommando des II. SS-Panzer-Korps.

1 — Personallage

	Soll	Fehl
Führer	625	447
Unterführer	3 280	2 078
Männer	12 665	2 601
Insgesamt :	16 570	5 126

In der Zeit der Entstehung des Berichtes laufen der Truppe als Ersatz

zu: 20 Führer, 1342 Unterführer und Mannschaften.

2 — Ausstattungslage

Materiallage	1	2	3
Surmgeschütze	76++	1	—
Schtz. Pz.			
Pz. Sp. Art. Pz. B			
(o Pz. Fu. Wg)			
(insgesamt Mun. Pr)		69	—
—			
Pak	24	9	—
Kräder Ketten	5	—	—
m. angetr. Bwg	304	55	—
sonst.	493	54	—
PKW gel.	763	482	—
o.	131	42	
Lkw Maultiere	18	4	
gel.	758	7	
o.	716	34	
Zgkw mit 1-5 to	156	—	
mit 8-18 to	25	2	—
RSO (Raupenschlepper Ost)	33	—	—
schwere Pak	27	9+7	—
Art. Geschütze	41	25	
MG (u. MG 42)	959	874	
sonst. Waffen	(931)	(849)	

	1	2
8 cm. Granatwerfer	99	86
le.I.G	29	26
s.I.G	12	5
5 cm Pak	1	33
2 cm Flak	44	44
2 cm Flak Vierling	4	4
3,7 cm Flak	9	9
8,8 cm Flak	12	12

3 — Kurzbeurteilung des Kampfwerts durch den Kommandeur:

2/3 der Rekruten der Division haben nun eine 11wöchige Ausbildung genossen,

1/3 eine Bwöchige.

Unteroffiziere und Stammpersonal sind als einzige voll ausgebildet.

Drei Kampfgruppen sind in der Verteidigung voll einsetzbar, für Angriffsaufgaben sind sie eingeschränkt einsatzbereit.

Zwei Kampfgruppen sind nur in der Verteidigung einsatzbereit.

Teileinheiten der Sanitätskompanie und des San kraftw. — Zuges sind bedingt einsatzfähig und auf Bahnmarsch angewiesen.

Die restlichen Teileinheiten der Division sind nur für die Übernahme örtlicher Sicherungsaufgaben verwendbar.

gezeichnet: Ostendorff

Diese Meldung macht folgende Erklärung notwendig:

a) Die Gegenüberstellung der Spalten 1 und 2 der Materialaufstellung der Division (Soll und Fehl) macht deutlich, welch dürftige Mittel dem Oberführer Ostendorff zur Verfügung standen. Es waren noch nicht einmal SPW vorhanden, um wenigstens ein Bataillon jedes Panzer-Grenadier-Regiments auszustatten. Ein einziges Sturmgeschütz war im Einsatz und es herrschte gewaltiger Mangel an Lastkraftwagen und Motorzugmitteln.

b) Allgemeiner LKW-Mangel

c) Mangel an Zugfahrzeugen für die Artillerie

d) Immerhin ist die SS-Flak-Abteilung voll ausgerüstet. 1., 2. und 3. Batterie verfügen jeweils über 4 motorbewegliche 8,8 cm Flakkanonen. Zufolge dienen LKW der Divisionsnachschubtruppen als Zugmittel. Die Batterien haben je drei 2 cm Flak (mot Z?) und die 4. Batterie verfügt über neun 3,7 cm Flak (Sfl) auf Sdkfz. 7/1. Die 14. (Flak) /37 besitzt sechs 2 cm Flak auf Sfl.

Am 22.2.44 ergeht der Befehl zur Aufstellung von Divisions-Nachschubtruppen 17 bis zum 1.3.44.

In Übereinklang mit Kst und KAN vom 1.11.42 und 1.11.43 setzen sie sich wie folgt zusammen:

— Stab Kdr. Div. Nschb. Tr.

— Kraftfahr-Kp., 90 t

— Kraftfahr. Kp. b, 120 t

— Nachschub-Kp. (mot.)

Aufzustellen sind 5 Kraftfahr-Kpnen (4 zu je 90 t und 1 zu 120 t) mit einem Gesamttransportraum von 480 t.

Zugrunde liegen 85 % der Sollstärke nach dem Kriegsstärkenachweis (KstN). der von 6 Kraftfahrkompanien ausgeht.

Ergänzendes Personal hat die Kompanie zur besonderen Vefügung (Kp. z. b. V.) zu stellen.

Der Aufstellungsbefehl wird gesondert ausgefertigt.

Am 25.2.44 erhält Sturmbannführer Samov, Kommandeur der SS-Divisions-Nachschub-Truppen 17 (DiNaFü), den Befehl bis 6.3.44 einen Entgiftungs — und Entseuchungszug aufzustellen (la Tgb. Nr. 129/44 g.kdos).

Das Personal hierfür soll aus der Nachschub-Kp. und die Fahrzeuge aus den Divisions-Nachschub-Tr. herausgezogen werden.

Der Zug soll umfassen: (Bsp. f. Schreibw.: 1/3 = 1 Uffz./3 Mannsch.)

Personallage	Bestand	Fahrzeuge
1 Offizier	1	1 PKW
1 Fahrer	1	
2 Gasspürtrupps		
	2/6	2 PKW
2 Kradmelder	2	2 motorräder
2 Entgiftungs-		
trupps 1/4.	2/8	2 LKW
1 Nachschub-Kfz.	2	1 LKW

Gesamtstärke: 1 Offizier, 4 Unteroffiziere und 19 Mannschaften

Die Ausrüsstung ist beim Ib (Nachschuboffizier) der Division anzufordern.

Der mobile Entgiftungs- u. Entseuchungszug soll bei Ausbruch eines Gaskrieges alarmiert werden. Aus den Divisions-Nachschub-Truppen sollen in diesem Fall 18 weitere Soldaten mobilisiert werden, welche die Entgiftungsfahzeuge zu bemannen haben.

Die speziell für die Straßenentgiftung vorgesehenen Fahrzeuge des Regiments und der Bataillone werden im Zuge dieser Maßnahmen nachgeführt.

Unterdessen geht die Aufstellung der „Götz von Berlichingen" trotz aller Schwierigkeiten: schlecht und recht weiter.

Am 29. Februar wird die Aufstellung des Feld-Ersatz-Bataillons 17 befohlen.

Da Führungspersonal und Material fehlen, müssen — wie im folgenden beschrieben — bereits aufgestellte Teileinheiten von beidem abgeben.

„Mit Wirkung vom 1.3.44 wird das Feld-Ersatz-Bataillon 17 aufgestellt."

Kommandeur ist der Hauptsturmführer Siems.

Aufstellungsort: Châtellerault

In erster Linie geht es darum, Stab, 2 Panzer-Grenadier-Kpnen und 1 gemischte Batterie zusammenzustellen.

Die SS-Panzer-Grenadier-Regimenter 37 und 38 sowie das Artillerie-Regiment 17 haben an das F.E.B. 17 jeweils einen Kompanie — bzw. Batterie-chef abzuordnen

Es werden hierzu abgestellt:

— vom Art.-Rgt. 17 1 Geschützführer mit Bedienung für schwere Haubitzen; 1 Geschützführer für schwere Haubitzen

— von der Flak-Abt. 17: 1 Geschützführer mit Bedienung für 2 cm Flak.

— vom Pz.-Gren-Rgt. 37: 1 Geschützführer mit zugehörigem Infanterie-beschütz

— vom Pz.-Gren-Rgt. 38: 1 Gruppenführer für Granatwerfer

Weiterhin notwendig werdendes Stammpersonal muss aus der Z.b.V.-Kompanie zum Bataillon versetzt werden.

Darüberhinaus benötigtes Führungspersonal wird von der Z.b.V.-Kompanie abgestellt und zum Bataillon versetzt.

Die Zuteilung von Fachpersonal aus dem Sanitäts — und Verwaltungswesen erfolgt über die Division.

Bewaffnung, Ausrüstung und Munition stellt der Ib.

Mit Beginn der Aufstellung des F.E.B. 17 wird die Z.b.V.-Komapnie diesem disziplinarisch unterstellt.

Der Bericht über den Vollzug der Aufstellungsmaßnahme muss der Division bis zum 5.3.44 vorliegen.

Ferner müssen die Divisionseinheiten, wie in der Anlage zu diesem Befehl aufgeführt, Ausrüstung abgeben, um das F.E.B. 17 auszustatten:

„Das Feld-Ersatz-Bataillon 17 wird wie folgt bewaffnet:

— 3 Gewehre 41:

1 vom Rgt. 37

1 vom Rgt. 38

1 vom Divisionsgefechtsstand

— 6 Pistolen 08 vom Materialversorgungslager in Thouars

— 23 M.P. 40 vom Materialversorgungslager in Thouars

— 25 M.G. 42 mit Zubehör:

12 vom Kdr. der Div. Nachsch. — Truppen

13 vom Materialversorgungslager

— 4 schwere M.G. 42: aus dem Reich zugeführt

— 2 8 cm — Granatwerfer:

1 vom Rgt. 37

1 vom Rgt. 38

— 2 le. Infanterie-Geschütze 18:

1 vom Rgt. 37

1 vom Rgt. 38

— 2 2 cm Flak-38 von der Flak-Abteilung (mit Bedienungen)

— 1 s. Feldhaubitze 18 vom Artillerie-Rgt. (mit Bedienung)

— 1 le. Feldhaubitze 18 vom Artillerie-Rgt. (mit Bedienung)

— 2 Richtkreis-Geräte: Zuführung aus dem Reich

— 500 Kurzspaten vom Materialversorgungslager Thouars

Ein evtl. Abmangel an Gewehren und Gasschuausrüstung muss über den Ib / Waffen u. Munitionsoffizier ausgeglichen werden.

Am 14.4.44 berichtet der Brigadeführer und Generalmajor der Waffen-SS (Beförderung vom 4.4.44) Ostendorff über den Zustand seiner Division an das Panzergruppen-Kommando-West (Tgb. Nr. 229/44 G.kdos):

I. Gliederung der bereits aufgestellten Einheiten:

Div.-Stab, zwei Pz.-Gren.-Rgter, ein Art. Rgt., eine Pz.-Aufkl.-Abt., eine Pz.-Abt., eine StugGesch.-Abt., eine Flak-Abt., ein Pionier-Btl., eine Nachr.-Abt., Div.-Nachschub-Truppen, ein Wirtschafts-Btl., eine San.-Abt., eine: Instandsetzungs-Abt., ein Feld-Ersatz-Btl., eine Feldgendarmerie-Kp., eine Div.-Sicherungs-Kp.

Einsatzbereit:

1-Div. Stab

SS-Div. Sicherungs-Kp.

gem. Nachr.-Kp., SS-Nachr.-Abt. 17

SS-Feldgendarmerie-Kp. 17

Werkstatt-Kp., SS-Inst.-Abt. 17

Waffenwerkst.-Zug 17

2-SS-Pz. Aufkl.-Abt. 17

Gliederung: Abt.-Stab und Nachr.-Zug

Pak-Zug

2., 3., und 4. Aufkl.-Kp. (jeweils mit 1 fehlenden Zug)

3 — verst.SS-Pz.-Gren.-Rgt. 37:

Gliederung: Rgts.-Stab

I., II. und III. Btl.

13., 14. und 15. Kp.

zusätzlich: I./SS-Art.-Rgt. 17

1. Pz.-Jäg.-Kp. auf Sfl.

1. Gem.-Zug-SS-San.-Abt. 17

Beweglichkeit: behelfsmäßig

Das III./37 mit Fahrrädern ausgestattet. Schwere Waffen pferdebespannt.

4 — verst.SS-Pz.-Gren.-Rgt. 38:

Gliederung: Rgts. Stab

I., II. und III. Btl.

13., 14. und 15. Kp.

zusätzlich: 1 le. Feldhaubitzen-Batterie vom II./ SS-Art. Rgt. 17

1 s. Feldhaubitzen-Bat. vom III./ SS-Art.-Rgt. 17

1 8,8 cm Flak-Bat. von der SS-Flak-Abt. 17

1 gem. Zug von der SS-San.-Abt. 17

Beweglichkeit: behelfsmäßig mit Motorzugmitteln ausgestattet

15./38 mit 1 fehlenden Zug, behelfsmäßig motorisiert

III./38 mit Fahrrädern ausgestattet. Schwere Waffen pferdebespannt.

II. Personallage	Ist	Fehl
Offz	316	255
Uffz	1 747	1 754
Manschaft	15 027	—

III. Materiallage	Bestand	Fehl
— Pistolen	5145	—
— Gewehre	12792	—
— M.P	942	160
— le.M.G	913	131

as schwere Waffen anbelangt, ist die „Götz von Berlichingen" weit von einem Ausstattungstand entfernt, der sie einsatzreif erscheinen ließe.

„In der SS-Flak-Abteilung fehlten Fahrzeuge. Die Aufklärungs-Abteilung war vollständig ausgerüstet und hatte einen hohen Ausbildungs-stand erreicht, ebenso die Panzer-Abteilung.

Von der Panzer jäger-Abteilung war. nur die 3. Kp. auf Selbstfahrlafetten einsatzbereit. Die 1. und 2. Kp. warteten noch auf ihre Jagdpanzer IV.

Das Pionier-Bataillon und drei Panzer-Grenadier-Bataillone — das III/37 sowie zwei Bataillone vom Rgt. 38 besaßen keine Fahrzeuge.

Die Nachrichten-Abteilung und ihre Nachschub u. Wirtschaftseinheiten waren unzureichend motorisiert aber gut ausgebildet.

Das Artillerie-Regiment war zu 60 % motorisiert und hatte seine Fähigkeiten in einer Reihe von Übungen unter Beweis gestellt."

Was die Lage der Divisions-Nachschub-Truppen anbelangt, soll hier ein Bericht des DiNaFü, des Sturmbannführers Sarnow, zitiert werden:

„Da unsere Führung klar erkannte, dass den Divisions-Nachschub-Truppen in absehbarer Zukunft kein größerer Transportraum in Form von Lastwagen zur Verfügung gestellt werden würde, ging man daran — in Übereinkunft mit den Fuhrparks der Ortskommandanturen der Wehrmacht — die französischen LKW zu erfassen, die mit Holzvergasern betrieben wurden.

In dieser Sache fanden wir — trotz eines Befehls des Quartiermeisters des O.B.-West — wenig Ünterstützung.

Übungshalber wurden die dafür vorgesehenen französischen Fahrzeuge wiederholt zu Sammelpunkten befohlen. Auch die französischen Fahrer, die im Dienste der Wehrmacht standen, kamen zu den Sammelplätzen, um unseren Fahrern die Bedienung der Holzgasfahrzeuge zu demonstrieren. Der Ablauf dieser so geplanten Übung zeigte dann, dass bei einer Landung der größte Teil des Munitionsbestandes mittels Holzgas-LKW in den Kampfraum befördert werden konnte.

Zu diesem Zeitpunkt bin ich mehrfach bei der Division und beim Quartier-meister des O.B.-West Vorstellung geworden, um zu erklären, dass diese Notmaßnahme auf Dauer nicht wirksam sein könne.

Trotzdem war keine weitere Zuteilung an LKW-Transportraum zu erhalten.

Es gilt zu bedenken, dass die französischen LKW mit Holzgasmotoren der verschiedensten Art bestückt waren.

Nur die französischen Fahrer wuseten genau, wie diese funktionierten. Obwohl wir ausgebildete Fahrer besaßen und diese sich auch mit Holzvergasern auskannten, war es nicht zu schaffen, dass sie die

Holzgasfahrzeuge selbständig in Betrieb nehmen und halten konnten."

Stand 1.6.44

s.M.G	52	58
mittl. Granatwerfer (mittl : 8 cm)	91	8
le.Infanterie-Geschütze	7	22
s.Infanterie-Geschütze	5	7
les.Feldhaubitzen	25	—
s.Feldhaubitzen	12	—
10 cm Kanonen	4	—
s. Pak	17	10
Kräder	276	526
Personenkraftwagen	977	—
Lastkraftwagen	96	1 397
RSO (Raupenschlepper Ost)	2	31
Zugkraftwagen 1 to	2	83
Zugkraftwagen 8 to	2	69
Zugkraftwagen 8 to	5	1
Zugkraftwagen 12 to	—	11
Zugkraftwagen 18 to	1	5
Schwimmwagen	192	—

IV. Ausbildungsstand: 2/3 der Truppe hat 19 Wochen Ausbildung hinter sich, 1/3 16 Wochen

V. Kampfgruppen:

Die Kampfgruppe der Division ist — ausgenommen im Angriff — beschränkt einsatzbereit.

Die restliche Division kann in der örtlichen Verteidigung eingesetzt werden.

VI. Es fehlt an Offizieren, Fahrzeugen, Ersatzteilen, Nachrichtengerät. Zugmittel für schwere Waffen stehen nur unzureichend zur Verfügung.

Ia-Meldung vom 1.6.44 über den Zustand, in dem sich die Division befindet (Tgb. Nr. 372/44).

1 — Personallage

a)

Personal	Soll	Fehl
Offiziere	584	233
Uffz	3 566	1 541
Manschaft	14 204	+ 741
Hiwis	959	—
Insgesamt	19 313	2 515

b)

Verluste u. aus anderen Gründen abwesend:

Offizier: 1 Kranker, 2 aus anderen Gründen abwesend

c) Ersatz — gegenwärtig eingetroffen:

Offiziere: 14; Unteroffiziere und Mannschaften: 40

2 — Materiallage

		1	**2**	**3**
Sturmgeschütze		42	37	5
Pz. III		3	—	—
SchTz. Pz, Pz. Sp. Art. Pz. B. (o. Pz. Fü. Wg.)		35	26	—
Flak (Sf1)		26	11	
Kräder	Ketten	42	—	—
	m. angetr. Bwg	274	61	6
	sonst	369	389	34
Pkw	gel.	1043	763	47

	o.	83	459	9
Lkw	Maultiere	31	18	2
	gel.	874	50	7
	o.	812	121	22
Kettenfahrzeuge	Zgkw. 1-5 to	171	5	—
	Zgkw. 8-18 to	50	6	—
	RSO	2	2	
s. Pak		27	8++ 22	1++
Art. Gesch.		41	40	1
M.G (u. M.G 42)		1 154	1 050 (950)	14(8)
sonstige Waffen		225+++	232	13

1 : Soll **2** : Ist **3** :In kurzfristiger Instandsetzung (3 Wochen)

+++ : *Erläuterungen*

Soll	**Ist**	
99	99	cm Gr. Werfer
—	5	Ofenrohre (Pz. Schreck)
—	33	5 cm Pak
—	3	7,62 cm Pak
29	8	le.Inf. Geschütze 18
12	12	s. Inf. Geschütze 33
18	13	2 cm KwK
38	44	2 cm Flak 38
7	7	2 cm Flak-Vierling
9	9	3,7 cm Flak
12	12	8,8 cm Flak
224	**245**	**Insgesamt**

3 — Kurzbeurteilung durch den Kommandeur:

Division steht mit 2/3 der Truppe in der 25. Ausbildungswoche, mit 1/3 in der 22. Ausbildungswoche. Übungen im Divisionsrahmen werden abgehalten.

Die 17. SS-Panzer-Grenadier-Division „Götz von Berlichingen" am Vorabend der Invasion.

Ihre Gliederung und Verteilung in ihrem Aufstellungsraum am 1.6.44:

A. Der Kommandeur und Brigadeführer Ostendorff mit seinem Stab: Thouars

B. SS-Aufklärungs-Abteilung 17, Kommandeur: Sturmbannführer Holzapfel. Gefechtsstand in Montreuil-Bellay.

a) 1. Pz.-Späh-Kp. auf Radpanzern, Obersturmführer Arnken. Gefechtsstand in Montreuil-Bellay.

1 schwerer Zug (2 Halbzüge zu je 4 Achtrad-Panzerspähwagen) und 3 leichte Züge (jeder aus 2 Vierrad-Spähwagen und 3 Funkwagen bestehend).

b) 2. (Aufklärungs)-Kp., Untersturmführer Walzinger. Gefechtsstand in Brion nahe Thouet; bestehend aus 3 Infanteriezügen zu je drei Gruppen auf Schwimmwagen.

1 schwerer Zug (2 s.M.G.-Gruppen mit jeweils 2 M.G., 2 Gruppen schwere Granatwerfer auf Schwimmwagen).

c) 3. (Aufklärungs)-Kp., Obersturmführer Buck. Gefechtsstand in Bouilly-Loretz.

Gleiche Ausstattung wie 2. Kp.

d) 4. (Aufklärungs)-Kp., Obersturmführer Mumm. Gefechtsstand in Montreuil-Bellay.

Gleiche Ausstattung wie 2. u. 3. Kp.

e) Schwere Kp., Obersturmführer Priehler. Gefechtsstand in Le Puy/Notre Dame. Mit einem Pakzug zu 3 Geschützen 7,5 cm Pak 40 mit Opel-Blitz als Zugmittel.

1 Zug le. Inf. Geschütze mit 3 Gesch. und Opel-Blitz als Zugmittel.

1 Pionier-Zug auf Schwimmwagen

f) Versorgungs-Kp., Obersturmführer Hahn

C. SS-Panzer-Grenadier-Regiment 37

Kommandeur: Obersturmbannführer Fick. Gefechtsstand in Parthenay.

a) I./37. Kommandeur: Sturmbannführer Häussler. Gefechtsstand in Parthenay.

(jedes Bataillon besteht aus 3 Schützen-Kpn und 1 schweren Kp.)

— 1.Kp.: Hauptsturmführer Schlebes

— 2.Kp.: Obersturmführer von Böckmann

— 3.KP.: Obersturmführer Wagner

— 4. (schwere) Kp.: Unbek.

b) II./37 Kommandeur: Sturmbannführer Opificius. Gefechtsstand in Secondigny.

— 5. Kp.: ßUnbek.

— 6. Kp.: Obersturmführer Tetzmann

— 7. Kp.: Unbek.

— 8. Kp.: Hauptsturmführer Hennings

c) III./37. Kommandeur: Hauptsturmführer Zorn. Gefechtsstand in Moncontour im März 44

— 9. Kp.: Untersturmführer Stöhr

— 10. Kp.: Obersturmführer Witt

— 11. Kp.: Obersturmführer Schmolzer

— 12. Kp.: Hauptsturmführer Altvater

Regimentseinheiten:

— 13. (Inf. Gesch.) Kp.: Obersturmführer Borchers

— 14. (Flak-) Kp.: Hauptsturmführer von Seebach

— 15. (Pionier-) Kp.: Obersturmführer Scharnitzy

— 16. (Aufklärungs-) Kp.: Hauptsturmführer Anders

D. SS-Panzer-Grenadier-Regiment 38

Kommandeur: Obersturmbannführer Horstmann. Gefechtsstand in Nantilly (Gemäß Tgb. Nr. 52/43, g.Kdos vom 15.12.43 sollte sich dieser in St. Hilaire-St. Florent, am nordwestlichen Stadtrand von Saumur, befinden.

a) I./38. Kommandeur: Hauptsturmführer von der Wielen (nur für die Dauer der Aufstellung). Gefechtsstand in Saumur, dann in Brézé.

— 1. Kp.: Obersturmführer Graf zu Dohna

— 2. Kp.: Obersturmführer Hinz

— 3. Kp.: Obersturmführer Schwab

— 4. (schwere) Kp.: Obersturmführer Kraatz

b) II./38. Kommandeur: Sturmbannführer Bolte

Gefechtsstand in Chantes (Candes?), danach in Fontevraud

— 9. Kp.: Hauptsturmführer Krehnke

— 10. Kp.: Obersturmführer Witt

— 11. Kp.: Untersturmführer Kuhnla (während der Aufstellung)

— 12. (schwere) Kp.: Unbek.

d) Regimentseinheiten:

— 13. (Inf. Gesch.) Kp.: Unbek.

— 14. (Flak) Kp.: Obersturmführer Rieger

— 15. (Pionier) Kp.: Hauptsturmführer Rechenberg

— 16. (Aufklärungs) Kp.: Obersturmführer Eberle

— 17. (Stabs) Kp.: Untersturmführer Hoffmann

e) SS-Panzer-Abteilung 17

Kommandeur: Sturmbannführer Kepplinger. Gefechtsstand in Mirebeau.

Stabs-Kp.: Hauptsturmführer Grams, Nachr.-Zug: Untersturmführer Steinhäusser, Erkundungs-Zug: Untersturmführer Seitz, Flak-Zug (drei 2 cm Flak-Vierling auf Sfl. SdKfz 7/1): Führer unbek., Pionier-Zug (drei Gruppen): Oberscharführer Lammer

— 1. Kp.: Obersturmführer Dedelow, mit 14 Sturmgeschützen IV, 7,5 cm StuK 40 L/48.

— 2. Kp.: Obersturmführer Hörmann mit 14 Sturmgeschützen IV, 7,5 cm StuK 40 L/48.

— 3. Kp.: Obersturmführer Brittinger mit 14 Sturmgeschützen IV, 7,5 cm StuK 40 L/48.

— 4. Kp. (Versorgungskp.): Hauptsturmführer Heuser

Werkstatt-Kp.: Hauptsturmführer Pfeil

mit Bergezug und Instandsetzungszügen für Fahrzeuge und Waffen 1 Sanitätsstaffel auf SPW 251/8

f) SS-Flak-Abteilung 17

Kommandeur: Sturmbannführer Braune. Gefechtsstand in Noirterre (während der Aufstellung Coulognes — Thouarçais — Pierrefitte), dann ab Mai 44 Saumur (Château Launay).

— 1. Batterie: Obersturmführer Baier in Villebernier (Mai 44)

4 Geschütze 8,8 cm Flak (mot. Z.)

3 Geschütze 2 cm Flak (mot Z)

— 2. Batterie: Weiss in St. Hilaire (Mai 44)

4 Geschütze 8,8 cm Flak (mot. Z.)

3 Geschütze 2 cm Flak (mot Z.)

— 3. Batterie: Hauptsturmführer Günther in La Tour, danach in St. Vincent (Mai 44)

— 4. Batterie: Untersturmführer Kreil südl. Dampierre

9 Geschütze 3,7 cm Flak in 4 Zügen, davon einer auf Sfl.

Außerdem: 1 leichte Flak-Kolonne zu 20 to: Hauptscharführer Lackner

g) SS-Panzerjäger-Abteilung 17

Kommandeur: Sturmbannführer Schuster. Gefechtsstand in Airvault

Während der Aufstellung: Airvault, St. Loup sur Thouet, Gourgé, Parthenay.

— 1. Kp.: Hauptsturmführer Bahrend

— 2. Kp.: Hauptsturmführer Denkert

Diese zwei Kompanien erhalten erst Ende Juli ihre Jagdpanzer IV.

— 3. Kp.: Obersturmführer Ratzel

Teilweise mot. Z und teilweise mit 7,5 cm Pak 40/3 auf Sfl ausgestattet. Sfl auf Chassis des Pzkw. 38 (t) „Marder" Ausf. H oder M (SdKfz 138).

— Versorgungskompanie: Unbek.

h) SS-Pionier-Bataillon 17

Kommandeur: Hauptsturmführer Fleischer. Gefechtsstand in Saumur.

— 1. Kp.: Obersturmführer Schleichert

— 2. Kp.: Obersturmführer Eggert

— 3. Kp.: Hauptsturmführer Müller

— le. Brückenkolonne: Obersturmführer Volkenand

i) SS-Artillerie-Regiment 17

Kommandeur: Standartenführer Binge. Gefechtsstand in St. Varent.

Stabsbatterie: Hauptsturmführer Wilkening

Vier 2 cm Flak-Vierlinge auf SdKfz 7/1

a) I. Abteilung

Kommandeur: Sturmbannführer Ernst. Gefechtsstand in Coulonges sur l'Autize

— 1. Batterie: 4 Geschütze 10,5 cm le. Feldhaubitzen 18 (M)*; Untersturmführer Zenker.

— 2. Batterie: 4 Geschütze 10,5 cm le. Feldhaubitzen 18 (M); Unbek. Untersturmführer

— 3. Batterie: 4 Geschütze 10,5 cm le. Feldhaubitzen 18 (M); Unbek. Untersturmführer

b) II. Abteilung

Kommandeur: Hauptsturmführer Helms. Gefechtsstand in Doué la Fontaine.

— 4. Batterie: 4 Geschütze 10,5 cm le. Feldhaubitzen 18 (M); Obersturmführer Hasselwander

— 5. Batterie; Obersturmführer Werner

— 6. Batterie; Obersturmführer Mattausch

c) III. Abteilung

Kommandeur: Sturmbannführer Drechsler. Gefechtsstand in Maucarrière.

— 7. Batterie: 4 Geschütze 15 cm s. Feldhaubitzen 18; Untersturmführer Winkler

— 8. Batterie: 4 Geschütze 15 cm s. Feldhaubitzen 18; Obersturmführer Fritsch

— 9. Batterie: 4 Geschütze 10 cm K 18; Obersturmführer Prinz

— 10. Batterie: 4 Geschütze 15 cm s. Feldhaubitzen 18; Hauptsturmführer Billerbck

Zugeteilt ist die Beobachtungsbatterie 107 mit einem Schall-Lichtmess-Zug.

Batteriechef: Obersturmführer Dr. Geisl

* Beachte: „M" steht für „Mündungsbremse"

j) SS-Nachrichten-Abteilung 17

Kommandeur: Sturmbannführer Wiederhold. Gefechtsstand in Pas de Jeu

— 1. Fernsprech-Kp.; Hauptsturmführer Klemm

— 2. Funk-Kp.; Obersturmführer Bender

Nachrichtenkolonne; Obersturmführer Harlanger

70 Lastkraftwagen, leichte Funkwagen, 3 Motorräder

k) SS-Divisions-Nachschub-Truppen 17 (DiNaFü 17)

Kommandeur: Sturmbannführer Sarnow. Gefechtsstand in Châtellerault.

Kfz-Werkstatt-Zug:

Hauptscharführer Bierbaumer

Betr.-Stoff-Verwaltung:

Hauptsturmführer Wösner

— 1. Kraftfahr-Kp.; Hauptsturmführer Wolf

— 2. Kraftfahr-Kp.; Hauptsturmführer Schuhmacher

— 3. Kraftfahr-Kp.; Obersturmführer Miller

— 4. Kraftfahr-Kp.; Sturmscharführer Vettern

— 5. Kraftfahr-Kp.; Untersturmführer Seidel

— Einzelheiten über Einheit und Dienstgrad fehlen: Bauer Zugehörig: Ein Munitions — und Betriebsstofflager, sowie ein Materiallager.

1) San.-Abteilung 17

Kommandeur: Sturmbannführer Dr. Pries. Gefechtsstand nahe Châtellerault.

— 1. Sanitätskomanie

— 2. Sanitätskompanie

— 3. Kp / Krankenwagen-Züge.

m) Wirtschafts-Bataillon 17

Kommandeur: Sturmbannführer Augustin. Gefechtsstand nahe Thouars

— Bäckerei-Kp.: Hauptsturmführer May

— Schlächterei-Kp.; Hauptsturmführer Dr. Kammann

— Verpflegungsamt im Rahmen der der Verwaltungs-Kp.; Obersturmführer Wolf

Bekleidungslager mit Werkstatt

Feldpostamt

Divisions-Kasse; Obersturmführer Kabelitz, Inspektor Schaede.

Ci-dessus: Le temps de l'instruction, réparation des effets personnels et travaux divers.
(Photos L. Humbert)

Above : Training period.

Oben: Die Zeit der Ausbildung-Putz-und Flickstunde.

Pour mettre sur pied les unités de la *SS-Panzer-Grenadier-Division « Götz von Berlichingen »*, des recrues sont prélevées dans les *Ausbildungs-und Ersatz-Bataillone* des *Waffen-SS* (Bataillons de dépôt et d'instruction). Ceux-ci étaient cantonnés sur le territoire du Reich ou dans les pays occupés, comme ici, en France, à Bitche, (Moselle) où se trouvaient des casernements de l'armée française.

1) Façade des casernes.

2) La *Kommandantur* et la cantine.

3) Bâtiment principal de la garde (*Wache*). Noter la sirène d'alerte.

4) Gare d'arrivée avec le panneau « *Bitsch-Lager* » (Camp de Bitche). Le soldat qui a pris ces photos a fait ses classes ici du 18.08.43 au 15.10.43.

5) Panneau signalant la direction de la *Kommandantur* et de la cantine, pour le moins peu réglementaire.

To raise the units of SS-Panzer-Grenadier-Division "Götz von Berlichingen", recruits were taken from the Ausbildungs-und Ersatz-Bataillone of the Waffen-SS (replacement and training battalions). These were quartered either in the Reich or in the occupied countries, as in this case, in France, at Bitche, (Moselle department) where there were French army barracks.

1) The front of the barracks building.

2) The Kommandantur and the canteen.

3) Main guard (Wache) building. Notice the warning siren.

4) Arrival station with the sign "Bitsch-Lager" (Bitche Camp). The soldier who took these pictures underwent basic training here from 18.08.43 to 15.10.43.

5) Sign indicating the way to the Kommandantur and the canteen, hardly regulation issue.

Für die Aufstellung der SS-Panzer-Grenadier-Division „Götz von Berlichingen" werden in den Ausbildungs — und Ersatz-Bataillonen der Waffen-SS Rekruten herausgezogen. Die A.u.E. — Btle lagen im Reich oder in den besetzten Ländern; hier: Frankreich, Bitche (Moselle), wo sich ein französischer Kasernenkomplex befand.

1) Kasernenfront.

2) Kommandantur und Kantine.

3) Hauptwache mit Alarmsirenen.

4) Ankunftsbahnhof mit Schild: „Bitsch-Lager". Der Soldat, von dem diese Fotos stammen, hat seine Grundausbildung dort vom 18.8.43 bis 15.10.43 gemacht.

5) Hinweisschild zur Kommandantur und zur Kantine. Ob es den Vorschriften entspricht?

3

Bitsch-Lager

Zur Kommandantur Kantine

4

51

5

1) Prestation de serment devant un *SS-Unter-sturmführer*. L'officier porte l'aiguillette (*Achselband*). Le soldat allemand la surnomme très irrévérencieusement « *Affenschaukel* » (la balançoire de singe). Il est en outre titulaire de l'*E.K.II* dont il porte le ruban de l'*Infanterie-Sturmabzeichen* et d'un autre insigne difficilement identifiable.

2) Exercice en campagne.

3) Un *Panzer III*, sans doute *Ausführung F.* Sur la partie supérieure de la caisse est fixée une plaque de blindage additionnel de 30 mm. Sa pièce est un 5 cm *KwK L/42*. Noter le barbotin à trous et non évidé comme dans les modèles ultérieurs.

4) Un *Panzer III Ausführung J* avec barbotins évidés. La partie supérieure de caisse est aussi protégée par un blindage additionnel. Il est armé d'un 5 cm *KwK L/60*. Le tourelleau, comme sur tous ces modèles, est à deux battants.

5) Un *Sturmgeschütz IV*. Fabriqué à partir du châssis de *Panzer IV*, il est armé d'un 7,5 cm *Stu. K L/48*. Les patins de chenille fixés à l'avant de la caisse servent à renforcer le blindage.

1) Oath-taking before a SS-Untersturmführer. The officer is wearing the shoulder-knot (Achselband). The German soldier very irreverently nicknamed it "Affenschaukel" (ape swing). He also held the E.K.II of which he is wearing the Infanterie-Sturmabzeichen ribbon and some other hard to identify insignia.

2) Field exercise.

3) A Panzer III, probably an Ausführung F. An extra piece of 30 mm armor plating has been mounted on the upper part of the hull. The gun is a 5 cm KwK L/42. Notice the idling wheel, it has holes where later models were hollowed out.

4) A Panzer III Ausführung J with hollowed-out idling wheels. Here again the upper part of the hull has extra protective armor. It has a 5 cm KwK L/60 gun. As on all these models, the cupola has a double hatch.

5) A Sturmgeschütz IV. Built around the Panzer IV chassis, it had a 7,5 cm Stu. K L/48 gun. Track links were mounted on the front of the hull to reinforce the armor.

1) Vereidigung vor einem Untersturmführer. Der Offizier trägt das sogenannte „Achselband", das eher unter seinem Spottnamen „Affenschaukel" bekannt war. Außerdem trägt er EK II (Band) und das Infanteriesturmabzeichen, sowie eine weitere, nicht identifizierte, Auszeichnung.

2) Feldübung.

3) Panzer III, wohl Ausf. F. Am Oberwagen ist eine Zusatzpanzerung von 30 mm Dicke angebracht. Er hat eine 5 cm KwK L/42. Das Triebrad hat im Gegensatz zu späteren Ausführrungen noch Löcher.

1

4) Panzer III, Ausf. J, mit glattem Triebrad. Am Oberwagen ebenfalls Zusatzpanzerung, bewaffnet mit 5 cm KwK L/60. Die Kommandanten-Kuppel dieses Typs hat das zweiflügelige Turmluk.

5) Sturmgeschütz IV auf Fahrwerk Panzer IV. Bewaffnung ist eine 7,5 cm Stu K L/48. Am Bug Kettenglieder als zusätzl. Panzerschutz.

2

3

4

5

1 et 2 bis) Quelques recrues destinées sans doute à la *SS-Panzer-Abteilung 17*.

En octobre 1943 a lieu un transfert de troupes de dépôt de Bitche à Dondangen, en Lettonie, au camp d'entraînement « *Seelager* ».

2) Le 18 octobre 1943, à Worms, un convoi s'est arrêté à la gare avant de se rendre à Dondangen. Les hommes voyagent dans des wagons à marchandise.

3) Un groupe de recrues pour la *SS-Panzer-Abteilung 17*. Les hommes portent la tenue *feldgrau* fabrication 1941-1942 fermant par six boutons sur le devant avec des poches à faux plis. Le calot est le modèle adopté le 27.03.1940 avec la tête de mort spécifique aux *Waffen-SS*.

4) Le camp d'entraînement de « *Seelager* » avec les tentes finlandaises.

5) Une tente d'un autre modèle à Dondangen. L'un des deux soldats est Bruxellois : Rüdiger Legros.

6) Trois recrues posent devant une tente. L'ouverture extérieure laisse à penser qu'il était possible de chauffer l'intérieur.

1

1and 1 bis) Some recruits probably intended for SS-Panzer-Abteilung 17.

In October 1943 some replacement troops were transferred from Bitche to Dondangen, in Latvia, at the "Seelager" training camp.

2) On 18 October 1943, at Worms, a convoy has stopped at the station on its way to Dondangen. The men travelled in goods cars.

3) A party of recruits for SS-Panzer-Abteilung 17. The men are wearing the 1941-1942 issue of the feldgrau uniform with six buttons on the front and creased pockets. The cap is the model adopted on 27.03.1940 with the special Waffen-SS death's head.

4) The "Seelager" training camp with Finnish tents.

5) A different model of tent at Dondangen. One of the two soldiers hails from Brussels: Rüdiger Legros.

6) Three recruits pose in front of a tent. The outside opening seems to indicate that the inside could be heated.

1 bis

1 und 1bis) Rekruten für die SS-Panzer-Abteilung 17.

Im Oktober 43 wird Ersatz von Bitche nach Dondangen/Lettland auf den dortigen Übungsplatz Seelager verlegt.

2) Worms am 18. Oktober 43. Im Bahnhof hält ein Transportzug, der nach Dondangen gehen soll. Die Truppe reist in Güterwagen.

3) Eine Rekrutengruppe für die SS-Panzer-Abteilung 17. Die Soldaten tragen Feldgrau aus der Fabrikation von 1941-42. Die Jacken haben 6 Knöpfe und die Taschen angedeutete Falten. Die Feldmütze ist das am 27.3.40 eingeführte Modell mit dem Totenkopfemblem der Waffen-SS.

4) Ausbildung in „Seelager" mit Finnenzelten.

5) Zelt eines anderen Typs. Einer der beiden Soldaten ist der Brüsseler Rüdiger Legros.

6) Drei Rekruten vor einem Zelt. Die Öffnung nach außen deutet darauf hin, dass die Zelte heizbar waren.

2

3

4

5

6

Le 20 décembre 1943, au camp d'entraînement de « *Seelager* », a lieu la formation d'un convoi d'officiers, sous-officiers et hommes de troupe pour être envoyé en France. Ces hommes sont issus des *1./, 2./, 7./ et 8./SS-Panzer-Ausbildungs-und Ersatz-Regiment*. Trois jours plus tard, c'est un train à voie étroite, construit par les Allemands au cours de la Première Guerre mondiale, qui va transporter ce contingent à Stenden, via Riga-Winden/Goldap, en Prusse Orientale.

1) L'antique locomotive qui tracte le convoi formé de wagons à marchandise.

2) Le 25 décembre 1943, le convoi va maintenant rouler sur des voies à écartement normal et atteindre Berlin le 28. Il arrivera à Thouars, puis débarquera à la gare de Mirebeau, dans les Deux-Sèvres vers le 15 janvier 1944.

3) Trois hommes, qui portent maintenant la tenue noire avec blouson croisé et brodequins cloutés, prennent le frais à la portière du wagon. Ils sont en route vers Thenezay, près de Mirebeau.

4) Le *Sturmbannführer* Schuster, Kommandeur de la SS-*Panzer-Jäger-Abteilung 17*. Noter les décorations dont l'EKI.

5) Helmut Günther dans un engin amphibie.

(Photos : L. Humbert)

On 20 December 1943, at the "Seelager" training camp a convoy of officers, NCOs and rank and file received training for dispatch to France. These men belong to 1./, 2./, 7./ and 8./SS-Panzer-Ausbildungs-und Ersatz-Regiment. Three days later, a narrow gauge train built by the Germans during World War I took the contingent to Stenden, via Riga-Winden/Goldap, in East Prussia.

1) The ancient locomotive pulling the convoy of goods cars.

2) On 25 December 1943, the convoy headed off on normal gauge lines, reaching Berlin on the 28th. It arrived at Thouars, then disembarked at Mirebeau station in the Deux-Sèvres department sometime around 15 January 1944.

3) Three men, now wearing the black uniform with double-breasted jacket and studded service shoes, breathe in the fresh air through the car door. They are on their way to Thenezay, near Mirebeau.

4) Sturmbannführer Schuster, leader of the SS-Panzer-Jäger-Abteilung 17.

5) Helmut Günther in a Trippel-Schwimmwagen.

Am 20 Dezember 43 werden im „Seelager" Offiziere, Unteroffiziere und Mannschaften für den Transport nach Frankreich zusammengestellt.

Die Männer kommen von der 1./, 2./, 7./ und 8./ SS-Panzer-Ausbildungsund Ersatz-Regiment. 3 Tage später reist dieses Kontingent mittels einer von den Deutschen im Ersten Weltkrieg gebauten Schmalspurbahn über Riga-Winden, Goldap und Ostpreußen nach Stenden.

1) Alte Lok, die den aus Güterwagen bestehenden Zug zieht.

2) Am 25 Dezember 1943: Der Zug rollt nun auf Normalspur. Am 28. trifft er in Berlin ein. Am 15. Januar 1944 gelangt er nach Thouars und wird in Mirebeau / Deux Sèvres entladen.

3) Drei Männer — sie tragendie schwarze Uniform und Panzerjacke sowie genagelte Stiefel — beim Luftschnappen an der Wagontüre. Sie sind nach Thénezay bei Mirebeau unterwegs

4) Kommandeur Sturmbannführer Schuster von der Panzer-Jäger-Abteilung 17.

.5) Helmut Günther in einem seltenen Trippel-Schwimmwagen.

4

5

1) De gauche à droite, le *SS-Untersturmführer* Walzinger, le chef de la *2.(Aufklärungs. Kp)./SS-Aufklärungs-Abteilung 17*, le *SS-Untersturmführer* Papas, *2.Ord.Offizier* de la *SS-Aufklärungs-Abteilung 17* et le médecin, le *SS-Obersturmführer* Dr Berger.

2) Le *SS-Untersturmführer* Walzinger et le *SS-Untersturmführer* Papas.

3) Le *SS-Untersturmführer* Fred Papas à son PC, sans doute à Montreuil-Bellay.

4) Le *SS-Untersturmführer* Rainer Hermann, de la *2./SS-Panzer-Abteilung 17*, devant son *Sturmgeschütz*.

5) Le *SS-Sturmbannführer* Augustin, le *IVa* de la Division (services), en tenue d'hiver.

6) Le *SS-Sturmbannführer* Linn, le *Ib* (logistique) de la Division devant sa table à cartes. Il commanda aussi quelque temps la *SS-Aufklärungs-Abteilung 17* du 22.11 au 10.12.44.

1) Left to right, SS-Untersturmführer Walzinger, commander of 2. (Aufklärungs. Kp)./SS-Aufklärungs-Abteilung 17, SS-Untersturmführer Papas, 2.Ord.Offizier of SS-Aufklärungs-Abteilung 17 and the medical officer, SS--Obersturmführer Dr Berger.

2) SS-Untersturmführer Walzinger and SS-Untersturmführer Papas.

3) SS-Untersturmführer Fred Papas at his CP, probably at Montreuil-Bellay.

4) SS-Untersturmführer Rainer Hermann, of 2./SS-Panzer-Abteilung 17, in front of his Sturmgeschütz.

5) SS-Sturmbannführer Augustin, the divisional IVa (services), in winter uniform.

6) SS-Sturmbannführer Linn, the divisional Ib (logistics) in front of his map table. He also commanded SS-Aufklärungs-Abteilung 17 for a while, from 22.11 to 10.12.44.

1) von links nach rechts: Untersturmführer Walzinger, Chef der 2. (Aufkl. Kp.) / SS-Aufklärungs-Abteilung 17, Untersturmführer Papas, 2. Ord. Offizier der SS-Aufklärungs-Abteilung 17 und Arzt, Obersturmführer Dr Berger.

2) Untersturmführer Walzinger und Untersturmführer Papas.

3) Untersturmführer Fred Papas auf dem Gefechtsstand, wahrscheinl. in Montreuil-Bellay.

4) Untersturmführer Rainer Hermann von der 2./SS-Panzer-Abteilung 17 vor seinem Sturmgeschütz.

5) Sturmbannführer Augustin, IVa der Divisionsversorgungstruppen im Winteranzug.

6) Sturmbannführer Linn, Ib (Nachschuboffizier der Division) an seinem Kartentisch. Er befehligte zeitw. auch die SS-Aufklärungs-Abteilung 17 vom 17. bis 22. 11.44.

4

5

6

1) Des hommes appartenant à l'*Abteilung Ic* (renseignements) de la Division avec le *SS-Obersturmführer* von Le Coq (au centre).

2) Le *SS-Obersturmbannführer* Binge, à l'origine, chef de l'*Aufstellungsstab* (état-major de mise sur pied), il prend le commandement du *SS-Artillerie-Regiment 17*. Il fut nommé à la tête de la Division du 17 au 20.06.44 et du 1er au 30.08.44. Le PC du régiment était installé à St-Varent, au sud de Thouars.

3) Le *SS-Sturmbannführer* Sarnow, le *Kommandeur* de la *Div-Nachschub-Abt.17* avec PC à Châtellerault.

4) Le *SS-Sturmbannführer* Funke, *VK Divisionsingenieur*.

5) Le *SS-Oberscharführer* Karl Bierbaumer, du *Di.Na.Fü* (ravitaillement). Remarquer ses pattes de collet qui rapellent qu'il a appartenu au *SSbtl; « Nürnberg »*. Il y portait le chapeau chinois le (Schellenbaum) en tête de la fanfare.

6) Le *SS-Hauptsturmführer* Grellmann (*Waffen u.Munition* : armes et munitions).

1) Men belonging to the divisional Abteilung Ic (intelligence) with SS-Obersturmführer von Le Coq (center).

2) SS-Obersturmbannführer Binge, initially commander of Aufstellungsstab (formation staff), he took over command of SS-Artillerie-Regiment 17. He was put in command of the Division from 17 to 20.06.44 and from 1st to 30.08.44. The regimental HQ was at St-Varent, south of Thouars.

3) SS-Sturmbannführer Sarnow, the Kommandeur of Div-Nachschub-Abt.17 with its CP at Châtellerault.

4) SS-Sturmbannführer Funke, VK Divisions-ingenieur.

5) SS-Oberscharführer Karl Bierbaumer, of Di.Na.Fü (resupplies).

6) SS-Hauptsturmführer Grellmann (Waffen u.Munition: weapons and munitions).

1) Männer der Feindnachrichtenabteilung (Ic) der Division mit Obersturmführer von Le Coq (Mitte).

2) Obersturmbannführer Binge, ursprünglich Chef des Aufstellungs-Stabes. Später Kdr. SS-Artillerie — Regiment 17. Vom 17. bis 20.6.44 und vom 1.bis 30. 8.44 Divisionskdr. Der Gefechtsstand des Regiments lag in St-Varent, südl. Thouars.

3) Sturmbannführer Sarnow, Kommandeur Divisions-Nachschub-Abt. 17 mit Gefechtsstand in Châtellerault.

4) Sturmbannführer Funke, VK Divisionsingenieur

5) Oberscharführer Karl Bierbaumer. (Div. Na. Fü). Bemerkenswert ist, der Kragenspiegel, der auf die frühere Zugehörigkeit des SS-Btl. « Nürnberg » hinweist. Bierbaumer war dort Schellelnbaumträger.

6) Hauptsturmführer Grellmann (Waffen u. Munition)

3

4

5

6

1) L'état-major du *Wirtschaftsbataillon 17* (bataillon économique). De gauche à droite : le *SS-Hauptsturmführer* May (boulangers), le *SS-Hauptsturmführer* Kamann (abattage), le *SS-Hauptsturmführer* Kleiber, collaborateur d'Augustin, le *SS-Obersturmführer* Wolf (*1. Nf.Kp* : compagnie automobile) et le *SS-Untersturmführer* Schindler.

2) État-major de la compagnie de boulangerie.

3) Il faut fabriquer du pain chaque jour.

4) Chefs de compagnie et un adjudant de compagnie (« *Spiess* ») avec ses deux bandes argentées sur la veste.

5) Le *SS-Oberscharführer* Heinrich du *SS-Pi.-Btl.17* avec trois hommes de sa section.

1) The staff of Wirtschaftsbataillon 17 (economics battalion). Left to right: SS-Hauptsturmführer May (bakers), SS-Hauptsturmführer Kamann (slaughtering), SS-Hauptsturmführer Kleiber, collaborator from Augustin, SS-Obersturmführer Wolf (1. Nf.Kp: automobile company) and SS-Untersturmführer Schindler.

2) Staff of the bakery company.

3) Bread had to be baked each day.

4) Company commanders and a company WO junior grade ("Spiess") with his two silver stripes on his jacket.

5) SS-Oberscharführer Heinrich with three men from his platoon.

1) Stab des Wirtschaftsbataillon 17. Von links nach rechts: Hauptsturmführer May (Bäckerei-Kp.), Hauptsturmführer Kamann (Schlachter-Kp.), Hauptsturmführer Kleiber (Gehilfe v. Augustin), Obersturmführer Wolf (1. Kraftfahrkompanie) und Untersturmführer Schindler.

2) Stab der Bäckereikompanie

3) Jeden Tag muss Brot gebacken werden.

4) Kompaniechefs mit Spiess (Kompaniefeldwebel), der zwei silberne Streifen am Ärmel trägt.

5) Oberscharführer Heinrich *vom Pi.-Btl.17* mit drei Männern seines Zuges, teil weise mit Tarnhemden bekleidet.

1

2

3

4

5

1) *Soldbuch* du *SS-Panzer-Grenadier* Ewald Grossmann.
Adresse et numéro de la *St.Kp.SS-Pz.Gren. Aus-bildungs-u.Ersatz Bt1 12 31049*.
Numéro matricule : Stuttgart 25/7/14/4.
Bureau de recrutement : Stuttgart.
Corps de troupe de dépôt :
SS-Pz.Gren.A.u.E.Btl 10 à Brünn ;
SS-Pz.Gren.u.E.Btl 17 à Iglau (Moravie).
Père : Ewald Grossmann
Profession : technicien en machine.
Mère : Agnès Gilfenbuck
Résidence : Stuttgart
Rue : Burgstrasse 98
Né le 3.08.25 à Stuttgart
Religion : protestant
Profession : électromécanicien
Taille : 1,79 ; Silhouette : mince ; Visage : ovale,
Cheveux : blonds-roux
Barbe : sans ; Yeux : bleus
Pointure : 43
Signes particuliers : néant
Date : 8 novembre 1943.
2) Véhicule-radio de la *1.(Fernspr. Téléphone)./SS-Nachrichten-Abteilung 17*.
3) Le *SS-Rottenführer* Franz, de la *SS-Nachrich-ten-Abteilung 17*.
4) Le *SS-Oberscharführer* Lorenzen (« *Spiess* »).

1) Soldbuch of SS-Panzer-Grenadier Ewald Grossmann.
Address and number of St.Kp.SS-Pz.Gren. Aus-bildungs-u.Ersatz Bt1 12 31049.
Administrative number: Stuttgart 25/7/14/4.
Recruiting office: Stuttgart.
Dépôt troop corps:
SS-Pz.Gren.A.u.E.Btl 10 at Brünn;
SS-Pz.Gren.u.E.Btl 17 at Iglau (Moravia).
Father: Ewald Grossmann
Occupation: machine technician.
Mother: Agnès Gilfenbuck
Home: Stuttgart
Street: Burgstrasse 98
Born on 3.08.25 at Stuttgart
Religion: protestant
Occupation: electrical mechanic
Height: 1,79; Build: slim; Face: oval, Hair: blond-red
Beard: none; Eyes: blue
Shoe size: 43
Special peculiarities: none
Date: 8 November 1943.
2) Radio vehicle of 1. (Fernspr. Telephone)./SS-Nachrichten-Abteilung 17.
3 SS-Rottenführer Franz, of SS-Nachrichten-Abteilung 17.
4) SS-Oberscharführer Lorenzen ("Spiess").

1) Soldbuch von SS-Panzer-Grenadier Ewald Grossmann
Anschrift und Nummer der St.Kp.SS-Pz. Gren. Ausbildungs u. Ers. Btl. 12 31049.
Stammrollen-Nummer: Stuttgart 25/7/14/4
Kreiswehrersatzamt: Stuttgart
Truppenteil und Ausbildungseinheit:
SS-Pz. Gren.A.u.E.Btl. 10 in Brünn
SS-Pz. Gren.u.E.Btl. 17 in Iglau (Mähren)
Vater: Ewald Grossmann
Beruf: Mechaniker
Mutter: Agnes Gilfenbuck
Wohnort: Stuttgart
Strasse: Burgstrasse 98
Geboren am 3.8.25 in Stuttgart
Religion: evangelisch
Beruf: Elektrotechniker
Größe: 1,79, Körperbau: schmal, Gesichtsform: oval, Haare: rotblond
Bart: kein, Augenfarbe: blau
Schuhgröße: 43
Besondere Kennzeichen: fehlen
Datum: 8. November 1943
2) Fernmeldefahrzeug der 1. (Fernspr.) Kp./SS-Nachrichten-Abteilung 17
3) Rottenführer Franz von der SS-Nachrichten-Abteilung 17
4) Oberscharführer Lorenzen, der Spiess.

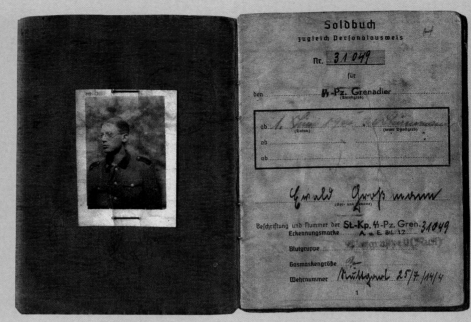

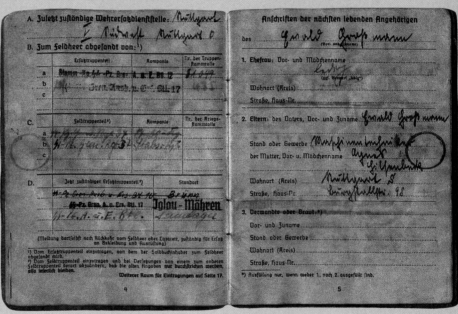

2

3

4

IM NAMEN DES FÜHRERS

UND

OBERSTEN BEFEHLSHABERS

DER WEHRMACHT

IST DEM

ß - Sturmann

Heinrich R o s s b e r g , geb. 6.7.23

AM   1.August 1942

DIE MEDAILLE

WINTERSCHLACHT IM OSTEN

1941/42

(OSTMEDAILLE)

VERLIEHEN WORDEN.

FÜR DIE RICHTIGKEIT:

ß-Obersturmbannführer
und Kommandeur

Diplôme d'attribution de la médaille du Front de l'Est au *Sturmmann* Heinrich Rossberg.

Qualification for the award of the Eastern Front medal to Sturmmann Heinrich Rossberg.

Verleihungsurkunde der Ostmedaille an den Sturmmann Heinrich Rossberg.

Ci-dessus : le temps de l'instruction. Manoeuvres et exercices sur le terrain.(Photos L. Humbert).

Ausbildungszeit. Manöver und Übungen. (Sammlung L. Humbert).

Above : Training period. (Photos Courtesy L.Humbert).

III. Flak Ausb.u.Ers.Rgt.   München,18.12.1943
═══════════════════════════════════

A b t e i l u n g s s o n d e r b e f e h l

Nr. 62/43.
────────────

Betr.: Aufstellung der Stabsbatterie f.Flak-Abt. d. 17 Div.

Lfd.St. Nr.:Gr.	Dienststellung:	Dienstgrad und Name:	Einheit:
1. K.	Battr.Fhr.	Ustuf. Steinhäusser	II.Abt.
	Unterführer:	Hscha. Oethken,Heinz	14.Battr.
2. O.	Stabsscharführer	Fehlstelle	
3. O.	Abt.Schreiber		
4. O.	Funkmeister	Wird durch FHA. In 8 gestellt	
5. O.	Flugmelde-Auswerte-Uffz.	Fehlstelle	
6. O.	Schirrmeister	Fehlstelle	
7. G.	Stellv.Nachr-Zugführer	Fehlstelle	
8. G.	2 Flugmeldeauswerte-Uffz.	2 Fehlstellen	
9. G.	Fe.u.Fu.-Uffz.		
10. G.	Fe.-Uffz.	Uscha. Kauffeld,Friedrich	17.Battr.
11. G.	Fe.-Uffz.	Uscha. Loose,Gottfried	17. "
12. G.	Fu.-Truppführer	Rttf. Essig,Robert	17. "
13. G.	" "	Uscha. Koll,Peter	17. "
14. G.	" "	Uscha. Lehmann,Erwin	11. "
15. G.	" "	Strm. Erichsen,Hans-G.	11. "
16. G.	Mot.-Schlosser	Fehlstelle	
17. G.	San.-Uffs.	Fehlstelle	
18. G.	Rechnungsführer	Wird durch San.Hauptamt gestellt.	
19. G.		Kan. Sticht,Erwin	16.Battr.
20. G.	Feldkoch-Uffz.	Fehlstelle	
21. G.	Verpflegungs-Uffz.	Uscha. Hirsch,Helmut	15. "
		Kan. Hansen,Willy	14. "

Mannschaften:

22.-45 Fernsprecher   17.Battr.

Kan. Merten,Rudolf   Kan. Nisslein,Erwin
Kan. Kuhl, Albert   Kan. Meier, Günter
Kan. Kuckuk,Frans   Kan. Jansen, Peter
Kan. Langenfeld,Adolf   Kan. Celusteck,Erwin
Kan. Lentz, Helmut   Kan. Lützenkirchen,Heinrich
Kan. Memmung,Helmut   Kan. Müller, Werner
Kan. Niederlag,Ulrich,   Kan. Pies, Paul
Kan. Mohr, Johann   Kan. Scheiner, Johann
Kan. Neffgen,Johannes   Kan. Schrank,Hugo
Kan. Eis, Walter   Kan. Schmitz, Helmut
Kan. Marx, Helmut   Kan. Thoben I, Johann
Kan. Dürnberger,Ludwig   Kan. Riske , Oskar

46.-60. Funker   11.Battr

Kan. Wolski, Dietrich   Kan. Köppel , Heinrich
Kan. Sedlak ,Alois   Kan. Kleinschmidt,Heinz
Kan. Burde, Paul   Kan. Watzky , Franz
Kan. Amsorge,Arnold verm.   Kan. Langguth, Hans
Kan. Timmers,Bernhard   Kan. Stevens, Albert
Kan. Fiebig, Hans   Kan. Rohde, Heinrich
Kan. Wilxmann,Johann   Kan. Schiller, Alfred verm.
Kan. Triebe, Ottokar

-2-

68

```
63. - 83. Kraftfahrer
      I.Abt.:
         √ Kan. √Feidt, Herbert          √ Kan. Pötter,  Heinrich
         √ Kan. Loose, Johann            √ Kan. Rüther, Erich
         √ Kan. Door,  Georg             √ Kan. Schermann,Gustav
         √ Kan. Schubert,Alfred
```

```
      II.Abt.:
         √ Kan. Görlich,Erich            √ Kan. Rieks, Josef
         √ Kan. Nitzschke,Erich          √ Kan.Thiebes ,Johannes
         √ Kan. Schulze, Hermann         √ Kan. Herden,Alfred
         √ Kan. Beisert, Alfred
      III.Abt.:    (18. Battr.)
         √ Kan. Heide, Siegfried         √ Kan. Imhofer ,  Karl
         √ Kan. Kienbaum,Hans            √ Kan. Klar,      Wenzel
         √ Kan. Krapf,   Josef           √ Kan. Lechner,   Anton
         √ Kan. Lechner, Georg
 84.  M Flugmeldeauswerter              √ Kan. Schanpmann,V.  13.Battr.
 85.  M           "                     √ Kan. Kuhn,Manfred   ·13.  "
 86.  M           "                     √ Kan. Woepner,Karl   ·13.  "
 87.  M Feldkoch                         Kan. Panier,Arthur  15.  "
 88. - 104. Rekruten                                          ·15.  "
         √ Kan. Hotz,      Emil          √ Kan. Schmidt,    Kurt
         √ Kan. Schmidt,   Horst         √ Kan. Schreiber,  Herbert
         √ Kan. Schächter, Alois         √ Kan. Proske,     Franz
         √ Kan. Rissmann , Fritz         √ Kan. Schlich,    Simon
         √ Kan. Schwimmer, Anton         √ Kan. Schmitt,    Hermann
         √ Kan. Reischl,   Johann        √ Kan. Reinhard,   Julius
         √ Kan. Wolff,     Hermann       √ Kan. Schanzenbach,Friedr.
         √ Kan. Wowra,     Johann        √ Kan. Wolf,       Karl
         √ Kan. Wolters,   Johann          XXXX

 F.d.R.                              M.d.F.b.


                                     gez. L ö s c h n i g g

 Untersturmführer                    Hauptsturmführer u.Abt.Führer

 und Adjudant.
```

Ordre spécial de mise sur pied Nr 62/43 ayant pour objet la mise en place de la *Stabsbatterie* (batterie de commandement pour la *Flak-Abteilung 17*). Elle doit être formée à partir du *III. Flak-Ausbildungs-und-Ersatz-Rgt* (Régiment de dépôt et d'instruction) qui est basé à Munich dont la liste des noms forme le corps de ce texte.

Special establishment order Nr 62/43 for the purpose of setting up the Stabsbatterie (Flak-Abteilung 17 HQ battery). It was to be raised from III. Flak-Ausbildung-und-Ersatz-Rgt (Reserve and training regiment) based in Munich, a list of whose names forms the body of the text.

Sonderbefehl zur Aufstellung Nr. 62/43, hier die Stabsbatterie der Flak-Abteilung Betreffend. Sie wird aus dem III./Flak-Ausbildungs-und-Ersatz-Rgt. aufgestellt, das in München stationiert ist. Im Hauptteil des Textes: Namenslisten.

L'instruction : ses difficultés

Difficultés en question

Concernant le personnel, la composition de la « *Götz von Berlichingen* » était très variée. Du corps des officiers, issus des *Verfügungstruppen* (VT : troupes à disposition créées en 1935 à l'origine de la future Division « *Das Reich* ») ou des anciennes divisions de l'Est, il ne restait que peu d'hommes. Les quatre Divisions-cadres des *Waffen-SS* n'étaient plus en mesure de doter les 19 divisions mises sur pied entre-temps, en leur fournissant de forts noyaux d'officiers et de sous-officiers expérimentés. De même, les unités de dépôt et d'instruction *(Ausbildungs-und Ersatz Einheiten)*, qui s'étaient constituées en nombre important en Allemagne et dans les territoires occupés, ne pouvaient plus satisfaire aux forts besoins engendrés par les pertes et les remises sur pied des divisions exsangues.

Comme il n'est plus possible de s'en tenir au volontariat, il faut compléter la Division en partie par incorporation, en partie par recrutement en dehors du territoire du Reich dans les zones d'habitat des *Volksdeutschen* (minorités allemandes de l'étranger : Yougoslavie, Slovaquie, Hongrie, Roumanie, Serbie, Croatie…). C'est ainsi que vont se rencontrer des Allemands du Reich, des Balkans du Banat (province hongroise), des Alsaciens-Lorrains, des Belges et des Luxembourgeois.

Comme nous l'avons vu dans la directive du *SS-Obergruppen* Jüttner, le début de la mise sur pied de la Division devait commencer le 15.11.43.

A partir de cette date, arrivent des recrues des classes suivantes réparties comme suit :

Année de naissance	% du contingent
1926	42 %
1925	17 %
1924	4,5 %
1923 à 1909	23 %
1909 et plus âgées	13,5 %

A partir de 1943, beaucoup proviennent d'unités non-combattantes aussi bien que de l'artillerie et de la Flak.

Les unités formées en personnel étaient cantonnées dans des quartiers bourgeois, dans des anciennes casernes de l'Armée française (comme à Saumur), dans des écoles, des salles ou des châteaux inoccupés. Dans les premiers temps, le ravitaillement, le matériel d'hébergement, les cuisines et les installations de bain manquaient.

Au début de la mise sur pied, l'armement était réduit à la portion congrue mais cela n'empêcha pas l'instruction de commencer. En outre, les conditions de vie s'améliorèrent par l'installation de cuisines et de

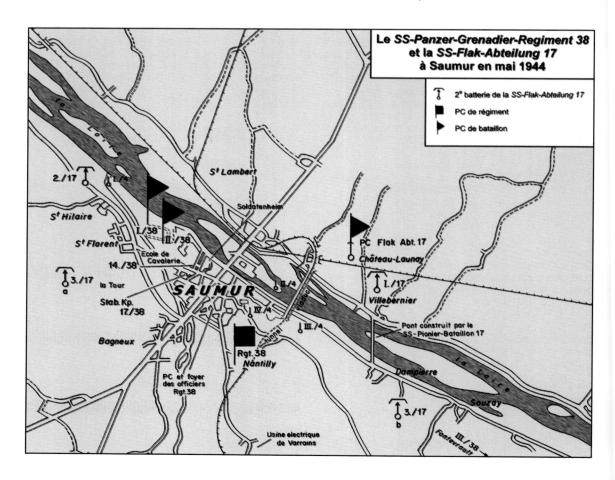

Le *SS-Panzer-Grenadier-Regiment 38*
et la *SS-Flak-Abteilung 17*
à Saumur en mai 1944

2ᵉ batterie de la *SS-Flak-Abteilung 17*
PC de régiment
PC de bataillon

bain. On aménagea les cantonnements pour les rendre habitables.

Le 30.11.43, le *General der Panzertruppen* Geyr von Schweppenburg *(Generalkommando Panzertruppen West)* se rend à Poitiers pour y rencontrer l'état-major de mise sur pied *(Aufstellungsstab)* et y donner verbalement des directives concernant l'instruction dans le cadre des unités. Un procès-verbal en a été établi : « Eu égard aux tentatives de débarquement de l'ennemi auxquelles il faut s'attendre au printemps prochain, l'instruction de base doit être réalisée de façon accélérée. Au premier plan, il y a des exercices d'unités en coopération avec d'autres armes. A cet effet, quelques unités *de Pioniere*, de chars, de *Sturmgeschütze* et d'artillerie doivent être transférées dans les régions où se trouvent les *Panzer-Grenadier-Regimenter* et entrer en action lors d'exercices d'unités. Une pure instruction d'exercice… est interdite et doit être combinée avec l'instruction au combat rapproché. L'instruction doit être déplacée au plus vite sur le terrain et toutes les façons d'instruire comme retranchement, camouflage et instruction au tir, être associées dans un projet d'exercice. Des directives d'instruction seront envoyées à la Division. Un exercice complet d'un bataillon devra être exécuté et le compte rendu fait pour le 15.01.44. Un quart de l'instruction pour le combat rapproché doit être réalisé comme exercice de nuit avec les objectifs précis (marche et mise en position silencieuse) et considéré dans les plans d'instruction. A pratiquer particulièrement le tir proche de celui de guerre, la défense contre les attaques aériennes à basse altitude et le combat de nuit. Il faut retenir les expériences du front. Le tirage spécial « Expériences de guerre en Sicile » doit être exploité lors de l'instruction. Les divisions mises aux ordres seront chargées de projections de films d'enseignement. Pour l'instruction, il faut recourir aux unités aériennes compétentes (la *Generalkdo*). Les inspections réalisées près des troupes blindées ont montré un niveau excellent dans l'instruction de l'infanterie et dans celle du combat rapproché contre les chars à la *12. SS-Panzer-Grenadier-Division (HJ)* et à la *Panzer-Grenadier-Division « Feldherrnhalle »*. Particulièrement remarquable est le niveau de la *15. Kp* du *SS-Hauptsturmführer* Richter à la Division « HJ » (1) et à l'*Aufklärungs-Abteilung* (groupe de reconnaissance, NDA) de la Division « *Feldherrnhalle* ». Pour la première mise au courant des hommes des transmissions est à disposition un *Panzer-Nachrichten-Offizier* de la *Panzergruppe West* pour 5 à 6 jours. Il est à recommander une prise de liaison avec le *Ia* de la *21. Panzer-Division*. Les directives individuelles sur l'ensemble de l'instruction doivent être fixées par le *Kommandeur* de la Division d'après les points de vue ci-dessus en tenant compte des directives d'instruction de la *Panzertruppe West* et être présentées lors du compte rendu du *Kommandeur* de Division près du *Kommandeur* des *Panzertruppen West*. A cette occasion, les demandes de la Division en véhicules, en carburant notamment pourraient être avancées en même temps. Pour les premiers besoins, sur l'ordre du *General der Panzertruppen West*, la *21. Panzer-Division* mettra à la disposition de la *17. SS-Panzer-Grenadier-Division* les véhicules qu'elle demandera pour rendre mobiles les unités les jours d'exercice dans le cadre des unités

Signé : Binge

SS-Obersturmbannführer

Ajoutons que, dès la première phase de mise sur pied ont lieu les premiers changements dans les attributions de postes d'officiers.

Le *SS-Sturmbannführer* Lorenz, qui commandait la *Panzer-Abteilung 17*, est remplacé par le *SS-Sturm-*

bannführer Weiss. Ce dernier, nommé à la tête de la *s.SS-Panzer-Abteilung 102*, élément organique du *II. SS-Panzer-Korps* (il s'illustrera en Normandie dès le 9.07.1944), transmettra son commandement au *SS-Sturmbannführer* Kniep. Dès le 20.12.43, le *SS-Panzer-Grenadier-Regiment 38* avait déjà mis au point des directives sur l'organisation et la manière de combattre du nouveau groupe et les avait fait distribuer. L'idée fondamentale qui domine les directives est celle-ci : *Engagez des armes automatiques et épargnez ainsi un sang précieux.* En même temps continuait l'instruction des unités lourdes, méthodiquement, avec la participation du *Heer* (Armée de terre) et de la *Luftwaffe.* C'est ainsi que le *Flak-Regiment 13*, basé à Rennes, (il relevait de la *8. Flak-Division*) vint en aide à la *SS-Flak-Abteilung 17*. De même, des instructeurs venant du *Heer* participèrent à l'instruction de quelques *Inf.-Geschütz-Kompanien.* Au début de juin 1944, commencera l'instruction des deux compagnies de la *Panzerjäger-Abteilung 17* à partir des *Jagdpanzer IV* dans laquelle la *Panzer-Lehr-Division* prendra une part importante.

Pendant toute la période d'instruction va se faire sentir une grande pénurie d'armes lourdes, de matériel et de véhicules. La dotation en armes à tir rapide est maigre et les M.G 42 sont d'un modèle assez ancien. On manque de *Sturmgewehre 44*, les *Maschinenpistolen* sont attribuées dans une faible mesure. De même, les armes antichars font défaut si bien que, jusqu'à l'engagement sur le front de Normandie, on ne put guère instruire à l'emploi du *Panzerfaust (Faustpatrone 34)* et du *Panzerschreck (Raketen-Panzerbüchse 54* de 8,8 cm). A part la *3. Panzerjäger-Abteilung* avec ses 7,5 cm tractés ou sur affûts automoteurs, on ne disposait que de 5 cm Pak 38 largement surclassés depuis 1941. La dotation en pièces de 7,5 cm Pak 40 se fera attendre jusqu'au débarquement. Les *Jagdpanzer IV* pour les deux autres compagnies de la *SS-Panzerjäger-Abteilung 17* n'arriveront qu'après le début des combats.

Voici comment est décrit l'équipement de la *8. (schw.)/SS-Panzer-Grenadier-Regiment 37* :

(1) Vraisemblablement la *12. SS-Panzer-Division « Hitlerjugend »*, ainsi dénommée depuis le 30.10.43. D'autant plus qu'il est aussi question de sa *15.Kp* dans le procès-verbal. La *Panzer-Grenadier-Division « Feldherrnhalle »* mentionnée ici est celle qui a été constituée dans la région de Nîmes, le 9.04.1943 autour de l'*Infanterie-Regiment « Feldherrnhalle »* qui faisait partie de la *93. Infanterie-Division.* Une première Division « *Feldherrnhalle* » a disparu avec la *6. Armee* en Janvier 1943, lors de la bataille de Stalingrad.

Officiers de la *Panzer-Abteilung 17* à Thénezay, de gauche à droite : Hörmann, Hasselmann, Kniep et Dedelow.

Officers of Panzer-Abteilung 17 at Thénezay, from left to right: Hörmann, Hasselmann, Kniep and Dedelow.

Offiziere der *Panzer-Abteilung 17* in Thénezay, v.l.n.r. : Hörmann, Hasselmann, Kniep und Dedelow.

Hommes de la *SS-Pz.-Abt. 17*, ci dessus à gauche Günter Hörmann, décoré du DKG et de l'EKI ; à droite Franz Gertig, ici à l'instruction en 1942, noter le rare béret panzer ; en bas Rolf Dedelow, ici Junker, à noter les deux bandes de bras dont celle de la « SS-Schule Tölz ».

Men of SS-Pz.-Abt. 17, above left Günter Hörmann, decorated with the DKG and the EKI; on the right Franz Gertig, here training in 1942, notice the rare panzer beret; and bottom Rolf Dedelow, here a Junker, notice the two armbands, including the "SS-schüle Tölz".

Männer der SS-Pz.-Abt. 17, links oben Günter Hörmann. Er trägt das DKG und das EKI; rechts Franz Gertig, hier während der Ausbildung 1942, bemerkenswert ist das seltende Panzerbarett; daneben Rolf Dedelow, hier als Junker. Beachte die beiden Ärmelstreifen, von denen einer von der Junker-Schule Tölz stammt.

« La *Kompanie* avait une section de canons légers d'infanterie (le.I.G.-Zug), une section de Pak (Pak-Zug), une section de pièces de 7,62 cm russes » « Ratchboum ») et une section de mortiers de 8 cm (8 cm *Granatwerfer 34-Zug*). Les quelques véhicules qui arrivèrent en premier étaient vieux et usés. Les véhicules tout terrain furent attribués à la *13./37 (Inf.Gesch.) Kp* du *SS-Obersturmführer* Borchert. Les Diesel-Klöckner-Deutz (3) alloués en sus tombèrent en panne les uns après les autres, il s'est avéré qu'en conduite en marche arrière, une vis faisant saillie sur le bord arrière du disque arrachait les ergots sur le différentiel. Du fait que ces défauts apparurent sur presque tous les véhicules, il fallut supposer du sabotage. On put se procurer du remplacement à partir du parc principal de Paris, mais on perdit ainsi un temps précieux pour l'instruction en unité constituée. »

A l'origine aussi, les moyens de transmissions étaient vieux et rares, en partie du matériel d'origine italienne. Au cours des deux premiers mois, le trafic principal de transmissions était réalisé par l'intermédiaire du réseau postal français. Plus tard aussi, en opération, on manqua de batteries à anode et de matériel radio.

Concernant la dotation en véhicules qui n'arrivaient qu'en nombre insuffisant, des difficultés ont dû exister dans la production de véhicules, car l'attribution théorique, selon la *KAN* (tableau de dotation de guerre), avait été réduite à 75 %, lors de la mise sur pied. Les premières dotations font parvenir, en particulier, beaucoup de véhicules français de fabrication récente. L'exemple suivant donne une idée des difficultés rencontrée par le *Ib* de la Division, le *SS-Hauptsturmführer* (puis *SS-Sturmbannführer* Linn, le *Quartiermeister (Ib)* reçoit, après de longs efforts un contingent de camions mais… sans pneus ! Il faudra se les procurer au « marché noir » auprès des usines Renault !

Quant à l'attribution de carburant, elle est si chichement mesurée que l'apprentissage de la conduite automobile peut tout juste être poursuivi. Il fallut renoncer à de plus grands exercices de marche, sans compter l'impossibilité de réaliser plus tard des exercices dans un cadre plus étendu.

Il faut rappeler ici que, dans sa directive n° 51 *(Führerweisung Nr. 51)*, Hitler avait déclaré, le 3.11.43 entre autres :

« *… Tout porte à croire que l'ennemi se lancera à l'attaque contre le front occidental de l'Europe au plus tard au printemps, mais peut-être bien avant…* »

Si, dans les États-Majors, on s'attendait bien à l'approche du débarquement, la troupe, par contre, en décelait peu d'indices, excepté l'amplification de l'activité aérienne des Alliés qui se révélait dans les bombardements de villes françaises, des voies ferrées et des usines, dans les attaques de Jabos qui se manifestaient avec une ampleur jusqu'ici inconnue.

Apparut par la suite un durcissement dans l'attitude de la population civile et un comportement récalcitrant et grincheux de la part des autorités. Compor-

(2) Il doit s'agir ici du Gleisketten-Lastkraftwagen 2 to « Maultier » (Mulet) construit par la firme Klöckner-Humboldt-Deutz A.G (SdKfz 3 c) du type S 3000/SS M avec moteur Diesel KDH M 513 de 80 CV max. Le différentiel se trouve juste à l'arrière de la cabine, au niveau du barbotin.

Ordres pour combattre les terroristes

1) La négligence vis-à-vis de la population civile dépasse la mesure. Malgré toutes les contre-mesures policières, des agressions sur des soldats isolés augmentent.

La manière d'agir de la troupe n'est pas encore conforme à la gravité de la situation, malgré les ordres donnés à diverses reprises par l'*O.B. West* et le *Mil. Befehl* (commandant militaire en France, NDA), je rencontre encore des soldats comme des promeneurs insouciants sans armes à feu. Pour cette raison, nous ne sommes pas dans les territoires occupés de l'ouest pour laisser nos troupes se faire tirer et enlever impunément par des saboteurs. Les contre-mesures actuelles, malgré des succès incontestables, ne changeront pas fondamentalement la situation si, lors d'agressions et d'insubordinations, on n'a pas recours a se faire justice immédiatement.

2) A cet effet, j'ordonne :

A) Tout soldat qui se déplace à l'extérieur de son cantonnement militaire sécurisé sans arme à feu, doit être puni, sans se soucier de quelques raisons atténuantes. Celui qui n'a pas de pistolet, porte fusil ou carabine. Celui qui n'a pas les deux, porte une M.P.

B) Si une troupe est agressée sous une forme ou sous une autre, que ce soit en marche, dans un cantonnement ou quelque chose de semblable, le chef est tenu de prendre immédiatement des contre-mesures autonomes, de sa propre autorité.

En font partie celles-ci :

a) Il sera immédiatement répondu au feu !

Si, à cette occasion, des innocents sont atteints, cela est regrettable, mais exclusivement la faute des terroristes.

b) Barrage immédiat des environs du lieu du délit et arrestation de tous les civils qui se trouvent à proximité sans distinction de condition et de personne.

c) Incendier immédiatement les maisons d'où il a été tiré.

C'est seulement après ces mesures immédiates ou analogues qu'arrivera le compte rendu au bureau de *Mil.Befh.* ou du S.D (*Sicherheitsdienst*, service de sécurité, NDA) qui aura à poursuivre la suite à donner d'une manière également sévère.

3) L'instruction des formations de tous les corps de troupe dans les parties arrière du pays doit être menée de telle sorte que les unités puissent être employées à tout moment après la clôture de la première instruction aux armes contre les foyers de troubles. Ainsi, l'instruction conforme au temps de guerre sera favorisée.

4) Lors de l'appréciation de l'intervention d'un chef de troupe énergique, la détermination et la rapidité de sa réaction doivent être mises à la première place. Seul devra être seulement puni le chef de troupe mou et indécis parce qu'il a mis ainsi en danger la sécurité des troupes qui sont sous ses ordres et le respect dû à la *Wehrmacht*.

Face à la situation actuelle, des mesures trop sévères ne peuvent pas être la raison d'une punition.

Signé : Sperrle

Sabotage projeté et opération offensive des terroristes au début de l'Invasion.

Ces derniers temps, la situation intérieure en France s'est considérablement aggravée.

Au début de l'Invasion, les terroristes exécuteront des attaques et des actes de sabotage de manières différentes. On ne sait pas avec exactitude quand ces actions seront déclenchées. Des mesures préventives doivent être prises dès maintenant, voire immédiatement.

Il faut s'attendre aux actions suivantes :

1) Attaques et actes de sabotage contre les échelons de commandement, postes centraux téléphoniques.

Moyens de défense : surveillance suffisante et stricte. Occupations des connexions. Extrême prudence lors des communications téléphoniques et des transmissions des ordres. Toutes les lignes seront mises sur écoute.

2) Attentats contre des officiers et hommes de troupe chez l'habitant.

Moyens de défense : habiter chez l'habitant sera immédiatement interdit. Logement des officiers fermé dans des cantonnements gardés, les hommes de troupe, en principe dans des cantonnements de troupe.

3) Attentats et actes de sabotage contre des dépôts de carburant, de munitions, d'habillement et de ravitaillement.

Moyens de défense : surveillance suffisante, éloignement immédiat des civils qui y étaient employés jusqu'à présent.

4) Attentats contre des agents de transmissions.

Moyens de défense : à la nuit tombante, circulation regroupée des agents de transmissions (même route empruntée ; pas d'estafette isolée) ou voitures légères avec un équipage armé de plusieurs soldats. Prise et transport de documents portant la mention « g.Kdos » (secret confidentiel) par gradés avec Portepee (dragonne de baïonnette portée par les adjudants et adjudants-chefs, NDA) avec escorte de 2 soldats armés.

5) Attentats contre les bureaux.

Moyens de défense : les bureaux dont la sécurité n'est pas assurée par des sentinelles doivent être occupés en permanence par deux soldats. Pendant la nuit, remettre les caisses secrètes fermées à clé à la garde. Bouteilles d'essence et grenades à tenir prêtes en permanence auprès des caisses secrètes pour le cas de destruction rapide. Remise en temps voulu des VS (*Verschlusssachen* : affaires secrètes, comme les *Tagebücher* : cahiers d'enregistrement) aux détachements de troupe de dépôt.

6) Attentats contre des représentations pour la troupe (cinéma, KdF : *Kraft durch Freude,* etc.)

Moyens de défense : fouilles minutieuses avant le début de la manifestation, surtout des caves, de la scène et du sol. Surveillance de l'entrée principale et des entrées arrière. Tenir à l'écart les civils sur une largeur de 100 m lors du début et de la fin de la manifestation par des sentinelles.

7) Attentats contre les cuisines et les foyers des officiers.

Moyen de défense : en cas d'alerte, écarter immédiatement tous les civils de la troupe.

8) Élimination ou fausse installation de poteaux indicateurs.

Moyens de défense : orientation seulement d'après la carte

9) Arrêt de toute arrivée de courant électrique.

Moyens de défense : tenir prêtes des lampes de secours et des bougies.

10) Graissage de virages avec du savon noir ou de la mélasse :

Moyens de défense : répandre du sable, dans les cas tenaces, gratter avec des pelles. Attention aux francs-tireurs.

11) Étalement de débris de verre dans la périphérie des échelons de commandement dans le but de marquage pour les avions.

Moyens de défense : ramassage des débris de verre, patrouilles.

12) Il faut s'attendre au minage de routes, de ponts, de digues de croisements ainsi qu'à la dispersion de clous et à des constructions d'abattis.

13) Les terroristes considèrent comme particulièrement importantes des actions contre des unités blindées pendant le plein de carburant, l'approvisionnement en munitions et lorsqu'elles sont en marche, ainsi que les comptes rendus de rassemblements au moyen de signaux lumineux. »

tement qui avait été correct jusqu'ici, ou une envie inexplicable de questionner sur l'objet de déplacements. Tout ceci annonçait le débarquement à venir. Devant l'augmentation des sabotages et des attentats contre les installations militaires allemandes, la recrudescence de l'activité des maquis formés dans nombre de régions de la France occupée, en particulier dans celles où la configuration du terrain s'y prêtait (régions montagneuses et forestières par exemple), devant le sentiment d'insécurité qui régnait au sein des troupes allemandes lors de l'instruction, le *Generalfeldmarschall* Sperrle envoie l'ordre suivant le 3.02.44 (*OB West.* Ic Nr 272/44 g.Kdos) :

Les instructions ci-dessus sont à faire parvenir pour information et exécution à la *17. SS-Panzer-Grenadier-Division « Götz von Berlichingen »*.

Comme il en résulte de l'« Ordre Sperrle », l'activité de la Résistance commence à gêner sensiblement les opérations de mise sur pied et d'instruction de la Division.

A ce sujet, le *Ia* de la Division, le *SS-Hauptsturmführer* Dr. Conrad expédie un rapport en date du 9.02.44, à tous les *Feldkommandanten* de Tours, relatif aux expériences acquises lors de l'opération « Hubertus » menée par le *SS-Panzer-Grenadier-Regiment 38* (la Nr. 78/44 g.Kdos)

« Le régiment avait pour mission de barrer la région de la forêt d'Amboise du nord au sud. En deux transports, les troupes pour le groupe nord ont été acheminées par voie ferrée vers Amboise, pour le groupe sud, vers la Croix et Chissay (au sud-est d'Amboise, NDA).

Départ du groupe sud à 23 h 20 à partir de Saumur. Les I. et II. Bataillone ont été débarqués dans deux gares différentes. Arrivée du I. Bataillon à La Croix à 3 h 30, le II. Bataillon à Chissay à 4 h 40.

Départ du groupe nord à 0 h 40 à partir de Saumur, arrivée à Amboise à 4 h 30. La zone de mise en place devait être occupée pour 7 h 30. Ce type d'opération a exigé avant tout la surprise. Dès l'arrivée des trains se trouvaient des véhicules de la Wehrmacht dans et devant les zones de mise en place, ils ont roulé aux alentours avec les phares en feux de route, rien que cela attirait déjà l'attention des bandits qui devait être dans la forêt. Cela leur a offert ainsi l'occasion de se mettre en sécurité à temps. Les chemins d'approche des groupes nord et sud avaient été choisis de façon appropriée, si bien que la mise en marche depuis la gare dans les zones de mise en place a eu lieu sans anicroches. Il a manqué un mot de passe grâce auquel une meilleure prise de contact entre les compagnies et les détachements de la Wehrmacht aurait été garantie.

a) Le besoin de temps pour la mise en place s'est élevé à peu près à 2-3 heures

b) Le barrage a été exécuté en chaînes de fantassins clairsemées en intervalles de 20 à 80 m, selon le terrain et la végétation.

c) L'armement : chaque groupe avec un le.MG, le chef de groupe avec un M.P, a été approprié. La tenue sans casque a été convenable pour l'opération.

d) Équipement : les moyens de transmissions ont été totalement insuffisants. Entre les bataillons et les compagnies, il doit y avoir soit une liaison téléphonique ou une liaison-radio.

e) L'émission d'un mot de passe est nécessaire. Son absence s'est révélée gênante lors de la prise de liaison pendant l'obscurité. Signaux lumineux et lampes de poche sont à recommander pour une meilleure communication.

Le régiment attire l'attention sur le fait que, malgré un secret très rigoureux venant de la troupe, les cheminots français étaient au courant 18 heures auparavant de l'engagement de soldats allemands, si bien que tous les bandits ont bien pu être prévenus.

Pour exécuter une telle opération, il est recommandé, soit d'engager par surprise une troupe entièrement motorisée, soit devoir faire parcourir la forêt par quelques hommes résolus déguisés en agents forestiers et débusquer les bandits. Ces hommes devraient être suivis et appuyés par des patrouilles d'intervention qui seront déguisées aussi.

La Division remettra le rapport ci-dessus du Panzer-Grenadier-regiment 38 en demandant d'en prendre connaissance. »

Ce même jour, le Wehrmacht-Führungsstab (état-major opérationnel de l'O.K.W) prescrit des mesures envisagées dans le cas d'une attaque contre le front de l'Ouest et du Sud.

Dans le cadre de la 1. Armee (A.O.K.1), la 17. SS-Panzer-Grenadier-Division « Götz von Berlichingen » doit constituer un Kampfgruppe qui sera affecté à cette armée avec ceux formés par la 2. SS-Panzer-Division « Das Reich » (région de Bordeaux), la 273. Reserve-Panzer-Division (ex. Division n° 155, cantonnée dans le secteur Bordeaux-frontière espagnole) et la 276. I.D (dans la région de Biarritz) pour surveiller la frontière espagnole). Ces Kampfgruppen interviendront en cas de nécessité (4).

Malgré toutes les mesures de sécurité qui sont prises, l'activité des mouvements de résistance ne fait que s'amplifier : coups de main, sabotages et attentats contre des soldats isolés. L'aviation alliée exécute des missions de parachutages d'armes, de munitions et de ravitaillement dans les zones où sont implantés des maquis comme l'indique ce compte rendu (non daté) du Ib de la Division, le SS-Sturmbannführer Linn :

« Afin d'arrêter de plus grandes actions (des résistants, NDA), un ordre avait été publié dans le secteur de la Division, selon lequel les barrières des passages à niveau devaient être fermées à la tombée de la nuit. Nous voulions obtenir tout simplement qu'aucune route assez importante ne soit empruntée par des véhicules, sans que nous ne le remarquions. Du fait de l'existence des partisans, il résultait des vols exécutés par les Anglais, destinés à parachuter du ravitaillement. En relation avec le S.D (Sicherheitsdiens : service de sécurité) et la G.F.P. (Geheime Feldpolizei : police secrète en campagne, sûreté aux armées), nous avons eu ici la chance d'en tirer profit. Lors de la suppression d'un réseau d'espionnage, les radios ont été « retournées » et on a ainsi pu savoir quand des parachutages de ravitaillement seraient effectués. On interceptait les informations et, après les bulletins météorologiques, il y avait un mot conventionnel qui annonçait quand et où il fallait s'attendre à des parachutages.

A plusieurs reprises, nous avons reçu des biens d'approvisionnement envoyés de cette manière. Le premier fut seulement du matériel que les partisans avaient demandé ; lors des parachutages suivants, cela se passa de telle manière que, nous-mêmes, avions fait part de nos désirs. A ce moment-là, je demandais en premier lieu des M.P qui furent alors aussi parachutées avec le reste. »

« Nous sommes maintenant en Mars 1944. L'aviation alliée commence les bombardements « d'encagement » de la zone comprise entre la Loire et la Seine, tout en opérant dans d'autres régions pour faire diversion. Sont particulièrement visés les ponts, les nœuds routiers, les gares de triage et les voies ferrées sans oublier les centres industriels.

La menace aérienne oblige à un vaste éparpillement des unités de la « Götz », désormais en partie cantonnées dans de petits villages et dans des bivouacs forestiers. L'instruction est poursuivie comme en campagne et, peu à peu, malgré les difficultés, va atteindre les effectifs suivants au 15.3.44 :

Eléments de la « Götz » à l'instruction. A la binoculaire, l'Ostuf. Maschke. En arrière plan, des pièces d'infanterie, un IIG.

Elements of the "Götz" training. With the binoculars, Ostuf. Maschke. In the background, some infantry guns, IIG.

Soldaten der "Götz" bei der Ausbildung. Am Doppelfernrohr Ostuf. Maschke, im Hintergrund leichte Infanteriegeschütze (IIG).

officiers : 202 ; sous-officiers : 1 368 ; hommes de troupe : 11 780

On est encore loin des chiffres du *Soll* (effectif théorique) qui prévoient : 565 officiers ; 3 440 sous-officiers et 12 974 hommes de troupe, soit : 16 979 hommes.

Les cycles d'instruction sont suivis assidûment. A Bordeaux et au Mans sont organisés des stages pour la protection contre les gaz en Allemagne, pour radios, artificiers et adjudants chargés du matériel. Le *Generalkommando II. SS-Panzer-Korps* avait mis sur pied une école de conduite pour véhicules à roues, semi-chenillés et chenillés à Argentan tandis qu'à Posen *(maintenant Poznan NDA)* étaient organisés des stages de tireurs d'élite. Cracovie, Prague et Vienne comptaient aussi parmi les villes où se déroulaient différents cycles d'instruction (5).

Dans le courant de ce mois, la « Götz » procède à la réquisition de véhicules français. Elle récupère ainsi nombre de voitures particulières en état de marche, mais peu de camions. Cette décision, qui émanait du *Generalkommando LXXX.A.K.* ne fut pas approuvée par la *1. Armee.* Il fallut que le *SS-Hauptsturmführer* Linnaille se justifie auprès de celle-ci (6).

Au fur et à mesure que les jours passent, les actions de la Résistance s'intensifiant dans la région de mise sur pied de la Division, on s'attendait à un soulèvement des maquis dès le début du débarquement.

Le 23.03.44, le *SS-Brigadeführer* Ostendorff fait publier une note *(Ic Tgb. Nr. 435/44 geh.)* dont l'objet est :

Le 30.03.44, sur l'ordre du *Panzertruppen-Kommando West (Pz. Gr. West Ia Nr. 1311/44 g.Kdos du 28.03.44),* un bataillon de *SS-Panzer-Grenadier-Regi-*

ment sera employé pour aménager des barrages côtiers avancés dans le secteur du *LXXXVI.A.K (General der Infanterie* von Obstfelder) et ce, en alternance de 8 jours.

Le *I./38* est transféré par convoi ferroviaire vers la Benne Océan, à 15 km au nord de Bayonne pour être mis aux ordres du Corps du 2. au 10.04.44 compris. Les modalités du transport doivent être réglées immédiatement par le *Bv.TO (bevollmächtiger Transport-Offizier :* commissaire régulateur) du *A.O.K.1* afin que le bataillon arrive sur place le 2.04.44. Un détachement précurseur *(Vorkommando)* prendra la liaison pour mise au courant avec le *LXXXVI.A.K.* dont le QG est établi à Dax.

Pour son emploi, le bataillon devra être équipé en tenue de campagne et cantonnera en bivouac.

Concernant le Régiment 37, la période d'emploi d'un de ses bataillons est prévue du 11. au 19.04.44. le tout sera réglé dans les mêmes conditions que pour le *I./38.*

En raison de l'activité de la résistance, il est procédé à des contrôles routiers en vue de déceler la présence de maquisards. Mais ces mesures entraînent parfois des incidents avec les diplomates ou représentants consulaires étrangers.

Les fêtes de la Division

Attribution solennelle de la bande de manche

Le 3.04.44, le *SS-Brigadeführer* Ostendorff fait publier au *K.T.B* de la Division une note précisant les modalités de cette cérémonie : « *Götz von Berlichingen* » à la Division.

« Les 9 et 10.04.44 sera effectuée l'attribution solennelle de la bande de manche (7).

1) 9.04.44

a) 16 heures : attribution de la bande de manche à Thouars (Théâtre) aux *Kommandeure,* aux chefs de section de l'état-major.

A chacune des unités *(Stab.Kp.Batterietrupp)* pour 1 officier, 1 sous-officier

A chaque *Bataillon* et *Abteilung* : 1 homme de troupe.

b) 18 heures : dîner pour les *Kommandeure,* invités et chefs de section de l'état-major au foyer des officiers

20 heures : concert au foyer des officiers

18 heures : dîner pour tout le reste des participants au foyer du soldat *(Soldatenheim)*

20 heures : représentation du théâtre aux armées SS « Oberland » : *Le Dernier Paysan* au théâtre de Thouars

20 heures : projection du film : *Immensee* au cinéma-palace de Thouars

c) Acheminement et transport de retour des participants aura lieu par les régiments et les bataillons autonomes. Des conducteurs particulièrement bons et sûrs devront être affectés à cela. Place de stationnement : marché de Thouars

d) Tenue : tenue de service, casque. Tenue impeccable, rubans de décorations propres.

e) Les officiers et les sous-officiers convoqués pour l'attribution devront prendre leur place pour 15 h 30

f) Transport de retour : 23 heures à partir de Thouars.

2) 10.04.44

Attribution de la bande de manche au reste de la Division par les *Kommandeure* ou les chefs de compagnie sous forme solennelle chez la troupe.

Diplôme d'attribution de la bande de bras à la division signé par Himmler.

Qualification for the award of the divisional armband signed by Himmler.

Verleihungsurkunde zum Ärmelstreifen der Division, von Himmler unterschrieben.

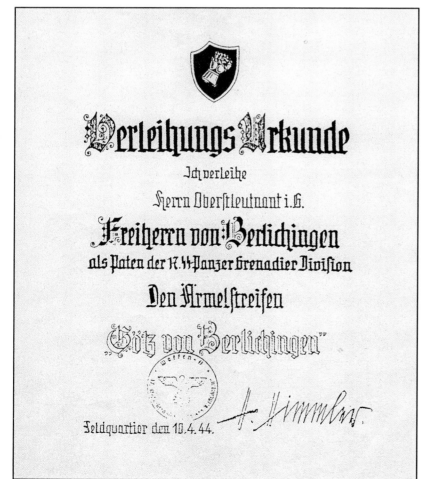

Voici le compte rendu de la cérémonie tel qu'il a été consigné dans le *K.T.B* de la « Götz » le 24.05.44 : « Les divers préparatifs pour la cérémonie de la remise des bandes de manche à la Division ont été terminés le 9.04.44. Dans la soirée même, est aussi arrivé le RFSS (*Reichsführer-SS* Himmler) grâce auquel un cachet particulier a été donné à la cérémonie. Toutefois, eu égard au voyage fatigant, l'éminent invité s'est bientôt retiré.

Tôt le matin du 10 avril, la section de musique a défilé et éveillé la ville. Les drapeaux ont été hissés sur l'esplanade du théâtre. Ainsi a commencé le grand jour.

Pendant que la matinée s'achevait conformément au programme dans Thouars, le RFSS s'assurait du niveau d'instruction de la troupe. Il est allé voir la *SS-Sturmgeschütz-Abteilung 17* (la *Panzer-Abteilung 17*, NdA), le *SS-Panzer-Grenadier-Regiment 37* et le *SS-Artillerie-regiment 17*.

Ainsi s'est approché le moment de la véritable cérémonie.

A l'intérieur du théâtre pompeusement décoré, étaient déjà arrivés les *Kommandeure* de la Division ainsi qu'un officier, un sous-officier ou un soldat de chaque compagnie ou batterie quand la voiture du RFSS s'est rangée devant le théâtre.

Après le salut des officiers de haut rang qui l'avaient attendu dans le hall du théâtre, le RFSS est entré dans la salle des fêtes, parmi les invités d'honneur on a reconnu :

— le *SS-Obergruppenführer* Sepp Dietrich ;

— le *General der Panzertruppen* von Geyr (Geyr von Schweppenburg, NdA) ;

— le *SS-Gruppenführer* Oberg (*Höhere SS-und Polizeiführer* : chef supérieur de la police et des *SS*, NDA) ;

— le *SS-Oberführer* Lammerding (*Kommandeur* du *SS-Kampfgruppe « Das Reich »*) ;

— l'*Oberstleutnant* von Berlichingen (*Ia* de la *21. Panzer-Division* et descendant du « Chevalier au poing de fer », NDA).

Le *Kommandeur* de la Division a soumis un rapport après lequel, le RFSS et ceux qui l'accompagnaient prirent place. Ainsi commença la cérémonie.

Elle a atteint son point culminant avec le discours du RFSS, au cours duquel il effectua un court exposé sur le chemin historique du Reich dans les siècles passés et, en même temps, a retracé le développement du *Schütz-Staffel* (échelon de protection qui donna le sigle *SS*, NDA) et des *Waffen-SS*. Il termina avec un résumé de la personnalité du chevalier Götz von Berlichingen dont la conduite a été donnée en exemple à ceux qui étaient présents. Faisant suite à cela, le *RFSS* a effectué la remise des bandes de manche aux *Kommandeure* de la Division.

Après l'hommage aux officiers et le chant en commun de la dernière strophe du *SS-Treuelied* (Chant de la fidélité *SS*, NDA) s'est terminée la cérémonie.

Après une courte pause, le RFSS est revenu au théâtre pour parler de nouveau à l'ensemble du corps des officiers de la Division. Ensuite, la soirée a vu les invités d'honneur, officiers et soldats encore une fois dans le théâtre, réunis pour la représentation d'une pièce *Le Dernier Paysan* interprétée par le Théâtre aux armées « Oberland ».

Une soirée de musique de chambre, donnée par le quatuor à cordes du professeur Kaan au foyer des officiers, termina la fête.

Le *RFSS* n'a passé que quelques courtes heures près de la Division. Le lendemain, il continuait sa route vers la *SS-Division « Das Reich »*.

Divisions-Feier
der 17.44-Pz. Gren.Div.
„Götz von Berlichingen"
anläßlich der Verleihung des Ärmelstreifens
am 10.4.44.- 16°° Uhr
in
Thouars

Feierfolge:

1. Huldigungsmarsch   Richard Wagner

2. Begrüßung durch Divisionskommandeur

3. Einleitung zum 3.Akt: „Die Meistersinger v. Nürnberg"
„Tanz der Lehrbuben und Festwiese".   Richard Wagner

4. Worte aus Goethe's „Götz von Berlichingen"

5. Ouvertüre zu Egmont"   Ludwig van Beethoven

6. Verleihungsansprache

7. Verleihung des Ärmelstreifens „Götz von Berlichingen"

8. Führer-Ehrung

9. 44-Treuelied

Fête de Division de la *17. SS-Panzer-Grenadier-Division « Götz von Berlichingen »*
Le 10 avril 1944 à 16 heures à Thouars
Programme du déroulement de la fête
1) *Huldigungsmarsch* (marche d'honneur) Richard Wagner.
2) Accueil par le *Kommandeur* de Division.
3) Ouverture du 3e acte *Die Meistersinger von Nürnberg* (les maîtres-chanteurs de Nuremberg) *Tanz der Lehrbuben und Festwiese* (Danse des apprentis et fête de la prairie). Richard Wagner
4) Propos du « *Götz von Berlichingen* » de Goethe.
5) Ouverture d'*Egmont* Ludwig van Beethoven
6) Discours de remise.
7) Remise de la bande de manche « *Götz von Berlichingen* »
8) Hommage des officiers.
9) Chant de la Fidélité SS.

Programme de la fête de la division à Thouars à l'occasion de la venue du Reichsführer-SS.

Program of the division's festivities at Thouars on the coming of the Reichsführer-SS.

Festprogramm der Division in Thouars mit Teilnahme des Reichsführers-SS.

Veste montée d'origine avec la bande de bras, pièce trouvée dans la Manche. (collection F.X. G.)

Original piece of a member of the "GvB". (F.X.G.)

Jacke, in den Originalzustand versetzt mit Ärmelstreifen. Im Département Manche gefunden. (F.X.G.)

A propos de cette cérémonie, H. Stöber note dans son ouvrage :

« Le Général Geyr von Schweppenburg avait apporté une large contribution à la mise sur pied et à l'instruction de la Division. L'accueil que lui fit le Kommandeur de la Division fut en conséquence, ce qui provoqua un différend entre le Général et le RFSS, et au sein duquel le SS-Obergruppenführer Dietrich fut aussi entraîné. La prise de position du chef de la Division fut sans équivoque en faveur du Général Geyr von Schweppenburg, auquel fut remise spontanément une voiture, un véhicule conforme à son rang et, pour que le nombre soit exact, contre son ancienne voiture. Pour le RFSS, il ne resta plus d'autre solution, que de faire bonne mine ».

A signaler enfin que la *SS-Flak-Abteilung 17* avait été mise en position tout autour de Thouars, le 9 avril.

Le déplacement des pièces eut lieu en utilisant des véhicules des *Nachschub-Truppen*. Un progrès par rapport à un exercice de tir à obus réels qui s'était déroulé vers la fin du mois de mars 1944 contre des objectifs terrestres. Les pièces avaient été tractées par des bœufs !

3) La fête du 1er mai 1944.

Cette journée du 1er mai est célébrée en Allemagne comme en France et, à Thouars, elle a donné aussi lieu à des festivités comme le rapporte ce compte rendu du 25.05.44 *(Anlage 176)*

« Dès le jeudi 27.4.44, la fête fut ouverte par des matchs de hand-ball et de football sur le terrain de sports à l'est de Thouars.

En réalité, elle a battu son plein dès le dimanche 30 avril. Sur le terrain gazonné s'alignaient des tentes sous lesquelles des soldats pouvaient manger et boire, ainsi que des stands où on grillait des saucisses. Chacun pouvait ainsi s'amuser et se détendre comme il voulait. Une "joyeuse" prison, administrée par les Feldgendarmen *de la Division faisait sensation et créa une ambiance du tonnerre.*

Le dimanche après-midi, les hommes se livrèrent a des compétitions de toutes sortes. Outre des épreuves sportives et de tir, il y avait surtout un concours de chanteurs qui fit l'objet de l'attention de tous. Pour le concours, chaque Bataillon ou Abteilung *devait montrer sa maîtrise. Comme condition, il fallait interpréter un chant de soldat (*Landsknechtslied *: le chant du lansquenet, NDA) et une chanson quelconque. On trouva ainsi des chanteurs aux performances remarquables, mises en évidence à cette occasion.*

La cérémonie de récompense aux vainqueurs avec distribution des prix clôtura les concours. Dans la soirée, officiers, sous-officiers et hommes de troupe assistèrent à une représentation au Théâtre de Thouars par le Théâtre aux armées « Oberland » qui interpréta Le village pêcheur *puis à un concours de musique légère au* Soldatenheim *de Thours.*

Dans la matinée du 1er mai, des chœurs de soldats, formés des trois premiers vainqueurs du concours de chant, laissont une impression inoubliable parmi la troupe la fête solennelle s'acheva par un hommage du Kommandeur *aux officiers et l'hymne national.*

Mais, dans l'après-midi, les hommes purent encore se distraire avec les stands de nourriture, de boissons et de jeux de hasard. Il y eut même une épreuve de radeaux sur le Thouet (la rivière qui passe à Thouars.

Enfin, la soirée se termina avec une troupe de la Kraft durch Freude *(une organisation de loisirs du parti, NDA) qui vint encore apporter son concours aux divertissements. »*

Les dernières semaines avant le Débarquement

Les mois d'avril et mai 1944 vont être marqués par une recrudescence de l'activité aérienne des Alliés comme celle des mouvements de Résistance.

C'est pourquoi l'*O.B. West* publie une directive concernant la conduite à tenir lors d'une alerte aérienne, répercutée aux unités de la « Götz » le 20.04.44 (la Nr. 606/44 geheim)

« Malgré les ordres que j'ai donné clairement et à plusieurs reprises pour la conduite à tenir par les soldats allemands lors d'une alerte aérienne, il m'a été signalé de nouveau des comportements de soldats tout à fait contraires aux ordres, pendant une alerte aérienne, dans une grande gare. Que la population civile se conforme à ses obligations de se protéger ou non, peu importe, mais j'exige encore une fois que le soldat allemand, lors d'une alerte aérienne, se

Pâques 1944...

Le samedi 8 avril, je revenais de faire ma tournée journalière gendarmerie, hôpital, commissariat de police, pour y glaner quelques faits divers, pour ma chronique dans l'Ouest-Éclair.

En traversant la place Lavault, je croise la directrice du cinéma Florida, rue Voltaire, et son mari, bien connue pour ses sentiments pro-allemands.

Me désignant le théâtre municipal, elle me dit : « Venez donc avec moi... »

Or, on savait que depuis quelques jours, le théâtre était consigné, car un personnage important, officier supérieur devait passer les fêtes de Pâques dans notre ville, où déjà régnait une fébrilité anormale chez les « Felgrau ».

A sa question, je riposte : « *Mais vous savez bien qu'en ce moment, nous n'avons pas le droit d'y pénétrer...* » En riant, elle me dit : « *Mais avec moi, vous ne craignez rien... et vous allez voir...* »

Quel journaliste aurait refusé pareille invitation ?

Nous gravissons donc les marches, et sommes reçus par un officier qui a un mot aimable pour cette dame.

Pauvre Théâtre !!!

Ses murs sont entièrement tendus de satinette rouge. Partout des étendards à croix gamées immenses, tombent des fenêtres qu'ils dissimulent. Le fond de la scène est tendu de tous les draps réquisitionnés chez l'habitant, et qui pliés et plissés, dessinent de grands rayons. Au centre, une très forte lampe électrique éclaire l'envers d'un aigle énorme en bois peint, qui, les ailes déployées semble planer dans une apothéose d'or. Devant la scène, deux énormes massifs d'hortensias, l'un rose, l'autre bleu, en provenance des fleuristes de Thouars et de Saumur. Partant de la scène, à laquelle on accède par un escalier central, un large tapis de laine rouge spécialement venu de Paris, descend les degrés, traverse la salle, le hall, et arrive jusque sur l'escalier extérieur, où il s'étale sur deux rangées de plantes vertes.

Les affreux sièges du théâtre ont été enlevés et remplacés par les fauteuils de velours du Florida, qui, tout surpris de se trouver là, se serrent les uns contre les autres...

L'ensemble est imposant et sinistre à la fois. Il fait sombre, on n'ose parler haut.

D'énormes lettres dorées surmontent le fronton de la scène. Mais je ne sais pas lire l'allemand. « *C'est leur devise* murmure une voix à mon oreille : « *Aide-toi ; Dieu t'aidera !...* »

Comme il fait bon retrouver dehors, le soleil, l'air libre...

Le dimanche est arrivé. Et c'est Himmler qui effectivement est venu.

Il est arrivé avec une escorte d'officiers aux uniformes chamarrés et pour la circonstance, on avait réquisitionné quelques très belles maisons de la rue Camille Pelletan. Tel le n° 58 (aujourd'hui n° 60) dont les propriétaires d'alors étaient favorables à l'Occupant. Le n° 53 était occupé par des bureaux.

Monsieur Himmler avait pris un bain au n° 58 et la propriétaire s'en glorifiait et s'en ventait à qui voulait bien l'entendre.

Mais quels souvenirs de la nuit que nous avons passé.

Himmler et son état-major sont arrivés précédés d'une D.C.A. KOLOSSALE.

Des batteries ont été placées sur tous les environs : St Jean, St Jacques, Missé, Pompois et dans la ville même jusque sur la place Lavault face au Thouet, qui toute la nuit, ont craché leur mitraille nous gratifiant d'un feu d'artifice inoubliable.

Le 10 avril 1944, Sepp Dietrich est aussi convié à la fête de la division, on le voit ici arriver à Thouars. Il est salué par les officiers de la « Götz ».

rende immédiatement dans les abris, tranchées pare-éclats qui se trouvent à proximité, sans crainte de se rendre ridicule. Par information, il doit apprendre que tout rassemblement de personnes, en particulier d'objectifs de communication peut provoquer les plus grosses pertes et que lui-même est responsable de la conservation de sa combativité pour la troupe. Tout officier, peu importe de quel corps de troupe, a le devoir absolu d'intervenir dès qu'il a connaissance de dysfonctionnements. »

Panzergruppe West Ia Nr. 2190/44 geh.v.16.4.44.
Une note du Ia de la Division (date illisible) a interdit au personnel féminin de la *Wehrmacht* de pénétrer dans les cantonnements. On sait que ce personnel auxiliaire était utilisé comme secrétaires, agents de transmissions (les *Blitzmädchen*, identifiables à l'éclair porté sur la manche de la vareuse), employées des services sociaux *(Betreueung)*, sans compter les infirmières de la Croix-Rouge (les *Schwester*). Des civils étaient aussi employés aux travaux d'entretien et de ménage.

Sans doute le motif était d'ordre disciplinaire, mais il y avait aussi la crainte de voir des Résistants pénétrer dans les cantonnements afin de s'y livrer à des activités d'espionnage et de sabotage.

Pendant ce temps, l'instruction se poursuit fiévreusement malgré les difficultés de toutes sortes.

On 10 April 1944, Sepp Dietrich was also invited to the division's celebrations, he is seen here arriving at Thouars. He is greeted by the officers of the "Götz".

Für den 10. April 1944 ist auch Sepp Dietrich zum Fest der Division eingeladen. Er ist hier beim Eintreffen in Thouars zu sehen. Begrüßung durch die Offiziere der "Götz".

Voici, à cet effet, une directive confidentielle, en date du 20.04.44 *(Ic Tgb. Nr. 564/44 geh.)*

« Objet : défense dans la troupe

La grande confiance aveugle du soldat allemand en la population civile et la négligence dans les questions de défense peuvent mener à de graves atteintes envers la puissance militaire.

C'est pourquoi les points ci-dessous doivent faire l'objet d'une information détaillée :

1 - Pour le camouflage d'agents ennemis, l'adversaire préfère l'emploi abusif de l'uniforme allemand.

a) Aux généraux, officiers, sous-officiers et hommes de troupe qui demandent l'accès à des objectifs gardés militairement et qui ne sont pas connus de la sentinelle, celui-ci doit être interdit. Le chef de poste doit avertir. Vérification des papiers, le cas échéant, demande de précisions auprès de l'échelon hiérarchique.

b) Est interdite toute conversation avec des porteurs d'uniforme inconnus sur les affaires militaires, par exemple cantonnements, armement, effectif, relève des gardes etc.

2 - Confiance aveugle à l'égard de la population civile.

Les civils de toutes catégories, qui sont employés temporairement dans les services doivent être surveillés et n'être jamais laissés seuls, même de jolies employées féminines.

Des agents camouflés en artisans sont parvenus à plusieurs reprises à dérober des documents secrets ou des timbres de service (tampons). Il faut s'attendre à la possibilité d'y insérer des détonateurs, en cas de non surveillance.

3 - Photographie d'objectifs militaires.

La photographie d'objectifs militaires par des militaires ou des personnes civiles est formellement interdite. Les sentinelles doivent prendre immédiatement des mesures contre cela.

4 - Conservation du secret.

L'ensemble du personnel de bureau, autant que peut se faire, doit être astreint verbalement et par écrit au secret. Tout chef de troupe, chef de service et détenteur de secrets militaires (personnel astreint au secret) est responsable de la sauvegarde des secrets qui lui ont été confiés ou parvenus à leur connaissance. Une protection minutieuse du secret épargne du sang allemand. Des manquements a ce devoir seront rigoureusement punis par une cour martiale.

Il est renvoyé à « l'ordre fondamental du Führer » du 11.01.40 sur le secret *(Grüngsätzlicher Führerbefehl v.11.01.40)*. Cet ordre doit être affiché dans tous les bureaux.

b) Une très stricte protection du secret dans les communications téléphoniques. On travaillera toujours sans liste de noms conventionnels et on demandera ou donnera des comptes rendus sur des dossiers (transferts, garnisons, effectifs réels, armement, munitions, matériel) sans camouflage. Des contrôles sur la préservation de la conservation du secret seront exécutés. Tout manquement au devoir de conservation du secret sera sévèrement puni. »

Objet : combat contre les terroristes.

La *K.T.B*

En annexe à l'ordre du 18.02.44. *Ic Tgb Nr. 33/44 g.Kdos (O.B. West Ic. Tgb Nr. 272/44 g. Kdos)* est mise au point la distinction ci-dessous entre mesures de légitime défense et mesures de sanction.

La légitime défense est une mesure de défense immédiate contre une agression. Elle succède immédiatement à l'acte. A cette occasion, un emploi énergique des armes, comme en cas de résistance ou de tentative de fuite, n'est pas seulement justifié, mais doit être même exigé.

Les mesures de sanctions succèdent à la légitime défense dans un intervalle de temps. Le commandant en chef de l'administration militaire et le *Höhere SS-und Polizeiführer* (Officier supérieur de la police et des SS, le *SS-Brigadeführer* Oberg, NdA) en France statueront exclusivement sur leur infliction et leur exécution d'après les directives données par le Führer, par l'intermédiaire du chef de l'*O.K.W* ou par l'intermédiaire du *Reichsführer-SS*.

Lors des opérations de râtissage, les habitants arrêtés seront des prisonniers, le *S.D (Sicherheits-Dienst*, service de sécurité, NDA) décidera à quelle autorité suivantes ces gens devront être remis, pour la suite à donner à leur traitement.

La troupe doit être informée à ce sujet.

Mais les premières pertes vont survenir lors des exercices dans le cadre des unités et qui font coopérer toutes les armes. On pratique maintenant des manœuvres avec des tirs à projectiles réels.

Au cours de l'un d'eux, le 22.04.44, le *SS-Sturmbannführer* Kniep, le *Kommandeur* de la *SS-Panzer-Abteilung 17*, trouve la mort. En outre, sont blessés le chef de la *14 (Flak)./37*, le *SS-Hauptsturmführer* von Seebach et l'officier-adjoint de la *SS-Panzer-Abteilung 17*, le *SS-Obersturmführer* Hasselmann.

Pour remplacer le *SS-Sturmbannführer* Kniep, est nommé le *SS-Sturmbannführer* Kepplinger, titulaire du Ritterkreuz depuis le 4.09.40, alors qu'il était *Hauptscharführer* et *Zugführer* (adjudant-chef et chef de section) à la *11./SS-Regiment « Der Führer »*. Ajoutons que le *SS-Sturmbannführer* Kniep était aussi titulaire du *RK* depuis le 14.08.43, alors qu'il commandait la *Sturmgeschütz-Abteilung 2* de la « *Das Reich* ».

Le 26.04.44 est publié un ordre d'instruction *(Ia Nr. 664/44 geheim)* pour la période du 1er au 31.05.44.

Ce mois va servir à approfondir en premier lieu tous les domaines de l'instruction en renvoyant à tous, les ordres et directives établis depuis la mise sur pied de la Division.

Il s'agira de pratiquer à fond le combat de nuit, du fait de la supériorité des Anglo-Américains en artillerie et en aviation, avec laquelle il faudra compter lors du débarquement. Cette supériorité obligera à utiliser de telles méthodes pour éviter de trop grosses pertes lors des combats de jour. Tous les corps de troupe devront suivre une instruction de nuit trois fois par semaine. Dans les exercices individuels et dans ceux où toutes les armes agiront en coopération seront enseignés :

— Attaque de positions à contre-pente, reconnaissance de terrain par des groupes de choc avant la tombée de l'obscurité, à la mise en place et a l'attaque pendant la nuit

— Défense, reconnaissance au lever du jour. Aménagement de la position de nuit. Contre-attaque de nuit.

— Combat d'arrière-garde, attaque de diversion au crépuscule et retrait sur une position de recueil pendant la nuit.

Il sera aussi pratiqué des exercices de détection de gaz et de désinfection pour toutes les unités. Un compte rendu sera envoyé le 31.05.44.

Comme mesure de sécurité, les véhicules seront enterrés après avoir servi au transport des troupes, les camions jusqu'au bord inférieur avec les radiateurs protégés autant que possible par un clayonnage.

En outre, les *Pioniere* devront s'entraîner à l'emploi des mines ont à leur charge la remise en état des passages et le comblement des trous de bombes.

Ce programme sera exécuté en deux phases :

A. **Première quinzaine de mai :** exercice du *SS-Panzer-Grenadier-regiment 37*, renforcé par des blindés et de l'artillerie (*Sturmgeschütz-Abteilung 17* a affecter au parti « ennemi »)

Directeur de l'exercice : Le *Kommandeur* du *SS-Panzer-Grenadier-regiment 38*

a) *SS-Pionier-Bataillon 17* : lancement d'un pont dans les conditions du temps de guerre (au cas où le *SS-Panzer-Grenadier-Regiment 38*, serait en liaison avec le Régiment)

b) *SS-Artillerie-Regiment 17* et *SS-Flak-Abteilung 17* : exercice de conduite de tir dans le cadre du régiment renforcé.

Directeur de l'exercice : le *Kommandeur* du *SS-Artillerie-Regiment 17*

c) Exercice d'instruction : défense contre les gaz. *SS-Panzer-Grenadier-Regiment 38*, comme ordonné pour avril.

B. **Deuxième quinzaine de mai :** *SS-Panzer-Grenadier-Regiment 38* renforcé. Exercice régimentaire comme ci-dessus.

Directeur de l'exercice : le *Kommandeur* du *SS-Panzer-Grenadier-Regiment 37*

b) Exercice dans le cadre de la Division.

Participants à l'exercice des 17 et 18.05.44. »

Devant l'activité croissante des maquisards, une nouvelle directive est envoyée aux corps de la Division le 28.04.44 *(Ic Tgb Nr. 87/44 geheim)* :

Le 1.05.44, la *17. SS-Panzer-Grenadier-Division* « *Götz von Berlichingen* » est mise, dès cette date, aux ordres du *Generalkommando I. SS-Panzer-Korps* pour le service de troupe, de l'instruction et au plan tactique. Elle relève toujours de l'*A.O.K.1* pour son ravitaillement.

Une liaison téléphonique (et par télétype) sera montée vers le PC de la Division, à Thouars, par la *SS-Nachrichten-Abteilung 101*, unité organique du *I. SS-Panzer-Korps*.

Ce changement de subordination est dû au fait que le *II. SS-Panzer-Korps*, dont elle dépendait jusqu'ici, est envoyé sur le front de l'Est au début du mois d'avril 1944, pour tenter d'enrayer les attaques soviétiques dans la région de Lemberg, à proximité de la frontière séparant la Pologne de l'Ukraine. Le 8.05.44, la *SS-Brigadeführer* Ostendorff adresse à toutes les unités de la Division la copie d'un ordre du *Panzer-gruppen-Kommando West-Ia Nr. 2469/44 geheim)* concernant de mauvais traitements infligés aux recrues. Il faut sans doute voir ici l'application de méthodes « à la prussienne », le fameux » Drill », le dressage par les sous-officiers.

« Un cas particulier m'a montré que subsistent des idées partiellement inexactes sur le concept "mauvais traitement de subordonnés".

Mauvais traitement il y a, au moment où la contrainte du service est utilisée abusivement en exigeant des subordonnés des excès de fatigue physique qui n'ont rien à voir avec l'instruction, mais doivent simplement servir de punition.

A ce sujet, il est accessoire de savoir si le subordonné a ressenti ou pas le traitement comme des sévices.

La conception selon laquelle des supérieurs sont autorisés à recourir à ce moyen de discipline pour éduquer les subordonnés afin de maintenir la discipline militaire ou l'encourager, n'est pas la bonne. Si, à titre exceptionnel, et seulement sous la direction d'un officier, une troupe doit être dressée, le supérieur, qui en aura donné l'ordre, devra participer aux exercices fatigants.

Ramper longtemps inutilement, faire des "pompes" avec un fusil, des parcours d'escabeaux, des flexions des genoux en dehors du sport, etc. seront considérés par moi comme contraires au règlement.

J'attire expressément l'attention de tous les supérieurs en matière de discipline sur leur devoir d'intervenir contre tout traitement contraire au règlement vis-à-vis des subordonnés.

En tout cas, je vérifierai l'obligation de surveillance des supérieurs dans le service et, à cet égard, je n'accepterai aucun motif d'excuse. »

« Depuis le 13.05.44, il avait été ordonné de constituer des barrages routiers pour empêcher le déplacement d'unités motorisées de sabotage des Résistants. Selon un ordre du *I./37* en date du 22.05, le 27, des mesures de barrage sont prises par la *1. Kp.* dans la nuit du 27. au 28., à 4 km à l'ouest d'Ayron

Ludwig Kepplinger, ici *Sturmbannführer*, Kommandeur de la *Pz.-Abt.-17* après la mort de Kniep. Kepplinger sera tué le 6 août 1944 dans une embuscade montée par le maquis. Sa dépouille ne fut retrouvé qu'en 1980 à Villiers-Charlemagne. Il est maintenant enterré au cimetière militaire allemand de Mont-de-Huisnes.

Ludwig Kepplinger, here a Sturmbannführer, Kommandeur of Pz.-Abt.-17 following the death of Kniep. Kepplinger was killed on 6 August 1944 in an ambush laid by underground fighters. His body was only discovered in 1980 at Villiers-Charlemagne. He is now buried in the German military cemetery at Mont-de-Huisnes.

Ludwig Kepplinger, hier als *Sturmbannführer*, Kommandeur der *Pz.-Abt. 17* nach dem Tode von Kniep. Kepplinger fällt am 6. August 1944 in einem Hinterhalt des Maquis. Seine sterbl. Überreste werden erst 1980 in Viliiers-Charlemagne gefunden. Er ruht jetzt auf dem deutschen Soldatenfriedhof von Mont-de-Huisnes.

(au sud-ouest de Mirebeau) de 22 h à 2 h du matin. Sont ainsi surveillés le croisement Ayron-Chalandray avec la route de La Touche, La Ferrière en Parthenais, le Veauceau de Boille et, de 2 h du matin à 6 h, le croisement à 1 km au sud de Seran, route Seran-Ayron avec la route Vouzailles-Chalandré.

D'autres unités ont sans doute pris des mesures semblables, mais dont les résultats ne sont pas connus. Il est incontestable qu'elles ont provoqué un désarroi considérable chez les maquisards car, pour le partisan, rien n'est plus fâcheux qu'un adversaire mobile et actif. »

Désormais, l'instruction se poursuit dans la crainte de coups de main ou d'attaques-surprises des résistants. C'est pourquoi, le 13 mai, est publié un ordre de Division (Ia. Nr. 817/44 geheim) stipulant que :

1 - Lors de tous les exercices à l'extérieur des environs du cantonnement, il devra être emporté des munitions réelles en quantité suffisante afin d'être pourvu en munitions pour le premier combat contre des parachutistes arrivant par surprise et contre des attaques de bandes.

2 - Une stricte séparation devra être réalisée entre munitions réelles et munitions d'exercice. »

Dans le courant du mois de mai, près du Mans, le Generalleutnant Bayerlein tient une conférence d'instruction. Le Kommandeur de la Panzer-Lehr-Division donne à peu près comme thème : Mouvements de la troupe sur le champ de bataille en cas de supériorité aérienne ennemie.

Lors de la discussion qui suit, il est sans cesse souligné par un nombre considérable d'officiers présents, surtout par ceux qui connaissent le théâtre d'opérations italien, les mouvements présentés ne sont possibles qu'avec un rapport dans les airs de 50/50 ; de plus, si on veut transposer la situation en Italie sur une invasion à laquelle il faut s'attendre, on ne doit pas partir du principe d'une supériorité aérienne ennemie, mais vraisemblablement d'une maîtrise aérienne ennemie absolue.

Ces opinions sont brutalement rejetées et considérées comme impossibles par les officiers conducteurs du débat.

Entre-temps, le SS-Pionier-Bataillon 17 du SS-Sturmbannführer Fleischer avait lancé un pont sur La Loire, reliant Dampierre à Villebernier, à l'est de Saumur. Construit en utilisant les bancs de sable du fleuve, il en franchit les trois bras et remplace le pont ferroviaire qui avait été bombardé.

Mais ce bataillon n'est toujours pas motorisé. Il doit pourtant expédier ses 3 compagnies pour participer à des travaux de renforcement sur l'Atlantikwall dans la région des Sables-d'Olonne avec les Festungs-Pionier-Bataillons 13 et 83 (bataillons de pionniers de forteresse). Période de travail : du 16 au 20.05.44.

— 3. Kp : aux Sables-d'Olonne.

— 2. Kp : St-Gilles-Croix-de- Vie et St-Jean-de-Monts

— 1. Kp : Notre-Dame-de-Monts et île de Noirmoutiers

Le 17.05.44, le Ia de la Division, le SS-Sturmbannführer Dr. Conrad transmet aux différents corps de troupe un télétype de l'A.O.K.1, Ic pour information et instruction :

« Selon une communication du Marine-Gruppenkommando West (Admiral Kranke NDA), des sacs avec tampons d'ouate ont été lancés sur Korfu (Corfou, NdA) par des avions anglais. Leur contact provoque de graves brûlures.

Les services et les corps de troupe doivent en être immédiatement informés. »

L'instruction des unités séparées se termine avec des exercices en formation, en partie sur une grande échelle et un tir de combat dans les conditions de campagne. Ainsi le III./38 et le SS-Pionier-bataillon 17 à Candes (11 km à l'est de Saumur) les 18 et 19.05.44, attaque sur un cours d'eau défendu suivi d'un lancement de pont type K.

La SS-Aufklärungs-Abteilung 17 exécute l'un de ses exercices en formation avec quelques Sturmgeschütze dans la région de Bressuire et Noirterre.

Devant l'activité aérienne alliée pratiquement constante, le commandement allemand prend des mesures pour protéger les états-majors de la Division, assurer leur sécurité et préparer des PC de repli, l'expérience vécue lors d'attaques anglo-américaines ayant montré que, dès leur début, les PC étaient bombardés.

A cette directive, le Generalkommando I. SS-Panzer-Korps publie un additif (Gen. Kdo.I ; SS-Pz. Korps, Chef des Gen. Stabes Ia Tgb Nr. 644/44 g.Kdos) :

« Dans la mesure où cela n'a pas encore été fait, tous les états-majors seront dispersés et cantonnés dans des PC aménagés (par exemple omnibus de commandement, tentes, maisons d'assez petite taille avec tranchées pare-éclats, trous de protection etc.). Le logement de toutes les sections des états-majors dans une maison ou dans une agglomération sera aussi interdit. De même, les installations hospitalières devront être retirées des agglomérations et logées dans des villages plus petits. Le personnel sanitaire devra être prêt à accepter plus de travail et d'incommodités. Les PC de repli doivent être signalés par la Division et les corps de troupe par télétype pour le 19.05.44. »

Le 26.05.44, dans le cadre de la défense antiaérienne, et selon les directives du SS-Brigadeführer Ostendorff, est publié un ordre de transfert des unités de Flak de la Division (Ia. Tgb. Nr. 360/44 geheim) dans les secteurs où se trouvent des objectifs susceptibles d'être bombardés par l'aviation alliée.

1 - L'ensemble des unités de Flak de la Division sera, dès maintenant, employé pour protéger les installations suivantes stratégiques :

a) La SS-Flak-Abteilung 17 pour les ponts routiers et ferroviaires sur la Loire au nord de Saumur….

Dans le détail : la 1./17 (SS-Obersturmführer Baier) à Villebernier, la 3./17 (SS-Hauptsturmführer Günther) à Dampierre, la 2./17 (SS-Obersturmführer Weiss) à St-Hilaire, près de St-Florent.

Le PC de la SS-Flak-Abteilung 17 est établi au château de Launay, près de Villebernier.

b) La moitié de la 14. (Flak)/38 pour le pont routier sur La Loire près de Montsoreau.

c) La section de Flak de la Division-Sicherungs-Kompanie pour le viaduc ferroviaire à la bordure ouest de Thouars.

d) La section de 2 cm Vierlingsflak du SS-Artillerie-Regiment 17 pour le viaduc ferroviaire d'Airvault.

e) La moitié de la 14 (Flak)./37 pour le viaduc ferroviaire de Parthenay.

La permission de tirer est donnée lors d'une attaque ennemie reconnue sur les ponts.

2) Les unités de Flak se retrancheront pour être à l'abri des éclats. De même, il faudra préparer des positions de repli de sorte, qu'en cas de repérage des anciennes positions de tir, un changement de position puisse être effectué immédiatement….

Compte rendu sur les positions de tir occupées a adresser au Ia pour le 29.05.44. »

Voici, à ce propos, des extraits d'un témoignage d'un servant de la 4./SS-Flak-Abteilung 17.

« Nous étions au centre de la France sur l'île de la Loire, à Saumur, une belle ville avec l'un des superbes châteaux de La Loire. Notre unité est la *4 Batteries* de la *Flak-Abteilung* de la *17. SS-Panzer-Grenadier-Division*, à savoir la 2ᵉ section. Notre chef de section est le *SS-Hauptscharführer* Hügel et nos 3,7 cm *Flak-Geschütze* sont en position sur le terrain de sport de l'endroit. Nous devons protéger le pont ferroviaire, qui traverse la Loire, contre des attaques aériennes. La voie ferrée traverse la colline par un tunnel sur le côté abrupt du fleuve. Le poste de commandement de la batterie se trouve bien au-dessus de nous sur la rive escarpée du fleuve, à droite près du château. Le chef de batterie est le *SS-Obersturmführer* Kreil.

Vers 17 h, pendant plusieurs jours, grondent chaque fois deux avions de reconnaissance anglais juste au-dessus du fleuve en le longeant, en sautant adroite-ment par-dessus les ponts. Nous tentons de les atteindre lors de leur passage, mais tous les coups passent à côté et touchent la muraille de pierre de la rive escarpée du fleuve, même dans la zone où se trouvent des maisons troglodytes.

Six fois environ, les avions de reconnaissance ont encore longé le fleuve en le survolant. Nous ne les avons jamais touchés. Nous espérions qu'ils heur-teraient la ligne à haute tension devant le pont fer-roviaire, mais ils "bondissaient" de quelques mètres au-dessus d'elle.

Après un bombardement sur la ville (peut-être celui de la nuit du 31.05. au 1.06. NDA), plusieurs des habi-tants concernés, femmes et enfants étaient assis, déprimés, près du pont routier. J'étais de nouveau à la recherche d'un incident (de ligne téléphonique, NDA). J'en connaissais quelques-uns.

Paradoxalement, leurs reproches étaient dirigés contre nous, parce que nous ne les avions pas suf-fisamment protégés et non contre les Anglais, pro-bablement parce que ceux-ci étaient inaccessibles.

Extrait de *Der Freiwillige* (juin 1986).

« Conservatoire de la Résistance et de la déporta-tion des Deux Sèvres et des régions limitrophes Thouars »

Des éléments de la « Götz » au cours de l'instruction en France. Parmi eux de gauche à droite : Uscha. Braune, Uscha. Felber (tué à Louvigny), Uscha. Erfurt, Spiess Oscha. Schulz, Uscha. Jäckel, Uscha. Reimann.

Elements of the "Götz" training in France. Among them, from left to right: Uscha. Braune, Uscha. Felber (killed at Louvi-gny), Uscha. Erfurt, Spiess Oscha. Schulz, Uscha. Jäckel, Uscha. Reimann.

Soldaten der "Götz" bei der Ausbildung in Frankreich. Darunter v.l.n.r.: Uscha Braune, Uscha Felber (gef. bei Louvigny), Uscha Erfurt, Spiess Oscha Schulz, Uscha Jäckel, Uscha Reimann.

Training: the difficulties involved

With regard to personnel, the composition of the "Götz von Berlichingen" was extremely varied. Few men remained of the officer corps drawn from the Verfügungstruppen (VT: combat support forces set up in 1935 and the origin of the future Division "Das Reich") or the old Eastern divisions. The four Waffen-SS skeleton divisions were no longer in a position to equip the 19 divisions that had been raised in the meantime by supplying them with hard cores of experienced officers and NCOs. Likewise, the replacement and training units (Ausbildungs-und Ersatz-einheiten), large numbers of which had been constituted in Germany and in the occupied territories, could no longer meet the substantial requirements resulting from losses and the reforming of anemic divisions.

As relying only on volunteers was no longer a viable option, the Division had to be made up partly by a draft, partly by recruiting outside the territory of the Reich in areas where the Volksdeutschen lived (German foreign minorities from Yugoslavia, Slovakia, Hungary, Rumania, Serbia, Croatia). This brought together Germans from the Reich, the Balkans of the Banat (a Hungarian province), plus people from Alsace-Lorraine, Belgium and Luxembourg.

As we saw in SS-Obergruppen Jüttner's directive, constitution of the Division was to begin on 15.11.43.

From that date on, there began to arrive recruits from the following classes distributed as follows:

Year of birth	% of the contingent
1926	42 %
1925	17 %
1924	4,5 %
1923 to 1909	23 %
1909 and older	13,5 %

As of 1943, many came from non-fighting as well as artillery and Flak units.

The units formed in personnel were quartered in middle-class neighborhoods, in former French Army barracks (as at Saumur), in vacant schools, rooms or châteaux. To begin with, there was a shortage of supplies and accommodation, equipment, kitchen and bath facilities.

When the division was first fomed, there were just enough weapons to go round, but that did not prevent training from beginning. Also, living conditions were improved with the installation of kitchens and baths. The barracks were converted to make them habitable.

On 30.11.43, General der Panzertruppen Geyr von Schweppenburg (Generalkommando Panzertruppen West) went to Poitiers to meet the formation staff (Aufstellungsstab) and issue by word of mouth his directives regarding training within units. Minutes were drawn up: "In view of the enemy landing attempts that are to be expected next spring, basic training must be completed with extra speed. In the forefront are exercises for units in conjunction with other arms. To this end, a number of Pioniere, armored, Sturmgeschütze and artillery units are to be transferred to areas where the Panzer-Grenadier-Regimenter are and come into action during unit exercises. Pure exercise training… is banned and must be combined with close combat training. Training must be moved as quickly as possible into the field and all training techniques such as entrenchment, camouflage and weapons training must be brought together in an exercise project. Training directives will be sent to the Division. A complete battalion exercise must be carried out and a report sent in by 15.01.44. A quarter of training for close combat must be carried out as a night exercise with precise objectives (silent march and positioning) and taken into account in training plans. Special target practice in near warfare conditions, defense against low altitude aerial attack and night combat. Experience in the front line must be remembered. The special issue of "War experience in Sicily" must be worked on during training. The divisions under orders will be responsible for showing teaching films. For training, the competent air units must be used (the Generalkdo). Inspections of the tank troops showed an excellent level in infantry training and close combat training against tanks in 10. SS-Panzer-Grenadier-Division (HJ) and Panzer-Grenadier-Division "Feldherrnhalle". Especially remarkable is the level of SS-Hauptsturmführer Richter's 15. Kp of the "HJ" Division (1) and the Aufklärungs-Abteilung (reconnaissance battalion, author's note) of the "Feldherrnhalle" Division. For the first informing of the signals men a Panzer-Nachrichten-Offizier of Panzergruppe West is available for 5 to 6 days. It would be advisable to get in touch with 21. Panzer-Division (Oberstleutnant Götz von Berlichingen). Individual directives on the whole of the instruction must be set by the Divisional Kommandeur according to the above viewpoints taking into account training directives from Panzertruppe West, and be presented when the Divisional Kommandeur reports to the Kommandeur des Panzertruppen West. On that occasion, the Division's requests notably in vehicles and fuel might be made at the same time. For the basic necessities, by order of the General der Panzertruppen West, 21. Panzer-Division will make available to 17. SS-Panzer-Grenadier-Division any vehicles that it may request to give mobility to units on unit exercise days.

Signed: Binge

SS-Obersturmbannführer

It may be added that the first changes in the allocation of officer posts took place as of the initial stage of formation.

SS-Sturmbannführer Lorenz, who commanded Panzer-Abteilung 17, was replaced by SS-Sturmbannführer Weiss. The latter, appointed to head s.SS-Panzer-Abteilung 102, an organic element of II. SS-Panzer-Korps (he fought outstandingly in Normandy from 9.07.1944), passed on his command to

(1) Very probably 12. SS-Panzer-Division "Hitlerjugend", so called since 30.10.43. Especially as its 15.Kp is also mentioned in the report. The Panzer-Grenadier-Division "Feldherrnhalle" mentioned here is the one that was raised in the Nîmes area on 9.04.1943 around the Infanterie-Regiment "Feldherrnhalle" which was part of 93. Infanterie-Division. The original Division "Feldherrnhalle" was lost with the 6. Armee in the Battle of Stalingrad in January 1943.

SS-Sturmbannführer Kniep. As of 20.12.43, SS-Pan-zer-Grenadier-Regiment 38 had already worked out directives on the new group's organization and man-ner of fighting and had them distributed. The basic idea behind these directives was as follows: Com-mit automatic weapons so as to spare precious blood. Meanwhile training of the heavy units went ahead, methodically, with the participation of the Heer (Land army) and the Luftwaffe. In this way, Flak-Regiment 13, based in Rennes, (an element of 8. Flak-Division) came to help SS-Flak-Abteilung 17. Likewise, instructors from the Heer helped to train a number of Inf.-Geschütz-Kompanien. At the begin-ning of June 1944 training of the two companies of Panzerjäger-Abteilung 17 began with Jagdpanzer IVs in which the Panzer-Lehr-Division had a big hand.

Throughout the training period a dire shortage of heavy weapons, equipment and vehicles was felt. Rapid-fire weapons were in short supply and the M.G 42s were a fairly old model. There were not enough Sturmgewehre 44s, and Maschinenpistolen were issued in only very small numbers.

Similarly, antitank weapons were lacking, so much so that, right up until commitment on the Normandy front, little training was given in operating the Pan-zerfaust (Faustpatrone 34) or the Panzerschreck (8,8 cm Raketen-Panzerbüchse 54). Apart from 3. Pan-zerjäger-Abteilung with its 7,5 cm guns either in tow or on SP carriages, all that was available were 5 cm Pak 38 which had been substantially outclas-sed since 1941. The issue of 7,5 cm Pak 40 guns was held up until D-day. The Jagdpanzer IVs for the two other companies of SS-Panzerjäger-Abteilung 17 did not arrive until the battle was underway.

Here is a description of 8 (schw.)/SS-Panzer-Grena-dier-Regiment 37's equipment:

"The Kompanie had a light infantry gun platoon (le.I.G.-Zug), a Pak platoon (Pak-Zug), a platoon of Russian 7,62 cm guns" ("Ratchboum") and a platoon of 8 cm mortars (8 cm Granatwerfer 34-Zug). The few vehicles that first trickled in were old and on their last legs. The all-terrain vehicles were allocated to SS-Obersturmführer Borchert's 13.37 (Inf.Gesch.) Kp. The extra Diesel-Klöckner-Deutz (3) allocated broke down one after the other; as it happened, in reverse gear, a screw sticking out on the rear edge of the disk stripped the pins off the differential. In view of the fact that these faults appeared on almost every vehicle, it had to be put down to sabotage. Replacements were obtainable from the main pool in Paris, but precious time was lost for training as a formed unit."

Also, from the outset signalling equipment was obso-lete and hard to come by, being partly Italian-made. During the first two months, most signalling was done using the French postal system. Later on as well, in operation, there was a shortage of anode batteries and radio equipment.

As regards the allocation of vehicles, which were not arriving in sufficient numbers, there must have been problems with vehicle production, because the theo-retical allocation according to the KAN (war alloca-tion table), had been reduced to 75 % on formation. In particular, the first arrivals included many recent-ly manufactured French vehicles. The following example gives an idea of the difficulties encounte-red by the Division's Ib, SS-Hauptsturmführer (then SS-Sturmbannführer) Linn, the Quartiermeister (Ib)

(3) This must be the 2 to "Maultier" (Mule) Gleisketten-Last-kraftwagen built by the firm of Klöckner-Humboldt-Deutz A.G (SdKfz 3 c) type S 3000/SS M with a max. 80 HP KDH M 513 Diesel engine. The differential is just behind the cab, on a level with the idling wheel.

received, after long efforts, a contingent of trucks but... with no tires ! He had to get these on the "black market" from the Renault factory !

As for fuel distribution, gasoline was doled out so sparingly that there was only just enough to carry on learning to drive. All big marching exercises had to be dropped, and of course there was no way of doing more wide-ranging exercises later on.

It should be remembered here that, in his directive n° 51 (Führerweisung Nr. 51), Hitler had stated on 3.11.43 among other things:

"... All the signs are that the enemy will launch an attack against the western front of Europe at the latest in the spring, and possibly much sooner..."

While the staffs were indeed expecting an imminent landing, the rank and file on the other hand saw litt-le evidence of it, apart from the increased Allied aerial activity as seen in the bombing of French towns, rail-roads and factories, and in Jabo attacks on a scale hitherto unseen.

There later appeared a hardening in the attitude of the civilian population and the authorities began to behave in a grudging, recalcitrant manner. After beha-ving correctly up till then; or an inexplicable urge to ask why things were being moved. All this announ-ced the coming invasion. With the increase of acts of sabotage and raids on German military facilities, renewed outbreaks of underground activity by Resis-tance groups in many different regions of occupied France, especially in those where the lie of the land was suitable (e.g. mountainous or forested areas), given the feeling of insecurity predominant among the German troops during training, Generalfeldmar-schall Sperrle issued the following order on 3.02.44 (OB West. Ic Nr 272/44 g.Kdos):

The above instructions are to be forwarded for infor-mation and execution to 17. SS-Panzer-Grenadier-Division "Götz von Berlichingen".

As results from the "Sperrle Order", Resistance acti-vity is beginning to seriously hamper the Division's formation and training operations.

On this subject, the Division's Ia, SS-Haupt-sturmführer Dr Conrad, sent a report dated 9.02.44, to all the Feldkommandanten of Tours, on the expe-rience acquired during Operation "Hubertus" conduc-ted by SS-Panzer-Grenadier-Regiment 38 (Ia Nr. 78/44 g.Kdos)

"The regiment's assignment involved barring the Amboise forest area from north to south. In two trans-ports, the troops for the north group were taken by rail to Amboise, for the south group, to la Croix and Chissay (south-east of Amboise, author's note).

The south group started out at 23.20 from Saumur. I. and II. Bataillone were dropped at two different sta-tions. Arrival of I. Bataillon at La Croix at 03.30, II. Bataillon at Chissay at 04.40.

The north group started out at 00.40 from Saumur, arriving at Amboise at 04.30. The assembly area was to be occupied by 07.30. For this type of operation surprise was of the essence. As soon as the trains arrived Wehrmacht vehicles were ready in and ahead of these assembly areas, they drove around with their headlights on full beam, which itself was enough to attract the attention of the bandits that must have been in the forest. This gave them the opportunity to reach safety in time. The north and south groups' approach roads had been properly selected and so the march from the station to the assembly area pro-ceeded without mishap. What was lacking was a password, which would have ensured better contact among the Wehrmacht's companies and detach-ments.

a) The time requirement for positioning and deployment came to about 2-3 hours

b) The barrage was laid in chains of scattered infantrymen at 20 to 80 m intervals, depending on the terrain and plant growth.

c) Weaponry: each platoon with one le.MG, the platoon commander with an M.P, was appropriate. The uniform with no helmet was adequate for the operation.

d) Equipment: signalling equipment was woefully inadequate. Between the battalions and companies, there should be a telephone or radio link.

e) The issue of a password is necessary. The lack of one proved awkward when trying to link up in the dark. Light signals and flashlights are to be recommended for better communication.

The regiment draws attention to the fact that, despite stringent troop secrecy, the French railroad workers had knowledge 18 hours in advance of the commitment of German soldiers, leaving enough time to tip off all the bandits.

To carry out such an operation, it is recommended either to launch an entire motorized troop by surprise or have a few stalwarts comb the forest disguised as forestry workers and flush out the bandits. These men would need to be followed and supported by combat patrols which would also be disguised.

The Division will submit the above report by Panzer-Grenadier-Regiment 38 with the request to take note of its contents."

That same day, the Wehrmacht-Führungsstab (O.K.W operational staff) prescribed measures envisioned in the event of an attack against the front in the West and South.

As part of 1. Armee (A.O.K.1), 17. SS-Panzer-Grenadier-Division "Götz von Berlichingen" will form a Kampfgruppe which will be allocated to this army along with those formed by 2. SS-Panzer-Division "Das Reich" (Bordeaux area), 273. Reserve-Panzer-Division (ex. Division n° 155, stationed in the Bordeaux-Spanish border area) and 276. I.D (in the Biarritz area to cover the Spanish border). These Kampfgruppen will take action as and when necessary.

Despite all the security measures that had been taken, activity among Resistance movements was actually being stepped up: coup de main raids, sabotage and attempted killings of isolated soldiers. The Allied air force was making missions to parachute drop weapons, ammunition and supplies in areas where the underground was operating, as indicated in this (undated) report by the Divisional Ib, SS-Sturmbannführer Linn:

"In order to put a stop to larger scale actions (by the Resistance, author's note), an order was issued in the Division's sector to the effect that the barriers on level crossings were to be lowered at nightfall. We just wanted to make sure that no major highway would be used by vehicles without our knowing about it. Owing to the existence of the partisans, the English were flying over to drop supplies by parachute. In conjunction with the S.D (Sicherheitsdiens: security service) and the G.F.P. (Geheime Feldpolizei:

Planned terrorist sabotage and offensive operation at the start of the Invasion.

In recent times, the internal situation in France has worsened considerably.

At the start of the Invasion, the terrorists will carry out attacks and acts of sabotage in various different ways. We do not know exactly when these actions will be launched. Preventive measures must be taken as of now, if not at once.

The following actions are to be expected:

1) Attacks and acts of sabotage against command echelons, telephone exchanges.

Means of defense: adequate, strict surveillance. Occupation of the links. Extreme care with telephone communications and with transmitting order. All lines are to be tapped.

2) Attacks against officers and men billetted with the locals.

Means of defense: billetting with the locals will be immediately forbidden. Officers quartered in guarded barracks, rank & file theoretically in troop barracks.

3) Attacks and acts of sabotage against fuel, ammunition, clothing and supply depots.

Means of defense: adequate surveillance, immediate removal of civilians working there until now.

4) Attacks against signals agents.

Means of defense: at nightfall, signals agents to move around in groups (taking the same road; no lone dispatch riders) or light cars with armed crew of several men. Collection and transport of documents marked "g.Kdos" (confidential secret) by NCOs with Portepee (bayonet tassel worn by WOs, author's note) with escort of 2 armed men.

5) Attacks against offices.

Means of defense: offices where security is not provided by sentries must be occupied at all times by two soldiers. At night, hand over locked secret boxes to the guard. Cans of gasoline and grenades to be kept at the ready at all times near the secret boxes in the event of rapid destruction. Hand over in good time VS (Verschlusssachen: secret affairs, such as Tagebücher: log books) to replacement troop detachments.

6) Attacks against troops shows (cinema, KdF: Kraft durch Freude, etc.)

Means of defense: close searches at the start of the performance, especially the cellars, stage and floor. Surveillance of the main and rear entrances. Keep civilians 100 m back with sentries at the start and end of the show.

7) Attacks against kitchens and officers' clubs.

Means of defense: in the event of an alert, separate all civilians from the troops immediately.

8) Elimination of road signs or installation of false ones.

Means of defense: orientation by map only.

9) Total cutout of electricity supply.

Means of defense: keep emergency lamps and candles ready to hand.

10) Greasing of bends with black soap or molasses:

Means of defense: spread sand, in difficult cases scrape with shovels. Watch out for snipers.

11) Spreading of broken glass in the vicinity of command echelons to mark them out for aircraft.

Means of defense: pick up the broken glass, patrols.

12) The mining of roads, bridges, causeways and crossroads, and the scattering of nails and construction of abattis are to be expected.

13) The terrorists attach particular importance to operations against armored units while refuelling, loading ammunition and when running, and to reporting musterings using light signals."

---

secret field police, army security), here we were lucky enough to take advantage of it. When a spy ring was destroyed, the wireless operators were made to switch sides and so we knew when the supplies were to be dropped. We intercepted this intelligence and, depending on the weather forecast, there was a password to say when and where to expect the parachute drops.

On a number of occasions we received supplies sent in this way. The first was just equipment that the partisans had requested; for the following drops it worked out in such a way that we were ourselves able to say what we needed. At the time, what I most wanted were M.Ps, and these were dropped along with the rest."

"It was now March 1944. The Allied air force began its bombing raids to isolate the area between the Loire and the Seine, whilst also operating in other regions as a diversionary measure. They targeted particularly bridges, crossroads, marshalling yards and railroads, not forgetting industrial centers.

The threat from the air meant that the units of the "Götz" had to be scattered over a wide area, from now on partly quartered in small villages and forest bivouacs. Training was carried on as in the field and gradually, despite the difficulties, numbers rose to the following by 15.3.44:

Officers: 202; NCOs: 1 368; Rank & file: 11 780

This still fell way short of the Soll figures (theoretical strength) which were for 565 Officers, 3 440 NCOs and 12 974 Rank & file; altogether: 16 979 men.

The training programs were followed keenly. At Bordeaux and Le Mans courses were laid on for protection from gas attack in Germany, for radio operators, bomb disposal experts and WOs class II in charge of equipment. The Generalkommando II. SS-Panzer-Korps had set up a driving school for wheeled, half-tracked and tracked vehicles at Argentan while at Posen (now Poznan, author's note) courses were laid on for sharpshooters. Kracow, Prague and

Vienna were among other cities where various training programs were held.

During that month, the "Götz" went about requisitioning French vehicles. In so doing, it recovered a good number of private cars in running order, but not many trucks. This decision, which came from the Generalkommando LXXX.A.K., was not approved by 1. Armee and SS-Haupt-sturmführer Linnaille had to justify his position to it.

Gradually as the days went by, and the Resistance stepped up its actions in the Division's establishment area, the underground was expected to rise up once the invasion started.

On 23.03.44, SS-Brigadeführer Ostendorff issued a memo (Ic Tgb. Nr. 435/44 geh.) the subject of which was:

On 30.03.44, by order of Panzertruppen-Kommando West (Pz. Gr. West Ia Nr. 1311/44 g.Kdos of 28.03.44), a battalion of the SS-Panzer-Grenadier-Regiment is to be used to set up forward coastal blocks in the sector of LXXXVI.A.K (General der Infanterie von Obstfelder) and this, alternating each week.

I.38 is transferred by rail convoy to la Benne Océan, 15 km north of Bayonne to be placed under the orders of Corps from 2. to 10.04.44 inclusive. The transport arangements must be settled forthwith by the Bv.TO (bevollmächtiger Transport-Offizier) of A.O.K.1 so that the battalion arrives on the spot on 2.04.44. An advance detachment (Vorkommando) will liaise for an update with LXXXVI.A.K. headquartered at Dax.

For it to be used, the battalion must be equipped in combat dress and bivouac.

Regarding Regiment 37, the period of employment of one of its battalions is planned from 11. to 19.04.44. all to be arranged on the same terms as for I.38.

Owing to the activity of the Resistance, road checks are carried out in order to detect the presence of underground workers. However such measures occasionally cause incidents with foreign diplomats or consular officials.

Divisional ceremonies

Solemn presenting of the armband

On 3.04.44, SS-Brigadeführer Ostendorff issued the Divisional K.T.B a memo outlining the details of this ceremony: "Götz von Berlichingen" to the Division. "On 9 and 10.04.44 the solemn presenting of the armband will be made.

1) 9.04.44

a) 16.00 hours: presenting of the armband at Thouars (Theater) to Kommandeure, HQ platoon commanders.

To each of the units (Stab.Kp.Batterietrupp) for 1 officer, 1 NCO

To each Bataillon and Abteilung: 1 rank & file.

b) 18.00 hours: dinner for the Kommandeure, guests and HQ platoon commanders at the officers' club

20.00 hours: concert at the officers' club

18.00 hours: dinner for all other participants at the soldiers' club (Soldatenheim)

20.00 hours: play performance by the SS "Oberland" army drama company: The Last Peasant at Thouars theater

20.00 hours: film show: Immensee at Thouars cinéma-palace

c) Transport each way for participants will be laid on by the independent regiments and battalions. Extra good and reliable drivers must be assigned to this task. Parking place: Thouars market

---

Divisional fete, 17. SS-Panzer-Grenadier-Division "Götz von Berlichingen"
10 April 1944 at 16.00 hours in Thouars
Fete program
1) Huldigungsmarsch (march of honor), Richard Wagner.
2) Welcome by the divisional Kommandeur.
3) Overture from the 3rd Act, Die Meistersinger von Nürnberg (The Mastersingers of Nuremberg) Tanz der Lehrbuben und Festwiese (Dance of the Apprentices and Country Fair). Richard Wagner
4) Words of the "Götz von Berlichingen" by Goethe.
5) Egmont Overture, Ludwig van Beethoven
6) Award speech.
7) Presentation of the "Götz von Berlichingen" armband
8) Officers' tribute.
9) SS loyalty song.

---

d) Dress: uniform, helmet. Impeccable dress, clean decoration ribbons.

e) The officers and NCOs with convocations for an award must take their places by 15.30

f) Transport back: 23.00 hours leaving from Thouars.

2) 10.04.44

Presenting of the armband to the rest of the Division by the Kommandeure or company commanders in solemn form to the rank & file.

Here is the account of the ceremony as recorded in the "Götz" K.T.B on 24.05.44: "The various preparations for the ceremony for the presenting of the armband to the Division were completed on 9.04.44. That same evening, there also arrived the RFSS (Reichsführer-SS Himmler) making the ceremony an extra special occasion. However, after his tiring journey, the eminent guest retired early.

Early on the morning of 10 April, the music section paraded around town and woke everybody up. Flags were raised on the theater esplanade, getting the big day off to a good start.

While the morning ended in Thouars according to the program, the RFSS checked the troops' level of training. He went to see SS-Sturmgeschütz-Abteilung 17 (Panzer-Abteilung 17, author's note), SS-Panzer-Grenadier-Regiment 37 and SS-Artillerie-regiment 17.

The moment for the actual ceremony itself drew near.

Inside the pompously decorated theater, the Division's Kommandeure had already arrived, as had an officer, an NCO and a soldier from each company or battery when the RFSS's car drew up outside the theater.

After being saluted by the high-ranking officers waiting for him in the entrance lobby, the RFSS entered the ceremonial hall, among the guests of honor were the familiar faces of:

— SS-Obergruppenführer Sepp Dietrich;

— General der Panzertruppen von Geyr (Geyr von Schweppenburg, author's note);

— SS-Gruppenführer Oberg (Höhere SS-und Polizeiführer: senior police and SS chief, author's note);

Easter 1944...

On Saturday 8 April, I was on my way back from my daily round of gendarmerie, hospital, police station, to pick up a few small news items for my column in Ouest-Éclair.

As I was crossing the Place Lavault, I bumped into the manageress of the Florida cinema in the rue Voltaire, and her husband, she was well known for her pro-German feeling.

Pointing to the municipal theater, she said to me: "Come with me..."

Now it had been known for a few days that the theater was out of bounds, as a VIP, a high-ranking officer, was to spend the festive Easter season in our town, where already things were abuzz among the "Felgrau".

I answered her: "But you know fine well that we are not allowed in right now..." She just laughed and said: "But with me, you have nothing to fear... and I've got something to show you..."

What journalist could turn down an offer like that ?

So we walk up the steps, to be greeted by an officer with a kind word for the lady.

Poor Theater !!!

The walls were completely lined with red satinet. There were huge swastikas everywhere hanging down from and concealing the windows. The back of the stage was covered with drapes requisitioned from the locals, folded and creased in large rays. In the middle, a very powerful electric light lit the reverse side of a huge eagle in painted wood, with wings outspread, seeming to hover in a golden apotheosis. Stage front were two massive beds of hydrangeas, a blue one and a pink one brought in from the florists of Thouars and Saumur. Coming off the stage – there were steps up to it in the middle – there was a big woollen red carpet specially brought in from Paris, it came down the steps, across the auditorium and the entrance hall, and came right up to the steps outside, where it passed between two rows of plants.

Those ghastly theater seats had been ripped out and replaced with seats in Florida velvet, huddled tightly together, as if surprised at finding themselves in such a place...

The overall effect was imposing and sinister all at once. It was dark and we dared not raise our voices.

Over the proscenium there were huge letters in gold. But I couldn't read the German. "It's their motto, a voice murmured in my ear: 'God helps those who help themselves !'..."

It was so good to get back out into the sunshine and the fresh air...

Sunday arrived. And sure enough, it was Himmler who came.

He came with an escort of officers in spangled uniforms and for the occasion they had requisitioned a few very fine houses in the Rue Camille Pelletan. Like n° 58 (now n° 60) whose then owners were pro-German. There were offices at n° 53.

M. Himmler had taken a bath at n° 58 and the owner was so proud and boasted about it to anyone who could be bothered to listen.

But what memories of the night we spent.

Himmler and his staff arrived behind a KOLOSSALE AA gun.

Batteries were set up all around: at St Jean, St Jacques, Missé, Pompois and even in town up to the Place Lavault opposite Le Thouet, and all night long they spat out their grapeshot, gratifying us with an unforgettable display of fireworks.

Veste montée d'origine avec ici une photo de détail de la bande de bras. Fabrication à deux oeuillets d'aération réglementaire et poche sans soufflet typique du modèle 1943. Cette veste a été trouvé dans le secteur d'instruction de la « Götz ». (collection du Musée de la poche de Royan)

Originally assembled jacket here with a photo of a detail of the armband. Made with the two regulation air holes and pocket with no gusset typical of the 1943 design. This jacket was found in the "Götz" training sector. (Musée de la poche de Royan collection)

— SS-Oberführer Lammerding (Kommandeur du SS-Kampfgruppe "Das Reich");

— Oberstleutnant von Berlichingen (Ia of 21. Panzer-Division and a descendant of the "Knight with the Iron Fist", author's note).

The divisional Kommandeur submitted a report after which the RFSS and the men accompanying him took their seats, and the ceremony began.

The high point was reached with the RFSS's speech, during which he gave a brief account of the Reich's great history down the centuries and also retraced the growth of the Schütz-Staffel (protection squadron, abbreviating to SS, author's note) and the Waffen-SS. He ended with a summary of the personality of the knight Götz von Berlichingen whose conduct was set as an example to those present. Going on from this, the RFSS presented their armbands to the divisional Kommandeure.

After paying tribute to the officers and everyone singing the final verse of the SS-Treuelied (SS loyalty song, author's note) the ceremony drew to a close.

After a short break, the RFSS returned to the theater to address again the whole body of officers of the Division. The evening saw the guests of honor, officers and men once more in the theater, gathered

Uniformjacke im ursprünglichen Zustand mit einem Detail-foto des Ärmelstreifens. Sie besitzt die beiden vorschriftsmäßigen Löcher zur Belüftung und die — für das Modell 1943 typischen Taschen ohne Falten. Die Jacke wurde im früheren Aufstellungsraum der "Götz" gefunden. (Sammlung des Musée de la Poche de Royan, das dem Kampf in die Festung Royan gewidmet ist).

together to see a play, The Last Peasant, played by the "Oberland" army drama company.

To close the festivities, an evening of chamber music was given by Professor Kaan's string quartet at the officers' club.

The RFSS spent just a few short hours with the Division. The following day, he continued his way on to the SS-Division "Das Reich".

On the subject of this ceremony, H. Stöber notes in his book:

«General Geyr von Schweppenbing had made a substantial contribution to the formation and training of the Division. The reception that made him Kommandeur of the Division was therefore what brought about a dispute between the General and the RFSS, and SS-Obergruppenführer Dietrich was also dragged into it. The divisional commander came down firmly on the side of General Geyr von Schweppenburg, who was spontaneously issued with a car, a vehicle in keeping with his rank, and to make the numbers right, in exchange for his previous car. For the RFSS, there was no alternative but to grin and bear it".

Lastly note how SS-Flak-Abteilung 17 was positioned all around Thouars on 9 April.

Moving the guns was done with Nachschub-Truppen vehicles. This was progress compared with an exercise held in late March 1944 using live shells, when the guns were towed by bullocks !

3) The feast of 1 May 1944.

Mayday is celebrated in Germany as well as in France and at Thouars it was a festive occasion as recorded in this report dated 25.05.44

"From Thursday 27.4.44, the feast opened with handball and football games on the sports ground east of Thouars.

As it happened, it was already in full swing on Sunday 30 April. On the grassland were rows of tents in which men could eat and drink, and stalls where they were cooking sausages. So everyone could have a good time and relax however they saw fit. A "happy" prison run by the Division's Feldgendarmen was a sensation and created a really good atmosphere.

On the Sunday afternoon, the men took part in all kinds of competitions. On top of the sports and shooting events, a singing contest in particular caught everybody's attention. For the contest, each Bataillon or Abteilung had to show off its skills. The one condition was that you had to sing a soldier's song (Landsknechtslied: the lansquenet's song, author's note) plus one other song. Some of the singers gave a very creditable performance on this occasion.

The winners' awards ceremony and prize-giving ended the contest. That evening, officers, NCOs and rank & file saw a play put on at Thouars Theater by the "Oberland" army drama company, The Fishing Village, and then a light music contest at Thouars Soldatenheim.

During the morning of 1 May, choruses of soldiers comprising the first three winners of the singing contest left an unforgettable impression on the troops and the solemn feast ended with the Kommandeur's tribute to the officers and the national anthem.

But in the afternoon, the men could relax a bit more with food and drinks and games of chance stalls. There was even a rafting race on the Thouet (the river that passes through Thouars).

Finally, the evening closed with a troop of the Kraft durch Freude (a Party leisure organization, author's note) with their own contribution to the entertainment."

Soldbuch du SS-Mann Grotz, barré de rouge indiquant que le récipendiaire du livret est mort. Il fait effectivement partie des premières pertes au sein de l'unité au cours des exercices d'instruction. Il décède le 14 avril 1944 à 6 heures du matin des suites de blessures reçues au cours de manœuvres comme Kniep quelques jours plus tard. (collection Ph. Braun)

Soldbuch of SS-Mann Grotz, crossed out in red, indicating that the owner of the paybook was dead. He was in fact among the unit's early casualties during training exercises. He died at 6 a.m. on 14 April 1944 from wounds received a few days earlier during maneuvers, like Kniep. (private coll.)

Soldbuch des SS-Manns Grotz, das rot durchgestrichen ist. Dies bedeutet, dass der Inhaber gefallen ist. Er ist tatsächlich unter den ersten Verlusten der Einheit, die noch während der Ausbildung eintraten. Grotz starb am 14. April 1944 um 6 Uhr morgens an den Folgen eines Manöverunfalls, ebenso wie einige Tage später Kniep (Privatsammlung).

The final weeks leading up to D-day

April and May 1944 were marked by increased activity by the Allied air forces and by the Resistance movements.

For this reason O.B. West issued a directive on what to do during an air raid, and it reached the "Götz" units on 20.04.44 (Ia Nr. 606/44 geheim)

"Despite the orders I gave clearly and several times over on what German soldiers are to do in the event of an air raid, I have again had reports of soldiers behaving in a manner completely contrary to orders during an air raid in a large station. Whether or not the civilian population meet their obligations to protect themselves is immaterial, but I repeat my demand that the German soldier, during an air raid, head immediately for the nearest shelters or shrapnel-proof trenches without worrying about looking foolish. For his information, he must learn that any gathering of people, especially communications targets, can cause the heaviest losses and that he himself is responsible for preserving his fighting capacity for the troop. It is the absolute duty of any officer of whate-

In das Lazarett mitgegeben:
Geld, geldwerthabende Papiere, Wertgegenstände u. dergl.

Verstorben am 14. April 44
6 Uhr Morgens

Oberstabsarzt u. Chefarzt

Here, to this end, is a secret directive dated 20.04.44 (Ic Tgb. Nr. 564/44 geh.)

"Re: defense among the troops

The great blind confidence of the German soldier in the civilian population and negligence in matters of defense can lead to serious damage being done to the military power.

That is why the following points cimust be covered with detailed information:

1 - For the camouflage of enemy agents, the enemy prefers misuse of the German uniform.

a) Access must be forbidden to generals, officers, NCOs and rank & file requesting access to militarily guarded objectives and who are not known to the sentry. The officer of the guard must report the matter. Check papers, where appropriate, request details from superiors.

b) All talking to unknown wearers of a uniform on miltary matters such as billetting, armament, numbers, change of the guard etc. is forbidden.

2 - Blind confidence in the civilian population.

Civilians of all categories who are temporarily employed in departments must be supervised and never left alone, this includes pretty female employees.

Agents disguised as artisans have contrived on a number of occasions to steal secret documents or department stamps. Detonators might be inserted in them if left unattended.

3 – Photography of military targets.

Photographing military targets by the military or by civilians is strictly forbidden. Sentries must take immediate steps to prevent it.

4 – Keeping secrecy.

As far as possible, all office personnel must be bound to secrecy both verbally and in writing. All troop commanders, heads of department apprised of miltary secrets (personnel bound to secrecy) are responsible for preserving the secrets entrusted to them or that come to their knowledge. Scrupulous protection of secrecy saves German blood. Any breaches of this duty will be severely punished by court martial.

Reference is made to the «Führer's fundamental order" of 11.01.40 on secrecy (Grüngsätzlicher Führerbefehl v.11.01.40). This order must be displayed in every office.

b) Extremely strict protection of secrecy in telephone communications. Always work without a list of conventional names and request or give reports on files (transfers, garrisons, actual numbers, armament, ammunition, equipment) without disguise. Checks on the maintenance of secrecy will be carried out. Any breaches of this duty to maintain secrecy will be severely punished."

Re: the fight against terrorists.

The K.T.B

Annexed to the order of 18.02.44. Ic Tgb Nr. 33/44 g.Kdos (O.B. West Ic. Tgb Nr. 272/44 g. Kdos) the distinction below is specified between measures of self-defense and punitive measures.

Self-defense is a measure involving immediate defense against aggression. It follows immediately upon the act. In this situation, the energetic use of weapons, as in the case of resistance or attempting to escape, is not only justified, it is mandatory.

Punitive measures take place a certain time after self-defense. The commander-in-chief of the miltary administration and the Höhere SS-und Polizeiführer (Senior Police and SS Officer, SS-Brigadeführer Oberg, author's note) in France will rule exclusively on their infliction and their execution in accordance with the directives issued by the Führer, through the O.K.W commander or through the Reichsführer-SS.

For roundup operations, arrested locals will be prisoners, the S.D (Sicherheits-Dienst, security service, author's note) wil decide to what authority these people should be handed over, for whatever is to be done with them next.

The troops must be informed on this subject.

---

ver independent unit to take action immediately on learning of any slipups."

Panzergruppe West Ia Nr. 2190/44 geh.v.16.4.44. A memo from the Division's Ia (date illegible) prohibited female Wehrmacht personnel from entering the barracks. As we know, this auxiliary personnel was used as secretaries, signalling agents (the Blitzmädchen, identifiable from the bolt of lightning worn on the jacket sleeve), social service employees (Betreueung), not to mention Red Cross nurses (the Schwester). Civilians were also employed for maintenance and janitorial tasks.

No doubt this was done for disciplinary reasons, but there was also the fear of seeing Resistance workers getting into the barracks to carry out espionage and sabotage.

Meantime, training continued at a feverish pace in the face of all kinds of difficulties.

But the first losses occurred during exercises with the units and involving all arms. Now maneuvers were being practiced firing with live projectiles.

During one such, on 22.04.44, SS-Sturmbannführer Kniep, Kommandeur of SS-Panzer-Abteilung 17, was killed along with several of his men. Also wounded were the commander of 14 (Flak).37, SS-Hauptsturmführer von Seebach, and the executive officer of SS-Panzer-Abteilung 17, SS-Obersturmführer Hasselmann.

To stand in for SS-Sturmbannführer Kniep, SS-Sturmbannführer Kepplinger was appointed; he held the Ritterkreuz since 4.09.40, when he was a Hauptscharführer and Zugführer (chief warrant officer and platoon commander) with 11.SS-Regiment "Der Füh-rer". One may add that SS-Sturmbannführer Kniep also held the RK since 14.08.43, when in command of Sturmgeschütz-Abteilung 2 of the "Das Reich".

On 26.04.44 a training order was issued (Ia Nr. 664/44 geheim) for the period 1-31.05.44.

This month was used first to deepen all areas of trai-ning by referring to all the orders and directives drawn up since the Division was raised.

The idea was hard practice in night fighting owing to the superiority of the British and American artillery and air force, which would have to be faced during an invasion. This superiority would make such methods necessary so as to avoid over heavy losses in daytime fighting. All independent units would have to follow night training three times a week. In indivi-dual exercises and in those where all arms were to act in conjunction, the following would be taught:

— Attacking positions with counterslope, reconnoi-tring by shock squads before nightfall, night-time positioning and attack

— Defense, reconnaissance at daybreak. Setting up an overnight position. Night-time counterattack.

— Rearguard action, diversionary attack at dusk and withdrawal to a fall-back position overnight.

Also gas detection and disinfection exercises will be held for all units. A report will be sent in on 31.05.44.

As a safety measure, the vehicles will be buried after being used for transporting the troops, the trucks to the lower edge with the radiators protected as much as possible with basketwork.

Also, the Pioniere must be trained in the use of mines and are responsible for restoring throughways and filling in bomb craters.

This program is to be carried out in three stages:

A. Finrst fortnight in May: exercise for SS-Panzer-Grenadier-regiment 37, reinforced by tanks and artillery (Sturmgezschütz-Abteilung 17 to be alloca-ted to the "enemy" side)

Exercise directed by: the Kommandeur of SS-Pan-zer-Grenadier-regiment 38

a) SS-Pionier-Bataillon 17: throwing a bridge across in wartime conditions (if SS-Panzer-Grenadier-Regi-ment 38 not gone yet, would be in liaison with the Regiment).

b) SS-Artillerie-Regiment 17 and SS-Flak-Abteilung 17: fire control exercise with the reinforced regiment.

Exercise directed by: the Kommandeur of SS-Artille-rie-Regiment 17

c) Training exercise: defense against gas. SS-Pan-zer-Grenadier-Regiment 38, as ordered for April.

B. Second fortnight in May: SS-Panzer-Grenadier-Regiment 38 reinforced. Regimental exercise as above.

Exercise directed by: the Kommandeur of SS-Pan-zer-Grenadier-Regiment 37

b) Exercise at Divisional level.

Participants in the exercise of 17 and 18.05.44."

In view of the increasing activity of the underground fighters, a fresh directive was issued to the units of the Division on 28.04.44 (Ic Tgb Nr. 87/44 geheim):

On 1.05.44, 17. SS-Panzer-Grenadier-Division "Götz von Berlichingen" is placed, as of today, under the orders of the Generalkommando I. SS-Panzer-Korps for troop service, training and tactics. It will remain under A.O.K.1 for its supplies.

A telephone (and teleprinter) link will be set up with Divisional HQ at Thouars by SS-Nachrichten-Abtei-lung 101, a organic unit of I. SS-Panzer-Korps.

This change of subordination was because II. SS-Panzer-Korps, which it had reported to until now, was dispatched to the Eastern front at the beginning of April 1944, to try and stem the Soviet attacks in the Lemberg area, near the border between Poland and Ukraine. On 8.05.44, SS-Brigadeführer Osten-dorff sent to all the units in the Division a copy of an order from Panzergruppen-Kommando West-Ia Nr. 2469/44 geheim) regarding abuse inflicted on recruits. This is obviously a case of the application of "Prus-sian-type" methods, the famous "Drill" administered by the NCOs.

"One particular case has shown me that ideas per-sist which are partly incorrect regarding the notion of 'ill-treatment of subordinates'.

There is ill-treatment whenever the constraint of ser-vice is abused by demanding from subordinates excessive physical fatigue that has nothing to do with training, but is merely used as a punishment.

On this subject, whether or not the subordinate felt this treatment to have been abusive is beside the point.

The idea that superiors are permitted to recourse to this disciplinary method to educate subordinates in order to maintain or foster military discipline is not right. If, on an exceptional basis, and then only with an officer supervising, a troop needs to be drilled, the superior who issued the order must take part in the fatigue exercises.

Crawling for a long time to no purpose, doing pres-sups with a rifle, climbing courses, knee-bending outside of a sport, etc., I shall consider to be against the rules.

I wish expressly to draw the attention of all super-iors in matters of discipline on their duty to interve-ne to stop any treatment of subordinates that is against the rules.

In any case, I shall be checking up on the supervi-sory obligation of superiors in the service, and in this regard I shall be accepting no excuses."

"Since 13.05.44, orders had been issued for road-blocks to be set up so as to prevent motorized Resis-tance sabotage units from getting around. According to an order from I.37 dated 22.05, on the 27th, road-block measures were taken by 1. Kp. during the night of 27th to the 28th, 4 km west of Ayron (south-west of Mirebeau) from 22.00 hours to two a.m. Sur-veillance of the Ayron-Chalandray crossroads with the road to La Touche, La Ferrière en Parthenais, le Veauceau de Boille and, from 02.00-06.00, the cross-roads 1 km south of Seran, the Seran-Ayron road with the Vouzailles-Chalandré road.

Other units have doubtless taken similar measures, but the results are not known. They have unques-tionably thrown the underground into considerable disarray because there is nothing more awkward for the partisan than a mobile, active enemy."

From now on, training went ahead in the fear of coup de main raids or surprise attacks by the Resistance. Which is why on 13 May a divisional order (Ia. Nr. 817/44 geheim) was issued stipulating that:

1 – During all exercises outside the area around the billetting area, live ammunition must be taken along in sufficient quantities to supply ammunition for intial combat against paratroopers arriving by surprise and against attacking bands.

2 – Live and training ammunition must be kept strict-ly apart."

During May, near Le Mans, Generalleutnant Bayer-lein held a training conference. The Panzer-Lehr-Divi-sion Kommandeur gave roughly as the subject: Troop movements on the battlefield in the event of enemy superiority in the air.

During the discussion that followed, a considerable number of officers present, especially those familiar with the Italian theater of operations, kept emphasizing how the movements being presented were only possible with the balance of aerial power at 50/50; however, when it came to transposing the situation in Italy to the coming invasion, it was necessary to work on the basis, not of enemy superiority in the air, but more likely absolute enemy aerial supremacy.

These opinions were rejected out of hand and viewed as impossible by the officers conducting the debate.

Meantime, SS-Pionier-Bataillon 17 under SS-Sturmbannführer Fleischer had thrown a bridge across the Loire, from Dampierre to Villebernier, east of Saumur. It was built using the river's sand banks, crossed the three arms and replaced the rail bridge which had been bombed.

But this battalion was still not motorized. And yet it had to dispatch its 3 companies to take part in work to reinforce the Atlantikwall in the Sables-d'Olonne area along with Festungs-Pionier-Bataillons 13 and 83 (fortress engineer battalions). Work period: 16-20.05.44.

— 3. Kp: at Les Sables-d'Olonne.

— 2. Kp: St-Gilles-Croix-de- Vie and St-Jean-de-Monts

— 1. Kp: Notre-Dame-de-Monts and island of Noirmoutier

On 17.05.44, the Ia of the Division, SS-Sturmbannführer Dr Conrad, forwarded to the various troop units a teleprinter message from A.O.K.1, Ic for information and training purposes:

"According to a message from Marine-Gruppenkommando West (Admiral Kranke, author's note), British aircraft have been dropping bags with plugs of wadding on Korfu (Corfu, author's note). Contact with them causes serious burns.

The services and troop units must be informed of this at once."

Training of separate units ended with exercises in formation, partly on a large scale and combat fire in campaign conditions. Thus III.38 and SS-Pionierbataillon 17 at Candes (11 km east of Saumur) on 18 and 19.05.44, attacked a defended river then threw across a type K bridge.

SS-Aufklärungs-Abteilung 17 performed one of its exercises in formation with a few Sturmgeschütze in the Bressuire and Noirterre area.

Almost constantly harried by Allied aircraft, the German command took steps to protect the Divisional staffs, to ensure their safety and prepare fall-back commmand posts, having learned from experience during Anglo-American attacks that the CPs were the first to get bombed.

The Generalkommando I. SS-Panzer-Korps issued an addition to this directive (Gen. Kdo.I; SS-Pz. Korps, Chef des Gen. Stabes Ia Tgb Nr. 644/44 g.Kdos):

Any staffs that have not already done so are to be dispersed and quartered in makeshift CPs (e.g. command omnibus, tents, fairly small houses with shrapnel-proof trenches, foxholes etc.). Quartering of all headquarters sections will also be forbidden in a house or built-up area. Likewise, hospital facilities must be pulled out of the towns and moved to smaller villages. Medical staff must be ready to accept extra work and inconvenience. Fallback CPs must be indicated by the Division and troop units by teleprinter by 19.05.44."

On 26.05.44, as part of antiaircraft defenses, and in accordance with the directives of SS-Brigadeführer Ostendorff, an order was issued transferring the Division's Flak units (Ia. Tgb. Nr. 360/44 geheim) to sectors where there were likely targets for bombardment by Allied aircraft.

1 – As of now, all the Division's Flak units will be used to protect the following strategic installations:

a) SS-Flak-Abteilung 17 for road and rail bridges over the Loire north of Saumur…

In detail: 1./17 (SS-Obersturmführer Baier) at Villebernier, 3.17 (SS-Hauptsturmführer Günther) at Dampierre, 2.17 (SS-Obersturmführer Weiss) at St-Hilaire, near St-Florent.

SS-Flak-Abteilung 17's command post is set up at Château de Launay, near Villebernier.

b) Half of 14. (Flak)/38 for the road bridge over the Loire near Montsoreau.

c) The Flak platoon, Division-Sicherungs-Kompanie for the rail viaduct on the western edge of Thouars.

d) The 2 cm Vierlingsflak platoon, SS-Artillerie-Regiment 17 for the Airvault rail viaduct.

e) Half of 14 (Flak).37 for the Parthenay rail viaduct.

Permission to fire is granted under acknowledged enemy attack on the bridges.

2) The Flak units will dig in so as to be out of reach of shrapnel. Likewise, fall-back positions must be prepared so that in the event of detection of the previous firing positions, a change of position can be made immediately…

Report on occupied firing positions to reach the Ia by 29.05.44."

On this matter, here are a few passages from the personal account of a gun crew member from 4./SS-Flak-Abteilung 17.

"We were in central France on the island in the Loire, at Saumur, a beautiful town with one of the superb châteaux of the Loire, Saumur. Our unit was 4 Batterie, Flak-Abteilung 17. SS-Panzer-Grenadier-Division, i.e. the 2nd platoon. Our platoon commander was SS-Hauptscharführer Hügel and our 3,7 cm Flak-Geschütze were in position at the local sports ground. We were to protect the rail bridge over the Loire against air attack. The railroad passes through the hill through a tunnel on the steep-sloping side of the river. The battery's command post was way above us on the steep bank of the river, on the right next to the castle. The battery commander was SS-Obersturmführer Kreil.

At around 17.00 hours, each time for several days, two British spotter planes droned just above the river, running along its length, deftly skipping over the bridges. We tried to hit them as they passed, but all our shots were wide of the mark and hit the stone wall on the steep river bank, even in the area where the cave-dwellers' homes are.

Maybe six times the spotter planes flew up and down the river again. We never once hit them. We hoped they would fly into the high voltage cable in front of the railroad bridge, but they just "flitted" a couple of metres over the top.

After a bombing raid over the town (maybe the one on the night of 31.05. to 1.06., author's note), several of the townspeople, women and children were sitting glumly by the road bridge. I was trouble-shooting again (a dead phone wire, author's note). I knew some of these people.

Paradoxically, it was us they were blaming, because we hadn't protected them properly, and not the English, probably because they were out of reach.

Excerpt from Der Freiwillige (June1986).

"Conservatoire de la Résistance et de la déportation des Deux Sèvres et des régions limitrophes Thouars"

2

Die Ausbildung und Ihre Schwierigkeiten

Die Schwierigkeiten im einzelnen

Was den Personalbestand anbelangte, war die Zusammensetzung der „Götz von Berlichingen" sehr unterschiedlich.

Vom alten Offizierskorps, das aus der Verfügungstruppe (VT — 1935 geschaffen, Vorläuferin der Division „Das Reich") oder Divisionen, die an der Ostfront gekämpft hatten, stammte, war nicht mehr viel übrig geblieben.

Die vier Stammdivisionen der Waffen-SS waren nicht mehr im Stande, die inzwischen neu aufgestellten 19 Divisionen mit einem Kern erfahrener Offiziere (Führer) und Unteroffiziere (Unterführer) zu versorgen. Desgleichen konnten die sehr zahlreichen Ausbildungs — und Ersatzeinheiten, die in Deutschland und in den besetzten Gebieten entstanden waren, den durch die Verluste und die Neuaufstellung ausgebluteter Divisionen entstehenden Bedarf nicht mehr decken.

Da es nun nicht mehr möglich ist, nur auf Freiwillige zurückzugreifen, müssen die Divisionen durch Wehrpflichtige ergänzt werden. Teilweise wird auch außerhalb des Reichsgebietes rekrutiert, wenn dort Volksdeutsche leben (Deutsche Minderheiten gibt es in Jugoslawien, der Slowakei, Ungarn, Rumänien, Serbien, Kroatien...). So finden sich in der Waffen-SS Reichsdeutsche, Balkandeutsche, Deutsche aus dem Banat (Ungarn), Elsaß-Lothringer, Belgier und Luxemburger.

Wie man dem Befehl des SS-Obergruppenführers Jüttner entnehmen kann, datieren die Anfänge der Divisionsaufstellung auf den 15.11.43 zurück. Von diesem Zeitpunkt an, treffen Rekruten der untenstehenden Jahrgänge ein und haben die genannten Anteile:

Geburtsjahr	%
1926	42 %
1925	17 %
1924	4,5 %
1923 à 1909	23 %
1909 et plus âgées	13,5 %

Von 1943 an kommen viele Neuzugänge aus rückwärtigen Diensten, von Artillerie und Flak.

Die Einheiten, die zunächst nur einen Personalkader besaßen, waren Wohnhäusern, alten Kasernen der französischen Armee (wie in Saumur), Schulen, Sälen oder verlassenen Schlössern untergebracht. Am Anfang fehlten Einrichtungen für die Verpflegung und die Unterbringung ebenso wie Duschräume.

Zu Beginn dieser Aufstellung war auch die Bewaffnung auf das Notwendigste reduziert, was den Beginn der Ausbildung jedoch nicht verzögerte.

Im übrigen wurden die Lebensbedingungen besser, als Kantinen und Duschräume entstanden. Die Unterkunfte wurden verbessert und damit wohnlicher.

Am 30.11.43 erscheint der General der Panzertruppen Geyr von Schweppenburg (Generalkommando Panzertruppen West) in Poitiers beim dortigen Aufstellungsstab. Er gibt hinsichtlich der Ausbildung in den Einheiten mündliche Anweisungen, von denen ein Protokoll gefertigt wurde:

„Mit Hinblick auf feindliche Landungsversuche, die für das kommende Frühjahr erwartet werden müssen, hat die Grundausbildung beschleunigt zu erfolgen.

In erster Linie sind Übungen im Verband durchzuführen und der Kampf verbundener Waffen zu üben.

Zu diesem Zweck werden Pionier —, Panzer —, Sturmgeschütz — und Artillerie — Einheiten in die Nähe der Panzer-Grenadier-Regimenter verlegt, die an den Übungen dieser Einheiten teilnehmen sollen.

Eine reine Formalausbildung, die auf Drill beruht, ...ist untersagt.

Solche Ausbildungsmaßnahmen sind mit Gefechtsausbildung, etwa Nahkampfausbildung, zu verbinden.

Die Ausbildung muss so schnell wie möglich im Gelände erfolgen, wo sich Schanzen, Tarnen und Schießausbildung in kombinierter Form üben lassen.

Ausbildungsrichtlinien sind der Division vorzulegen.

Eine Übung im Bataillonsrahmen hat durchgeführt zu werden. Der Bericht darüber muss bis 15.1.44 vorgelegt werden.

Ein Viertel der Nahkampfausbildung hat als Nachtausbildung stattzufinden. Dabei müssen präzise Übungsziele angegeben werden (Marsch, geräuschloses In-Stellung-gehen) und in die Übungsrichtlinien aufgenommen werden.

In besonderem Maße sind zu üben: Das kriegsnahe Schießen, die Abwehr von Tieffliegern und der Nachtkampf. Die Erfahrungen der Front müssen in die Ausbildung einfließen. Die Sonderauflage von „Kriegserfahrungen in Sizilien" muss während der Ausbildung genutzt werden. Die unterstellten Divisionen haben Ausbildungsfilme zu zeigen. Für die Ausbildung müssen auch die zuständigen Luftwaffeneinheiten herangezogen werden (Über das Generalkommando). Die bei der Panzertruppe aufgestellten Inspektionen haben im Infanteriegefechtsdienst und bei der Panzernahbekämpfung beachtliche Ausbildungsergebnisse erzielt. Zu nennen sind hier die 12. SS-Panzer-Grenadier-Division (HJ) und die Panzer-Grenadier-Division „Feldherrnhalle". Einen besonders hohen Ausbildungsstand haben die 15. Kompanie der HJ-Division des Hauptsturmführers Richter (1) und die Aufklärungsabteilung der Division „Feldherrnhalle" erreicht.

Für eine erste Unterweisung der Nachrichtenleute steht 5 bis 6 Tage lang ein Panzer-Nachrichten-Offizier der Panzergruppe West zur Verfügung. Ver-

(1) Wahrscheinlich die 12. SS-Panzer-Division „Hitlerjugend", die seit dem 10.10.43 erwähnt wird. Dies ist umso wahrscheinlicher, als auch deren 15. Kp. in dem Protokoll Erwähnung findet. Die Panzer-Grenadier-Division „Feldherrnhalle", die hier genanannt wird, ist eine Einheit, die am 9.4.1943 im Gebiet um Nîmes aufgestellt wurde. Sie entstand aus dem Infanterie-Regiment „Feldherrnhalle", das seinerseits wieder Teil der 93. Infanterie-Division war. Die ursprüngliche Division „Feldherrnhalle" ist mit der 6. Armee im Januar 1943 in Stalingrad untergegangen.

bindungsaufnahme zur 21. Panzer-Division wird empfohlen. Die Einzelanweisungen für die Gesamtausbildung müssen — unter Berücksichtigung der vorgenannten Gesichtspunkte und unter Berücksichtigung der Ausbildungsanweisungen der Panzergruppe West — vom Divisionskommandeur aufgestellt werden. Dieser muss sie dem Kommandeur Panzertruppen West mit seinem Bericht vorlegen. Bei dieser Gelegenheit können bereits Anforderungen von Fahrzeugen, vor allem von Kraftstoff, durch die Division vorgebracht werden.

Auf Befehl des Generals der Panzertruppen West hin wird die 21. Panzer-Division der 17. SS-Panzer-Grenadier-Division an den Tagen, an denen Übungen im Verband vorgesehen sind, Fahrzeuge stellen, um die Truppe beweglich zu machen.

gezeichnet: Binge, SS-Obersturmbannführer"

Es muss angemerkt werden, dass in der ersten Phase der Aufstellung, erste Änderungen in der Verteilung der Offiziersstellen eintraten.

Der SS-Sturmbannführer Lorenz, der die Panzer-Abteilung 17 führte, wird durch den SS-Sturmbannführer Weiss ersetzt. Der Erstgenannte wird an die Spitze der s. SS-Panzer-Abteilung 102 gestellt, welche direkt dem II. SS-Panzer-Korps untersteht. (Lorenz zeichnet sich ab 9.7.44 in der Nomandie aus). Seinen Posten übernimmt SS-Sturmbannführer Kniep. Seit dem 20.12.43 hat man im SS-Panzer-Grenadier-Regiment 38 Vorschriften für neue Kriegsgliederungen und Taktiken entworfen und der Truppe zur Kenntnis gebracht. Der Grundgedanke ist dabei, den größtmöglichen Gebrauch von automatischen Waffen zu machen und somit Blut zu sparen. Gleichzeitig geht die Ausbildung der schweren Einheiten weiter. Systematisch wird dabei mit dem Heer und der Luftwaffe zusammengearbeitet. So unterstützt das Flak-Regiment 13, das in Rennes stationiert ist (und zur 8. Flak-Division gehört), die SS-Flak-Abteilung 17.

Ebenso unterweisen einige Heeresausbilder die Inf.-Geschütz-Kompanien. Anfang Juni 1944 beginnt die Ausbildung zweier Kompanien der Panzerjäger-Abteilung 17 auf Jagdpanzern IV. Die Panzer-Lehr-Division hat daran großen Anteil.

Während der gesamten Ausbildung macht sich der große Mangel an schweren Waffen bemerkbar. Auch der Mangel an sonstigem Gerät und Fahrzeugen. Gering ist der Anteil verfügbarer Schnellfeuerwaffen. Auch die MG 42 sind vom ersten Modell. Sturmgewehre 44 fehlen und Maschinenpistolen werden nur sehr knapp zugeteilt.

Auch Panzerabwehrmittel fehlen, so dass erst bei Beginn der Normandiekämpfe eine Ausbildung an der Panzerfaust (bzw. Faustpatrone 34) und am Panzerschreck (Raketen-Panzerbüchse 54, Kal. 8,8 cm) erfolgt.

Außer der 3. Panzerjäger-Abteilung mit ihren 7,5 cm Pak gezogen und auf Selbstfahrlafette, hatten die anderen Einheiten nur die veraltete 5 cm Pak 38 aus dem Jahre 1941 zur Verfügung. Erst zu Beginn der Kämpfe trafen die Jagdpanzer IV der zwei restlichen Kompanien der SS-Panzerjäger-Abteilung 17 ein

Es folgt eine Beschreibung der Ausrüstung der 8. (schw.) / SS-Panzer-Grenadier-Regiment 37:

„Die Kompanie besaß einen leichten Infanterie-Geschütz-Zug, einen Pak-Zug, einen Zug mit russischen 7,62 cm-Kanonen (Ratschbumm) und einen Granatwerfer-Zug mit dem Granatwerfer 8 cm 34.

Die wenigen Fahrzeuge, die es zuerst gab, waren alt und abgenutzt. Geländegängige Fahrzeuge erhielt die 13./37 (Inf. Gesch.) Kp. des Oberstuurmführer Borchert. Die Klöckner-Deutz Diesel, die darüberhinaus

zugeteilt wurden; fielen einer nach dem anderen durch Pannen aus (2). Es stellte sich heraus, dass eine herausstehende Schraube auf dem Rand der Scheibenkupplung den Anschlag des Differentials herausgerissen hatte. Da dieser Defekt an fast allen Fahrzeugen auftrat, muss man annehmen, dass es sich um Sabotage handelte. Ersatzteile gab es zwar beim Heeresfuhrpark in Paris, aber wertvolle Zeit ging dadurch für die Ausbildung der Truppe verloren.

Am Anfang waren auch die Nachrichtenmittel veraltet und knapp. Ein Teil des Geräts war italienischen Ursprungs. Während der ersten zwei Monate wurde der Fernmeldeverkehr hauptsächlich über des französische Telefonnetz der Post abgewickelt. Später — selbst im Einsatz — fehlte es an Anodenbatterien und Radioteilen.

Was die Fahrzeuge anbelangt, die sowieso nicht in ausreichender Zahl eintrafen, lagen die Schwierigkeiten wahrscheinlich bei den Herstellerwerken. Bei der Aufstellung war der KAN (Kriegs-u. Ausrüstungsnachweis) sowieso auf 75 % abgesenkt worden.

Bei den ersten Fahrzeuglieferungen waren viele französische Fahrzeuge aus neuer Produktion. Folgendes Beispiel gibt einen Eindruck von den Schwierigkeiten, welche der Ib der Division, Hauptsturmführer (später Sturmbannführer) Linn, zu bewältigen hatte. Der Quartiermeister oder I b, nahm nach langen Bemühungen eine Lieferung LKW in Empfang, aber... sie kamen ohne Reifen! Diese musste man auf dem Schwarzmarkt von den Renault-Werken kaufen!

Was schließlich die Spritzuteilung anbetraf, war sie so knauserig bemessen, dass sie gerade für die Fahrausbildung reichte.

Auf größere Mot. Märsche musste verzichtet werden, ganz zu schweigen. von Fahrübungen im großen Rahmen."

An dieser Stelle soll die Führerweisung Nr. 51 zitiert werden, in der Hitler am 3.11.43 unter anderem erklärte:

„... Alles deutet darauf hin, dass der Feind spätestens im Frühjahr, vielleicht auch bedeutend früher, zum Sturm auf Westeuropa antreten wird..."

Wenn man auch in den Stäben auf die herannahende Landung wartete, so sah man in der Truppe doch wenig Anzeichen hierfür. Ausgenommen hiervon war die Lufttätigkeit der Alliierten, die sich in der Bombardierung der französischen Städte, der Eisenbahnen, der Fabriken und in Jabo-Angriffen von bisher nie erlebtem Ausmaß zeigte.

In der Folgezeit verhärtete sich auch die Haltung der Zivilbevölkerung, während die (französischen) Behörden ein unkooperatives und mißgünstiges Verhalten an den Tag legten.

Das Verhältnis war bis zu dieser Zeit korrekt gewesen. Auch spürte man eine Neugier warum und wohin Truppen verlegt wurden.

All dies deutete auf die bevorstehende Landung hin.

Vor dem Hintergund zunehmender Sabotage bzw. Attentate gegen deutsche Miläreinrichtungen, eines Anwachsens der Widerstandsbewegung im besetzten Frankreich (dort, wo sich geeignetes Terrain wie Berg und Wald anbot) und angesichts der Unsicherheit der deutschen Truppen während ihrer Ausbildungszeit, erließ der Generalfeldmarschall Sperrle am 3.2.44 folgenden Befehl (OB West. Jc Nr. 272/44 g.Kdos):

(2) Es handelt sich hierbei vermutlich um den Gleisketten-Lastkraftwagen „Maultier", der bei der Klöckner-Humboldt-Deutz A.G. als SdKfz 3 produziert wurde, und dessen genaue Typenbezeichnung S 3000/SS M lautete. Er hatte einen KHD-Dieselmotor M 513, der eine Höchstleistung von 80 PS besaß. Ein Unterschied war nur am hinteren Kabinenende, etwa auf der Höhe des Treibrades erkennbar.

Abschrift

Der Oberbefehlshaber West
Ic — Nr. 272/44 gKdos.

H.Qu., den 3.2.44

10 Ausfertigungen
4. Ausfertigung

Befehl zur Bekämpfung von Terroristen.

1) Die Sorglosigkeit gegenüber der Zivilbevölkerung ist kaum noch zu überbieten. Überfälle auf einzelne Soldaten nehmen trotz aller polizeilichen Gegenmassnahmen zu.

Das Verhalten der Truppe entspricht noch nicht dem Ernst der Lage. Noch immer treffe ich Soldaten als sorglose Spaziergänger ohne Schusswaffe trotz der mehrfach durch OB. West und die Mil. Befh. gegebenen Befehle. Wir sind nicht deshalb in den besetzten Westgebieten, um unsere Truppen ungestraft von Saboteuren anschiessen und verschleppen zu lassen. Die bisherigen Gegenmassnahmen werden trotz unbestreitbarer Erfolge die Lage nicht wesentlich ändern, wenn bei Überfällen und Unbotmässigkeiten nicht zu sofortiger Selbsthilfe gegriffen wird.

2) Hierzu befehle ich:

A) Jeder Soldat, der sich *ohne Schusswaffe* ausserhalb seiner militärisch gesicherten Unterkunft bewegt, ist *ohne Rücksicht auf irgendwelche mildernden Gründe zu bestrafen*. Wer keine Pistole hat, trägt Gewehr oder Karabiner. Wer beides nicht hat, trägt Maschinenpistole.

B) Wird eine Truppe in irgendeiner Form überfallen, sei es auf dem Marsch, in einer Unterkunft oder ähnliches, so ist der Führer verpflichtet, sofort von sich aus selbständige Gegenmassnahmen zu treffen.

Dazu gehören:

a) *Es wird sofort wiedergeschossen!*

Wenn dabei unschuldige mitgetroffen werden, so ist das bedauerlich, aber ausschliesslich Schuld der Terroristen.

b) Sofortige *Absperrung* der Umgebung des Tatortes und Festsetzung sämtlicher in der Nähe befindlicher Zivilisten ohne Unterschied des Standes und der Person.

c) Sofortiges *Niederbrennen von Häusern*, aus denen geschossen worden ist.

Erst nach diesen oder ähnlichen Sofortmassnahmen kommt die Meldung an die Dienststellen der Militärbefehlshaber und des SD, die die Weiterverfolgung in gleich scharfer Weise fortzusetzen haben.

3) Die Ausbildung der in den rückwärtigen Teilen des Landes liegenden Verbände aller Wehrmachtsteile ist so zu betreiben, dass die Einheiten nach Abschluss der ersten Waffenausbildung jederzeit gegen Unruheherde eingesetzt werden können. Hiermit wird die kriegsmässige Ausbildung nur gefördert.

4) Bei der Beurteilung des Eingreifens tätkräftiger Truppenführer ist die Entschlossenheit und Schnelligkeit ihres Handelns unter allen Umständen an die erste Stelle zu setzen. Schwer bestraft werden muss nur der schlappe und unentschlossene Truppenführer, weil er dadurch die Sicherheit seiner unterstellten Truppe und den Respekt vor der deutschen Wehrmacht gefährdet. Zu scharfe Massnahmen können angesichts der derzeitigen Lage kein Grund zu einer Bestrafung sein.

Der Oberbefahlshaber West
I.V.
gez. Sperrle
Generalfeldmarschall.

„Folgende Anweisungen sind der 17.SS-Panzer-Grenadier-Division „Götz von Berlichingen" zur Kenntnisnahme und zwecks Ausführung zu übermitteln".

Aus dem „Sperrle-Befehl" geht hervor, dass die Partisanentätigkeit die Aufstellung und Ausbildung der Division fühlbar beeinträchtigte.

Zu diesem Bereich gibt der Ia der Division, der Hauptsturmführer Dr. Conrad, am 9.2.44 einen Bericht an alle Feldkommanturen von Tours, der die während der Operation Hubertus gemachten Erfahrungen zum Gegenstand hat. Die Aktion wurde vom SS-Panzer-Grenadier-Regiment 38 durchgeführt. Der Bericht trägt die Nummer Ia Nr. 78/44 g.Kdos.

„Das Regiment hatte den Auftrag, das Gebiet des Waldes von Amboise auf einer Nord-Süd-Achse abzuriegeln. In zwei Transporten wurden die Abteilungen für den Nordabschnitt auf dem Bahnweg nach Amboise gebracht, diejenigen für den Südabschnitt nach La Croix und Chissay (südöstl. von Amboise — die Verfasser).

Abfahrt der Südgruppe um 23 Uhr 20 von Saumur. Das I. und das II. Bataillon werden in zwei verschiedenen Bahnhöfen ausgeladen. Ankunft des I. Bataillons in La Croix um 3 Uhr 30. Ankunft des II. Bataillons in Chissay um 4 Uhr 40.

Abfahrt der Nordgruppe um 0 Uhr 40 von Saumur, Ankunft um 4 Uhr 30 in Amboise. Der Bereitstellungsraum soll um 7 Uhr 30 bezogen sein. Bei Operationen dieser Art kommt es vor allem auf die Überraschung an. Bereits bei Ankunft des Zuges befanden sich schon Fahrzeuge der Wehrmacht vor und in den Bereitstellungsräumen.

Diese Fahrzeuge fuhren während der Annäherung mit aufgeblendeten Scheinwerfern und lenkten so die Aufmerksamkeit der im Wald vermuteten Bande auf sich.

Dies gestattete es der Bande, sich rechtzeitig in Sicherheit zu bringen.

Die Annäherungswege der Nord- und Südgruppe wurden sachgerecht gewählt. Demzufolge erfolgte der Anmarsch vom Bahnhof in den Bereitstellungsraum ohne Zwischenfall. Eine gemeinsame Parole hätte die Verbindungsaufnahme der Kompanien mit den Abteilungen der Wehrmacht gesichert.

a) Der Zeitaufwand für die Bereitstellung betrug ungefähr zwei bis drei Stunden.

b) Die Abriegelung des Terrains erfolgte in Schützenkette mit Abstand... von 20 bis 80 Metern von Mann zu Mann, je nach Gelände und Bewachung.

c) Bewaffnung: Die Ausstattung jeder Gruppe mit einem MG und der Gruppenführer mit MP war angemessen. Der Verzicht auf das Tragen des Stahlhelms war für diese Aktion zweckmäßig.

d) Ausrüstung: Die Nachrichtenmittel waren in jeder Hinsicht unzureichend. Zwischen Bataillon und Kompanie muss Telefon- oder Funkverbindung bestehen.

e) Die Ausgabe einer Parole ist unerlässlich. Das Fehlen der Parole erwies sich bei der Verbindungsaufnahme in der Dunkelheit als hinderlich. Es empfiehlt sich Lichtsignale und Taschenlampen für eine bessere Verständigung einzusetzen.

Das Regiment macht darauf aufmerksam, dass trotz strikter Geheimhaltung, die französischen Eisenbahner 18 Stunden vor dem Einsatz deutscher Soldaten über diesen Sachverhalt Bescheid wussten. So konten die Banden gewarnt werden.

Für die Durchführung einer solchen Operation wird empfohlen, eine vollmotorisierte Einheit überraschend einzusetzen. Es ist ebenfalls möglich, Wald von als Wildhüter verkleideten, entschlossenen Soldaten durchkämmen... zu lassen, welche die Banden aufspüren. Diesen Männern müssen ebenso getarnte Stoßtrupps folgen.

Die Division legt den vorstehenden Bericht des Panzer-Grenadier-Regiment 38 vor und bittet um Kenntnisnahme".

Am gleichen Tag gibt der Wehrmachtführungsstab des O.K.W. die Maßnahmen vor, die die im Falle eines Angriffs an der West- oder der Südfront ergriffen werden müssen.

Im Rahmen der 1. Armee (A.O.K. 1) hat die 17. SS-Panzer-Grenadier-Division „Götz von Berlichingen" eine Kampfgruppe zu bilden, die zusammen mit den Kampfgruppen der 2. SS-Panzer-Division „Das Reich" (Gebiet Bordeaux), der 273. Reserve-Panzer-Division (ehem. 155. Division mit Unterkunftsraum Bordeaux bis spanische Grenze) und der 276. I.D. (Gebiet Biarritz) die spanische Grenze sichern wird. Diese Kampfgruppen werden bei Bedarf eingesetzt

Trotz aller ergriffenen Sicherheitsmaßnahmen gewinnt die Widerstandsbewegung ständig an Umfang: Handstreiche, Sabotage und Überfälle auf einzelne Soldaten. Die alliierte Luftwaffe liefert durch Fallschirmabwürfe Waffen, Munition und Verpflegung überall hin, wo — wie im undatierten Ib-Bericht der Division von Sturmbannführer Linn geschildert — eine bodenständige Maquis-Organisation besteht:

„Um größere Aktionen (der Widerständler — die Autoren) zu unterbinden, wurde im Abschnitt der Division ein Befehl bekanntgegeben, nach dem bei Einbruch der Dunkelheit alle beschrankten Bahnübergänge geschlossen werden müssen. Dadurch soll auf einfache Weise erreicht werden, dass keine größere Straße ohne unser Wissen befahren wird. Da es die Partisanenbewegung gibt, führen die Engländer Versorgungsflüge durch und werfen entsprechende Güter ab. In Verbindung mit dem Sicherheitsdienst S.D. und der Geheimen Feldpolizei G.F.P. versuchen wir diese an uns zu bringen. Bei der Ergreifung eines Spionageringes konnte man die Funker „umdrehen" und so die Zeitpläne für die Fallschirmabwürfe in Erfahrung bringen. Je nach Wetterlage wurde durch ein Stichwort der Zeitpunkt und Ort einer Fallschirmsendung bekannt gegeben.

Auf diese Weise konnten wir wiederholt Versorgungsgüter erhalten. Zuerst kam nur Material an, das

die Partisanen angefordert hatten. Für die nachfolgenden Abwürfe hatten wir selbst angefordert, was wir benötigten. Bei dieser Gelegenheit verlangte ich vor allem Mpis, die zusammen mit dem Rest auch geliefert wurden."

„Wir schreiben März 1944. Die alliierte Luftwaffe beginnt mit den Bombardierungen, die eine „Abriegelung" des Streifens zwischen Loire und Seine zum Ziel haben. Dabei bombardiert sie auch andere Gebiete, um vom eigentlichen Zweck abzulenken. In besonderem Maße hat sie dabei die Brücken, Straßenknotenpunkte, Bahnlinien und Verschiebebahnhöfe und nicht zuletzt die Industriezentren im Visier.

Die Luftbedrohung zwingt zu einer großräumigen Dislozierung der „Götz" — Einheiten, die nun teilweise in kleinen Dörfern und teils in Waldlagern liegen. Die Ausbildung wird feldmäßig fortgesetzt und umfasst nach und nach und trotz aller Schwierigkeiten am 15.3.44 folgenden Bestand:

Offiziere: 202; Unteroffiziere 1368; Mannschaften: 11780.

Das Soll ist noch lange nicht erreicht. Es sieht vor:

Offiziere: 565; Unteroffiziere 3440; Mannschaften: 12974.

Gesamtstärke: 16 979.

Die Ausbildungsziele werden eifrig verfolgt. In Bordeaux und Le Mans werden Lehrgänge für den Gasschutz gehalten. Für Funker, Feuerwerker und Materialunteroffiziere finden sie in Deutschland statt.

Das Generalkommando des II. SS-Panzerkorps hat eine Fahrschule für Räderfahrzeuge, Halbkette und Kette in Argentan eingerichtet, während in Posen (heute Poznan — die Autoren) Scharfschützenlehrgänge stattfinden.

Krakau, Prag und Wien sind ebenfalls unter den Städten, wo sich Abschnitte der Ausbildung abspielen.

Im Verlauf des März beginnt die „Götz" französische Fahrzeuge zu requirieren. Auf diese Weise erhält sie eine Anzahl französischer Privatfahrzeuge, die in gutem Zustand sind, aber nur wenige Lastkraftwagen. Dieser Einziehungsbefehl, der vom LXXX A.K. kommt, wird von der 1. Armee nicht gebilligt. Der SS-Hauptsturmführer Linn muss sich bei der Armee rechtfertigen.

Im Lauf dieser Tage nehmen die Aktivitäten der Résistance im Aufstellungsraum der Division zu. Man rechnet für den Beginn der Invasion mit einem massiven Aufstand der Widerständler.

Am 23.3.44 lässt SS-Brigadeführer Ostendorff folgende Bekanntmachung weitergeben (Ic Tgb.Nr. 435/44 geh.): (Seite 98).

Auf Befehl des Panzertruppen-Kommandos West (Pz. Gr. West, Ia Nr. 1311/44 g.Kdos vom 28) haben ab 30.3.44 die Bataillone der SS-Panzer-Grenadier-Regimenter im Wechsel von 8 Tagen im Bereich des LXXXVI. A.K. (General der Infanterie von Obstfelder) vorgeschobene Küstenverteidigungsanlagen anzulegen.

Das I./38 wird im Eisenbahmarsch nach la Benne Océan, 15. km nördl. Bayonne, verlegt, wo es vom 2. bis 10.4.44 jeweils einschließlich dem Befehl des Korps untersteht.

Die Einzelheiten des Transports müssen umgehend vom Bv. T0 (bevollmächtigter Transportoffizier) des A.O.K.1 geregelt werden, damit die Ankunft des Bataillons für den 2.4.44 sichergestellt wird.

Ein Vorkommando hat sich beim LXXXVI. A.K. mit Stab in Dax, zur Einweisung zu melden.

17.SS-Panzer-Grenadier-Division

„Götz von Berlichingen" Ic

Tgb.Nr. 435/44 geh.

Anlage Nr.109b
Div.St.Qu., den 24.3.1944

Betr.: Geplante Sabotage und Angriffsunternehmen der Terroristen zu Beginn der Invasion.

An

K.T.B. Ia

Die innere Lage in Frankreich hat sich in der letzten Zeit weitgehend verschärft.

Zu Beginn der Invasion werden Terroristen Angriffe und Sabotageakte der verschiedensten Art durchführen. Wann diese Aktionen ausgelöst werden, ist unbestimmt. Vorbeugende Maßnahmen sind schon jetzt, soweit möglich, unverzüglich zu ergreifen.

Wit folgenden Aktionen auf gerechnet werden:

1.) Angriffe und Sabotageakte gegen deutsche Kommandostellen, Telefonzentralen, Funkstellen.

Abwehrmittel: Ausreichende und scharfe Beobachtung, Besetzung der Schaltäzter, äußerste Vorsicht bei Ferngesprächen und Durchgabe von Befehlen. Alle Leitungen werden abgehört.

2.) Anschläge gegen Führer und Mannschaften in Privatquartieren.

Abwehrmittel: Das Wohnen in Privatquartieren wird sofort verboten. Unterbringung der Führer geschlossen in bewachten Unterkünften, die Mannschaften grundsätzlich in Truppenunterkünften.

3.) Anschläge und Sabotageakte gegen Brennstoff-, Munitions-, Bekleidungs- und Verpflegungslager.

Abwehrmittel: Ausreichende Berachung, sofortige Entfernung von bisher dort beschäftigten Zivilisten.

4.) Anschläge gegen Melder.

Abwehrmittel: Bei Dunkelheit zusammengefalter Meldeverkehr (Melder mit gleichem Weg), keine Einzelmelder) oder Pkw mit mehreren Mann bewaffneter Bezatzung. Abholung von g.Kdos. nur durch Portepee-Unterführer mit 2 Mann bewaffneter Begleitung.

5.) Anschläge gegen Schreibstuben.

Abwehrmittel: Schreibstuben, die nicht durch Posten gesichert sind, ständig durch 2 Mann besetzt halten.

Geheimkisten nachts verschlossen auf der Wache abgeben. Benzinflaschen und Handgranaten neben Geheimkisten für den Fall schneller Vernichtung stets bereithalten.

Rechtzeitige Rückführung unnötiger VS (Tagebücher) an Ers. Truppenteile.

6.) Anschläge gegen Truppenvorstellungen (Kino, KdF usw.)

Abwehrmittel: Genaue Durchsuchung vor Beginn der Veranstaltung vor allem von Keller, Bühne und Boden. Bewachung Haupteingang und rückwärtige Eingänge, Fernhalten von Zivilisten in Breite von 100 m bei Beginn und Ende der Veranstaltung durch Posten.

7.) Anschläge gegen Küchen und Führerheime.

Abwehrmittel: Im Alarmfall sofortiges Ausscheiden sämtlicher Zivilpersonen aus der Truppe.

8.) Entfernung oder falsche Aufstellung von Wegweisern.

Abwehrmittel: Orientierung *nur* nach Karte.

9.) Unterbindung jeder elektr. Stromzufuhr.

Abwehrmittel: Bereithalten von Hilfslampen und Kerzen.

10.) Bestreichung der Strassenkurven mit Schmierseife oder Rübensaft.

Abwehrmittel: Bestreuen mit Sand, in hartnäckigen Fällen Abkratzen mit Spaten. Achtung auf Heckenschützen.

11.) Auslegen von Glasscherben im Umkreis von Kommandostellen zwecks Fliegerkennzeichnung.

Abwehrmittel: Absammeln der Glasscherben, Streifen.

12.) Mit der Verminung von Strassen, Brücken, Dämmen und Kreuzungen, sowie Ausstreuen von Nägeln und Errichten von Baumsperren muß gerechnet werden.

13.) Für besonders wichtig halten die Terroristen Aktionen gegen Pz.-Einheiten während des Auftankens, Munitionierens und auf dem Marsch, sowie Meldungen von Ansammlungen mittels Leuchtzeichen.

F.d.R.

SS-Obersturmführer und Ic

gez. Ostendorff

Für diesen Einsatz ist der Kampfanzug vorgeschrieben, wobei feldmäßig gelagert wird.

Was das Regiment 37 anbelangt, so findet der Einsatz seiner Bataillone planmäßig vom 11. bis 19.4.44 statt, wobei die gleichen Regelungen gelten wie für das I./38.

Wegen der Aktivitäten der Widerstandsbewegung werden Straßenkontrollpunkte errichtet, um das Vorhandensein von Partisanen festzustellen. Allerdings führt dies manchmal zu Zwischenfällen mit Diplomaten und Angehörigen des Konsularischen Korps ausländischer Staaten.

Divisionsfeste

Feierliche Verleihung des Ärmelstreifens

Am 3.4.44 lässt SS-Brigadeführer Ostendorff einen Divisionsbefehl ins K.T.B. eintragen, der die Einzelheiten dieser „Götz von Berlichingen" — Feier regelt. „Am 9. und 10.4.44 findet die feierliche Verleihung des Ärmelstreifens statt.

a) 16 Uhr: Verleihung des Ärmelstreifens an die Kommandeure und Leiter der Stabsabteilungen in Thouars (Theater).

In jeder Einheit wie Stabs.Kp., Batterietrupp usw. wird der Ärmelstreifen an je 1 Offizier und je 1 Unteroffizier verliehen.

In Jedem Bataillon und jeder Abteilung: 1 Mannschaftsdienstgrad

b) 18 Uhr: Kommandeursessen mit Gästen und Leitern der Stabsabteilungen im Offiziersheim.

20 Uhr: Konzert im Offiziersheim.

18 Uhr: Essen für die übrigen Teilnehmer im Soldatenheim.

20 Uhr: Vorstellung des SS-Fronttheaters „Oberland": ‚Der letzte Bauer' im Theater von Thouars.

20 Uhr: Vorführung des Films ‚Immensee' im Kino Cinema-Palace in Thouars.

c) Abmarsch und Rücktransport der Teilnehmer erfolgt in der Zuständigkeit der Regimenter und Bataillone. Besonders tüchtige und sichere Fahrer sind hierzu einzuteilen. Wagenhalteplatz: Marktplatz Thouars.

d) Anzug: Dienstanzug mit Stahlhelm. Einwandfreie Sauberkeit, ebenso Orden und Ordensbänder.

e) Offiziere und Unteroffiziere, die zu der Verleihung geladen sind, haben: ihre Plätze um 15 Uhr 30 einzunehmen.

f) Rücktransport: Abfahrt um 23 Uhr von Thouars

2) 10.4.44

Verleihung des Ärmelstreifens durch die Kommandeure und Kompaniechefs an den Rest der Division in feierlicher Form.

Hier ist der Bericht über die Feier, wie er im K.T.B. der „Götz" unter dem 24.5.44 vermerkt ist:

17.SS-Panzer-Grenadier-Division   A lage Nr 139
„Götz von Berlichingen"   Div.St.Qu., den 24.5.1944

Bericht über die Feier zur Armelstreifenverleihung
am 10.4.1944

Die umfangreichen Vorarbeiten für die Feier zur Verleihung des Ärmelstreifens an die Division waren am 9.4.1944 abgeschlossen. Noch am späten Abend des gleichen Tages traf auch der Reichsführer ein, wodurch dem Fest sein besonderes Gepräge gegeben wurde. Mit Rücksicht auf die anstrengende Reise zog sich jedoch der hohe Gast bald zurück.

In der Frühe des 10. April marschierte der Musikzug auf und weckte die Stadt. Auf dem Vorplatz des Theaters wurden die Flaggen gehißt. So leitete sich der Festtag ein.

Während der Vormittag in Thouars programmgemäß ablief, überzeugte, sich der Reichsführer-SS von dem Ausbildungsstand der Truppe. Er besuchte die SS-Sturmgeschütz-Abt.17, das SS-Panzer-Gren.Rgt.37 und das SS-Artillerie-Rgt.17.

So rückte der Zeitpunkt der eigentlichen Feierstunde näher.

Im fetsliche ausgestalteten Innenraum des Theaters hatten sich bereits die Kommandeure der Division sowie von jeder Kompanie/Batterie 1 Führer und 1 Unterführer oder Mann eingefunden, als der Wagen des Reichsführers-SS vor dem Theater auffuhr.

Nach Begrüßung der hohen Führer, die im Vorraum des Theaters auf ihn gewartet hatten, betrat der Reichsführers-SS den Festsaal. Unter den Ehrengästen, die ihm folgten, erkannte man

       SS-Obergruppenführer Sepp Dietrich

       General der Panzertruppen Freiherr von Geyr

       SS-Gruppenführer Oberg

       SS-Oberführer Lammerding

       Oberstleutnant Freiherr von Berlichingen.

Der Divisionskommandeur erstattete Meldung, wonach der Reichsführer-SS und seine Begleiter ihre Plätze einnahmen. Damit begann die Feierstunde. Sie erreichte ihren Höhepunkt in der Rede des Reichsführers-SS, worin der Reichsführer-SS einen knappen Überblick über den geschichtlichen Weg des Reiches in den vergangenen Jahrhunderten gab und gleichzeitig den Entwicklungsgang der Schutzstaffel und der Waffen-SS schilderte. Sie schloß mit einem Abriß der Persönlichkeit des Ritters Götz von Berlichingen, dessen Haltung den Anwesenden als vorbildlich hingestellt wurde. Im Anschluß daran nahm der Reichsführer-SS die Verleihung des Ärmelstreifens mit dem Namen/Götz von Berlichingen" an das Kommandeure der Division vor.

Mit der Führerehrung und dem gemeinsamen Gesang der letzten Strophe des SS-Treueliedes klang die Feierstunde aus.

Nach kurzer Pause kehrte der Reichsführer-SS in das Theater zurück, um zu dem gesamten Führerkorps der Division erneut zu sprechen.

Der Abend sah dann Ehrengäste, Führer und Männer noch einmal im Theater zur Aufführung „Der letzte Bauer" der Frontbühne „Oberland".

Ein Kammermusikabend des Streichquartetts Prof. Kaan im Führerheim der Division beendete das Fest.

Nur noch der kurze Stunden verbrachte der Reichsführer-SS bei der Division. Am nächsten Tage führte ihn sein Weg weiter zur SS-Division „Das Reich".

Es gilt anzumerken, dass die SS-Flak-Abteilung 17 am 9. April rund um Thouars in Stellung gegangen war.

Die Verlagung der Geschütze dorthin wurde mit Hilfe von Fahrzeugen der Nachschub-Truppen bewerkstelligt. Dies war ein Fortschritt im Vergleich zu dem Übungsschießen Ende März, bei dem Erdziele im scharfen Schuss bekämpft worden waren. Die Kanonen mussten dabei von Ochsen gezogen werden!

3) Die 1. Mai-Feier 1944

Diese Erste-Mai-Feier wird in Deutschland und Frankreich gleichermaßen abgehalten. Auch in Thouars gab sie Anlass zu Festivitäten, wie dieser Bericht vom 25.5.44 (Anlage 176) festhält:

Anlage Nr. 176

17.SS-Panzer-Grenadier-Division
„Götz von Berlichingen"

Div.St.Qu., den 25.5.1944

Bericht über die Feier zum 1. Mai 1944

Schon am Donnerstag, den 27.4.1944, wurde die Feier des 1. Mai eingeleitet durch Hand-und Fußball-wettspiele auf dem Sportplatz ostwärts Thouars.

Am Sonntag, den 30.4.1944, nahm dann das Fest seinen Anfang.

Auf der sorgfältig ausgewählten Festwiese waren Eß- und Trinkzelte und Wurstbuden aufgebaut, in denen jeder Gelegenheit hatte, sich auf seine Art zu vergnügen. Ein lustiges Gefängnis, das von Angehörigen der Feldgendarmerie-Kp. verwaltet wurde, erregte Aufsehen und wurde immer wieder Gegenstand größter Ausgelassenheit.

Der Sonntag nachmittag war ausgefüllt mit Wettbewerben verschiedenster Art. Neben Sport-und Schieß-wettkämpfen war es vor allem der Sängerwettstreit, der die allgemeine Aufmerksamkeit auf sich zog. Für den Wettstreit war je Btl./Abt. eine Mannschaft in beliebiger Stärke zu stellen. Bedingung war 1 Solda-tenlied (Landsknechtslied) und 1 beliebiges Lied, Es waren bemerkenswerte Leistungen, die sich dabei herausstellten.

Die Siegerehrung mit gleichzeitiger Preisverteilung schloß die Wettbewerbe ab. Der Abend vereinte schließlich Führer, Unterführer und Männer im Theater von Thouars, bei der Vorstellung der Frontbühne „Oberland": „Das sündige Dorf" und bei Unterhaltungsmusik im Soldatenheim Thouars.

Dem Vormittag des 1.Mai wurde seine Prägung gegeben durch die Feierstunde, die in ihrer Art einmalig war und bei alleh Beteiligten einen unvergeßlichen Eindruck hinterließ. Der würdige Hintergrund, vor dem sie stattfand, und die Soldatenchöre — die ersten 3 Sieger aus dem Sängerwettstreit — hatten daran besonderen Anteil. Mit der Führerehrung durch den Divisions-Kommandeur und die gemeinsam gesun-genen Nationalhymnen klang die festliche Stunde aus.

Am Nachmittag dann war wieder die Möglichleit gegeben, sich sein Vergnügen in Eß-, Trink- und Glücks-buden zu suchen. Ein Floßstechen auf dem Thouet brachte eine spannende, humorvolle Abwechslung. So verging der Tag, bis ihm am Abend eine KdF-Truppe einen unterhaltsamen Abschluß gab.

Anlage Nr. 155

17. SS-Pz. Gren. Division
„Götz von Berlichingen"
Ia Nr. 606/44 geheim

Div.St.Qu., 20.4.44

Betr.: Verhalten bei Fliegeralarm.

Abschrift.

O.B.West hat am 16.4. erneut befohlen:

Trotz der von mir eindeutig und mehrfach gegebenen Befehle für das Verhalten deutscher Soldaten bei Fliegeralarm ist mir wieder völlig befehlswidriges Verhalten von Soldaten während des Fliegeralarmes in einem großen Bahnhof gemeldet worden. Gleichgültig, ob die Bevölkerung ihren Luftschutzpflichten nachkommt oder nicht, verlange ich nochmals, daß der deutsche Soldat bei Fliegeralarm sofort und ohne Scheu, sich etwa lächerlich zu machen, die in der Nähe befindlichen Luftschutzräume, Splittergräben usw. auf sucht. Durch Belehrung ist er zu erziehen, daß jede Menschenansammlung, besonders bei Ver-kehrsobjekten, die größten Verluste hervorrufen kann und daß er selber dafür verantwortlich ist, seine Kampfkraft der Truppe zu erhalten. Jeder Offizier, gleichgültig, welchen Wehrmachtsteils, hat die unbe-dingte Pflicht, bei Erkennen von Mißständen einzugreifen.

Panzergruppe West
Ia Nr. 2190/44 geh.v.16.4.44.

Vorstehende Abschrift wird sur Kenntnis und Beachtung übersandt.

Für das Divisionskommando
Der 1. Generalstabsoffizier
i.V.

Verteiler:
siehe Rückseite

Die letzten Wochen vor der Invasion.

Im April und Mai 1944 nimmt die alliierte Lufttätigkeit stark zu. Ebenso die Aktiviät der Widerstandsbewegung.

Aus diesem Grunde erlässt der O.B. West eine Anweisung bezüglich des Verhaltens bei Luftalarm, die den Einheiten der „Götz" am 20.4.44 zur Kenntnis gebracht wird (Ia Nr. 606/44 geheim). (Seite 100).

Panzergruppe West (zur Kenntnis), Ia Nr. 2190/44 geh. v. 16.4.44... In einer dienstlichen Anweisung hat der Ia der Division (Datum unleserlich) dem weiblichen Wehrmachtspersonal untersagt, die Unterkünfte zu betreten. Es ist bekannt, dass die Stabshelferinnen als Sekretärinnen oder in der Telefonvermittlung eingesetzt waren (genannt Blitzmädchen nach dem Blitzsymbol, das am Uniformärmel aufgenäht war). Es gab des weiteren weibliches Personal in der Sozialbetreuung sowie die Rotkreuzschwestern der Krankenpflege. Zivilkräfte waren ferner für haushälterische Dienste und Reinigungsaufgaben eingesetzt.

Sicher handelte es sich hierbei um eine Anweisung, die zur Aufrechterhaltung der Disziplin gedacht war, die aber auch der Furcht entstammte, die Résistance könne auf diesem Weg Zutritt zu den Unterkünften erhalten und Spionage und Sabotage betreiben.Während dieser Zeit wurde die Ausbildung fieberhaft weiterbetrieben, obwohl Schwierigkeiten aller Art zu überwinden waren.

Nun aber ereigneten sich bei den Übungen der verbundenen Waffen die ersten Unfälle, die zu Verlusten führten.

Es standen nämlich jetzt die ersten Übungen im scharfen Schuss an.

Im Zuge dieser Übungen fand am 22.4.44 der SS-Sturmbannführer Kniep, der Kommandeur der SS-Panzer-Abteilung 17, auch der Kp.-Chef den Tod.

Auch der Kp.-Chef der 14 (Flak). / 37, der SS-Hauptsturmführer von Seebach und der Adjutant der SS-Panzerabteilung 17, der SS-Obersturmführer Hasselmann, wurden verletzt.

---

17. SS-Panzer-Grenadier-Division
„Götz von Berlichingen"
Ic
Tgb. Nr. 564/44 geh.

Anlage Nr. 156 a
Div.St.Qu., den 20.4.

Betr.: Abwehr in der Truppe
Bezug: ohne
Anlg.: 1
An

Die grosse Vertrauensseligkeit des deutschen Soldaten gegenüber der Zivilbevölkerung und die Sorglosigkeit in Abwehrangelegenheiten kann zu schweren Schädigungen der Wehrkraft führen.

Nachstehende Punkte sind daher zum Gegenstand eingehender Belehrung zu machen:

1.) Der Gegner bevorzugt zur Tarnung feindlicher Agenten den Missbrauch der deutschen Uniform.

a) Generälen, Offizieren, Unteroffizieren und Mannschaften, die Zutritt zu bewachten militärischen Objekten verlangen und dem Posten unbekannt sind, ist der Zutritt zu verwehren. Der Wachhabende ist zu verständigen, Prüfung der Papiere, gegebenenfalls Rückfrage bei vorgesetzter Dienststelle.

b) Unterhaltung mit unbekannten Uniformträgern über militärische Dinge, z.B. Belegung, Bewaffnung, Stärke Ablösung der Wachen usw. ist verboten.

2.) Vertrauensseligkeit gegenüber Zivilisten.

Zivilisten, jedweder Art, die verübergehend in Dienststellen beschäftigt sind, sind standig zu überwachen und nicht allein zu lassen, auch hübsche weibliche Angestellte!

Als Handwerker getarnten Agenten gelang es mehrfach, Geheimsachen oder Dienststempel zu entwenden. Mit der Möglichkeit unbeaufsichtigt Sprengkörper einzubauen, muss gerechnet werden.

3.) Fotografieren militärischer Objekte.

Das Fotografieren militärischer Objekte durch Militärischer Zivilpersonen ist grundsätzlich verboten. Die Posten haben unverzüglich dagegen einzuschreiten.

4.) Geheimhaltung.

a) Das gesamte Geschäftszimmerpersonal ist, soweit noch nicht geschehen, mündlich und schriftlich auf Geheimhaltung zu verpflichten. (s.Anlage). Jeder Truppenführer, Dienststellenleiter und Geheimnisträger (auf Geheimhaltung verpflichtetes Personal) ist für die Wahrung der ihm anvertrauten oder zur Kenntnisgelangten Geheimnisse verantwortlich. Sorgfältiger Geheimschutz spart deutsches Blut. Verstösse werden unnachsichtlich kriegsgerichtlich geahndet.

Auf den „Grundsätzlichen Führerbefehl" über Geheimhaltung vom 11.1.40 wird hingewiesen. Dieser Befehl ist in allen Geschäftszimmern auszuhängen,

b) Strengster Geheimschutz im Fernsprechverkehr. Immer wieder wird ohne Decknamenliste gearbeitet und Meldungen über geheime Vorgänge (Verlegungen, Standorte, Iststärken, Bewaffnung, Munition, Geräte) ungetarnt verlangt oder gegeben.

Kontrollen über die Wahrung der Geheimhaltung im Fernsprechverkehr werden durchgeführt. Jede Verletzung der Geheimhaltungspflicht wird streng bestraft.

Im Entwurf gezeichnet
Ostendorff.

F.d.R.
SS-Hauptsturmführer.
Verteiler auf Entwurf.

Als Ersatz für SS-Sturmbannführer Kniep kommt SS-Sturmbannführer Kepplinger. Das Ritterkreuz hatte dieser sich als Hauptscharführer und Zugführer in der 11. / SS-Regiment „Der Führer" am 4.9.40 verdient.

Es soll nicht vergessen werden, dass auch der SS-Sturmbannführer Kniep seit dem 14.8.43 Ritterkreuzträger war. Er hatte zum Verleihungszeitpunkt die Sturmgeschütz-Abteilung der Division „Das Reich" kommandiert.

Am 26.4.44 ergeht ein Ausbildungsbefehl (Ia Nr, 664/44 geheim) für die Zeit vom 1. bis 31. 5. 44.

Der laufende Monat soll alle Bereiche der Ausbildung vertiefen und sämtliche Befehle und Vorschriften diesbezüglich abdecken, die seit Aufstellung der Division ergangen sind.

— Es handelt sich hauptsächlich darum, den Nachtkampf zu üben, und zwar wegen der Überlegenheit der Alliierten an Artillerie und in der Luft, die sie auch während einer Invasion zum Tragen bringen werden.

Diese Überlegenheit zwingt dazu, eine Kampfweise zu wählen, die große Verluste während der Helligkeitsphase vermeidet.

Alle Waffen müssen dreimal in der Woche eine Nachtausbildung durchlaufen. Während der Einzelausbildung oder im Kampf der verbundenen Waffen ist die Nachtausbildung sicherzustellen. Es sind zu üben:

— Stellungskampf aus Hinterhangstellungen, Aufklärung mit Stoßtrupp vor Einfall der Dunkelheit. Bereitstellung und Angriff in der Nacht.

— Verteidigung und Aufklärung bei Tagesanbruch. Einrichten von Verteidigungsstellungen während der Nacht. Gegenangriff ebenfalls in der Nacht.

— Kampf in der Verzögerung und Scheinangriff während der Abenddämmerung. Rückzug auf Ausweichstellungen in der Nacht.

Es werden gleichfalls Gasspürübungen angesetzt sowie Entgiftungs-/ Entseuchungsübungen, an denen alle Einheiten teilzunehmen haben.

Am 31.5.44 ist hierüber Bericht zu erstatten.

Als Sicherheitsmaßnahme werden alle Fahrzeuge nach dem Antransport der Truppe eingegraben. LKW bis zur Höhe des unteren Aufbaus, wobei die Kühler soweit möglich durch Buschwerk abgedeckt werden.

Des weiteren haben die Pioniere das Verlegen von Minen, die Wiederherstellung von Übergängen aller Art und das Auffüllen von Bombentrichtern zu üben.

Dieses Programm soll in zwei Abschnitte aufgegliedert werden:

A. Erste Monatshälfte Mai:

Übung des durch Panzer und Artillerie (Sturmgeschützabteilung 17) verstärkten SS-Panzer-Grenadier-Regiments 37. Die Sturmgeschützabteilung ist der Gruppierung zugeteilt, die den Feind darstellt.

Übungsleiter ist der Kommandeur des SS-Panzer-Grenadier-Regiments 37.

a) Für das Pionier-Bataillon 17: Brückenschlag unter kriegsmäßigen Bedingungen (angenommene Lage: Das Regiment ist noch nicht verlegt, und es gilt, die Verbindung einzelner Regimentsteile sicherzustellen).

b) Im Rahmen des verstärkten. Regiments üben das SS-Artillerie-Regiment 17 und die SS-Flak-Abteilung 17 die Feuerleitung.

Übungsleiter ist hierbei der Kommandeur des SS-Artillerie-Regiments 17.

c) Lehrübung: Gasabwehr für das gesamte SS-Panzer-Grenadier-Regiment 38 wie ursprünglich für April befohlen.

B. Zweite Monatshälfte Mai:

Übung im Rahmen des verstärkten Regiments für das SS-Panzer-Grenadier-Regiment 38, wie oben beschrieben.

Übungsleiter ist der Kommandeur des SS-Panzer-Grenadier-Regiments 37.

b) Übung im Divisionsrahmen, Teilnahme am 17. und 18. 5. 44.

Angesichts der wachsenden Partisanenaktivität erläßt die Division am 28.4.44 einen weiteren Befehl an ihre Teileinheiten (Ic Tgb. Nr. 87/44 geheim):

Am 1.5.44 wird die 17. SS-Panzer-Grenadier-Division „Götz von Berlichingen" mit sofortiger Wirkung dem Generalkommando des I. SS-Panzer-Korps verwaltungs —, ausbildungs — und einsatzmäßig unterstellt. Für ihre Versorgung ist immer noch das A.O.K. 1 zuständig.

Eine Fernsprech- und Fernschreibverbindung wird von der SS-Nachrichten-Abteilung 101, die zum I. SS-Panzer-Korps gehört, zum Gefechtsstand der Division in Thouars gelegt.

Dieser Wechsel im Unterstellungsverhältnis erfolgt deshalb, weil das II. SS-Panzer-Korps, dem sie bisher unterstand, Anfang April 1944 an die Ostfront verlegt, um die sowjetische Offensive im Raum Lemberg, an der ukrainisch-polnischen Grenze, zu stoppen.

Am 8.5.44 schickt SS-Brigadeführer Ostendorff an alle Einheiten der Division Abschriften eines Befehls des Panzergruppenn-Kommandos West, Ia Nr. 2469/44 geheim. Der Befehl hat die schlechte Behandlung von Rekruten zum Gegenstand. Sicher handelte es sich in diesen Fällen um „Preussischen Drill", den einige Unteroffiziere betrieben hatten.

Seit dem 13.5.44 war die Errichtung von Straßenkontrollpunkten angeordnet, mit denen die Bewegungen motorisierter Sabotagetrupps verhindert werden sollten.

Gemäß einem Befehl des I./37 vom 22.5.44, werden für die Nacht vom 27. auf den 28.5. Straßensperren angeordnet, welche die 1. Kp.4 km westl. von Ayron (südwestl. von Mirebeau) von 22 Uhr bia 2 Uhr zu besetzen hat. Auf diese Weise werden die Straßenkreuzung Ayron-Chalandré und die Straße von La Touche, La Ferrière en Parthenais, le Veauceau de Boille kontrolliert. Võn 2 Uhr bis 6 Uhr soll die Krëuzung 1 km südl Seran sowie die Straße Seran — Ayron mit der Straße Vouzailles-Chalandré überwacht werden.

Andere Einheiten haben sicherlich ähnliche Maßnahmen ergriffen, über deren Ergebnis freilich nichts bekannt ist. Unzweifelhaft haben sie aber beachtliche Verwirrung in der Résistance gestiftet, denn nichts ist ärgerlicher für die Partisanen, als ein mobiler und aktiver Gegner.

Von nun an geht die Ausbildung, immer in der Furcht vor Anschlägen und Überfällen, weiter. Deshalb wird am 13. Mai ein Divisionsbefehl (Ia Nr. 817/44 geheim) bekanntgegeben, der aufführt, dass

1 — bei allen Feldübungen in der Nähe der Unterkünfte scharfe Munition in ausreichender Menge mitgeführt werden muss.

Dies soll die Erstabwehr von Überraschungsangriffen feindlicher Fallschirmjäger und Banden gestatten.

2 — auf die strikte Auseinanderhaltung von scharfer und Übungsmunition zu achten ist.

17. SS-Pz.Gren.Division
„Götz von Berlichingen"
Ia Nr. 767/44 geheim
Betr.: Mißhandlung Untergebener.
An
KTB

Anlage Nr. 179
Div.St.Qu., 8.5.44

Abschrift eines Befehls OB.Panzergruppenkdo. West vom 1. Mai 1944 Ia Nr. 2469/44 geheim.

„Ein Sonderfall hat mir gezeigt, daß über den Begriff Mißhandlung Untergebener teilweise unrichtige Auffassungen bestehen.

Mißhandlung liegt auch dann vor, wenn die Dienstgewalt dazu mißbraucht wird, von Untergebenen körperliche Überanstrengungen zu fordern, die mit Ausbildung nichts zu tun haben, sondern lediglich als Strafe dienen sollen.

Dabei ist es unwesentlich, ob der Untergebene die Behandlung als Mißhandlung empfunden hat oder nicht.

Die Auffassung ist falsch, daß Vorgesetzte zur Erziehung der Untergebenen, zur Aufrechterhaltung der Manneszucht oder Aufmunterung zu diesem Disziplinierungsmittel greifen dürfen.

Wenn ausnahmsweise und nur unter Leitung eines Offiziers eine Truppe geschliffen werden soll, hat der anordnende Vorgesetzte die anstrengenden Übungen persönlich mitzumachen.

Unnötig langes Robben, Gewehrpumpen und Schemelstrecken überhaupt, außersportliches Kniebeugen usw. werden von mir als vorschriftswidrige Behandlung aufgefaßt.

Ich weise alle Disziplinarvorgesetzten nachdrücklich auf ihre Pflicht hin, gegen jede vorschriftswidrige Behandlung von Untergebenen einzuschreiten.

Ich prüfe in jedem Falle die Dienstaufsichtspflicht der Vorgesetzten und anerkenne in dieser Hinsicht keine Entschuldigungsgrunde.

Zusatz der Division:

Dieser Befehl ist allen Vorgesetzten bekanntzugeben. Die Bekanntgabe ist bis 9.5.44, 18.00 Uhr, fernmündlich an Div./Ia zu melden.

Für das Divisionskommando
Der 1. Generalstabsoffizier

Verteiler:
auf Entwurf.

Im Verlauf des Monats Mai hält der Generalleutnant Bayerlein einen Lehrvortrag bei Le Mans, der, Bewegungen der Truppe auf dem Schlachtfeld bei feindlicher Luftüberlegenheit" zum Thema hat.

In der anschließenden Diskussion betonen viele Offiziere, besonders diejenigen, die Erfahrungen auf dem italienischen Kriegsschauplatz gesammelt haben, dass Bewegungen, wie die im Vortrag geschilderten, nur bei einem Kräfteverhältnis von 1:1 in der Luft möglich sind.

Auf die Verhältnisse während einer Invasion übertragen, zeige das italienische Beispiel, dass nicht nur mit feindlicher Luftüberlegenheit, sondern mit einer vollständigen Luftherrschaft über dem Kampfgebiet gerechnet werden müsse.

Die Offiziere, welche die Diskussion leiten, weisen diese Ansichten jedoch brüsk zurück, bezeichne sie als wirklichkeitsfremd.

In der Zwischenzeit hat das SS-Pionier-Bataillon 17 des Sturmbannführers Fleischer östlich Saumur eine Brücke über die Loire geschlagen. Sie verbindet die Orte Dampierre und Villebernier. Indem sie sich auf die Sandbänke im Fluss abstützt, überspannt die Brücke drei Flussarme und ersetzt die bombardierte Eisenbahnbrücke.

Aber dieses Bataillon ist immer noch nicht motorisiert. Dennoch muss es seine drei Kompanien zu Ausbauarbeiten an den Atlantikwall bei Sablesd'Olonne entsenden, wo es die Festungs-Pionier.-

Bataillone 13 und 83 unterstützt. Es ist für diese Arbeiten für die Zeit vom 16. bis 20.5.44 eingeteilt:

— 3. Kp.: Sables d'Olonne

— 2. Kp.: St.-Gilles-Croix-de-Vie und St.-Jean-de-Monts.

— 1. Kp.: Notre-Dame-de-Monts und Insel Noirmoutiers

Am 17.5.44 gibt der Ia der Division, Sturmbannführer Dr. Conrad, ein Ic-Fernschreiben des A.O.K. 1 zwecks Kenntnisnahme und Belehrung an die Truppe weiter:

— „Laut einer Nachricht des Marine-Gruppen-Kommandos-West (Admiral Krancke — die Verfasser) haben englische Flugzeuge über der Insel Korfu Säcke mit Watteröllchen abgeworfen. Die Berührung mit ihnen verursacht starke Verätzungen.

Die Einheiten und ihre Fachdienste müssen umgehend darüber informiert werden."

Die Ausbildung der einzelnen Einheiten wird durch Übungen im Verband abgeschlossen. Diese finden tw. im großen Rahmen statt und enthalten ein Gefechtsschießen unter feldmäßigen Bedingungen. So greifen das III./38 und das SS-Pionier-Bataillon 17 einen Wasserlauf bei Candes (11 km östlich Saumur) an, überschreiten ihn gegen Widerstand und schlagen eine Kriegsbrücke des Typs K über den Fluss.

Die SS-Aufklärungsabteilung 17 hält eine Verbandsübung zusammen mit Sturmgeschützen im Gebiet Bressuire und Noirterre ab.

Angesichts der alliierten Lufttätigkeit ordnet die deutsche Führung Maßnahmen zum Schutz der Divisionsstäbe an, läßt sie sichern und Ausweichstellungen für die Gefechtsstände vorbereiten. Die vorausgegangenen anglo-amerikanischen Offensiven haben gezeigt, dass Gefechtsstände gleich zu Beginn bombardiert wurden.

Zu dieser Anweisung gibt das Generalkommando des I. SS-Panzer-Korps folgenden Ausführungsbefehl (Gen.Kdo.I.SS-Pz. Korps, Chef des Gen.Stabes, la Tgb.Nr. 644/44 g.Kdos) (unten)

Am 26.5.44 ergeht — im Rahmen der Flugabwehr und gemäß der Anweisungen von SS-Brigadeführer Ostendorff — ein Verlegungsbefehl an die Flakeinheiten der Division (la Tgb. Nr. 360/44 geheim). Diese sollen Einrichtungen sichern, die besonders luftgefährdet erscheinen.

1 — Die gesamten Flakeinheiten der Division werden ab sofort zum Schutz folgender strategisch wichtiger Einrichtungen eingesetzt:

a) Die SS-Flak-Abteilung 17 zum Schutz der Straßen — und Eisenbahnbrücken über die Loire nördlich von Saumur.

Im einzelnen: die 1./17 (SS-Obersturmführer Baier) in Villebernier, die 3./17 (SS-Hauptsturmführer Günther) in Dampierre, die 2./17 (SS-Obersturmführer Weiss) in St.-Hilaire bei St.-Florent.

Der Gefechtsstand der SS-Flak-Abteilung 17 ist im Schloss von Launay, nahe Villebernier untergebracht.

b) Die Hälfte der 14. (Flak)/38 ist an der Loire-Straßenbrücke nahe Montsoreau eingesetzt.

c) Der Flakzug der Divisions-Sicherungs-Kompanie ist am Eisenbahnviadukt am Westrand von Thouars eingesetzt.

d) Der 2 cm-Vierlings-Flakzug des SS-Artillerie-Regiments 17 ist am Eisenbahnviadukt von Airvault eingesetzt.

e) Die Hälfte der 14.(Flak)./37 ist am Eisenbahnviadukt von Parthenay eingesetzt.

Schießerlaubnis besteht, sobald ein feindlicher Luftangriff auf die Brücken erkennbar ist.

2 — Die Flakeinheiten graben sich splittersicher ein — Es gilt gleichfalls Ausweichstellungen vorzubereiten, damit im Falle des Erkennens der alten Stellungen durch den Gegner, die Ausweichstellungen sofort bezogen werden können...

Bericht über den Bezug der Feuerstellungen geht bis 29.5.44 an den la.

Abschrift

Anlage 198 a

des FS-Mr.2484 v.18.5.
Geheime Kommandosache

An

17.SS-Pz.-Gren.Div.

HPUXD/FME Nr.458, von 17.5.1944, 18.35-

Bei den neuen Angriffen der Anglo-Amerikaner in Italien hat sich die Erfahrung bestätigt, dass zu Beginn der Angriffe Gefechtsstände durch starke Luftkräfte bombardiert werden.

OKW. hat befohlen: Es ist sicherzustellen, dass sich bereits jetzt alle Stäbe in ihren Gefechtsständen befinden. Ausweichgefechtsstände sind außerdem vorzubereiten.

Zusatz des Gen.Kdo.I. SS-Pz.-Korps:

Alle Stäbe sind, soweit noch nicht geschehen — aufgelockert und in ausgebauten Gefechtsständen (z.E.Befehlskom., Zelten, kleineren Häusern mit Splittergräben, Deckungslöchern usw.) unterzubringen. Die Unterbringung aller Abteilungen der Stäbe in einem Haus bzw. in geschlossenen Ortschaften wird hiermit untersagt. Ebenso sind Lazaretteinrichtungen aus geschlossenen Ortschaften herauszunehmen und aufgelockert in kleineren Dörfern unterzubringen. Mehr Arbeit, Unbequemlichkeiten müssen von San.-Personal in Kauf genommen werden. Ausweichgefechtsstände sind von den Div. und Korpstruppen bis 19.5.1944 fernschriftlich zu melden.

Gen.Kdo.I.SS-Pz.-Korps

Chef des Gen.Stabes

la fgb, Nr.644/44 g.Kdos.

F.d.R.d.A.:
SS-Untersturmführer

Rassemblement de blindés à Thénezay en avril 1944.

1) Photo d'un *Sturmgeschütz*. Sur le « Florian Geyer », on distingue nettement le système d'accrochage des « Schürzen » et l'insigne tactique de la *SS-Panzer-Abteilung 17*.

2) On voit nettement le tourelleau à épiscopes et des 8 galets de roulement du Panzer IV.

3) Enfilade des blindés sur la place de Thénezay.

Tanks muster at Thénezay in April 1944.

1) Photo of a Sturmgeschütz. The type and tactical marking of SS-Panzer-Abteilung 17 are clearly visible on the « Florian Geyer ».

2) Pictured clearly are the Panzer IV's cupola with its episcopes and the 8 tracker rollers.

3) A succession of tanks in the square at Thénezay.

Thénezay, April 1944.

1) Bild eines Sturmgeschützes. Am "Florian Geyer" ist deutlich die Vorrichtung zum Aufhängen der Schürzen zu sehen. Ebenso das taktische Zeichen der SS-Panzer-Abteilung 17.

2) Deutlich zu erkennen: Turmluk mit Scherenfernrohr und die 6 Laufrollen.

3) Auf dem Markplatz von Thénezay sind die Wagen aufgefahren.

1

2

3

À l'origine, la *SS-Panzer-Abteilung 17* est commandée par le *SS-Sturmbannführer* Bayer (muté par la suite à la *16.SS-Panzer-Grenadier-Division « Reichsführer-SS »*), puis par le *SS-Sturmbannführer* Weiss (qui prendra le commandement de la *s.SS-Panzer-Abteilung 102*). Désormais, elle est aux ordres du *SS-Sturmbannführer* Kniep.

1) Panneau signalant l'une des entrées de Thénezay.

2) Place de l'église et les publicités sur les magasins : Huile Castrol, piles électriques, apéritif Byrrh !

3) La même place de nos jours avec son Monument aux Morts.

4) La rue Saint-Honoré. À gauche, une épicerie et, à l'arrière-plan, du matériel agricole. Nous sommes ici dans une région rurale.

5) Un *SS-Sturmmann* en promenade dans la localité.

6) La place centrale de Thénezay, la photo est sans doute prise depuis les marches de l'église.

1

SS-Panzer-Abteilung 17 was originally commanded by SS-Sturmbannführer Bayer (later transferred to 16.SS-Panzer-Grenadier-Division "Reichsführer-SS"), then by SS-Sturmbannführer Weiss (who took over command of s.SS-Panzer-Abteilung 102). It was now under the command of SS-Sturmbannführer Kniep.

1) Signpost marking one of the entrances to Thénezay.

2) The Place de l'Eglise with advertisement on the stores: Huile Castrol, electric batteries, Byrrh aperitif!

3) The same square today with the War Memorial.

4) The Rue Saint-Honoré. On the left, a grocery store and some farm equipment in the background. This is a rural part of France.

5) A SS-Sturmmann taking a stroll in the locality.

6) The main square at Thénezay, the photo was probably taken from the church steps.

Anfänglich wird die SS-Panzer-Abteilung 17 von Sturmbannführer Bayer (später z. 16. SS-Panzer-Grenadier-Division „Reichsführer SS" versetzt) befehligt. Sein Nachfolger ist Sturmbannführer Weiss (später Kdr. der SS-Panzer-Abteilung 102). Sie untersteht nun Sturmbannführer Kniep.

1) Schild am Eingang von Thénezay.

2) Kirchenvorplatz und Werbeschriften an den Geschäften: Castrol-Öl, elektrische Batterien und Apéritif Byrrh!

3) Der gleiche Platz heute mit dem Denkmal für die Gefallenen.

4) Die Rue Saint-Honoré. Links eine „Epicérie", ein Gemischtwarenladen. Im Hintergrund landwirtschaftliches Gerät. Wir sind in einer ländlichen Gegend.

5) Ein Sturmmann geht in der Ortschaft spazieren.

6) Der Hauptplatz von Thénezay. Das Foto wurde wohl von den Kirchenstufen aufgenommen.

3

2

4

5

6

1) Autre vue de la rue Saint-Honoré. À gauche un café-épicerie.

2) Place de l'église, côté avenue de la gare. Nous retrouverons le bâtiment à gauche sur d'autres photos.

3) Place de l'église, côté rue Saint-Honoré.

4) Le Monument aux Morts. Sur le trottoir, un groupe d'hommes de la *SS-Panzer-Abteilung 17*.

5) Casernement dans Thénezay. Il pourrait être l'école publique où cantonnait la *1.Kp*.

6) Une sentinelle monte la garde devant un casernement. La capote de fabrication 1940-1942 laisse à penser que la photo a été prise au cours de l'hiver 1943-1944.

1) Another view of the Rue Saint-Honoré. On the left, a café-cum-grocery store.

2) The Place de l'Eglise, on the Avenue de la Gare side. The building on the left is also pictured in some of the other shots.

3) The Place de l'Eglise, on the Rue Saint-Honoré side.

4) The War Memorial. On the sidewalk are a group of men of SS-Panzer-Abteilung 17.

5) Quartering in Thénezay. This could be the local school where 1.Kp was billetted.

6) A sentry mounts guard in front of a barracks building. The 1940-1942 greatcoat suggests that the picture was taken during the winter of 1943-1944.

1) Andere Ansicht der Rue Saint-Honoré. Links ein Café mit Gemischtwarenladen.

2) Kirchenvorplatz in Richtung Bahnhofsstraße. Das linke Gebäude ist auch auf weiteren Bildern zu sehen.

3) Kirchenvorplatz Richtung Rue Saint-Honoré.

4) Das Gefallenendenkmal. Auf dem Gehweg Männer der SS-Panzer-Abteilund 17.

5) Unterkunft in Thénezay. Es könnte sich um die Schule handeln, in der die 1. Kp. lag.

6) Posten vor einer Unterkunft. Der Mantel aus einer Produktion zwischen 1940 und 1942, läßt vermuten, dass das Bild im Winter 1943/44 entstanden ist.

1

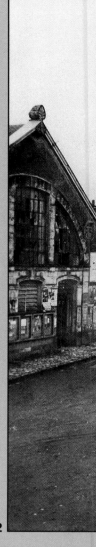

2

4

5

3

6

1) Rassemblement d'officiers et de sous-officiers. Une visite de haut rang est annoncée : celle du *Reichsführer-SS* Himmler.

2) Le *Reichsführer-SS* Himmler arrive à Thouars, le 10 avril 1944, pour la remise des bandes de manche à la *SS-Panzer-Grenadier-Division « Götz von Berlichingen »*. À son arrivée, il est salué par le *SS-Obergruppenführer* Sepp Dietrich, le commandant en chef du *I. SS-Panzerkorps*.

3) Himmler quitte sa voiture et salue. Derrière lui, Sepp Dietrich.

4) Le *SS-Sturmbannführer* Drexler, le *Kommandeur* de la *III./SS-Artillerie-Regiment 17*, se présente à Himmler.

5) Himmler et Drexler, le deuxième officier à partir de la droite est le *SS-Brigadeführer* Oberg, Höherer *SS-und Polizeiführer* (officier supérieur de la police et du *SS*) à Paris.

1) Assembly of officers and NCOs. A high-ranking visitor is expected: Reichsführer-SS Himmler.

2) Reichsführer-SS Himmler arrives at Thouars, on 10 April 1944, to present armbands to SS-Panzer-Grenadier-Division "Götz von Berlichingen". On arriving he is greeted by SS-Obergruppenführer Sepp Dietrich, commander-in-chief of I. SS-Panzerkorps.

3) Himmler gets out of his car and salutes. Behind him is Sepp Dietrich.

4) SS-Sturmbannführer Drexler, Kommandeur of III./SS-Artillerie-Regiment 17, comes before Himmler.

5) Himmler and Drexler, the second officer on the right is SS-Brigadeführer Oberg, Höherer SS-und Polizeiführer (senior police and SS chief) in Paris.

1) Antreten der Offiziere und Unteroffiziere. Ein hochrangiger Besuch ist angekündigt: Der des Reichsführers SS Himmler.

2) Ankunft des Reichsführers SS in Thouars am 10 April 1944 zur Verleihung des Ärmelstreifens an die 17. SS-Panzer-Grenadier-Division „Götz von Berlichingen". Begrüßung bei der Ankunft durch SS-Obergruppenführer Sepp Dietrich, Oberkommandierender des I. SS-Panzer-korps.

3) Himmler steigt aus und grüßt. Hinter ihm: Sepp Dietrich.

4) Sturmbannführer Drexler, Kommandeur III./SS-Artillerie-Regiment 17 meldet sich bei Himmler.

5) Himmler und Drexler, der 2.Führer v. r. ist SS-Brigadeführer Oberg der Höhere SS — und Polizeiführer von Paris».

4

5

1) Le *SS-Oberführer* Lammerding, le *Kommandeur* de la *2.SS-Panzer-Division « Das Reich »*, est aussi présent. À sa gauche, le *SS-Sturmbannführer* Fleischer, le *Kommandeur* du *SS-Pionier-Bataillon 17*. Au centre, le *SS-Sturmbannführer* Braune, le *Kommandeur* de la *SS-Flak-Abteilung 17*.

2) La fête commence. Le corps de musique de la « Götz » est dirigé par le *SS-Hauptsturmführer* Schmidt-Petersen.

3) Himmler en conversation avec des hommes de la *SS-Panzer-Jäger-Abteilung 17* près d'Airvault, où se trouvait son PC. À l'arrière du *Kübelwagen*, *100 m* représentent la distance à laisser sur la route entre les véhicules.

4) Il va aussi rendre visite au *SS-Panzer-Grenadier-Regiment 37* dont le PC est établi à Parthenay. A droite, le *SS-Obersturmbannführer* Jakob Fick, le *Kommandeur* du régiment.

5) Il inspecte également le *SS-Panzer-Grenadier-Regiment 38*. À l'extrême droite, le *SS-Obersturmbannführer* Horstmann, le *Kommandeur*. À l'arrière-plan, le *SS-Oberführer* Werner Ostendorff, le *Kommandeur* de la « Götz ».

1) SS-Oberführer Lammerding, the Kommandeur of 2.SS-Panzer-Division "Das Reich", was also present. On his left, SS-Sturmbannführer Fleischer, the Kommandeur of SS-Pionier-Bataillon 17. In the middle is SS-Sturmbannführer Braune, the Kommandeur of SS-Flak-Abteilung 17.

2) The celebrations begin. The "Götz" music corps is conducted by SS-Hauptsturmführer Schmidt-Petersen.

3) Himmler in conversation with men of SS-Panzer-Jäger-Abteilung 17 near Airvault, where it had its CP. Behind the Kübelwagen, 100 m indicates the distance to be left between vehicles along the road.

4) He also visited SS-Panzer-Grenadier-Regiment 37 whose CP was at Parthenay. On the right, SS-Obersturmbannführer Jakob Fick, the regimental Kommandeur.

5) He also inspected SS-Panzer-Grenadier-Regiment 38. On the far right is SS-Obersturmbannführer Horstmann, the Kommandeur. In the background is SS-Oberführer Werner Ostendorff, the Kommandeur of the "Götz".

1) Oberführer Lammerding, Kdr. 2. SS-Panzer-Division „Das Reich", ist ebenfalls anwesend. Links von ihm Sturmbannführer Fleischer, Kdr. SS. — Pionier-Bataillon 17. Mitte: Sturmbannführer Braune, Kdr. SS-Flak-Abteilung 17.

2) Das Fest beginnt. Der Musikzug der „Götz" wird von Hauptsturmführer Schmidt-Petersen dirigiert.

3) Himmler im Gespräch mit Männern der SS-Panzer-Jäger-Abteilung 17 bei Airvault, wo der Gefechtsstand lag. Die Inschrift „100 m" am Heck des Kübelwagens bezieht sich auf den Fliegerabstand zwischen Fahrzeugen.

4) Er besucht auch das SS-Panzer-Grenadier-Regiment 37, dessen Gefechtsstand in Parthenay liegt. Rechts: Obersturmbannführer Jakob Fick, der Regimentskommandeur.

5) Ebenfalls auf Inspektionstour beim SS-Panzer-Grenadier-Regiment 38. Außen rechts: Obersturmbannführer Horstmann, der Kommandeur. Im Hintergrund: Oberführer Werner Ostendorff, Kommandeur der „Götz".

4

5

113

1) Le *General der Panzertruppen* Geyr von Schweppenburg (commandant en chef du *Panzergruppen-Kommando* West), présent lui aussi à Thouars le 10 avril 1944 pour la remise des bandes de manche à la « Götz », en conversation avec le *SS-Stabsscharführer* Blume (équivalent à sergent-major), de la *1./SS-Panzer-Abteilung 17*.

2)... à l'occasion d'une prestation de serment. Noter le drapeau *SS* fixé à l'avant d'un *Panzer III*.

3) Le *SS-Sturmbannführer* Kniep (au centre), le *Kommandeur* de la *SS-Panzer-Abteilung 17*, en discussion avec le *SS-Obersturmführer* Dedelow, le chef de la *1.Kp.*

4) Le *SS-Untersturmführer* Buch (tué en Normandie dans le secteur de Sainteny) et le *SS-Hauptsturmführer* Hallwachs, le *IIb* (avancement, décorations…) de la Division, le 10 avril 1944.

5) Le chef du corps de musique de la Division, le *SS-Hauptsturmführer* Schmidt-Petersen.

1) General der Panzertruppen Geyr von Schweppenburg (commander-in-chief of Panzergruppen-Kommando West), also present at Thouars on 10 April 1944 for presentation of armbands to the "Götz", in conversation with SS-Stabsscharführer Blume (equivalent to sergeant-major), of 1./SS-Panzer-Abteilung 17.

2) … on the occasion of an oath-taking. Notice the SS flag on the front of a Panzer III.

3) SS-Sturmbannführer Kniep (center), the Kommandeur of SS-Panzer-Abteilung 17, in discussion with SS-Obersturmführer Dedelow, commander of 1.Kp.

4) SS-Untersturmführer Buch (killed in Normandy in the Sainteny sector) and SS-Hauptsturmführer Hallwachs, the divisional IIb (advancement, decorations…), on 10 April 1944.

5) The commander of the Division's music corps, SS-Hauptsturmführer Schmidt-Petersen.

1) General der Panzertruppen Geyr von Schweppenburg (Oberkommandierender des Panzergruppenkommandos West) ist in Thouars am 10.April 1944 ebenfalls zur Verleihung des Ärmelstreifens erschienen. Hier im Gespräch mit Stabsscharführer (entspricht Stabsfeldwebel) Blume von der 1./ SS-Panzer-Abteilung 17.

2) ... bei einer Vereidigung: SS-Fahne am Bug eines Panzer III

3) Sturmbannführer Kniep (Mitte), Kdr. SS-Panzer-Abteilung 17 in Thénezay kurz vor seinem Tod.

4) Untersturmführer Buch (gef. in der Normandie, Abschnitt v. Sainteny) und Hauptsturmführer Hallwachs, IIb der Division (Beförderung u. Auszeichnung am 10. April 1944).

5) Chef des Musikzuges der Division, Hauptsturmführer Schmidt-Petersen.

3

4

5

1) Défilé des *Sturmgeschütze* des *1./* et *2./SS-Panzer-Abteilung 17* à Thénezay. Le *SS-Sturmbannführer* Kniep salue les équipages.

2) Un *Sturmgeschütz* passe devant le *Kommandeur*.

3) Dernière photo du *SS-Sturmbannführer* Kniep avant sa mort. Il inspecte un *Sturmgeschütz* de la *1.Kp*. À l'arrière plan, le chef de compagnie, le *SS-Obersturmführer* Dedelow. C'est lors d'un exercice avec des munitions réelles qu'il trouve la mort le 22 avril 1944 ainsi que plusieurs hommes. En outre, le chef de la *14. (Flak)./37*, le *SS-Obersturmführer* von Seebach et l'officier-adjoint de la *SS-Panzer-Abteilung 17*, le *SS-Obersturmführer* Hasselmann, sont blessés.

4) Le *SS-Sturmbannführer* Kniep repose sur son lit de mort, veillé par une garde qui est constituée de *SS-Unterscharführer*.

5) La garde d'honneur pour l'inhumation se dirige vers le cimetière.

6) Une délégation formée de soldats de la *SS-Panzer-Abteilung 17* entre dans le cimetière de Thénezay.

1) Parade of Sturmgeschütze of 1./ and 2./SS-Panzer-Abteilung 17 at Thénezay. SS-Sturmbannführer Kniep salutes the crews.

2) A Sturmgeschütz passes in front of the Kommandeur.

3) The last photo of SS-Sturmbannführer Kniep before he died. He is inspecting a Sturmgeschütz of 1.Kp. In the background, the company commander, SS-Obersturmführer Dedelow. He was killed on 22 April 1944 along with several men during an exercise using live ammunition. Also the commander of 14. (Flak)./37, SS-Obersturmführer von Seebach and the executive officer of SS-Panzer-Abteilung 17, SS-Obersturmführer Hasselmann, were wounded.

4) SS-Sturmbannführer Kniep lies on his deathbed, attended by a guard of SS-Unterscharführer.

5) The guard of honor for the burial heads towards the cemetery.

6) A delegation of soldiers of SS-Panzer-Abteilung 17 enters Thénezay cemetery.

1,2 et 3) Sturmbannführer Kniep (Mitte), Kdr. SS-Panzer-Abteilung 17 in Thénezay kurz vor seinem Tod. Er inspiziert ein Sturmgeschütz der 1.Kp Im Hintergrund (Bild 3) der Kp.-Chef, Obersturmführer Dedelow. Bei einer Übung mit scharfer Munition kommt er mit einigen Männern am 22.4.44 um. Der Chef der 14. (Flak)/37, Obersturmführer von Seebach und der Adjutant der SS-Panzer-Abteilung 17 Hasselmann werden verwundet.

4) Aufbahrung des Sturmbannführers Kniep. Totenwache durch Unterscharführer.

5) Ehrenwache für die Beisetzung, die sich zum Friedhof bewegt.

6) Eine Abordnung von Soldaten der SS-Panzer-Abteilung 17 marschiert in den Friedhof von Thénezay ein.

2

5

6

1) Un *Sturmgeschütz* de la *SS-Panzer-Abteilung 17* au cours de manœuvres.

2) Exercice de tir.

3) Un Panzer III.

4) Un groupe de *Rottenführer* et d'*Unterscharführer* du régiment blindé de la « GvB » en mai 1944. Noter les bandes de bras sur les bousons croisés.

5) Corps des officiers du bataillon de chars, on reconnaît le *Sturmbannführer* Kniep et ses commandants de compagnie.

1) A Sturmgeschütz of SS-Panzer-Abteilung 17 during maneuvers.

2) Shooting practise.

3) A Panzer III.

4) A group of Rottenführers and Unterscharführers of the « Gvb » tank regiment in May 1944. Notice the armbands on the double-breasted jackets.

5) Officers of the tank regiment, we recognize Sturmbannführer Kniep and his company commanders.

1) Sturmgeschütz der SS-Panzer-Abteilung 17 im Manöver.

2) Schießübung.

3) Panzer III.

4) Gruppe mit Rottenführern und Unterscharführer des Panzerregiments der „GvB" im Mai 44. An den Panzerjacken sind die Ärmelstreifen aufgenäht.

5) Offizierskorps der Panzer-Abt. 17. Sturmbannführer Kniep und seine Kompaniechefs sind zu sehen.

1

2

3

4

5

119

1) Ces hommes de la *SS-Panzer-Abteilung 17* montrent fièrement les bandes de bras de leur unité d'origine, de gauche à droite : « Totenkopf », « Germania » et « Das Reich ».

2) Un groupe de soldats de la même unité avec une grande diversité de tenues. L'homme de droite tient un P 38 alors que ses camarades sont dotés de MP 40.

3) Tir au MG pour l'instruction à la défense contre avion.

4) Pause cigarette pendant un exercice de l'unité blindé. Noter le laryngophone porté par le chef de char à droite.

5) A l'abri d'une haie, l'équipage d'un Sturmgeschütz prend son repas.

1) These men of SS-Panzer-Abteilung 17 proudly showing off their original units' armbands, from left to right : "Totenkopf", "Germania" and "Das Reich".

2) A group of soldiers from the same unit with a wide range of different uniforms. The man on the right is holding a P 38 while his comrades are equipped with the MP 40.

3) MG fire for antiaircraft defense training.

4) A break for a cigarette during an exercise for the tank unit. Notice the throat microphone worn by the tank commander on the right.

5) A Sturmgesch.tze crew takes a meal behind a hedge.

1) Diese Männer der SS-Panzer-Abteilung 17 stellen stolz ihre Ärmellstreifen zur Schau, die auf ihre Stammeinheit hinweisen: V.l.n.r. "Totenkpof", "Germania" und "Das Reich".

2) Eine Gruppe aus der selben Einheit in sehr unterschriedlicher Uniformierun Der Mann rechts trägt eine P 38 während seine Kamearden mit der MP 40 ausgerüstet sind.

3) Ausbildungsmäßige Fliegerabwehr mit dem MG.

4) Zigarettenpause während der Ausbildung im Rahmen der Einheit. Beachte das Kehlkopfmikrofon, das der Panzerkommandant rechts trägt.

5) Im Schutz einer Hecke nimmt eine Sturmgeschützbesatzung die Mahlzeit ein.

1

2

3

4

5

1) Une sentinelle postée devant un hangar abritant un *Sturmgeschütz IV*, a passé deux *Stielhandgranaten* dans son ceinturon.

2) Relève de la garde. Nous sommes en hiver, car les arbres n'ont pas de feuilles.

3) Sur le *Sturmgeschütz* de la (première) photo, deux hommes, faisant probablement partie de son équipage, Menge et Schmitt, posent pour le photographe.

4) Soirée à la *2./SS-Panzer-Abteilung 17*. À gauche, un *SS-Unterscharführer*. Les hommes portant la bande manche « *Götz von Berlichingen* », on peut situer cette soirée entre camarades (*Kameradschaftsabend*) après le 10 avril 1944.

5) Autre vue de cette soirée. Sur la table, le vin mousseux est dans des verres ou dans des quarts d'aluminium peints en noir, accompagnant le bidon 1931. Dans le bas de la photo, à gauche, la présence d'une manche avec deux bandes argentées indique le « *Spiess* » (adjudant de compagnie), qui participe à la fête.

6) Deux officiers subalternes de la *SS-Panzer-Abteilung 17* : à gauche, le *SS-Untersturmführer* Jünger, titulaire de l'*E.K.II*, du *Verwundetenabzeichen* (insigne des blessés) et, sous son aigle de bras, un écusson métallique indiquant sa participation à un engagement sur un théâtre d'opération important (Krim, Kuban, Demjansk…). À droite, le *SS-Obersturmführer* Hörmann de la *2./SS-Pz.Abt.17*.

7) Un groupe de *SS-Scharführer* de la *SS-Panzer-Abteilung 17*.

1) Another sentry posted in front of a barn housing a Sturmgeschütz IV, has slipped two Stielhandgranaten into his belt.

2) Changing of the guard. It is winter, as can be seen from the leafless trees.

3) On the Sturmgeschütz in the (first) photo, two men, probably members of his squad, Menge and Schmitt, pose for the photographer.

4) Evening at 2./SS-Panzer-Abteilung 17. On the left an SS-Unterscharführer. The men are wearing the "Götz von Berlichingen" armband, placing this evening among comrades (Kameradschaftsabend) some time after 10 April 1944.

5) Another shot taken that same evening. On the table is sparkling wine in glasses or quarter-liter aluminum mugs painted black, accompanying the 1931 water-bottle. At the bottom of the picture, the presence of a sleeve with two silver armbands indicates the "Spiess" (company warrant officer), taking part in the celebrations.

6) Two subalterns of SS-Panzer-Abteilung 17: on the left SS-Untersturmführer Jünger, holder of the E.K.II, the Verwundetenabzeichen (wounded badge) and, under his elbow, a metal badge indicating his involvement in action in a major theater of war (Krim, Kuban, Demjansk…). On the right, SS-Obersturmführer Hörmann (2./SS-Pz.-Abt.17).

7) A group of SS-Scharführer of SS-Panzer-Abteilung 17.

1

2

3

1) Ein weiterer Posten vor einem Schuppen, in dem ein Sturmgeschütz IV steht. In seinem Koppel stecken Stielhandgranaten.

2) Wachablösung. Es ist Winter, die Bäume tragen kein Laub.

3) Auf dem Sturmgeschütz des ersten Fotos: Zwei Männer, die vermutlich zur Besatzung gehören — Menge und Schmitt.

4) Kameradschaftsabend der 2./SS-Panzer-Abteilung 17. Links: ein Unterscharführer. Die Männer tragen den Ärmelstreifen „Götz von Berlichingen" und man kann deshalb annehmen, dass die Veranstaltung nach dem 10. April 1944 stattfand.

5) Weitere Ansicht des Kameradschaftsabends. Aus Gläsern und schwarzen Alu-Bechern (Teil der Feldflasche Modell 31) wird Sekt getrunken. Unten im Bild: Der Spiess (Kompaniefeldwebel), zu erkennen an den beiden Silberstreifen, nimmt an dem Abend teil.

6) Zwei jüngere Offiziere der SS-Panzer-Abteilung 17. Links: Untersturmführer Jünger. Rechts: ein Obersturmführer Hörmann von der 2./Pz.-Abt. 17.

7) Gruppe von Scharführern der SS-Panzer-Abteilung 17

1) La *2./SS-Panzer-Abteilung 17* s'apprête à défiler sur la place de Thénezay. On retrouve le bâtiment vu sur une photo précédente.

2) Debout dans son *PKW* (voiture légère, peut-être une Tatra?), le *SS-Sturmbannführer* Kniep, le *Kommandeur* de la *SS-Panzer-Abteilung 17*. À gauche, le *SS-Obersturmführer* Hörmann (*2.Kp.*), à droite, le *SS-Obersturmführer* Dedelow (*1.Kp*).

3) Un équipage de *Sturmgeschütz IV* avec le M.G 34 pour la défense rapprochée, monté derrière son bouclier.

4) Le *SS-Obersturmführer* Hörmann dans son *Sturmgeschütz IV* au cours de manœuvres. Le *SS-Obersturmführer* Hörmann, chef de la *2./SS-Panzer-Abteilung 17*, tué le 21 décembre 1944 à Bebelsheim, au sud de Sarrebrück, par un éclat d'obus. Ici, il est titulaire de l'*E.K.I.* et du *Deutsches Kreuz in Gold*.

5) René Wild, un Alsacien de Haguenau.

6) De gauche à droite, le *SS-Obersturmführer* Hörmann, le chef de la *2.Kp.*, le *SS-Untersturmführer* Reith et le *SS-Untersturmführer* Jünger portant un écusson métallique commémoratif d'un théâtre d'opération.

1) 2./SS-Panzer-Abteilung 17 prepares to parade in the square at Thénezay. Here again we see the building pictured in an earlier photo.

2) Standing in his PKW (light car, maybe a Tatra?), SS-Sturmbannführer Kniep, Kommandeur of SS-Panzer-Abteilung 17. On the left, SS-Obersturmführer Hörmann (2.Kp.), on the right, SS-Obersturmführer Dedelow (1.Kp).

3) A Sturmgeschütz IV crew with the M.G 34 for close defense, mounted behind the shield.

4) SS-Obersturmführer Hörmann in his Sturmgeschütz IV during maneuvers. SS-Obersturmführer Hörmann, commander of 2./SS-Panzer-Abteilung 17, killed by shrapnel on 21 December 1944 at Bebelsheim, south of Sarrebrück. Here he is the holder of the E.K.I and the Deutsches Kreuz in Gold.

5) René Wild, a Alsatian from Haguenau.

6) Left to right, SS-Obersturmführer Hörmann, commander of 2.Kp., SS-Unter-sturmführer Reith and SS-Untersturmführer Jünger wearing a metal badge commemorating some theater of operations.

1) Die 2./SS-Panzer-Abteilung 17 wird auf dem Platz von Thénezay paradieren. Beachte das Gebäude, das auch auf einer anderen Abbildung zu sehen ist.

2) Stehend im PKW (möglicherweise Tatra) Sturmbannführer Kniep, Kdr. SS-Panzer-Abteilung 17. Links: Obersturmführer Hörmann, 2. Kp.

Rechts: Obersturmführer Dedelow, 1. Kp.

3) Besatzung eines Sturmgeschütz IV. Das MG 4 hinter Schutzschild dient der Nahverteidigung.

4) Obersturmführer Hörmann in seinem Sturmgeschütz IV im Manöver. Obersturmführer Hörmann, Chef 2./ SS-Panzer-Abteilung 17, gef. 21.12.44 bei Bebelsheim, südl. Saarbrücken, durch Granatsplitter. Er war Träger des EK I und des Deutschen Kreuzes in Gold.

5) René Wild, ein Elsässer aus Haguenau.

6) Von links nach rechts: Obersturmführer Hörmann, Chef der 2. Kp., die Untersturmführer Reith und Jünger mit Ärmelschild aus Metall, den sie im Osten erworben haben.

4

5

6

125

1) Pose pour une photo devant le casernement.

2) À l'extérieur du casernement, révision du cours d'instruction théorique.

3) Travail personnel sous le direction d'un *SS-Unterscharführer*.

4) Le *SS-Hauptscharführer* Steinbach, de la *2./SS-Panzer-Abteilung 17*. Il porte le ruban de l'*E.K.II*, celui de la *Winterschlacht im Osten* 1941/42, l'*Infanterie-Sturmabzeichen* et le *Verwundetenabzeichen*.

5) Le *SS-Rottenführer*, puis *SS-Unterscharführer* Breier, de la *1./SS-Panzer-Abteilung 17*. Il s'est distingué lors des combats d'Utveiler.

6) Stage de radio en janvier 1944. Que fait le *SS-Unterscharführer* Rousseau dans cette antique voiture?

1) Posing for a picture in front of the barracks.

2) Outside the barracks, revising the theoretical training course.

3) Personal work supervised by an SS-Unterscharführer.

4) SS-Hauptscharführer Steinbach, of 2./SS-Panzer-Abteilung 17. He is wearing the E.K.II ribbon, the Winterschlacht im Osten 1941/42 ribbon, the Infanterie-Sturmabzeichen and the Verwundetenabzeichen.

5) SS-Rottenführer, later SS-Unterscharführer Breier, of 1./SS-Panzer-Abteilung 17. He fought with distinction in the action at Utveiler.

6) Course in radio in January 1944. What is SS-Unterscharführer Rousseau doing in this ancient car?

1) Posieren vor einer Unterkunft.

2) Vor der Unterkunft: Zusammenfassen der Theorie.

3) Arbeit unter Anweisung eines Unterscharführers.

4) Hauptscharführer Steinbach von der 2./SS-Panzer-Abteilung 17. Die Bänder von EK II und der Medaille für die Winterschlacht im Osten 1941/42 sind sichtbar sowie das Infanterie-Sturmabzeichen und das Verwundetenabzeichen.

5) Le SS-Rottenführer (später Unterscharführer) Breier v.d.1./SS-Panzer-Abteilung 17. Er zeichnete sich bei den Kämpfen um Utweiler aus.

6) Funkausbildung im Januar 1944. Was macht Unterscharführer Rousseau in diesem antiken Fahrzeug?

4

5

6

1) De gauche à droite, le *SS-Sturmmann* Pentner, le *SS-Oberscharführer* Rüb et un *SS-Unterscharführer*, de la *3./SS-Panzer-Abteilung 17*. Ils viennent de recevoir l'*E.K.II*, en décembre 1943.

2) Le *SS-Obersturmführer* Dedelow et son épouse. L'officier porte l'*E.K.I*, le *Verwundetenabzeichen* et le *Panzerkampfabzeichen*.

3) Le *SS-Oberscharführer* Hubert Hanek. Il est titulaire de l'*E.K.II* dont il porte le ruban. Tué au combat. À noter l'aigle du Heer sur sa Feldmütze.

4) Le *SS-Rottenführer* Schmitz.

5) Le *SS-Mann* Fröhlich. Il porte un insigne de la « *Hitlerjugend* », sans doute le brevet sportif.

6) Un *SS-Mann* Rüdiger Menge de la *2./SS-Panzer-Abteilung 17*. A noter son insigne de grade de soldat de 1re classe, sur la manche gauche de sa capote.

1

1) Left to right, SS-Sturmann Pentner, SS-Oberscharführer Rüb and the SS-Unterscharführer, of 3./SS-Panzer-Abteilung 17. They have just received the E.K.II, in December 1943.

2) SS-Obersturmführer Dedelow and his wife. The officer is wearing the E.K.I, the Verwundetenabzeichen and the Panzerkampfabzeichen.

3) SS-Oberscharführer Hubert Hanek. He is the holder of the E.K.II and is wearing the ribbon. Killed in action. Notice the Heer eagle on his Feldmütze.

4) SS-Rottenführer Schmitz.

5) SS-Mann Fröhlich. He is wearing a "Hitlerjugend" badge, probably the sports certificate.

6) SS-Mann Rüdiger Menge of 2./SS-Panzer-Abteilung 17. Notice his pfc badge on the left greatcoat sleeve.

1) Von links n. rechts: Sturmann Pentner, Oberscharführer Rüb, ein Unterscharführer der 3./SS-Panzer-Abteilung 17. Ihnen wurde soeben das EK II verliehen (Dez. 1943).

2) Obersturmführer Dedelow mit Gattin. Er trägt das EK I, das Verwundetenabzeichen und das Panzerkampfabzeichen.

3) Oberscharführer Hubert Hanek mit Band des EK II. Im Kampf gefallen. Auf seiner Feldmütze der Adler des Heeres.

4) Rottenführer Schmitz.

5) Sturmann Fröhlich mit einem Abzeichen der Hitlerjugend. Es handelt sich wohl um eine Sportauseïchnung.

6) SS-Mann Rüdiger Menge v.d. 2./SS-Panzer-Abteilung 17.

2

3

4

5

6

1) Un conducteur de *Sturmgeschütz*. Devant lui, les deux épiscopes. Le blindage de la partie supérieure avant de caisse a été renforcé. Le frein de bouche est protégé par une housse.

2 et 3) Quatre membres de l'équipage d'un *Sturmgeschütz IV*. Au centre, le *Panzerkommandant*.

4) Bain de soleil devant le *Sturmgeschütz IV*. Les *Schürzen* (jupes latérales de protection) sont en cours de montage. Les deux paires de galets de roulement de rechange sont fixées dans leur logement.

5) Un groupe de *Panzergrenadiere* pose sur un *Panzer III*, sans doute *Ausführung M*, armé d'un *5 cm KwK L/60*. L'un des hommes tient un bâton, terminé par un disque bicolore destiné à régler la circulation.

6) Des équipages de la 2ᵉ compagnie posent pour une photo de groupe. Au milieu : l'*Ostuf*. Hörmann. L'un des hommes a le bras en écharpe. Le cantonnement pourrait être l'école de Thénezay. À gauche, des installations sanitaires ?

1) A Sturmgeschütze driver. In front of him, the two episcopes. The armor on the upper part of the bodywork has been reinforced. The muzzle brake is under a protective cover.

2) et 3) Four crew members of a Sturmgeschütz IV. In the middle is the Panzerkommandant.

4) Sunbathing in front of the Sturmgeschütz IV. The Schürzen (side protection skirts) are being fitted. The two pairs of spare tracker rollers are mounted in their housing.

5) A group de Panzergrenadiere posing on a Panzer III, probably Ausführung M, armed with a 5 cm KwK L/60 gun. One of the men is holding a stick with a two-colored disk on the end with which to direct traffic.

6) Crews from 2nd compagnie pose for a group photograph. In the middle : Ostuf. Hörmann. One of the men has his arm in a sling. Their quarters may have been at the school at Thénezay. On the left, the toilet facilities?

1) Fahrer eines Sturmgeschützes. Vor ihm das Scherenfernrohr. Verstärkte Frontpanzerung am Oberwagen. Die Mündungsbremse ist durch eine Abdeckung geschützt.

2 et 3) Vier Mann eines Sturmgeschütz IV. In der Mitte der Geschützführer oder Kommandant.

4) Sonnenbad vor einem Sturmgeschütz IV. Schürzen (sie sollten den seitl. Panzerschutz verstärken) werden gerade angebracht. In den Halterungen: Vier Ersatz-Laufrollen.

5) Gruppe von Panzergrenadieren auf einem Panzer III, vermutl. Ausf. M. Bewaffnung: 5 cm KwK L/60. Einer der Männer hält eine Winkerkelle zur Verkehrsregelung und zum Zeichengeben während der Fahrt.

6) Gruppenbild der 2.Kp., in der Mitte Ostuf. Hörmann. Ein Mann trägt den Arm in der Schlinge. Bei der Unterkunft könnte es sich um die Schule von Thénezay handeln. Links sind möglicherweise Toiletten-/ Duscheinrichtungen.

4

5

6

131

1) Le *SS-Mann* Fröhlich, de la *3./SS-Panzer-Abteilung 17*.

2 Le *SS-Mann* Schleifer instruit ses camarades au tir sur M.G 42.

3) Le *SS-Mann* Schleifer et son camarade Schaupmann.

4) Le *SS-Unterscharführer* Sobeck (à droite) et le *SS-Mann* Meinschl disputant une partie d'échecs. Nous sommes ici à Pierrefitte, au sud-ouest de St-Varent où se trouvait le PC du *SS-Artillerie-Regiment 17* en mai 1944. La *1./SS-Flak-Abteilung 17* était cantonnée à Pierrefitte jusqu'en mai 1944.

5) Trois hommes de la « Götz » (*2./37*) devant leur caserne à Parthenay.
(Photos L. Humbert)

1) SS-Mann Fröhlich, of 3./SS-Panzer-Abteilung 17.

2) SS-Mann Schleifer teaches his comrades to fire the M.G 42.

3) SS-Mann Schleifer and his comrade Schaupmann.

4) SS-Unterscharführer Sobeck (right) and SS-Mann Meinschl play a game of chess. Here we are at Pierrefitte, south-west of St-Varent where SS-Artillerie-Regiment 17 had its CP in May 1944. 1./SS-Flak-Abteilung 17 was quartered at Pierrefitte up until May 1944.

5) Three men of the "Götz" (2./32) in front of their barracks at Parthenay.

1) SS-Mann Fröhlich v.d. 3./SS-Panzer-Abteilung 17.

2) SS-Mann Schleifer bildet andere am MG 42 aus.

3) Schleifer mit seinem Kameraden Schaupmann.

4) Unterscharführer Sobeck (rechts) u. SS-Mann Meinschl bei einer Schachpartie. Wir befinden uns in Pierrefitte südwestl. v. St-Varent, wo sich der Gefechtsstand des SS-Artillerie-Regiments 17 im Mai 44 befindet. Die 1./SS-Flak-Abteilung 17 lag bis Mai 1944 ebenfalls in Pierrefitte.

5) Drei Angehörige der "Götz" (2./37) vor der Kaserne in Parthenay.

132

4

5

Photos de la *SS-Panzer-Aufklärungs-Abteilung 17* au Sud-Ouest de Saumur. Dotées de *Schwimmwagen* et sous les ordres du *Sturmbannführer* Holzapfel, les différentes compagnies étaient stationnées à Thouet, Bouilly-Lorentz où Montreuil-Bellay.

1) Un *Schwimmwagen* bien camouflé sous des branchages.

2) Autre vue du véhicule, noter le phare occulté et le support pour MG.

3) Le même en vue rapproché.

4) Distribution de nourriture à la cuisine roulante. Certains soldats paraissent âgés.

5) Un camion utilisé par la « GvB ». Modèle fonctionnant au gazogène et réquisitionné dans les Deux-Sèvres.

6) Un autre camion et son chauffeur allemand.

7) Une voiture légère (PKW) et un *Unterscharführer* au volant.
(Photos collection J. Brière via J.C. Perrigault)

Photos of SS-Panzer-Aufklärungs-Abteilung 17 south-west of Saumur. Equipped with Swimmwagen and under the command of Sturmbannführer Holzapfel, the different companies were stationed at Thouet, Bouilly-Lorentz and Montreuil-Bellay.

1) A Schwimmwagen well camouflaged under branches.

2) Another shot of the same vehicle, notice the concealed headlamp and the MG mounting.

3) The same view in closeup.

4) Distribution of food at the mobile kitchen. Some of these men seem quite old.

5) A truck used by the « GvB ». Gas-powered model requisitioned in the Deux-Sèvres department.

6) Another truck with its German driver.

7) A light (PKW) car with an Unterscharführer at the wheel.
(Photos courtesy J. Brière collection via J.C. Perrigault).

Bilder der SS-Panzer-Aufklärungs-Abteilung 17 im Südwesten von Saumur. Sie ist mit Schwimmwagen ausgerüstet und steht unter dem Befehl von Sturmbannführer Holzapfel. Die einzelnen Kompanien lagen in Thouet, Bouilly-Lorentz oder Montreuil-Bellay.

1) Ein Schwimmwagen, der mit Laubwerk gut getarnt ist.

2) Weitere Ansicht des Fahrzeugs. Beachte die Tarnscheinwerfer und die MG-Halterung.

3) Das Faharzeug nochmals in Nahaufnahme.

4) Verpflegungausgabe an der Feldküche. Einige Soldaten scheinen älteren Jahrgängen anzugehören.

5) LKW im Dienste der "GvB". Er hat einen Holzvergaser und ist ein requiriertes Zivilfahrzeug.

6) Ein Weiterer LKW und sein deutscher Fahrer.

7) PKW, der von einem Unterscharführer gestauert wird.

(Fotos: Sammlung J. Brière via J.C. Perrigault).

4

5

6

7

1) Un conducteur de moto avec side (*Krad m.Bwg*). Le phare est occulté.

2) Travaux de terrassement dans une localité non identifiée.

3) Cette photo montre une diversité dans les tenues portées par les hommes.

4) Un groupe photographié sur un curieux engin chenillé de la Division. (*Krupp-Traktor* ou *Borgward B II.*)

5) Deux *SS-Mann* de la *SS-Panzer-Abteilung 17*, R. Menge et H. Krause.

1) A motorcycle combination (Krad m.Bwg). The headlight has been concealed.

2) Earthworks in an unidentified location.

3) This photo shows how the men wore a variety of uniforms.

4) A group photographed on a peculiar tracked vehicle of the Division. (Krupp-Traktor or Borgward B II.)

5) Two SS-Mann of SS-Panzer-Abteilung 17, R. Menge and H. Krause.

1

1) Fahrer mit Beiwagenkrad (Krad m. Bwg.). Scheinwerfer mit Tarnbezug.

2) Erdarbeiten in einer nicht identifzierten Ortschaft.

3) Unterschiede in der Uniformierung.

4) Gruppe mit auffälligem Kettenfahrzeug der Division (möglicherw. Krupp-Traktor oder Borgward B II)

5) Zwei SS-Männer der SS-Panzer-Abteilung 17, R. Menge u. H. Krause.

2

3

4

5

1) Le *Soldatenheim* (Foyer du soldat) qui occupe l'*Hôtel de France* de M. Dansac, à Mirebeau.

2) Des hommes de la *SS-Panzer-Abteilung 17* prennent le frais près de la place principale de Thénezay. Sur la borne indicatrice, le signe tactique de la *2./SS-Panzer-Abteilung 17*. Devant, la pancarte avec Dedelow, le chef de la *1.Kp*.

3) et 4) Tous ces hommes attendent…

5)… le concert donné par l'orchestre de la Division sous la direction du *SS-Hauptsturmführer* Schmidt-Petersen, *Musik-Zug-Führer*, à proximité du Monument aux Morts.

1) The Soldatenheim (soldiers' club) housed at Monsieur Dansac's Hôtel de France at Mirebeau.

2) Men of SS-Panzer-Abteilung 17 out in the cool near the main square at Thénezay. On the signpost, the tactical marking of 2./SS-Panzer-Abteilung 17. In front, the sign with Dedelow, the commander of 1.Kp.

3) et 4) All these men are waiting…

5)… for the concert given by the Divisional band conducted by SS-Hauptsturmführer Schmidt-Petersen, Musik-Zug-Führer, not far from the War Memorial.

1) Das im Hôtel de France des Monsieur Dansac eingerichtete Soldatenheim von Mirebeau.

2) Männer der SS-Panzer-Abteilung 17 in ihrer Freizeit auf dem Hauptplatz von Thénezay. Auf dem Wegweiser das taktische Zeichen der 2./SS-Panzer-Abteilung 17. Der Chef der 1. Kp. steht mit Dedelow vor dem Schild.

3) et 4) Alles wartet…

5) … auf das Konzert, das der Musikzug der Division, geleitet von Hauptsturmführer Schmidt-Petersen (Musik-Zug-Führer), geben wird. Ganz in der Nähe steht das Gefallenendenkmal.

4

5

1) Carte de salutation adressée au *SS-Obersturmführer* Rolf Dedelow, le chef de la *1./SS-Panzer-Abteilung 17*. Elle est envoyée par le groupe local de la *N.S.D.A.P* (*Ortsgruppe* du *N.S.D.A.P*) de Eckernförde (au nord-est de Kiel). Le code postal de la *SS-Panzer-Abteilung 17* était 34 356 B.

2) Vue de Parthenay (Deux-Sèvres). Ici a été mis sur pied le *SS-Panzer-Grenadier-Regiment 37*, sous les ordres du *SS-Obersturmbannführer* Jakob Fick.

3) Présentation d'armes, d'une pièce antichar (7,5 cm PaK 40), de s.M.G. de fusils et d'une moto.

4) Le *SS-Obersturmbannführer* Jakob Fick, titulaire de l'*E.K.I*, du *Nahkampfabzeichen* (insigne des combats rapprochés) et du *Ritterkreuz*.

5) Des *Panzergrenadiere* de la *14.(Flak)./37*. Ils portent les nouvelles tenues camouflées.

1) Greetings card sent to SS-Obersturmführer Rolf Dedelow, commander of 1./SS-Panzer-Abteilung 17. It came from the local group of the N.S.D.A.P (Ortsgruppe of the N.S.D.A.P) from Eckernförde (north-east of Kiel). The SS-Panzer-Abteilung 17 zipcode was 34 356 B.

2) View of Parthenay (Deux-Sèvres department). Here SS-Panzer-Grenadier-Regiment 37 was raised, under the command of SS-Obersturmbannführer Jakob Fick.

3) Presenting arms, an antitank gun (7,5 cm PaK 40), s.M.G., rifles and a motorcycle.

4) SS-Obersturmbannführer Jakob Fick, holder of the E.K.I, the Nahkampfabzeichen (close combat insignia) and the Ritterkreuz.

5) Panzergrenadiere of 14. (Flak)./37. They are wearing the new camouflage uniforms.

1) Grußkarte an Obersturmführer Dedelow, Chef 1./SS-Panzer-Abteilung 17. Sie stammt v.d. Ortsgruppe der NSDAP Eckernförde (nordöstl. Kiel).Feldpostnummer der Einheit war 34 356 B.

2) Ansicht von Parthenay (Deux-Sèvres). Hier wurde das SS-Panzer-Grenadier-Regiment 37 unter Obersturmbannführer Jakob Fick aufgestellt.

3) Waffenschau mit einer Panzerabwehrkanone (7,5 cm-Pak 40), s.MG, Gewehren und Motorrad.

4) Obersturmbannführer Jakob Fick, Träger des EK I, der Nahkampfspange und des Ritterkreuzes.

5) Panzergrenadiere der 14. (Flak)/37 mit der neuen Tarnbekleidung.

4

5

1) Le *SS-Hauptsturmführer* Willi Lenzen. Il a commandé la *14./37* et, plus tard la *9.(Flak)-Kp* issue de la *SS-Panzer-Grenadier-Brigade 51*, intégrée dans la « Götz ».

2) Le *SS-Untersturmführer* Seidensticker, d'abord officier d'ordonnance au *SS-Panzer-Grenadier-Regiment 37* et, plus tard, chef de compagnie dans le même régiment.

3) Près du *SS-Panzer-Grenadier-Regiment 37* à Parthenay. Le *I./37* séjourna dans cette ville tandis que le *III./37* a cantonné à Moncontour, au nord-est d'Airvault.

4) Le *SS-Obersturmbannführer* Jakob Fick (assis sur une chaise et portant une casquette) avec un interprète civil.

5) Un groupe de jeunes filles en compagnie de *Panzergrenadiere*. Certaines se sont coiffées de casquettes ou de calots !

6) Trois *SS-Panzergrenadiere* de la *2./37* (Photo de studio à Parthenay).

1) SS-Hauptsturmführer Willi Lenzen. He commanded 14./37 and later on 9. (Flak)-Kp taken from SS-Panzer-Grenadier-Brigade 51, integrated into the "Götz".

2) SS-Untersturmführer Seidensticker, first an orderly officer with SS-Panzer-Grenadier-Regiment 37 and later company commander with that same regiment.

3) Near SS-Panzer-Grenadier-Regiment 37 at Parthenay. I./37 stayed in that town while III./37 was quartered at Moncontour, north-east of Airvault.

4) SS-Obersturmbannführer Jakob Fick (seated on a chair and wearing a cap) with a civilian interpreter.

5) A group of girls in the company of some Panzergrenadiere. Some of them are wearing army caps!

6) Three SS-Panzergrenadiere of 2./37 at Parthenay.

1) Hauptsturmführer Willi Lenzen. Er war Chef der 14./37 und später der 9. (Flak) Kp., die aus der SS-Panzer-Grenadier-Brigade 51 hervorging und der „Götz" eingegliedert wurde.

2) Untersturmführer Seidensticker, erst Ordonnanzoffizier des SS-Panzer-Grenadier-Regiments 37 und später Kompaniechef im gleichen Regiment.

3) Nahe des SS-Panzer-Grenadier-Regiments 37 in Parthenay. Das I./37 liegt in der Stadt, während das III./37 III./37 in Moncontour, nordöstl. Airvault, liegt.

4) Obersturmbannführer Jakob Fick (auf dem Stuhl, mit Schirmmütze) zusammen mit einem Dolmetscher.

5) Gruppe junger Mädchen in Begleitung von Panzergrenadieren. Einige der Mädchen tragen Schiffchen oder Dienstmützen.

6) Drei SS-Panzer-Grenadiere der 2./37, Studioaufnahme in Parthenay.

4

5

6

143

1) Le *SS-Sturmbannführer* (puis *SS-Obersturmbannführer*) Horstmann le *Kommandeur* du *SS-Panzer-Grenadier-Regiment 38* mis sur pied dans la région de Saumur-Fontevrault. Le *I./38* cantonnait dans la région de Brézé, au sud de Saumur tandis que le *III.38* se trouvait à Fontevrault et le *II./38*, à Saumur avec le PC régimentaire.

2) Sur un pupitre installé derrière un 7,5 cm Pak 40, le *Kommandeur* du *II./38*, le *SS-Sturmbannführer* Nieschlag, s'adresse à ses hommes.

3) Les *Panzergrenadiere* rassemblés dans la cour de la caserne. Ils appartiennent au *II./38*.

4) *Unterführer* (sous-officiers) de la *14.(Flak)./38*. Au centre, le *SS-Stabsscharführer* Kunkel avec ses deux bandes de manche argentées (le « Spiess »).

1) SS-Sturmbannführer (later SS-Obersturmbannführer) Horstmann, Kommandeur of SS-Panzer-Grenadier-Regiment 38 raised in the Saumur-Fontevrault area. I./38 cantonnait in the Brézé area, south of Saumur while III.38 was at Fontevrault and II./38 at Saumur with the regimental CP.

2) Standing on a platform set up behind a 7,5 cm Pak 40, the Kommandeur of II./38, SS-Sturmbannführer Nieschlag, speaks to his men.

3) The Panzergrenadiere assembled in the barracks yard. They belong to II./38.

4) Unterführer (NCOs) of 14. (Flak)./38. In the middle, SS-Stabsscharführer Kunkel with his two silver armbands (the "Spiess").

1) Sturmbannführer (dann Obersturmbannführer) Horstmann, Kdr. SS-Panzer-Grenadier-Regiment 38, das in der Gegend um Saumur-Fontevrault aufgestellt wurde. Das I./38 lag in der Gegend von Brézé, südl. Saumur, während das III./38, in Fontevrault und das II./38 mit dem Regimentsgefechtsstand in Saumur lagen.

2) Von einem Pult aus, das hinter einer 7,5 cm-Pak 40 aufgestellt ist, hält Sturmbannführer Nieschlag eine Ansprache an die Truppe.

3) Panzergrenadiere angetreten im Kasernenhof. Sie gehören zum II./38.

4) Unterführer der 14. (Flak)/38. Mitte: Stabsscharführer Kunkel mit den silbernen Litzen des Spiesses.

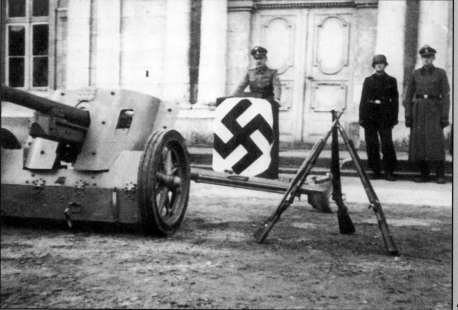

3

4

1) Les cycles d'instruction occupent une grande partie du temps.

2) Le *SS-Obersturmführer* von Seebach (*14./37*) blessé le 22 avril 1944.

3) Même les officiers pratiquent des exercices de tir comme ceux de la *SS-Panzer-Jäger-Abteilung 17* s'entraînant au pistolet.

4) Ici a lieu un cours d'instruction au tir avec le M.G.34.

5) On procède au nettoyage des armes, ici des *Mauser 98 K.* Sur la table, des baïonnettes et une boîte contenant le nécessaire de nettoyage (chaîne, écouvillon, graisse…).

1) Training programs filled up much of the time.

2) SS-Obersturmführer von Seebach (14./37) injured on 22 April 1944.

3) Even the officers did their shooting practice, as here those of SS-Panzer-Jäger-Abteilung 17 firing pistols.

4) Shooting practice with the M.G.34.

5) Weapons are cleaned, here the Mauser 98 K. On the table are some bayonets and a box of cleaning equipment (chain, barrel-brush, grease…).

1) Ausbildung nimmt einen Großteil der Zeit ein.

2) Obersturmführer von Seebach (14./37), verwundet am 22.4.44.

3) Wie hier bei der SS-Panzer-Jäger-Abteilung 17 nehmen auch die Offiziere an Übungsschießen teil, hier auf Pistole.

4) Waffenausbildung am MG 34.

5) Waffenreinigen, hier beim Mauser 98 K. Auf dem Tisch Bajonette und Schachtel mit Putzzeug (Kette, Bürste, Waffenfett…)

4

5

147

1) Le *SS-Mann* Rüdiger Menge, de la *2./SS-Panzer-Abteilung 17*.

2) *Stabskompanie 38* (compagnie de commandement du *SS-Panzer-Grenadier-Regiment 38* aux ordres du *SS-Untersturmführer* Hoffmann, en même temps officier d'ordonnance du régiment) dont la section de transmissions est photographiée ici. Au centre, son chef, le *SS-Oberscharführer* Gaiss.

3) Officiers et sous-officiers du *SS-Panzer-Grenadier-Regiment 38* lors d'une fête sportive à Saumur.

4) Fête sportive peu avant le Débarquement. Noter le vêtement de sport du soldat de droite.

5) Le *SS-Hauptsturmführer* Kurt Wahl, adjoint régimentaire au *SS-Panzer-Grenadier-Regiment 38*. Il commandera plusieurs *Kampfgruppen* ainsi que la *SS-Aufklärungs-Abteilung 17* du 1ᵉʳ octobre au 21 novembre 1944 (avec le grade de *SS-Sturmbannführer*) et du 25 décembre 1944 au 10 janvier 1945.
(Photos L. Humbert)

1) SS-Mann Rüdiger Menge, of 2./SS-Panzer-Abteilung 17.

2) Stabskompanie 38 (HQ company of SS-Panzer-Grenadier-Regiment 38 under SS-Untersturmführer Hoffmann, at the same time regimental orderly officer) whose signals platoon is photographed here. In the middle, its commander, SS-Oberscharführer Gaiss.

3) Officers and NCOs of SS-Panzer-Grenadier-Regiment 38 during a sports meeting at Saumur.

4) Sports meeting shortly before D-day. Notice the sports clothing worn by the soldier on the right.

5) SS-Hauptsturmführer Kurt Wahl, regimental executive officer SS-Panzer-Grenadier-Regiment 38. He commanded several Kampfgruppen and SS-Aufklärungs-Abteilung 17 from 1st October to 21 November 1944 (with the rank of SS-Sturmbannführer) and from 25 December 1944 to 10 January 1945.

(Photos courtesy L. Humbert Album.)

1) SS-Mann Rüdiger Menge von der 2./SS-Panzer-Abteilung 17

2) Stabskompanie 38 SS-Panzer-Grenadier-Regiment 38 des Untersturmführers Hoffmann, der gleichzeitig Ordonnanzoffizier des Regiments war. Hier mit dem Nachrichtenzug. Mitte: Der Zugführer, Oberscharführer Gaiss.

3) Führer und Unterführer des SS-Panzer-Grenadier-Regiments 38. bei einem Sportfest in Saumur.

4) Sportfest kurz vor der Invasion.

Der Soldat rechts trägt den Sportanzug.

5) Hauptsturmführer Kurt Wahl, Regimentsadjutant des SS-Panzer-Grenadier-Regiments 38. Er befehligte mehrfach Kampfgruppen und vom 1. Okt. bis 21. Nov. 44 die SS-Aufklärungs-Abteilung 17.

Printemps 44

Au printemps 1944, comme nous l'avons déjà constaté, le Haut Commandement s'attend bien à un débarquement à l'Ouest avec la recrudescence de l'activité aérienne alliée.

Dans la mesure de ses faibles moyens, la *Luftwaffe* lance quelques rares reconnaissances qui signalent d'importantes concentrations de navires dans les ports anglais, le long des côtes de la Manche.

Selon les *Wehrmachtberichte* de fin avril à fin mai, la *Luftwaffe* exécute des attaques aériennes sur les régions et les ports du Sud de l'Angleterre, en particulier sur Hull (21 avril), Plymouth (30 avril), Bristol (15 mai), Portsmouth (16 mai), Torquay et Brighton (29 mai), Falmouth et Portsmouth (30 mai).

Elles n'ont rien de comparable avec celles lancées par la *R.A.F* et l'*US Air Force* comme en témoigne cet extrait du *K.T.B* de l'*O.K.W* :

« Le 27 avril, l'ennemi a attaqué pour la première fois, méthodiquement, nos fortifications côtières dans la région de Calais et à l'est de celle-ci. Désormais, il a poursuivi ces attaques avec une violence croissante ; mais il s'est avéré que les pertes en personnel sont restées très faibles, ainsi que celles en matériel, si bien qu'elles ont pu être vite compensées. Dans la période comprise entre les 15 et 21 mai, 53 points d'appui ont été attaqués entre Calais et Cherbourg. Lors de celles-ci, 4 constructions de type forteresse, parmi lesquelles 2 ouvrages à embrasure ont été légèrement endommagés. Quatre installations de campagne renforcées ont été détruites, 11 endommagées. Parmi les positions de campagne, 10 ont été détruites, 16 endommagées. Concernant les armes lourdes, 16 sont provisoirement inutilisables, aucune n'a été détruite.

Pertes en soldats : 26 tués, 13 disparus et 93 blessés.

Même si le Nord de la France jusqu'à la Hollande et jusqu'à La Loire est resté la zone principale d'attaque, les attaques se sont étendues presque sur tout le territoire français…

Du 20 au 26 mai, 500 locomotives ont été endommagées…

À cela, il faut ajouter que, dans la deuxième quinzaine de mai, l'ennemi a commencé ses attaques contre les ponts de la Seine. Jusqu'à la fin du mois, tous les ponts depuis son embouchure jusqu'à Paris ont été coupés…

Le 27 mai, à l'Ouest, ont été constatés 6 000 incursions et survols, ce qui a signifié un engagement maximum (d'appareils), jamais observé jusqu'à présent ; 2 000 incursions ont été dirigées contre le Nord de la France. »

Dans les *Wehrmachtberichte* du mois de mai 1944, on ne relève pas moins de 14 attaques aériennes sur les territoires de l'ouest entre les 1er et 26.05.44. À noter que celle sur Saumur n'est pas mentionnée.

À la date du 13 mai 1944, on lit :

« … Les puissantes attaques continuelles des bombardiers anglo-américains contre les territoires occupés de l'Ouest peuvent être considérées comme pré-paration à l'invasion. Dans la période du 1er au 10 mai, l'ennemi a perdu lors de celles-ci, 182 avions dont 120 quadrimoteurs… »

Au cours de la nuit du 31.05 au 1.06.44 a lieu une attaque aérienne sur Saumur et dont le compte rendu a été inscrit dans le *K.T.B* de la *SS-Flak-Abteilung 17* :

1.06.44 :

- 0 h 05-1 h 56

Intenses incursions aériennes venant du Nord qui décrivent des cercles dans l'espace Angers-Saumur, puis survols vers le Sud.

- Vers 2 heures : incursions de puissantes formations venant du Nord, au sud de Laval et à l'est du Mans.

Vol d'approche sur Saumur.

- 2 h 10 : largage de bombes éclairantes.

- 2 h 14 : largage d'une assez grande quantité de bombes explosives.

- 2 h 15 : *Fluko-Leitung* (*Flugmeldekommando-Leitung* : direction du service de surveillance aérienne) détruit. Les départs n'ont pas pu être observés.

- Vers 3 heures : Fin de l'attaque

L'attaque a été exécutée par environ 50 avions.

Effet : dommages à la gare et aux installations ferroviaires ainsi qu'un pont routier sur la Loire par largage d'assez grosses quantités de bombes, entre autres, des bombes à retardement. Gros effet explosif. À 50 m de distance du PC, lancement en chapelet de 5 500 kg de bombes.

Perte de notre côté : 1 homme tué.

Le jour, pas d'ennemi sur la région. »

Au cours de la journée, un rapport beaucoup plus précis a été publié par le la de *Ia* Division pour être adressé au *I. SS-Panzer-Korps* (Annexe n° 229) :

« Dans la nuit du 31.05 au 1.06, a eu lieu un bombardement sur Saumur. À partir de 2 h 14, environ 150 à 200 bombes ont été larguées, parmi celles-ci, du fait qu'elles étaient munies de fusées à retardement, quelques-unes n'ont explosé que dans les premières heures de la matinée.

Environ 50 avions bimoteurs ont été repérés. Dans l'ensemble, il s'est agit de 90 avions. À 2 h 11 environ, 10 avions ennemis ont largué 60 bombes éclairantes blanches et une bombe de marquage vert-rouge, avec le plus grand nombre sur la partie nord-est de Saumur.

Zone principale de lancement de bombes : gare de Saumur, installations ferroviaires et partie nord du pont routier traversant La Loire (10 coups au but) ; gare et partie nord du pont fortement endommagées. Dans les premières heures de la matinée, une bombe à retardement a explosé au milieu de la partie nord du pont et l'a détruit à cet endroit. La *SS-Flak-Abteilung 17*, conformément à l'ordre, n'a pas ouvert le feu à cause de l'obscurité et du manque de projecteurs. À partir de 2 h 30, avec la batterie de 8,8 cm, qui était placée favorablement avec la clarté, 9 salves de tir de harcèlement ont été tirées. Une attaque à basse altitude repérée a été repoussée par des *2 cm Flak*.

Consommation de munitions :

58 coups de 8,8 cm Z.Z (*Zeitzünder* : fusées à retardement)

3 coups de 3,7 cm *Sprgr.* (obus explosifs)

20 coups de 2 cm *Sprgr.*

Pertes en personnel au *SS-Panzer-Grenadier-Regiment 38* et à la *SS-Flak-Abteilung 17* :

au total 9 blessés, 2 morts et 1 disparu.

Pertes en matériel :

I-Staffel (échelon de réparation) de la *SS-Flak-Abteilung 17* détruit par un coup au but.

Immédiatement après le bombardement aérien, le *SS-Panzer-Grenadier-Regiment 38* et la *SS-Flak-Abteilung 17* ont entrepris les mesures de sauvetage nécessaires et les travaux de déblaiement. Des soldats de la *SS-Flak-Abteilung 17* et de la garde du pont, qui avaient été ensevelis, ont pu être dégagés sains et saufs. »

L'intensification des bombardements et des attaques à basse altitude provoque inévitablement des pertes en équipages et en appareils.

Si la perte d'appareils alliés provoque souvent la mort des membres des équipages, certains avaient la vie sauve grâce à leurs parachutes. Ils étaient recueillis par la population ou les Résistants et rentraient en Angleterre par des filières. D'autres étaient capturés et faits prisonniers.

Le 1.06.44, l'*A.O.K.1* envoie une directive à la Division (*A.O.K.1.Ia Nr.2784/44 geh.v.30.5.44*) concernant le traitement des aviateurs ennemis abattus :

L'*O.B.West* a ordonné (ce qui suit) :

« *Il m'a été signalé qu'un aviateur ennemi, qui a sauté en parachute après la destruction de son appareil, a reçu une cigarette d'un sous-officier, sous les yeux d'un attroupement assez important de soldats et d'habitants du pays.*

Je reconnais qu'il peut y avoir des cas particuliers, comme des interrogatoires etc. où de petits cadeaux de ce genre sont un moyen d'arriver au but.

Immédiatement après avoir abattu un ennemi qui, peu auparavant encore, a largué des bombes, un tel comportement est cependant tout à fait déplacé et capable seulement de transmettre à la population civile l'impression d'une solidarité marquée de camaraderie avec l'ennemi. Des (équipages) de bombardiers terroristes, massacrant des femmes et des enfants sans défense, ne sont pas des camarades.

La troupe doit être informée sans délai qu'une telle douceur, que nous interprétons comme fausse, n'est pas de mise en face d'un ennemi qui combat seulement avec les moyens les plus barbares de terreur et que tout cas d'indignité de ce genre devra être signalé et sanctionné sur le plan disciplinaire. »

Le 1er juin 1944 est envoyé le rapport (*Meldung*) sur l'état (*Lage*) de la *17. SS-Panzer-Grenadier-Division « Götz von Berlichingen »* à l'autorité hiérarchique dont elle dépend à cette époque : le *I. SS-Panzer-Korps.*

1 — Situation en personnel le jour de référence (*Stichtage*)

a) Personnel

	Soll	Fehl (manque)
Offiziere	584	233
Unteroffiziere	3566	1541
Mannschaft	14204	+ 741
Hiwi	(959)	-
Insgesamt (total)	18354	1033

b) Remplacement

Offiziere : 14

Uffz und Mannsch. : 40

c) Pertes et autres sorties

	tot	verw.	verm.	krank	sonst	
Offiziere	-	-	-	1	2	
Uffz.u. Mannsch.	8	-	-	63	83	

Situation en matériel		théorique	disponible	en réparation
Sturmgesch.		42	37	5
Panzer III		3	0	0
Schtz.Pz.Sp.Art.Pz.B (o.Pz.Fu.Wg)		35	26	0
Flak (Sfl)		26	11	0
Kräder	Ketten	42	0	0
	m.angtr.Bw	274	61	6
	sonst.	369	389	34
PKW	gel.	1043	763	47
	o.	83	459	9
Lkw	Maultiere	31	18	2
	gel.	874	50	7
	à.	812	121	22
		Soll	Ist	in kurzfristiger Instandsetzung
Zgkw	1-5 to	171	5	0
	8-18 to	50	6	0
RSO		2	2	0
s.Pak		27	+(8)(22)	+ 1
Art.Gesch.		41	40	1
MG		1154	1050 (950)	14 (8)
sonstige Waffen		225++	232	13

Insgesamt : 8   64   85

2 — Situation en matériel (La *Panzerjäger-Kompanie (Sf) 3./.SS-Panzerjäger-Abteilung 17* non comptabilisée dans le Soll).

Il s'agit de *Panzerjäger* 38 (t) *Sd.Kfz 138 Ausführung* H ou M.

++ commentaires :	Soll	*Ist*
8,14 cm Granatwerfer	99	99
Ofenfohre	0	5
5 cm Pak	1	33
7,62 cm Pak (r)	0	3
1e.I.G 18	2	8
s.I.G 33	12	12
2 cm KwK	18	13
2 cm Flak 38	38	44
2 cm Flakvierling	7	7
3,7 cm Flak	9	9
8,8 cm Flak	12	12
Insgesamt	225	245

Bref jugement de valeur du *Kommandeur* :

Avec 2/3 des hommes qui ont bénéficié de 25 semaines d'instruction et 1/3, de 22 semaines, la Division en est au stade de l'instruction dans le cadre de la formation constituée.

Comportement de la troupe : très bon.

signé : Ostendorff

Le 1er juin 1944, est envoyé le rapport.

Au cours de la nuit du 1er au 2.06.44, Saumur est encore la cible des avions alliés comme l'indique le *K.T.B.* de la *SS-Flak-Abteilung 17* :

« - 0 h 10 : approche d'assez puissantes formations venant du Nord. Cap direct sur Saumur.

- 0 h 38 : largage de bombes éclairantes à l'est de Saumur.

- 0 h 42-2 h 10 : largage d'assez grosses quantités de bombes, puis départ vers le Nord.

- 1 h 58-1 h 59 : destruction d'un « Halifax » (4-mot) par la *1. Batterie* de 2 cm de la section de Flak. 7 Occupants, dont 4 officiers et un adjudant morts, 1 officier et un adjudant faits prisonniers.

Pertes de notre côté : aucunes.

Effet : lourds dégâts aux installations ferroviaires. Ponts non touchés.

- 1 h 55 *(en réalité 12 h 55, NDA)* : attaque de jour de 10 à 12 appareils américains *Lightning* sur des positions de batterie ; la formation a été dispersée sans pouvoir bombarder et tirer. Dans les heures de la soirée et de la nuit, incursions isolées d'avions qui ont, toutefois, changé de cap vers le Nord avant d'atteindre la région. »

Le 3.06.44, vers 10 heures, sont signalés des survols de quelques avions dans la région des objectifs à protéger, probablement des appareils de reconnaissance. Ils repartent vers le Nord à 12 h 05. Dans l'après-midi, l'espace aérien est inoccupé.

Vers 22 heures, assez puissantes formations dans l'espace de Paris.

Le 4.06.44 :

- 0 h 06-0 h 52 : survols du Nord vers le Sud.

- 0 h 36-1 h 20 : alerte aérienne.

- 0 h 55-4 h 14 : survols du Sud vers le Nord.

- 0 h 46 : quelques chasseurs décollent pour une chasse de nuit.

- 19 h 19 : une formation de 64 *Liberator* arrive par le Nord, met le cap à l'Ouest.

- 19 h 24 : à environ 30 km au nord-ouest du Mans est signalée une autre formation de 100 appareils qui met le cap sur le Sud-Est.

- 19 h 30 : 31 avions décrivent des cercles à 35 km au nord d'Angers et, après quelques minutes, mettent le cap en direction de Nantes.

- 19 h 30 : des batteries signalent des explosions en direction 3. »

Jusqu'à la soirée du 5.06.44, mis à part quelques survols et vols d'approche ou de passage, il n'y aura pas d'attaque sur Saumur, mais le *Fluko* d'Angers transmettra souvent des incursions ennemies dans des espaces éloignés.

Devant la recrudescence des actions des mouvements de résistance, l'obsession des attentats devient permanente au sein des unités de la « *Götz* » comme en témoigne le *SS-Sturmbannführer* Sarnow, le *Divisions-nachschub-Führer* de la Division :

« *Pendant l'instruction, nous avions aménagé une grotte calcaire à Tourtenay* (au nord-ouest de Thouars, NDA) *comme dépôt de munitions. Comme nous l'avions vérifié grâce à une section de repérage, cette grotte avait un plafond d'environ 60 m d'épaisseur. Là, était chargée de la surveillance de la conservation et de la gestion des munitions, la Nachschub-Kompanie du SS-Hauptscharführer Raiser, qui parlait parfaitement le français. Au moyen de quelques petites explosions de dynamite et de travaux de déblaiement, des camions assez gros pouvaient rentrer, mais aussi ressortir de cette grotte en effectuant un circuit à l'intérieur. Néanmoins, cette dernière se trouvait exposée dans une région de maquis. L'occupation pour la sécurité par la Nachschub-Kompanie était relativement faible amoindrie par certains de ses détachements en route vers d'autres dépôts de matériel et d'autres centres de distribution de carburant. Avant le début de l'invasion il m'est aussi arrivé, lors d'un voyage de contrôle là-bas que je sois mitraillé dans ma voiture légère ; mais j'ai eu encore une fois de la chance qu'un coup tiré depuis une voiture Citroën, venant en sens inverse, arriva exactement entre mon chauffeur Heinz et moi à travers le pare-brise. Malgré notre vitesse d'environ 80 km/h, on était parvenu à redresser notre voiture. Un SS-Hauptsturmführer, qui avait été affecté à la Nachschub-Kompanie à Tourtenay, fut tué à cette époque en se défendant contre des Résistants près de Tourtenay.* »

Ajoutons ici le témoignage du *SS-Untersturmführer* Günther, alors *Zugführer* (chef de section) à la *2./SS-Aufklärungs-Abteilung 17* :

« *À Tourtenay — un nid rocheux au sud de La Loire —, nous avons eu une mission fort ennuyeuse. La Kompanie avait en garde des obus, des ogives et des farces et attrapes semblables. Car, par plusieurs sources, il était parvenu aux oreilles du contre-espionnage allemand qu'un attentat était projeté contre ce dépôt de munitions. Ou bien le service de contre-espionnage s'était fait avoir par un bobard, ou bien notre présence n'inspirait pas confiance aux "patriotes". En tout cas, il ne se passa rien jusqu'au 6 juin !* »

C'est sans doute pour assurer une meilleure défense de ce dépôt contre des attaques possibles du maquis que, le 2.06.44 est publié l'ordre suivant destiné à la *SS-Aufklärungs-Abteilung 17*, dont les compagnies se trouvent non loin de Tourtenay.

Ia Tgb.Nr 382/44 g.Kdos

Objet : sécurité du dépôt de munitions près de Tourtenay.

A la *SS-Pz.A.A.17* :

1 — Pour protéger le dépôt de munitions près de Tourtenay, la *SS-Panzer-Aufklärungs-Abteilung 17* transférera, à partir du 4.06.44, une compagnie en alternance en bivouac à proximité du dépôt.

2 — Le dépôt de munitions sera gardé par une section d'une *Nachschub 6 Kp* (compagnie de ravitaillement)

Prendre la liaison avec les hommes de troupe par la compagnie qui doit bivouaquer afin de garantir une rapide mise en état d'alerte de nuit dans le plus bref délai.

À prévoir suffisamment de munitions réelles dans le bivouac.

3 — Malgré cela, tous les projets d'exercice seront mis à exécution.

4 — Compte rendu d'exécution pour le 6.06.44 à 18 heures au *Ia* de la Division. »

Le 2.06.44, selon un ordre envoyé par le *Ia* de la Division, le *SS-Pionier-Bataillon 17* est employé à des travaux de déblaiement à Saumur, à la suite des bombardements aériens des 1er et 2.06.44.

En voici le compte rendu adressé au *Ia* le 4.06.44 :

« Le *SS-Pionier-bataillon 17* signale les travaux suivants exécutés le 3.06.44 :

« 1 — Période de travail de la *2.Kp* : 2.06.44, 17 h 30-21 h 30

3.06.44, 7 h 15-22 heures.

a) création d'un passage au-dessus du passage souterrain ferroviaire (environ 140 m³ de déblaiement et de pierres) ;

b) pose d'un pont provisoire de 24 tonnes au-dessus du passage souterrain endommagé. Longueur 12 m, en outre 4 m d'accès, 4 m de descente, 5,8 m de largeur de pont utilisable ;

c) travaux de déblaiement-route vers Angers le long de la gare ;

d) remise en état des grands axes détruits pour le trafic ferroviaire sur une longueur de 200 m.

2 — Période de travail de la *3.Kp* : 3.06.44, 8 h 30-17 heures et une section de 16 h-20 h.

a) construction d'une passerelle sur La Loire 13,5 m de long ;

b) chargement de 11 poutrelles en double T. »

Le 5.06.44, le *SS-Pionier-Bataillon 17* rend compte des travaux réalisés le 4.06.44 :

1 — *1.Kp* : période de travail le 4.06.44, 6 h-19 h.

a) (pont routier). Passage routier au-dessus du tunnel ferroviaire terminé (pont de 24 tonnes)

b) 5 entonnoirs de bombes comblés sur la route.

2 — Une équipe de destruction de la *3.Kp.* Période de travail 7 h-20 h.

Préparatifs et dynamitage d'une arche de pont abîmée à Saumur. Superstructure dynamitée sur une longueur de 28,5 m en employant 200 kg d'explosif de pionniers. Le dynamitage s'est déroulé sans incidents.

3 — Une section de soudure et de coupage de la *Stabs-Kp* (compagnie de commandement) ;

Une section de soudure et de coupage de la *le.Brüko* (colonne légère de pont)

Période de travail : 7 h-18 h, employées pour couper et enlever des poutrelles et rails dans la gare de Saumur. »

Signalons pour terminer que, le 5.06.44, à 13 h 05, un chasseur *P 51 Mustang* est abattu par la *2./SS-Flak-Abteilung 17* près de Montsoreau, à l'est de Saumur.

Dans ces dernières semaines apparaît un durcissement dans l'attitude de la population et un comportement réticent et grincheux de la part des autorités françaises dont les rapports avec l'Occupant avaient été jusqu'ici relativement corrects.

Il y avait aussi quelques incidents en relation avec l'activité de la Résistance dans la zone de mise sur pied de la Division et une vague connaissance d'une subversion plus intense dans les régions limitrophes.

La troupe pressentait certes, la dureté de la passe d'armes à venir, mais dans sa majorité, il ne faisait pas de doute qu'elle puisse la surmonter. Il n'y avait pas d'enthousiasme, mais certainement la détermination de donner le meilleur.

En bas à gauche : Inscription conservée sur une maison dans le bourg de Richelieu, cantonnement du *SS-Feld-Ersatz-Bataillon 17*. (Photo J. Brière)

A droite: Dessin gravé conservé dans une pièce servant de cellule aux soldats de la "GvB" dans le même secteur. (Photo Ph. Esvelin)

Bottom left : This inscription still remains on a house in the village of Richelieu, where SS-Feld-Ersatz-Bataillon 17 was quartered. (Photo courtesy J. Brière).

Right : An engraved drawing preserved in a room used as a cell by soldiers of the "GvB" in the same sector. (Photo courtesy J. Brière).

Unten links: Markierung in Richelieu, die gut erhalten ist. Hier lag das Feld-Ersatz-Battaillon 17. (Foto Brière).

Rechts: Zeichnung in einem Zimmer, das von Soldaten der "GvB" als Arrestzelle benutzt wurde. Sie ist in die Wand gekrazt und erhalten. Gleiche Örtlichkeit. (Foto Ph. Esvelin).

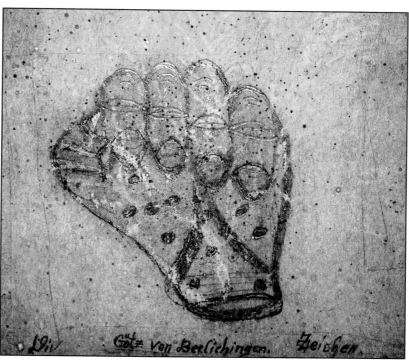

3 Forerunners of Invasion

Spring 44

In the spring of 1944, as we have already seen, the High Command was indeed expecting a landing in the West as the Allied air force became more and more active.

Although very weak, the Luftwaffe did what it could, sending out the odd spotter plane to report major concentrations of shipping in the English ports along the Channel coast.

According to the Wehrmachtberichte from the end of April to the end of May, the Luftwaffe carried out aerial attacks on the regions and ports of southern England, especially Hull (21 April), Plymouth (30 April), Bristol (15 May), Portsmouth (16 May), Torquay and Brighton (29 May), Falmouth and Portsmouth (30 May).

These were nothing like the ones launched by the R.A.F and the US Air Force, witness this excerpt from the K.T.B of O.K.W :

« On 27 April, the enemy attacked for the first time, methodically, our coastal fortifications in the Calais area and further east. From now on he is pursuing these attacks with increasing violence ; but as it happens, losses in personnel have remained very slight, as have losses of equipment, and these were quickly replaced. During the period between 15 and 21 May, 53 strongpoints from Calais to Cherbourg were attacked. During these, 4 fortress type constructions, including 2 works with embrasure were slightly damaged. Four reinforced field installations were destroyed and 11 damaged. Of the field positions, 10 were destroyed and 16 damaged. As for heavy arms, 16 are temporarily out of order, none was destroyed.

Losses in men : 26 killed, 13 missing and 93 wounded.

Even if northern France as far as Holland and as far as the Loire continues to take the brunt of these attacks, the attacks have spread to almost the whole of France...

From 20 to 26 May, 500 locomotives were damaged...

In addition to this, in the second fortnight of May, the enemy began his attacks on the bridges over the Seine. Up to the end of the month, every bridge from the river mouth to Paris was cut off...

On 27 May, in the West, 6 000 incursions and fly-overs were reported, implying maximum commitment (of aircraft), something not seen until now ; 2 000 incursions were directed against northern France. »

In the Wehrmachtberichte for May 1944, no less than 14 air raids on western territories were reported for the period 01- 26.05.44. Notice that the one on Saumur is not mentioned.

For 13 May 1944, we read :

« ... The powerful continual attacks by the Anglo-American bombers against the occupied territories in the West may be viewed as a preparation for invasion. In the period from 1-10 May, the enemy lost 182, including 120 four-engined, aircraft in these attacks... »

During the night of 31.05 to 1.06.44 there was an air raid over Saumur and the report was consigned in the K.T.B of SS-Flak-Abteilung 17 :

1.06.44 :

- 00.05-01.56

Intense aerial incursions coming from the North and describing circles in the Angers-Saumur area, then fly-overs heading South.

- At c. 02.00 : incursions of powerful formations coming from the North, south of Laval and east of Le Mans.

Approach flight over Saumur.

- 02.10 : dropping of flash bombs.

- 02.14 : dropping of fairly large quantities of explosive bombs.

- 02.15 : Fluko-Leitung (Flugmeldekommando-Leitung : aerial surveillance command) destroyed. Departures were not observable.

- At c. 03.00 : End of the air raid

the attack was carried out by about 50 aircraft.

Effect : damage to the station and railroad installations and to a road bridge over the Loire owing to the dropping of fairly large quantities of bombs, including time bombs. Highly explosive effect. At 50 m distance from the CP, a stick of 5 500 kg of bombs dropped.

Loss on our side : 1 man killed.

During the daytime, no enemy over our area. »

During the day, a much more detailed report was issued by the divisional Ia for forwarding to I. SS-Panzer-Korps (Annex n° 229) :

« During the night of 31.05 to 1.06, a bombing raid took place over Saumur. Beginning at 02.14, some 150 to 200 bombs were dropped, some of which, being fitted with time fuses, did not explode until the early hours of the morning.

Around 50 twin-engined aircraft were spotted. There were 90 planes altogether. At around 02.11, 10 enemy planes dropped 60 white flare bombs and a red-green marker bomb with most of them falling over the northeast side of Saumur.

The main bomb dropping zones : Saumur station, railroad installations and the northern section of the road bridge across the Loire (10 hits) ; station and northern section of the bridge badly damaged. In the early hours of the morning, a time bomb exploded in the middle of the northern section of the bridge, destroying it at that point. SS-Flak-Abteilung 17, following orders, did not open fire because it was dark and they had no searchlights. As of 02.30, with the 8,8 cm battery favorably placed with some light, 9 rounds of harassing fire were shot. A low altitude attack that had been spotted was repulsed by 2 cm Flak.

Ammunition consumption :

58 rounds of 8,8 cm Z.Z (Zeitzünder : time fuses)

3 rounds of 3,7 cm Sprgr. (explosive shells)

20 rounds of 2 cm Sprgr.

Losses in personnel to SS-Panzer-Grenadier-Regiment 38 and SS-Flak-Abteilung 17 :

altogether 9 wounded, 2 killed and 1 missing.

Losses of equipment :

I-Staffel (repair echelon) of SS-Flak-Abteilung 17 destroyed by a direct hit.

Immediately following the air raid, SS-Panzer-Grenadier-Regiment 38 and SS-Flak-Abteilung 17 undertook the necessary rescue operations and clearance work. Men of SS-Flak-Abteilung 17 and the bridge guard, who had been buried, were pulled out from under the rubble safe and sound. »

The intensification of the bombings and low altitude attacks inevitably caused the loss of aircraft and crews.

While the loss of Allied aircraft often led to the deaths of their crew members, some did manage to parachute to safety. They were picked up by the local people or Resistance fighters and got back to England through various channels. Others were captured and taken prisoner.

On 1.06.44, A.O.K.1 dispatched a directive to the Division (A.O.K.1.Ia Nr.2784/44 geh.v.30.5.44) on how shot down enemy airmen were to be treated :

O.B.West ordered (as follows) :

« I have been informed that an enemy airman, who baled out after his aircraft was destroyed, was given a cigarette by an NCO before the eyes of a fairly large crowd of soldiers and locals who had gathered.

I do accept that there may be special cases, such as interrogations etc. where small gifts of this kind are a means to achieving an end.

However immediately after shooting down an enemy who only minutes previously was dropping bombs is entirely inappropriate behavior and merely likely to give the local civilian population the impression of a degree of solidarity and camaraderie with the enemy. The (crews) of terrorist bombers, massacring defenseless women and children, are not comrades.

The troop must be informed at once that such kindness, which we understand to be wrong, is misplaced when confronting an enemy who only fights using the most barbaric means of terror, and that any such unworthy behavior must be reported and punished in disciplinary terms. »

On 1 June 1944 the report (Meldung) on the situation (Lage) of 17. SS-Panzer-Grenadier-Division « Götz von Berlichingen » was sent in to the superior authority to which it then reported : I. SS-Panzer-Korps.

1 — Situation in personnel at the reference date (Stichtage)

a) Personnel

	Soll	Fehl
Offiziere	584	233
Unteroffiziere	3566	1541
Mannschaft	14204	+741
Hiwi		(959)
Insgesamt	18354	1033

b) Replacement

Offiziere : 14

Uffz und Mannsch. : 40

c) Losses and other departures

	tot	verw.	verm.	krank	sonst
Offiziere	-	-	-	1	2
Uffz.u. Mannsch.	8 63	83	-	-	-
Insgesamt :	8 85				64

2 — Situation in equipment

Table 1 (over 150 mm)

The Panzerjäger-Kompanie (Sf) (3./.SS-Panzerjäger-Abteilung 17 not counted in the Soll).

Situation in equipement		Soll	Einsatzbereit	in kurzfristiger Instandsetzung
Sturmgesch.		42	37	5
Panzer III		3	0	0
Schtz.Pz.Sp.Art.Pz.B (o.Pz.Fu.Wg)		35	26	0
Flak (Sfl)		26	11	0
Kräder	Ketten	42	0	0
	m.angtr.Bw	274	61	6
	sonst.	369	389	34
PKW	gel.	1043	763	47
	o.	83	459	9
Lkw	Maultiere	31	18	2
	gel.	874	50	7
	à.	812	121	22
		Soll	Ist	in kurzfristiger Instandsetzung
Zgkw	1-5 to	171	5	0
	8-18 to	50	6	0
RSO		2	2	0
s.Pak		27	+(8)(22)	+1
Art.Gesch.		41	40	1
MG		1154	1050 (950)	14 (8)
sonstige Waffen		225++	232	13

This refers to Panzerjäger 38 (t) Sd.Kfz 138 Ausführung H or M.

++ comments :	Soll	Ist
8,14 cm Granatwerfer	99	99
Ofenfohre	0	5
5 cm Pak	1	33
7,62 cm Pak (r)	0	3
1e.I.G 18	2	8
s.I.G 33	12	12
2 cm KwK	18	13
2 cm Flak 38	38	44
2 cm Flakvierling	7	7
3,7 cm Flak	9	9
8,8 cm Flak	12	12
Insgesamt	225	245

Brief value judgement by the Kommandeur :

With 2/3 of the men having had 25 weeks of training and 1/3 22 weeks, the Division has reached the stage of training as part of the established formation.

Troop behavior : very good.

signed : Ostendorff

On 1 June 1944, the report was sent in.

During the night of 1-2.06.44, Saumur was again targeted by Allied aircraft as the SS-Flak-Abteilung 17 K.T. B. indicates :

« - 00.10 : approach of some fairly powerful formations coming in from the North. Heading directly for Saumur.

- 00.38 : dropping of flash bombs east of Saumur.

- 00.42-02.10 : dropping of fairly large quantities of bombs, then headed off northwards.

- 01.58-01.59 : destruction of a « Halifax » (4-engine) by 2 cm 1. Batterie of the Flak platoon. 7 occupants, including 4 officers and one senior master sergeant killed, 1 officer and one senior master sergeant taken prisoner.

Losses on our side : none.

Effect : badly damaged railroad installations. Bridges not hit.

- 01.55 (actually 12.55, author's note) : daylight attack by 10 to 12 American Lightning aircraft on battery positions ; the formation was dispersed without be able to drop its bombs or fire. During the hours of the evening and night, isolated incursions of aircraft which however veered off northwards before reaching the area. »

On 3.06.44, at around 10.00 hours, reports came in of a few aircraft, probably spotter planes, flying overhead in the area with targets to be protected. They headed off northwards at 12.05. In the afternoon, the air space was clear.

At around 22.00, fairly powerful formations in Paris air space.

4.06.44 :

- 00.06-00.52 : north to south fly-overs.

- 00.36-01.20 : air raid warning.

- 00.55-04.14 : south to north fly-overs.

- 00.46 : a few fighters take off for night fighting.

- 19.19 : a formation of 64 Liberators arrives from the North, heads West.

- 19.24 : some 30 km north-west of Le Mans another formation of 100 aircraft reported heading South-East.

- 19.30 : 31 aircraft circle 35 km north of Angers and, after a few minutes, head off towards Nantes.

- 19.30 : batteries report explosions in direction 3. »

Up until the evening of 5.06.44, apart from a few fly-overs and approach or flyby flights, there would be no attack on Saumur, but the Fluko at Angers often reported enemy incursions in distant spaces.

In view of the fresh spate of actions by the Resistance movements, there was an ongoing obsession with such attacks among the units of the « Götz », witness this account by the Divisions-nachschub-Führer, SS-Sturmbannführer Sarnow :

« During training, we set up a munitions dump in a limestone cave at Tourtenay (north-west of Thouars, author's note). As we had had it checked out by a detection platoon, the cave had a roof some 60 m thick. In charge of surveillance, storage and management of the munitions there was the Nachschub-Kompanie under SS-Hauptscharführer Raiser, who spoke fluent French. After exploding some small quantities of dynamite and doing some clearance work, you could get some fairly large trucks in, and out again after going round inside. However, the cave was in exposed terrain where the underground was operating. Occupation for security reasons by the Nachschub-Kompanie was relatively low, weakened by some of its detachments on their way to other equipment depots and other fuel distribution centers. Before the start of the invasion it happened to me too, on a surveillance trip there, I was machine-gunned in my light car ; once again I was lucky to see a shot fired from a Citroën car coming the other way land exactly between Heinz my driver and myself through the windshield. Although we were doing around 80 kph, we contrived to keep the car on the road. An SS-Hauptsturmführer who had been assigned to the Nachschub-Kompanie at Tourtenay was killed around this time defending himself against Resistance fighters near Tourtenay. »

We may add here the personal account of SS-Untersturmführer Günther, then Zugführer (platoon commander) of 2./SS-Aufklärungs-Abteilung 17 :

« At Tourtenay — a rocky nest south of the Loire river —, we had a very awkward mission. The Kompanie had guard over shells, warheads, the whole bag of tricks. Because from several sources, it had come to the notice of German counter-espionage that an attack on this munitions dump was on the way. Either counter-espionage had been taken in by somebody or our presence gave the "patriots" the jitters. Either way, nothing happened until 6 June! »

It was doubtless to strengthen the defense of this dump against possible Resistance attacks that on 2.06.44 the following order was issued to SS-Aufklärungs-Abteilung 17, whose companies were not far outside Tourtenay.

Ia Tgb.Nr 382/44 g.Kdos

Re : security at the munitions dump near Tourtenay.

To SS-Pz.A.A.17 :

1 — To protect the munitions dump near Tourtenay, SS-Panzer-Aufklärungs-Abteilung 17 will transfer, as of 4.06.44, one company in alternation to bivouac near the depot.

2 — The munitions dump will be guarded by a platoon of a Nachschub 6 Kp (resupply company)

Link up with the troopers by the company due to bivouac in order to ensure rapid night alert stations as quickly as possible.

Provide for enough live ammunition in the bivouac.

3 — Despite this, all exercise projects are to go ahead.

4 — Execution report by 6.06.44 at 18.00 to the Divi-

sional Ia. »

On 2.06.44, according to an order issued by the Divisional Ia, SS-Pionier-Bataillon 17 was employed in clearance work at Saumur, following aerial bombardments on 1 and 2.06.44.

Here is the report submitted to the Ia on 4.06.44 :

« SS-Pionier-bataillon 17 reports the following works executed on 3.06.44 :

« 1 — Work period of 2.Kp : 2.06.44, 17.30-21.30 3.06.44, 07.15-22.00 hours.

a) creation of a passage over the underground rail passage (c. 140 m3 rubble and stones cleared) ;

b) laying of a 24 ton temporary bridge over the damaged underpass. Length 12 m, plus 4 m access, 4 m way down, bridge 5,8 m usable width ;

c) clearance works – road to Angers along the station ;

d) repairs to main roads destroyed for rail traffic over a length of 200 m.

2 — Work period of 3.Kp : 3.06.44, 08.30-17.00 hours and one platoon 16.00-20.00.

a) construction of a footbridge across the Loire 13,5 m long ;

b) loading of 11 double T girders. »

On 5.06.44, SS-Pionier-Bataillon 17 reported on work carried out on 4.06.44 :

1 — 1.Kp : work period on 4.06.44, 06.00-19.00.

a) (road bridge). Road passage over the completed rail tunnel 24 ton bridge)

b) 5 bomb craters filled in along the road.

2 — One destruction squad of 3.Kp. Work period 07.00-20.00.

Preparations and dynamiting of a damaged bridge arch at Saumur. Superstructure dynamited over a length of 28,5 m using 200 kg of engineer's explosive. Dynamiting proceeded without incident.

3 — One welding and cutting platoon of the Stabs-Kp (command company) ;

One welding and cutting platoon of the le.Brüko (light bridge column)

Work period : 07.00-18.00, used to cut and remove girders and rails at Saumur station. »

We end by reporting that, on 5.06.44, at 13.05, a P 51 Mustang fighter plane was downed by 2./SS-Flak-Abteilung 17 near Montsoreau, east of Saumur.

During these last few weeks there appeared to be a hardening in the attitude of the local population and reticent and grumpy behavior from the French authorities whose relations with the Occupying Germans had so far been fairly acceptable.

There were also a number of incidents in connection with the activity of the Resistance in the Division's establishment area and some vague awareness of more intense subversion in the neighboring areas.

The troops of course felt it in their bones that the coming battle was going to be a fierce one, but most of them had no doubt but that together they would pull through. They may not have been exactly raring to go, but they were certainly determined to give it everything they had got.

Autre dessin réalisé dans la même pièce (voir page 153) servant de cellule. (Photo Ph. Esvelin.)

Another drawing made in the same room (see page 153) used as a cell. (Photo courtesy Ph. Esvelin).

Noch ein Foto einer Zeichnung in diesem Zimmer (vgl. S. 153). (Foto Ph. Esvelin).

Frühjahr 1944

Wie wir bereits gesehen haben, rechnete das deutsche Oberkommando, vor allem wegen der zunehmenden feindlichen Lufttätigkeit, im Frühjahr 1944 mit einer Invasion im Westen.

Im Rahmen ihrer begrenzten Möglichkieten fliegt die deutsche Luftwaffe gelegentlich Aufklärung über den englischen Küstenstrichen am Ärmelkanal. In den englischen Häfen stellt sie starke Schiffskonzentrationen fest.

Die Wehrmachtsberichte sprechen Ende April und Anfang Mai von deutschen Luftangriffen auf Südengland und die dortigen Häfen. Dabei werden die Angriffe auf Hull (21. April), Plymouth (30. April), Bristol (15. Mai), Portsmouth (16. Mai) sowie Torquay und Brighton (29. Mai) und schließlich Falmouth und Portsmouth (30. Mai) besonders hervorgehoben.

Auch wenn Nordfrankreich bis hin zum holländischen Raum und bis hinunter zur Loire der Angriffsschwerpunkt bleibt, dehnen sich die Angriffe allmählich auf ganz Frankreich aus...

Zwischen dem 20. und dem 26. Mai wurden so 500 Lokomotiven beschädigt...

Ergänzend muss festgestellt werden, dass in der zweiten Maihälfte der Gegner Angriffe gegen die Seine-Brücken fliegt. Bis Monatsende hat er sämtliche Seine-Übergänge zwischen Paris und Flussmündung zerstört.

Allein am 27. Mai wurden im Westen 6000 Ein- und Überflüge festgestellt. Dies stellte die höchste bis dahin beobachtete Einflugzahl dar.

2000 Einsätze flogen die Alliierten an diesem Tag gegen Nordfrankreich.

Den Wehrmachtsberichten des Monats Mai 1944 sind zwischen dem 1. und 26.5.44 14 Luftangriffe auf die Westgebiete zu entnehmen. Bleibt anzumerken, dass der Angriff auf Saumur keine Erwähnung findet.

Unter dem 13. Mai 1944 ist nachzulesen:

> Bei allen Übungen außerhalb der Umgebung der Unterkunft ist ausreichende scharfe Munition mitzunehmen, um gegen Angriffe von Banden für das erste Gefecht munitioniert zu sein.

Im Verlauf der Nacht vom 31.5 auf den 1.6. 44 fand ein Luftangriff auf Saumur statt. Im K.T.B. der SS-Flak-Abteilung 17 findet sich der folgende Bericht über dieses Ereignis:

> Sämtliche Flakeinheiten der Div. werden ab sofort zum Schutze folgender kriegswichtiger Anlagen eingesetzt:
>   a) SS-Flak-Abt. 17 für Eisenbahn- und Straßenbrücke über die Loire nördl. Saumur.
>   b) die halbe 14. SS-Pz.Gren.Rgt.38 für Straßenbrücke über die Loire bei Montsoreau.

> Straßenbrücke über die Loire bei Montsoreau.
>   c) Flak-Zug SS-Div.Sich.Kp.17 für Eisenbahnviadukt Westrand Thouars.
>   d) Vierlingsflakzug SS-Art.Rgt.17 für Eisenbahnviadukt Airvault.
>   e) die halbe 14./SS-Pz.Gren.Rgt. für Eisenbahnviadukt Parthenay.
> Feuererlaubnis bei erkanntem Feindangriff auf die Brücken.

Im Laufe des Tages erstellt der la der Division für das I. SS-Panzer-Korps (Anlage 220) einen sehr viel ausführlicheren Bericht:

> In der Nacht vom 31.5. zum 1.6. erfolgte ein feindlicher Luftangriff auf Saumur. Ab 02.14 Uhr wurden etwa 150-200 Bomben abgeworfen, davon detonierten infolge Zeitzündung einige erst in den frühen Morgenstunden.
>
> Es wurden etwa 50 zweimot.Flugzeuge erkannt, insgesamt handelte es sich um 90 Flugzeuge. Etwa 10 Flugzeuge setzten um 02.11 ca. 60Leuchtbomben weiss und eine Markierungsbombe grün - rot mit Masse über dem Nordosteil Saumur ab.
>
> Hauptbombenabwurfzone Bahnhof Saumur, Eisenbahnanlagen und nördlicher Teil der Straßenbrücke über die Loire (10 Volltreffer). Bahnhof und nördlicher Teil der Brucke stark beschädigt, in den frühen Nachmittagsstunden detonierte ein Zeitzünder in der Mitte des nördl. Teils der Bücke und zerstörte sie an dieser Stelle.
>
> SS-Flak-Abt. 17 eröffnete befehlsgemäß zunächst das Feuer infolge Dunkelheit und fehlenden Scheinwerfergerätes nicht. Ab 02.30 Uhr wurde mit zunehmender Helligkeit 8,8 cm Batterie insgesamt 9 Gruppen Störungsfeuer geschossen. Ein erkannter Tiefangriff wurde durch 2 cm Flak abgewehrt.
>
> Munitionsverbrauch :   58 Schuß 8,8 cm Z.Z
>   3 Schuß 3,7 cm Sprgr.
>   20 Schuß 2 cm Sprgr.
>
> Personelle Ausfälle bei SS-Pz.Gren.Rgt. 38 und SS-Flak-Abt. 17 insgesamt 9 Verwundete, 2 Tote und 1 Vermißter.
>
> Materielle Ausfälle: I-Staffel der SS-Flak-Abt. 17 durch Volltreffer zerstört.

Bei Bomben — und Tiefangriffen kommt es unvermeidlich zu Verlusten an Flugzeugen und Besatzungen.

Während zahlreiche alliierte Flieger so den Tod finden, können sich andere durch Fallschirmabsprung retten.

Wenn sie bei der Bevölkerung oder der Résistance Zuflucht finden, gelingt ihnen auf organisierten Schleichwegen auch manchmal die Rückkehr nach England. Andere geraten dagegen in Gefangenschaft.

Am 1.6.44 weist das A.O.K. 1 mit der Laufnummer A.O.K. 1. Ia Nr. 2784/44 geh. v. 30.5.44 auf die Behandlung abgesprungener alliierter Flieger hin.

Der O.B. West gibt dazu folgende Weisung:

> „Es ist mir gemeldet worden, daß ein nach Abschuß abgesprungener Feindflieger vor den Augen einer größeren Ansammlung von Soldaten und Landeseinwohnern von einem Uffz. mit einer Zigarette beschenkt wurde.
>
> Ich stelle fest:
>
> Es mag besonders gelagerte Fälle geben, wie Vernehmungen usw.; wo derartige kleine Geschenke ein Mittel zum Zweck sind.
>
> Unmittelbar nach Abschuß eines Feindes, der kurz vorher noch Bomben geworfen hat, ist eine derartige Handlung jedoch völlig falsche Gefühlsduselei und nur geeignet, der Bevölkerung den Eindruck einer betonten kameradschaftlichen Solidarität mit dem Feinde zu übermitteln. Abgeschossene Terrorbomber, die wehrlose Frauen und kinder morden, sind keine Kameraden.
>
> Die Truppe ist sofort zu belehren, daß eine derartige, uns nur falsch ausgelegte Weichheit einem mit den grausamsten Mitteln des Terrors kämpfenden Feinde gegenüber nicht am Platze ist und daß jeder drartige Fall von Würdelosigkeit auf der Stelle zu melden und disziplinarisch zu ahnden ist."

Am 1. Juni 1944 geht eine Lagemeldung der 17.SS-Panzer-Grenadier-Division „Götz von Berlichingen" an die vorgesetzte Stelle, in diesem Falle das I. SS-Panzer-Korps.

Dieser Bericht wird am 1. Juni 1944 abgesandt.

Wie das K.T.B. der SS-Flak -Abteilung 17 berichtet, ist Saumur in der Nacht vom 1. auf den 2. Juni 1944 wieder Ziel alliierter Flugzeuge.

2.6.44:

0010 Uhr	Anflug stärkerer Verbände aus N.Direkter Kurs auf Saumur.
0038 Uhr	Abwurf von Leuchtbomben östlich Saumur.
0042-0210 Uhr	Abwurf größerer Mengen Sprengbomben, dann Abflug nach N.
0158-0159	Abschuß einer ‚Halifax· (4-mot.) durch 1.Battr. 2 cm Flaktrupp. Insassen 7, davon 4 Offz. und 1 Feldw. tot, 1 Offz. und 1 Feldw. gefangengenommen. (Siehe Bildteil.)
	Eigene Verluste: keine
	Wirkung: Beschädigung an den Bahnanlagen schwer, Brücken nicht getroffen.
0155 Uhr	Tagesangriff von 10 2-mot. USA-Kampfflugzeugen, Lightning' auf Battr.Stellungen. Verband wurde zersprengt und kam nicht zum Abwurf oder Beschuß. In den Abend- und Nachtstunden einzelne Einflüge von Maschinen, drehen jedoch vor Erreichen des Raumes nach N. ab.

Am 3.6.44 werden gegen 10 Uhr Überflüge im Gebiet der zu schützenden Anlagen gemeldet. Es handelt sich vermutlich um Aufklärungsflüge.

Der Gegner fliegt gegen 12.05 Uhr nach Norden ab.

Am Nachmittag gibt es keine weiteren Überflüge.

Gegen 22 Uhr werden starke Verbände im Raum Paris gemeldet.

		Soll	Einsatzbereit	in kurzfristiger Instandsetzung
Sturmgesch.		42	37	5
Panzer III		3	0	0
Schtz.Pz.Sp.Art.Pz.B (o.Pz.Fu.Wg)		35	26	0
Flak (Sfl)		26	11	0
Kräder	Ketten	42	0	0
	m.angtr.Bw	274	61	6
	sonst.	369	389	3 4
PKW	gel.	1043	763	4 7
	o.	83	459	9
LKW	Maultiere	31	18	2
	gel.	874	50	7
	à.	812	121	2 2
		Soll	Ist	in kurzfristiger Instandsetzung
Zgkw	1-5 to	171	5	0
	8-18 to	50	6	0
RSO		2	2	0
s.Pak		27	+(8)(22)	+ 1
Art.Gesch.		41	40	1
MG		1154	1050 (950)	14 (8)
sonstige Waffen		225++	232	1 3

4.6.44	
0006-0052	Durchflüge von N. nach S.
0036-0120	Fliegeralarm
0055-0414	Durchflüge von S. nach N.
0046	Starten eigener Jäger zur Nachtjagd.
1919	flog ein Verband von 64 Liberator von Norden ein, drehte nach Westen ab.
1924	etwa 30 km nordwestl. Le Mans weiter Verband von 100 Maschinen gemeldet, dreht nach Südosten ab.
1930	kreisen 31 Flugzeuge 35 km nordöstlich Angers und fliegen nach wenigen Minuten in Richtung 3.

Bis zum Abend des 4.6.1944, gibt es — ausgenommen einige An- und Vorbeiflüge — keinerlei Luftangriffe auf Saumur.

Das Fluko in Angers meldet dagegen häufig Einflüge im weiteren Luftraum.

An die SS-Aufklärungs-Abteilung 17 ergeht am 26.5.44 der untenstehende Befehl, der zweifellos dazu gedacht ist, mittels der nahe des Muni-Lagers Tourtenay stationierten Kompanien dessen Absicherung zu gewährleisten (Ia Tgb. Nr. 382/44 g.Kdos).

1.) Zum Schutz des Mun-Lagers bei Toutenay verlegt SS-Pz.A.A.17 ab 4.6.1944 eine Kompanie im Wechsel in Biwak in Nähe des Lagers.

2.) Das Mun.-Lager wird von einem Zug einer Nachschub-Kompanie bewacht.

Verbindung mit der Wachmannschaft ist durch die biwakierende Kompanie aufzunehmen, um schnelle Alarmierung bei Nacht in kürzester Frist zu gewährleisten.

Ausreichende scharfe Munition ist im Biwak bereitzustellen.

3.) Alle geplanten Übungsvorhaben sind trotzdem durch zuführen.

4.) Vollzugsmeldung über Verlegung zum 6.6.1944.

18.00 Uhr an Div./Ia.

Abschließend sei erwähnt, dass am 5.6.44 um 13.05 Uhr von der 2./SS-Flak-Abteilung 17 ein Feindflugzeug abgeschossen wird.

Es handelt sich um einen Jäger vom Typ P 51 Mustang, der nahe des östl. Saumur gelegenen Ortes Montsoreau abstürzt.

Während der letzten Wochen war eine Veränderung in der Haltung der Bevölkerung zum Unguten hin zu verzeichnen. Auch die französischen Behörden waren nicht mehr zu einer reibungslosen Zusammenarbeit bereit. Diese war bislang relativ korrekt gewesen.

Es kam auch zu einigen Vorfällen im Zusammenhang mit der Partisanenbewegung, die den Aufstellungsraum der Division betrafen. In den angrenzenden Gebieten war deren Aktivität allerdings stärker.

Die Truppe ahnte sicherlich die Härte des bevorstehenden Waffengangs, hatte aber mehrheitlich keine Zweifel an seinem günstigen Ausgang.

Wenn auch keine Begeisterung herrschte, so war doch die Entschlossenheit zu spüren, das Beste geben zu wollen.

Le *SS-Brigadeführer* (ici *SS-Standartenführer*) Werner Ostendorff.

Après avoir effectué son service dans la *Reichswehr*, puis dans la *Luftwaffe*, il rejoint la *SS-VT* (*Verfügungstruppe*) comme professeur de tactique. Il est affecté entre autres au régiment « *Der Führer* » de la *SS-V.T.Division* comme chef de compagnie, puis commande la *Fla.M.G.Abteilung* à la *Junkerschule* de Bad Tölz et enfin est nommé la *SS-Panzer-Grenadier-Division* « *Das Reich* » (à cette époque). En 1943, il reçoit le *Ritterkreuz* comme chef de *Kampfgruppe*. Au cours de la même année, chef d'état-major du *SS-Panzerkorps* du *SS-Obergruppenführer* Hausser et participe aux combats de Charkow. Avec effet du 26 novembre 1943, il est choisi pour commander la *17.SS-Panzer-Grenadier-Division* « *Götz von Berlichingen* », mais n'en prendra effectivement la direction qu'en janvier 1944. Le 20 avril 1944, il est promu *SS-Brigedeführer und Generalmajor der Waffen-SS*. Blessé le 15 juin 1944, il retrouvera sa Division du 21 octobre 1944 au 15 novembre 1944 avant de recevoir d'autres affectations.

SS-Brigadeführer (here SS-Standartenführer) Werner Ostendorff.

After serving in the Reichswehr, then the Luftwaffe, he joined the SS-VT (Verfügungstruppe), teaching tactics. He was assigned among others to the "Der Führer" Regiment, the SS-V.T.Division as company commander, then commanded Fla.M.G.Abteilung at the Junkerschule at Bad Tölz and lastly was assigned to SS-Panzer-Grenadier-Division "Das Reich" (at this time). In 1943, he was awarded the Ritterkreuz as a Kampfgruppe commander. That same year, he was chief-of-staff of SS-Panzerkorps under SS-Obergruppenführer Hausser and took part in the battle of Charkow. As of 26 November 1943, he was chosen to command 17.SS-Panzer-Grenadier-Division "Götz von Berlichingen", but only actually took over command in January 1944. On 20 April 1944, he was promoted to SS-Brigadeführer und Generalmajor der Waffen-SS. Wounded on 15 June 1944, he returned to his Division from 21 October 1944 to 15 November 1944 before moving on to fresh assignments.

Vue actuelle de la place de l'église à Thénezay.
Photo J. Brière.

Today in Thénezay

Heute in Thénezay

Brigadeführer (hier Standartenführer) Werner Ostendorff.

Nach Dienst in Reichswehr und Luftwaffe, geht er zur SS-Verfügungstruppe (SS-VT) als Taktiklehrer. Unter anderem gehört er dem Regiment „Der Führer" als Kp.-Chef an. Dann kommandiert er die Fla-MG-Abteilung der Junkerschule Bad Tölz. Später wird er zur SS-Panzer-Grenadier-Division (später Pz.Div.) „Das Reich" versetzt.

1943 erhält er als Kdr. einer Kampfgruppe das Ritterkreuz.

Im gleichen Jahr kommt er in den Stab des SS-Panzerkorps von SS-Obergruppenführer Hausser. Teilnehmer der Kämpfe um Charkow. Mit Wirkung vom 26. Nov. 43 wird er zum Kdr. der 17. SS-Panzer-Grenadier-Division „Götz von Berlichingen" bestellt.

Erst im Jan. 44 kann er tatsächlich die Divisionsführung übernehmen.

Am 20. April 1944 wird er zum SS-Brigadeführer u. Generalmajor der Waffen-SS ernannt. Am 15. Juni 44 wird er verwundet. Zwischen dem 21. Okt. und dem 15. Nov. 1944 befehligt er die Division aufs Neue, bis er schließlich abkommandiert wird.

1) Le 2 mai 1944 à Thénezay, le *Generaloberst* Heinz Guderian, *Generalinspekteur der Panzerwaffe*, en visite à la *SS-Panzer-Abteilung 17*. Derrière lui, le *Sturmbannführer* Dedelow, chef de la *1.Kp*.

2) Le *General der Panzertruppen* Geyr von Schweppenburg à rejoint le groupe.

3) Officiers et sous-officiers de l'unité blindé à Thénezay.

4) Soldats de la *Stabskompanie* devant leur casernement à Mirebeau.

5) Le *Hauptscharführer* Hans Reinecke de la *3./SS-Panzer-Abeilung 17*. Il a disparu en mai 1944 près de St Jean de Sauves, au nord-ouest de Mirebeau dans la Vienne.

6) Un Sturmgeschütz IV de la *1./SS-Panzer-Abteilung 17* dans la cour du château St Loup-sur-Thouet au sud d'Airvault. Noter le train de roulement et le barbotin identifiant une base de chassis de Panzer IV Ausführung H.

1) 2 May 1944 at Thénezay, Generaloberst Heinz Guderian, Generalinspekteur der Panzerwaffe, on a visit to SS-Panzer-Abteilung.17. Behind him is Sturmbannführer Dedelow, commander of 1.Kp.

2) General der Panzertruppen Geyr von Schweppenburg has joined the group.

3) Officers and NCOs of the tank unit at Thénezay.

4) Men of the Stabskompanie in front of their barracks at Mirebeau.

5) Hauptscharführer Hans Reinecke of 3./SS-Panzer-Abteilung 17. He went missing in 1944 near St Jean-de-Sauves, north-west of Mirebeau in the Vienne department.

6) A Sturmgeschutze IV of 1./SS.Panzer-Abteilung 17 in the courtyard of château St Loup-sur-Thouet, south of Airvault. Notice the running gear and the idling wheel identifying the chassis base of a Panzer IV Ausführung H.

1) Am. 2 Mai 1994 besucht Generaloberst Heinz Guderian, der Generalinspekteur der Panzerwaffe, die SS-Panzer-Abteilung 17 in Thénezay. Hinter ihm:Sturmbannführer Dedelow, Chef der 1.Kp.

2) General der Panzertruppe Geyr von Schweppenburg ist zu der Gruppe getreten.

3) Offiziere und Unteroffiziere der Panzereinheit in Thézenay.

4) Soldaten der Stabskompanie vor ihrer Unterkunft in Mirebeau.

5) Hauptscharführer Hans Reinecke von der 3./SS-Panzer-Abteilung 17. Er wird seit Mai 1944 bei St Jean-de-Sauves, nordöstl. Mirebeau im Department Vienne, vermißt.

6) Sturmgeschütz IV der 1./SS-Panzer-Abteilung 17 im Hof des Schloßes St-Loup Lamaire südl. Airvault. Beachte das Fahrwerk und das Triebrad, die auf ein Panzer IV Ausf. H - Chassis hindeuten.

1

2

3

1) L'*Untersturmführer* Karl-Heinz Simon de la *3.Kp.* avec des sous-officiers et officiers à Thénezay.

2) Nettoyage du blindé.

3) Discussion entre une auxilliaire féminine et le *Stabsscharführer* Borcherling.

4) Le *Sturmmann* Gustav Pahnke coiffé d'une casquette modèle 43 du modèle pour l'arme blindée.

5) Bain de soleil pour un équipage de Sturmgeschütz, nous sommes en mai 1944.

1) Untersturmführer Karl-Heinz Simon of 3.Kp. with NCOs at Thénezay.

2) Cleaning the tank.

3) Discussion between a female orderly and Stabsscharführer Borcherling.

4) Sturmmann Gustav Pahnke wearing a 43 model cap for the armored arm.

5) A Sturmgeschütz crew sunbathing in May 1944.

1) Untersturmführer Karl-Heinz Simon von der 3.Kp. mit Unterführern in Thénezay.

2) Panzerwaschen.

3) Stabscharführer Borcheling im Gespräch mit einer Stabshelferin.

4) Sturmmann Gustav Pahnke trägt eine Panzermütze Typ 43.

5) Sturmgeschützbesatzung nimmt ein Sonnebad. Wir schreiben Mai 1944.

3

4

5

1) Une pièce de 37 mm Flak 36 et ses servants de la *SS-Panzer-Abteilung 17*.

2) La 3ᵉ section de la *1./SS-Pionier-Bataillon 17* à Montsoreau peu avant leur montée au front de Normandie. Au loin, la Loire.

3) Deux soldats de la même unité.

4) L'*Untersturmführer* Erwin Klett, chef de section dans cette unité.

5) Un poste de radio du *SS-Pionier-Bataillon 17* pendant l'instruction en France.

6) 5ᵉ groupe de la 2ᵉ section de la *1./SS-Pionier-Bataillon 17*. Noter les tenues camouflées, en majorité des *Tarnjacken* du second modèle et deux vestes « petit pois » au premier plan. De gauche à droite, on reconnaît les soldats Bölke, Schröder, Hühn, Hölz, Valter, Hoidl, Hack, Hillmeier, Wittmann, Zaigler et Hölz.

1) A 37 mm Flak 36 gun and crew of SS-Panzer-Abteilung 17.

2) The 3rd platoon of 1./SS-Pionier-Bataillon 17 at Montsoreau shortly before moving up to the front in Normandy. In the distance is the Loire River.

3) Two men of that same unit.

4) Untersturmführer Erwin Klett, a platoon commander with that unit.

5) A wireless set of SS-Pionier-Bataillon 17 during training in France.

6) 5th group of the 2nd Platoon, 1./SS-Pionier-Battaillon 17. Notice the camouflage dress, mostly second model Tarnjacken and two "pea jackets" in the foreground. From left to right, we recognize pfcs Bölke, Schröder, Hühn, Hölz, Valter, Hoidl, Hack, Hillmeier, Wittmann, Zaigler and Hölz.

1) Eine 3,7 cm Flak 38 mit Bedienung von der SS-Panzer-Abteilung 17.

2) Der dritte Zug der 1./SS-Pionier-Bataillon 17 in Montsoreau kurz vor dem Abmarsch in die Normandie. In der Ferne fließt die Loire.

3) Zwei Soldaten der gleichen Einheit.

4) Untersturmführer Erwin Klett, Zugführer in dieser Einheit.

5) Funkgerät des SS-Pionier-Bataillons 17 im Einsatz bei der Ausbildung in Frankreich.

6) 5. Gruppe, 2. Zug der 1./SS-Pionier-Bataillon 17, Beachte die Tarnbekleidung, mehrheitlich Tarnjacken der späteren Ausführung, sowie Jacken mit "Erbstarnmuster" im Bordergrund.

V.l.n.r. die Soldaten Bölke, Schröder, Hühn, Hölz, Valter, Hoidl, Hack, Hillmaier, Wittmann, Zaigler und Hölz II.

4

5

6

1) Le *SS-Sturmbannführer* Hans Krehnke (ici *SS-Hauptsturmführer*). Chef de la *9./38* jusqu'en juillet 1944. Il commandera successivement le *II./38*, après son affectation à l'*Auffangstab*, puis *IIa* de la Division (personnel) puis *Kommandeur* du *II./37* jusqu'à la capitulation.

2) Le *SS-Sturmbannführer* Walter Kniep, le *Kommandeur* de la *SS-Panzer-Abteilung 17*, tué accidentellement au cours d'un exercice le 22 avril 1944. Titulaire du *R.K*, de la *Deutsches Kreuz in Gold*, de l'*E/K.I* et de l'*Infanterie-Sturmabzeichen*.

3) Le *SS-Brigadeführer* en compagnie d'officiers de son état-major.

4) Le *SS-Sturmbannführer* Bernd Linn (ici *SS-Hauptsturmführer*), le *Ib* de la Division, chef de la section logistique (*Quartiermeister*).

5) Le *SS-Obersturmbannführer* (puis *SS-Standartenführer*) Binge. Il dirigea l'*Aufstellungsstab* (état-major de mise sur pied), puis commanda le *SS-Artillerie-Regiment 17* avant un commandement temporaire de la Division durant le mois d'août 1944.

1) SS-Sturmbannführer Hans Krehnke (ici SS-Hauptsturmführer). Commander of 9./38 until July 1944. He commanded successively II./38, after being assigned to the Auffangstab, then the divisional IIa (personnel) then Kommandeur of II./37 until Germany surrendered.

2) SS-Sturmbannführer Walter Kniep, Kommandeur of SS-Panzer-Abteilung 17, accidentally killed during an exercise on 22 April 1944. He held the R.K, the Deutsches Kreuz in Gold, the E/K.I and Infanterie-Sturmabzeichen.

3) The SS-Brigadeführer with his stafff officers.

4) SS-Sturmbannführer Bernd Linn (here SS-Hauptsturmführer), the divisional Ib, commander of the logistics section (Quartiermeister).

5) SS-Obersturmbannführer (later SS-Standartenführer) Binge. He headed the Aufstellungsstab (formation staff), later commanding SS-Artillerie-Regiment 17 before taking on temporary command of the Division during August 1944.

1) Sturmbannführer Hans Krehnke (hier noch Hauptsturmführer), Chef der 9./38 bis Juli 44. Dann Kdr. II./38, nachdem er eine Zeit lang beim Auffangstab war. Danach IIa (Personaloffizier) der Division. Schließlich Kdr. II./37 bis zum Kriegsende.

2) Sturmbannführer Walter Kniep, Kdr. SS-Panzer-Abteilung 17, verunglückt bei einer Übung am 22. April 1944. Er war Träger beider Eiserner Kreuze, des Infanterie-Sturmabzeichens, des Ritterkreuzes und des Deutschen Kreuzes in Gold.

3) Der Brigadeführer mit Offizieren seines Stabes.

4) Sturmbannführer Bernd Linn (hier als Hauptsturmführer), Ib der Division und Quartiermeister der „Götz".

5) Obersturmbannführer (später Standartenführer) Binge. Er leitete den Auffangstab, führte das SS-Artillerie-Regiment 17 und übernahm im August 1944 zeitweilig die Division.

3

4

4

5

1) Cette photo a sans doute été prise lors de la venue du *Reichsführer-SS* Himmler à Thouars le 10 avril 1944 pour la remise de la bande de manche « *Götz von Berlichingen* ». À gauche, le *Reichsführer-SS* Himmler, au centre, le *SS-Obergruppenführer* Sepp Dietrich, à droite, on reconnaît le *SS-Obersturmbannführer* Fick, le *Kommandeur* du *SS-Panzer-Grenadier-Regiment 37*.

2) Trois officiers du *SS-Panzer-Grenadier-Regiment 38*. De gauche à droite : le *SS-Obersturmbannführer* Horstmann, le *Kommandeur* du régiment, le *SS-Hauptsturmführer* Wahl, *Regiments-Adjutant* (adjoint régimentaire, à cette époque) et le *SS-Hauptsturmführer* Rettberg.

3) Le *SS-Hauptsturmführer* Wahl (au centre), en compagnie de deux officiers de la Division.

4) Le *SS-Sturmbannführer* Braune, le *Kommandeur* de la *SS-Flak-Abteilung 17*.

5) Le *SS-Untersturmführer* Göler von Ravensburg. Il servit au *SS-Artillerie-Regiment 17* et à la *SS-Flak-Abteilung 17*.

1) This photo must have been taken when Reichsführer-SS Himmler came to Thouars on 10 April 1944 to present the "Götz von Berlichingen" armband. On the left, Reichsführer-SS Himmler, in the middle, SS-Obergruppenführer Sepp Dietrich, on the right, we recognize SS-Obersturmbannführer Fick, Kommandeur of SS-Panzer-Grenadier-Regiment 37.

2) Three officers of SS-Panzer-Grenadier-Regiment 38. Left to right: the regimental Kommandeur, SS-Obersturmbannführer Horstmann, SS-Hauptsturmführer Wahl, Regiments-Adjutant (then regimental executive officer) and SS-Hauptsturmführer Rettberg.

3) SS-Hauptsturmführer Wahl (center), with two officers of the Division.

4) SS-Sturmbannführer Braune, Kommandeur of SS-Flak-Abteilung 17..

5) SS-Untersturmführer Göler von Ravensburg. He served with SS-Artillerie-Regiment 17 and SS-Flak-Abteilung 17.

1) Dieses Foto entstand vermutl. bei Ankunft des Reichsführer-SS Himmler am 10. April 44 in Thouars. Anlaß war die Verleihung des Ärmelstreifens „Götz von Berlichingen".

Links: Reichsführer-SS Himmler, Mitte: Obergruppenführer Sepp Dietrich. Auf der Rechten erkennt man Obersturmbannführer Fick, Kdr. SS-Panzer-Grenadier-Regiment 37.

2) Drei Offiziere des SS-Panzer-Grenadier-Regiments 38. Von links nach rechts: Obersturmbannführer Horstmann, Rgtskdr., Hauptsturmführer Wahl, Rgtsadj. Zu diesem Zeitpunkt, und Hauptsturmführer Rettberg.

3) Hauptsturmführer Wahl (Mitte) mit zwei anderen Offizieren der Division.

4) Sturmbannführer Braune, Kdr. SS-Flak-Abteilung 17.

5) Untersturmführer Göler von Ravensburg. Er diente im SS-Artillerie-Regiment und in der SS-Flak-Abteilung 17.

4

5

1) Le *SS-Sturmbannführer* Braune et le *SS-Untersturmführer* Glöckner, officier-adjoint de la *SS-Flak-Abteilung 17*. Ce dernier est assis sur un casier à bouteilles devant l'arbre. Photo prise en mai 1944.

2) Une revue à la *SS-Flak-Abteilung 17*. À gauche, l'officier portant un calot pourrait être le *SS-Sturmbannführer* Braune.

3) Le *SS-Sturmbannführer* Braune se recueille devant les tombes de soldats tués. À l'arrière-plan, des auxiliaires féminines. S'agit-il d'épouses de ces morts ?

4) Exercice mené par la *SS-Flak-Abteilung 17*. Une pièce de 2 cm Flak 30 où 38 et son pointeur.

5) Le *SS-Mann* Stephan Monse. Il servait à la *4./SS-Flak-Abteilung 17* du *SS-Untersturmführer* Kreil, celle qui abattit par mégarde un *Junkers 88* dans la soirée du 6 juin 1944 au-dessus de la Loire, à Saumur.

6) Un *SS-Unterscharführer*, sans doute de la *SS-Flak-Abteilung 17* porté disparu. Il est titulaire de l'*E.K.II*, de la médaille « *Winterschlacht im Osten 1941/42* » et du *Nahkampfabzeichen* (insigne des combats rapprochés).

1

1) SS-Sturmbannführer Braune and SS-Untersturmführer Glöckner, executive officer of SS-Flak-Abteilung 17. He is sitting on a bottle rack in front of the tree. Photo taken in May 1944.

2) Inspection at SS-Flak-Abteilung 17. The officer wearing a cap on the left may be SS-Sturmbannführer Braune.

3) SS-Sturmbannführer Braune stands silently at the graves of the dead soldiers. In the background, female auxiliaries. Are they perhaps the dead men's wives?

4) Exercise conducted by SS-Flak-Abteilung 17. A 2 cm Flak 30 or 38 gun and gun layer.

5) SS-Mann Stephan Monse. He served with 4./SS-Flak-Abteilung 17 under SS-Untersturmführer Kreil, the unit that accidentally shot down a Junkers 88 over the Loire river at Saumur on the evening of 6 June 1944.

6) An SS-Unterscharführer, doubtless of SS-Flak-Abteilung 17 reported missing. He held the E.K.II, the "Winterschlacht im Osten 1941/42" medal and Nahkampfabzeichen (close combat badge).

2

1) Sturmbannführer Braune mit Untersturmführer Glöckner, dem Adjutantgen der SS-Flak-Abteilung 17. Letzterer sitzt auf einer Kiste mit Flaschen vor einem Baum. Foto: Mai 1944.

2) Besichtigung bei der SS-Flak-Abteilung 17. Der Führer links, der eine Schirmmütze trägt, könnte Sturmbannführer Braune sein.

3) Sturmbannführer Braune an den Gräbern Gefallener. Im Hintergrund steht weibliches Personal. Angehörige der Toten?

4) Übung der SS-Flak-Abteilung 17. Eine 2 cm-Flak 38 oder 30 mit dem Richtschützen.

5) SS-Mann Stephan Monse. Er diente in der 4./SS-Flak-Abteilung 17 von Untersturmführer Kreil. Es handelt sich um die Einheit, die am 6.6.44 über der Loire bei Saumur versehentlich eine Ju 88 abschoss.

6) Unterscharführer, vermutl. v.d. SS-Flak-Abteilung 17, der als vermißt gilt. Er ist Träger des EK II, der Medaille Winterschlacht im Osten 1941/42 und der Nahkampfspange.

3

4

5

6

1) Equipage et *Kübelwagen* de la *Flak-Abteilung 17*.

2) C'est avec cette pièce de *Flak* que la *1./Batterie* abattera un Halifax début juin 1944.

3) Autre victime de la *Flak* de la « GvB », ce mustang dans un champ au printemps 1944.

4) L'*Obersturmführer* Baier de la *SS-Flak-Abteilung 17* devant les débris du Halifax.

5) Un pilote anglais plutôt étonnamment souriant avec des officiers de l'unité.

6) Le *SS-Sturmmann* Stefan Monse de la *SS-Flak-Abteilung 17*. De manière tout à fait non réglementaire, il porte l'aigle de poitrine du *Heer* sur sa manche gauche et la tête de mort des panzers sur sa *Feldmütze*. Cette photo a été prise lors de son séjour à l'hôpital ; Monse a dû ainsi improviser à cause de manque d'effets appropriés.

1) Crew and Kübelwagen of Flak-Abteilung 17.

2) This Flak gun was used by 1./Batterie to shoot down a Halifax early in June 1944.

3) Another kill of the "GvB" Flak, this Mustang in a field in the spring of 1944.

4) Obersturmführer Baier of SS-Flak-Abteilung 17 in front of the wreckage of the Halifax.

5) A British pilot is amazeingly cheerful with officers of the unit.

6) SS-Sturmmann Stefan Monse of SS-Flak-Abteilung 17. Against the regulations, he is wearing the Heer chest eagle on his left sleeve and the Panzer death's head on his Feldmütze. This photo was taken during his time in hospital; Monse was forced to improvise in this way, lacking the appropriate items.

1) Kübelwagen der Flak-Abteilung 17.

2) Mit diesem Flakgeschütz schoss die 1.Batterie Anfang Juni 1944 eine Halifax ab.

3) Noch ein Abschuss der "GvB" Flak: Im Frühjahr 1944 liegt diese Mustang auf dem Feld.

4) Obersturmführer Baier von der SS-Flak-Abteilung 17 vor den Halifax-Trümmern.

5) Englischer Pilot, der bemerkenswerterweise lächelt, mit Führer der Einheit.

6) Sturmmann Stefan Monse von der Flak-Abt. 17 trägt hier unvorschriftsmässig den Heeres-Brustadler am linken Oberarm. Falsch ist auch der Totenkopf der Panzertruppe an der Feldmütze. Die Aufnahme stammt aus einem Lazarettaufenthalt, wo sich Monse wegen Effektenmangel selbst beholfen hat.

1) Portant une *Einheits-Feldmütze* adoptée depuis juin 1943, le *SS-Unterscharführer* Günther Stephan sert à l'état-Major de la *SS-Flak-Abteilung 17*. Photo prise en avril 1944.

2) Le *SS-Unterscharführer* Schaffrath, chef de section à la *16. (Aufklärungs.)/38*.

3) Un 7,5 cm PaK 40 de la *Stabskompanie* du *SS-Panzer-Grenadier-Regiment 38*.

4) 1ʳᵉ section (*I.Zug*) de la *14.(Flak)/38* à Saumur en 1943. Au centre, le *SS-Unterscharführer* Becker.

5) Sortie dans Poitiers au printemps 1944.

1) Wearing a Einheits-Feldmütze adopted since June 1943, SS-Unterscharführer Günther Stephan served on the staff of SS-Flak-Abteilung 17. Photo taken in April 1944.

2) SS-Unterscharführer Schaffrath, platoon commander with 16. (Aufklärungs.)/38.

3) A 7,5 cm PaK 40 of the Stabskompanie, SS-Panzer-Grenadier-Regiment 38.

4) 1st Platoon (I.Zug) of 14. (Flak)/38 at Saumur in 1943. In the middle, SS-Unterscharführer Becker.

5) Outing to Poitiers in the spring of 1944.

1) Unterscharführer Günther Stephan dient im Stab der SS-Flak-Abteilung 17. Hier trägt er die im Juni 43 eingeführte Einheits-Feldmütze. Foto v. April 1944.

2) Unterscharführer Schaffrath, Zugführer in der 16. (Aufklärungs)/38.

3) Eine PaK 40 der Stabskompanie des SS-Panzer-Grenadier-Regiments 38.

4) 1. Zug der 14 (Flak) 38 in Saumur im Jahre 43. Mitte: Unterscharführer Becker.

5) Ausgang in Poitiers im Frühjahr 1944.

1

2

3

4

5

1) Un convoi de la « Götz » emprunte une large avenue dans une ville non identifiée avec un arc de triomphe.

2) Des troupes vont être passées en revue.

3) On procède au démontage de *Mauser-Kar. 98 K*.

4) Et à leur nettoyage.

5) Photo de groupe devant un casernement.

1) A convoy of the "Götz" goes down a broad avenue in an unidentified town with a triumphal arch.

2) Troops awainting inspection.

3) The Mauser-Kar. 98 K, dismantling.

4) And cleaning.

5) Group photograph in front of their barracks.

1) Kolonne der „Götz" in einer nicht identifizierten Stadt auf breiter Straße mit einem Triumphbogen.

2) Truppenbesichtigung.

3) Der Mauser-Kar. 98 K wird zerlegt.

4) Waffenreinigen.

5) Gruppenfoto vor der Kaserne..

1

2

3

4

5

179

1) Promenade sentimentale. À noter l'aigle porté sur l'*Einheits-Feld-Mütze*. Il était porté ainsi dans certaines unités des *Waffen-SS*.

2) Trois officiers en discussion. De gauche à droite, il pourrait s'agir du *SS-Sturmbannführer* Kniep, des *SS-Obersturmführer* Hörmann et Dedelow.

3) Une lettre à la bien-aimée?

4) Groupe de soldats devant un baraquement.

5) Une section de soldats à l'instruction. Une pause au cours de manœuvres.

(Photos L. Humbert)

1) A sentimental walk. Notice the eagle worn on the Einheits-Feld-Mütze. It was worn like this in certain Waffen-SS units.

2) Three officers in discussion. Left to right, possibly SS-Sturmbannführer Kniep, SS-Obersturmführer Hörmann and Dedelow.

3) A letter to the loved one...

4) Group of soldiers in front of a barracks.

5) A break during maneuvers.

1) Sentimentaler Spaziergang. Die Tragweise des Adlers an der Einheits-Feldmütze ist typisch für einige Einheiten der Waffen-SS.

2) Drei Offiziere im Gespräch. V.l.n.r.: (vermutl.) Sturmbannführer Kniep, die Obersturmführer Hörmann und Dedelow.

3) Ein Brief für die Heimat…

4) Besichtigung von Panzergrenadieren.

5) Manöverpause.

1

2

3

4

5

181

1) Un groupe d'*Unterscharführer* prend son repas en plein air avec un *SS-Untersturmführer* inconnu et le « *Spiess* », le *SS-Oberscharführer* Schulz (adjudant de compagnie).

2) De gauche à droite, l'*Uscha* Braune, l'*Uscha* Felber (tué à Louvigny, Loveningen, au sud de Metz), l'*Uscha* Erfurt (dont nous reparlerons plus loin), inconnu, *Ustuf* X, *Spiess Oscha* Schulz, *Uscha* Jäckel et *Uscha* Reimann.

3) Un détachement radio du *SS-Pionier-Bataillon 17*.

4) Des *Panzergrenadiere* sont passés en revue.

5) Le *SS-Standarlen-Oberjunker* Walter Ott de la *SS-Panzer-Abteilung 17*. Il porte une Schirmmütze dont le cercle de métal, qui en assurait la rigidité, a été enlevé. Ott était aussi interprète de français dans la *Pz.-Abt.17*.

1) A group of Unterscharführer taking an open air meal with an unknown SS-Untersturmführer and the "Spiess", SS-Oberscharführer Schulz (company warrant officer).

2) Left to right, Uscha Braune, Uscha Felber (killed at Louvigny, Loveningen, south of Metz), Uscha Erfurt (we shall be coming back to him), unknown, Ustuf X, Spiess Oscha Schulz, Uscha Jäckel and Uscha Reimann.

3) A radio detachment of SS-Pionier-Bataillon 17.

4) Panzergrenadiere inspection.

5) SS-Standarlen-Oberjunker Walter Obt of SS-Panzer-Abteilung 17. He is wearing a Schirmmütze from which the metal stiffening ring has been removed.

1) Eine Gruppe Unterscharführer beim Essen im Freien. Auch ein Untersturmführer und der Spiess, Oberscharführer Schulz, sind dabei.

2) V.l.n.r.: Uscha Braune, Uscha Felber (gef. b. Louvigny, Loveningen, südl. Metz), Uscha Erfurt, von dem noch die Rede sein wird, unbek. Untersturmführer, Spiess Oscha Schulz, Uscha Jäckel und Uscha Reimann.

3) Besichtigung von Panzergrenadieren.

4) Nachrichtenabteilung vom SS-Pionier-Bataillon 17.

5) Standartenoberjunker Walter Ott von der SS-Panzer-Abteilung 17 mit Schirmmütze. Der Innenbügel aus Metall, der für Festigkeit sorgte, ist verschwunden. Er war auch franz.Dolmetscher in der Pz.-Abt.17.

182

4

5

1) Un peu de repos pendant des manœuvres. À l'arrière-plan, le *Sturmgeschütz* n'a pas de *Schürzen* de protection. Le soldat, à droite porte une veste de treillis camouflée avec l'aigle de bras. Le calot noir porte également un aigle cousu sur le bandeau. Certains hommes n'ont pas de tête de mort sur leur coiffure.

2) Le *SS-Unterscharführer* Böckmann, de la *3./SS-Panzer-Abteilung 17*. Le 15 juin 1944, il détruit un *Sherman* dans le secteur de La Sadoterie, dans la Manche. Avec lui, le *SS-Unterscharführer* Haase, (à droite).

3) *4. Gruppe* du *II. Zug* de la 1./SS-Pionier-Bataillon 17*.

1) A short rest during maneuvers. In the background, the Sturmgeschütz has no protective Schürzen. The soldier on the right is wearing a drill camouflage jacket with the arm eagle. The black cap also bears an eagle sewn onto the headband. Some of the men have no death's head on their headgear.

2) SS-Unterscharführer Böckmann, of 3./SS-Panzer-Abteilung 17. On 15 June 1944, he destroyed a Sherman in the La Sadoterie sector, in the Manche department. With him is SS-Unterscharführer Haase, (right).

3) 4. Gruppe du II. Zug of 1./SS-Pionier-Bataillon 17.

1) Mahlzeit im Manöver. Das Sturmgeschütz hinten hat keine Schürzen. Der Soldat rechts trägt eine Weste aus Tarnstoff mit Adler am Arm.

Auf den oberen Teil seiner schwarzen Mütze ist ein Adler aufgenäht. Einige Männer haben keinen Totenkopf an der Kopfbedeckung.

2) Unterscharführer Böckmann v.d. 3./SS-Panzer-Abteilung 17. Am 15.6.44 knackt er bei La Sadoterie/ Manche einen Sherman. Neben ihm: Der Unterscharführer Haase (r.).

3) 4. Gruppe, II. Zug d. 1./SS-Pionier-Bataillon 17.

1

3

1) Quelques sous-officiers de la *SS-Panzer-Abteilung 17*. À gauche, un *SS-Hauptscharführer*, au centre, le *SS-Unterscharführer* Simon, à droite, le *SS-Unterscharführer* Appelt.

2) Photo de groupe sur ce qui ressemble à une rambarde de pont.

3) Cet homme a reçu des nouvelles du pays et qu'il commente à l'un de ses camarades. À droite, le *SS-Unterscharführer* Appelt.

4) Deux officiers de la *SS-Panzer-Jäger-Abteilung 17*. Au centre, un adjudant de compagnie (le « *Spiess* ») reconnaissable aux deux bandes argentées et à ses pattes d'épaule de *SS-Hauptscharführer*. Son carnet est glissé dans l'entrebaillement de sa capote et forme une bosse.

1) A few NCOs of SS-Panzer-Abteilung 17. Left, an SS-Hauptscharführer, in the middle, SS-Unterscharführer Simon, on the right, SS-Unterscharführer Appelt.

2) Group photo on what looks like the guard rail on a bridge.

3) This man had had news from home and is commenting on them to one of his comrades. On the right is SS-Unterscharführer Appelt.

4) Two officers of SS-Panzer-Jäger-Abteilung 17. In the middle, a company warrant officer (the "Spiess") recognizable by the SS-Hauptscharführer's shoulder straps and silver bands. He has slipped his notebook in the front of his greatcoat, forming a bump.

1) Einige Unterführer der SS-Panzer-Abteilung 17. Links: ein Hauptscharführer, Mitte: Unterscharführer Simon, rechts: Unterscharführer Appelt.

2) Gruppenfoto auf einem Brückengeländer.

3) Dieser Soldat hat Nachrichten von zu Haus und erzählt sie den Kameraden. Rechts: Unterscharführer Appelt.

4) Zwei Offiziere der SS-Panzer-Jäger-Abteilung 17. Mitte: ein Kompaniefeldwebel, kenntlich an Schulterklappen und silbernen Ringen am Ärmel als Hauptscharführer. Das Dienstbuch steckt im Mantel und beult ihn aus.

1

2

3

4

1) Distribution d'un liquide qui pourrait être du « café ». Deux *Erkennungsmarken* (plaques d'identité) sont visibles sur deux hommes. Ces *panzergrenadiere* semblent appartenir à des classes d'âge assez anciennes.

2) Un officier de la Division, peut-être un *SS-Untersturmführer*, tente d'apprivoiser un agneau. Nous sommes maintenant à quelques semaines du Débarquement. La « Götz » redouble d'effort pour être opérationnelle dès le Jour J. Dans la première quinzaine de mai 1944, des exercices ont lieu avec le *SS-Panzer-Grenadier-Regiment 37* renforcé par de l'artillerie et des *Sturmgeschütze*, ceux-ci jouant le rôle de l'ennemi. Au cours de la deuxième quinzaine, c'est au tour du *SS-Panzer-Grenadier-Regiment 38* puis, suivra un exercice dans le cadre de la Division.

3) L'équipage d'un *Sturmgeschütz* s'affaire à fixer solidement les *Schürzen* pour faire éclater les charges creuses et les obus antichars mais il prend tout de même le temps de poser pour une photo.

4) Un mécanicien de la *Werkstattkompanie* (compagnie-atelier) de la *SS-Panzer-Abteilung 17* procède à des réparations à l'embrayage du *Sturmgeschütz*, dont les trappes sont ouvertes.

5) Ce *Sturmgeschütz* semble opérationnel, les 8 paires de galets de roulement sont bien visibles. Le châssis est celui d'un *Panzer IV Ausführung H* avec barbotin à rayons évidés.

6) Horst Fröhlich, de la *SS-Panzer-Abteilung 17*, devant son *Sturmgeschütz IV* recouvert d'une bâche et dont le frein de bouche est protégé par un étui. Le blindé est recouvert de « Zimmerit », pâte antimagnétique, appliquée horizontalement.

7) Le *Sturmgeschütz IV* est prêt pour le combat, le servant du M.G. 34 de défense rapprochée est posté derrière le bouclier de l'arme.

(Photos L. Humbert)

1) Distribution of a liquid that might be "coffee". Two Erkennungsmarken (Identity disks) can be seen on two of the men. These panzergrenadiere seem to come from the older age bracket.

2) A divisional officer, possibly a SS-Untersturmführer, tries to tame a lamb. This is now only a few weeks before D-day. The "Götz" pulls out all the stops in order to be operational in time. During the first fortnight in May 1944, exercises were carried out with SS-Panzer-Grenadier-Regiment 37 reinforced by the artillery and with Sturmgeschütze playing the role of the enemy. During the second fortnight, it was the turn of SS-Panzer-Grenadier-Regiment 38 following by an exercise at divisional level.

3) The crew of a Sturmgeschütz busy firmly mounting the Schürzen to explode the antitank shells and hollow charges but they do take the time to have their photo taken.

4) A mechanic with the Werkstattkompanie (workshop company) of SS-Panzer-Abteilung 17 repairs the clutch on the Sturmgeschütz, with its hatches open.

5) This Sturmgeschütz looks operational, the 8 pairs of tracker rollers are clearly visible. The chassis is that of a Panzer IV Ausführung H with hollowed spoke idling wheels.

6) Horst Fröhlich, of 3./SS-Panzer-Abteilung 17, in front of his Sturmgeschütz IV covered with tarpaulin and with the muzzle brake in a protective sheath. The tank is coated with "Zimmerit", antimagnetic paste, applied horizontally.

7) The Sturmgeschütz IV is ready for combat, the M.G. 34 close defense gunner is stationed behind the gun shield.

5

1) Ausgabe von Getränken, vielleicht Kaffee. Zwei Männer haben Erkennungsmarken. Die Panzergrenadiere scheinen schon älter zu sein.

2) Ein Offizier der Division, vielleicht ein Untersturmführer, freundet sich mit einem Lamm an. Die Invasion steht kurz bevor und die „Götz" bemüht sich, Einsatzreife zu erlangen. In der ersten Maihälfte hält das SS-Panzer-Grenadier-Regiment 37 mit Artillerie und Sturmgeschützen (zur Feinddarstellung) Übungen ab. In der 2. Maihälfte ist das SS-Panzer-Grenadier-Regiment 38 an der Reihe.

Dann folgen Übungen im Divisionsrahmen.

3) Sturmgeschütz-Besatzung bei der Befestigung von Schürzen, die Hohlladungen und Panzerabwehrgranaten abhalten sollen. Die Männer haben Zeit für ein Foto.

6

4) Ein Mechaniker der Werkstattkompanie der SS-Panzer-Abteilung 17 bei Reparaturen am Getriebe eines Sturmgeschützes. Die Inspektionsklappen sind offen.

5) Dieses Sturmgeschütz scheint einsatzfähig. 8 doppelte Laufrollen sind sichtbar. Es hat das Fahrgestell des Panzer IV. Die Speichen der Triebräder sind glatt.

6) Horst Fröhlich v.d. SS-Panzer-Abteilung 17 vor seinem Sturmgeschütz IV, über das eine Plane gedeckt ist. Die Mündungsbremse steckt in einer Schutzhülle. Der Wagen hat den Schutzanstrich mit Zimmerit, einer amagnetischen Masse, erhalten. Sie wird waagerecht aufgetragen.

7) Einsatzbereites Sturmgeschütz. Der Schütze des MG 34 für die Nahverteidigung sitzt hinter dem Schutzschild

7

Dès le printemps 1944, l'activité des mouvements de résistance français s'intensifie, si bien que la « Götz » se voit contrainte de prendre des mesures pour assurer sa sécurité, à la fois dans ses cantonnements que sur les routes qu'elle emprunte. Des opérations sont menées contre les maquisards, des ordres pour combattre les « Terroristen » sont pris dès le 3 février 1944, ratissages de forêts, contre les sabotages, contrôles des routes. Dès le mois de mai, les *Panzergrenadiere* doivent emporter des munitions réelles au cours des exercices. Ainsi va gagner peu à peu un sentiment d'insécurité. Les photos suivantes ont été prises lors d'opérations contre la Résistance.

1) Une journée de repos durant la chasse aux « Partisanen » dans la région de la Vienne, en mai ou début juin 1944. L'insigne peint sur l'aile gauche de la voiture légère est le signe tactique de la *SS-Panzer-Abteilung 17*.

2) Dans ce cabriolet décapotable, deux hommes, torse nu, profitent des rayons du soleil.

3) Deux autres tentent de faire démarrer ce lourd camion, sans doute un véhicule réquisitionné.

4) Le système de démarrage à la manivelle est bien visible sur ce camion. Sur le pare-chocs, un gabarit. Le camion est peint avec un camouflage en deux tons.

5) Un convoi de la Division a fait halte au cours d'un déplacement. L'une des voitures est en panne.

6) Une Citroën traction avant, apparemment civile, a été arrêtée. S'agit-il d'un contrôle routier ?

(Photos L. Humbert)

As of the spring of 1944, the French Resistance stepped up its activity, so much so that the "Götz" was forced to take steps to ensure its safety, both at its quarters and on the highways. Operations were launched against the underground and orders to combat the "Terroristen" were issued on 3 February 1944, with combing of forests against sabotage, and road checks. As of May, the Panzergrenadiere had to take live ammunition on exercise. This gradually instilled a feeling of insecurity. The photos that follow were taken during operations against the Resistance.

1) A rest day in the hunt against "Partisanen" in the Vienne area, in May or early June 1944. The marking painted on the left fender of the light car is the tactical marking of SS-Panzer-Abteilung 17.

2) In this convertible, two men bare their chests to give them a spot of sunshine.

3) Two others are trying to start this heavy truck, doubtless a requisitioned vehicle.

4) The crank start system is clearly visible on this truck. On the bumper, a template. The truck has been painted with two-color camouflage paint.

5) A convoy of the Division on the move has stopped on the way. One of the cars has broken down.

6) A Citroën "traction avant" (front-wheel drive), apparently a civilian's, has been stopped. Maybe this is a road check?

1

2

3

1) Im Kabrio mit Faltverdeck: Zwei Mann mit freiem Oberkörper genießen einige Sonnenstrahlen.

2) Zwei andere versuchen einen schweren LKW, zweifellos ein requiriertes Fahrzeug, flottzumachen.

3) Gut sichtbar: Die Anlasserkurbel.

4) Auf den Stoßstangen sitzen Peilstangen. Der LKW hat einen Zwei-Ton-Tarnanstrich,

5) Eine Kolonne der Division macht Halt. Eines der Fahrzeuge hat eine Panne.

6) Ein Citroen „Traction" wird gestoppt. Eine Verkehrskontrolle?

1) Groupe de soldats de la *SS-Flak-Abteilung 17*.

2) Le *SS-Untersturmführer* Helmut Günther, *Zugführer* (chef du *I. Zug*, section) de la *2.(Aufklärungs.)/SS-Aufklärungs-Abteilung 17*. Il est titulaire de l'*E.K.I* et, ce qui semble être de la *Nahkampfspange* (barrette des combats rapprochés). La boucle de ceinturon est propre à la *Waffen-SS* et porte la devise « *Meine Ehre heisst Treue* » (Mon honneur s'appelle fidélité).

3) Photos de famille avec deux jeunes frères membres de la "HJ" et l'aîné membre de la "GvB".

4) R. Menge en cantonnement.

5) À gauche, le *SS-Hauptscharführer* Geyer donne les premiers soins au *SS-Untersturmführer* Seitz. Selon H. Günther, il était détaché au détachement postcurseur de la *SS-Aufklärungs-Abteilung 17* à Montreuil-Bellay. On le retrouve jusqu'à la fin août 1944 comme chef de l'*Erkundungs-Zug* (section de reconnaissance de terrain) à la *SS-Panzer-Abteilung 17*, selon H. Stöber.

(Photos L. Humbert)

1) Group of soldiers of SS-Flak-Abteilung 17.

2) SS-Untersturmführer Helmut Günther, Zugführer (platoon commander, I. Zug,) of 2.(Aufklärungs.)/SS-Aufklärungs-Abteilung 17. He held the E.K.I and what appears to be the Nahkampfspange (close combat bar). The belt buckle is specific to the Waffen-SS and bears the motto « Meine Ehre heisst Treue » (My honor is called loyalty).

3) Family photos with two young brothers, members of the "HJ" and the elder one a member of the "GvB".

4) R. Menge at his billett.

5) Left, SS-Hauptscharführer Geyer administers first aid to SS-Untersturmführer Seitz. According to H. Günther, he was detached from the rearguard detachment of SS-Aufklärungs-Abteilung 17 at Montreuil-Bellay. We find him until the end of August 1944 in command of the Erkundungs-Zug (terrain reconnaissance platoon) with SS-Panzer-Abteilung 17, according to H. Stöber.

(Photos courtesy L. Humbert)

1) SS-Mann und Sturmann des SS-Flak-Abteilung 17.

2) Untersturmführer Helmut Günther, Zugführer 1. Zug, 2. (Aufklärungs.) /SS-Aufklärungs-Abteilung 17. Er ist Träger des EK I, vermutl. auch der Nahkampfspange. Das Koppel der Waffen-SS trägt das Motto „Meine Ehre heißt Treue".

3) Ein Sturmmann mit seinen Brüdern bei der HJ.

4) R. Menge.

5) Erstversorgung des Untersturmführers Seitz durch Hauptscharführer Geyer. Nach H. Günther gehörte er zum Nachkommando der SS-Aufklärungs-Abteilung 17 in Montreuil-Bellay. Bis Ende August 44 ist er führer des Erkundungs-Zuges der SS-Panzer-Abteilung 17 (H. Stöber zufolge).

1

2

3

4

5

Suite de portraits de soldats de la "GvB". Fonds photos trouvés, il y a quelques années dans le secteur de Thouars. Portraits sur plaques de verres. (collection privée via Marc Negrault).

Set of portraits of soldiers of the "GvB". Collection of photographs discovered in the Thouars sector a few years ago. Portraits on glass plates. (private collection via Marc Negrault).

Reihe von Portraitfotos von Soldaten der Götz. Es sind Fotolack-Aufnahmen und enstammen einer Geschäftsmasse, die vor einigen Jahren bei Thouars auftauchte. (Privatsammlung).

Situation militaire au 5 juin 1944

Avant de relater les combats dans lesquels va se trouver impliquée la *17. SS-Panzer-Grenadier-Division « Götz von Berlichingen »*, il faut situer les unités allemandes stationnées dans la presqu'île du Cotentin et devant le futur secteur d'« Omaha ». Nous en trouverons dans les opérations à venir, qui combattront aux côtés de la « Götz ».

1— Au nord et à l'est de la presqu'île, la *709. I.D.* (*Generalleutnant* von Schlieben, avec PC à Chiffrevast, près de Valognes). Elle occupe un secteur s'étendant de Cherbourg jusqu'au nord de Carentan. Elle est formée essentiellement comme suit :

— *Infanterie-Regiment 729 (I.II.III.Btle, IV.Bt1 : Ost-Btl 649)*

— *Infanterie-Regiment 739 (I.Bt1 : Ost-Btl 797, II. III. Btle, IV.Btl : Ost-Btl 795)*

— *Grenadier-Regiment 919 (I.II.III.Btle)*

— *Artillerie-Regiment 1709 (3 Abteilungen* avec respectivement 4,4 et 3 batteries)

— *Panzerjäger-Abteilung 1709 (1-3 Kompanie)*

Est aussi mis à ses ordres le *Sturmbataillon 7* (réserve de l'*A.O.K 7*)

2— Au centre, la *91. Luftlande-Division* (*Generalleutnant* Falley, avec PC à Château-Haut, près de Picauville).

Elle est constituée des :

— *Grenadier-Regiment 1057*

— *Grenadier-Regiment 1058*, chacun à 3 Bat.

— *Divisions-Füsilier-Btl 91*

— *Geb.-Artillerie-Regiment 191*

— *Panzerjäger-Abteilung 191*.

3— Le long de la côte ouest du Cotentin est cantonnée la *243. I.D.* (*Generalleutnant* Hellmich, avec PC à Briquebec).

Elle est formée des :

— *Grenadier-Regiment 920*

— *Grenadier-Regiment 921*

— *Grenadier-Regiment 922*

— *Füsilier-Btl 243*

— *Artillerie-Regiment 243*

— *Panzerjäger-Abteilung 243*

Il faut signaler la présence du *Panzer-Ersatz-und Aus-bildungs-Abteilung 100* (bataillon blindé de dépôt et d'instruction). Cantonné à l'ouest de Carentan, son *Kommandeur*, le *Major* Bardenschlager, a établi son PC au château de Franquetot, à 10 km à l'ouest de Carentan et le bataillon dépend tactiquement de la *91. Luftlande-Division*. En mai 1944, pour son *Stab* et ses 3 *Panzerkompanien*, il dispose de chars de prise français : 17 R 35, 8 H 39, 1 B 1 Bis, 1 S 35 et 1 Panzer III.

Il faut aussi mentionner ici le *Fallschirmjäger-Regiment 6* du *Major* von der Heydte. À la veille du débarquement, il est réserve du *LXXXIV.A.K* (*General der Artillerie* Marcks, PC à St Lô). Il en sera beaucoup question lors des combats dans les secteurs de Sainte-Mère-Eglise et de Carentan.

À l'origine, il est un des régiments de la *2. Fall-schirmjäger-Division* (*Generalleutnant* Ramcke) stationnée en Bretagne. Il est formé de 3 bataillons, d'une *(schwere) Granatwerfer-Kp*, avec 9 tubes, d'une *Panzer-Abwehr-Kp* (4 pièces de 7,5 cm Pak 40), d'une batterie de 8,8 cm Flak, d'une *Pionier-Kp* et d'un *Aufklärungs-Zug* (section de reconnaissance) avec 12 BMW side-cars. Le PC du Régiment est établi à Gonfréville, à 7 km au nord de Périers.

Entrons un peu plus dans le détail :

Le *Fallschirmjäger-Regiment 6* occupe les cantonnements suivants :

— le *I./6* à Le Plessis-Lastelle, à 10 km au nord de Périers.

— Le *II./6* à l'ouest de Lessay

La *SS-Panzer-Aufklärungs-Abteilung 17*
secteur de Saint-Lô (8 juin - 2 août 1944)

route de marche des compagnies et des détachements
PC de la SS-Pz.AA.17
PC de compagnie
compagnie en position

— Le *III./6* dans le triangle Meautis-Sainteny-Graignes, aux alentours de Carentan.

Ces 3 bataillons barrent ainsi la route vers le sud du Cotentin.

Enfin, sur la côte occidentale du Calvados (futur « *Omaha Beach* ») et dans son arrière-pays, on trouve la *352. I.D* (*Generalleutnant* Kraiss, avec PC à Littry). Son secteur s'étend au-delà de Carentan jusqu'aux environs de Sainte-Honorine-des-Pertes.

Elle est constituée comme suit :

— *Grenadier-Regiment 914* (*Oberstleutnant* Meyer)

— *Grenadier-Regiment 915* (*Korps-Reserve*) (*Oberstleutnant* Meyer)

— *Grenadier-Regiment 916* (*Oberst* Goth)

— *Füsilier-Btl. 352*

— *Artillerie-Regiment 1352* (3 *Abteilungen* avec au total 24 *le.FH 18* de 10,5 cm et une *Abteilung* avec 3 batteries de 15 cm s.F.H 18)

— *Panzerjäger-Abteilung 1352* à 3 compagnies.

Ce sont toutes ces unités qui vont subir les premiers assauts sur les plages de « *Utah* » (côte orientale du Cotentin) et de « *Omaha* » (côte occidentale du Calvados)

Rappelons enfin qu'elles relèvent du *LXXXIV.AK*, lui-même une des composantes de la *7.Armee* (*A.O.K. 7*) du *Generaloberst* Dollmann dont le QG est au Mans.

Mise en état d'alerte

1— Nuit du 5 au 6 juin 1944 et journée du 6.

La première unité de la « *Götz* » à être informée des opérations du débarquement est la *SS-Flak-Abteilung 17*. C'est du *Flugmeldekommando* d'Angers qu'elle reçoit les comptes rendus de la nuit à son PC du Château Launay. Ils font part, tout d'abord, d'une intense activité aérienne dans la région de Cherbourg, mais, à partir de 4 h, ils laissent présager sans équivoque du début de « *l'Invasion* ».

« - 4 h 02. Compte rendu : des parachutistes sont largués. Région presqu'île de Cherbourg, Laval et ouest de Paris. À notre avis, il ne peut s'agir que du largage de détachements de sabotage pour appuyer les terroristes.

- 4 h 10-5 h : plusieurs vols d'approche sur et au-delà de Saumur du nord vers le sud. Il règne maintenant une très intense activité au *Fluko* en raison de la communication des comptes rendus sur la situation aérienne. »

À 4 h 10, l'*O.B. West* ordonne le niveau d'alerte II pour l'*A.O.K. 15* (*15. Armee* du *Generaloberst* von Salmut) et pour l'*A.O.K. 7*, c'est-à-dire à la *Heeresgruppe B*, au *Panzergruppen-Kommando West*, au *Militärbefehlshaber in Frankreich*, au *LXV.A.K* (*General der Artillerie* Heinemann, responsable des armes de représailles V1, NDA), à la *Luftflotte 3* (*Generalfeldmarschall* Sperrle) et au *Marinegruppen Kommando West* (*Admiral* Kranke).

Le *Panzergruppen-Kommando West* doit prendre la disposition de marche accélérée avec la *12. SS-Panzer-Division* « *Hitlerjugend* », la *Panzer-Lehr-Division* et la *17. SS-Panzer-Grenadier-Division* « *Götz von Berlichingen* ».

Entre 5 h 26 et 6 h 50, le *Fluko* d'Angers continue l'envoi de comptes rendus à la *SS-Flak-Abteilung 17* signalant des concentrations de navires au nord de Carentan, l'approche de planeurs ainsi que des concentrations de navires le long des côtes du Calvados.

Ainsi, la *SS-Flak-Abteilung 17*, dès l'aube de ce 6 juin 1944, va transmettre les informations à la Division. Il faut croire que le *SS-Brigadeführer* Ostendorff avait reçu des messages bien avant celui de 4 h puisque, à 3 h 30, il convoque tous les *Kommandeure* de régiments et d'unités au *Führerheim* (Foyer des officiers) à Thouars pour une première discussion. Aussitôt après, toutes les formations sont informées par leurs chefs. À 4 h, est diffusé le mot conventionnel « *Blücher* ».

Comme première mesure, les gardes sont doublées et les « guetteurs aux avions » postés. À 5 h 15, le *SS-Sturmbannführer* Fleischer, le *Kommandeur* du *SS-Pionier-Bataillon 17* convoque tous ses chefs d'unités et son état-major pour une discussion au *Führerheim* du bataillon.

Puis l'ordre est donné d'évacuer les lieux de cantonnement, d'occuper les grottes reconnues qui sont à l'épreuve des bombes et d'assurer la sécurité des nouveaux cantonnements.

Dès la matinée, l'aviation alliée s'en prend à la région de mise sur pied de la Division en lançant en permanence de fortes attaques à basse altitude. Les Jabos ne cherchent plus seulement les objectifs militaires et poursuivent des véhicules isolés et même des soldats à pied.

Au cours de la journée, le *SS-Pionier-Bataillon 17* vient occuper un nouveau PC dans un château (*Mestré ?*) à 2 km au sud-ouest de l'église de Montsoreau. Vers 16 h, paraît un ordre d'emprunter les routes principales ni avec des véhicules isolés, ni en convoi, car des pertes surviennent déjà. Toutes les permissions sont supprimées, les détachements temporaires près d'autres unités annulés et les stages de formation dissous. Les unités ont été mises en état d'alerte et prennent leurs dispositions de marche à 9 h 19. La 14 (Flak)/37 du *SS-Hauptsturmführer* von Seebach et la 14 (Flak)/38 du *SS-Obersturmführer* Riegger, qui n'avaient pas été employées jusqu'ici, sont engagées en supplément pour couvrir les ponts de La Loire à Saumur et à Montsoreau. Il faut conserver intacts les points de franchissement importants pour faire mouvement vers le front.

Dans la soirée, à 21 h 35, une formation du Ju 88, qui se trouvait en vol d'approche, 8 appareils, et qui montait pour une mission sur la tête de pont alliée, emprunte la vallée de la Loire près de Saumur sans avoir signalé son passage. Les avions, qui volent à basse altitude avec « le soleil dans le dos », sont identifiés comme ennemis et pris à partie par la Flak. L'un des bombardiers, touché, s'abat sur une île de la Loire entre le pont routier et le pont ferroviaire et explose en touchant le sol. Un deuxième avion, lui aussi touché, largue ses bombes pour s'en débarrasser et, après seulement, tire les signaux de reconnaissance. On peut tout de même penser que les servants de la *4./Flak-Abteilung 17* avaient une mauvaise connaissance des silhouettes des avions allemands. Rappelons que cette batterie était armée de 9 pièces de 3,7 cm Flak 36 montées sur *Zgkw* 8 to (SdKfz 7/2). Étant donné la gravité de l'incident et la mort de l'équipage de l'avion abattu, les deux chefs de section responsables sont immédiatement relevés et une procédure devant la cour martiale est ouverte contre l'infortuné chef de batterie, le *SS-Untersturmführer* Kriel mais, après éclaircissement des circonstances, elle sera suspendue.

Au cours de la nuit du 6 au 7.06.44, la Division, qui faisait partie de l'*O.K.W-Reserve* et subordonnée à la *1. Armee* (*General der Infanterie* von der Chevallerie), est débloquée sur l'ordre de l'*O.K.W* pour relever de la *7. Armee*.

1

2

3

1) Le château de Saumur.

2) Les pièces de Flak étaient positionnées sur ce terrain de sport. (voir le témoignage de S. Monse).

3) C'est sur une de ces îles de sable que s'est écrasé le Ju 88 le soir du 6 juin 1944 abattu par méprise par la Flak de la "GvB".

(Photos J. Brière)

1) The castle at Saumur.

2. Flak guns were positioned on this sports ground. (See S. Monse's personal account).

3) It was on one of these sandbanks that the Ju 88 crashed on the evening of 6 June 1944 after being accidentally shot down by « GvB » Flak guns.

(Photos courtesy J. Brière)

Marche d'approche vers la Normandie

Le 7 juin 1944

Dès l'aube de cette journée, la *16. (Aufklärungs) Kp* du *SS-Panzer-Grenadier-Regiment 37*, commandée par le *SS-Hauptscharführer* Grüner, prend la route avec ses Volkswagen pour signaler l'itinéraire de la « *Götz* ».

À toutes les unités qui vont faire mouvement, il est donné l'ordre formel d'éviter les routes nationales et d'emprunter des voies secondaires et aussi de rouler isolément en cas de nécessité. Une distance de sécurité doit être respectée entre les véhicules. Il s'agit d'atteindre dans un temps le plus bref possible la région de St-Lô.

Ce même jour, la Division reçoit, avec du retard, une partie des 90 tonnes de volume de transport prévu que la *2./Nachschub-Kp* (*SS-Hauptsturmführer* Wolf) fournit pour approvisionner les échelons de combat.

Une autre partie du volume de transport est mise à disposition grâce à des véhicules civils, en partie des camions « gazogènes » avec des chauffeurs réquisitionnés. La « *Götz* » doit être approvisionnée à partir de dépôts logistiques à l'écart dans la région de Paris-Dreux. Il reste encore quelques surplus de stocks de munitions de tous calibres dans le secteur de la Division. Ils avaient été livrés à la place de munitions d'exercice qui, par la suite, n'avaient pas été consommées. Elles peuvent être emportées par les unités combattantes qui vont disposer ainsi d'une unité de consommation *(VS : Verbrauchsatz)* au début des combats.

Dans la matinée est publié « l'ordre pour la marche de la *17. SS-Panzer-Grenadier-Division* « *G.v.B.* » le 7.06.44 (*Ia*/Op.Tgb.Nr.1033/44 geh.)

1— Le *Kampfgruppe* de la *17. SS-Panzer-Grenadier-Division* « *G.v.B.* » atteindra par voie routière sur 2 routes de marche (détachements chenillés et cyclistes par transport ferroviaire, selon ordre particulier).

Il faut s'attendre à des troupes aéroportées ennemies le long des routes de marche dans la région de Laval et au nord en particulier.

2— Itinéraire, fractionnement de marche et ordre de marche.

a) Route de marche droite

Pont de Montsoreau, Brain sur Allonnes, Vernoil, St-Philbert-du-Peuple, Jumelles, Brion, Fontaine-Guerin, Sermaise, Jarzé, Beauvau, Durtal, Daumeray, Morannes, La Piverdière, Grez en Bouère, Meslay-du-Mainee, Bazougers, Argentré, Martigné, Alexain, Blace, St Denis *(de Gastine, NDA)*, Monflaux, Fou-

1) Das Schloss von Saumur.

2) Die Flakgeschütze standen auf dem Sportplatz (siehe Aussage v. Herrn Monse).

3) Auf eine dieser Sandbänke stürzte die Ju 88, welche die Flak der "GvB" am Abend des 6. Juni 1944 versehentlich abschoss.

(Fotos J. Brière).

gerolles (*du Plessis, NDA*), Buais, Notre-Dame-du-Touchet, Romagny, Juvigny (*le Tertre, NDA*).

• Groupement de marche **1**

Chef : *Kommandeur* de la *SS-Pz.A.A.17*

Troupe : *SS-Pz.A.A.17*

Point d'écoulement : Mollay (5 km au nord-est de Montreuil-Bellay)

Heure d'écoulement : 18 h 10

• Groupement de marche **2**

Chef : *Kommandeur* du *SS-Panzer-Grenadier-Regiment 38*

Troupe : *SS-Panzer-Grenadier-Regiment 38*

Point d'écoulement : pont de Montsoreau

1 le. Batterie du *SS-Artillerie-Regiment 17*

Heure d'écoulement : 20 h 30

1 *schw. Batterie* du *SS-Artillerie-Régiment*

1 batterie de 8,8 cm Flak

1 petite *Panzerjäger-Kompanie* (mixte)

Détachements de *Sanitäts-Kompanie* de la *SS-Sanitäts-Abteilung 17*

1 *Krankenwagen-Zug* (section d'ambulances) de la *SS-Sanitäts Abteilung 17*

Véhicules à roues de la *SS-Panzer-Abteilung 17*

1 *Werkstatt-Kompanie* de la *SS-Panzer-Instand-setzungs-Abteilung 17*

b) Route de marche gauche

— Itinéraire d'approche pour le groupement de marche **3** : Thouars, Ste Verge, Bouillé-Loretz, Nueil (*sur layon, NDA*), Tancoigné.

— Itinéraire d'approche pour le groupement de marche **4** : Coulonges-Thouarçais, Moutiers (*sous Argenton, NDA*), croisement à 2 km au nord d'Argenton, Genneton, Cléré (*sur Layon, NDA*), Tancoigné.

Tancoigné, Martigné (*-Briand, NDA*), Chavagnes, Notre-Dame d'Alençon, Vauchrétien, St-Mélaine-sur-Aubance, Pont près des Ponts de Cé, Dumette, St Gemmes (*sur Loire, NDA*), Bouchemaine, St Martin (*du Fouilloux, NDA*), St Léger (*des Bois, NDA*), St Clément (*de la Place, NDA*), Brain sur Longuenée, Andigné, Aviré, La Ferrière (*de Flée, NDA*), l'Hôtellerie (*de Flée, NDA*), St-Quentin (*les Anges, NDA*), Craon, Beaulieu, La Gravelle, St Pierre la Cour, La Croixille, Princé, Luitre, Fleurigné, St-Ellier du Maine, Louvigné du Désert, La Noé, St-Martin (*de Landelles, NDA*), les Biards, Isigny (*le Buat, NDA*), Le Buat, St Ovin.

• Groupement de marche **3**

Chef : *Kommandant. Div. Stab* ; Quartier

Point d'écoulement : sortie nord de Thouars

Troupe : *SS-Div. Sich. Kp. 17* (compagnie de sécurité)

Heure d'écoulement : 18 h 30

—*Div.-Stab.-Fü.-Abt.* et *Ib-Staffel* (sections de l'état-major et échelon du *Ib* : logistique)

Nachrichten-Abteilung 17 (transmissions)

Marquage encore visible sur une maison de l'axe Chavagnes-Notre Dame d'Alençon lors de la route vers le front de Normandie.

(Photo J. Brière)

An diesem Haus an der Straße Chavagnes-Notre Dame d'Alençon ist diese Markierung zu sehen, welche den Marschweg in die Normandie bezeichnet.

(Foto J. Brière).

• Groupement de marche **4**

Chef : *Kommandeur* du *SS-Panzer-Grenadier-Regiment 37*

Point d'écoulement : Coulonges-Thouarçais

Troupe : *SS-Panzer-Grenadier-Regiment 37*

Heure d'écoulement : 20 h

I./SS-Art. Rgt 17

Sfl Panzerjäger-Kp.

petire *Panzerjäger-Kp* (mixte)

Détachements d'une *Sanitäts-Kp. SS-San-Abteilung 17*

2 *Krankenkraftwagen-Züge SS-San-Abteilung 17*

2 *Werkstatt-Kpnen SS-Panzer-Instandsetzungs-Abteilung 17*

W.K.Zug SS-Panzer-Instandsetzungs-Abteilung 17

Reconnaissance de route par la *SS-Div. Feldgendarmerie-Kp 17*

Signalisation : main de fer (*Eiserne Hand,* dans l'ordre)

Commandants tactiques de pont :

Pont près de Montsoreau : *SS-Obersturmführer* Schleichert

Pont près des Ponts de Cé : *SS-Obersturmführer* Eckert

3— Pauses : 0 h-1 h 30

Haltes techniques :

20 h 30-21 h

4 h 30-5 h

8 h-8 h 30

11 h 30-12 h

4 — Vitesse de marche : vitesse maxima des véhicules de pointe : 25 km de jour, 15 km de nuit.

Distance de marche 100 m, distance à vue la nuit.

5 — Les détachements précurseurs de toutes les unités marcheront au début de leur groupement de marche.

6 — Défense antiaérienne.

En cas d'attaques aériennes en rases-mottes reconnues, appuyez tout à droite, camouflez-vous !

Après l'arrivée dans un nouvel espace, toutes les routes devront être dégagées immédiatement.

7— Liaisons par transmissions.

a) Silence radio.

b) Des postes téléphoniques près du pont de Montsoreau et près de la *FeldKommandantur* à Laval, des Ponts de Cé devront être installés par la *SS-Nachrich-*

The markings are still visible on a house along the Chavagnes-Notre Dame d'Alençon road during the drive up to the front in Normandy. (Photo courtesy J.Brière).

ten-Abteilung 17. Adresser tous les comptes rendus des postes téléphoniques à l'*A.O.K 7.* à Villedieu (les Poêles, NDA). Là, officiers de liaison de la Division.

8 — Les agents de liaison des régiments et des bataillons autonomes se présenteront à Thouars à 20 h.

9 — Des points de rassemblement de véhicules seront installés par la *SS-Panzer-Instandsetzungs-Abteilung*

— Sur la route de progression droite à :

Fontaine-Guérin (5 km au sud-ouest de Baugé)

Forêt à l'est de Grèze en Bouère (*Au N.O. de Sablé sur Sarthe, NDA*)

Forêt au nord-est de Challand (Chalendrey ?)

De part et d'autre de la route de progression

— Sur la route de progression gauche :

Forêt au nord de St-Clément (12 km au nord-ouest d'Angers)

Forêt au sud de St-Pierre la Cour (15 km à l'est de Vitré)

Région de St-Ellier du Maine (12 km au nord-est de Fougères)

10 — Centres de recueil des malades et hôpitaux de campagne

Tous les blessés pendant la progression seront admis dans les hôpitaux de campagne et locaux d'Angers, Tours, Le Mans, Alençon, Rennes et Fougères.

11— Faire le plein de carburant. 3 1/2 VS (unités de consommation). Une autre attribution sera encore ordonnée.

12 — Réception de subsistances sera encore ordonnée.

13 — Comptes rendus : après arrivée dans la nouvelle zone de cantonnement, les chefs de groupements de marche en rendront compte immédiatement à l'arrivée ainsi que des incidents particuliers et des pertes qui auraient pu survenir.

L'attention est encore attirée sur les comptes rendus pendant la marche.

14 — PC de Division : jusqu'au 7.06.44. 19 h Thouars

à partir de 19 h, le long de la ligne de marche gauche (groupement de marche 3)

Le détachement postcurseur de la Division, sous le commandement du *SS-Sturmbannführer* Linn, restera à Thouars jusqu'à nouvel ordre

Il sera encore ordonné un nouveau PC.

Dans le courant de l'après-midi, la *SS-Panzer-Abteilung 17* (*SS-Sturmbannführer* Kepplinger) et la *3./SS-Panzerjäger-Abteilung 17* (*SS-Obersturmführer* Ratzel) arrivent à la gare de Mirebeau pour être chargées sur des convois ferroviaires.

Au coucher du soleil, les trains s'ébranlent vers le Nord… nous en reparlerons plus loin.

Concernant la montée de la « Götz » vers le front de Normandie, voici un compte rendu rédigé par l'officier adjoint du *SS-Panzer-Grenadier-Regiment 38*, et qui était en même temps chef de la *Stabs-Kompanie*, le *SS-Untersturmführer* Hoffmann :

« À l'école de Cavalerie de Saumur, il y avait les *I.*/et *II./38*, le *III./38* à Fontevraud, à partir du 20.05, l'état-major régimentaire au château de Maison (Marson ?). En qualité de OO (*Ordonnanzoffizier*), j'ai élaboré minutieusement le plan de mise en route vers le front de Normandie depuis la région de Saumur.

Heure de l'écoulement 7.06.1944. 17 h (tirée au clair après quelques demandes de précision !) Point d'écoulement pas précisément connu, toutefois à l'ouest de Saumur. Route au sud de la Loire jusqu'à Angers, puis au nord. J'étais officier chargé de l'écoulement et l'ordre de priorité n'est pas encore bien connu parce qu'il est arrivé une petite mésaventure. L'ordre d'écoulement était :

— *16./38.Aufkl.Kp.*

— *15./38.Pi.Kp.*

— *5./38* Baldauf (*SS-Obersturmführer*, NDA)

— *Btl. Stab* (état-major de bataillon) *II./38 Kdr. SS-Hauptsturmführer* Nieschlag, *Adjutant* (officier-adjoint de bataillon) *SS-Untersturmführer* Lorenz

— *6./38*

— *7./38*

— *8./38*

— *14./38 (Flak) Kp.*

— *Regiments-Stab*

— *Btl.Stab I./38*

— *1./38*

— *2./38*

— *3./38*

— *4./38*

— *I3./38 I.G.Kp* (canons d'infanterie)

— *Btl.Stab III./38. Kdr : SS-Sturmbannführer* Bolte, *Adjutant SS-Untersturmführer* Salomon

— *9./38*

(Des détachements du *III./38* n'étaient qu'en partie motorisés. Le reste a suivi par trains.)

— *17./38 Stabs-Kp.*

— Le train (de combat, NDA)

La *14./38 Flak-Kp.* avait manqué l'heure de son écoulement ; j'ai envoyé une estafette motocycliste vers Saumur pour insérer de nouveau la *14.* sur des routes secondaires. Trois heures plus tard, elle était en fractionnement de marche. À l'ouest d'où nous sommes, le *Regiment 37* roule vers le nord sur d'autres routes. Je roule loin en avant du Régiment avec des panneaux de signalisation. Comme zone de mise en place est indiqué :

« — Nord de la route Isigny-sur-mer, St-Hilaire

— Au nord des hauteurs entre Les Veys-Gate. »

Des deux *Panzer-Grenadier-Regimenter*, seuls, leurs *I.* et *II. Bataillons* sont en partie motorisés avec des moyens de fortune. Le reste des régiments suivra par voie ferrée.

Toute la journée du 7 juin voit une intense activité aérienne alliée qui provoque les premières pertes.

Peu avant Saumur, l'officier-adjoint de la *SS-Flak-Abteilung 17*, le *SS-Untersturmführer* Zietz, est tué dans sa voiture avec son chauffeur lors d'une attaque de Jabos. Mais les ponts de la Loire utilisés par la Division ne sont pas atteints. Dans la soirée, les unités les plus lentes, comme le *SS-Artillerie-Regiment 17* (*SS-Standartenführer* Binge) et une batterie de 8,8 cm Flak se mettent en route (*2. Batterie* du *SS-Obersttursturmführer* Weiss). Dans la zone de mise sur pied, faute de motorisation, restent les unités suivantes :

— les *1.* et *2.* et la *Versorgungs-Kp* (compagnie des services) le *SS-Panzerjäger-Abteilung 17.*

— les *1./, 3.* et *4./SS-Flak-Abteilung 17*

— le *SS-Pionier-Bataillon 17*

— des détachements des *Versorgungstruppen.*

— en outre, des faibles détachements restants de toutes les unités devront rejoindre munis des stocks restants, selon la situation dans l'attribution de véhicules.

Au cours de cette même soirée, la *1./SS-Flak-Abteilung 17* abat un chasseur *Tomahawk* à 19 h 27. L'appareil s'écrase près de Roiffé (10 km environ au sud de Montsoreau). Six minutes plus tard, un avion du même type est descendu à 2 ou 3 km au sud-ouest de la gare de Vivy (6 km au nord de Saumur) par la même batterie.

Le 8 juin 1944

Retrouvons maintenant la *SS-Panzer-Abteilung 17* et la *3./SS-Panzerjäger-Abteilung 17* à la gare de Mirebeau, chargées la veille sur deux convois ferroviaires. Le premier transporte les *1./* et *2./SS-Panzer-Abteilung 17*, tandis que le second est chargé de sa *3. Kompanie* et des *Panzerjäger*. Les deux

Ci-dessous: Deux vues des vestiges de blindés appartenant à la "GvB" après le bombardement de la gare de La Flèche.

(Photo J. Brière)

Below : two shots of wrecked tanks belonging to the « GvB» following the bombardment of the station at La Flèche. (Photo courtesy J. Brière).

Unten: Zwei Bilder, welche Panzerwracks der "GvB" zeigen, die nach dem Luftangriff auf den Bahnhof von La Flèche zurückblieben.

(Fotos J. Brière).

convoys roulent dans de bonnes conditions sans être harcelés par les avions alliés, malgré une journée radieuse. Mais les choses vont se gâter en fin d'après-midi au moment où le second convoi entre en gare de La Flèche (38 km au sud-ouest du Mans). Dans une première approche, 4 Jabos l'attaquent à la mitrailleuse et, lors d'un second passage, à la bombe. Après un court moment de surprise, la Flak entre en action avec des M.G. Lors de cette attaque, la *3./SS-Panzer-Abteilung 17* perd un *Sturmgeschütz* qui prend feu. Les pertes en hommes s'élèvent à 3 tués, dont le *Schütze* Höppner et plusieurs blessés dans cette *Kompanie*.

Au même moment, le premier convoi subit, lui-aussi, une attaque, mais, le *Flak-Zug* (section de Flak) de la *SS-Panzer-Abteilung 17*, commandée par le *SS-Hauptscharführer* Dornacher et qui dispose de pièces de 2 cm Flak-Vierling sur SdKfz 7/1, abat deux appareils alliés. Les quatre compagnies sont déchargées en gare de La Flèche et poursuivent leur route de nuit. Le *Sturmgeschütz* incendié est laissé en gare, un autre doit être remorqué. Ces unités atteindront Le Mans dans la journée du 9.

Dans la soirée du 8 juin de cette journée, les éléments les plus avancés de la *SS-Aufklärungs-Abteilung 17* (sans doute la *1 (Panzer-Späch) Kp*), l'une des unités les plus rapides, ont atteint la région de Balleroy et la forêt de Cerisy.

« (Venant de Vire, par Tessy-sur-Vire, NDA), Balleroy, nous étions cantonnés dans le petit village de Vaubadon (*15 km au sud-ouest de Bayeux, NDA*) sur la route St Lô-Bayeux. La mission pour la *SS-Aufklärungs-Abteilung 17*, couverture de la route vers St Lô, était claire. »

La *SS-Aufklärungs-Abteilung 17* avait été, rappelons-le, la première unité de la « Götz » à quitter ses localités de garnison (Montreuil-Bellay, Brion près Thouet, Bouillé-Loretz et Le-Puy-Notre-Dame). Ses détachements empruntent les routes secondaires via Morannes (au sud-ouest de Sablé sur Sarthe), Meslay du Maine (au nord-est de Château-Gontier pour

éviter Sablé sur Sarthe), Laval, St Hilaire du Harcouët, Villedieu-les-Poêles pour rejoindre le front.

Dans la journée, le gros de la *SS-Aufklärungs-Abteilung 17* atteint la région de tessy sur Vire, à 18 km au sud de St Lô où, après une marche de nuit, elle procède à son resserrement. Dès son arrivée, le *SS-Brigadeführer* Ostendorff se rend dans cette dernière ville où est établi le PC du *Generalkommando LXXXIV.A.K* pour y rencontrer le *General der Artillerie* Marcks et recevoir ses ordres.

Dans l'après-midi, la *SS-Aufklärungs-Abteilung 17* est portée en avant au bord de la route St Lô-Bayeux après avoir traversé Torigny sur Vire (15 km au sud-est de St Lô). À droite, la *3 (Aufkl.) kp* du *SS-Obersturmführer* Buck, à gauche, la *2 (Aufkl) Kp* du *SS-Untersturmführer* Walzinger, la *4 (Aufkl.) Kp* du *SS-Obersturmführer* Mumm, en réserve. Ces trois compagnies sont dotées de *Schwimmwagen* (Kfz 2 S), de 2 groupes et leurs sections lourdes formées chacune de 2 groupes avec chacun 2 s.M.G et 2 groupes de *s.Granatwerfer* (12 cm s.Gr.W.42 ?) avec chacun 2 s.Gr.W., le tout porté par *Schwimmwagen*.

Le 9 juin 1944

Dès la matinée, tandis que des détachements de la *SS-Aufklärungs-Abteilung 17* patrouillent entre Bayeux et Trévières, la *1. (Panzer-Späh-) Kp* du *SS-Obersturmführer* Arnken prend la liaison avec le generalleutnant Kraiss à son PC de Littry. Sa division, la *352. I.D*, qui a subi l'assaut du *V. Corps* (*Major General* Gerow), a déjà enregistré de fortes pertes dans les combats livrés contre la *1st USID* (*Major General* Huebner) et la *29th USID* (*Major General* Gerhardt).

Retrouvons ici le *SS-Untersturmführer* Hoffmann, du *SS-Panzer-Grenadier-Regiment 38* :

« Le 9 juin 1944, je roulais seul avec mon chauffeur dans la zone de mise en place.

Dans l'après-midi, j'atteignis une crête sur la route au nord-ouest des Veys (*3 km à l'ouest d'Isigny-sur-Mer, NDA*).

Deux vues actuelles du secteur de Graignes.

Two presentday pictures of the Graignes sector.

Zwei Ansichten von Graignes heute.

Venant du nord, arriva en sens inverse du mien, un *Kübelwagen* (voiture « baquet » *Volkswagen Typ 82*, NDA) avec un *Major* du *Heer* (armée de terre, NDA). Derrière, il y avait deux soldats morts. Il me cria : « Demi-tour ! Là, devant, tout est perdu. L'*Ami* (les Américains, NDA) arrive juste derrière moi, » et il continua sa route. Je roulais encore une vingtaine de mètres afin de pouvoir examiner la vallée au nord-ouest des Veys. Là, je sautais de la voiture et je n'eus plus besoin de jumelles car, à environ 400 m de distance, je vis l'infanterie américaine. Un peu plus en arrière, des unités américaines motorisées et, à pied, de l'effectif d'environ un régiment. À l'est de l'endroit où j'étais, des chars américains sur une route.

Mon chauffeur cria : « Il faut faire demi-tour ». Il passa la marche arrière et tourna. Au même moment, nous essuyâmes un tir d'infanterie et une pièce antichars tira sur nous. Je sautais derrière un arbre. De là, je gravais encore dans ma mémoire le terrain et les unités américaines. Puis je bondis dans la voiture et mon chauffeur repartit comme un diable. En haut de la crête, les balles sifflaient encore.

Notre régiment était en marche avec des détachements à hauteur du sud de Montmartin (*Montmartin en Graignes à 5 km au sud d'Isigny-sur-Mer, NDA*). Un Jabo nous mitrailla mais nous devions continuer vers le Régiment. Je tombais sur notre *16 (Aufkl.) Kp* qui devait pousser immédiatement une reconnaissance vers le nord. Vingt minutes plus tard, elle était déjà au contact de l'ennemi. Au moment où je rejoignis le *Kommandeur*, il me demanda pourquoi j'étais déjà revenu. Je répondis ceci : « C'est parce que notre base de départ est déjà occupée. Mais par l'ennemi.

La *Pionier-Kp* est retirée. le *II./38* avança et occupa des positions dans la région de Montmartin.

Le *I./38* fut engagé à gauche (à l'ouest)

La *3./38* et le reste de la *9./38* en réserve.

Le PC régimentaire (logé dans un autobus, secrétaire : le *SS-Unterscharführer* Kirchhof) fut établi dans la nuit à peu près au bord du canal (*Canal Taute-Vire, NDA*). Le lendemain, il occupa le château près du Mesnil (*4 km environ au sud-ouest de Carentan, NDA*). Dans la nuit du 10, je dormis 26 heures parce que, la dernière fois, c'était dans la nuit du 5 au 6.

Nous avions eu aussi un tir d'artillerie sur notre PC, dont je ne perçus rien, Horstmann (*le Kommandeur du régiment 38, NDA*) m'avait laissé dormir. »

Le 10 juin 1944

Dans la nuit du 9 au 10, la *SS-Panzer-Abteilung 17* et la *3./Panzerjäger-Abteilung 17* contournent la ville de St Lô en flammes. Le 6 juin, vers 16 h 30, le quartier de la gare est bombardé, puis, à 20 h, quatorze B 17 attaquent le centre et le sud de la ville. Les attaques aériennes se poursuivent dans la nuit du 6 au 7 à 0 h, 3 h et 5 h, détruisant une grande partie de l'agglomération.

La *3./SS-Panzer-Abteilung 17* est à une nuit de marche derrière les *1./* et *2./Kompanien*.

Dans la journée, le *Wirtschaftsbataillon 17* (bataillon économique) aux ordres du *SS-Sturmbannführer* Augustin, quitte la région de Thouars pour gagner le front de Normandie. Mais, près de Laval, il subit une attaque de Jabos au cours de laquelle le *SS-Hauptsturmführer* May, le chef de la compagnie de boulangerie, et le *SS-Sturmmann* Babert, sont blessés. C'est sous le commandement du *SS-Untersturmführer* Schindler que cette compagnie atteindra Soulles (*12 km au sud-ouest de St Lô, NDA*) le 12 juin, à 5 h 40.

Entre-temps, le *Ia* de la Division envoie un compte rendu au *Generalkommando II. Fallschirmjäger-Korps* (*General der* Flieger Meindl), dont la « Götz » relève désormais. (*Ia* Tgb.Nr. 1037/44 gh.)

Il informe que la *SS-Aufklärungs-Abteilung 17* est engagée pour une mission de couverture au nord de Vaubadon, à la sortie nord-est de la forêt de Cerisy. Depuis 8 h, le contact est établi avec les Britanniques. À 9 h 30, ceux-ci lancent une attaque avec environ 2 compagnies de la direction du Tronquay, route qui mène du Nord vers Vaubadon et de la direction de Littry.

Déjà, la *SS-Aufklärungs-Abteilung 17* subit ses premières pertes : *2 Panzer-Spähwagen*, l'un détruit par un coup au but, l'autre, par des Jabos.

Tandis qu'une reconnaissance lancée par la *1. Kp* en direction d'Isigny ne signale aucun contact avec l'ennemi, la 1re section de la *3. Kp* (*SS-Obersturmführer* Buck), commandée par le *SS-Untersturmführer* Kascha est capturée ainsi que 4 *Schwimmwagen*. La *1. Kp* va perdre un *Panzer-Späh-Wagen*. La 3e section de la *2. Kp*, engagée à gauche subit un violent accrochage au cours duquel son chef, le *SS-Oberscharführer* Heckenschuh, est tué et une partie de ses hommes, grièvement blessés tombe entre les mains des Britanniques. Dans la nuit du 10 au 11 juin, le gros de la « Götz » est immobilisé au sud de St-Lô par manque de carburant, près de sa zone de rassemblement.

L'arrivée du *SS-Panzer-Grenadier-Regiment 37* dans sa région de mise en place est prévue à la tombée de la nuit, seulement après avoir fait le plein de carburant.

Quant au *SS-Panzer-Grenadier-Regiment 38*, dérouté de l'axe de marche actuel, il a l'ordre d'atteindre la zone de mise en place assignée sur la route Mesnil-Robert, Ste-Marie-sur-Lô (Ste-Marie-Outre-l'Eau NDA), Villebaudon, Cerisy-la-Salle. Il n'arrivera probablement que dans le courant du 11 juin.

L'arrivée des détachements chenillés de la *SS-Panzer-Abteilung 17* probablement le 10 juin tard dans la soirée dans la région de Villedieu. Le 12 juin, la *1. Kp* (*SS-Obersturmführer* Dedelow) atteindra la région de mise en place avec le PC du bataillon au Hommet (*16 km environ au sud de Carentan*) et la *2. Kp.* (*SS-Obersturmführer* Hörmann) également. Quant à la *3. Kp* (*SS-Obersturmführer* Brittinger), elle sera cantonnée dans la région de Pont-Hébert.

Enfin, après les combats qu'elle a livrés, la *SS-Aufklärungs-Abteilung 17* est ramenée sur une ligne de couverture Balleroy-Bérigny, au sud-ouest de la forêt de Cerisy.

Les combats du 6 au 11 juin 1944

Secteur de Ste-Mère-Église

Dans la nuit du 5 au 6 juin, la *82nd Airborne Division* (*Major General* Ridgway) et la *101st Airborne Division* (*Major General* Taylor) sont larguées sur la zone arrière du débarquement prévu à « Utah » pour le *VII. Corps* (*Major General* Collins) entre St-Martin-de-Varreville et La Madeleine.

Pour la *82nd Airborne Division*, l'objectif est Ste-Mère-Église et la région à l'est de la localité sur une Beuzeville au Plain-Sebeville. En outre, elle a pour mission de prendre la rive occidentale du Merderet, là où cette petite rivière forme un demi-coude. ceci permettrait de créer, de Gourbeville jusqu'à Pont-l'Abbé et Chef-du-pont, une base de départ pour avancer vers l'ouest et étrangler la presqu'île du Cotentin.

La bourgade de Ste-Mère-Église va se trouver prise presque fortuitement par quelques paras égarés du *505th PIR*. Un détachement du *Flak-Regiment 30 (13. Flak-Division)*, aux ordres d'un *Oberleutnant* autrichien, abandonne la localité presque sans combat.

« Cette défaillance d'un *Oberleutnant* de la Flak, note P. Carell, devait coûter cher. Ce fut elle qui permit le succès initial des Américains. »

Mais aucune progression ne peut être réalisée vers l'Est en raison de la présence de l'*Ost-Bataillon 795* (formé de Géorgiens et constituant le *IV./Gren.Rgt 739* de la *709. I.D*), aux ordres du *Hauptmann* Massberg, qui stationne à Turqueville. Il s'y maintiendra en « hérisson » jusqu'au 7 juin avant de se rendre.

Ainsi, le gros de la *82nd Airborne Division* se trouve déposé sur une surface de 8 km sur 7 autour de la localité de Ste-Mère-Église.

Le long de la RN 13, cette division devait d'abord défendre au nord l'accès à la localité ou des éléments du *III./Grenadier-Regiment 1058 (Oberst* Beigang) avaient été appliqués. Mais ceux-ci ne peuvent atteindre la bordure nord de Ste-Mère-Église, car l'attaque s'arrête près de Neuville au Plain, à 2 km au nord.

Pendant la journée, les deux divisions aériennes aéroportées n'atteindront pas les objectifs assignés. Certains paras atterriront involontairement dans une zone comprise entre Isigny-sur-Mer et la baie de Carentan. D'autres, largués isolément à l'ouest du Merderet, ne réussiront pas à constituer un front sur sa rive ouest (éléments des *507th* et *508th PIR*). Seul est établi un front sur la rive orientale de La Fière (près de Cauquigny). Une attaque lancée par le *Grenadier-Regiment 1057 (91.Luftlande-Division)* est repoussée par les paras du *507th PIR* parce qu'elle n'avait pu être menée que sur le rétrécissement de la chaussée au-dessus des marais près de La Fière. Et malgré l'appui de chars de la *Panzer-Ersatz-und Ausbildungs-Abteilung 100 (Major* Bardenschlager), rattachée tactiquement à la *91. Luftlande-Division*.

Pour sa part, la *101st Airborne* avait pour mission :

— de prendre possession des 4 sorties de rivage qui mènent de « *Utah* » à travers les inondations.

— de s'emparer de la batterie de St-Martin-de-Varreville (la *2./HKAR 1201* avec 4 pièces de 12,2 cm K 390(r)), aux ordres du *Leutnant* Erben.

— d'occuper l'écluse de la Barquette.

— de conquérir le pont sur la Douve au nord de Carentan afin d'obtenir une base de départ pour une attaque sur la ville qui séparait les têtes de pont « *Utah* » et « *Omaha* ».

De ces objectifs, le quatrième n'est pas atteint car ici va avoir lieu la contre-attaque locale du *Fallschirmjäger-Regiment 6* du *Major* von der Heydte.

Secteur de « Utah »

Le 6.06.44, à 6 h 40, deux compagnies du *8th RCT (Regiment Combat team)* de la *4th USID (Major General* Barton) se lancent à l'attaque du *Widerstandsnest 5* (Wn 5) qui défend la plage de la Mademeine et le neutralise, en capturant la *3./919* de l'*Oberleutnant* Jahnke. Puis c'est au tour des Wn 1, 2 et 10 de succomber à leur tour. Ainsi, au cours de ces combats, 3 compagnies du *I./Grenadier-Rgt 919 (709.I.D)* sont anéanties. Le lendemain, la jonction entre le *8th USIR* et les paras du *505 PIR* est établie à Ste-Mère-Église.

Entre-temps, le *Major* von der Heydte, le *Kommandeur* du *Fallschirmjäger-Regiment 6*, avait quitté son PC de Gonfreville pour gagner St-Côme-du-Mont où est venu le rejoindre le reste de son état-major. Du

haut du clocher du village, il voit l'ensemble de la zone de débarquement du *VII.Corps*. Il met alors son régiment en mouvement.

Le *Major* von der Heydte engage le *I./6* en direction de Ste-Marie-du-Mont, La Madeleine et du WN 5 dans l'espoir de rétablir la liaison avec celui-ci, tandis que le *II./6* est lancé vers Turqueville tenue par l'*Ost-bataillon 795*. Quant au *III./6*, il est tenu en réserve avec des détachements du *III./1058 (91.Luftlande-Division)* pour sécuriser ses flancs.

L'attaque des deux bataillons du *Fallschirmjäger-Regiment 6* démarre vers 19 h dans de bonnes conditions mais, bientôt, elle est prise sous des feux convergents depuis Ste-Mère-Église et Ste-Marie-du-Mont. Vers minuit, le *II./6* parvient à environ 800 m de Ste-Mère-Église, à proximité de Turqueville.

Mais, dans la nuit du 6 au 7, arrive le *325th Glider Infantry Regiment* au nord-ouest de St-Côme-du-Mont, séparant ainsi la liaison des *FJ.Btl I.* ; et *II.* entre eux et le PC du *FJR 6*. Dans les premières heures de la matinée un ordre radio du *Major* von der Heydte ordonne le repli de ses deux bataillons qu'il va positionner en demi-cercle autour de St-Côme-du-Mont.

Vers midi, le *Sturmbataillon* du *Major* Messerschmidt, réserve de l'*A.O.K. 7*, qui était arrivé dans la zone de combat, est lancé à l'attaque vers le sud, à l'est du *II./1058*, parvient même à établir une brève liaison avec les Géorgiens à Turqueville, mais doit se replier en face de la supériorité américaine.

De son côté, le *Grenadier-Regiment 1057*, venant de l'ouest depuis le région de St-Sauveur-le-Vicomte, voit aussi son attaque vers les rives du Merderet

Le *Major* von der Heydte, *Kommandeur* du *Fallschirmjäger-Regiment 6*.

Major von der Heydte, CO of the FJR6.

Der Major von der Heydte führte das Fallschirmjäger-Regiment 6.

échouer. Quant au bataillon géorgien, il déposera les armes dans la journée.

Quelles sont les raisons de l'échec de l'attaque du *Fallschirmjäger-Regiment 6* ? Laissons ici la parole à P. Carell :

« *... un coureur vient de surgir devant le commandant du 6e régiment de parachutistes, le Lieutenant-Colonel von der Heydte. Il apporte la nouvelle que le 1er Bataillon s'est emparé de Ste-Marie-du-Mont. Il n'est donc plus qu'à six kilomètres de la côte ; à six kilomètres du point d'appui WN 5 par la route macadamisée. Il suffirait maintenant que le 2e Bataillon, qui a atteint Turqueville, converge vers la droite par la chaussée qui franchit la zone inondée, et la tête de pont des Américains, Utah Beach, serait verrouillée. On était à deux doigts du succès.*

Malheureusement, le 2e Bataillon ne put effectuer ce mouvement de conversion. Il fut pris sur son flanc gauche sous des feux partant de Ste Mère Église...

Obligé d'assurer la protection de son flanc gauche, le capitaine Mager (le Kommandeur du II./6, NDA) au lieu de s'infléchir vers la côte, se porta à l'attaque de la localité. Mais son bataillon ne réussit pas à franchir le terrain dénudé qui s'étendait au sud de celle-ci. La nuit survint, le bataillon Mager se vit obligé de se retrancher. Quant au 1er bataillon, sans protection sur son flanc gauche, il ne put dépasser Ste-Marie-du-Mont. »

Après son repli, le *Sturmbataillon Messerschmidt* se retranche dans le secteur de Beuzeville en se raccordant vers l'ouest avec le *II./1058*, tandis qu'à l'ouest des marais du Merderet le *Regiment 1057* constitue un front défensif.

Plus au sud, les restes du *III./1058* s'étaient formés en « hérisson » autour de St-Côme-du-Mont en attendant le retour des *I./6* et *II./6*. Si le *II./* parvient à se replier dans des conditions relativement bonnes, le *I./6*, pratiquement isolé, doit se replier à travers les zones marécageuses. Le 7 juin, ne rejoindront le reste du *Fallschirmjäger-Regiment 6* que 25 hommes et un *Leutnant* !

En outre, le *Major* von der Heydte doit prélever 2 compagnies de son *III. Bataillon*, sa réserve afin d'épauler la défense du *III./1058* autour de St-Côme-du-Mont.

Désormais, la mission des *II./* et *III./FJR 6*, renforcés par une compagnie lourde et une batterie de 10,5 cm le F.H — mais qui ne dispose que de peu de munitions—, est de constituer un verrou au nord de Carentan. Il a l'ordre d'empêcher toute progression de la tête de pont de *Utah* vers celle formée à *Omaha*. Le « bouchon » de Carentan gêne la réunification des troupes du *VII. Corps* avec celles du *I. Corps*.

Le 8 juin, une attaque lancée par le *II./6* sur Ste-Marie-du-Mont ne peut être menée à bonne fin, du fait que les Américains poussent déjà dans sa zone de mise en place.

Le 9 juin, les *3/* et *5/175 RCT*, appuyées par des Sherman du *747th Tank Batallion*, s'emparent d'Isigny-sur-Mer à 5 h du matin.

Pour le moment, le *Fallschirmjäger-Regiment 6* doit s'opposer aux attaques du *PIR 502 (101st Airborne Division)* en direction de Carentan qui lance des avant-gardes vers la ville. Il y a des pertes élevées des deux côtés.

Le PC avancé du *Major* von der Heydte est installé dans une maison de garde-barrières à l'ouest de la localité, les armes lourdes sont en position sur la cote 30, tandis que le poids principal du combat incombe au *III./6*.

Le 10 juin, à 18 h, le *3/501* du colonel Cole attaque l'aile gauche du *Fallschirmjäger-Regiment 6* près de Pommenauque (lieu-dit à la sortie ouest de Carentan). Il est repoussé avec de lourdes pertes par les *10./* et *11. Kompanien* du *III./6*. À 20 h, une nouvelle attaque réussit à ouvrir la route vers Carentan.

Une contre-attaque lancée par l'*Oberleutnant* Märk échoue. Les Américains atteignent ainsi deux points faciles à défendre : le goulot resserré près de Baupte, le passage supérieur de la RN 13 et de la voie ferrée Carentan-Valognes au-dessus de la zone inondée de La Madeleine.

Désormais, la ligne principale de résistance (*HKL*) est constituée par la bordure ouest de Carentan.

Le lendemain 11 juin, le *SS-Brigadeführer* Ostendorff, le *Kommandeur* de la *17. SS-Panzer-Grenadier-Division « Götz von Berlichingen »*, prend la route en direction de Carentan avec son *Ia*, le *SS-Hauptsturmführer* Dr. Conrad et l'officier-adjoint de la *SS-Aufklärungs-Abteilung 17*, le *SS-Untersturmführer* Papas, afin de se faire informer de la situation.

Entre-temps, vers 16 h, le *Major* von der Heydte avait donné l'ordre d'évacuer les positions tenues par les *II./* et *III./6* dans Carentan. Le repli devait avoir lieu dans la nuit du 11 au 12 juin, motivé par la pression des Américains. Des arrière-gardes resteraient dans la ville jusque dans la matinée du 12 et permettraient ainsi au *Fallschirmjäger-Regiment 6* d'occuper des positions au sud de la ville.

Et c'est en revenant à son PC que, vers 17 h, le *Major* von der Heydte rencontre le *SS-Brigadeführer* Ostendorff à la hauteur de Domville (*un lieu-dit à l'ouest de Carentan*), lors d'une reconnaissance de terrain. Ostendorff informe le *Kommandeur* du *Fallschirmjäger-Regiment 6* que celui-ci est mis aux ordres de la « *Götz* ».

Le *Major* von der Heydte raconte :

« Quand le *Kommandeur* du régiment (*c'est-à-dire lui-même, NDA*) eut donné cet ordre (*de repli, NDA*) aux deux *kommandeurs* de bataillon sur la place, devant l'église de Carentan, il retourna à son PC (*au lieu-dit Cantepie, NDA*). Sur le chemin de ce côté-là, à la hauteur de Domville, il rencontra un *PKW* (*personenkraftwagen, voiture légère, NDA*) dans laquelle était assis le *Kommandeur* de la *17. SS-Panzer-Grenadier-Division « Götz von Berlichingen »* avec un officier accompagnateur. Le *Kommandeur* du régiment se présenta, selon l'habitude, à ce général qui lui était inconnu jusqu'ici et qui lui apprit qu'un détachement avancé de la *17. SS-Panzer-Grenadier-Division « Götz von Berlichingen »* avait atteint Périers, et que, par un ordre du *Korps (LXXXIV.A.K. NDA)* non communiqué au régiment, le *Fallschirmjäger-Regiment 6* était mis dès maintenant aux ordres de la *17. SS-Panzer-Grenadier-Division « Götz von Berlichingen »* et que la Division et le régiment avaient la mission de tenir Carentan à tout prix. Sur ce, le *Kommandeur* du régiment l'informa de la situation et des ordres de repli qu'il avait donnés et qui, à l'instant où avait lieu cette conversation, étaient déjà exécutés par la troupe ».

Si le régiment avait été averti de l'approche de la *17. SS-Panzer-Grenadier-Division*, le *Kommandeur* du régiment aurait pris une autre décision au début de l'après-midi du 11 juin ; il est vrai que, par suite de la rupture d'une liaison téléphonique, c'est seulement dans l'après-midi que le *Korps* put être de nouveau atteint par téléphone — l'acheminement de renforts dans la région de Périers était resté ignoré du régiment—.

Tandis que le *Kommandeur* de la *17. SS-Panzer-Grenadier-Division « Götz von Berlichingen »* poursuivit sa route en avant après cet entretien pour s'informer lui-même de la situation à Carentan, le *Kommandeur* du régiment revint à son PC. Là, l'officier-adjoint l'informa que la liaison téléphonique était rétablie avec le *Korps*. Il avait fait savoir que le *Kommandeur* du régiment avait ordonné à 16 h le repli de Carentan. L'officier-adjoint avait été informé de cet ordre par radio depuis Carentan par le *Kommandeur* du régiment. En fin d'après-midi, arriva encore le chef d'état-major du *Korps* (l'*Oberstleutnant* von Criegern, NDA) au PC du régiment. Il se montra très scandalisé par la décision que le *Kommandeur* du régiment avait prise de son propre chef, mais ne donna aucun contre-ordre. À la demande pressante du *Kommandeur* du régiment d'amener enfin des munitions au régiment, le chef d'état-major répondit que le régiment était bien désormais mis aux ordres de la *17. SS-Panzer-Grenadier-Division « Götz von Berlichingen »* qui disposait suffisamment de munitions et de volume de transport ; là, il pouvait faire valoir ses désirs. Mais, en réalité, à ce moment, les troupes de ravitaillement de la *17. SS-Panzer-Grenadier-Division* se trouvaient encore en marche avec leur gros dans la région au sud de Périers. Si bien qu'un ravitaillement du régiment par cette Division pourrait avoir lieu au plus tôt le jour suivant, c'est-à-dire le 12 juin.

Le décrochage de Carentan en fin d'après-midi et dans la soirée du 11 juin se déroula sans problème. Par suite du comportement exemplaire des troupes de couverture qui avaient été laissées, l'évacuation de la ville resta ignorée de l'ennemi.

Dans les premières heures du 12 juin, les Américains passèrent à l'attaque concentrique attendue et de grande envergure de part et d'autre de Carentan. L'attaque qui avança le long de la bordure ouest et sud de la ville, poussa dans le vide. Les sécurités du *FJR 6* purent se replier sur la position du régiment près de la hauteur 30 à la faveur de l'aube et du brouillard matinal sans que l'ennemi s'en aperçoive.

Quand, le 12 juin, le brouillard matinal se leva, le *FJR 6* se trouvait dans les positions assignées au sud-ouest de Carentan ; l'ennemi avait atteint la bifurcation à la sortie sud-ouest de la ville, mais n'avait pas avancé plus loin au-delà du remblai, Pommenauque-Carentan et de la bifurcation citée. Un contact étroit actif avec l'ennemi existait seulement près de la cote 30 et à l'est de celle-ci près de la Billonnerie.

1) l'*Ostuf* Witt de la *10./37* sous les ordres de Jacob Fick. Il sera tué le 8 juillet 1944 près de Sainteny.

2) Jacob Fick, *Kommandeur* du *Regiment 37*.

1) Ostuf Witt of 10./37 under orders from Jacob Fick. He was killed near Sainteny on 8 July 1944.

2) Jacob Fick, Kommandeur of Rgt 37.

1) Ostuf Witt von der 10./37. Er fiel am 8 juli bei Sainteny.

2) Jakob Fick, Kommandeur des Regiments 37.

Military situation on 5 June 1944

Before we come to the combat involving the 17. SS-Panzer-Grenadier-Division « Götz von Berlichingen », we need to situate the German units stationed in the Cotentin peninsula and before the future Omaha Beach sector. We find them in the coming operations fighting alongside the « Götz ».

1— To the north and east of the peninsula, the 709. I.D. (Generalleutnant von Schlieben, with its command post at Chiffrevast, near Valognes). It occupied a sector stretching from Cherbourg as far as north of Carentan. It was basically formed as follows :

— Infanterie-Regiment 729 (I.II.III.Btle, IV.Bt1 : Ost-Btl 649)

— Infanterie-Regiment 739 (I.Btl : Ost-Btl 797, II. III. Btle IV.Bt1 : Ost-Btl 795)

— Grenadier-Regiment 919 (I.II.III.Btle)

— Artillerie-Regiment 1709 (3 Abteilungen with respectively 4,4 and 3 batteries)

— Panzerjäger-Abteilung 1709 (1-3 Kompanie)

Also placed under its orders was Sturmbataillon 7 (reserve of A.O.K 7)

2— In the center, 91. Luftlande-Division (Generalleutnant Falley, with its CP at Château-Haut, near Picauville).

It was made up of :

— Grenadier-Regiment 1057

— Grenadier-Regiment 1058, each with 3 Btl.

— Divisions-Füsilier-Btl 91

— Geb.-Artillerie-Regiment 191

— Panzerjäger-Abteilung 191.

3— Quartered along the west coast of the Cotentin was 243. I.D. (Generalleutnant Hellmich, with its CP at Briquebec).

It was made up of :

— Grenadier-Regiment 920

— Grenadier-Regiment 921

— Grenadier-Regiment 922

— Füsilier-Btl 243

— Artillerie-Regiment 243

— Panzerjäger-Abteilung 243

Notice the presence of Panzer-Ersatz-und Ausbildungs-Abteilung 100 (armored replacement and training battalion). Quartered west of Carentan, its Kommandeur, Major Bardenschlager, set up his CP at Château de Franquetot, 10 km west of Carentan and for tactics the battalion reported to 91. Luftlande-Division. In May 1944, for its Stab and 3 Panzerkompanien, it had tanks taken from the French : 17 R 35, 8 H 39, 1 B 1 Bis, 1 S 35 and 1 Panzer III.

We must also mention Fallschirmjäger-Regiment 6 under Major von der Heydte. On the eve of D-day, it was reserve to LXXXIV.A.K (General der Artillerie Marcks, CP at St Lô). We shall have a lot to say about it in connection with the battles in the Sainte-Mère-Eglise and Carentan sectors.

It was originally one of the regiments of 2. Fallschirmjäger-Division (Generalleutnant Ramcke) stationed in Brittany. It was formed of 3 battalions, one (schwere) Granatwerfer-Kp, with 9 guns, one Panzer-Abwehr-Kp (4 7,5 cm Pak 40 guns), one 8,8 cm Flak battery, one Pionier-Kp and one Aufklärungs-Zug (reconnaissance platoon) with 12 BMW sidecars. The Regimental CP was set up at Gonfréville, 7 km north of Périers.

Let's now go into a little more detail :

Fallschirmjäger-Regiment 6 occupied the following billets :

— I./6 at Le Plessis-Lastelle, 10 km north of Périers.

— II./6 west of Lessay

— III./6 in the Meautis-Sainteny-Graignes triangle, in the vicinity of Carentan.

The 3 battalions thus barred the way to the south of Cotentin.

Lastly, on the west coast of the Calvados (future Omaha Beach) and in the hinterland, we find 352. I.D (Generalleutnant Kraiss, with its CP at Littry). Its sector extended beyond Carentan as far as the Sainte-Honorine-des-Pertes area.

It was made up of the following :

— Grenadier-Regiment 914 (Oberstleutnant Meyer)

— Grenadier-Regiment 915 (Korps-Reserve) (Oberstleutnant Meyer)

— Grenadier-Regiment 916 (Oberst Goth)

— Füsilier-Btl. 352

— Artillerie-Regiment 1352 (3 Abteilungen with a total 24 10,5 cm le.FH 18 and an Abteilung with 3 15 cm s.F.H 18 batteries)

— Panzerjäger-Abteilung 1352 with 3 companies.

It was all these units that faced the initial assaults on the beaches at Utah (east coast of the Cotentin) and Omaha (west coast of the Calvados)

Lastly let us remember that they all reported to LXXXIV.AK, itself a component of 7.Armee (A.O.K. 7) under Generaloberst Dollmann whose HQ was at Le Mans.

The Alert

1— Night of 5 to 6 June 1944 and day of the 6th.

The first « Götz » unit to be informed of the landing operations was SS-Flak-Abteilung 17. It received the overnight reports from the Flugmeldekommando at Angers at its CP at Château Launay. These indicated, first, intense aerial activity in the Cherbourg area, but from 04.00, they began to give clear hints that this was the start of the « invasion ».

« - 04.02. Report : paratroopers being dropped. Area Cherbourg peninsula, Laval and west of Paris. In our view, it can only be the dropping of sabotage parties to support the terrorists.

- 04.10-5.00 : several approach flights on and beyond Saumur from north to south. There is now a great flurry of activity at Fluko owing to communication of the reports on the air situation. »

At 04.10, O.B. West put on level II alert A.O.K. 15 (15. Armee du Generaloberst von Salmut) and A.O.K. 7, i.e. Heeresgruppe B, Panzergruppen-Kommando West, Militärbefehlshaber in Frankreich, LXV.A.K (General der Artillerie Heinemann, in charge of the V1 reprisal weapons, author's note), Luftflotte 3 (Generalfeldmarschall Sperrle) and Marinegruppen Kommando West (Admiral Kranke).

Panzergruppen-Kommando West had to take the forced march disposition with 12. SS-Panzer-Division « Hitlerjugend », Panzer-Lehr-Division and 17. SS-Panzer-Grenadier-Division « Götz von Berlichingen ».

Between 05.26 and 06.50, Fluko at Angers continued to send in reports to SS-Flak-Abteilung 17 indicating concentrations of shipping north of Carentan, approaching gliders and concentrations of shipping along the coasts of the Calvados.

Thus SS-Flak-Abteilung 17, at dawn on D-day 6 June 1944, sent information to the Division. One may suppose that SS-Brigadeführer Ostendorff had received messages well before the one at 04.00, since at 03.30 he summoned all regiment and unit Kommandeure to the Führerheim (officers' club) in Thouars for an initial discussion. Immediately afterwards, all formations were informed by their commanders. At 04.00 the watchword « Blücher » was passed around.

As an initial measure, guards were doubled and « plane spotters » stationed. At 05.15, SS-Sturmbannführer Fleischer, Kommandeur of SS-Pionier-Bataillon 17, summoned all unit commanders and his staff for a discussion at the battalion Führerheim.

Then orders were given to evacuate the quartering, and occupy the tested bomb-proof caves and secure the new quartering.

Immediately in the morning, the Allied air force attacked the Division's establishment area in an uninterrupted series of raids at low altitude. The Jabos no longer sought out just military targets but pursued isolated vehicles and even soldiers on foot.

During the day, SS-Pionier-Bataillon 17 came and occupied a new CP in a château (Mestré ?) 2 km south-west of the church at Montsoreau. At c. 16.00 an order was received not to take to the main highways either in isolated vehicles or in convoy, as losses were already occurring. All leave was cancelled, as were temporary detachments to other units, and training courses were stopped. The units were placed on the alert and were ready to march at 09.19. SS-Hauptsturmführer von Seebach's 14. (Flak)/37 and SS-Obersturmführer Riegger's 14. (Flak)/38, which so far had not been used, were also committed to cover the bridges over the Loire River at Saumur and Montsoreau. Major crossing places had to be held intact in order to bring units up to the front.

During the evening, at 21.35, a formation of Ju 88s, 8 aircraft making an approach and moving up for a mission over the Allied beachhead, followed the Loire valley near Saumur without notifying of its passing that way. The low-flying aircraft with « the sun in their backs » were identified as enemy planes and were targeted by Flak. One of the bombers was hit and came down on an island in the Loire between the road bridge and the rail bridge, exploding as it hit the deck. A second plane, also hit, dropped its bombs to get rid of them and only then sent out signals for recognition. It may however be thought that the gun crews of 4./Flak-Abteilung 17 had a pretty poor idea of what German planes looked like. Remember that this battery was armed with 9 3,7 cm Flak 36 guns mounted on the Zgkw 8 to (SdKfz 7/2). In view of the gravity of the incident and the deaths of the crewmen of the destroyed aircraft, the two platoon commanders were relieved forthwith and court martial proceedings were initiated against the poor battery commander, SS-Untersturmführer Kriel, but the case was dropped once the circumstances had been explained.

During the night of 6 to 7.06.44, the Division, which belonged to the O.K.W-Reserve and came under 1. Armee (General der Infanterie von der Chevallerie), was released by order of O.K.W to relieve 7. Armee.

March up to Normandy

7 June 1944

At first light on this day, 16. (Aufklärungs) Kp of SS-Panzer-Grenadier-Regiment 37, commanded by SS-Hauptscharführer Grüner, set off with its Volkswagens to mark out the route to be taken by the « Götz ».

All units due to move up were formally ordered to stay off the major highways and keep to the secondary roads, and also if need be to drive separately. A safety distance was to be kept between vehicles. The plan was to move up to the St-Lô area in the shortest possible time.

That same day, the Division received late delivery of some of the scheduled 90 tons of transport volume provided by 2./Nachschub-Kp (SS-Hauptsturmführer Wolf) to supply the combat echelons.

Another part of the transport volume was made available thanks to civilian vehicles, some of which were gas-powered trucks with requisitioned drivers. The « Götz » was to be supplied from logistical depots off the beaten track in the Paris-Dreux area. There were still some surplus stocks of every caliber of ammunition in the Division's sector. They had been delivered instead of practice rounds which had not subsequently been used up. They could be carried off by the fighting units which thus disposed of consumption sets (VS : Verbrauchsatz) at the start of the battle.

During the morning 17. SS-Panzer-Grenadier-Division « G.v.B. » received its marching orders for 7.06.44 (Ia/Op.Tgb.Nr.1033/44 geh.)

1— The Kampfgruppe of 17. SS-Panzer-Grenadier-Division « G.v.B. » will take to the roads marching along 2 routes (tracked detachments and cyclists by rail transport, following a specific order).

Enemy airborne troops must be expected along the marching roads especially in the Laval area and the north.

2— Itinerary, march fractioning and marching orders.

a) Right marching route

Montsoreau bridge, Brain sur Allonnes, Vernoil, St-Philbert-du-Peuple, Jumelles, Brion, Fontaine-Guerin, Sermaise, Jarzé, Beauvau, Durtal, Daumeray, Morannes, La Piverdière, Grez en Bouère, Meslay-du-Mainee, Bazougers, Argentré, Martigné, Alexain, Blace, St Denis (de Gastine, author's note), Monflaux, Fougerolles (du Plessis, author's note), Buais, Notre-Dame-du Touchet, Romagny, Juvigny (le Tertre, author's note).

• Marching group 1

Commander : Kommandeur of SS-Pz.A.A.17

Troop : SS-Pz.A.A.17

Passage point: Mollay (5 km north-east of Montreuil-Bellay)-

Passage time: 18.10

• Marching group 2

Chef : Kommandeur of SS-Panzer-Grenadier-Regiment 38

Troop: SS-Panzer-Grenadier-Regiment 38

Passage point: Montsoreau bridge

1 le. Batterie of SS-Artillerie-Regiment 17

Passage time : 20.30

1 schw. Batterie of SS-Artillerie-Regiment

1 8,8 cm Flak battery

1 small Panzerjäger-Kompanie (mixed)

Detachments of Sanitäts-Kompanie of SS-Sanitäts-Abteilung 17

1 Krankenwagen-Zug (ambulance platoon) of SS-Sanitäts-Abteilung 17

Wheeled vehicles of SS-Panzer-Abteilung 17

1 Werkstatt-Kompanie of SS-Panzer-Instandsetzungs-Abteilung 17

b) Left marching route

— Approach route for marching group 3 : Thouars, Ste Verge, Bouillé-Loretz, Nueil (sur Layon, author's note), Tancoigné.

— Approach route for marching group 4 : Coulonges-Thouarçais, Moutiers (sous Argenton, author's note), crossroads 2 km north of Argenton, Genneton, Cléré (sur Layon, author's note), Tancoigné.

Tancoigné, Martigné (-Briand, author's note), Chavagnes, Notre-Dame d'Alençon, Vauchrétien, St-Mélaine-sur- Aubance, Pont nears Ponts de Cé, Dumette, St Gemmes (sur Loire, author's note), Bouchemaine, St Martin (du Fouilloux, author's note), St Léger (des Bois, author's note), St Clément (de la Place, author's note), Brain sur Longuenée, Andigné, Aviré, La Ferrière (de Flée, author's note), l'Hôtellerie (de Flée, author's note), St-Quentin (les Anges, author's note), Craon, Beaulieu, La Gravelle, St Pierre la Cour, La Croixille, Princé, Luitre, Fleurigné, St-Ellier du Maine, Louvigné du Désert, La Noé, St-Martin (de Landelles, author's note), les Biards, Isigny (le Buat, author's note), Le Buat, St Ovin.

• Marching group 3

Commander : Kommandant. Div. Stab ; Quartier

Passage point: exit north of Thouars

Troop : SS-Div. Sich. Kp. 17 (security company)

Passage time: 18.30

—Div.-Stab.-Fü.-Abt. and Ib-Staffel (HQ platoons and echelon of Ib : logistics)

Nachrichten-Abteilung 17 (signals)

• Marching group 4

Commander: Kommandeur SS-Panzer-Grenadier-Regiment 37

Passage point: Coulonges-Thouarçais

Troop : SS-Panzer-Grenadier-Regiment 37

Passage time: 20.00

I./SS-Art. Rgt 17

Sfl Panzerjäger-Kp.

small Panzerjäger-Kp (mixed)

Detachments of a Sanitäts-Kp.SS-San.-Abteilung 17

2 Krankenkraftwagen-Züge SS-San.-Abteilung 17

2 Werkstatt-Kpnen SS-Panzer-Instandsetzungs-Abteilung 17

W.K.Zug SS-Panzer-Instandsetzungs-Abteilung 17

Route reconnaissance by SS-Div. Feldgendarmerie-Kp 17

Signalling : iron hand (Eiserne Hand, on order)

Bridge tactical commanders :

Pont near Montsoreau : SS-Obersturmführer Schleichert

Pont near Ponts de Cé : SS-Obersturmführer Eckert

3— Pauses : 00.00-01.30

Technical stops : 20.30-21.00
04.30-05.00
08.00-08.30
11.30-12.00

4 — Marching speed : maximum speed of leading vehicles : 25 km by day, 15 km by night.

Marching distance 100 m, seeing distance by night.

5- — Advance detachments of all units will march at the head of their marching group.

6 — Antiaircraft defense.

In the event of recognized very low-flying aerial attack, press hard right, camouflage !

On arriving in a new space, all roads must be cleared immediately.

7— Signals links.

a) Silence radio.

b) Telephone sets near the bridge at Montsoreau and near the FeldKommandantur at Laval, Les Ponts de Cé are to be set up by SS-Nachrichten-Abteilung 17. Forward all telephone set reports to A.O.K 7. at Villedieu (les Poêles, author's note). There, divisional liaison officers.

8 — The regiments' and independent battalions' liaison agents will report to Thouars at 20.00.

9 — Vehicle assembly points to be set up by SS-Panzer-Instandsetzungs-Abteilung

— On the right advance road at :

Fontaine-Guérin (5 km south-west of Baugé)

Forest east of Grèze en Bouère (NW of Sablé sur Sarthe, author's note)

Forest north-east of Challand (Chalendrey ?)

Either side of the advance road

— On the left advance road at :

Forest north of St-Clément (12 km north-west of Angers)

Forest south of St-Pierre la Cour (15 km east of Vitré)

St-Ellier du Maine area (12 km north-east of Fougères)

10 — Sick reception centers and field hospitals

All those wounded during the advance will be admitted to field and local hospitals at Angers, Tours, Le Mans, Alençon, Rennes and Fougères.

11— Fill up fuel tanks. 3 1/2 VS (consumption units). A further attribution will again be ordered.

12 — Receipt of supplies will again be ordered.

13 — Reports : following arrival in the new quartering area, marching group commanders will report immediately upon arrival, also reporting any unusual incidents and losses they may have sustained.

Your attention is again drawn to reports during the march.

14 — Divisional HQ : until 7.06.44. 19.00 Thouars

as of 19.00, along the left marching line (Marching group 3)

The Division's rearguard detachment, under the command of SS-Sturmbannführer Linn, will remain at Thouars until further notice

A new CP will again be ordered.

During the afternoon, SS-Panzer-Abteilung 17 (SS-Sturmbannführer Kepplinger) and 3./SS-Panzerjäger-Abteilung 17 (SS-Obersturmführer Ratzel) arrived at Mirebeau station for loading onto rail convoys.

At sundown, the trains set off North… we shall come back to this later.

Regarding the « Götz »'s move up to the front in Normandy, here is a report drafted by the exectuive officer of SS-Panzer-Grenadier-Regiment 38, who was also at the time commander of the Stabs-Kompanie, SS-Untersturmführer Hoffmann :

« Àt the Cavalry Academy in Saumur, there were I./and II./38, III./38 was at Fontevraud, from 20.05, the regimental staff was at Château de Maison (Marson ?). As OO (Ordonnanzoffizier), I have drawn up meticulously the plan for marching up to the Normandy front from the Saumur area.

Passage time 7.06.1944. 17.00 (made clear after several requests for clarification !) Passage point not known exactly, west of Saumur however. Road south of the Loire as far as Angers, then north. I was the officer in charge of the passage and the order of priority is not known yet as a slight hitch occurred.

The order of passage was :

— 16./38.Aufkl.Kp.

— 15./38.Pi.Kp.

— 5./38 Baldauf (SS-Obersturmführer, author's note)

— Btl. Stab (battalion staff) II./38 Kdr. SS-Hauptsturmführer Nieschlag, Adjudant (battalion executive officer) SS-Untersturmführer Lorenz

— 6./38

— 7./38

— 8./38

— 14./38 (Flak) Kp.

— Regiments-Stab

— Btl.Stab I./38

— 1./38

— 2./38

— 3./38

— 4./38

— I3./38 I.G.Kp (infantry cannon)

— Btl.Stab III./38. Kdr : SS-Sturmbannführer Bolte, Adjudant SS-Untersturmführer Salomon

— 9./38

(Detachments of III./38 were only partly motorized. The rest followed by train.)

— 17./38 Stabs-Kp.

— The column (combat column, author's note)

14./38 Flak-Kp. Had missed its passage time ; I dispatched a motorcyclist to Saumur to reinsert the 14. on the secondary roads. Three hours later, it was in marching divisions. West of where we were, Regiment 37 rode northwards along some other roads. I drove far ahead of the Regiment with some signposts. The deployment area was marked :

« — North of the Isigny-sur-mer, St-Hilaire road

— North of the high ground between Les Veys-Gate. »

Of the two Panzer-Grenadier-Regimenter, only their I. and II. Bataillons are partly motorized with whatever came to hand. The rest of the regiments will follow by rail.

All day on 7 June there was intense activity by Allied aircraft which caused some early losses.

Just before Saumur, the executive officer of SS-Flak-Abteilung 17, SS-Untersturmführer Zietz, was killed in his car along with his driver during a Jabo attack. But the bridges over the Loire used by the Division were not hit. That evening, the slower units, like SS-

Artillerie-Regiment 17 (SS-Standartenführer Binge) and an 8,8 cm Flak battery set off (2. Batterie under SS-Obersturmführer Weiss). The following units remained unmotorized in the establishment area :

— 1./ and 2./ and Versorgungs-Kp (services company) SS-Panzerjäger-Abteilung 17.

— 1./, 3./ and 4./SS-Flak-Abteilung 17

— SS-Pionier-Bataillon 17

— detachments of the Versorgungstruppen.

— also, small remaining detachments of all units will have to join up issued with the remaining stocks, depending on the situation with regard to vehicle allocation.

During that same evening, 1./SS-Flak-Abteilung 17 shot down a Tomahawk fighter at 19.27. The aircraft crashed near Roiffé (c.10 km south of Montsoreau). Six minutes later, another aircraft of the same type was brought down by the same battery 2 or 3 km south-west of Vivy station (6 km north of Saumur).

8 June 1944

We come back to SS-Panzer-Abteilung 17 and 3./SS-Panzerjäger-Abteilung 17 at Mirebeau station, with the task of watching over two rail convoys. The first carried 1./ and 2./SS-Panzer-Abteilung 17, the second its 3. Kompanie and the Panzerjäger. The two convoys travelled in good conditions with no harassment from Allied aircraft, although it was a beautiful day. Things became uncomfortable however late in the afternoon as the second convoy entered the station at La Flêche (38 km south-west of Le Mans). In their first approach, 4 Jabos attacked it with their machine-guns and the second time around with bombs. After a brief moment of surprise, the Flak units opened up with their M.G. In this attack, 3./SS-Panzer-Abteilung 17 lost a Sturmgeschütz which burst into flames. Losses in men came to 3 killed, including Schütze Höppner and several wounded in that Kompanie.

That same moment, the first convoy also came under attack, but the Flak-Zug (Flak platoon), SS-Panzer-Abteilung 17, commander SS-Hauptscharführer Dornacher, which had 2 cm Flak-Vierling guns on the SdKfz 7/1, shot down two Allied planes. The four companies were deposited at La Flêche station and carried on their way by night. The burnt-out Sturmgeschütz was left at the station, another had to be towed. These units reached Le Mans in daylight on the 9th.

During the evening of 8 June, the most advanced elements of SS-Aufklärungs-Abteilung 17 (doubtless 1 (Panzer-Späch) Kp), one of the fastest units, reached the area around Balleroy and Cerisy forest.

« (Coming from Vire, via Tessy-sur-Vire, author's note), Balleroy, we were quartered in the small village of Vaubadon (15 km south-west of Bayeux, author's note) on the St Lô-Bayeux road. The assignment for SS-Aufklärungs-Abteilung 17, covering the road to St Lô, was clear. »

SS-Aufklärungs-Abteilung 17, remember, had been the first « Götz » unit to leave its garrison locations (Montreuil-Bellay, Brion near Thouet, Bouillé-Loretz and Le-Puy-Notre-Dame). Its detachments took the secondary roads via Morannes (south-west of Sablé sur Sarthe), Meslay du Maine (north-est of Château-Gontier to bypass Sablé sur Sarthe), Laval, St Hilaire du Harcouët and Villedieu-les-Poêles on their way to the front.

During the day, the bulk of SS-Aufklärungs-Abteilung 17 reached the Tessy sur Vire area, 18 km south of St Lô where, after a night march, it proceeded to close ranks. Immediately on arriving, SS-Brigadeführer Ostendorff went to the last-named town where Generalkommando LXXXIV.A.K set up its HQ to meet General der Artillerie Marcks and receive orders.

That afternoon, SS-Aufklärungs-Abteilung 17 was taken forward to the edge of the St Lô-Bayeux road after passing through Torigny sur Vire (15 km southeast of St Lô). On the right, 3 (Aufkl.) kp under SS-Obersturmführer Buck, on the left, 2 (Aufkl) Kp under SS-Untersturmführer Walzinger, with 4 (Aufkl.) Kp under SS-Obersturmführer Mumm, in reserve. These three companies were equipped with Schwimmwagen (Kfz 2 S), 2 squads and their heavy platoons each of 2 squads, each with 2 s.M.G and 2 squads of s.Granatwerfer (12 cm s.Gr.W.42 ?) each with 2 s.Gr.W., all carried by Schwimmwagen.

9 June 1944

In the morning, while detachments of SS-Aufklärungs-Abteilung 17 patrolled between Bayeux and Trévières, 1 (Panzer-Späh-) Kp under SS-Obersturmführer Arnken linked up with Generalleutnant Kraiss at his CP in Littry. His division, 352. I.D, which came under attack from V. Corps (Major General Gerow), had already registered heavy losses in the battle against 1st USID (Major General Huebner) and 29th USID (Major General Gerhardt).

Let's come back to SS-Untersturmführer Hoffmann, of SS-Panzer-Grenadier-Regiment 38 :

« On 9 June 1944, I was riding alone with my driver in the establishment area.

In the afternoon, I came to a ridge on the road northwest of Les Veys (3 km west of Isigny-sur-Mer, author's note).

Coming from the north, in the opposite direction to me, a Kübelwagen (a Volkswagen Typ 82 "bucket" car, author's note) with a Major of the Heer (ground army, author's note). There were two dead men in the back. He shouted to me : « Turn round ! Everything is lost up ahead. Our Friend (the Americans, author's note) is following right behind me, » and he carried on. I drove for another twenty meters to take a look at the valley north-west of Les Veys. There, I jumped out of my car and I didn't need field glasses to see the American infantry just 400 m away. A little further back there were some American motorized units and the strength of about a regiment on foot. East of where I was, there were some American tanks on a road.

My driver shouted : « We've got to turn back ». He went into reverse and swung round. Just at that moment, we came under a burst of infantry fire and antitank gun shot at us. I jumped behind a tree. From there I committed to memory the terrain and the American units. Then I leaped into the car and my driver raced off at top speed. The bullets were still whistling when we got to the top of the ridge.

Our regiment was on the march with detachments on a level with south of Montmartin (Montmartin en Graignes, 5 km south of Isigny-sur-Mer, author's note). We were machine-gunned by a Jabo but we had to keep going towards the Regiment. I came across our 16 (Aufkl.) Kp who immediately had to reconnoiter northwards. Twenty minutes later, they were already in contact with the enemy. When I got back to the Kommandeur, he asked why I was back already. I answered It's because our starting base is already occupied. But by the enemy.

The Pionier-Kp retired. II./38 advanced to occupy positions in the Montmartin area.

I./38 was committed on the left (west)

3./38 and the rest of 9./38 was held back.

The regimental CP (housed in a bus, secretary : SS-Unterscharführer Kirchhof) was set up overnight more or less on the bank of the canal (the Taute-Vire Canal, author's note). Next day, it occupied the château near Le Mesnil (some 4 km south-west of Carentan, author's note). During the night of the 10th, I slept for 26 hours because the last time had been the night of the 5-6th.

We also had artillery fire against our CP, but I didn't get to know, Horstmann (Kommandeur of Regiment 38, author's note) let me sleep through it. »

10 June 1944

During the night of the 9-10th, SS-Panzer-Abteilung 17 and 3./Panzerjäger-Abteilung 17 swung round the burning town of St Lô. At around 16.30 on 6 June, the station quarter was bombed and then at 20.00, fourteen B 17s attacked the city center and south side. These air raids continued during the night of the 6-7th at 00.00, 00.30 and 05.00, destroying a substantial proportion of the built-up area.

3./SS-Panzer-Abteilung 17 was one night's march behind 1./ and 2./Kompanien.

During the day, Wirtschaftsbataillon 17 (economics battalion) commanded by SS-Sturmbannführer Augustin, left the Thouars area on its way to the front in Normandy. But near Laval, it came under Jabo attack during which SS-Hauptsturmführer May, commander of the bakery company, and SS-Sturmmann Babert, were wounded. It was with SS-Untersturmführer Schindler in command that the company reached Soulles (12 km south-west of St Lô, author's note) at 05.40 on 12 June.

Meanwhile, the divisional Ia sent in a report to Generalkommando II. Fallschirmjäger-Korps (General der Flieger Meindl), of which the « Götz » was now a part. (Tgb.Nr. 1037/44 gh.)

He reported that SS. Aufklärungs-Abteilung 17 was committed in a covering mission north of Vaubadon, at the north-east exit from Cerisy forest. Since 08.00, contact had been established with the British. At 09.30, they launched an attack with around 2 companies from the Tronquay direction, on a road leading north towards Vaubadon and from the Littry direction.

Already SS-Aufklärungs-Abteilung 17 came in for some early losses : 2 Panzer-Spähwagen, one destroyed by a direct hit, the other by Jabos.

While 1. Kp sent out a reconnaissance party towards Isigny which reported no contact with the enemy, the 1st Platoon of 3. Kp (SS-Obersturmführer Buck), commanded by SS-Untersturmführer Kascha was captured along with 4 Schwimmwagen. 1. Kp lost a Panzer-Spähwagen. The 3rd Platoon of 2. Kp, committed on the left was involved in a fierce skirmish during which its commander, SS-Oberscharführer Heckenschuh, was killed and some of his men, badly wounded, fell into British hands. During the night of 10-11 June, the bulk of the « Götz » was pinned down south of St-Lô, after running out of fuel near its muster area.

SS-Panzer-Grenadier-Regiment 37 was scheduled to arrive in the establishment area at nightfall, only after refuelling.

As for SS-Panzer-Grenadier-Regiment 38, diverted from the current marching route, it was ordered to reach its allocated deployment area on the road through Mesnil-Robert, Ste-Marie-sur-Lô (Ste-Marie-Outre-l'Eau, author's note), Villebaudon and Cerisy-la-Salle. It probably only arrived sometime on 11 June.

The arrival of the tracked detachments of SS-Panzer-Abteilung 17 probably came late in the evening on 10 June in the Villedieu area. On 12 June, 1. Kp (SS-Obersturmführer Dedelow) reached the deployment area with the battalion CP at Le Hommet (about 16 km south of Carentan) and 2. Kp. (SS-Obersturmführer Hörmann) as well. As for 3. Kp (SS-Obersturmführer Brittinger), it was quartered in the Pont-Hébert area.

Lastly, after the fight it had put up, SS-Aufklärungs-Abteilung 17 was brought back to a Balleroy-Bérigny covering line south-west of Cerisy forest.

The fighting from 6 to 11 June 1944

Ste-Mère-Église sector

During the night of 5-6 June, the 82nd Airborne Division (Major General Ridgway) and the 101st Airborne Division (Major General Taylor) were dropped over the zone behind the Utah landing zone planned for VII. Corps (Major General Collins) between St-Martin-de-Varreville and La Madeleine.

For the 82nd Airborne Division, the objective was Ste-Mère-Église and the area east of that locality on a line from Beuzeville to Plain-Sebeville. It was also assigned to capture the west bank of the Merderet where that small river forms a half-elbow, as this would create a lodgement area from Gourbeville to Pont-l'Abbé and Chef-du-Pont, from which to advance west and cut off the Cotentin peninsula.

The small town of Ste-Mère-Église was taken almost by chance by a handful of paratroopers of the 505th PIR blown off-course. A detachment of Flak-regiment 30 (13. Flak-Division), under the command of an Austrian Oberleutnant, abandoned the place almost without a fight.

As P. Carell notes, this Flak Oberleutnant's lapse was to prove costly as it enabled the Americans to gain an initial success.

But no progress could be made eastwards owing to the presence of Ost-Bataillon 795 (made up of Georgians and forming IV./ Gren.Rgt 739, 709. I.D), under Hauptmann Massberg, and stationed at Turqueville. It held its ground in a hedgehog formation until 7 June when it surrendered.

Thus the bulk of the 82nd Airborne Division was deposited on an area 8 km by 7 around the village of Ste-Mère-Église.

Along Highway 13, the division had first defend the northern access to the locality where elements of III./Grenadier-Regiment 1058 (Oberst Beigang) had been applied. But these were unable to reach the northen edge of Ste-Mère-Église, and the attack stalled near Neuville au Plain, 2 km to the north.

During the day, the two airborne divisions failed to reach their assigned objectives. Some of the paratroopers landed by accident in a zone between Isigny-sur-Mer and the bay of Carentan. Others (elements of 507th and 508th PIR) came down alone west of the Merderet, and were unable to establish a front on its west bank. Only a front on the east bank of La Fière (near Cauquigny) was secured. An attack launched by Grenadier-Regiment 1057 (91.Luftlande-Division) was repulsed by paratroopers of 507th PIR because it could only be fought on the narrow section of the causeway over the marshes near La Fière. And despite tank support from Panzer-Ersatz- und Ausbildungs-Abteilung 100 (Major Bardenschlager), attached tactically to 91. Luftlande-Division.

For its part, 101st Airborne's mission was to :

— secure the four beach exits from Utah through the inundated area.

— capture the St-Martin-de-Varreville battery (2./HKAR 1201 with 4 12,2 cm K 390(r) guns), commanded by Leutnant Erben.

— occupy the Barquette lock.

— take the bridge across the Douve north of Carentan in order to secure a starting base from which to launch an attack on the town, lying in between the Utah and Omaha beachheads.

The fourth of these objectives was not attained for it was here that Major von der Heydte's Fallschirmjäger-Regiment 6's made its local counterattack.

Utah sector

At 06.40 on 6.06.44, two companies of the 8th RCT (Regiment Combat team) of 4th USID (Major General Barton) launched an attack on Widerstandsnest 5 (Wn 5) defending the beach at La Madeleine which they neutralized by capturing 3./919 under Oberleutnant Jahnke. It was now the turn of Wn 1, 2 and 10 to fall. During this battle, 3 companies of I./Grenadier-Rgt 919 (709.I.D) were wiped out. The next day, 8th USIR and the paratroopers of 505 PIR linked up at Ste-Mère-Église.

Meanwhile, Major von der Heydte, Kommandeur of Fallschirmjäger-Regiment 6, had left his CP at Gonfreville for St-Côme-du-Mont where the rest of his staff came to meet him. From the top of the village church steeple, he could survey the entire VII.Corps landing zone. He then got his regiment moving.

Major von der Heydte committed I./6 towards Ste-Marie-du-Mont, La Madeleine and WN 5 in the hope of restoring the link with it, while II./6 was launched towards Turqueville held by Ost-Bataillon 795. As for III./6, it was held in reserve with detachments of III./1058 (91.Luftlande-Division) to secure the flanks.

The attack by the two Fallschirmjäger-Regiment 6 battalions was launched in good conditions at around 19.00 but it was soon caught in the cross-fire from Ste-Mère-Église and Ste-Marie-du-Mont. Towards midnight, II./6 came within about 800 m of Ste-Mère-Église, not far from Turqueville.

But during the night of the 6-7th, the 325th Glider Infantry Regiment arrived north-west of St-Côme-du-Mont, thus preventing FJ.Bt1 I. and II. and the CP of FJR 6 from linking up. In the early hours of the morning Major von der Heydte issued orders by radio for his two battalions to fall back, and he placed them in a half-circle around St-Côme-du-Mont.

Towards midday, Major Messerschmidt's Sturmbataillon, an A.O.K. 7 reserve unit that had been brought up to the battle zone, was launched on the attack southwards, to the east of II./1058, and even briefly managed to link up with the Georgians at Turqueville, before having to withdraw in the face of superior American forces.

Meantime, coming from the west from the St-Sauveur-le-Vicomte area, Grenadier-Regiment 1057 also saw its attack towards the banks of the Merderet come to nothing. And the Georgian battalion laid down its arms during the day.

Why did the Fallschirmjäger-Regiment 6 attack fail ? The following explanation is given by P. Carell :

A messenger had just run up in front of the commander of the 6th Parachute Regiment, Lieutenant-Colonel von der Heydte bringing the news that the 1st Battalion had taken Ste-Marie-du-Mont. So he was within four miles of the coast ; four miles from strongpoint WN 5 along the tarmacked road. All it needed now was for the 2nd Battalion, which had reached Turqueville, to converge to the right along the causeway through the inundated area, and the American beachhead at Utah would be secure. They were tantalisingly close to success.

Unfortunately, the 2nd Battalion was unable to make this change of direction. It was caught on its left flank under fire coming from Ste Mère Église...

Forced to cover his own left flank, instead of veering off towards the coast, Captain Mager (Kommandeur of II./6, author's note) went on to attack the town. However his battalion failed to get across the bare ground extending south of the locality. When night fell, the Mager battalion was forced to dig in. Meanwhile, with its left flank exposed, the 1st Battalion got no further than Ste-Marie-du-Mont.

After falling back, Sturmbataillon Messerschmidt dug in in the Beuzeville sector, linking up in the west with II./1058, while to the west of the Merderet marshes Regiment 1057 set up a defensive front.

Further south, what remained of III./1058 had formed a hedgehog around St-Côme-du-Mont awaiting the return of I./6 and II./6. While II./ managed to fall back in fairly good conditions, I./6, was practically cut off and had to make its way back through some marshland. On 7 June, the only ones to catch up with Fallschirmjäger-Regiment 6 were 25 men and one Leutnant !

In addition to this, Major von der Heydte had to take 2 companies from his reserve, III. Bataillon, to bolster his defense of III./1058 around St-Côme- du-Mont.

Now II./ and III./FJR 6, reinforced by one heavy company and a 10,5 cm battery, the F.H — but which was low on ammunition —, were detailed to block the area north of Carentan. The order was to halt the advance of the Utah beachhead breaking out to link up with that at Omaha. The « traffic jam » at Carentan hampered the troops of VII. Corps joining up with those of I. Corps.

On 8 June, an attack launched on Ste-Marie-du-Mont by II./6 was aborted with the Americans already pushing hard in its deployment area.

On the morning of 9 June, 3./ and 5./175 RCT, with the Shermans of the 747th Tank Batallion in support, captured d'Isigny-sur-Mer at 05.00.

Meanwhile, Fallschirmjäger-Regiment 6 had to hold off attacks towards Carentan by PIR 502 (101st Airborne Division) which sent troops on ahead towards the town. There were heavy losses on both sides.

Major von der Heydte's forward command post was set up in a gatekeeper's home west of the locality, the heavy weapons were in position on Hill 30, with the brunt of the battle falling to III./6.

On 10 June, at 18.00, 3./501 under Colonel Cole attacked Fallschirmjäger-Regiment 6's left flank near Pommenauque (a hamlet at the western exit from Carentan). It was repulsed with heavy losses by 10./ and 11. Kompanien of III./6. At 20.00, a fresh attack opened up the road to Carentan.

A counterattack launched by Oberleutnant Märk failed. The Americans thus reached two easily defended points : the bottleneck near Baupte, the upper crossing of Highway 13 and the Carentan-Valognes railroad over the inundated area at La Madeleine.

By now, the main line of resistance (HKL) was set up on the western edge of Carentan.

On the following day, 11 June, SS-Brigadeführer Ostendorff, Kommandeur of 17. SS-Panzer-Grena-dier-Division « Götz von Berlichingen », headed off towards Carentan with his Ia, SS-Hauptsturmführer Dr. Conrad and the executive officer of SS-Aufklärungs-Abteilung 17, SS-Untersturmführer Papas, for an update on the situation.

Meanwhile, at around 16.00, Major von der Heydte ordered the evacuation of the positions held by II./ and III./6 in Carentan. The withdrawal was to take place during the night of 11-12 June, on account of American pressure. Rearguards units were to remain in the town until the morning of the 12th and thus enable Fallschirmjäger-Regiment 6 to take up positions south of the town.

It was on his way back to his CP at around 17.00 that Major von der Heydte met SS-Brigadeführer Ostendorff on a level with Domville (a hamlet west of Carentan), while reconnoitering. Ostendorff told the Kommandeur of Fallschirmjäger-Regiment 6 that it was now to take orders from the « Götz ».

This is Major von der Heydte's story :

« When the regimental Kommandeur (i.e. himself, author's note) issued the order (to withdraw, author's note) to the two battalion Kommandeurs on the spot, in front of the church at Carentan, he returned to his CP (at the hamlet of Cantepie, author's note). On the way there, on a level with Domville, he met a PKW (Personenkraftwagen, light car, author's note) in which was seated the Kommandeur of 17. SS-Panzer-Grenadier-Division « Götz von Berlichingen » with an officer accompanying him. The regimental Kommandeur saluted in the customary manner this general he had never seen before, and told him that a forward detachment of 17. SS-Panzer Grenadier-Division « Götz von Berlichingen » had reached Périers, and that, by order of the Korps (LXXXIV.A.K. author's note) not dispatched to the regiment, Fallschirmjäger-Regiment 6, was now to report to 17. SS-Panzer-Grenadier-Division « Götz von Berlichingen » and that the Division and the regiment had instructions to hold Carentan at all costs. Then the regimental Kommandeur informed him of the situation and the orders to withdraw issued by him and which the troops had already executed at the very moment they were talking together ».

Had the regiment been warned of the approaching 17. SS-Panzer-Grenadier-Division, the regimental Kommandeur would have come to a different decision early on the afternoon of 11 June ; true, there was a break in the telephone link and it was not until the afternoon that contact was restored with the Korps — the regiment had no inkling that reinforcements were being brought up into the Périers area.

While the Kommandeur of 17. SS-Panzer-Grenadier-Division « Götz von Berlichingen » moved on ahead after this conversation to discover the situation at Carentan for himself, the regimental Kommandeur returned to his CP. There, the executive officer told him the phone line to Korps was working again. He had reported that the regimental Kommandeur had issued orders at 16.00 for withdrawal from Carentan. The executive officer had been informed of this order by the regimental Kommandeur radioing from Carentan. Late in the afternoon, the Korps chief-of-staff arrived (Oberstleutnant von Criegern, author's note) at the regimental HQ. He was highly scandalized at the decision the regimental Kommandeur had taken on his own initiative, but did not countermand the order. When the regimental Kommandeur urgently requested that ammunition be at last brought up to the regiment, the chief-of-staff replied that the regiment now took its orders from 17. SS-Panzer-Grenadier-Division « Götz von Berlichingen » which had adequate munitions and transport volume ; he could take his wishes to them. But in actual fact, at that moment, the 17. SS-Panzer-Grenadier-Division supply troops were stilll on the march, with the bulk of them in the area south of Périers. This meant that the the earliest the Division would be able to supply the regiment was on the following day, 12 June.

The withdrawal from Carentan late in the afternoon and on the evening of 11 June was uneventful. Thanks to the exemplary behavior of the covering troops, the enemy remained unaware that the town had been evacuated.

In the small hours of 12 June, the Americans went onto the expected concentric large-scale attack on either side of Carentan. Advancing along the western and southern edges of the town, the attack came up against nothing. The FJR 6 security forces managed to pull back to the regiment's position near Hill 30 under cover of dawn and the morning mist, unnoticed by the enemy.

When on 12 June, the morning mist cleared, FJR 6 found itself in its assigned positions south-west of Carentan ; the enemy had reached the fork in the south-west exit from the town, but had got no further beyond the embankment, Pommenauque-Carentan and the afore-mentioned fork. The only close active contact with the enemy took place near Hill 30 and east of it near la Billonnerie.

Le *SS-Hauptsturmführer* Rolf Holzapfel, le *Kommandeur* de la *SS-Aufklärungs-Abteilung 17*. Promu au grade de *SS-Sturmbannführer*, il est grièvement blessé devant Sainteny le 11 juillet 1944. Tombé aux mains des Américains, il est porté disparu.

SS-Hauptsturmführer Rolf Holzapfel, Kommandeur of SS-Aufklärungs-Abteilung 17. Promoted to the rank of SS-Sturmbannführer, he was badly wounded in front of Sainteny on 11 July 1944. He fell into American hands and was reported missing.

Hauptsturmführer Rolf Holzapfel, Kdr. SS-Aufklärungs-Abteilung 17. Nach der Beförderung zum Sturmbannführer wird er am 11.7.44 bei Sainteny schwer verwundet. Er fällt in amerikanische Hand und gilt seitdem als vermißt.

Militärische Lage am 5. Juni 1944

Bevor die Kämpfe der 17. SS-Panzer-Grenadier-Division „Götz von Berlichingen" beschrieben werden sollen, gehen wir zunächst auf die anderen deutschen Einheiten ein, die auf der Cotentin-Halbinsel stationiert sind. Ihr Frontabschnitt wird bald der sein, den die Amerikaner „Omaha-Beach" nennen. Bei den kommenden Kampfhandlungen sind an Seiten der „Götz" die folgende Einheiten eingesetzt:

1 — Im Norden und Osten der Halbinsel steht die 709 I.D. (Generalleutnant von Schlieben) mit Gefechtsstand in Chiffrevast, nahe Valognes. Sie hält einen Abschnitt, der sich von Cherbourg bis nördlich Carenttan erstreckt. Sie ist folgendermaßen gegliedert:

— Infanterie-Regiment 739 (I. Btl.; Ost-Btl. 797, II., III., IV. Btl.; Ost-Btl. 795)

— Grenadier-Regiment 919 (I., II., III. Btl.)

— Artillerie-Regiment 1709 (3 Abteilungen zu je 3 und zweimal 4 Batterien)

— Panzerjäger-Abteilung 1709 (mit 1 bis 3 Kompanien)

Unterstellt ist das Sturmbataillon 7, das dem A.O.K. 7 als Reserve zur Verfügung steht.

2 — Im Mittelabschnitt steht die 91. Luftlande-Division (Generalleutnant Falley) mit Gefechtsstand in Château-Haut, nahe Picauville.

Sie ist gegliedert in:

— Grenadier-Regiment 1057

— Grenadier-Regiment 1058 mit jeweils 3 Bataillonen

— Divisions-Füsilier-Btl. 191

— Geb.-Art.-Regiment 191

— Panzerjäger-Abteilung 191

3 — Entlang der Westküste des Contentin hat die 243. I.D. (Generalleutnant Hellmich) mit Gefechtsstand in Briquebec Stellung bezogen.

Sie gliedert sich in:

— Grenadier-Regiment 920

— Grenadier-Regiment 921

— Grenadier-Regiment 922

— Füsilier-Btl. 243

— Artillerie-Regiment 243

— Panzerjäger-Abteilung 243

Im Bereitstellungsraum befindet sich ebenfalls die Panzer-Ersatz-und Ausbildungs-Abteilung 100. Sie liegt westlich Carentan und ihr Kommandeur der Major Bardenschläger, hat seinen Gefechtsstand im Schloss von Franquetot aufgeschlagen. Franquetot liegt 10 km westlich von Carentan, und taktisch ist das Bataillon der 91. Luftlande-Division unterstellt. Im Mai 1944 verfügen Stab und die drei Panzerkompanien über französische Beutepanzer der Typen R 35 (17 St.), H 39 (8 St.), B 1 bis (1 St.), S 35 (1 St.) sowie über einen Panzer III.

Erwähnt werden muss auch das Fallschirmjäger-Regiment 6 des Majors von der Heydte. Am Vor-abend der Invasion ist es Korpsreserve des LXXXIV A.K. (General der Artillerie Marcks mit Gefechtsstand in St. Lô). Es macht während der Kämpfe um Ste-Mère-Eglise und Carentan von sich reden.

Zu Beginn ist es ein Regiment der 2. Fallschirmjäger-Division (Generalleutnant Ramcke), die in der Bretagne steht. Es besteht aus 3 Bataillonen, aus einer (schweren) Granatwerfer-Kp. mit 9 Rohren, einer Panzer-Abwehr-Kp. (4 Geschütze vom Kaliber 7,5 cm Pak 40), aus einer 8,8 cm Flak-Batterie, einer Pionier-Kp. und einem Aufklärungs-Zug auf 12 BMW Beiwagenkrädern.

Der Gefechtsstand des Regiments liegt in Gonfréville, 7 km nördlich von Pèriers.

Gehen wir hier etwas ins Detail:

Das Fallschirmjäger-Regiment 6 liegt in den nachfolgenden Unterziehräumen:

— das I./6 in Le Plessis-Lastelle, 10 km nördlich Pèriers

— das II./6 westlich von Lessay

— das III./6 im Dreieck Meautis — Sainteny — Graignes, nahe Carentan Diese drei Bataillone sperren somit den Weg in den Süden des Cotentin.

Schließlich findet man an der Westküste des Calvados (dem künftigen Omaha Beach) und im Küstenhinterland die 352. I.D. (Generalleutnant Kraiss, Gefechtsstand in Litry).

Ihr. Abschnitt reicht über Carentan hinaus bis Sainte-Honorine-des-Pertes.

Sie gliedert sich folgendermaßen:

— Grenadier-Regiment 914 (Oberstleutnant Meyer)

— Grenadier-Regiment 915 (Korps-Reserve / Oberstleutnant Meyer)

— Grenadier-Regiment 916 (Oberst Goth)

— Füsilier-Btl. 352

— Artillerie-Regiment 1352 (3 Abteilungen mit insgesamt 24 le. FH 18 vom Kaliber 10,5 cm und einer Abteilung zu drei Batterien mit s. FH 18 vom Kaliber 15 cm.

— Panzerjäger-Abteilung 1352 mit 3 Kompanien

Alle diese Einheiten trifft der Sturm auf den Landeabschnitt „Utah" (Ostküste des Cotentin) und der Stoß gegen „Omaha" (Westküste des Calvados).

Erinnern wir uns, dass sie dem LXXXIV. A.K. unterstehen, das wiederum zur 7. Armee (A.O.K. 7) des Generalobersten Dollmann gehört, dessen Gefechtsstand in Le Mans ist.

Alarmierung

1 — Nacht vom 5. auf den 6. Juni 1944 und der 6. Juni.

Die erste Einheit der „Götz", die alarmiert wird, ist die SS-Flak-Abteilung 17. Im Château Launay laufen die Berichte des Flugmeldekommandos Angers über die Invasion ein. Diese sprechen zuerst nur von starker Lufttätigkeit über Cherbourg, aber besagen ab 4 Uhr klar, dass die Invasion begonnen hat.

Hier eine Meldung über Fallschirmjägerabsprung in der Nähe von Cherbourg.

Um 4 Uhr 10 löst der O.B.West die Alarmstufe II für das A.O.K. 15 (15. Armee des Generalobersten von Salmuth) und das A.O.K. 7 aus. Damit werden ebenfalls alarmiert: Die Heeresgruppe B, das Panzergruppen-Kommando West, der Militärbefehlshaber Frankreich, das LXV.A.K. (mit dem General der Artillerie Heinemann, der für den Einsatz der V1 verantwortlich zeichnet), die Luftflotte 3 (Generalfeldmarschall Sperrle) und das Marinegruppen-Kommando West (Admiral Krancke).

Das Panzergruppen-Kommando West hat zu entscheiden, ob und wie die 12. SS-Panzer-Division „Hitlerjugend, die Panzer-Lehr-Division und die 17. SS-Panzer-Grenadier-Division „Götz von Berlichingen" in Eilmärschen heranzuführen sind.

Zwischen 5 Uhr 26 Uhr und 6 Uhr 50 berichtet das Fluko Angers kontinuierlich an die SS-Flak-Abteilung 17.

Es meldet starke Konzentration von Seestreitkräften nördlich Carentan, den Anflug von Lastenseglern und eine starke Konzentration von Schiffen vor der Küste des Calvados.

Somit gibt die SS-Flak-Abteilung 17 seit dem frühen Morgen Berichte an die Division. Man kann aber davon ausgehen, dass Brigadeführer Ostendorff lange vor 4 Uhr früh alarmiert wurde, da er um 3 Uhr 30 alle Regiments — und Einheitskommandeure zu einer Besprechung ins „Führerheim" in Thouars befahl, wo eine erste Lagebesprechung stattfand. Gleich im Anschluss wurden die restlichen Teileinheiten von ihren Offizieren in Kenntnis gesetzt. Um 4 Uhr wird das Stichwort „Blücher" ausgegeben.

Als Erstmaßnahme werden die Wachen verdoppelt und „Luftspäher" ausgestellt. Um 5 Uhr 15 befiehlt Sturmbannführer Fleischer, Kommandeur des SS-Pionier-Bataillons 17, alle Einheitsführer und den Stab zur Lagebesprechung ins Führerheim des Bataillons.

Dann kommt der Befehl die Unterkünfte zu räumen und die erkundeten bombensicheren Höhlen zu beziehen, bzw. deren Sicherung vorzunehmen.

Seit dem Morgen greift die alliierte Luftwaffe den Aufstellungsraum der Division an. Vor allem werden ständig starke Tiefangriffe geflogen. Die Jabos halten sich dabei nicht nur an militärische Ziele.

Auch greifen sie einzelne Fahrzeuge und Soldaten zu Fuß an.

Im Lauf des Tages bezieht das SS-Pionier-Bataillon 17 einen neuen Gefechtsstand in einem Schloss (Mestré?) 2 km südwestlich der Kirche von Montsoreau. Gegen 16 Uhr wird befohlen, die Hauptstrassen weder mit Einzelfahrzeugen noch mit Kolonnen zu befahren, da es bereits zu Verlusten gekommen ist. Urlaub ist generell gesperrt, die Abstellungen zu anderen Einheiten sind aufgehoben, Lehrgänge werden aufgelöst.

Alle Einheiten sind in Alarmbereitschaft und stellen um 19 Uhr 19 Marschbereitschaft her. Die 14. (Flak)/38 des Hauptsturmführers von Seebach und die 14. (Flak)/38 des Obersturmführers Riegger, die bisher noch nicht im Einsatz waren, werden zusätzlich zum Brückenschutz für die Loire-Übergänge bei Saumur und Montsoreau eingesetzt.

Diese Übergänge gilt es für den Marsch ins Frontgebiet zu erhalten.

Um 21 Uhr 35 fliegt eine Formation von 8 Ju 88, welche die alliierten Brückenköpfe angreifen soll, durch das Loire-Tal bei Saumur an.

Die Flugzeuge fliegen tief, „mit der Sonne im Rücken" und ihr Durchflug ist nicht gemeldet. Sie werden somit als feindlich angesprochen und von der

Flak beschossen. Ein Bomber wird getroffen und stürzt auf die Loire-Insel zwischen Straßenbrücke und Eisenbahnbrücke. Er explodiert beim Aufschlag. Ein zweites Flugzeug wird ebenfalls getroffen und wirft seine Bomben im Notwurf. Dann erst schießt es Erkennungssignal. Trotzdem kann vermutet werden, dass die Bedienungen der 4./Flak-Abteilung 17 im Flugzeugerkennungsdienst schlecht geschult waren. Diese Batterie war mit neun 3,7 cm Flak 36 ausgestattet, die auf Zgkw 8 to (SdKfz 7/2) montiert waren.

Angesichts dieses schweren Vorfalls werden die zwei verantwortlichen Zugführer sofort abgelöst. Gegen den glücklosen Batteriechef, Untersturmführer Kriel, wird ein Kriegsgerichtsverfahren eingeleitet, nach Erhellung der näheren Umstände allerdings eingestellt.

In der Nacht vom 6. auf den 7.6.44 wird die Division, die Teil der O.K.W. — Reserve und damit der 1. Armee (General der Infanterie von der Chevallerie) war, auf Befehl des O.K.W. freigegeben und der 7 Armee unterstellt.

Marsch in die Normandie

Der 7. Juni 1944

Seit dem frühen Morgen des 7. Juni ist die 16. (Aufklärungs) Kp. des SS-Panzergrenadier-Regiments 37 unter dem Hauptsturmführer Grüner mit ihren Volkswagen unterwegs, um den Marschweg der „Götz" zu markieren.

Alle in Marsch gesetzten Einheiten haben den dienstlichen Befehl erhalten, Nationalstraßen zu meiden und stattdessen auf Nebenstraßen auszuweichen. Auch sollen bei Bedarf die Kolonnen in Einzelfahrzeuge aufgelöst werden. Die Fahrzeuge haben mit Fliegerabstand zu fahren. Es gilt in kürzester Zeit den Raum St. Lô zu erreichen.

Am gleichen Tag treffen mit Verspätung die angekündigten 90 Tonnen Nachschubgüter für die Kampfstaffeln wenigstens zum Teil ein. Sie werden von SS-Hauptsturmführer Wolf mit seiner 2./Nachschub-Kp. zugeführt.

Eine weitere Anzahl Nachschubgüter wird mit Zivilfahrzeugen herangebracht. Unter diesen sind wiederum viele Holzgas-LKW mit dienstverpflichteten Fahrern. Die „Götz" muss sich aus Nachschublagern, die so weit abliegen wie Paris oder Dreux, versorgen. Im Divisionsbereich lagert zusätzlicher Vorrat an Munitionsausstattungen aller Kaliber.

Diese waren anstelle der Übungsmunition angeliefert worden und infolgedessen nicht verbraucht worden.

Die Kampfeinheiten führen sie mit und verfügen daher bei Beginn der Kämpfe über einen sogenannten „Verbrauchsatz (VS)".

Am Morgen des 7.6. 1944 wird der Marschbefehl an die 17:SS-Panzer-Grenadier-Division „G.v.B." ausgegeben (Ia/Op. Tgb. Nr. 1033/44 geh.) (S. 217).

Nur jeweils das I. und II. Bataillon der beiden Panzer-Grenadier-Regimenter ist teilweise und behelfsmäßig motorisiert.

Der Rest der Regimenter folgt im Eisenbahnmarsch nach.

Während des ganzen 7. Juni herrschte rege alliierte Lufttätigkeit und forderte erste Verluste.

Kurz vor Saumur wird der Adjutant der SS-Flak-Abteilung 17, der Untersturmführer Zietz, in seinem Auto von Jabos angegriffen und mit seinem Fahrer getötet. Die Loire-Brücken hingegen, welche die Division für ihren Marsch benutzt, werden nicht getroffen.

Am Abend setzen sich die unbeweglicheren Teile wie das SS-Artillerie-Regiment 17 des SS — Standar-

17.SS-Panz.Gren.Division
„Götz von Berlichingen"
Ia/Op. Tgb.Nr. 1033/44 geh.

Befehl für den Marsch der 17. SS-Pz.Gren.Div. „G.v.B."
am 7.6. 1944.

1.) Die Kampfgruppe der 17. SS-Pz.Gren.Div. „G.v.B." erreicht im Landmarsch auf 2 Marschstrassen (Gleiskettenteile und Radfahrteile im E-Transport gem. Sonderbefehl) den Raum ostw. Granville.

Mit feindlichen Luftlandetruppen entlang der Marschstrassen ist zu rechnen, besonders im Raum von Laval und nördlich.

2.) Marschweg, Marschgliederung und Marschfolge.

a)   **Rechte Marschstrasse :**

Brücke Montsoreau, Brain-sur-Allounes, Vernoil, St. Philbert-du-Peuple, Jumelles, Brion, Fontaine-guerin, Sermaise, Jarze, Beauvau, Durtal, Daumeray, Morannes, La Piverdiere, Grez-en-Bouere, Meslay du Maine, Bazougers, Argentre, Martigne, Alexain, Blace, St. Denis, Monflaux, Fougerolles, Buaes, Notre Dame de Touchet, Romagny, Juvigny.

Marschgruppe 1

Führer:	Kdr. SS-Pz.A.A. 17	
Truppe:	SS-Pz.A.A. 17	Ablaufpunkt: Mollay
		Ablaufzeit: 18.10

Marschgruppe 2

Führer:	Kdr. SS-Pz.Gren;Rgt. 38	Ablaufpunkt: Brücke Montsoreau
Truppe:	SS-Pz.Gren.Rgt. 38	
	1 le.Battr.SS-A.R. 17	
	1 s.Battr. SS-A.R. 17	Ablaufzeit: 20.30
	1 8,8 cm Flak-Battr.	
	1 gem. kl. Pz.Jg.Kp.	
	Teile San.Kp. SS-San.Abt. 17	
	1 K.K.Z. SS-San.Abt. 17	
	Räder-Kfz. SS-Panzer-Abt. 17	
	l.W.K. SS-Pz.Inst.Abt. 17	

b)   **Linke Marschstrasse (km):**

(Anmarschweg für Marschgruppe 3 : Thouars, St. Verge, Bouille-Loretz, Nueil, Tancoigne)

(Anmarschweg für Marschgruppe 4 : Coulonges Thouarsais, Moutiers, Strassenkreuz 2 km nördl. Argenton, Genneton, Clere, Tancoigne).

Tancoigne, Martigne, Chavagnes, N. Dame du Alencon, Vauchertien, St. Melaine, Brücke bei le Pont de Cé, Dumette, St. Gemmes, Bouchemaine, St. Martin, St. Leger, St. Clement, Brain sur Longuenes, Andt-gen, Avire, La Ferriere, l'Hotellerie, St. Quentin, Craon, Beaulieu, La Gravelle, St. Pierre la Cour, la Croixil-le, Prince, Luitre, Fleurigne, St. Ellier-du-Maine, Louvigny du Dessert, La Noe, St. Martin, le Biards, Isi-gny, le Buat, St. Osvin.

Marschgruppe 3

Führer:	Kdt.Div.St.Qu.	Ablaufpunkt: Nordausg.Thouars
Truppe:	SS-Div.Sich.Kp.17	
	Div.Stab Fü;Abt. und Ib-Staffel	Ablaufzeit: 18.30
	Nachr.Abt.	

Marschgruppe 4

Führer:	Kdr.SS-Pz.Gren.Rgt.37	Ablaufpunkt: Coulonges-Thouarsais
Truppe:	SS-Pz.Gren.Rgt. 37	
	I./SS-A.R. 17	Ablaufzeit: 20.00
	Sf. Pz.Jg.Kp.	
	gem.kl.Pz.Jg.Kp.	
	Teile San.Kp. SS-San.Abt. 17	
	2.K.K.Z. SS-San.Abt.17	
	2.W.K. SS-Pz.Inst.Abt.17	
	W.W.Zug SS-Pz.Inst.Abt. 17	

Strassenerkundung durch SS-Div.Feldgend.Komp. 17.

Beschilderung: Eiserne Hand.

Taktische Brückenkommandanten:

Brücke bei Montsoreau SS-Obersturmführer Schleichert,

Brücke bei les Ponts de Cé SS-Obersturmführer Eckert.

4.) Rasten: 00;00 Uhr — 01.30 Uhr

Techn.Halte:
        20.30 — 21.00 Uhr
        4.30 — 5.00 Uhr
        8.00 — 8.30 Uhr
        11.30 — 12.00 Uhr

5.) Marschgeschwindigkeit:

Höchstgeschwindigkeit der Spitzenfahrzeuge bei Tag 25 km, bei Nacht 15 km.

Marschabstand 100 m, bei Dunkelheit Sichtabstand.

6.) Vorkommandos aller Einheiten marschieren am Anfang ihrer Marschgruppen.

7.) Flugabwehr:

Bei erkannten Tieffliegerangriffen alles rechts ran :

Nach Eintreffen im neuen Raum sind sofort alle Straßen freizümachen.

8.) Nachrichtenverbindungen:

a) **Funkstille:**

b) Sprechstellen bei Brücke Montsoreau und les Ponts de Ce und bei Feldkommandentur in Laval sind durch SS-Nachr-Abt. 17 einzurichten. Alle Meldungen der Sprechstellen an A.O.K. 7 in Ville-dieu richten, dort Verb.Offz. der Div.

9.) Befehlsempfänger der Rgter. und selbst. Abt. der Kampfgruppe melden sich 20°° Thouars

10.) Kfz.Sammelstellen sind durch SS-Pz.Inst.Abt. einzurichten

auf rechter Vormarschstraße in:
    Fontaine-Guerin (5 km südw. Bauge)
    Wald osow. Grez en Bouere,
    Wald nordostw.Challand beiderseits Vormarschstraße.

auf linker Vormarschstraße:
    Wald nördl. St. Clement (12 km nordwestl. Angers)
    Wald südl. St. Pierre la Cour (15 km ostw. Vitre)
    Gegend St. Ellier du Maine (12 km nordostw. Rugeres).

11.) Krankensammelstellen und Kriegslazarette:

Alle Verwundeten und Verletzte während des Vormarsches sind in die Orts-und Kriegslazarette Angers, Tours, Le Mans, Alençon, Rennes und Fougeres einzuliefern.

12.) Betriebstoff:

Kfz. voll aufgetankt, 3 1/2 VS. Weitere Zuweisung wird noch befohlen.

13.) Verpflegungsempfang wird noch befohlen.

14.) Meldungen: Nach Eintreffen im neuen Unterkunftsraum melden Marschgruppenführer sofort Eintreffen sowie besondere Vorkommnisse und eingetretene Verluste.

Auf Meldungen während des Marsches wird nochmals hingewiesen.

15.) Div.Gef.Stand:
    Bis 7.6.44, 19.00 Uhr Thouars,
    ab 19.00 Uhr entlang links der Vormarschstraße
    (Marschgruppe 3),
    Nachkommando der Div. unter Führung von
    SS-Sturmbannführer Linn verbleibt b.a.w. in Thouars.
    Neuer Div.Gef.Stand wird noch befohlen.

tenführers Binge und eine 8,8 cm — Batterie in Marsch (2. Batterie von Obersturmführer Weiss).

Mangels Transportmitteln bleiben im Aufstellungsraum:

— die 1./ und 2./ sowie die Versorgungskompanie der 1. SS-Panzerjäger-Abteilung 17.

— die 1./, 3./ und 4./ SS-Flak-Abteilung 17

— das SS-Pionier-Bataillon 17

— Abteilungen der Versorgungstruppen

— weiterhin sollen die wenigen verbleibenden Teileinheiten beim Aufschließen zur Division, je nach Fahrzeugausstattung, die verbleibenden Lagerbestände nachführen.

Am Abend dieses Tages schießt noch die 1./SS-Flak-Abteilung 17 einen Jäger des Typs Tomahawk ab. Um 19 Uhr 27 stürzt diese Maschine bei Roiffé (ca. 10 km südlich Montsoreau) ab.

Sechs Minuten später wird ein Flugzeug des gleichen Typs 2 oder 3 km südwestlich des Bahnhofs von Vivy von der gleichen Batterie abgeschossen.

Der 8. Juni 1944

Die SS-Panzer-Abteilung 17 und die 3./ SS-Panzerjäger-Abteilung 17 befinden sich am 8. Juni im Bahnhof von Mirebeau, wo man sie am Vorabend auf zwei Transportzüge verladen hat.

Auf dem ersten Zug befinden sich die 1./ und 2./SS-Panzer-Abteilung 17, während sich auf dem zweiten Transportzug die 3. Kompanie und die Panzerjäger befinden.

Die beiden Züge kommen gut voran und werden, trotz des sonnigen Wetters, nicht aus der Luft angegriffen.

Am späten Nachmittag jedoch nehmen die Dinge eine ungünstige Wendung, als der zweite Transportzug in den Bahnhof von La Flèche (38 km südwestlich von Le Mans) einfährt.

Zuerst wird dieser von vier Jabos unter Bordwaffenbeschuss genommen. Bei einem weiteren Anflug werden Bomben geworfen. Nach kurzer Überraschung eröffnet die Fliegerabwehr mit MG das Feuer. Während des ersten Angriffs verliert die 3./ SS-Panzer-Abteilung 17 ein Sturmgeschütz, das in Brand gerät. Die Mannschaftsverluste belaufen sich auf 3 Gefallene und mehrere Verwundete. Unter den Gefallenen ist auch der SS-Schütze Höppner. Alle Verluste entstehen in der 3. Kompanie.

Im gleichen Augenblick wird auch der erste Transportzug angegriffen. Aber der Flak-Zug (SS-Panzer-Abteilung 17) des Hauptscharführers Dornacher mit seinen auf SdKfz 7/1 montierten 2 cm Flakvierlingen schießt zwei alliierte Flugzeuge ab.

Im Bahnhof von La Flèche werden die vier Kompanien entladen.

Sie setzen ihren Marsch im Schutz der Nacht fort.

Das ausgebrannte Sturmgeschütz bleibt im Bahnhof zurück, ein anderes muss geschleppt werden.

Die Einheiten erreichen Le Mans im Verlauf des 9. Juni.

Am Abend des 8. Juni erreichen die Spitzen der SS-Aufklärungs-Abteilung 17 (zweifellos die 1. Panzer-Späh-Kp.), welche zu den schnellsten Einheiten der Division gehört, das Gebiet um Balleroy und den Wald von Cérisy.

Es soll daran erinnert werden, dass die Aufklärungs-Abteilung die erste Einheit der „Götz" wan, die ihren — Unterkunftsraum (Montreuil-Bellay, Brion nahe Thouet, Bouillé-Loretz und Le-Puy-Notre-Dame) verlassen hatte.

Ihre Teileinheiten fahren auf Nebenstraßen über Morannes (südwestlich von Sablé sur Sarthe), Meslay du Mayne (nordöstlich von Château-Gontier- um den Ort Sablé sur Sathe zu vermeiden), Laval, St. Hilaire du Harcouet, Villedieu-les-Poêles.

Auf diesem Weg gelangen sie zur Front.

Im Tagesverlauf erreicht die SS-Aufklärungs-Abteilung 17 mit Masse Tessy sur Vire, 18 km südl. St. Lô. Dort finden die Teile der Abteilung nach einem Nachtmarsch wieder zusammen. Gleich nach seiner Ankunft in St Lô begibt sich SS-Brigadeführer Ostendorff in die Stadt, wo auch der Gefechtsstand des Generalkommandos des LXXXIV A.K. liegt, um seine Befehle direkt von General der Artillerie Marcks zu empfangen.

Am Nachmittag stößt die SS-Aufklärungsabteilung 17 auf und neben der Straße St Lô — Bayeux vor und durchfährt Torigny sur Vire, 15 km südöstl. von St. Lô. Rechts geht die 3. (Aufkl.) Kp von Obersturmführer Buck, links die 2. (Aufkl.) Kp. von Untersturmführer Walzinger vor. Die 4. (Aufkl.) Kp. von Obersturmführer Mumm ist Reserve.

Diese drei Kompanien verfügen über Schwimmwagen (Kfz 2 S) in Stärke von 2 Gruppen. Ihre schweren Züge bestehen jeweils aus zwei Gruppen mit jeweils 2 s.M.G. und 2 Gruppen schwerer Granatwerfer (12 cm s-Gr.W. 42?). Jede Gruppe hat 2 s. Granatwerfer, allesamt auf Schwimmwagen verlastet.

Der 9. Juni 1944

Seit dem Morgen patrouillieren die Teileinheiten der SS-Aufklärungs-Abteilung 17 zwischen Bayeux und Trévières. Die 1. (Panzer-Späh) Kp. des Obersturmführers Amken nimmt Verbindung zu Generalleutnant Kraiss auf dessen Gefechtsstand in Littry auf. Seine 352.I.D. hat dem Ansturm des V. Corps von US-General Gerow standhalten müssen und bereits schwere Verluste erlitten. Ihr stehen die 1st US ID des Major General Huebner und die 29 th US ID von Major General Gerhard gegenüber.

Hiervon berichtet Untersturmführer Hoffmann vom SS-Panzer-Grenadier-Regiment 38:

Am 9. 6. 1944 fuhr ich allein mit meinem Fahrer in den Bereitstellungsraum.

Nachmittags erreichte ich auf der Straße nordwest. von les Veys einen Höhenrücken.

Von Norden kam mir ein Kübelwagen mit einem Major des Heeres entgegen. Hinten lagen zwei tote Soldaten. Er schrie mir entgegen: ‚Zurück! Da vorn ist alles verloren. Der Ami kommt gleich hinter mir', und fuhr weiter. Ich fuhr noch ca. 20 m, um in das Tal nordw. von Les Veys Einsicht nehmen zu können. Dort sprang ich aus dem Wagen und brauchte kein Fernglas mehr, denn ich sah ungefähr 400 m entfernt amerik. Infanterie. Weiter zurück amerik. Einheiten mot. und zu Fuß in etwa Rgts.-Stärke. Östlich von mir auf einer Straße amerik. Panzer.

Mein Fahrer rief: ‚Wir müssen zurück,' schaltete den Rückwärtsgang ein und wendete. Im selben Augenblick bekamen wir Inf.-Feuer, und eine Pak schoß nach uns. Ich sprang hinter einen Baum. Von dort prägte ich mir nochmals das Gelände und die amerik. Einheiten ein. Dann sprang ich in den Wagen, und mein Fahrer fuhr wie der Teufel zurück. Oben auf der Höhe zischte es noch.

Unser Rgt. war mit Teilen auf dem Marsch in Höhe südl. Montmartin. Ein Jabo beschoß uns, wir mußten weiter zum Rgt. Ich traf auf unsere 16. Kp., die sofort nach Norden aufklären sollte. Sie hatte 20 Min. später bereits Feindberührung. Als ich den Kdr. erreichte, fragte er: Warum kommen Sie schon zurück. Ich antwortete: Weil unser Bereitstellungsraum bereits besetzt ist — aber vom Gegner. (Ustuf. Hoffmann, Regt. 38).

Der 10. Juni 1944

In der Nacht vom 9. auf den 10. umfahren die SS-Panzer-Abteilung 17 und die 3./ Panzerjäger-Abteilung 17 das brennende St Lô.

Am 6. Juni ist das Bahnhofsviertel gegen 16 Uhr 30 bombardiert worden. Gegen 20 Uhr haben 14 B-17 Zentrum und Süden der Stadt angegriffen. In der Nacht von 6. auf 7. Juni werden die Luftangriffe fortgesetzt und zwischen 3 Uhr und 5 Uhr wird ein Großteil der Stadt zerstört.

Die 3./SS-Panzer-Abteilung 17 ist noch einen Nachtmarsch hinter der 1. und der 2. Kompanie zurück.

Im Tagesverlauf verläßt das Wirtschaftsbataillon unter Sturmbannführer Augustin das Gebiet um Thouars, um in die Normandie zu marschieren. Nahe Laval wird es von Jabos angegriffen. Der Hauptsturmführer May — Chef der Bäckereikompanie — und der Sturmmann Babert werden verwundet. Die Bäckereikompanie erreicht unter Führung von Untersturmführer Schindler den Ort Soulles (12 km südwestl. St Lô — die Verf.) um 5 Uhr 40 am Morgen des 12. Juni.

In der Zwischenzeit schickt der la der Division einen Bericht an das Generalkommando II. Fallschirmjäger-Korps unter General der Flieger Meindl. Diesem untersteht die „Götz" nun (la Tgb.Nr. 1037/44 geh.).

Darin wird der General informiert, dass die SS-Aufklärungs-Abteilung 17 einen Deckungsauftrag hat, der von nördlich Vaubadon bis zum nordöstlichen Waldausgang von Cerisy gilt.

Seit 8 Uhr besteht Feindberührung mit den Briten.

Um 9 Uhr 30 starten diese einen Angriff in Stärke von zwei Kompanien. Dieser kommt aus Richtung Tronquay und aus Richtung der Straße, die von Norden herab nach Vaubadon führt und ebenfalls aus Richtung Littry.

Bei der SS-Aufklärungs-Abteilung 17 treten bereits erste Verluste ein. Es handelt sich um 2 Panzerspähwagen. Einer erhält einen direkten Geschütztreffer, während der andere von Jabos zerstört wird, Während ein Aufklärungsvorstß der 1. Kp. auf Isigny keine Feindberührung erbringt, wird der erste Zug (Untersturmführer Kascha) der 3. Kp. (Obersturmführer Buck) gefangengenommen. Der Gegner erbeutet 4 Schwimmwagen. Die 1. Kp. verliert einen Panzerspähwagen. Der 3. Zug der 2. Kp., der auf dem linken Flügel eingesetzt ist, gerät in ein heftiges Gefecht, in dessen Verlauf der Zugführer, Oberscharführer Heckenschuh, fällt.

Ein Teil seiner Leute fallen schwer verwundet in britische Hand.

In der Nacht vom 10. auf den 11. Juni liegt die Masse der „Götz" südlich St. Lô wegen Treibstoffmangels fest.

Sie ist immer noch in der Nähe ihres Versammlungsraumes.

Die Ankunft des Panzer-Grenadier-Regiments 37 in seinem Bereitstellungsraum ist für den Anbruch der Nacht vorgesehen.

Zuvor muss es aber noch mit Treibstoff aufgetankt werden.

Das Panzer-Grenadier-Regiment 38, das von seiner gegenwärtigen Marschrichtung abgedrängt worden ist, hat Befehl, seinen Bereitstellungsraum über die Straße Mesnil — Robert, Ste-Marie-sur-Lô (Ste-Marie-Outre-l'Eau — die Verf.), Villebausdon, Cérisy-la-Salle zu erreichen. Es wird wahrscheinlich erst im Lauf des 11. Juni eintreffen.

Die Ankunft der gepanzerten Teile der SS-Panzer-Abteilung 17 wird für den späten Abend des 10. Juni im Gebiet von Villedieu erwartet.

Am 12. Juni erreicht die 1. Kp. des Obersturmführers Dedelow ihren Bereitstellungsraum, wo bereits der Bataillonsgefechtsstand in Hommet (ca. 16 km südlich von Carentan) untergezogen ist.

Auch die 2. Kompanie des Obersturmführers Hörmann liegt dort.

Die 3. Kp. des Obersturmführers Brittinger schließlich, ist in der Gegend von Pont-Hébert untergezogen.

Nach den durchstandenen Kämpfen wird die SS-Aufklärungsabteilung 17 auf eine Linie Balleroy-Bérigny, südwestlich des Waldes von Cérisy, zurückgenommen, von wo aus sie sichert.

Die Kämpfe des 6. Juni 1944

Abschnitt „Sainte-Mère-Eglise"

In der Nacht vom 5. auf den 6. Juni springen die 82nd Airborne Division (Major General Ridgway) und die 101 st Airborne Division (Major General Taylor) in einen Abschnitt, der das Hinterland des Landekopfes „Utah" darstellt.

Dort soll das VII. Corps (Major General Collins) zwischen St-Martin-de-Varreville und La Madeleine an Land gehen.

Für die 82nd Airborne Division heißt das Ziel Ste-Mère-Eglise und das Gebiet zwischen Beuzeville und Plain-Sebeville im Osten. Außerdem hat sie den Auftrag das Westufer des Flusses Merderet zu besetzen, dort, wo dieser kleine Wasserlauf eine Biegung beschreibt. Das würde erlauben, zwischen Gourbeville, Pont l'Abbé und Chef-du-Pont einen Brückenkopf nach Westen hin zu bilden und die Cotentin-Halbinsel abzuschnüren.

Der Marktflecken Ste-Mère-Eglise wird beinahe zufällig durch einige versprengte Fallschirmjäger des 505th

PIR (Parachute Infantry Regiment) eingenommen. Eine Einheit des Flak-Regiments 30, die von einem österreichischen Oberleutnant befehligt wird, überlässt den Amerikanern den Ort beinahe kampflos.

„Dieses Versagen eines Oberleutnants von der Flak", merkt P. Carell an, „sollte schwere Folgen haben. Es schenkte den Amerikanern den Anfangserfolg."

Aber im Osten kommen sie nicht voran, denn hier liegt das Ost-Bataillon 795 (es bestand aus Georgiern und gehörte zum IV./Gren.-Rgt. 739 der 709- I.D.). Befehligt wurde es von Hauptmann Massberg in Turqueville.

Es bildet einen „Igel" und gibt erst am 7. Juni auf.

Die Masse der 82nd Airborne wird um Ste-Mère-Eglise herum auf einer Fläche von 8 X 7 Kilometern abgesetzt.

Entlang der R.N. 13 sollte die Division zuerst den Nordzugang dieser Ortschaft verteidigen, wo Teile des III./Grenadier-Regiment 1058 des Obersten Beigang anrückten.

Aber diese erreichen den Nordrand des Ortes gar nicht, da der An griff bereits 2 km weiter nördlich, bei Neuville au Plain, zum Stehen kommt.

Den ganzen Tag lang können die beiden Luftlandedivisionen die ihnen zugewiesenen Ziele nicht erreichen. Unbeabsichtigt warden Fallschirmjäger zwischen Isigny-sur-Mer und der Bucht von Carentan abgesetzt, andere wiederum westlich des Merderet-Flusses gelandet. Es gelingt nicht auf dem Westufer eine geschlossene Front zu bilden (es finden sich hier Teile des 507th und 508th PIR).

Nur auf dem Ostufer der Fière (nahe Cauquigny) entsteht eine Frontlinie. Ein Angriff des Grenadier-Regiments 1057, das zur 91. Luftlande-Division gehört, wird abgewiesen. Den Fallschirmjägern des 507th PIR konnte dies gelingen, da der Angriff auf der schmalen Chaussee oberhalb von Fière und dem umgebenden Sumpfland vorgetragen wurde. Die Deutschen waren von Panzern der Panzer-Ersatz- und Ausbildungs-Abteilung 100 (Major Bardenschläger) unterstützt worden, die taktisch der 91. Luftlande-Division unterstand.

Die 101st Airborne Division hatte ihrerseits den Auftrag:

— die 4 Ausgänge zu sichern, die vom Landekopf „Utah" durch das Sumpfgebiet führen.

— sich in den Besitz der Batterie von St-Martin-de-Varreville (2./HKAR 1201 mit 4 Geschützen 12,2 cm K390 (r), unter dem Kommando des Leutnant Erben) zu setzen.

— die Schleuse von Barquette zu besetzen.

— die Douve-Brücke nördlich von Carentan zu besetzen, um eine Ausgangsbasis für den Angriff auf die Stadt zu gewinnen, welche die Landeköpfe „Utah" und „Omaha" voneinander trennt.

Von diesen Zielen wird das vierte nicht erreicht, da das Fallschirmjäger-Regiment 6 des Majors von der Heydte zum Gegenangriff antrat.

Abschnitt „Utah"

Am 6.6.44 beginnen um 6 Uhr 40 zwei Kompanien des 8th RCT (Regimental Combat Team) der 4th US ID (Major General Barton) ihren Angriff auf Wn 5, das Widerstandsnest 5, das den Strand von La Madeleine beherrscht. Es gelingt ihnen Wn 5 auszuschalten und die 3./ 919 von Oberleutant Jahnke gefangenzunehmen. Dann schalten sie nacheinander Wn 1, 2 und 10 aus.

Im Zuge dieser Kämpfe werden drei Kompanien des I./ Grenadier-Regiments 919 (709. I.D.) vernichtet.

Am folgenden Tag wird die Verbindung zwischen dem 8th US IR und dem 505th PIR bei Ste-Mère-Eglise hergestellt

In der Zwischenzeit hat Major von der Heydte, Kommandeur des Fallschirmjäger-Regiments 6, seinen Gefechtsstand in Gonfreville verlassen und St-Côme-du Mont erreicht. Dort trifft auch der Rest seines Stabes ein. Vom Kirchturm aus hat er einen Blick auf die Ausschiffung des gesamten VII. US-Corps. Er gibt seinem Regiment Befehl, auf den Landekopf zu marschieren.

Major von der Heydte läßt das I./6 auf Ste-Marie-du-Mont, La Madeleine und Wn 5 antreten — in der Hoffnung letzteres zu entsetzen.

Das II./ 6 marschiert auf Turqueville, das vom Ost-Bataillon 795 gehalten wird. Das III./ 6 bleibt in Reserve.

Ebenso Teile des III./1058 (91. Luftlande-Division), um die Flanken zu sichern.

Der Angriff der beiden Bataillone des Fallschirmjäger-Regiments 6 beginnt gegen 19 Uhr und macht zunächst Fortschritte.

Bald aber kommen sie unter flankierenden Beschuss aus Ste-Mère-Eglise und Ste-Marie-du-Mont und liegen im Kreuzfeuer fest.

Gegen Mitternacht kommt das II./6 bis auf ca. 800 Meter an Ste-Mère-Eglise (bis dicht an Turqueville) heran.

In der Nacht vom 6. auf 7, Juni jedoch trifft das 325th Glider Infantry Regiment ein und schiebt sich nordwestlich von St-Côme-du-Mont zwischen die Fallschirmjäger-Btle I und II und deren Regimentsgefechtsstand.

In den ersten Morgenstunden gibt Major von der Heydte über Funk den Rückzugsbefehl für die beiden Bataillone und läßt sie im Halbkreis um St-Côme-du-Mont in Stellung gehen.

Gegen Mittag greift das Sturmbataillon Messerschmidt, Reserve des A.O.K. 7, das soeben im Kampfgebiet eintrifft, nach Süden an.

Dieser Angriff erfolgt östlich des II./1058 und erreicht kurzzeitig eine Verbindung mit den Georgiern in Turqueville.

Angesichts der amerikanischen Übermacht muss er aber eingestellt werden.

Aus Westen, aus dem Raum St-Sauveur-le-Vicomte, kommt das Grenadier-Regiment 1057, dessen Angirff auf die Merderet-Ufer jedoch scheitert. Das georgische Bataillon kapituliert im Laufe des Tages.

Was sind die Gründe für das Scheitern des Angriffs des Fallschirmjäger-Regiments 6?

Nach seinem Rückzug gräbt sich das Sturmbataillon Messerschmitt im Abschnitt Beuzeville ein. Sein westlicher Nachbar ist das II./1058. Westlich der Merderet-Sümpfe bezieht das Regiment 1057 Verteidigungsstellung.

Weiter südlich igeln sich Reste das III./1058 um St-Côme-du-Mont ein und warten auf das erneute Erscheinen des I./6 und des II./6. Dem II. Bataillon gelingt es, sich einigermassen geordnet zurückzuziehen, während das I. Bataillon abgeschnitten ist und durch die Sümpfe zurückgehen muss.

Am 7. Juni treffen beim Fallschirmjäger-Regiment 6 nur noch 25 Mann mit einem Leutnant ein!

Des weiteren muss Major von der Heydte 2 Kompanien seines II. Bataillons abgeben, die bisher Reserve waren, um die Verteidiger von St-Côme-du-Mont, das III./1058, zu verstärken.

Die Aufgabe des II. und III. Bataillons des Fallschirmjäger-Regiments 6 besteht nun darin, unterstützt von einer schweren Kompanie und einer Batterie leichter Feldhaubitzen 10, 5 cm, die kaum Munition besitzt, nördlich Carentan einen Sperrriegel zu bilden.

Der Befehl lautet, die Vereinigung der Brückenköpfe Utah und Omaha zu verhindern.

Das verschlossene Tor von Carentan blockiert die Vereinigung des VII. mit dem I. Corps.

Am 8. Juni kann ein Angriff des II./6 auf Ste-Marie-du-Mont nicht durchschlagen, da die Amerikaner schon in den Bereitstellungsraum stoßen.

Am 9 Juni erobern die 3./ und 5./175 RCT, unterstützt von Sherman-Panzern des 747th Tank Battalion, um 5 Uhr morgens Isigny.

Im Augenblick muss das Fallschirmjäger-Regiment 6 Angriffe des PIR 502 (101st Airborne Division) auf Carentan abwehren. Feindliche Spitzen stehen bereits in der Stadt. Auf beiden Seiten kommt es zu schweren Verlusten.

Der Gefechtsstand des Majors von der Heydte wird in einem Bahnwärterhaus im Westen des Ortes aufgeschlagen. Die schweren Waffen sind auf der Höhe 30 in Stellung. Der Schwerpunkt liegt beim III./ 6.

Am 10. Juni greift um 18 Uhr das 3/501 unter Colonel Cole den linken Flügel des Fallschirmjäger-Regiments 6 nahe Pommenauque (so genannt und am Westausgang von Carentan gelegen) an. Es wird unter hohen Verlusten von der 10. und 11. Kompanie des III./6 abgewiesen. Um 20 Uhr sprengt ein neuer Angriff schließlich den Riegel und öffnet den Weg nach Carentan.

Ein von Oberleutnant Märk geführter Gegenangriff scheitert. Die Amerikaner halten jetzt zwei leicht zu verteidigende Geländepunkte: den engen Graben bei Baupte und die Überführung der RN 13 und der Eisenbahnlinie Carentan-Valognes, oberhalb des Überschwemmungsgebietes von La Madeleine.

Von jetzt an verläuft die Hauptkampflinie (HKL) am Westrand von Carentan.

Am kommenden Tag, dem 11. Juni, begibt sich der Divisionskommandeur der „Götz", SS-Brigadeführer Ostendorff zusammen mit dem Ia, Hauptsturmführer Dr. Conrad, und dem Adjutanten der Aufklärungs-Abteilung 17, Untersturmführer Papas, zwecks Einschätzung der Lage nach Carentan.

Zwischenzeitlich hat gegen 16 Uhr Major von der Heydte die Aufgabe der vom II./ und III./6 in Carentan gehaltenen Stellungen befohlen. Die Bataillone sollen sich in der Nacht vom 11. zum 12. vom Feind lösen, um dem Druck der Amerikaner auszuweichen.

Nachhuten sollen bis zum Morgen des 12. Juni in der Stadt bleiben, um es dem Fallschirmjäger-Regiment 6 zu gestatten, Stellungen im Süden der Stadt zu besetzen.

Bei seiner Rückkehr auf den Gefechtsstand gegen 18 Uhr, trifft Major von der Heydte bei Domville (so genannt und im Westen Carentans) auf Brigadeführer Ostendorff, als dieser gerade das Gelände erkundet. Ostendorff informiert den Kommandeur des Fallschirmjäger-Regiments 6, dass dieses der „Götz" unterstellt ist.

Major von der Heydte berichtet darüber:

Freiherr v. d. Heydte berichtet:

„Als der Regimentskommandeur diesen Befehl an beide Bataillonskommandeure auf dem Platz vor der Kirche von Carentan gegeben hatte, fuhr er wieder zu seinem Gefechtsstand zurück. Auf dem Weg dorthin begegnete ihm in Höhe von Domville ein PKW, in dem der Kommandeur der 17. SS-Division ‚Götz von Berlichingen' mit einem Begleitoffizier saß. Der Regimentskommandeur meldete sich routinemäßig bei dem ihm bis dahin unbekannten General und erfuhr von ihm, daß eine Vorausabteilung der 17. SS-Division ‚Götz von Berlichingen' Periers erreicht habe, daß durch einen dem Regiment nicht mitgeteilten Befehl des Korps das Fallschirmjägerregiment 6 ab sofort der 17. SS-Division ‚Götz von Berlichingen' unterstellt sei und daß Division und Regiment den Auftrag hätten, Carentan unter allen Umständen zu halten. Der Regimentskommandeur unterrichtete daraufhin den Divisionskommandeur der 17. SS-Division über die Lage und über die Befehle zum Ausweichen, die er gegeben hatte und die in dem Augenblick, in dem dieses Gespräch stattfand, von der Truppe schon ausgeführt wurden. Wäre das Regiment rechtzeitig von der Heranziehung der 17. SS-Division unterrichtet worden, so hätte der Regimentskommandeur am frühen Nachmittag des 11. Juli einen anderen Entschluß gefaßt; wohl infolge einer abgerissenen Fernmeldeverbindung — erst am Nachmittag konnte das Korps wieder fernmündlich erreicht werden — war dem Regiment die Heranführung der Verstärkung in dem Raum Periers unbekannt geblieben.

Während der Kommandeur der 17. SS-Division ‚Götz von Berlichingen' nach dieser Besprechung weiter nach vorn fuhr, um sich selbst über die Lage in Carentan zu orientieren, kehrte der Regimentskommandeur zu seinem Gefechtsstand zurück. Dort meldete ihm der Adjutant, daß die Fernsprechverbindung mit dem Korps wieder hergestellt sei und er dem Korps durchgegeben habe, daß der Regimentskommandeur um 16.00 Uhr das Ausweichen aus Carentan befohlen habe. Der Adjutant war noch von Carentan aus vom Regimentskommandeur durch Funk über diesen Befehl orientiert worden. Am späten Nachmittag traf noch der Chef des Stabes des Korps auf dem Gefechtsstand des Regiments ein; er zeigte sich äußerst entrüstet über den selbständigen Entschluß des Regimentskommandeurs, gab aber keinen Gegenbefehl. Auf die dringende Bitte des Regimentskommandeurs, dem Regiment endlich Munition zuzuführen, entgegnete der Chef des Stabes, daß das Regiment ja nunmehr der 17. SS-Division ‚Götz von Berlichingen' unterstellt sei, die über ausreichend Munition und Transportraum verfüge; er möge dort seine Wünsche anmelden. Tatsächlich befanden sich jedoch zu diesem Zeitpunkt die Versorgungstruppen der 17. SS-Division mit Masse noch auf dem Marsch in den Raum südlich Periers, so daß eine Versorgung des Regiments durch die 17. SS-Division frühestens am nächsten Tag, d. h. am 12. Juni, erfolgen konnte.

Das Ausweichen aus Carentan am späten Nachmittag und in den Abendstunden des 11. Juni verlief reibungslos. Die Räumung der Stadt blieb infolge vorbildlichen Verhaltens der zurückgelassenen Sicherungen dem Feind verborgen.

In den frühen Morgenstunden des 12. Juni traten die Amerikaner zu dem erwarteten, großangelegten konzentrischen Angriff beiderseits von Carentan an. Der Angriff, der am Westrand und am Südrand der Stadt vorbeiführte, stieß ins Leere. Die Sicherungen des Fallschirmjägerregiments 6 konnten sich im Schutz der Morgendämmerung und des Morgennebels vom Feind unbemerkt auf die Stellung des Regiments bei Höhe 30 absetzen.

Als sich am 12. Juni der Morgennebel hob, lag das Fallschirmjägerregiment 6 in den befohlenen Stellungen südwestlich Carentan; der Feind hatte die Straßengabel am Südwestausgang von Carentan erreicht, war aber über den Bahndamm Pommenauque — Carentan und die genannte Straßengabel nicht weiter nach Südwesten vorgestoßen. Gefechtsberührung mit dem Feind bestand nur bei der Höhe 30 und ostwärts davon bei La Billonerie."

Opposite : On the Carentan to Saint-Lô road, elements of the « GvB » fought hard here in the early days of June. Below : Carentan sector towards the Marshlands. Photo dated 12 June 1944. A first-aid post with von der Heydte's paratroops mixing with men of the « GvB ».

Gegenüber: Straße von Carentan nach Saint-Lô. In den ersten Junitagen haben hier Teile der "GvB" hart verteidigt.
Gegenüber: Abschnitt Carentan mit Blickrichtung Sümpfe. Foto mit Datum v. 12. Juni 44. Auf dem Verbandsplatz sowohl Soldaten der "Götz" als auch Fallschirmjäger von der Heydtes.

Ci-contre: Route de Carentan à Saint-Lô, des éléments de la « GvB » se sont durement accrochés ici dans les premiers jours de Juin.
Ci-dessous: Secteur de Carentan vers la zone des Marais. Photo datée du 12 juin 1944. Un poste de secours où se mélangent paras de von der Heydte et soldats de la « GvB ».

1) Rolf Dedelow, ici avec le grade d'*Obersturmführer* au sein de la *1./SS-Panzer-Abteilung 17.*

2) Hermann Lamm de la *5./Aufklärungs-Abteilung17.*

3) Une vue du *Sturmgeschütz* « Florian Geyer ».

4) Deux grenadiers avant un engagement.

5) Portrait de Klaus Boe de l'*AA 17.*

6) Scène de patrouille de l'*AA 17* dans le secteur des marais à l'arrivée de la « GvB » dans la Manche.

7) Heinz Greilich venant tout juste d'être décoré de l'EKII.

1) Rolf Dedelow, here with the rank of Obersturmführer with 1./SS-Panzer-Abteilung 17.

2) Hermann Lamm of 5./Aufklärung-Abteilung-17.

3) A picture of the Sturmgeschütz « Florian Geyer ».

4) AA 17 pictured patrolling in the marshes sector on the arrival of the « GvB » in the Manche department.

5) Two grenadiers before engaging.

6) Portrait of Klaus Boe of AA 17.

7) Heinz Greilich has just been decorated with the EKII.

1) Rolf Dedelow als Obersturmführer bei der 1./SS-Panzer-Abteilung 17.

2) Hermann Lamm v.d. 5./Aufklärungs-Abteilung 17.

3) Das Sturmgeschütz « Florian Geyer ».

4) Zwei Grenadiere vor dem Gefecht.

5) Porträt von Klaus Boe von der A.A. 17.

6) Auf Spähtrupp mit der A.A. 17 im Gebiet der Sümpfe. Szene nach Eintreffen der "GvB" im Departement Manche.

7) Heinz Greilich, der soeben das EK II erhalten hat.

4

5

6

7

1) Soldats du *Regiment 38* sous un arbre, parfaitement dissimulés grâce à leur « Tarnjacke ».

2) Grenadiers du *I./38* en position dans des tranchées renforcées.

3) *Pak* en position avec ses servants, ils appartiennent au *Regiment 38*. Photo prise peu avant la bataille de Normandie.

4) Retour de patrouille pour le soldat Grübber de la *4./38*.

5) Un *MG 42* et ses servants appartenant au *I./38*.

6) Grenadiers de la *3./38* autour d'un *MG 42*. Photo prise avant l'engagement du régiment en Normandie.

1) Soldiers of Regiment 38 under a tree, perfectly concealed thanks to their « Tarnjacke ».

2) Grenadiers of I./38 in position in reinforced trenches.

3) Pak in position with its gun crew, they belong to Regiment 38. Photo taken shortly before the Battle of Normandy.

4) Pfc Grübber of 4./38 returning from a patrol.

5) An MG 42 with its gun crew belonging to I./38.

6) Grenadiers of 3./38 around an MG 42. Photo taken before the regiment was committed in Normandy.

1) Soldaten v. Regiment 38 unter einem Baum. Die Tarnjacke passt sie vollkommen der Umgebung an.

2) Grenadiere des I./38 im Schützengraben in Stellung.

3) Pak mit ihrer Bedienung in Feuerstellung. Sie gehört zum Regiment 38. Foto, das kurz vor der Schlacht entstand.

4) Der Soldat Grübbe von der 4./38 ist vom Spähtrupp zurück.

5) Ein MG 42 und seine Bedienung vom I./38.

6) Grenadiere von der 3./38 um ein MG 42 herum. Das Foto entstand kurz bevor das Regiment in die Normandie kam.

1

2

3

4

5

6

1) Helmut Günther accompagnant une jeune femme et un officier du bataillon blindé de la "GvB".

2) Un *Schwimmwagen* de la *SS-Aufklärungs-Abteilung 17*. Un M.G. 42 est monté sur le véhicule.

3) Le *SS-Oberscharführer* Ewald Scheidt, de la *SS-Aufklärungs-Abteilung 17*.

4) Le *SS-Mann* Rudolf Kick, tué le 7 juillet 1944.

5) Il repose au cimetière militaire allemand d'Orglandes, dans la Manche, à 6 km environ au nord-est de St-Sauveur-de-Vicomte.

1) Helmut Günther accompanying a young woman and an officer of the "GvB" tank battalion.

2) A Schwimmwagen of SS-Aufklärungs-Abteilung 17. An M.G. 42 has been mounted on the vehicle.

3) SS-Oberscharführer Ewald Scheidt, of SS-Aufklärungs-Abteilung 17.

4) SS-Mann Rudolf Kick, killed on 7 July 1944.

5) He lies in the German military cemetery at Orglandes, Manche department, some 6 km north-east of St-Sauveur-le-Vicomte.

1) Helmut Günther, eine junge Frau und ein Officier der *Panzer-Abteilung.*

2) Schwimmwagen der SS-Aufklärungs-Abteilung 17 mit aufmontiertem MG 42.

3) Oberscharführer Ewald Scheidt v.d. SS-Aufklärungs-Abteilung 17.

4) SS-Mann Rudolf Kick, gef. 7. Juli 1944.

5) Er liegt auf dem deutschen Soldatenfriedhof von Orglandes / Manche, ca. 6 km nordöstl. v. St-Sauveur-de-Vicomte.

1

3

4

2

USCHA. LUDW. BLATZ
29.12.1914 - 10.7.1944
GREN. RUDOLF KICK
11.12.1925 - 7.7.1944
†
EIN DEUTSCHER
SOLDAT

5

1) Des détachements de la « Götz » montent vers le front de Normandie. Précédés par un SPW 250, tractant sans doute une remorque, une colonne de *Sturmgeschütze* longe un convoi de camions arrêtés sous des arbres. Les véhicules ne sont pas camouflés avec des branchages.

2) Un véhicule non identifiable incendié après une attaque aérienne.

3) Un *Sturmgeschütz* de la *SS-Panzer-Abteilung 17* camouflé sous des arbres.

4) Pour prendre leur repas, des *SS-Panzergrenadiere* ont fait halte près d'une *Feldküche* (cuisine roulante) camouflée avec des branchages. Certains portent des bottes à tige raccourcie (*Marschstiefel* surnommées *Knobelbecher*, « cornets à dés » par la troupe) dont la fabrication cessera en septembre 1944. Noter les semelles cloutées avec ferrures.

1) Detachments of the "Götz" move up to the Normandy front. Following an SPW 250, probably with a trailer in tow, a column of Sturmgeschütze passes alongside a convoy of trucks that have stopped under some trees. The vehicles have not been camouflaged with branches.

2) An unidentifiable burnt-out vehicle following an air raid.

3) A Sturmgeschütz of SS-Panzer-Abteilung 17 camouflaged under the trees.

4) Some SS-Panzergrenadiere have stopped for a meal by a Feldküche (field kitchen) camouflaged with branches. Some of them are wearing short top boots (Marschstiefel march boots, nicknamed Knobelbecher "dice boxes" by the men) which went out of producton in September 1944. Notice the hobnailed soles.

1) Teile der „Götz" auf dem Weg in die Normandie. Ein SPW 250, der vermutl. einen Anhänger zieht, fährt einer Sturmgeschütz-Kolonne voraus. Die Fahrt geht vorbei an LKW, die unter Bäumen stehen, aber nicht getarnt sind.

2) Ein Fahrzeug, dessen Typ nicht erkennbar ist, brennt nach einem Luftangriff.

3) Ein Sturmgeschütz der SS-Panzer-Abteilung 17 getarnt unter Bäumen.

4) Panzergrenadiere rasten an einer Feldküche, die mit Zweigen getarnt ist. Einige Landser tragen „Marschstiefel" mit kurzem Schaft. Die Produktion der „Knobelbecher" genannten Kampfstiefel ist seit Sept. 44 eingestellt. Die Sohlen sind genagelt und eisenbeschlagen.

1

2

230

3

4

Il faut revenir ici encore brièvement à la journée du 11 juin 1944.

Lors de sa rencontre avec le *SS-Brigadeführer* Ostendorff, le *Major* von der Heydte l'avait informé du repli de son régiment et du fait d'évacuer Carentan dans la nuit du 11 au 12. De plus, s'il avait appris plus tôt la marche d'approche de la « *Götz von Berlichingen* » (la liaison avec le *LXXXIV.A.K* ayant été interrompue pendant une partie de la journée), il n'aurait pas pris une telle décision. Il avait alors demandé que les unités qui venaient juste d'arriver, soient engagées. À cela Ostendorff opposa un refus en raison de la situation incertaine et à cause des faibles forces restées retenues encore loin. La contre-attaque aurait pu se retrouver dans la nuit parmi les parachutistes qui se repliaient et mener à un désastre sans appui d'artillerie, avec un manque de mise en place et sans connaissance du terrain. Il ne restait plus qu'à rassembler le plus possible d'unités dans la journée du 12 juin, de resserrer l'artillerie et des chars afin d'avancer le plus tôt et le plus puissamment possible.

Il faut croire qu'en cette soirée du 11 juin, la situation dans le secteur de Carentan reste encore assez floue puisque, malgré l'information transmise au *LXXXIV.A.K* par l'officier-adjoint du FJR 6, arrive cette note à la *17. SS-Panzer-Grenadier-Division « Götz von Berlichingen »* (Ia Nr. 1505/44 g.Kdos).

« *Selon un compte rendu non confirmé jusqu'ici, l'ennemi a pris possession de Carentan.*

Prendre immédiatement la liaison avec le Fallschirmjäger-Regiment 6 *et éclaircir la confirmation.*

1) Pour le cas où Carentan est tombé entre les mains ennemies, la 17. SS-Panzer-Grenadier-Division *aura pour mission de reprendre la ville aussi vite que possible.*

2) Il est à rendre compte le plus vite possible du résultat de la prise de contact avec le Fallschirmjäger-Regiment 6, *le cas échéant, des intentions.* »

Dans cette même soirée, le *Generalkommando LXXXIV.A.K* publie un ordre dans lequel il précise que la « *Götz* » est mise aux ordres du *Generalkommando. II. Fallschirmjäger-Korps*. En outre, la mission de la Division n'est pas d'être fixée dans la défensive, mais elle doit être tenue prête pour un emploi offensif dans la région à l'ouest de la Vire-sud de Carentan. Son emploi à un autre endroit, soit à l'aile droite du *Korps* ou sur la presqu'île du Cotentin reste réservé.

Mise en place

Entre-temps la *SS-Aufklärungs-Abteilung 17* était en mission dans le secteur de Balleroy. Elle devait tenir ouverte la route Bayeux-St Lô, près de Vaubadon. Dans l'après-midi du 10 juin, elle se replie sur une ligne La Bazoque-Litteau-Bérigny le long de la forêt de Cerisy. Dans la nuit du 10 au 11 juin, elle se forme en hérisson près de St-Germain-d'Elle et, vers 9 heures, elle est mise aux ordres de la *352. I.D.*

De leur côté, les premiers détachements du *SS-Panzer-Grenadier-Regiment 37* et du *SS-Artillerie-Regiment* 17., qui s'étaient égarés dans cette région, se rabattaient avec deux jours de retard dans le secteur de Carentan. D'autres détachements de la Divi-

sion, la *6./37* (*SS-Obersturmführer* Tetzmann), la *SS-Panzer-Abteilung 17* (*SS-Sturmbannführer* Kepplinger), la *16 (Aufkl.)/37* (*SS-Hauptscharführer* Grüner) et la *8 (schw.)/38* (*SS-Hauptsturmführer* Hamel), qui avaient été interceptés en cours de route et déroutées, atteignent, le 10 juin, la région de Carentan et sont immédiatement engagés par les commandants locaux. De faibles détachements du *II./38* (*SS-Hauptsturmführer* Rethmeyer) sont avancés au-delà du canal Taute-Vire en direction d'Isigny-sur-Mer jusqu'à Montmartin en Graignes. La *8 (schw.)/38* atteint son poste d'observation sur la hauteur 35, sans subir d'attaque. Dans cette région les détachements motorisés du *Regiment 38*, surtout le *II./38* (*SS-Sturmbannführer* Nieschlag) et le *I./38* (*SS-Hauptsturmführer* Ertl) sont amenés à la suite.

La *16 (Aufkl.)./37* du *SS-Hauptscharführer* Grüner, sans liaison avec sa propre unité se raccorde avec ses hommes au *Kommandeur* du *FJR 6*. Le 10 juin, trois patrouilles sont envoyées en direction de Carentan, chacune avec 4 *Schwimmwagen*. Mission : pousser une reconnaissance jusqu'au croisement St Hilaire-Petitville-Domville. La première patrouille — sous les ordres du *SS-Unterscharführer* Fanjo — doit pousser, de là, vers la gauch ; la deuxième patrouille de Hinzer (grade inconnu), vers la droite et celle du *SS-Hauptscharführer* Grüner en direction de Carentan. À proximité du croisement, elles sont prises sous le feu des Américains et le *SS-Unterscharführer* Fanjo est tué.

Dans la matinée du 12 juin, des éléments de la *6./37* (*SS-Obersturmführer* Tetzmann) arrivent dans la région au sud de Carentan ainsi qu'au cours de l'après-midi, le *Kommandeur* du *II./37*, le *SS-Sturmbannführer* Opificius avec des détachements de la *9./37*. La *6./37* reçoit l'ordre de renforcer l'*Ost-Bataillon 439* qui se trouve sur la cote 30 mais, en chemin, elle voit venir à sa rencontre de l'infanterie puis, au cours de la progression, tombe sur une vingtaine de parachutistes. Ceux-ci informent le *SS-Obersturmführer* Tetzmann que les Russes ont abandonné précipitamment leurs positions. Prise sous le feu adverse, une patrouille de la compagnie doit se replier devant une poussée de chars américains.

Après un violent accrochage, la *6./37* regagne sa base de départ et, à 22 heures, elle établira la liaison avec les paras du FJR 6 sur leur nouvelle ligne de résistance. Le *Major* von der Heydte met le chef de la *6./37* au courant de la situation.

Derrière le cordon de couverture des paras, les unités de la « *Götz* » vont se mettre en place, les armes lourdes gagnent des positions au sud de la route qui mène à Baupte, couvertes par la *14 (Fla.)/37* du *SS-Hauptsturmführer* von Seebach. D'autres éléments n'arriveront que pendant la nuit.

Soixante camions « gazogènes » qui transportaient les 90 tonnes de munitions sont convoyés par le *SS-Untersturmführer* Hütt (*1./SS-Panzerjäger-Abteilung 17*). Quinze seulement parviennent à proximité du front. En l'absence de convoyeurs allemands, le gros des chauffeurs français avait fait faux bon et une partie des véhicules avait été détruite par les *Jabos*. Mais les quinze chauffeurs restants avaient parcouru 300 km en trois étapes !

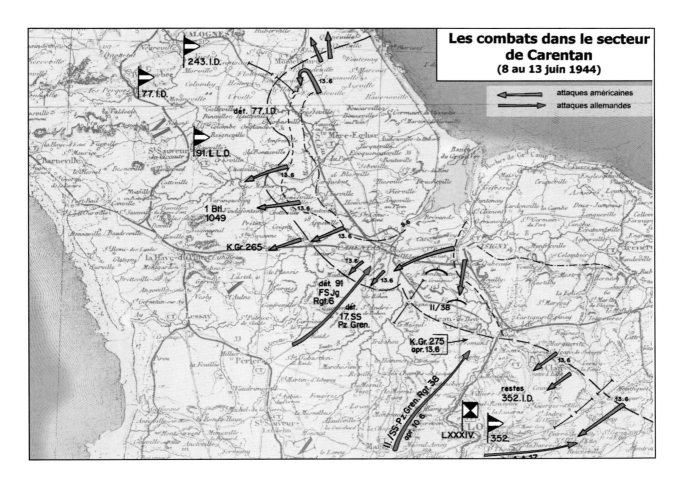

Les combats dans le secteur de Carentan
(8 au 13 juin 1944)

← attaques américaines
→ attaques allemandes

243. I.D.

77. I.D.

91. L.L.D.

dét. 77. I.D.

1 Btl. 1049

K.Gr. 265

dét. 91 FSJg Rgt.6

dét. 17.SS Pz. Gren.

II/38

K.Gr. 275 apr. 13.6

restes 352. I.D.

II./SS-Pz.Gren.Rgt.38 apr.10.6

LXXXIV.

352.

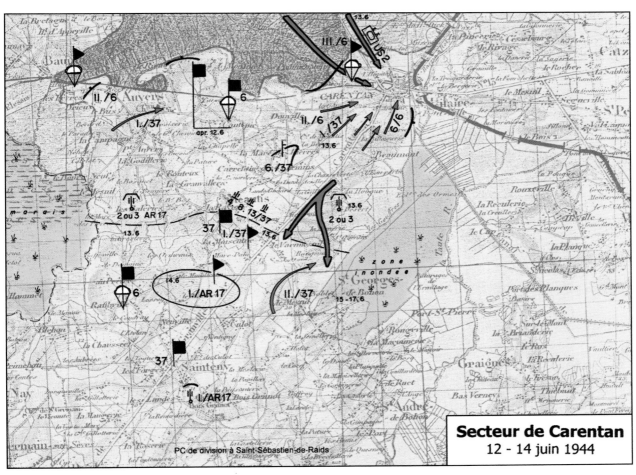

II./6

III./6

US2

II./6

I./37

6

I./37

6/6

6./37

4. u. 13/37

2 ou 3 AR 17

37 I./37

2 ou 3

6

I./AR 17

II./37

37

I./AR17

St Georges

zone inondée

PC de division à Saint-Sébastien-de-Raids

Secteur de Carentan
12 - 14 juin 1944

Entre-temps, dans cette même matinée, l'*Oberleut-nant* Pöppel *(12./FJR 6)* est envoyé au PC du *Generalkommando LXXXIV.AK* à St Lô. Il apporte le compte rendu de situation et une demande pour que le FJR 6 soit mis aux ordres de la « *Götz von Berlichingen* » plutôt qu'à ceux de la *91. Luftlande-Division* pour des raisons de ravitaillement.

Le chef d'état-major du *LXXXIV.A.K*, l'*Oberstleutnant* von Criegern confirme la mise aux ordres de la « *Götz* » et lui annonce que le FJR 6 a été cité dans le *Wehrmachtbericht* du 11 juin 1944 :

« Lors des durs combats dans la tête de pont ennemie et lors de la destruction de troupes aéroportées et parachutistes ennemies larguées dans l'arrière-pays, se sont particulièrement distingués le *Grenadier-Regiment 736* de Rhénanie-Westphalie sous le commandement de l'*Oberst.* Grug (en réalité Krug, NDA), la *352. I.D* sous le commandement du *Generalleutnant* Kraiss et le *Fallschirmjäger-Regiment 6* sous le commandement du *Major* von der Heydte... »

Au moment même où l'*Oberleutnant* Pöppel arrivait au PC du Régiment près de Raffoville, le *General der Artillerie* Marcks, *(Generalkommando LXXXIV.A.K)* était mortellement atteint par un tir de *Jabos* alors qu'il se rendait dans le secteur de Caumont l'Eventé. C'est dans un fossé au bord de la route, à Hébécrevon (6 km au nord-ouest de St-Lô) qu'il succombe à une hémorragie.

Le plan d'attaque

Dans la soirée, à 18 heures, est préparé l'ordre de division pour l'attaque du 13 juin 1944, dont l'objectif est de reprendre Carentan *(Ia/Op Nr 405/44-g.Kdos)*.

« 1) Ennemi entre Orne et Vire probablement renforcé par un nouveau corps d'armée américain avec intention de continuer à avancer vers le Sud. En même temps, l'adversaire tente d'élargir la tête de débarquement de Ste-Mère-Église afin de couper la presqu'île de Cherbourg avec les forces mentionnées ci-dessus. Carentan occupé par des éléments de la *101st Division* aéroportée américaine. Il faut s'attendre à l'apparition de chars et d'une puissante artillerie depuis la mer.

Manière de combattre des Américains sournoise et rusée. Esprit combatif mauvais. L'adversaire tire des munitions au phosphore par l'artillerie qui provoquent de graves brûlures et emploie un brouillard gris avec un effet semblable à celui du gaz lacrymogène.

Immédiatement le masque à gaz !

2) La *17. SS-Panzer-Grenadier-Division « Götz von Berlichingen »* avec le *Kampfgruppe Heinz* (ou Heintz, NDA) mis à ses ordres et le *Fallschirmjäger-Regiment 6* exerçant la commandement à partir du 12.06.44 dans le secteur Airel (inclusivement) — Le Moulinet, à 4 km à l'ouest de Carentan (inclusivement) —, défendra la rive ouest de la Vire voie ferrée vers Carentan-Le Moulinet et reprendra possession de Carentan.

[Ostendorff a rajouté de sa main : rive est de la Vire de St Lô-Airel (inclusivement)-Castilly (inclusivement)]

3) Limites : à droite vers la *352. I.D* : Pont de St Fromond-Limite sud d'Airel-Calperdu (?) à gauche vers la *91. I.D* (Luftlande-, NDA) : La Butte-Limite sud de Baupte-Limite sud La Croix-Limite sud Le Moulinet.

Ligne de séparation : *Kampfgruppe Heinz, Fallschirmjäger-Regiment 6* à gauche/Le Mesnil-La Meslière-Cours Les Gouffres-Limite est de Carentan.

4) Le *Kampfgruppe Heinz* défendra le secteur actuel, tiendra la ligne principale de résistance et empêchera les poussées ennemies venant du nord au-delà de

la voie ferrée St Pellerin-Carentan et venant de l'est au-delà de la Vire. L'adversaire doit être harcelé, même de nuit, par une intense activité de troupes de choc.

5) Le *SS-Panzer-Grenadier-Regiment 38* se rassemblera dans la région du Mesnil-Angot-Rauline-St Fromond (exclusivement) — St Jean de Daye (inclusivement) — La Goucherie (inclusivement) et constituera des groupes d'intervention pour rejeter immédiatement l'ennemi qui ferait irruption dans la ligne principale de résistance par des contre-attaques.

Le Régiment veillera à la disponibilité rapide sur le plan du personnel et du matériel.

6) Le *Fallschirmjäger-Regiment 6*, après la prise de Carentan par le *SS-Panzer-Grenadier-Regiment 37*, occupera la ligne principale de résistance reprise et la tiendra. Au cours de l'attaque du *SS-Panzer-Grenadier-Regiment 37*, le flanc nord devra être couvert sur la ligne Pommenauque-Aussaie.

Un bataillon devra suivre l'attaque, échelonné en profondeur pour tenir dégagées les arrières de la troupe d'attaque lors d'une surprise (largage de parachutistes).

7) Dans le secteur défensif, il faudra préparer des moyens de barrage, lesquels pourront être rapidement employés lors d'une attaque ennemie selon le terrain.

8) Le *SS-Panzer-Grenadier-Regiment 37*, renforcé par une *Kompanie* du *SS-Panzer-Abteilung 17*, une section de la *Sf-Kp/SS-Panzerjäger-Abteilung 17* se mettra en place dans la région au sud et au nord de Donville (Domville, NDA) dans la nuit du 12 au 13.06.44 pour attaquer vers l'est, en se mettant en marche à 5 h 20, se rendra maître de la région à l'ouest de Carentan (au sud de la voie ferrée Carentan-Baupte) et prendra la ville de Carentan.

Il est envisagé, en cas d'évolution favorable de la situation, de pousser ensuite vers le nord jusqu'à la ligne le Moulin-St Côme et constituer là une tête de pont. À cet effet, il faudra tenir des forces disponibles, de sorte qu'elles puissent, après la prise de possession de la ville, talonner immédiatement l'adversaire.

9) Reconnaissance par les corps de troupe dans leurs secteurs.

10) Dispositif de l'artillerie :

Sont mis aux ordres du *Kommandeur* du *SS-Artillerie-Regiment 17* :

- Le groupe d'artillerie Ernst (*SS-Hauptsturmführer* Ernst, Kommandeur de la *I./Artillerie-Regiment 17*, NDA)

- La *II./Artillerie-Regiment 191* (*91. Luftlande-Division*, NDA)

- 2 *s. F. H. Batterien* de la *352. I.D*

• Mission : appui de l'attaque du *SS-Panzer-Grenadier-regiment 37* selon directive verbale et appui de la défense du reste du front.

11) Appui de la *Luftwaffe* :

Il est prévu un appui de la *Luftwaffe* pour l'attaque de la Division :

a - Avant le début de l'attaque par des formations de bombardiers.

b - Avec le début de l'attaque par des avions d'assaut devant les pointes d'attaque. Un officier directeur pour les avions d'assaut, à partir du 12 juin, dans la soirée près du *SS-Panzer-Grenadier-regiment 37*.

12) Liaisons par transmissions :

La *SS-Nachrichten-Abteilung 17* établira et maintiendra la liaison :

Par fil vers

le *SS-Panzer-Grenadier-Regiment 37*

le *SS-Panzer-Grenadier-Regiment 38*

le *Fallschirmjäger-Regiment 6*

le *Kampfgruppe Heinz*

le *SS-Artillerie-Regiment 17*

le *Generalkommando LXXXIV. A.K.*

le *Generalkommando II. Fallschirm-jäger-Korps* (par l'intermédiaire du *LXXXIV. A.K*)

Par radio vers

le *SS-Panzer-Grenadier-Regiment 37*

le *SS-Panzer-Grenadier-Regiment 38*

le *Fallschirmjäger-Regiment 6*

le *SS-Artillerie-Regiment 17*

la *SS-Panzer-Aufklärungs-Abteilung 17*

le *Generalkommando LXXXIV. A.K.*

le *Generalkommando II. Fallschirm-jäger-Korps*

13) Signaux lumineux :

blanc = « nous sommes ici »

rouge = « allonger le tir d'artillerie »

violet = « chars ennemis »

14) Poste de secours divisionnaire : Carantilly (3 km au sud de Marigny)

Poste de secours avancé : près de St Martin d'Aubigny (5,5 km au sud-est de Périers, NdA)

15) Comptes rendus : au moins toutes les deux heures (utiliser cartes de références)

16) PC de Division : St Sébastien (de Raids, près de Périers, NDA)

Dans la soirée, la première conférence de situation a lieu au PC du *Fallschirmjäger-Regiment 6* et, à 22 heures, l'ordre préparatoire arrive à peu près comme suit :

« 1) La Division « *Götz von Berlichingen* » attaquera avec l'appui du *Fallschirmjäger-Regiment 6* le 13 juin 1944 Carentan en contre-attaquant.

2) Début de l'attaque selon l'heure H.

3) Ligne de séparation pour les bataillons attaquants : Route nationale Carentan-Périers (à cette époque RN 171, NDA)

a - À droite de la route nationale, la *12./6* renforcée, qui connaît déjà bien le terrain, avec 2 sections *SS*.

b - À gauche, le *I./37*

c - Liaison gauche *II./6* sous le commandement du *Hauptmann* Mager.

4) • Mission pour le *SS-Bataillon* : percer jusqu'à la limite nord de Carentan (*I./37* selon H. Stöber).

• Mission pour le *I./6* : conduite à tenir, percer jusqu'à la voie ferrée en s'appuyant à droite sur la *SS*.

5) L'attaque sera appuyée par le *SS-Artillerie-Regiment « Götz von Berlichingen »* et 2 batteries de *SS-Sturmgeschütze* (*1.* et *2. Kp* de la *SS-Panzer-Abteilung 17*, selon H. Stöber).

6) Il est dans l'intention de la Division, en cas de déroulement favorable des combats, de percer jusqu'à St Côme du Mont et d'y constituer une tête de pont. »

Ajoutons que, ce 12 juin, la *6./37* intervient près d'Auvers pour éliminer une poche formée d'éléments de la *101st Airborne Division*, éliminant ainsi une menace de flanc possible pour la contre-attaque sur Carentan.

La contre-attaque

À 5 h 30, avec de la brume, débute la préparation d'artillerie tandis que les troupes du *SS-Panzer-Grenadier-Regiment 37* attendent le signal pour avancer. À 5 h 45, les *1.* et *2./SS-Panzer-Abteilung 17* font suivre leurs *Sturmgeschütze* derrière les *Panzergrenadiere* quand ceux-ci tirent des fusées rouges, afin que les artilleurs allongent leur tir. Les armes lourdes du *SS-Panzer-Grenadier-Regiment 37*, arrivées seulement dans la fin de la soirée du 12, avaient été mises en position sur une grande surface au sud de la route vers Baupte, relativement serrées les unes près des autres. Leur protection était assurée par la *14 (Fla.)/37* du *SS-Hauptsturmführer* von Seebach, tandis que la *6./37* était restée en arrière sur la route de Baupte comme compagnie de réserve. Le PC du *SS-Panzer-Grenadier-Regiment 37*, le PC du *II./37* sont installés près de Cantepie, à 2 km à l'est d'Auvers où se trouve aussi celui du *Fallschirmjäger-Regiment 6*. Au cours de la nuit du 12 au 13, des passages minés avaient été débarrassés.

Dès le début, l'attaque gagne du terrain sans rencontrer de résistance mais, au moment où les compagnies franchissent la route Carentan-Domville, elles sont prises de flanc et par derrière sous un tir au coup par coup ciblé qui provoque les premières pertes. Beaucoup d'hommes sont atteints d'une balle dans la tête. Quand la brume commence à se retirer, on distingue alors des tireurs embusqués dans des arbres. Ce sont des paras de la *101st Airborne Division* sur lesquels est dirigé un tir de mitrailleuse efficace. Il est alors constaté que des groupes d'Américains se trouvent encore entre les « coins d'attaque » et qu'il faut neutraliser. Le *Flak-Zug* de la *SS-Panzer-Abteilung 17*, aux ordres du *SS-Hauptscharführer* Dornacher exécute un tir de dispersion avec ses trois 2 cm *Flak-Vierling 38* sur les cimes des arbres et dans les haies, mais ce combat contre les snipers américains coûte un temps précieux.

Le gain de terrain est variable, il est le plus important aux deux ailes de la contre-attaque.

Dès 7 h 31, est envoyé un compte rendu du *I./37*. L'avance s'effectue dans de bonnes conditions, malgré une forte résistance ennemie. Les Américains se retirent et de façon flexible. Des groupes ennemis se trouvent encore entre nos « coins d'attaque ». Nos pertes sont moyennement élevées.

À 9 heures, le *I./37* atteint la limite sud-ouest de Carentan tandis que, peu après, le *II./6* du *Hauptmann* Mager parvient au terrain de la gare où la *12./6* intercepte quelques messages-radios.

À la même heure, arrive un compte rendu de l'aile gauche où combat le *III./6* : la limite de Carentan est atteinte. Il existe encore de forts groupes ennemis. Un tir d'artillerie est demandé sur Carentan car, depuis ici, on perçoit des bruits de chars.

À 9 h 15, l'aile droite signale qu'il n'est pas possible de venir à bout de la forte résistance américaine sans blindés. Jusqu'à 9 heures, l'avance n'a progressé que de 500 m.

À 9 h 50, le *I./37* informe de l'arrêt de l'attaque sur la ville. Les Américains attaquent Carentan avec des chars. Ce sont les blindés du CCA 2 (*Brigadier* Rose). Ils appartiennent à la *2nd Armored Division* du *Major General* Brooks qui a débarqué à « Omaha » à partir du 11 juin 1944. À 10 h 45, le *I./37* est contraint au repli sous une très forte pression adverse.

Entre-temps, la *6./37* avait reçu l'ordre de suivre. Après avoir avancé d'environ 800 m, la *Kompanie* rencontre une de nos troupes avec des paras qui reculent précipitamment à la hauteur d'un village-rue. (La Lande-Godard). Le *SS-Obersturmführer* Tetzmann fait alors occuper une position en demi-cercle autour de La Mare des Pierres, au nord-est de Méautis au moment où les Américains attaquent. Un 7,5 cm Pak de la *8 (schw.)./37*, qui était en position à l'écart, est détruit et dépassé par des chars après avoir tiré quelques coups. Les Américains évitent le village et attaquent vers le sud-ouest en le longeant.

À 10 h 30, les Américains engagent les chars du CCA 2 contre les *Sturmgeschütze* de la *SS-Panzer-Abteilung 17* et commencent à repousser les *Panzergrenadiere*. L'appui en artillerie est fourni par le *14th Armored Field Artillery Battalion*. À 14 heures, c'est l'attaque générale avec les blindés et le *501st PIR*. À ce moment, l'attaque allemande n'a plus aucune chance, sans compter l'intervention de l'aviation alliée avec ses *Jabos*. L'un d'eux est abattu par le *Flak-Zug* de la *SS-Panzer-Abteilung 17*.

Dans ces conditions, le *SS-Brigadeführer* Ostendorff ordonne l'arrêt de la contre-attaque et le repli sur les bases de départ, afin d'y laisser s'enliser et y clouer les Américains.

Les opérations de repli réussissent sans subir une trop grande pression adverse, mais, le long de la RN 171, deux *Sturmgeschütze* du *I. Zug* de la *1./SS-Panzer-Abteilung 17* sont mis hors de combat, dont le 133. Avec la plus grande partie de son équipage, est tué le chef de pièce, le *SS-Untersturmführer* Simon.

Les unités de la « Götz » sont repliées sur une ligne à 500 m au nord des Baleries — 500 m au sud de Méautis RN 171 près de la bifurcation jusqu'à Auerville — 1 000 m au nord de St Quentin jusqu'à la région inondée de la Taute, à peu près à la hauteur de son confluent dans le canal Taute-Vire.

En début d'après-midi, la *6./37* est aussi ramenée par ordre sur la nouvelle ligne principale de résistance. Dans le secteur de son bataillon, le *II./37*, elle se glisse vers l'est de la RN 171 jusqu'à la zone inondée, comme compagnie intermédiaire. Le *I./37* se retranche à gauche de la route. À sa gauche se raccorde le *Fallschirmjäger-Regiment 6* jusqu'aux prairies marécageuses avec l'*Ost-Bataillon 635* mis à ses ordres.

Le PC de la « Götz » est à St Sébastien de Raids, celui du *SS-Panzer-Grenadier-Regiment 37*, près de Neuville et celui du *Fallschirmjäger-Regiment 6* près de Raffoville.

Il reste à rechercher les causes de l'échec de la contre-attaque sur Carentan.

En premier lieu, il faut souligner la carence de la *Luftwaffe* dont l'appui avait été demandé aussi bien pour bombarder la ville la nuit précédant l'attaque que pour intervenir dans le cours du combat. Seuls, deux appareils ont fait leur apparition sans pouvoir apporter une aide efficace aux *Panzergrenadiere* et aux *Fallschirmjäger*.

Les compagnies attaquantes avaient subi des pertes relativement supportables causées par le tir des mortiers et de l'artillerie, pourtant dirigé efficacement par les avions d'observation d'artillerie qui se relayaient au-dessus du champ de bataille.

Mais contre les chars américains, les moyens de défense étaient aussi insuffisants avec une section de *Panzerjäger* de la *3./SS-Panzerjäger-Abteilung 17* sur affûts automoteurs. A été seulement engagée une seule compagnie de *Sturmgeschütze IV*. Quant aux armes de défense rapprochée contre les chars, les *Panzerfäuste* et les « *Ofenrohr* », ont été pratiquement manquantes. Comme manquaient aussi les armes d'appui essentielles qui n'étaient toujours pas arrivées par suite de moyens de transport insuffisants.

À noter aussi l'insuffisance d'effectifs engagés face à ceux des Américains.

Alors que les éléments de la « Götz » étaient immobilisés à la bordure ouest de la ville, les Américains lançaient eux-mêmes une attaque le long de la RN 171 Carentan-Périers. À la sortie sud de Carentan, la cote 30, occupée par l'*Ost-Bataillon 439*, est abandonnée après la mort du *Kommandeur*, le *Hauptmann* Becker.

Les Américains peuvent ainsi la dépasser sans encombre.

Dans la soirée, la « Götz » peut organiser une nouvelle ligne de défense depuis le sud de Carentan jusqu'aux Prairies Marécageuses de Gorges.

Les combats de Carentan et la poche créée près de Baupte et au nord de cette localité ont mélangé les formations engagées, obligeant le *Generalkommando LXXXIV. A.K* à ordonner un nouveau dispositif défensif.

Le lendemain 14, dans la matinée, les *502nd* et *506 PIR* lancent une attaque le long de la route Carentan-Périers mais sont arrêtés près du lieu-dit Picard. Près de la Sadoterie, ils rencontrent le *II./37* (*SS-Sturmbannführer* Opificius) et en particulier la *6./37* (*SS-Obersturmführer* Tetzmann). Une contre-attaque lancée dans un terrain couvert de haies provoque de lourdes pertes des deux côtés pour un gain de terrain insignifiant.

Après l'échec de la contre-attaque sur Carentan, le *Fallschirmjäger-Régiment 6*, réduit à deux faibles bataillons, avait replié à l'aile gauche la ligne principale de résistance. Les Américains ayant poussé dans le flanc gauche du *I./37*, était apparue une crise dans laquelle le PC du *Regiment 37* avait dû se mettre en état de défense.

Dès la nuit du 13 au 14 juin, et bien qu'il eût été proposé pour les Feuilles de Chêne à ajouter à son *Ritterkreuz*, le *Major* von der Heydte est interrogé par le juge divisionnaire de la « Götz », le *SS-Sturmbannführer* Schorn sur la façon dont Carentan était tombé et sur la réunification des deux têtes de débarquement américaines. Et sur ordre du *LXXXIV. A.K* ! L'interrogatoire va durer plusieurs heures, mais aucune procédure de cour martiale ne sera engagée. Le 15 juin 1944, un compte rendu sur l'état de la Division est adressé au *Generalkommando II. Fallschirmjäger-Korps*.

« 17. SS-Panzergrenadier-Division "Götz von Berlichingen".
Compte rendu du 15.06.44
Rapport hiérarchique : *II. Fallsch. Korps*
Secret confidentiel
1) Situation en personnel le jour fixé du compte rendu :
a)

Personnel	*Soll*	*Ist*	*Fehl*
Offiziere	584	369	245
Unteroffiziere	3 566	1 955	1 621
Mannschaften	14 204	14 565	+ 361
Hiwis	(977)		(780)
Total	18 534	16 859	1 495

b) Pertes et autres départs dans la période du rapport du 1er au 15.06.44

	Tués	Blessés	Disparus	Malades	Autres
Offiziere	1	14	2	-	2
Uffz ù Mannschaft	78	302	59	7	12
Total	79	316	61	7	14

c) Pas de remplacement arrivé-complément guéris
d) Pas de permissionnaires 12-18 mois ; 19-24 mois ; plus de 24 mois.
2) Situation en matériel :

Véhicules blindés Stug	III	IV	V Schtz. Pz, Pz. Sp. Art. Pz. B		Pak (SF)
Soll (Zahlen)	42	3	35	27	
Einsatzbereit	24		26	11	
Numériquement en % du *Soll*	55		74	43	
In Kurzfrist. Instandsetzung (3 semaines)	3			0	
Numériquement en % du *Soll*	45				

	Soll	*Ist*	*in kurzfristiger Instandsetzung*
Kräder			
Ketten	42	-	-
m. angetr. Bwg	274	61	6
sonst.	369	389	34
PKW gel.	1 043	764	47
o.	83	459	9
LKW Maultiere	31	18	2
gel.	875	50	7
à.	812	121	22
Zgkw 1-5 to	171	5	0
8-18 to	50	6	0
RSO	2	2	0
s. Pak	27	20 (7 Sfl) +	2 (2 Sfl) +
Art. Gesch.	41	39	2
MG	1 154	1 008 (906) ++	24 (18) ++
sonstige Waffen 225	237	15	

Commentaires :

Waffen	*Soll*	*Ist*	
8,14 cm Granatwerfer 34	99	93	
Ofenfohre	0	5 +++	
5 cm Pak 38	1	31	2 pertes
7,62 cm Pak(r) 37 (Sfl)	-	3	
le.inf.Gesch 18	29	8 (2 en acheminement)	
s. IG 33	12	12	
2 cm KwK 30/38	18 ++++	13	
2 cm Flakvierling	7	7	
3,7 cm Flak 37	9	9	
8,8 cm Flak 37	12	12	

le.F.H 18 (M) +++++	25	25
schw. F.H 18	12	12
schw. 10 cm K. 18	4	4
7,5 cm Stu.40 L/48	76	38 (5 pertes)
7,62 cm I.K.H. (290) (r)		20

Explications :

+ : il faut comptabiliser les *Panzerjäger* 38(t) Qs. Kfz 138 (*Ausführung* H ou M) appartenant à la *3.SS-Pan-zerjäger-Abteilung 17*

++ : ( ) concerne les M.G 42

+++ : *Ofenrohre* : « tuyau de poêle » désignent le 8,8 cm *Raketenpanzerbüchse 54*.

++++ : les 2 cm KwK dotent les *Panzerspähwagen* et : ou *Sd. Kfz. 250/9* de la *SS-Panzer-Aufklärungs-Abteilung 17*

+++++ : le. F.H (M) désigne l'obusier léger de 10,5 cm dont le tube est muni d'un frein de bouche (*Mün-dungsbremse*)

Bref jugement de valeur du *Kommandeur* :

Le Kampfgruppe de la Division se trouve en combat depuis le 9.06.44 contre l'ennemi débarqué en Nor-mandie. Division actuellement sur la défensive.

Comportement de la troupe : très bon.

Éléments immobiles de la Division (c'est-à-dire sans moyens de motorisation, NdA) dans l'ancienne région de cantonnement

F. d. R ; (pour copie conforme)

signé : Binge »

Un Sturmgeschütz IV de la 1./ ou 2./SS-Panzer-Abteilung 17 détruit au Sud-Ouest de Carentan le 13 juin 1944. En tentant de sortir par le tourelleau, le chef de pièce a été mortellement atteint. (in « Breakout at Normandy » de M. Bando)

A Sturmgeschütz IV of 1./ or 2./SS-Panzer-Abteilung 17 destroyed south-west of Carentan on 13 June 1944. The gun captain was fatally wounded as he tried to get out through the cupola. (in « Breakout at Normandy » by M. Bando)

Stug IV v.d. 1./ oder 2./SS-Pz.-Abt. 17 am 13.6.44 südwestl. Carentan. Beim Versuch, das Fahrzeug zu verlassen, wurde sein Kommandant tödl. verwundet (aus "Brakthrough at Normandy" v.M. Bando).

We need to come back briefly to the day of 11 June 1944.

At his meeting with SS-Brigadeführer Ostendorff, Major von der Heydte had informed him of his regiment's withdrawal and the evacuation of Carentan during the night of 11-12 June. Also, had he learned earlier of the approach march of the "Götz von Berlichingen" (communications having been cut off with LXXXIV.A.K for part of the day), he would not have come to that decision. He then asked for the units freshly arrived to be committed. This request was turned down by Ostendorff owing to the uncertainty of the situation and the weakness of the forces still held up further afield. The counterattack could have found itself during the night in the midst of the paratroopers as they fell back and brought disaster with no artillery support, and no proper positioning or familiarity with the terrain. All that could be done was to muster as many units as possible during the day on 12 June, tighten up the artillery and tanks so as to advance as early and as forcefully as possible.

One has to believe that on this evening of 11 June, things were still pretty unclear in the Carentan sector since, despite the information sent in to LXXXIV.A.K by the executive officer of FJR 6, this note reached 17. SS-Panzer-Grenadier-Division "Götz von Berlichingen" (Ia Nr. 1505/44 g.Kdos).

"According to an as yet unconfirmed report, the enemy has taken possession of Carentan.

Get in touch immediately with Fallschirmjäger-Regiment 6 and check this out.

1) In the event Carentan has fallen into enemy hands, it will be 17. SS-Panzer-Grenadier-Division's task to recapture the town as quickly as possible.

2) The result of contact with Fallschirmjäger-Regiment 6 must be reported as soon as possible, where applicable with intentions."

That same evening, Generalkommando LXXXIV.A.K issued an order in which it stated that the "Götz" was being placed under the command of Generalkommando. II. Fallschirmjäger-Korps. Furthermore, the Division's assignment was not to be pinned down in a defensive role, but to stand ready for offensive action in the area west of the Vire river and south of Carentan. It remained pencilled in for use at some other point, either on the Korps' right flank or in the Cotentin peninsula.

Positioning

Meanwhile, SS-Aufklärungs-Abteilung 17 was on an assignment in the Balleroy sector. It was to keep the Bayeux-St Lô road open near Vaubadon. On the afternoon of 10 June, it fell back to the La Bazoque-Litteau-Bérigny line along Cerisy forest. During the night of 10-11 June, it formed a hedgehog near St-Germain-d'Elle and it came under 352. I.D. at around nine.

For their part, the leading detachments of SS-Panzer-Grenadier-Regiment 37 and SS-Artillerie-Regiment 17., which had got lost in the area, fell back two days late into the Carentan sector. Other detachments of the Division, 6./37 (SS-Obersturmführer Tetzmann), SS-Panzer-Abteilung 17 (SS-Sturmbannführer Kepplinger), 16 (Aufkl.)/37 (SS-Hauptscharführer Grüner) and 8 (schw.)/38 (SS-Hauptsturmführer Hamel), which had been intercepted on the way and diverted, on 10 June reached the Carentan area and were sent straight into battle by the local commanders. Small details of II./38 (SS-Hauptsturmführer Rethmeyer) advanced beyond the Taute-Vire canal towards Isigny-sur-Mer as far as Montmartin en Graignes. 8 (schw.)/38 reached its observation post on Hill 35 without coming under attack. In this region the motorized detachments of Regiment 38, especially II./38 (SS-Sturmbannführer Nieschlag) and I./38 (SS-Hauptsturmführer Ertl) were brought in behind.

16 (Aufkl.)./37 under SS-Hauptscharführer Grüner, with no contact with his own unit linked up with his men with the Kommandeur of FJR 6. On 10 June, three patrols were dispatched towards Carentan, each with 4 Schwimmwagen. They were detailed to reconnoiter as far as the St Hilaire-Petitville-Domville crossroads. The leading patrol — commanded by SS-Unterscharführer Fanjo — was to push on to the left; the second patrol under Hinzer (rank unknown), to the right and SS-Hauptscharführer Grüner's towards Carentan.

Coming up to the crossroads, they came under fire from the Americans and SS-Unterscharführer Fanjo was killed.

During the morning of 12 June and into the afternoon, elements of 6./37 (SS-Obersturmführer Tetzmann) arrived in the sector south of Carentan, and the Kommandeur of II./37, SS-Sturmbannführer Opificius with his detachments of 9./37. 6./37 was ordered to strengthen Ost-Bataillon 439 on Hill 30 but on the way there, they saw infantry coming to meet them, and then, as they advanced, they fell upon about twenty paratroopers. These told SS-Obersturmführer Tetzmann that the Russians had quit their positions in a hurry. Caught in enemy fire, one of the company's patrols had to back off in the face of a thrust by U.S. tanks.

After a fierce battle, 6./37 returned to its start line and, at 22.00, it linked up with the paratroopers of FJR 6 on their new line of resistance. Major von der Heydte gave the 6./37 commander an update on the situation.

Behind the covering cordon offered by the paratroopers, the "Götz" units got into position, the heavy guns were positioned to the south of the road to Baupte, covered by 14 (Fla.)/37 under SS-Hauptsturmführer von Seebach. Other elements only arrived during the night.

A convoy of sixty gas-powered trucks were sent up with 90 tons of ammunition by SS-Untersturmführer Hütt (1./SS-Panzerjäger-Abteilung 17). Only fifteen made it anywhere near the front. In the absence of German conveyers, most of the French drivers had failed to show up and some of the vehicles were destroyed by Jabos. However the fifteen remaining drivers covered 300 km in three stages!

Meantime, that same morning, Oberleutnant Pöppel (12./FJR 6) was sent to the HQ of Generalkommando LXXXIV.AK at St Lô. He brought the status report and a request for FJR 6 to be placed under the "Götz von Berlichingen" rather than 91. Luftlande-Division for reasons of supplies.

The LXXXIV.A.K chief-of-staff, Oberstleutnant von Criegern, confirmed that it was being placed under the command of the "Götz" and announced that FJR 6 had been cited in the Wehrmachtbericht on 11 June 1944:

"During the fierce fighting in the enemy beachhead and at the time of the destruction of enemy airborne and parachute troops dropped behind the coast, Grenadier Regiment 736 of the Rhineland-Westphalia fought with particular courage under the command of Oberst. Grug (actually Krug, NDA), as did 352. I.D under the command of Generalleutnant Kraiss and Fallschirmjäger-Regiment 6 under the command of Major von der Heydte…"

At the very moment Oberleutnant Pöppel was arriving at the Regimental HQ near Raffoville, General der Artillerie Marcks, (Generalkommando LXXXIV.A.K) was fatally wounded by Jabo fire on his way to the Caumont l'Eventé sector. He died of a hemorrage in a roadside ditch, at Hébécrevon (6 km north-west of St-Lô).

The plan of attack

During the evening, at 18.00, the divisional order was drafted for the attack on 13 June 1944, with the objective of recapturing Carentan (Ia/Op Nr 405/44 g.Kdos).

"1) Enemy between the Orne and Vire probably reinforced by a further U.S. corps with intention of continuing the southward advance. At the same time, the enemy is trying to broaden the bridgehead at Ste-Mère-Église in order to cut off the Cherbourg peninsula with the above-mentioned forces. Carentan occupied by elements of U.S. 101st Airborne Division. We must expect tanks and a powerful artillery force to appear from the sea.

American sly, underhand way of fighting. Poor fighting spirit. The enemy's artillery is firing phosphorus ammunition which causes severe burns and he uses a gray fog that has a simlar effect to tear gas.

Gas masks on immediately!

2) 17. SS-Panzer-Grenadier-Division "Götz von Berlichingen" with Kampfgruppe Heinz (or Heintz, author's note) under its orders and Fallschirmjäger-Regiment 6 in command as of 12.06.44 in the Airel sector (inclusive) — Le Moulinet, 4 km west of Carentan (inclusive) —, will defend the west bank of the Vire railroad to Carentan-Le Moulinet and will recapture possession of Carentan.

[Ostendorff has added by hand: east bank of the Vire of St Lô-Airel (inclusive)-Castilly (inclusive)]

3) Limits: right to 352. I.D: St Fromond bridge-southern limit from Airel-Calperdu (?) left towards 91. I.D (Luftlande-, author's note): La Butte-southern limit from Baupte-southern limit La Croix-southern limit Le Moulinet.

Line of separation: Kampfgruppe Heinz, Fallschirmjäger-Regiment 6 left/Le Mesnil-La Meslière-Cours Les Gouffres-Limite east of Carentan.

4) Kampfgruppe Heinz will defend the current sector, will hold the main line of resistance and prevent enemy thrusts from the north beyond the St Pellerin-Carentan railroad and from the east beyond the Vire. The enemy must be harassed, even at night, by intensive shock troop activity.

5) SS-Panzer-Grenadier-Regiment 38 will muster in the area around Mesnil-Angot-Rauline-St Fromond (exclusive) — St Jean de Daye (inclusive) — La Goucherie (inclusive) and will set up task forces to throw back immediately the enemy should he break through the main line of resistance with counter-attacks.

The Regiment will ensure that personnel and equipment are made available quickly.

6) Fallschirmjäger-Regiment 6, following the capture of Carentan by SS-Panzer-Grenadier-Regiment 37, will occupy and hold the retaken main line of resistance. During the attack by SS-Panzer-Grenadier-Regiment 37, the northern flank must be covered along the line Pommenauque-Aussaie.

One battalion must follow the attack, disposed in depth to keep clear the assault troop's rear in a surprise (paratroop landing).

7) In the defensive sector, means of barrage must be prepared for rapid employment in an enemy attack, depending on the terrain.

8) SS-Panzer-Grenadier-Regiment 37, reinforced by one Kompanie of SS-Panzer-Abteilung 17, one platoon of Sf-Kp/SS-Panzerjäger-Abteilung 17 will take up position in the area south and north of Donville (Domville, author's note) during the night of 12-13.06.44 to attack eastwards, setting off at 05.20, will take control of the area west of Carentan (south of the Carentan-Baupte railroad) and will take the town of Carentan.

It is planned, in the event of the situation turning out favorably, to then thrust northwards to the line Moulin-St Côme and secure a bridgehead there. Available forces must be kept back for this purpose, so that, once the town has been captured, they can pursue hot on the enemy's heels.

9) Reconnaissance by the independent units in their sectors.

10) Disposition of the artillery:

The following shall take orders from the Kommandeur of SS-Artillerie-Regiment 17:

- The Ernst artillery battalion (SS-Hauptsturmführer Ernst, Kommandeur of I./Artillerie-Regiment 17, author's note)

- II./Artillerie-Regiment 191 (91. Luftlande-Division, author's note)

- 2 s. F. H. Batterien, 352. I.D

• Mission: support the attack by SS-Panzer-Grenadier-regiment 37 according to verbal directive and support the defense of the rest of the front.

11) Luftwaffe support:

The Luftwaffe is scheduled to support the Division's attack:

a – Before the start of the attack with bomber formations.

b - At the start of the attack with assault aircraft ahead of the spearheads of the attack. A directing officer for the assault aircraft as of 12 June, in the evening with SS-Panzer-Grenadier-regiment 37.

12) Signal links:

SS-Nachrichten-Abteilung 17 will establish and maintain a link:

By wire to

SS-Panzer-Grenadier-Regiment 37
SS-Panzer-Grenadier-Regiment 38
Fallschirmjäger-Regiment 6
Kampfgruppe Heinz
SS-Artillerie-Regiment 17
Generalkommando LXXXIV. A.K.

By radio to

Generalkommando II. Fallschirm-jäger-Korps (via LXXXIV. A.K)

SS-Panzer-Grenadier-Regiment 37
SS-Panzer-Grenadier-Regiment 38
Fallschirmjäger-Regiment 6
SS-Artillerie-Regiment 17
SS-Panzer-Aufklärungs-Abteilung 17
Generalkommando LXXXIV. A.K.
Generalkommando II. Fallschirm-jäger-Korps

13) Light signals:

white = "we are here"

red = "increase artillery range"

violet = "enemy tanks"

14) Divisional field dressing station: Carantilly (3 km south of Marigny)

Forward dressing station: near St Martin d'Aubigny (5,5 km south-east of Périers, author's note)

15) Reports: at least every two hours (use reference maps)

16) Divisional HQ: St Sébastien (de Raids, near Périers, author's note)

In the evening, the first situation conference was held at Fallschirmjäger-Regiment 6's command post and, at 22.00, the preparatory order arrived somewhat as follows:

"1) The "Götz von Berlichingen" Division will attack with Fallschirmjäger-Regiment 6 in support on 13 June 1944 Carentan by counter-attacking.

2) Start of the attack depending on H-hour.

3) Separation line for the attacking battalions: Carentan-Périers highway (then the N 171, author's note)

a – To the right of the highway, 12./6 reinforced, which is already familiar with the terrain, with 2 SS battalions.

b – On the left, I./37

c – Left link, II./6 under the command of Hauptmann Mager.

4) • Assignment for the SS-Bataillon: break through as far as the northern boundary of Carentan (I./37 according to H. Stöber).

• Assignment for I./6: procedure to be followed, break through as far as the railroad with the SS in support on the right.

5) The attack will be supported by SS-Artillerie-Regiment "Götz von Berlichingen" and 2 SS-Sturmgeschütze batteries (1. and 2. Kp of SS-Panzer-Abteilung 17, according to H. Stöber).

6) It is the Division's intention, in the event of the battle proceeding favorably, to break out as far as St Côme du Mont and establish a bridgehead there."

It may be added that on this 12 June, 6./37 saw action near Auvers to remove a pocket formed by elements of 101st Airborne Division, thus removing a possible flanking threat to the counterstroke against Carentan.

The counter-attack

At 05.30, in the mist, the artillery launched its preliminary assault while the troops of SS-Panzer-Grenadier-Regiment 37 awaited the signal to advance. At 05.45, 1. and 2./SS-Panzer-Abteilung 17 had their Sturmgeschütze follow behind the Panzergrenadiere when the latter fired their red flares, for the artillery to increase their range. SS-Panzer-Grenadier-Regiment 37's heavy weapons had only arrived late in the evening of the 12th, and positioned on a broad area south of the road to Baupte, and fairly tightly packed together. Their protection was provided by 14 (Fla.)/37 under SS-Hauptsturmführer von Seebach, while 6./37 stayed further to the rear on the Baupte road as a reserve company. The command posts of SS-Panzer-Grenadier-Regiment 37 and II./37 were located near Cantepie, 2 km east of Auvers as was Fallschirmjäger-Regiment 6's. During the night of the 12-13th, passages had been cleared of mines.

From the outset, the attack gained ground, meeting no resistance, but as the companies were crossing the Carentan-Domville road, they were caught in the flank and rear by targeted fire shot by shot which caused their first casualties. Many men received a bullet in the head. When the mist began to lift, snipers were seen lying in ambush in the trees. They were paratroopers of 101st Airborne Division against whom an effective burst of machine-gun fire was aimed. It was then discovered that parties of Americans were still to be found in the intervening spaces and also needed to be taken out. The Flak-Zug of SS-Panzer-Abteilung 17, under its commander SS-Hauptscharführer Dornacher, fired dispersing rounds with its three 2 cm Flak-Vierling 38 guns at the treetops and in the hedgerows, but this battle with the American snipers was wasting valuable time.

More or less ground was gained, most being gained on the two flanks of the counter-attack.

A report from I./37 was sent in as early as 07.31. The advance went ahead in good conditions, although the enemy put up some stout resistance. The Americans made a flexible withdrawal. Enemy groups were still to be found in the spaces between our attacking points. We had moderately high losses.

At 09.00, I./37 reached the south-west boundary of Carentan and shortly afterwards, II./6 under Hauptmann Mager reached the station area where 12./6 intercepted a few wireless messages.

At the same time, a report came in from the left wing where III./6 was fighting: the boundary of Carentan was reached. There were still staunch groups of enemy. Artillery fire was requested on Carentan as the noise of tanks could be heard from here.

At 09.15, the right wing reported that it was not going to be possible to shake off the stout American resistance with no tanks. By 09.00 hours, the advance had only progressed by 500 m.

At 09.50, I./37 reported that the attack on the town had stalled. The Americans attacked Carentan with tanks. These were the tanks of CCA 2 (Brigadier Rose). They belonged to Major General Brooks' 2nd Armored Division which landed at Omaha starting on 11 June 1944. At 10.45, I./37 was forced to pull back under extremely heavy enemy pressure.

Meanwhile, 6./37 had been ordered to follow. After advancing some 800 m, the Kompanie encountered one of our troops with paratroopers moving back in a hurry on a level with a one-street village (La Lande-Godard). SS-Obersturmführer Tetzmann then had them occupy a position forming a half-circle around La Mare des Pierres, north-east of Méautis as the Americans were about to attack. A 7,5 cm Pak belonging to 8 (schw.)./37, which was in position to one side, was destroyed and passed by tanks after firing a few rounds. The Americans avoided the village and attacked towards the south-west as they outflanked it.

At 10.30, the Americans brought in CCA 2's tanks against the Sturmgeschütze of SS-Panzer-Abteilung 17 and began to force back the Panzergrenadiere. Artillery support was provided by the 14th Armored

Field Artillery Battalion. At 14.00, an all-out attack was launched with tanks and 501st PIR. At that moment, the German attack was doomed, even had it been without the Allied air force and its Jabos. One of these was shot down by Flak-Zug of SS-Panzer-Abteilung 17.

Given these circumstances, SS-Brigadeführer Ostendorff ordered a halt to the counter-attack and a withdrawal to the starting lines, to take the wind out of the Americans' sails and pin them down there.

Withdrawal operations went ahead without too much enemy pressure, but along Highway 171, two Sturmgeschütze of I. Zug, 1./SS-Panzer-Abteilung 17, including 133, were knocked out. Gun commander SS-Untersturmführer Simon was killed along with most of his crew.

The "Götz" units withdrew to a line 500 m north of Les Baleries — 500 m south of Méautis on Highway 171 near the fork to Auerville — 1 000 m north of St Quentin to the inundated Taute area, more or less on a level with where it flows into the Taute-Vire canal. Early in the afternoon, 6./37 was also ordered back onto the new main line of resistance. In the sector of its battalion, II./37, it slipped to east of Highway 171 up to the flooded area, as an intermediate company. I./37 dug in to the left of the road. On its left Fallschirmjäger-Regiment 6 linked up as far as the marshy meadows with Ost-Bataillon 635 placed under it. The "Götz" command post was at St Sébastien de Raids, that of SS-Panzer-Grenadier-Regiment 37 near Neuville and that of Fallschirmjäger-Regiment 6 near Raffoville.

It remains for us to determine the causes of the failure of the counter-attack on Carentan.

First of all, we need to emphasize the inefficiency of the Luftwaffe whose support had been requested both to bomb the town the night before the attack and to take action during the course of the battle. Just two aircraft put in an appearance however, and they were unable to be of any effective assistance to the Panzergrenadiere and Fallschirmjäger.

The attacking companies had sustained relatively bearable losses to mortar and artillery fire, although well guided by artillery observation planes that took turns flying over the battlefield.

But the defensive resources against the American tanks were also inadequate, with one Panzerjäger platoon of 3./SS-Panzerjäger-Abteilung 17 on self-propelled carriages. Only one Sturmgeschütze IV company was committed. As for close defense anti-tank weapons, there were hardly any Panzerfäuste and "Ofenrohr". Likewise, there were no basic support weapons, as they had still not arrived for lack of transport.

Also the numbers committed were inadequate given the American numbers.

While elements of the "Götz" were pinned down on the town's western boundary, the Americans themselves launched an attack along Highway 171, the Carentan-Périers road. At the southern exit from Carentan, Hill 30, occupied by Ost-Bataillon 439, was abandoned when the Kommandeur, Hauptmann Becker, was killed.

This meant the Americans could outflank it without difficulty.

During the evening, the "Götz" was able to organize a fresh defensive line from south of Carentan to the marshy Prairies at Gorges.

The battle for Carentan and the pocket created near Baupte and to the north of Baupte had mixed up the formations sent in, forcing Generalkommando LXXXIV. A.K to order a fresh defensive disposition. The next morning, on the 14th, 502nd and 506 PIR launched an attack along the Carentan-Périers road but were stopped near a place called Picard. Near La Sadoterie, they encountered II./37 (SS-Sturmbannführer Opificius) and particularly 6./37 (SS-Obersturmführer Tetzmann). A counter-attack launched on ground covered with hedgerows caused heavy losses to both sides for paltry gains.

Following the failed counter-attack on Carentan, Fallschirmjäger-Regiment 6, reduced to two under-strength battalions, had fallen back onto the left flank of the main line of resistance. After the Americans thrust into I./37's left flank, a crisis appeared in which Regiment 37's command post had been forced into a state of defense.

During the night of 13 to 14 June, and although his name had been put forward for Oakleaves to add to his Ritterkreuz, Major von der Heydte was questioned by the "Götz" divisional judge, SS-Sturmbannführer Schorn, on how Carentan had fallen and on the linkup between the two American beachheads. And this was by order of LXXXIV. A.K!. On 15 June 1944, a Division status report was sent in to Generalkommando II. Fallschirmjäger-Korps.

"17. SS-Panzergrenadier-Division "Götz von Berlichingen".

Report of 15.06.44

Reporting to: II. Fallsch. Korps

Secret and confidential

1) Personnel situation on the set report day:

a)

Personnel	Soll	Ist	Fehl
Offiziere	584	369	245
Unteroffiziere	3 566	1 955	1 621
Mannschaften	14204	14565	+ 361
Hiwis	(977)		(780)
	———	———	
Total	18534	16859	1 495

b) Losses and other departures for the report period 01-15.06.44

	Killed	Wounded	Missing	Sick	Others
Offiziere	1	14	2	-	2
Uffz ù Mannschaft	78	302	59	7	12
Total	———	———	———	———	———
	79	316	61	7	14

c) No replacement arrived-complement recovered

d) No leave 12-18 months; 19-24 months; over 24 months.

2) Equipment situation:

Armored vehicles	Stug	III	IV	V Schtz. Pz, Pz. Sp.	Art. Pz. B	Pak (SF)
Soll (Zahlen)	42	3			35	27
Einsatzbereit	24				26	11
Numerically in % of the Soll	55				74	43
In Kurzfrist. Instandsetzung (3 weeks)	3				0	
Numerically in % of the Soll	45					

	Soll		Ist	in kurzfristiger Instandsetzung
Kräder				
Ketten	42		-	-
m. angetr. Bwg	274		61	6
sonst.	369		389	34
PKW gel.	1043		764	47
o.	83		459	9
LKW Maultiere	31	18	2	
gel.	875		50	7
à.	812		121	22
Zgkw 1-5 to	171		5	0
8-18 to	50		6	0
RSO	2		2	0
s. Pak	27		20 (7 Sfl) +	2 (2 Sfl) +
Art. Gesch.	41		39	2
MG	1154		1008 (906) ++	24 (18) ++
sonstige Waffen 225	237		15	

Comments:

Waffen	Soll	Ist	
8,14 cm Granatwerfer 34	99	93	
Ofenfohre	0	5 +++	
5 cm Pak 38	1	31	2 losses
7,62 cm Pak (r) 37 (Sfl)	-	3	
le.inf.Gesch 18	29	8 (2 en route)	
s. IG 33	12	12	
2 cm KwK 30/38	18 ++++	13	
2 cm Flakvierling	7	7	
3,7 cm Flak 37	9	9	
8,8 cm Flak 37	12	12	
le.F.H 18 (M) +++++	25	25	
schw. F.H 18	12	12	
schw. 10 cm K. 18	4	4	
7,5 cm Stu.40 L/48	76	38 (5 losses)	
7,62 cm I.K.H. (290) (r)		20	

Key:

+: to be included: Panzerjäger 38 (t) Qs. Kfz 138 (Ausführung H or M) belonging to 3.-SS-Panzerjäger-Abteilung 17

++: ( ) concerns the M.G 42

+++: Ofenrohre: "stove pipe" refers to the 8,8 cm Raketenpanzerbüchse 54 gun.

++++: the 2 cm KwK equipped the Panzerspähwagen and / or Sd. Kfz. 250/9 of SS-Panzer-Aufklärungs-Abteilung 17

+++++: le. F.H (M) means the light 10,5 cm howitzer with a barrel fitted with a muzzle brake (Mündungs-bremse)

Brief value judgement by the Kommandeur:

The Division's Kampfgruppe has been in action since 9.06.44 against the enemy landing in Normandy. Division currently on the defensive.

Behavior of the troops: very good.

Immobile elements of the Division (i.e. with no means of motorization, author's note) in the former quartering area

F. d. R; (certified true copy)

signed: Binge"

Wir müssen hier nochmals kurz auf den Verlauf des 11. Juni 1944 zurückkommen.

Bei dem Zusammentreffen mit SS-Brigadeführer Ostendorff hatte Major von der Heydte diesen informiert, dass sein Regiment sich zurückziehe und Carentan in der Nacht vom 11. auf den 12. Juni aufgebe.

Auch darüber, dass er den Rückzug nicht befohlen hätte, wenn er über das Anrollen der „Götz von Berlichingen" informiert gewesen wäre (die Verbindung zum LXXXIV. A.K. war am Tage tw. unterbrochen).

Er forderte daraufhin, dass die soeben eingetroffenen Einheiten gleich in den Kampf geworfen würden. Ostendorff verweigerte dies unter Hinweis auf die ungewisse Lage und darauf, dass Truppenteile noch zurückhingen.

Ein Gegenangriff hätte durch die zurückgehenden Fallschirmjäger hindurchstoßen und Unordnung stiften können, zumal noch keine Artillerieunterstützung verfügbar war. Ostendorff bestand auf vorheriger Bereitstellung und Geländeerkundung, worauf die Masse der Division zum Einsatz kommen sollte. Dies sollte im Lauf des 12. Juni geschehen, wenn Panzer und Artillerie aufgeschlossen hatten, und dem Angriff die größtmögliche Durchschlagskraft verliehen.

Es ist anzunehmen, dass am 11. Juni abends die Lage bei Carentan noch recht unübersichtlich war. Trotz der Adjutantenmeldung des FJR 6 an das LXXXIV. A.K. gelangte dieser Befehl an die 17. SS-Panzer-Grenadier-Division „Götz von Berlichingen" (Ia Nr. 1505/44 g.Kdos):

Abschrift.

Generalkommando LXXXIV.A.K.

Ia Nr. 1505/44 g. Kdos.

Korps-Gef.St., 11.6.44

An

17. SS-Pz.Gren.Div. „Götz v.Berlichingen"

1.) Feind hat nach einer bisher noch unbestätigten Meldung Carentan in Besitz genommen.

Es ist sofort Verbindung mit Fallschirm-Jäg.Rgt.6 aufzunehmen und die Lage zu klären.

2.) Für den Fall, dass Carentan in Feindeshand gefallen ist, hat 17.SS-Pz.Gren.Div. den Auftrag, Carentan so schnell wie möglich wieder in eigenen Besitz zu bringen.

3.) Ueber Ergebnis der Verbindungsaufnahme mit Fallschirm-Jäg.-Rgt.6, gegebenenfalls über Absichten, ist baldmöglichst zu melden.

(gez.) Marcks

F.d.R.d.A.:

SS-Obersturmführer

Am gleichen Abend gibt das Generalkommando LXXXIV.A.K. einen Befehl heraus, der klarstellt, dass die „Götz" dem Generalkommando II. Fallschirmjäger-Korps untersteht. Weiterhin wird der Division keine Verteidigungsaufgabe übertragen. Ihr Auftrag

laute vielmehr, sich für Angriffsaufgaben westlich der Vire und südlich Carentan bereitzuhalten. Gleichzeitig behielt man sich ihren Einsatz, etwa am rechten Flügel des Korps oder auf der Cotentin-Halbinsel vor.

Bereitstellung

Inzwischen war die SS-Panzer-Aufklärungs-Abteilung 17 im Abschnitt Balleroy im Einsatz.

Sie hatte nahe Vaubadon die Straße Bayeux — St Lô offen zu halten.

Am Nachmittag des 10. Juni geht sie auf die Linie La Bazoque — Litteau-Bérigny, die entlang des Waldes von Cérisy verläuft, zurück. In der Nacht vom 10. auf den 11. Juni bildet sie bei St-Germain-d'Elle einen Igel und wird gegen 9 Uhr der 352. I.D. unterstellt.

Die Spitzen des SS-Panzer-Grenadier-Regiments 37 und des SS-Artillerie-Regiments 17, die sich in der Nacht verfahren hatten, gehen mit zweitägiger Verspätung im Abschnitt Carentan in Stellung.

Andere Teileinheiten der Division, wie die 6./37 (Obersturmführer Tetzmann), die SS-Panzer-Abteilung 17 (Sturmbannführer Kepplinger) und die 8. (schw.)/38 (Hauptsturmführer Hamel), die mitten auf dem Marsch angegriffen und auseinandergerissen worden waren, erreichen am 10. Juni die Gegend von Carentan und werden von den örtlichen Befehlshabern sogleich eingesetzt.

Schwache Teile des II./38 (Hauptsturmführer Rethmeyer) sind über den Taute-Vire-Kanal in Richtung Isigny-sur-Mer bis nach Montmartin en Graignes vorgestoßen. Die 8. (schw.) /38 gewinnt eine Beobachtungsstelle auf der Höhe 35 ohne angegriffen zu werden. In dieses Gebiet werden die motorisierten Einheiten des Regiments 38, vor allem das II./38 (Sturmbannführer Nieschlag) und das I./38 (Hauptsturmführer Ertl), später nachgezogen.

Die 16. (Aufkl.)/37 des Hauptscharführer Grüner ist ohne Verbindung und schließt sich dem FJR 6 an. Am 16. Juni gehen drei Spähtrupps auf Carentan vor, von denen jeder aus 4 Schwimmwagen mit Besatzungen besteht. Ihr Auftrag: Aufklärung bis zur Kreuzung St-Hilaire-Petitville-Domville.

Von dort aus soll der Spähtrupp des Unterscharführers Fanjo nach links vorfühlen. Der zweiter Spähtrupp unter Hinzer (Dienstgrad unbek.) soll nach rechts aufklären und Hauptscharführer Grüner hat mit seinem Trupp Carentan zum Ziel.

Nahe der Kreuzung geraten die Spähtrupps in amerikanisches Feuer, der Unterscharführer Fanjo fällt.

Im Verlauf des Morgens des 12. Juni treffen Teile der 6./37 (Obersturmführer Tetzmann) südlich Carentan ein. Zu dieser Zeit erscheinen auch der Kommandeur des II./37, Sturmbannführer Opificius, und Teile der 9./37. Die 6./37 erhält Befehl, das Ost-Bataillon 439 zu verstärken, das auf der Höhe 30 liegt. Auf dem Weg dorthin kommen der Kompanie aber Infanteristen und zwanzig Fallschirmjäger entgegen. Diese berichten Obersturmführer Tetzmann, dass die Russen fluchtartig ihre Stellungen aufgegeben haben. Ein ausgesandter Kompanie-Spähtrupp muss sich vor einem amerikanischen Panzervorstoß uniter Beschuss zurückziehen.

Nach einem heftigen Gefecht geht die 6./37 auf ihre Ausgangsstellung zurück. Um 22 Uhr stellt sie Verbindung zu den Fallschirmjägern des FJR 6 her, die ihre neuen Abwehrstellungen bezogen haben. Der Major von der Heydte weist den Kompaniechef der 6./37 in die Lage ein.

Hinter den Verteidigungsstellungen der Fallschirmjäger marschieren die „Götz"-Einheiten auf. Die schweren Waffen gehen südlich der Straße nach Baupte in Stellung und stehen dort im Flakschutz der 14 (Fla.) 37 des Hauptsturmführers von Seebach. Weitere Teile treffen erst während der Nacht ein.

60 mit 90 Tonnen Munition beladene Holzgas-LKW des Untersturmführers Hütt (1./SS-Panzerjäger-Abteilung 17) sind zur Division unterwegs. Nur 15 von ihnen gelangen bis an die Front.

Da keine deutschen Begleiter zur Verfügung standen, hatten sich die meisten französischen Fahrer in die Büsche geschlagen. Ein Teil der Fahrzeuge war Jabos zum Opfer gefallen.

Immerhin hatten die übrigen 15 Franzosen die 300 km in 3 Marschetappen zurückgelegt!

Am Morgen wird der Oberleutnant Pöppel (12./FJR 6) zum Gefechtsstand des Generalkommandos LXXXIV. A.K. in St Lô entsandt. Er überbringt den Lagebericht und die Bitte, das FJR 6 der „Götz von Berlichingen" und nicht der 91. Luftlande-Division zu unterstellen, da dies versorgungstechnisch ratsam sei.

Der Chef des Stabes des LXXXIV. A.K., Oberstleutnant von Criegern, bestätigt das Unterstellungsverhältnis unter die „Götz" und teilt mit, dass das FJR 6 im Wehrmachtsbericht vom 11. Juni 1944 genannt wurde:

Zur gleichen Stunde da der Oberleutnant Pöppel auf dem Regimentsgefechtsstand bei Raffoville eintrifft, wird der General der Artillerie Marcks (Generalkommando LXXXIV. A.K.) bei einem Jabo-Angriff tödlich verwundet. Er war auf dem Weg in den Abschnitt von Caumont l'Eventé.

Der General verblutet in einem Straßengraben bei Hébécrevon (6 km nordwestlich von St. Lô).

Der Angriffsplan

Am Abend wird gegen 18 Uhr der Angriffsplan der Division für den 13. Juni 1944 entworfen. Ziel dieses

---

17. SS-Panz.Gren.Division
„Götz von Berlichingen"
Ia/Op Nr. 405/44 g.Kdos.

Div.Gef.Std., 12.6.44
18 Uhr

12 Ausfertigungen
11. Ausfertigung.

Divisionsbefehl für den Angriff am 13.6.1944

1.) Feind zwischen Orne und Vire wahrscheinlich durch neues amerik. A.K. verstärkt mit Absicht, weiter nach Süden vorzustoßen. Gleichzeitig versucht Gegner, den Landekopf St. Mère — Eglise zu erweitern, um gemeinsam mit o.a. Kräften die Halbinsel Cherbourg abzuschneiden. Carentan von Teilen der 101. amerik. Luftlandediv. besetzt. Mit Auftreten von Panzern und starker Art. von See her muß gerechnet werden.

Kampfweise der Amerikaner hinterhältig und verschlagen.

Kampfgeist schlecht. Gegner verschießt Phosphor-Munition durch Art., die starke Verbrennungen verursacht und verwendet grauen Nebel mit tränengasähnlicher Wirkung.

Sofort Gasmaske!

2.) 17. SS-Pz.Gren.Div. „G.v.B." mit unterstellter Kampfgruppe Heinz und Fallschirmjäg.Rgt. 6, ab 12.6.44 befehlsführend im Abschnitt Airel (einschl.) — Moulined, 4 km westl. Carentan (einschl.) verteidigt Westufer der Vire — Eisenbahnlinie nach Carentan — Moulined und setzt sich wieder in Besitz der Stadt Carentan.

Ostüfen.Vire von St.Lô — Airel (einschl.) — Castilly (einschl.)

3.) Grenzen:
rechts zur 352.J.D.: Pont de St. Fromond — Südrand Airel — Calperdu,

links zur 91. J.D.: la Bütte — Südrand Baupte — Südrand la Croix — Südrand le Moulin.

Trennungslinie: Kampfgruppe Heinz rechts, Fallschirmjäg.

Rgt. 6 links: le Mesnil la Mesliere — Verlauf

les Gouffres — Ostrand Carentan.

4) Kampfgruppe Heinz verteidigt bisherigen Abschnitt und hält HKL und verhindert Feindvorstöße von Norden über die Bahn St. Pellerin — Carentan und von Osten über die Vire. Durch rege Stoßtrupptätigkeit — auch nachts — ist der Gegner zu beunruhigen.

5.) SS-Pz: Gren.Rgt. 38 versammelt sich im Raum le Mesnil Angot — Rauline — St. Fromond (ausschl.) — St. Jean de Daye (einschl.) — Coucherie (einschl.) und bildet Eingreifgruppen, um in die HKL einbrechenden Gegner unverzüglich durch Gegenangriffe herauszuwerfen.

Rgt. trägt Sorge für beschleunigte Einsatzbereitschaft in personeller und materieller Hinsicht.

6.) Fallschirmjäg.Rgt. 6 besetzt nach Wegnahme von Carentan durch SS-Pz.Gren.Rgt. 37 neu gewonnene HKL und hält sie. Im Verlauf des Angriffs SS-Pz.Gren.Rgt. 37 ist die Nordflanke in Linie Pommenauque — Aussaie zu sichern.

1 Btl. ist dem Angriff tief gestaffelt nachzuführen, um bei Überraschung (Fallschirmjägerabsprung) der Angriffstruppe den Rücken freizuhalten.

7.) In dem Verteidigungsabschnitt sind Sperrmittel bereitzuhalten, welche bei Feindangriff je nach Gelände beschleunigt eingesetzt werden könhen.

8.) SS-Pz.Gren.Rgt. 37, verst. durch eine Kp./SS-Pz. Abt. 17, 1 Zug Sf.-Kp./SS-Pz.Jäg.Abt. 17, stellt sich im Raum südl. und nördl.

Donville in der Nacht vom 12./13.6.44 zum Angriff nach Osten bereit, setzt sich, 05.20 Uhr antretend, in Besitz des Raumes westl. Carentan (südl. Bahnlinie Carentan — Baupte) und nimmt die Stadt Carentan.

Es ist beabsichtigt, bei günstiger Entwicklung der Lage anschließend nach Norden bis Linie le Moulin — St. Come vorzustoßen und dort einen Brückenkopf zu bilden. Hierzu sind Kräfte so verfügbar zu halten, daß sie nach Inbesitznahme der Stadt unverzüglich dem Gegner nachstoßen können.

9.) Aufklärung durch die Truppenteile in ihren Abschnitten.

10.) Artilleriegliederung:

Dem Kommandeur SS-Art.Rgt. 17 sind unterstellt:

      Art.Gruppe Ernst,

      II./Art.Rgt. 191,

      2 s.F.H.Battr. der 352. J.D.

Auftrag: Unterstützung des Angriffs des SS-Pz.Gren.Rgt. 37 gem. mündl. Anweisung und Unterstützung der Abwehr der übrigen Front.

11.) Luftwaffenunterstützung:

Für den Angriff der Div. ist Unterstützung durch die Luftwaffe vorgesehen

a) vor Angriffsbeginn durch Kampfverbände,

b) mit Angriffsbeginn durch Schlachtflieger vor den Angriffsspitzen. Schlachtflieger-Leitoffz. ab 12.6., abends, bei SS-Pz.Gren.Rgt. 37.

12.) Nachrichtenverbindungen:

SS-Nachr.Abt. 17 stellt her und hält:

Draht zu:	SS-Pz.Gren.Rgt. 37
	SS-Pz.Gren.Rgt. 38
	Fallschirmjäg.Rgt. 6
	Kampfgruppe Heinz
	SS-Art.Rgt. 17
	Gen.Kdo. LXXXIV.A.K.
	Gen.Kdo. II.Fallschirmjäger-Kps. (über LXXXIV.A.K.).
Funkt zu:	SS-Pz.Gren.Rgt. 37
	SS-Pz.Gren.Rgt. 38
	Fallschirmjäg.Rgt. 6
	SS-Art.Rgt. 17
	SS-Pz.A.A. 17
	Gen.Kdo. LXXXIV.A.K.
	Gen.Kdo. II.Fallschirmjäger-Kps.
13.) Leuchtzeichen:	weiß: Hier sind wir,
	rot: Art.Feuer vorverlegen,
	violett: feindl. Panzer.

14.) Hauptverbandsplatz: Carantilly (3 km südl. Marigny).

Vorgeschobener Hauptverbandsplatz: bei. St. Martin d'Aubigny.

15.) Meldungen: Mindestens alle 2 Stunden (Bezugspunktkarte verenden!)

16.) Div.Gef.Std.: St. Sebastian.

Angriffs ist die Wiedereinnahme von Carentan (Ia/Op Nr. 405/44 g.Kdos).

Es sei angemerkt, dass während des 12. Juni die 6./37 bei Auvers im Einsatz gegen Widerstandsnester der 101st. Airborne Division um diese auszuschalten. Dadurch wird eine Flankenbedrohung des Gegenangriffs auf Carentan beseitigt.

Der Gegenangriff

Um 5 Uhr 30 setzt im Morgennebel die Artillerievorbereitung ein, während das SS-Panzer-Grenadier-Regiment 37 auf das Zeichen zum Vorgehen wartet.

Um 5 Uhr 45 folgen die 1. und 2./SS-Panzer-Abteilung 17 mit ihren Sturmgeschützen den Panzergrenadieren, als diese mittels roter Leuchtpatronen der Artillerie das Signal zum Vorverlegen des Feuers geben. Die schweren Waffen des SS-Panzer-Gre-

nadier-Regiments 37 sind erst am späten Abend des 12. Juni eingetroffen und auf unbebauter Fläche südlich der Straße nach Baupte in Stellung gegangen, wobei sie relativ eng aufgefahren sind. Sie werden durch die 14. (Fla)/37 des Hauptsturmführers von Seebach geschützt, während die 6./37 auf der Straße nach Baupte in Reservestellung bleibt.

Der Gefechtsstand des SS-Panzer-Grenadier-Regiments 37 und des II./37 sind bei Cantepie untergebracht, das 2 km östlich Auvers liegt, und wo auch der Gefechtsstand des Fallschirmjäger-Regiments 6 eingerichtet ist. In der Nacht vom 12. auf den 13. Juni waren Minengassen geschlagen worden.

Zu Beginn gewinnt der Angriff Raum, ohne auf Widerstand zu treffen.

Als aber die Kompanien die Straße Carentan-Domville überschreiten, setzt aus der Flanke gezieltes Einzelfeuer ein, das erste Verluste fordert.

Viele Ausfälle entstehen durch Kopfschuss.

Als sich der Nebel hebt, werden Baumschützen ausgemacht. Es sind Fallschirmjäger der 101st Airborne Division, gegen die wirkungsvolles MG-Feuer eingesetzt wird. Man stellt fest, dass sich zwischen den einzelnen Angriffsstreifen noch Gruppen von Amerikanern befinden, die es auszuschalten gilt. Der Flak-Zug der SS-Panzer-Abteilung 17 unter dem Hauptscharführer Dornacher streut die Wipfel mit seinen 2 cm-Flak Vierlingen 38 ab und nimmt auch die Hecken unter Beschuss.

Der Kampf gegen die amerikanischen Scharfschützen nimmt jedoch wertvolle Zeit in Anspruch.

Der Geländegewinn ist unterschiedlich. Am größten ist er auf den Flügeln des Gegenangriffs.

Um 7 Uhr 31 erstattet das I./37 Bericht. Diesem zufolge läuft der Angriff gut, obwohl der Gegner starken Widerstand leistet. Die Amerikaner weichen beweglich aus, Feindgruppen befinden sich immer noch zwischen den Angriffsstreifen. Mittelschwere Verluste sind eingetreten.

Um 9 Uhr erreicht das I./37 den Südwestrand von Carentan und das II./6 des Hauptmanns Mager kommt bis zum Bahnhofsgelände, von wo aus die 12./6 einige Funksprüche erhält.

Zur gleichen Zeit geht ein Bericht vom linken Flügel ein, wo das III./6 kämpft: Der Stadtrand von Carentan ist erreicht. Immer noch werden starke Feindgruppen festgestellt. Da der Lärm von Panzermotoren zu hören ist, wird Artilleriefeuer auf Carentan angefordert.

Um 19 Uhr 15 meldet der rechte Flügel, dass der starke Widerstand der Amerikaner nicht ohne Panzerunterstützung überwunden werden kann.

Bis um 9 Uhr sind die Deutschen nur 500 m vorwärts gekommen.

Um 9 Uhr 50 teilt das I./37 den Abbruch des Angriffs auf die Stadt mit. Die Amerikaner greifen Carentan mit Panzern an. Es handelt sich um Kampfwagen des CCA 2 (Brigadier Rose), die zur 2nd Armored Division des Major Genral Brooks gehören. Diese wurde am 11. Juni bei „Omaha" ausgeladen.

Um 10 Uhr 45 muss sich das I./37 unter starkem Gegnerdruck zurückziehen.

Zwischenzeitlich hat die 6./37 Befehl erhalten, nachzurücken.

Nachdem sie 800 m nach vorne aufgeschlossen hat, trifft sie auf eigene Einheiten, die zusammen mit Fallschirmjägern bei einem Straßendorf rasch zurückgehen.

Der Obersturmführer Tetzmann läßt daraufhin im Halbkreis um La Mare des Pierres, nördöstlich Méautis, in Stellung gehen. In diesem Moment greifen die Amerikaner an.

Eine 7,5 cm-Pak der 8.(schw.) /37, die etwas weiter entfernt in Stellung war, wird zerstört. Die Panzer fahren an dem Geschütz vorbei, nachdem sie ein paar Schuss abgegeben haben. Die Amerikaner umgehen das Dorf und fahren an ihm vorbei nach Südwesten weiter.

Um 10 Uhr 30 bringen die Amerikaner die Panzer ihres CCA 2 gegen die Sturmgeschütze der SS-Panzer-Abteilung 17 zum Einsatz.

Sie beginnen, die Panzergrenadiere zurückzudrängen. Artillerieunterstützung erhalten die Amerikaner vom 14 th Armored Artillery Battalion.

Um 14 Uhr erfolgt ein Großangriff durch Panzer und das 501st PIR.

Zu diesem Zeitpunkt hat der deutsche Angriff keine Aussichten auf Erfolg mehr, da nun auch die alliier-

te Luftwaffe mit ihren Jabos eingreift. Einen von ihnen schießt der Flak-Zug der SS-Panzer-Abteilung 17 ab.

Unter diesen Umständen ordnet SS-Brigadeführer Ostendorff die Einstellung des Gegenangriffs und die Rückkehr in die Ausgangsstellungen an, um dem amerikanischen Angriff den Schwung zu nehmen und den Gegner festzunageln.

Die Rückzugsoperation verläuft erfolgreich und kann dem Gegnerdruck ausweichen. Allerdings werden entlang der RN 171 zwei Sturmgeschütze des 1. Zuges der 1./SS-Panzer-Abteilung 17 abgeschossen. Eines von ihnen ist die taktische Nummer 133. Der Untersturmführer Simon fällt als dessen Kommandant mit dem Großteil der Besatzung.

Die Einheiten der „Götz" werden auf eine Linie 500 m nördlich Baleries bis 500 m südlich Méautis über die RN 171 und die Straßengabel bis Auerville, anschließend 1000 m nördlich St Quentin bis zum Taute-Überschwemmungsgebiet bis hin zur Mündung des Vire-Taute-Kanals zurückgenommen.

Am frühen Nachmittag wird die 6./37 ebenfalls auf die neue Hauptkampflinie zurückgenommen. Im Abschnitt des II./37 schiebt sie sich östlich der RN 171 bis zu dem Überschwemmungsgebiet in die Front ihres Bataillons ein. Das I./37 gräbt sich links der Straße ein. Weiter links schließt das Fallschirmjäger-Regiment 6 an, das bis zu dem Sumpfgebiet mit dem unterstellten Ost-Bataillon 635 hält.

Der Gefechtsstand der „Götz" liegt in St Sébastien de Raids, der des Panzer-Grenadier-Regiments 37 nahe Neuville und der des Fallschirmjäger-Regiments 6 nahe Raffoville.

Zu untersuchen wären nun die Ursachen des Scheiterns des Gegenangriffs auf Carentan.

An erster Stelle wäre sicher die Abwesenheit der deutschen Luftwaffe zu nennen. Obwohl ein Nachtangriff auf Carentan und Schlachtfliegereinsätze angefordert waren, erschienen nur zwei deutsche Maschinen über der Stadt, welche den Panzergrenadieren und Fallschirmjägern keine wirksame Hilfe bringen konnten.

Die angreifenden Kompanien hatten noch tragbare Verluste erlitten, die hauptsächlich durch Mörser — und Artilleriebeschuss verursacht worden waren. Dieses Feuer wurde von Beobachtungsflugzeugen wirksam gelenkt, die sich über dem Gefechtsfeld ablösten.

Indessen waren die Abwehrmöglichkeiten gegen die amerikanischen Panzer ebenfalls unzureichend. Es stand lediglich ein Zug Panzerjäger auf Selbstfahrlafetten der 3./ SS-Panzerjäger-Abteilung zur Verfügung.

Nur eine Kompanie Sturmgeschütze IV war im Einsatz. An Panzernahkampfmitteln gab es nur Panzerfäuste. Die schwereren Ofenrohre fehlten fst völlig. Infolge des unzureichenden Transportraumes waren auch schwere Unterstützungswaffen nicht herangekommen.

Auch muss festgestellt werden, dass eine zahlenmäßige Überlegenheit der Amerikaner bestand.

Während die Teileinheiten der „Götz" am Westrand von Carentan festlagen, starteten die Amerikaner ihrerseits einen Angriff entlang der RN 171 Carentan-Périers.

Am Südausgang von Carentan wurde die Höhe 30 vom Ost-Bataillon 439 nach dem Tod von dessen Kommandeur, Hauptmann Becker, aufgegeben.

Die Amerikaner konnten somit ungehindert an ihr vorbeistoßen.

Am Abend kann die „Götz" eine neue Hauptkampflinie im Süden von Carentan aufbauen, die bis zu dem sumpfigen Heidelandstrich von Gorges reicht.

Die Kämpfe um Carentan, den Frontvorsprung von Baupte und das Gebiet nördlich davon, hat zu einer Vermischung der beteiligten Einheiten geführt, die das LXXXIV. A.K. zwang, diese für die Verteidigung umzugruppieren.

Am Morgen des Folgetages, dem 14. Juni 1944, greifen das 502nd und das 506th PIR entlang der Straße Carentan-Périers an. Sie werden jedoch bei dem sogenannten Ort Picard, nahe La Sadoterie, gestoppt. Sie stoßen hier auf das II./37 des Sturmbannführers Opificius und im besonderen auf die 6./37 des Obersturmführers Tetzmann.

Ein Gegenangriff in dieser Heckenlandschaft führt zu hohen Verlusten auf beiden Seiten und führt nur zu unbedeutenden Geländegewinnen.

Nach dem Scheitern des Gegenangriffs auf Carentan, hat das Fallschirmjäger-Regiment 6 nur noch die Stärke von 2 schwachen Bataillonen. Es hat die Hauptkampflinie am linken Flügel zurückverlegt.

Der amerikanische Stoß in die linke Flanke des I./37 hat zu einer Krise geführt. Der Gefechtsstand des Regiments 37 musste sich sogar zur Verteidigung einrichten.

Schon in der Nacht vom 13. auf den 14. Juni wurde der Major von der Heydte, obwohl er Ritterkreuzträger und zum Eichenlaub vorgeschlagen war, durch den Divisionsrichter der „Götz", den Sturmbannführer Schorn, verhört. Es ging bei diesem Verhör um den Fall Carentans, die Vereinigung der alliierten Landeköpfe und den Befehl des LXXXIV.A.K.

« 17. SS-Panzergrenadier-Division "Götz von Berlichingen".

Meldung vom 15.06.44

An : II. Fallsch. Korps

Geheim

1) Situation en personnel le jour fixé du compte rendu :

a)

Personnel	Soll	Ist	Fehl
Offiziere	584	369	245
Unteroffiziere	3 566	1 955	1 621
Mannschaften	14 204	14 565	+ 361
Hiwis	(977)		(780)
Insgesamt	18 534	16 859	1 495

b) Verluste u. andere Abgänge vom 1. bis 15.06.44

	Tot	Verw.	Verm.	krank	Sonst
Offiziere	1	14	2	-	2
Uffz ù Mannschaft	78	302	59	7	12
Insgesamt					
	79	316	61	7	14

2) Materiell :

Gep. Fahrz.	Stug III	IV V Schtz. Pz, Pz. Sp. Art.	Pz. B	Pak (SF)
Soll (Zahlen)	42 3		35	27
Einsatzbereit	24		26	11
% des Solls	55		74	43
In Kurzfrist. Instandsetzung (3 Wochen)	3		0	
% des Soll	45			

		Soll	Ist	in kurzfristiger Instandsetzung
Kräder				
Ketten		42	-	-
m. angetr. Bwg		274	61	6
sonst.		369	389	34
PKW	gel.	1 043	764	47
	o.	83	459	9
LKW	Maultiere	31	18	2
	gel.	875	50	7
	à.	812	121	22
Zgkw	1-5 to	171	5	0
	8-18 to	50	6	0
RSO		2	2	0

s. Pak	27	20 (7 Sfl) +	2 (2 Sfl) +
Art. Gesch.	41	39	2
MG	1 154	1 008 (906) ++	24 (18) ++
sonstige Waffen 225	237	15	

Erläuterungen :

Waffen	Soll	Ist	
8,14 cm Granatwerfer 34	99	93	
Ofenfohre	0	5 +++	
5 cm Pak 38	1	31	2 Verl.
7,62 cm Pak(r) 37 (Sfl)	-	3	
le.inf.Gesch 18	29	8 (2 auf dem Weg)	
s. IG 33	12	12	
2 cm KwK 30/38	18 ++++	13	
2 cm Flakvierling	7	7	
3,7 cm Flak 37	9	9	
8,8 cm Flak 37	12	12	
le.F.H 18 (M) +++++	25	25	
schw. F.H 18	12	12	
schw. 10 cm K. 18	4	4	
7,5 cm Stu.40 L/48	76	38 (5 Verl.)	
7,62 cm I.K.H. (290) (r)		20	

1) Poste de commandement d'une unité de la "GvB" durant la campagne de Normandie.

2) Dans l'attente du combat.

3) Photo extrait des "Wochenschau" sur une patrouille dans le secteur du Marais. Soldat appartenant à la *Panzer-Aufklärung-Abteilung 17*. Noter le masque facial en sautoir sur le casque.

4) Debout dans le *Schwimmwagen*, Dedelow de la *Panzer-Abteilung 17*, en route vers la Normandie.

5) Rare photo de la "bataille des haies".

1) The command post of a "GvB" unit during the Normandy campaign.

2) Waiting for battle to commence.

3) Photo taken from the "Wochenschau" patrolling in the Marshlands sector. Soldier belonging to Panzer-Aufklärung-Abteilung 17. Notice the face mask round the neck on the helmet.

4) Standing in the Schwimmwagen, Dedelow of Panzer-Abteilung 17, on his way to Normandy.

5) Rare photo of the "battle of the hedgerows".

11) Gefechtsstand einer "GvB" - Einheit während der Normandieschlacht.

2) Vor dem Kampf.

3) Einer "Wochenschu" entnommenes Foto, das einen Spähtrupp in den Sümpfen zeigt, dessen Soldaten zur A.A. 17 gehören. Beachte: am Stahlhelm Gesichtsmaske.

4) Stehend im Schwimmwagen auf dem Weg in die Normandie: Dedelow von der Panzer-Abteilung 17.

5) Seltenes Foto vom Kampf in der Heckenlandschaft der Normandie.

3

4

5

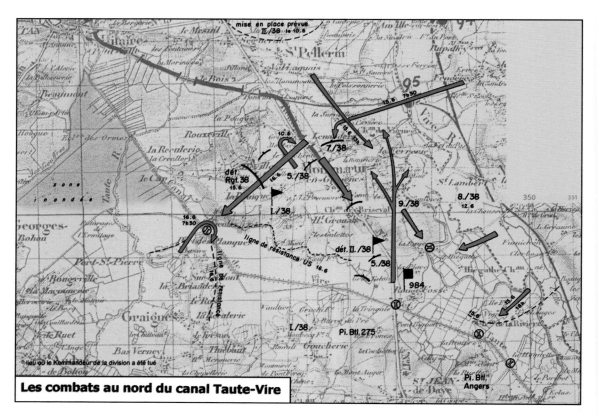

Les combats au nord du canal Taute-Vire

La *17. SS-Panzer-Grenadier-Division « Götz von Ber-lichingen* est aussi chargée de la couverture de l'espace au nord du canal Taute-Vire vers l'est de Carentan. Elle en rapproche le *II./38 (SS-Sturmbannführer* Nieschlag) qui se trouve en approche ainsi que la *3./SS-Panzer-Abteilung 17*.

À la date du 6 juin se trouvent dans ce secteur une *Kompanie* du *Fallschirmjäger-Regiment 6*, et seulement à titre provisoire ainsi que l'*Ost-Bataillon 439*.

Ce secteur est menacé en raison de la tête de pont constituée sur la Vire, près d'Isigny-sur-Mer.

Rappelons brièvement ici que, dans la journée du 8 juin, 2 compagnies de l'*Ost-Bataillon 439*, les restes du *Grenadier-Regiment 914 (352. I.D)*, des éléments du *III./726* ainsi que les restes de la *II./Artillerie-Regiment 352* s'étaient repliés en direction d'Isigny-sur-Mer.

Le 9 juin, avec l'appui de chars du *747th Tank Battalion*, les *2nd* et *3rd Battalions/175th Rct (29th Division)* s'emparent de la ville.

C'est pourquoi le *II./38* et, par la suite, d'autres éléments du *SS-Panzer-Grenadier-Regiment 38* vont venir occuper ce secteur menacé. Le *II./38* est doté de véhicules français réquisitionnés et dispose d'environ 100 hommes par compagnie. Malgré de fortes pertes en véhicule, il atteint rapidement la zone d'engagement avec environ un tiers de ses effectifs pour se mettre en place, le **10 juin**, au sud du canal Taute-Vire, près du lieu-dit La Tringale, à 9 km environ à l'est de Graignes.

Les *I./* et *II./38* ainsi que le *9./38 (III. Bataillon)* du *SS-Hauptsturmführer* Krehnke sont transportés et mis en marche sur des voitures légères françaises, tandis que le reste du Régiment 38 est doté de bicyclettes ou suivra par train.

Des chars américains ayant été signalés dans les environs de St-Pellerin (12 km environ à l'est de Carentan) des éléments de la *8./38 (SS-Hauptsturmführer* Rethmeier) sont avancés dans cette région mais, au cours de l'accrochage, Rethmeier est tué. Sans liaison et sous la pression adverse, les *Panzergrenadiere* sont contraints au repli.

D'autres unités disponibles de la « Götz » sont aussi acheminées pour s'opposer à la poussée américaine entre l'Elle et la Vire, là où avait combattu la *352.ID* qui avait perdu à peu près les 2/3 de ses effectifs durant les trois premiers jours de combat. Va être aussi engagé le *Pionier-Bataillon « Angers »*, aux ordres du *Hauptmann* Scheffold.

Le 10 juin, tandis que le *General der Artillerie* Marcks *(LXXXIV.A.K)* donnait l'ordre de contrôler et de préparer tous les ponts de l'Elle et de la Vire à être dynamités, le *II./38* avait atteint St-Jean-de-Daye en marche motorisée dans le courant de l'après-midi et la *5./38* avait progressé le long de la RN 171 jusqu'au canal.

Pendant qu'un groupe couvrait le pont, le reste de la compagnie se retranchait à droite du pont.

Le **11 juin**, après son accrochage près de St-Pellerin, les éléments de la *8./38* rencontrent des détachements de la *5./* et *7./38* sur la hauteur de

Lenauderie, à 2 km au nord-ouest de Montmartin-en-Graignes. La patrouille de tête, menée par le *SS-Unterscharführer* Böffert *(5. Kp)* avait avancé jusqu'au lotissement de Montseaux, à gauche de la RN 174, sans rencontrer de résistance notable. Mais l'intervention de chars américains oblige au repli. À droite de la RN 174, la liaison est prise avec la *7./38.*

En début de matinée, la *5./38* embarque dans ses véhicules pour gagner Briseval et progresse vers le nord après les avoir quittés en longeant la droite de la RN 174. Elle passe près d'une pièce de 8,8 cm Flak en position. Vers midi a lieu un premier accrochage au cours duquel un Américain est tué. Une patrouille avec le *SS-Unterscharführer* Böffert avance à 200 m devant la *Kompanie*, en liaison à droite avec la *7./38.* Avec ses hommes, il atteint le lieu-dit Rouxeville… pour y trouver des Français fêtant leur libération !

En faisant demi-tour, à la hauteur de Montseaux, la patrouille tombe sur un char américain qui rebrousse chemin après avoir été canonné par une pièce de Pak de la *8./38* avec des obus explosifs reçus par hasard.

Le **12 juin**, le *II./38* est aux prises avec des paras américains de la *101st Airborne* dans Graignes depuis la veille. Le seul appui qu'il reçoit est la *2./Pionier-Bataillon « Angers »* Sa seule *8. (schw.)/38* lui permet de disposer d'armes lourdes. L'état-major de Bataillon et la *8./38* sont engagés autour de la cote 35 tandis que des chars sont repoussés.

Ce même jour, deux bataillons de la *29th USID* se lancent à l'attaque de Montmartin-en-Graignes après un tir exécuté notamment par l'artillerie navale. Ils pénètrent dans la localité. Pendant que la *1./Pionier-Bataillon « Angers »* assurait la couverture à droite vers la Vire, la *2./Pionier-Bataillon « Angers »* du *Hauptmann* Neumann et des éléments du *II./38*, auxquels se sont joints les restes du *Grenadier-Regiment 984 (352. ID)*. Mais les Américains parviennent à tourner Montmartin vers l'est et à avancer sur le canal Vire-Taute.

Il faut engager l'État-Major du *III./38* pour la sécurité rapprochée du PC du *II./38*.

Le lendemain, des unités américaines exécutent une percée à droite et menacent d'atteindre à la fois le canal et la RN 174. Il faut faire appel à 2 groupes de la *9./38* et à des éléments de l'état-major pour les arrêter.

Un témoin, le *SS-Oberscharführer* Steimle raconte :

« Le SS-Sturmbannführer Nieschlag (le Kommandeur du II./38, NDA) ordonne à Schlegel et à moi de nettoyer la poche. Outre les hommes de l'état-major, nous emmenons deux groupes de la 9.Kp, Schlegel est à gauche, moi, à l'aile droite.

Schlegel a d'abord un contact avec l'ennemi dans le terrain formé de haies et il y est tué. Je peux contourner l'adversaire à droite et là, avec des soldats dispersés de la Wehrmacht, j'atteins un terrain dégagé. D'une maison, nous sortons environ 30 Américains, de buissons et de prairie, encore à peu près une fois autant, vers midi, l'opération est terminée. En fouillant la prairie à la recherche de blessés avec deux Américains, nous trouvons un Américain grièvement blessé et qui parlait un allemand parfait. Sa mère était originaire du Schleswig-Holstein.

Dans la soirée de ce même jour, nous sommes encore une fois engagés contre un village légèrement à droite du PC, et d'où celui-ci avait été canonné. Après un court "matraquage" de Nebelwerfer, nous passons à l'attaque, mais, dans le village vide, nous ne trouvons qu'un mort. »

Le **15 juin**, des éléments de la *30th USID* (*Major General* Hobbs), qui avaient relevé la *29th USID*, lan-

Vues actuelles du secteur de Graignes où des éléments de la « GvB » ont livrés leurs premiers combats.

Presentday views of the Graignes sector where elements of the "GvB" fought their first battles.

Aktuelle Bilder vom ehemaligen Graignes-Abschnitt wo Teile des « GvB » ihren ersten Einsatz hatten.

cent une attaque à 7 h 30 à partir de la région au nord de Carentan. Appuyés par 5 groupes d'artillerie, ils avancent le long de la voie ferrée et s'emparent de Lenauderie après un combat qui dure 40 minutes. Puis ils atteignent Montmartin-en-Graignes dont ils prennent possession après une heure de violents combats.

Dans la soirée, les Américains, appuyés par des chars atteignent avec un bataillon la Raye, sur la Vire, et la Taute. Mais le pont sur la Vire a été dynamité.

Au matin du **16**, la résistance cesse à la Raye, puis le canal est atteint près duquel les Américains vont se retrancher. Le même jour, ils gagnent du terrain vers l'ouest et parviennent à Douville. (Il doit s'agir de Deville). Les faibles éléments engagés du I./38 traversent le canal par les ponts de Port-des-Planques pour se replier dans la région de Graignes et passent à la défensive sur le bord de la dépression.

Les Américains restent sur le côté nord du canal et se retranchent le long des dernières haies devant les surfaces dégagées le long du canal.

Une contre-attaque, lancée le **16**, vers 11 h 30, pour obtenir un soulagement, arrive trop tard, brisée sous un tir d'artillerie et de mitrailleuses, le pont est dynamité.

Les attaques sur Briseval et sur les passages du canal avaient pu encore être repoussées mais, lors de la retraite sur de nouvelles positions au sud du canal Vire-Taute, le *Kommandeur* de la Division est blessé. Voici un extrait du témoignage d'un témoin oculaire de cet incident, le *SS-Oberscharführer* Becker, de la *8./38* :

« .... Le Kommandeur *de Division est blessé ! Nous deux (*un officier et Becker, NDA*) courons immédiatement en direction de Briseval, mais là trois SS-Männer* apportent déjà le Kommandeur *dans une toile de tente et veulent le porter dans une maison. Je déchire encore le tapis de la table et le fait porter sur celui-ci dans l'écurie. L'écurie n'avait en effet aucune fenêtre vers la rue et le nord, et je ne sais même pas ce qu'il y a.*

Dans l'écurie, nous voyons qu'il a une très vilaine blessure à l'omoplate. Nous le couchons sur le ventre et devons le retenir car il veut toujours partir. Au bout de quelque temps arrive un véhicule à chenilles et une ambulance et nous sommes allés le chercher. »

Dans un premier temps, le *SS-Brigadeführer* Ostendorff est transporté à Sées et opéré par le chirurgien en chef, le Dr Dege.

Dans les heures qui suivent, c'est le *SS-Obersturmbannführer* Fick qui assume le commandement en attendant l'arrivée du *SS-Standartenführer* Binge, le *Kommandeur* du *SS-Artillerie-Regiment 17*. Le 18 juin, c'est le *SS-Standartenführer* Baum qui est chargé du commandement de la Division (*Divisionsführer*).

Au cours de la **nuit du 16 au 17 juin**, se déroule le changement de rive par le *II./38*, le *Kampfgruppe Heinz* et le *Pionier-Bataillon « Angers »*, c'est-à-dire que ces unités passent sur la rive sud du canal Vire-Taute.

Le *SS-Panzer-Grenadier-Regiment 38,* dont le PC se trouve au château du Mesnil-Vencroire prend le commandement du secteur qui s'étend de St André de Bohon jusqu'à la RN 174. Là se raccorde le *Pionier-Bataillon « Angers »*, le *Pionier-Bataillon 275* ainsi que le reste du *Kampfgruppe Heinz*.

Tandis que le secteur de Port-des-Planques est pris en charge par le I./38, le II./38 se raccorde vers l'est avec le *Kampfgruppe Heinz*.

Dans cette même nuit du 16 au 17, en raison de la pression américaine qui se renforce à l'est de la Vire

et de l'Elle, le *II./38* est replié dans l'espace vers l'est de Le Dézert. Il dresse ses campements sous la pluie et reste encore là la journée. Puis, le **18**, il va en position à l'est de Pont-Hébert en traversant la Vire à gué pour gagner le sud-ouest de la Meauffe. Des retardataires rejoignent le bataillon qui retrouve ainsi un effectif presque complet.

Désormais, avec les unités mises à ses ordres, la *17. SS-Panzer-Grenadier-Division « Götz von Berlichingen »* occupe un front qui s'étend depuis les Prairies marécageuses jusqu'à la Vire, soit environ 30 km.

De gauche à droite sont ainsi engagés : le *Fallschirmjäger-Regiment 6* avec 2 bataillons, le *SS-Panzer-Grenadier-Regiment 37* avec 3 bataillons, le *I./38*, le *Pionier-Bataillon 275*, le *Pionier-Bataillon « Angers »*, le *Kampfgruppe Heinz* et le *II./38*. Pour la défense antichars est attribuée la *Heeres-Panzerjäger-Abteilung 675* (Réserve générale d'Armée). Le **20 juin**, le *III./38* arrive enfin et il est rassemblé dans la région au sud de Tribehou pour servir provisoirement de réserve divisionnaire. Il faut dire qu'il arrivait à bicyclette !

Le 20 juin, le *General der Infanterie* von Choltitz succède au *General der Artillerie* Fahrmbacher (*Generalkommando XXV.A.K.* en Bretagne) qui avait lui-même remplacé le *General der Artillerie* Marcks à sa mort le 12.06.44. Il gardera le commandement du *LXXXIV.A.K* jusqu'à sa nomination le 7 août 1944 comme commandant en chef des troupes de la Wehrmacht du Grand-Paris.

Ce même jour, dans le *K.T.B* de l'*A.O.K.7*, on lit :

« *Devant le secteur tenu par la 17. SS-Panzer-Grenadier-Division, des mouvements ennemis repérés avec des chars dans l'espace autour et vers l'est de Carentan ainsi qu'une augmentation de l'activité de patrouilles et de troupes de choc, ainsi que le violent tir de harcèlement de l'artillerie laissent à supposer des intention d'attaque ennemies à l'ouest de la Vire. Mais, ce jour, le 20.06, ne s'est produite aucune opération offensive de l'adversaire.* »

Le **22 juin** 1944, près de Baupte, une reconnaissance est lancée par la *2./SS-Panzer-Aufklärungs-Abteilung 17* (*SS-Untersturmführer* Walzinger) engagée vers l'aile droite de la *91. Luftlande-Division*. L'objectif est de s'assurer de la praticabilité du nord de la Prairie marécageuse de Gorges, de repérer ce qui se passe à Méautis, de surveiller le trafic entre Méautis et Auvers, ce qui se passe à Baupte et le trafic de Baupte vers l'ouest.

« *La Prairie est à peu près praticable jusqu'à 2 km vers le nord et finit ensuite vers l'est et l'ouest.*

Dans ce terrain marécageux, la Prairie est traversée par de larges fossés de drainage, si bien qu'une possibilité d'approche vers l'est et le nord n'est pas possible.

Une patrouille qui progressait à l'aile droite du Kampfgruppe Eitner *(sans doute de la 91. Luftlande-Division, NDA), identifia à environ 1 km à l'est de Baupte le long de la route qui va de Launay (2 km au nord-ouest, NDA) en direction sud-ouest, des positions de l'adversaire. De là, le long du remblai de la voie ferrée juste à l'ouest de Baupte se trouvent deux postes d'observation de jour et qui, de nuit, sont renforcés par une mitrailleuse. De jour, dans le petit bois juste à l'ouest de Baupte a été repéré un observateur dans un arbre.*

Le pont qui enjambe le canal (le canal d'Auvers, NDA) juste au sud-est de Baupte est surveillé de jour et de nuit par deux sentinelles qui patrouillent. Dans l'usine au sud-est de Baupte (qui serait une briqueterie, selon H. Günther) a été identifié un poste d'observation. La patrouille monta entre les positions repérées un peu vers le nord, poussa vers l'ouest sur la route vers Lau-

Drei Portraitaufnahmen von Willi Breuer. Sie zeigen ihn als Mannschaftsdienstgrad bei der Totenkopf-Division, dann als Unterscharfürer. Er kommt schießlich als Unterscharführer zur 10./38 der "GvB". Auf dem letzten Bild ist er noch Obercharführer. Beachte die Nahkampfspange und die Nummer 38 auf den Schulterklappen.

nay, avança jusqu'au croisement et, peu avant celui-ci, constata dans une maison allongée que plusieurs file téléphoniques se prolongeaient en direction de Baupte. Elle supposa là un PC. La patrouille observa là, près du croisement, pendant une heure et demie et ne put constater aucun trafic. Un bruit de moteurs (camions) fut perçu au nord-ouest en direction de Coigny. La patrouille est revenue de nouveau sur le même chemin.

Une patrouille de la Kompanie, *forte de 2 hommes, se trouve encore au nord de Baupte pour continuer à y surveiller le trafic venant de Baupte.*

Une autre patrouille est placée un peu en arrière de la limite de la Prairie et surveille de jour le terrain occupé par l'ennemi près de Baupte. »

Ce même jour, un ordre signé du *SS-Standartenführer* Baum *(Ia/Op. Tgb. Nr 418/44/g.Kdos)* concerne le regroupement des unités de la Division et de celles qui sont à ses ordres dans le secteur défensif actuel :

« 1 — *Limites de Division :*

a) *À droite vers la* 352.I.D. : *cours de la Vire.*

b) *À gauche vers la* 91.I.D : *Le Plessis (au sud de St-Jores-NDA) — La Lague (au nord-est du Plessis, NDA) — Limite sud de Baupte*

2 — *L'Ost-Bataillon 635, mis aux ordres du* Fallschirmjäger-regiment 6 *se chargera de la couverture contre les Prairies marécageuses de Gorges à la limite sud depuis le point de contrat du* Fallschirmjäger-Regiment 6 *jusqu'à la nouvelle limite gauche* Fallschirmjäger-Regiment 6 *Gorges (6) — D de la Dubosserie-Baupte (6)*

3 — *La* 2./SS-Panzer-Aufklärungs-Abteilung 17, *mise directement aux ordres de la Division, se chargera de la couverture depuis la limite gauche du* Fallschirmjäger-Regiment 6 *jusqu'à la limite gauche de Division et surveillera par de puissantes patrouilles jusqu'à l'aile droite de la* 91.I.D.

4 — *Après la relève du* I./37 *par le* III./37, *le* SS-Panzer-Grenadier-Regiment 37 *Prendra en charge le nouveau secteur défensif en liaison avec le* I./38.

Trois portraits de Willi Breuer qui commence comme simple soldat dans la division « Totenkopf », puis comme *Unterscharführer*. Il est ensuite versé à la « GvB » à la 10./38. en tant qu'*Unterscharführer*. Sur cette dernière photo, il est *Oberscharführer* et porte notamment la barette de combat rapproché. Noter le numéro 38 sur les pattes d'épaules.

Three portraits of Willi Breuer who started out as a pfc in the "Totenkopf" Division, and later as an Unterscharführer. He was then assigned to the "GvB" as an Unterscharführer with 10./38. On this last photo, he is an Oberscharführer and is wearing among other things the close combat bar. Notice the number 38 on his epaulets.

Nouvelle limite de régiment vers le I./38 :

Lemencerie (?) (37) — Le Doux (?) (38) — deuxième O de Bohon (St Georges)

Exécution de la relève et prise en charge : nuit du 23/24.06.44

5 — Le *SS-Panzer-Grenadier-Regiment 38 relèvera dans la nuit du 23/24.06.44, avec les forces du I./38 qui sont à disposition, des éléments du Kampfgruppe Heinz jusqu'à la nouvelle limite droite.*

Nouvelle limite de secteur vers le Kampfgruppe Heinz :

Bifurcation au nord du M de Mesnil-Véneron-cote 23 au nord-ouest de La Goucherie (500 m environ au nord du Mesnil-Véneron, NDA)-B de la Ferme de Brebœuf.

6 — Le *Kampfgruppe Heinz prendra en charge le secteur de couverture actuel dans la nuit du 24/25.06 avec des éléments libérés, tenu par le II./38 sur la bordure ouest de la Vire de Bahais (près de Cavigny, NDA) jusqu'au point de raccordement de la 352.I.D. sur la Vire à l'ouest du X des Fourneaux (?)*

7 — *Réserves régimentaires :*

a) *SS-Panzer-Grenadier-Regiment 38 : II./38*

Le bataillon pourra être déplacé à l'ouest de la Vire de telle sorte qu'à tout moment soit garanti ouvert un passage sur la Vire vers l'est près de Pont-Hébert.

III./38 dans la zone assignée.

Unités régimentaires et éléments mis aux ordres comme en ce moment.

Le Régiment reconnaîtra des passages sur la Vire pour l'infanterie et les armes lourdes depuis le Fourneaux (?) jusqu'à 1 km au sud de St Lô (téléphoné par avance).

b) *SS-Panzer-Grenadier-Regiment 37 :*

Le I./37 après retrait dans la région au sud-est de Sainteny. Là rafraîchissement par 2 Kompanien du SS-Feldersatz-bataillon 17 prévu.

8 — *Des positions en verrou devront être reconnues sur la ligne générale : cote 40 (sud de Cavigny) — cote 27 (au sud de St-Fromond) — cote 49 (près de St-Jean-de-Daye) — hauteur au nord du Mesnil-Véneron-Hauteur au nord de la pointe du bois « Bois du Hommet » — Limite nord de Tribehou — cote 22 à 800 m à l'est de Sainteny — cote 27 Près de St-Germain (le Petit-St-Germain, 1 km à l'ouest de Gorges) — cote 92 à 1,5 km au nord-est de Laulne.*

(Point de raccordement provisoire aux éléments du II./38 qui sont à l'est de la Vire avec front au nord et dont la relève par la 352.I.D est prévue sous peu.)

9 — *Réserves…*

Résultats des reconnaissances avec croquis au 1/50 000 à rendre-compte pour le 24.06.

10 — *Trains : regroupement des trains dans l'espace au nord de la route St Lô-Périers est interdit. Les régiments signaleront les zones de regroupement des trains au Ia de la Division pour le 24.06.*

Doivent être formés des détachements de chasse près des trains, et qui pourront être employés lors d'atterrissage aérien ennemi ou des largages de parachutistes, les chefs de détachements de chasse se présenteront le 23.06. à 12 heures près du Divisions-Ia/01 pour mise au courant.

Les détachements dispersés de l'Ost-Bataillon 635, qui s'arrêteront près des régiments et des troupes de la Division devront être acheminés immédiatement au Fallschirmjäger-Regiment 6.

11 — *Liaisons par transmission : comme jusqu'ici.*

12 — *PC de Division : inchangé. (St-Sébastien-de-Raids, NDA) »*

Dans la soirée, la Division expédie son compte rendu journalier au *Generalkommando LXXXIV.A.K.* dont voici quelques extraits :

« *…Dans le secteur droit, des troupes adverses sont identifiées dans la ferme de la Pouletterie ainsi que le repérage d'un trafic de véhicules sur la route au-delà de la cote 108 vers le sud. L'ennemi clôt avec des barbelés juste à l'ouest du chemin creux qui passe à travers les 2 "1" de Foullerie.*

Launay (au sud de Cavigny, NDA) est inoccupé comme le terrain de la gare de la Meauffe. Le barrage de mines près du virage de la Pretterie est enlevé.

Le II./38 a reçu l'ordre d'occuper la Meauffe avec une troupe de choc et de continuer à pousser des reconnaissances vers le nord et le nord-est. Il est de l'intention de la Division de déplacer vers l'avant la ligne principale de résistance au-delà du "a" de Bahais (au sud de Cavigny) — la Meauffe — "St" (de St-Gerbot) pour économiser des forces.

Dans tout le secteur de la Division s'abattent de violents tirs de surprise exécutés par de l'artillerie et des mortiers. Dans le secteur tenu par le Fallschirmjäger-Regiment 6, entre 1 h 30 et 3 h 30, un fort tir de harcèlement et un tir de mortiers persistant régulièrement frappent également ses positions. Environ 400 coups ont été tirés dans ce laps de temps. Au cours de la nuit, les Américains font aussi en partie usage d'obus au phosphore.

À 8 h 45, dans le secteur du Kampfgruppe Heinz, des Jabos s'en prennent aux positions des avant-trains de la III./Artillerie-Regiment 275.

Signalons enfin de, vers 14 h 30, un combat aérien entre chasseurs américains et allemands qui a lieu au-dessus du secteur de la Division. »

Le **24 juin**, à 18 heures, les Américains, vraisemblablement de la *30th USID*, exécutent une poussée avec environ 60 à 80 hommes dans le secteur droit, près du *Kampfgruppe Heinz*. Ils atteignent le pont sur la Vire à Airel et avancent jusqu'au château qui se trouve au sud du pont. Le *Füsilier-Bataillon 275* les rejette en contre-attaquant au-delà de la Vire.

Dans la nuit du 24 au 25, la ligne de résistance principale est de nouveau entre les mains allemandes. Au cours de la journée du 25, ne règne qu'une faible activité d'artillerie, sans autre manifestation des Américains. À 17 h 15, un poste d'observation du I./38 observe, depuis 16 h 30, l'atterrissage d'appareils de transport, accompagnés de chasseurs qui, apparemment, utilisent de nouveaux terrains dans la région nord-ouest et est de Montmartin-en-Graignes. La *schw. Beobachtungs-Batterie 107* est immédiatement appliquée pour établir exactement l'endroit des terrains et les bombarder avec le groupe d'artillerie Drexler, la *III./SS-Artillerie-Regiment 37*.

Pendant la nuit, dans le secteur de la 2./38, vers 3 heures du matin, les Américains tirent un nouvel obus. Il est muni d'une fusée à double effet qui provoque l'éclatement de l'obus une première fois en l'air avec une grande queue de feu et une seconde fois lors de l'impact avec effet explosif et un fort dégagement de brouillard. Celui-ci a une odeur douceâtre.

Toute la journée règne une intense activité de *Jabos* qui détruisent 2 camions et une voiture légère. Grâce à l'*O.B. West* qui lançait des avis d'alerte préparatoires, des contre-mesures peuvent être prises en temps voulu en cas d'attaques de Jabos et de bombardiers sur les positions de la Division, ainsi que lors de mise en place de blindés. L'alerte préparatoire par les messages de l'*O.B. West* s'est révélée fondées à plusieurs reprises.

Ce même jour, arrive le premier courrier parmi les unités de la « Götz ». Pour beaucoup, c'est une joie mais, dans d'autres cas, il doit être réexpédié avec le cachet « Mort pour la grande Allemagne » ou, si le soldat, blessé, est évacué : « Retour. Attendre nouvelle adresse. »

Le **26 juin**, le *II./37* se trouve à droite au nord de la route du Mesnil, à l'ouest de St-Georges-de-Bohon, accolé, à droite, au marais de St-Quentin. Le secteur tenu par le *III./37*, au nord de Raffoville, en particulier celui de la *10./37* (*SS-Obersturmführer* Witt) est pilonné par un tir de mortiers de 6 heures à 9 heures du matin, sans être suivi d'attaque.

Entrons un peu plus dans le détail :

À 0 h 45, dans le secteur de la *5./37*, une patrouille de la section de Pionniers de la *SS-Panzer-Abteilung 17* est expédiée pour savoir jusqu'où sont arrivés les éléments les plus avancés de l'adversaire le long de la route du Mesnil-St Quentin, ses effectifs et sa composition et si la route est minée.

À 2 h 05, la patrouille est prise sous un tir à environ 600 m de la ligne principale de résistance allemande, puis les Américains se sont retirés. Elle constate qu'ils ont d'assez fortes couvertures devant les positions allemandes et qu'en raison des lueurs des bouches à feu, il est présumé que la ligne principale de résistance américaine se trouve derrière.

Le compte rendu de la patrouille signale aussi que les positions de couverture américaines sont occupées de façon dense et sont bien aménagées. Dès que le plus petit mouvement est entrepris sur la ligne principale de résistance allemande et sur ses avancées, un tir de barrage est immédiatement exécuté.

Il a aussi été constaté que le terrain de part et d'autre de la route, ainsi que celle-ci, sont fortement minés.

Dans le secteur du *II./37*, on assiste à un assez puissant tir d'artillerie et de mortiers par moments, en particulier devant la *7./37* (*SS-Obersturmführer* Wilhelmi ?) et la *6./37* (*SS-Obersturmführer* Tetzmann) Vers 0 h 30, c'est au tour du *III./37* de subir un violent tir d'artillerie et de mortiers qui s'abat sur le secteur occupé par la *9.Kompanie* du *SS-Untersturmführer* Stöhr.

Puis, à 1 h 15, les Américains se lancent à l'attaque en faisant porter leur effort devant les positions de la *9./37*. L'effectif adverse est estimé à environ une compagnie avec 10 mitrailleuses, pistolets-mitrailleurs et fusils à tir rapide. Appuyés par de l'artillerie et des mortiers, les Américains s'approchent à proximité de la ligne principale de résistance, mais la petite poche réalisée peut être nettoyée en contre-attaquant.

À 2 heures, une nouvelle attaque ennemie est repoussée et l'adversaire se replie sous un fort tir d'artillerie et de mortiers. Ici interviennent les pièces de 10,5 cm I.FH 18 de la *I./SS-Artillerie-Regiment* (*SS-Sturmbannführer* Ernst et la *13. (Inf. Gesch.)/37* (*SS-Obersturmführer* Borchers). Mais les Américains répliquent en exécutant des tirs de harcèlement sur leurs positions.

À partir de 4 h 30, c'est de nouveau un tir de harcèlement américain. De 7 h 30 jusqu'à 8 h 45, c'est encore un nouveau et puissant tir sur tout le secteur du *III./37* et ses liaisons arrières. Vers 8 heures, une patrouille adverse s'approche de la position de la *9./37*. Estimée à une section, elle râtisse le terrain à la recherche des blessés et des morts. Du côté allemand, on estime les pertes à 8 morts et 18 blessés. Le *I./37*, très éprouvé, vient cantonner au nord-est de St Germain-sur-Sèves, après avoir vu son secteur pris en charge par le *III./37*.

Le *SS-Panzer-Grenadier-Regiment 37* établit son nouveau PC au lieu-dit « La Renardière », à 1 km au sud-ouest de Sainteny.

Un fait est à signaler au cours de la matinée de cette journée : l'apparition d'une formation de 12 chasseurs allemands au-dessus du champ de bataille près de Sainteny !

Le *SS-Oberscharführer* Webersberger, du *III./37*, raconte :

« Dans les trous de tirailleurs, il y avait plus de 60 cm d'eau ; le soir et la nuit, d'assez gros essaims de moustiques. Les pâturages étaient entourés de remblais de terre (talus) sur lesquels poussaient des broussailles et des arbres. Le PC du Régiment se trouvait dans une prairie à proximité de Sainteny. Le PC du III./38 était dans un trou de terre couvert de troncs de chênes à environ 200 m derrière la ligne principale de résistance. La 12.Kp était à gauche en secteur de combat et, en même temps, voisine du Fallschirmjäger-Regiment 6, ensuite venaient la 11.Kp, la 10.Kp et la 9.Kp qui était en même temps voisine d'un bataillon du Regiment 38. Les PC de compagnies se trouvaient dans la ligne principale de résistance, tout était massé de façon serrée, ce qui devait se révéler une faute plus tard. Par les violents tirs de surprise qui ne cessaient pas et les fortes pertes liées à ceux-ci, on ordonna une dispersion qui fut répartie jusqu'à 2 km de profondeur.

Les pièces antichars furent installées sur une pente avancée à 600 m derrière la première ligne après leur arrivée tardive. Elles furent renforcées par 3 Sturmgeschütze dans le secteur du bataillon (sans doute 3 Sturmgeschütze de la *1./SS-Panzer-Abteilung 17* qui se trouvaient dans le secteur Le Mesnil-St-Quentin, NDA). *Au cours des combats qui allaient venir, deux chars ennemis et un blindé coupeur de haies* (Hedgecutter ? NDA) *ont été détruits devant le PC du bataillon. Chaque attaque ennemie a pu être repoussée, mais la pression ne s'atténua pas, surtout près des* 9. *et* 10. Kompanien. »

À l'extrême gauche du front, et toujours mis aux ordres de la « Götz » combat avec acharnement le *Fallschirmjäger-Regiment 6*. On assiste à un renforcement des Américains. Il y a de fortes activités de patrouilles adverses dont l'une se heurte à la ligne principale de résistance près de la Moisentrie. Dans la soirée du **25.06**, les paras sont soumis à des tirs de harcèlement.

En fin d'après-midi du **26.06**, règne une intense activité aérienne. Des *Jabos* attaquent avec leurs armes de bord et à la bombe dans l'espace occupé par les positions de tir des sections de canons lourds et légers du groupe d'artillerie Rock et sur la route Raffoville-Blehou et Gonfreville.

Une attaque à la bombe est exécutée sur le pont au nord-ouest de Blehou. Ce pont subit aussi des tirs de harcèlement.

Il est aussi observé un terrain d'atterrissage en direction de St Côme du Mont-Angoville, et sur lequel alternent décollages et atterrissages.

Au cours de la **nuit du 26 au 27.06**, l'*Ost-Bataillon 635* sera relevé par la *SS-Panzer-Aufklärungs-Abteilung 17*. Une nouvelle limite du secteur vers la gauche a été établie comme suit en accord avec la *2./SS-Panzer-Aufklärungs-Abteilung 17* : limite sud-est de Gonfreville-limite sud-est des Mares, centre du marais entre Le Cul-de-Nay et Le Hommet — limite sud de Drieux. Le Régiment demande l'agrément de ce tracé de limite.

Le **28 juin**, le *Generaloberst* Dollmann, le commandant en chef de la *7.Armee*, est découvert mort dans sa salle de bain à son QG du Mans, officiellement « d'un arrêt du cœur ». Selon d'autres sources, il se serait donné la mort, à la suite de la prise de Cherbourg. Dès l'annonce officielle de la mort de Dollmann, le *SS-Gruppenführer* Paul Hausser, qui commandait jusque là le *II. SS-Panzerkorps*, est nommé à la tête de l'*A.O.K.7* avec le grade de *SS-Oberstgruppenführer*.

1) Blouse camouflée propre à la Waffen-SS, celle-ci est du second modèle avec poches plaquées sur la jupe et brides pour le camouflage. Elle est d'une rare fabrication en tissu à chevrons. Elle a été trouvé à Feugères près de Marchésieux, secteur de durs combats en juin et juillet 1944. (collection privée)

2) Casque modèle 1940 à un seul insigne apposé du côté droit. Casque trouvé dans le secteur de Saint-Lô. (collection privée)

1) Camouflage smock specific to the Waffen-SS, this is the second model with patch pockets on the skirt and straps for camouflage. It is made with the rare chevron pattern fabric. It was found at Feugères near Marchésieux, in a sector where there was fierce fighting in June and July of 1944. (private collection).

2) 1940 design helmet with just one badge placed on the right side. Helmet found in the Saint-Lô sector. (private collection)

1) Tarnbluse, wie sie nur in der Waffen-SS getragen wurde. Es handelt sich um das zweite Modell, das Taschen im Hüftbereich und Schleifen zur Anbringung von Tarnmaterial besaß. Es handelt sich um eine seltene Tuchausführung. Die Weste wurde in Feugères nahe Marchésieux gefunden, wo in den Monaten Juni und Juli 1944 harte Kämpfe stattfanden (Privatsammlung).

2) Stahlhelm, Ausführung 1940 mit Hoheitsabzeichen nur auf der rechten Seite. Er wurde bei Saint-Lô gefunden (Privatsammlung).

Le **30 juin 1944**, est publié un compte rendu *(Ia Tgb. Nr 885/44 geh.)* sur la situation de l'ennemi, en date du 29 juin 1944.

« Comportement de l'ennemi.

Devant les Roches de Grandcamp, (le long de la côte au Nord d'Isigny-sur-Mer, NDA), depuis 2-3 jours, rassemblement de navires, d'après des estimations incertaines, environ 20 navires entre 3 000 t et 6 000 t.

Trafic de navires de débarquement observé, probablement dans le chenal d'Isigny.

Le 28.06, depuis Isigny en direction ouest, très important trafic de camions, plus faible le 29. Également, trafic animé de camions en direction de Lison.

On ne peut observer où se termine le trafic de camions signalé. Le trafic de camions sur la route Baupte-Coigny continue.

Le Ic du LXXXIV.A.K communique : selon des rapports fiables, sur la presqu'île du Cotentin, très fort trafic sur la route Nehou (4 km environ au nord-ouest de St Sauveur-le-Vicomte) — *St Jacques* (de Néhou, NDA) — *St Pierre-Arthéglise* (5 km environ au nord-est de Barneville-Carteret, NDA) *de l'est vers l'ouest.*

Insigne de la 9th USID (Major General Eddy, NDA) *reconnu. Une compagnie de la 79th USID* (Major General *Wyche*) *au sud ouest de nehou près de Fierville* (les Mines, NDA)*, une autre près du Mesnil (4 km environ au sud-est de Barneville-Carteret-St Martin.*

Un bataillon de tanks-destroyers dans la région à 2 km à l'ouest du Mesnil-St Martin jusqu'à 3 km au nord-est de Portbail.

Près de la ferme des moines (3,5 km à l'est de St Pierre-Arthéglise) a été repéré un grand dépôt de munitions, de ravitaillement et de carburant.

À 2 km au nord-est de Besneville et près du port de Portbail se maintiennent toujours des groupes de résistance allemande.

*Des organismes du gouvernement gaullistes appellent les habitants pour le service militaire. Le Soldatensender « Calais » (*Station de radio émettant des émissions de propagande destinées à atteindre le moral des troupes allemandes en France, particulièrement à l'ouest, NDA) *annonce que l'infanterie de la Division « Reich »* (2. SS-Panzer-Division « Das Reich », NDA) *est engagée tandis que les chars de la division restaient dans leur ancienne zone de cantonnement.*

L'émetteur ennemi « Calais » conclut de cela que le commandement allemand était dans l'incertitude de savoir de quel côté le choc américain auquel il devait s'attendre serait dirigé.

L'ennemi intervient dans la conduite du tir de l'artillerie en tentant de diriger le tir de l'artillerie par la transmission de faux commandements de tir. Pendant l'après-midi et au cours de la nuit, faible tir de harcèlement de l'artillerie.

Après la libération de forts détachements ennemis dans la région de Cherbourg, l'adversaire se réorganise et se met en place pour un choc vers le sud le long de la côte et vers le sud-ouest au-delà de St Lô pour étrangler la presqu'île du Cotentin sur une ligne St Lô-Coutances. »

1

2

17. SS-Panzer-Grenadier-Division "Götz von Berlichingen was also detailed to cover the area north of the Taute-Vire canal to east of Carentan. It brought up II./38 (SS-Sturmbannführer Nieschlag) which was on its way, and 3./SS-Panzer-Abteilung 17.

By **6 June** there was in the sector a Kompanie of Fallschirmjäger-Regiment 6, on a temporary basis only, also Ost-Bataillon 439.

The sector was under threat owing to the bridgehead secured on the Vire River near Isigny-sur-Mer.

It may briefly be recalled here how, during the daylight hours of 8 June, 2 companies of Ost-Bataillon 439, the remnants of Grenadier-Regiment 914 (352. I.D), elements of III./726 and remnants of II./Artillerie-Regiment 352 had pulled back towards Isigny-sur-Mer.

On **9 June**, with 747th Tank Battalion tanks in support, the 2nd and 3rd Battalions/175th Rct (29th Division) captured the town.

For that reason II./38 and later other elements of SS-Panzer-Grenadier-Regiment 38 moved up to occupy this threatened sector. II./38 was equipped with requisitioned French vehicles and had about 100 men to each company. Despite heavy losses in vehicles, it soon reached the battle zone at around a third of its strength to take up position on 10 June, south of the Taute-Vire canal, near a place called La Tringale, some 9 km east of Graignes.

I./ and II./38 and also 9./38 (III. Bataillon) under SS-Hauptsturmführer Krehnke were transported on light French cars, while the rest of Regiment 38 followed by train or bicycle.

After American tanks had been reported in the area around St-Pellerin (c.12 km east of Carentan) elements of 8./38 (SS-Haupt-sturmführer Rethmeier) were sent forward into the region, but Rethmeier was killed in the skirmishing. With no communications and under pressure from the enemy, the Panzergrenadiere were forced to retreat.

Other available units of the "Götz" were also brought up to try and halt the American thrust between the Elle and Vire rivers, where 352.I.D. had fought and lost nearly 2/3 of its numbers during the first three days of the battle. Another unit committed was the Pionier-Bataillon "Angers" commanded by Hauptmann Scheffold.

On **10 June**, while General der Artillerie Marcks (LXXXIV.A.K) was issuing orders to gain control and prepare all the bridges over the Elle and Vire rivers for blowing up, II./38 reached St-Jean-de-Daye by motorized march sometime that afternoon and 5./38 had moved along Highway 171 as far as the canal.

While one party covered the bridge, the rest of the company dug in to the right of the bridge.

On **11 June**, after skirmishing near St-Pellerin, elements of 8./38 met de-tachments of 5./ and 7./38 on the high ground at -Lenauderie, 2 km north-west of Montmartin-en-Graignes. The leading patrol, led by SS-Unterscharführer Böffert (5. Kp), had moved on to the housing estate at Montseaux, to the left of Highway 174, without encountering any resistance to speak of. But it was forced back when some Ame-

Situation au *III./37* le 26 juin 1944

rican tanks came on the scene. It linked up again with 7./38 to the right of Highway 174.

Early in the morning, 5./38 boarded its vehicles on its way to Briseval, advancing northwards on leaving them, moving along to the right of Highway 174. It passed by an 8,8 cm Flak gun in position. Towards noon came first contact with the enemy and an American was killed. A patrol with SS-Unterscharführer Böffert advanced 200 m ahead of the Kompanie, in contact with 7./38 on the right. With his men, he reached a place called Rouxeville… where he found some French people celebrating their liberation!

On turning round on a level with Montseaux, the patrol came up against an American tank heading back after being fired at by one of 8./38's Pak guns firing explosive shells that scored a lucky hit.

On **12 June**, II./38 had been engaging American paratroopers of 101st Airborne in Graignes since the day before. The only support it got was from 2./Pionier-Bataillon "Angers" Its 8. (schw.)/38 alone enabled it to dispose of some heavy weapons. The battalion staff and 8./38 were committed around HIll 35 while some tanks were repulsed.

That same day, two battalions of 29th USID launched an attack from Montmartin en Graignes after a barrage of naval artillery fire among others. They entered the locality. While 1./Pionier-Bataillon "Angers" covered the right flank towards the Vire, 2./Pionier-Bataillon "Angers" under Hauptmann Neumann and elements of II./38, joined by the remnants of Grenadier-Regiment 984 (352.I.D). But the Americans contrived to skirt Montmartin to the east and advance on the Vire-Taute canal.

The HQ units of III./38 had to be engaged to ensure close security around the II./38 command post.

The following day, some American units broke through on the right and threatened to reach both the canal and Highway 174. Two squads of 9./38 and HQ elements were needed to stop them.

An eyewitness, SS-Oberscharführer Steimle, recalls:

"SS-Sturmbannführer Nieschlag (Kommandeur of II./38, author's note) ordered Schlegel and myself to mop up the pocket. In addition to the men from HQ, we took along to two squads from 9.Kp, Schlegel was on the left, and I was on the right flank.

Schlegel first made contact with the enemy in the hedgerow terrain and he got killed there. I was able to skirt round the enemy on the right and there, with some scattered Wehrmacht soldiers, I reached some clear ground. From a house we brought out about 30 Americans, and about the same number from bushes in the meadow, the operation was over by noon. Searching the meadow for wounded with two Americans, we came across a badly wounded American who spoke perfect German. His mother was from Schleswig-Holstein.

That same evening, we were again committed against a village slightly to the right of our CP, the one from which it have come under fire. After a short pounding with our Nebelwerfer, we went onto the attack, but we found only one dead man in the deserted village."

On **15 June**, elements of 30th USID (Major General Hobbs), which had relieved 29th USID, launched an attack at 07.30 from the area north of Carentan. With support from 5 artillery battalions, they advanced along the railway line and took Lenauderie after a battle lasting 40 minutes. They then reached Montmartin en Graignes, taking possession after an hour of fierce fighting.

During the evening, with one battalion and with tanks in support, the Americans reached La Raye on the Vire, and the Taute. But the bridge over the Vire had been blown up.

On the morning of **16 June**, all resistance ceased at La Raye, then the canal was reached near which the Americans had to dig in. That same day they gained ground to the west and got as far as Douville. (This must be Deville). The weak elements of I./38 to be committed crossed the canal over the bridges of Port des Planques to pull back into the Graignes area and moved onto the defensive on the edge of the depression.

The Americans stayed on the north side of the canal and dug in along the last hedges in front of the clear ground along the canal.

A counter-attack launched on 16 June at around 11.30 to obtain some relief came too late, broken by artillery and machine-gun fire, and the bridge was blown up.

The attacks on Briseval and and the canal crossings were again repulsed, but during the retreat back to fresh positions south of the Vire-Taute canal, the divisional Kommandeur was wounded. Here is an excerpt from an eyewitness account of the incident, by SS-Oberscharführer Becker, of 8./38:

"… The divisional Kommandeur was wounded! The two of us (an officer and Becker, author's note) raced immediately towards Briseval, but there three SS-Männer were already bringing the Kommandeur in a tent canvas and wanting to carry him into a house. I tore off the table cover and had him brought on it into the stable. There was no window in the stable looking out northwards onto the street, and I didn't even know what there was.

In the stable, we saw that he had a very nasty wound to the shoulderblade. We lay him down on his stomach and had to hold him down because he was still wanting to leave. After a while a tracked vehicle came along and an ambulance and we went to fetch him."

SS-Brigadeführer Ostendorff was first taken to Sées and operated on by the head surgeon, Dr Dege.

During the hours that followed, SS-Obersturmbannführer Fick took over command until SS-Standartenführer Binge, Kommandeur of SS-Artillerie-Regiment 17, arrived. On 18 June, SS-Standartenführer Baum was placed in command of the Division (Divisionsführer).

During the **night of 16 to 17 June**, the maneuver to switch banks was performed by II./38, Kampfgruppe Heinz and Pionier-Bataillon "Angers", meaning that those units moved over to the south bank of the Vire-Taute canal.

SS-Panzer-Grenadier-Regiment 38, which had its CP at the château at Mesnil-Vencroire, took over command of the sector extending from St André de Bohon as far as Highway 174. There it was linked up with Pionier-Bataillon "Angers", Pionier-Bataillon 275 and the rest of Kampfgruppe Heinz.

While the Port-des-Planques sector was taken care of by I./38, II./38 linked up in the east with Kampfgruppe Heinz.

During that same night of 16 to 17 June, owing to increasing American pressure east of the Vire and Elle rivers, II./38 withdrew into the space east of Le Dézert. It set up camp in the rain and stayed there that day. Then on the 18th, it took up position east of Pont-Hébert by fording the Vire on its way to southwest of La Meauffe. Some latecomers joined the battalion, bringing its numbers almost up to full strength.

Now, with the units placed under it, 17. SS-Panzer-Grenadier-Division "Götz von Berlichingen" occupied a front extending from the marshy Prairie to the Vire river, a total distance of some 30 km.

Committed from left to right were: Fallschirmjäger-Regiment 6 with 2 battalions, SS-Panzer-Grenadier-Regiment 37 with 3 battalions, le I./38, Pionier-Bataillon 275, Pionier-Bataillon "Angers", Kampfgruppe Heinz and II./38. For antitank defense there was Heeres-Panzerjäger-Abteilung 675 (General army reserve). On 20 June, III./38 arrived at last and mustered in the area south of Tribehou to serve for a while as divisional reserve. It should be added that it arrived on bicycles!

On **20 June**, General der Infanterie von Choltitz took over from General der Artillerie Fahrmbacher (Generalkommando XXV.A.K. in Brittany) who had himself replaced General der Artillerie Marcks, killed on 12.06.44. He held onto command of LXXXIV.A.K until his appointment on 7 August 1944 as commander-in-chief of the Wehrmacht troops of Greater Paris.

That same day, in the A.O.K.7 K.T.B, we read:

"In front of the sector held by 17. SS-Panzer-Grenadier-Division, enemy movements reported with tanks in the area around and to the east of Carentan and an increase in patrol and shock troop activity, also violent harassment with artillery fire, which lead one to suppose the enemy intends to attack west of the Vire. To date however, 20.06, the enemy has launched no offensive operation."

On **22 June 1944**, near Baupte, a reconnaissance mission was launched by 2./SS-Panzer-Aufklärungs-Abteilung 17 (SS-Untersturmführer Walzinger) on the right flank of 91. Luftlande-Division. The aim was to check that the area north of the marshy Prairie at Gorges was practicable, find out what was going on at Méautis, monitor the traffic between Méautis and Auvers, what was going on at Baupte and the traffic westward out of Baupte.

"The Prairie is more or less practicable up to 2 km northwards and then ends to east and west.

In this marshy terrain, the Prairie is criss-crossed by broad drainage ditches, so there is no possibility of approaching east and northwards.

A patrol advancing on the right flank of Kampfgruppe Eitner (doubtless 91. Luftlande-Division, author's note), identified enemy positions about 1 km east of Baupte along the road coming south-west from Launay (2 km north-west, author's note). From there, along the railway embankment just west of Baupte are two daytime observation posts which are reinforced with a machine-gun at night. In daylight in the small wood just west of Baupte a lookout was spotted in a tree.

The bridge over the canal (the Auvers canal, author's note) just south-east of Baupte is under surveillance day and night by two sentries on patrol. An observation post has been located in the factory south-east of Baupte (a brickworks, according to H. Günther). The patrol went up between the positions located a little further north, carried on west on the road to Launay, advanced towards the crossroads and just before it came to the crossroads noted that several telephone wires came out from a long house in the direction of Baupte. It took this to be a CP. The patrol stood watch there, near the crossroads for an hour and a half, and saw no traffic. The sound of engines (trucks) was heard to the northwest in the Coigny direction. The patrol then returned the way it had come.

A patrol of two men of the Kompanie was still north of Baupte continuing to watch the traffic coming from Baupte.

Another patrol was placed a little to the rear of the edge of the Prairie for daytime surveillance of the ground occupied by the enemy near Baupte."

That same day, an order signed by SS-Standartenführer Baum (Ia/Op. Tgb. Nr 418/44/g.Kdos) concerned the regrouping of the units of the Division and those under its orders in the current defensive sector:

"1 — Division boundaries:

a) On the right towards 352.I.D.: course of the Vire.

b) On the left towards 91.I.D: Le Plessis (south of St-Jores, author's note) — La Lague (north-east of Le Plessis, author's note) — southern boundary of Baupte

2 — Ost-Bataillon 635, reporting to Fallschirmjäger-regiment 6 is in charge of providing cover against the marshy Prairies of Gorges at the southern boundary from the point of contact with Fallschirmjäger-Regiment 6 up to the new left boundary of Fallschirmjäger-Regiment 6 Gorges (6) — "D" of La Dubosserie-Baupte (6)

3 — 2./SS-Panzer-Aufklärungs-Abteilung 17, placed directly under the orders of the Division, is responsible for providing cover from the left boundary of

Fallschirmjäger-Regiment 6 to the Division's left boundary and will provide surveillance by strong patrols up to the right flank of 91.I.D.

4 — Once I./37 is relieved by III./37, SS-Panzer-Grenadier-Regiment 37 will take charge of the new defensive sector in conjunction with I./38.

New regiment boundary towards I./38:

Lemencerie (?) (37) — Le Doux (?) (38) — second "O" of Bohon (St Georges)

Execution of relief and takeover: night of 23/24.06.44

5 — SS-Panzer-Grenadier-Regiment 38 will relieve during the night of 23/24.06.44, with the available forces of I./38, elements of Kampfgruppe Heinz as far as the new right boundary.

New sector boundary towards Kampfgruppe Heinz:

Fork north on the M of Mesnil-Véneron-Hill 23 northwest of La Goucherie (c.500 m north of Mesnil-Véneron, author's note)-"B" of Ferme de Brebœuf.

6 — Kampfgruppe Heinz will take charge of the current cover sector during the night of 24/25.06 with free elements, held by II./38 on the western edge of the Vire de Bahais (near Cavigny, author's note) up to the link-up point of 352.I.D. on the Vire west of the "X" of Les Fourneaux (?)

7 — Regimental reserves:

a) SS-Panzer-Grenadier-Regiment 38: II./38

The battalion may be moved to west of the Vire in such a way that at any time a passage over the Vire is ensured to the east near Pont-Hébert.

III./38 in the assigned zone.

Regimental units and elements placed under orders as at this time.

The Regiment will reconnoiter passages across the Vire for the infantry and heavy ordnance from Les Fourneaux (?) up to 1 km south of St Lô (telephone ahead)

b) SS-Panzer-Grenadier-Regiment 37:

I./37 following retreat in the area south-east of Sainteny. There refreshment by 2 Kompanien of SS-Feldersatz-bataillon 17 planned.

8 — Defensive positions must be reconnoitered on the overall line: Hill 40 (south of Cavigny) — Hill 27 (south of St-Fromond) — Hill 49 (near St-Jean-de-Daye) — high ground north of Mesnil-Véneron-High ground north of the tip of the wood "Bois du Hommet" — Boundary north of Tribehou — Hill 22 800 m east of Sainteny — Hill 27 near St-Germain (le Petit-St-Germain, 1 km west of Gorges) — Hill 92 1,5 km north-east of Laulne.

(Provisional linkup point for elements of II./38 which are east of the Vire with the front to the north and shortly to be relieved by 352.I.D.)

9 — Reserves…

Results of reconnaissances with sketch to 1/50 000th for report by 24.06.

10 — Columns: regrouping of the columns in the area north of the St Lô-Périers road is forbidden. The regiments will indicate columns regrouping zones to the divisional Ia by 24.06.

Fighter detachments need to be formed near the columns, and could be used for enemy air landings or paratroop drops, the fighter detachment commanders will report on 23.06. at 12.00 to the Divisions-Ia/01 for briefing.

The dispersed detachments of Ost-Bataillon 635, which will stop near the divisional regiments and troops, must be routed immediately to Fallschirmjäger-Regiment 6.

11 — Signals communications: as up till now.

12 — Divisional CP: unchanged. (St-Sébastien-de-Raids, author's note)"

In the evening, the Division sent in its daily report to Generalkommando LXXXIV.A.K.; here are a few excerpts:

"…In the right sector, enemy troops are identified at the Pouletterie farm and vehicle traffic observed on the road south beyond Hill 108. The enemy fences with barbed wire just west of the sunken lane passing through the 2 "l"s of Foullerie.

Launay (south of Cavigny, author's note) is unoccupied as is the land at La Meauffe station. The barrage of mines near the Pretterie bend has been removed.

II./38 has been ordered to occupy La Meauffe with shock troops and carry on reconnoitering northwards and north-eastwards. The Division's intention is to move forward the main line of resistance past the "a" of Bahais (south of Cavigny) — la Meauffe — "St" (of St-Gerbot) to economise on its forces.

The Division's entire sector is coming under fierce surprise attacks with artillery and mortar fire. In the sector held by Fallschirmjäger-Regiment 6, between 01.30 and 03.30, heavy harassing fire and persistent mortar fire are also pounding its positions. About 400 rounds were fired in that time. During the night, the Americans also used phosphorus shells part of the time.

Àt 08.45, in Kampfgruppe Heinz's sector, Jabos attacked the positions of the forward columns of III./Artillerie-Regiment 275.

One last item to be reported, at around 14.30, air combat between American and German fighters took place over the Division's sector."

On 24 June, at 18.00 hours, the Americans, probably 30th USID, made a thrust with some 60 to 80 men in the right sector, near Kampfgruppe Heinz. They reached the bridge over the Vire at Airel and advanced as far as the château south of the bridge. Füsilier-Bataillon 275 threw them back and counter-attacked on the other side of the Vire.

During the night of 24-25th, the main line of resistance was back in German hands. During the day of the 25th, there was very little artillery activity, with the Americans making no further move. At 17.15, an observation post of I./38 had been observing, since 16.30, transport aircraft landing, accompanied by fighters apparently using new airfields in the area north-west and east of Montmartin-en-Graignes. Schw. Beobachtungs-Batterie 107 was immediately applied to establish exactly where these airfields were located and have them bombarded by the Drexler battery, III./SS-Artillerie-Regiment 37.

During the night, in the sector of 2./38, at around 03.00, the Americans fired a different kind of shell. It was fitted with a double action fuse that burst the shell a first time in the air with a great stream of fire and a second time upon impact with an explosive effect and releasing a great deal of fog with a sickly sweet smell.

All day long the Jabos kept up their intense activity, destroying 2 trucks and a light car. Thanks to O.B. West which sent out advance warnings, timely counter-measures were taken against Jabo bomber attacks on the Division's positions, and during tank deployment. The preparatory alert by messages from O.B. West proved grounded on several occasions.

That same day came the first mailbag for units of the "Götz". It was a joy for many, but in other cases, the mail had to be sent back stamped "Killed for Great Germany" or, if the soldier had been wounded and evacuated, "Return. Await new address".

On **26 June**, II./37 was on the right, north of the Mesnil road, west of St-Georges-de-Bohon, flanked on its right by the St-Quentin marshes. The sector held by III./37, north of Raffoville, particularly that of 10./37 (SS-Obersturmführer Witt), was pounded by mortar fire from 6 till 9 in the morning, but no attack followed.

Let's go into a little more detail:

At 00.45, in the sector of 5./37, a patrol of the engineers platoon of SS-Panzer-Abteilung 17 was dispatched to find out how far the enemy's forward elements had progressed along the Mesnil-St Quentin road, their strength and composition and whether the road was mined.

At **02.05**, the patrol came under fire some 600 m from the Germans' main line of resistance, then the Americans withdrew. It noted how they had some fairly strong cover in front of the German positions and owing to the glow of firearms, the American main line of resistance was presumed to lie behind it.

The patrol's report also indicated that the American covering positions were densely occupied and well organized. It only took the slightest movement on the German main line of resistance to trigger an instant barrage of fire.

It was also noted that the ground on either side of the road was heavily mined, as was the road itself.

In II./37's sector, now and again there came heavy artillery and mortar fire, particularly in front of 7./37 (SS-Obersturmführer Wilhelmi?) and 6./37 (SS-Obersturmführer Tetzmann) At about 00.30, it was III./37's turn to come under heavy artillery and mortar fire, which rained down on the sector occupied by 9.Kompanie commanded by SS-Unter-sturmführer Stöhr.

Then at 01.15, the Americans went onto the attack, with the main thrust in front of 9./37's positions. The enemy's strength was estimated to be about one company with 10 machine-guns, sten guns and high-speed rifles. Supported by artillery and mortar fire, the Americans came up close to the main line of resistance but the small pocket thus formed could be cleaned up in a counter-attack.

At 02.00, a fresh enemy attack was repulsed and the enemy fell back under heavy artillery and mortar fire. This brought into action the 10,5 cm 1.FH 18 guns of I./SS-Artillerie-Regiment (SS-Sturmbannführer Ernst) and 13 (Inf. Gesch.)/37 (SS-Obersturmführer Borchers). However the Americans replied with harassing fire on their positions.

From 04.30, came more American harassing fire. From 07.30 to 08.45, there was another heavy pounding on the whole sector covered by III./37 and its links with the rear. At around 08.00 hours, an enemy patrol came up to 9./37's position. About the size of a platoon, it searched the area for dead and wounded. On the German side, estimated losses were 8 killed and 18 wounded. I./37, was in a bad way and moved to quarters north-east of St Germain-sur-Sèves, after having its sector taken over by III./37.

SS-Panzer-Grenadier-Regiment 37 set up its new CP at a place called La Renardière, 1 km south-west of Sainteny.

One event on that morning should be recorded: the appearance of a formation of 12 German fighter planes over the battlefield near Sainteny!

SS-Oberscharführer Webersberger, of III./37, recalls:

"In the rifle pits, there was over 60 cm of water; during the evening and night, some pretty large swarms of mosquitoes. The fields were surrounded by earth embankments with brush and trees growing out of them. The regimental HQ was in a meadow near Sainteny. III./38 had its command post in a hole in the ground covered with oak trunks about 200 m behind the main line of resistance. 12.Kp was on the left in the combat sector and at the same time, next to Fallschirmjäger-Regiment 6, then came 11.Kp, 10.Kp and 9.Kp which was also next to a battalion of Regiment 38. The company CPs were in the main line of resistance, everything was packed close together, which later proved a dire mistake. With the unceasing heavy surprise fire and the many casualties it caused, orders were issued to disperse over an area up to 2 km deep.

The antitank guns were set up on a forward slope 600 m behind the front line after arriving late. These were reinforced by 3 Sturmgeschütze in the battalion's sector (doubtless 3 Sturmgeschütze of 1./SS-Panzer-Abteilung 17 which were in the Le Mesnil-St-Quentin sector, author's note). During the battle that followed, two enemy tanks and a hedgecutting tank (the Hedgecutter? author's note) were destroyed in front of the battalion CP. Each enemy attack was pushed back, but the pressure never let up, especially on 9. and 10. Kompanien."

On the far left of the front, and still reporting to the "Götz", Fallschirmjäger-Regiment 6 put up a stiff fight. Meanwhile the Americans received reinforcements. There was much activity by enemy patrols, one of which came up against the main line of resistance near La Moisentrie. During the evening of **25.06**, the paratroops came under harassing fire.

Late in the afternoon of **26.06**, there was intense aircraft activity. Jabos attacked with onboard weapons and with bombs in the area occupied by the firing positions of the heavy and light cannon sections of the Rock battery and on the Raffoville-Blehou and Gonfreville road.

A bomb attack was made on the bridge north-west of Blehou. This bridge also came in for harassing fire.

An airfield was also reported in the direction of St Côme du Mont-Angoville, with aircraft taking off and landing in turn.

During the **night of 26 to 27.06**, Ost-Bataillon 635 was relieved by SS-Panzer-Aufklärungs-Abteilung 17. A new sector boundary towards the left was established as follows in agreement with 2./SS-Panzer-Aufklärungs-Abteilung 17: boundary south-east of Gonfreville-boundary south-eest of Les Mares, center of the marshes between Le Cul-de-Nay and Le Hommet — boundary south of Drieux. The Regiment requests approval of this boundary line.

On **28 June**, Generaloberst Dollmann, commander-in-chief of 7.Armee, was found dead in his bathroom at his HQ in Le Mans, official cause of death "heart failure". According to other sources, he committed suicide following the capture of Cherbourg. On the official announcement of Dollmann's death, SS-Gruppenführer Paul Hausser, up till then commander of II. SS-Panzerkorps, was put in charge of A.O.K.7 with the rank of SS-Oberstgruppenführer.

On **30 June 1944**, a report dated 29 June 1944 was issued (la Tgb. Nr 885/44 geh.) on the enemy's situation.

"The enemy's behavior.

Before the Roches de Grandcamp, (along the coast north of Isigny-sur-Mer, author's note), for 2-3 days, assembly of shipping, according to uncertain estimates, approximately 20 ships of between 3 000 t and 6 000 t.

Traffic of landing craft observed, probably in the Isigny channel.

On 28.06, westwards from Isigny, very heavy truck traffic, lighter on the 29th. Also busy truck traffic heading towards Lison.

Where the reported truck traffic ends up is not observable. The truck traffic continues on the Baupte-Coigny road.

The Ic of LXXXIV.A.K reports: according to reliable reports, in the Cotentin peninsula very heavy traffic on the Nehou road (c.4 km north-west of St Sauveur le Vicomte) — St Jacques (de Néhou, author's note) — St Pierre-Arthéglise (c.5 km north-east of Barneville-Carteret, author's note) from east to west.

Insignia of 9th USID (Major General Eddy, author's note) recognized. A company of 79th USID (Major General Wyche) south-west of Nehou near Fierville (les Mines, author's note), another near Le Mesnil (c.4 km south-east of Barneville-Carteret-St Martin.

A tank-destroyer battalion in the area 2 km west of Le Mesnil-St Martin up to 3 km north-east of Portbail.

A large munition, supplies and fuel dump has been located near the Ferme des Moines (3,5 km east of St Pierre-Arthéglise).

2 km north-east of Besneville and near Portbail harbor, pockets of German resistance still held out. Gaullist government organizations are calling on the inhabitants for military service. Soldatensender "Calais" (radio station broadcasting propaganda programs designed to lower morale among German troops in France, especially in the west, author's note) announces that the infantry of the Division "Reich" (2. SS-Panzer-Division "Das Reich", author's note) have been committed at a time when the division's tanks were still in their old quartering zone.

The enemy "Calais" transmitter concludes from this that the German command was unsure what side the American blow that was bound to come would strike.

The enemy intervenes in artillery range-finding trying to direct artillery fire by sending false firing commands. During the afternoon and night, little harassing artillery fire.

Following the liberation of large enemy detachments in the Cherbourg area, the enemy is reorganizing and taking up position for a blow towards the south along the coast and to the south-west beyond St Lô to choke the Cotentin peninsula on the line St Lô-Coutances.

Deux jeunes membres de la « GvB » appartenant à la *15./37*. A gauche, Werner Schmitz et à droite Karl Schneider, ce dernier a été tué près de Saint-Lô.

Two young members of the "GvB" belonging to 15./37. On the left, Werner Schmitz and on the right Karl Schneider, who was killed near Saint-Lô.

Zwei junge Angehörige der "GvB", die von der 15./37 sind. Links: Werner Schmitz, rechts: Karl Schneider (gefallen nahe Saint-Lô).

6 Die Kämpfe im rechten Abschnitt

Die 17. SS-Panzer-Grenadier-Division „Götz von Berlichingen" hat ebenfalls den Auftrag, den Raum nördlich des Vire-Taute-Kanals bis östlich Carentan zu sichern. Sie zieht dazu das II./38 des Sturmbannführers Nieschlag und die 3./SS-Panzer-Abteilung 17 heran, die bereits im Anmarsch sind.

Am 6. Juni liegt in diesem Abschnitt nur eine Kompanie des Fallschirmjäger-Regiments 6 sowie das Ost-Bataillon 439. Beide sind nur vorübergehend in diesem Sektor.

Dieser Abschnitt wird nun durch den Brückenkopf über die Vire bei Isigny-sur-Mer bedroht.

Es sei nochmals darauf verwiesen, dass im Verlauf des 8. Juni 2 Kompanien des Ost-Bataillons 439, die Reste des Grenadier-Regiments 914 (352. I.D.), Teile des III./726 und Reste der II./Artillerie-Regiment 352 sich auf Isigny-sur-Mer zurückgezogen hatten.

Am 9. Juni besetzen das 2nd und 3rd Battalion/175 RCT (29th Division) mit Unterstützung der Panzer des 474th Tank Battalion die Stadt.

Aus diesem Grunde werden das II./38 und nachfolgend weitere Teile des SS-Panzer-Grenadier-Regiments 38 den bedrohten Abschnitt verlegt. Das II./38 verfügt über beschlagnahmte französische Fahrzeuge und seine Kompanien sind ungefähr hundert Mann stark.

Obwohl es starke Einbußen an Fahrzeugen erleidet, erreicht es rasch die Front. Mit einem Drittel seiner Stärke rückt es am 10. Juni. in den Bereitstellungsraum südlich des Taute-Vire-Kanals in den sogenannten Ort La Tringale, ca. 9 km östlich von Graignes, ein.

Das I. und II./38 sowie die 9./38 (III. Bataillon), unter Hauptsturmführer Krehnke, werden auf leichten französischen Fahrzeugen in Marsch gesetzt. Der Rest des Regiments 38 ist mit Fahrrädern ausgestattet oder folgt im Bahnmarsch.

Da amerikanische Panzer bei St-Pellerin (ca. 12 km östlich Carentan) gemeldet sind, werden Teile der 8./38 (Hauptsturmführer Rethmeier) dorthin geworfen. Rethmeier fällt in dem anschließenden Gefecht. Ohne Verbindungen ziehen sich die Panzergrenadiere unter Feinddruck zurück.

Weitere freie Einheiten der „Götz" werden dem amerikanischen Vorstoß entgegengeworfen. Er erfolgt zwischen den Flüssen Elle und Vire, wo bereits die 352. I.D. gefochten und 2/3 ihres Bestandes in den 3 ersten Kampftagen verloren hat.

Auch das Pionier-Bataillon „Angers" unter Hauptmann Scheffold wird eingesetzt.

Am 10. Juni gibt General der Artillerie Marcks (LXXXIV.A.K.) den Befehl, die Brücken über Elle und Vire zu sichern und zur Sprengung vorzubereiten. Im Verlauf des Nachmittags erreicht das II./38 St-Jean-de-Daye im Mot.-Marsch. Die 5./38 war über die RN 171 bis zum Kanal gelangt.

Während eine Gruppe die Brückensicherung übernahm, verschanzte sich die Kompanie rechts der Brücke.

Am 11. Juni treffen Teile der 8./38 nach dem Gefecht bei St-Pellerin auf den Höhen von Lenauderie, 2 km nordwestl. von Montmartin-en-Graignes, auf Einheiten der 5./ und 7./38.

Die Spitzengruppe des Unterscharführers Böffert (5.Kp.) war bis zur Gemarkung Montseaux, links der RN 174, vorgedrungen, ohne auf nennenswerten Widerstand zu stoßen. Sie musste sich zurückziehen, als amerikanische Panzer auftraten.

Rechts der RN 174 gelingt die Verbindungsaufnahme zur 7./38.

Am frühen Morgen besteigt die 5./38 ihre Fahrzeuge, um Briseval zu erreichen. Dann wird abgesessen und entlang der RN 174 nach Norden marschiert. Dabei wird eine in Stellung gegangene 8,8 cm-Flak passiert. Gegen Mittag findet ein erstes Gefecht statt, in dessen Verlauf ein Amerikaner getötet wird,

Eine Gruppe unter Unterscharführer Böffert geht der Kompanie um 200 m voraus. Sie hat Verbindung nach rechts, zur 7./38. Mit seinen Leuten erreicht der Unterscharführer Rouxeville... wo die Franzosen ihre Befreiung feiern!

Als man gerade umkehren will, trifft der Spähtrupp auf der Höhe von Motseaux auf einen amerikanischen Panzer.

Dieser fährt zurück, nachdem er zuvor von einer Flak der 8./38 mit Sprenggranaten beschossen worden war, welche dieser nur zur Verfügung standen.

Am 12. Juni liegt das II./38 im Gefecht mit amerikanischen Fallschirmjägern der 101st Airborne. Man kämpft seit dem Vortag um Graignes. Einzige Unterstützung kommt von der 2./Pionier-Bataillon „Angers". Die einzigen schweren Waffen kommen von der 8. (schw.) /38. Der Bataillonsstab der Pioniere und die 8./38 schlagen um die Höhe 35 herum einen Panzerangriff ab.

Nach Beschuss durch Schiffsartillerie treten am gleichen Tag zwei Bataillone der 29th US ID an Montmartin en Graignes an. Sie dringen in den Ort ein. Die 1./ Pionier-Bataillon „Angers" hält die rechte Flanke bis zur Vire hin. Die 2. Kompanie des Bataillon unter Hauptmann Neumann mit Teilen des II./38 und des Grenadier-Regiments 984 (352.I.D.) hält den Ort.

Aber die Amerikaner umgehen Montmartin im Osten und stoßen auf den Vire-Taute-Kanal vor.

Zur Nahsicherung des Gefechtsstandes des II./38 muss auch der Stab des III./38 herangezogen werden.

Am Folgetag brechen amerikanische Einheiten auf dem rechten Flügel durch und bedrohen gleichzeitig den Kanal und die RN 174. 2 Gruppen der 9./38 und Teile des Stabes müssen angefordert werden, um sie aufzuhalten —

Ein Zeuge, der Oberscharführer Steimle, berichtet:

> „Stubaf. Nieschlag befahl Schlegel und mir, den Einbruch zu bereinigen. Wir nahmen außer den Männern vom Stab zwei Gruppen der 9. Kompanie mit, Schlegel war am linken, ich am rechten Flügel.
>
> Schlegel hatte in dem Heckengelände zuerst Feindberührung und ist dort gefallen. Ich habe den Gegner rechts umgehen können und dort mit versprengten Wehrmachtsangehörigen ein freies

265

Gelände erreicht. Aus einem Haus haben wir ca. 30 Amis herausgeholt, aus Busch und Wiese etwa noch einmal soviel, gegen Mittag war der Einsatz beendet. Als ich mit zwei Amis die Wiese nach Verwundeten absuchte, fanden wir einen schwerverwundeten Amerikaner, der perfekt Deutsch sprach — seine Mutter stammte aus Schleswig-Holstein.

Am Abend des gleichen Tages wurden wir nochmals gegen ein Dorf halbrechts des Gefechtsstandes eingesetzt, von wo dieser beschossen worden war. Nach kurzem Feuerschlag von Nebelwerfern traten wir zum Angriff an, fanden aber in dem leeren Dorf nur einen Toten."

Am 15. Juni startet die 30th US ID (Major General Hobbs), welche die 29 US ID abgelöst hat, um 7 Uhr 30 vom Norden Carentans aus einen Angriff. Sie wird von 5 Artillerieabteilungen unterstützt. Sie geht mit Teilen entlang der Eisenbahnlinie vor und besetzt nach 40 minütigem Kampf Lenauderie. Nach einer weiteren Stunde heftiger Kämpfe wird auch Montmartin en Graignes genommen.

Am Abend erreichen die Amerikaner, die von Panzern unterstützt werden, mit einem Bataillon das an Vire und Taute gelegene La Raye, allerdings ist die Vire-Brücke gesprengt.

Am Morgen des 16. Juni ist der Kampf um La Raye zu Ende. Die Amerikaner erreichen den Kanal und graben sich dort ein.

Am gleichen Tag machen sie Geländegewinne nach Westen hin und gelangen bis Douville (vermutlich ist Deville gemeint).

Die schwachen Teile des I./38, die ihnen gegenüberstehen, überqueren den Kanal auf den Brücken bei Port des Planques. Sie wollen auf Graignes zurückgehen und richten sich am Rand der Niederung zur Verteidigung ein.

Die Amerikaner bleiben auf der Nordseite des Kanals und verschanzen sich hinter den letzten Hecken vor der freien Fläche am Kanalufer.

Da ein Gegenangriff, der am 16. um 11 Uhr 30 Entlastung bringen soll, im Feuer von Artillerie und MGs zusammenbricht und ohnehin zu spät kommt, wird die Brücke gesprengt.

Noch konnten die Angriffe auf Briseval und die Kanalübergänge zurückgeschlagen werden. Beim Rückzug auf neue Stellungen südlich des Vire-Taute-Kanals wird aber der Divisionskommandeur verwundet. Es folgt ein Auszug aus dem Bericht eines Augenzeugen, des Oberscharführers Becker von der 8./38:

Als wir aufspringen konnten, sauste ein Offizier nach rückwärts und schrie: ‚Der Divisionskommandeur ist verwundet!‘ Wir beide sind sofort in Richtung Briseval gerannt, aber da brachten schon drei SS-Männer den Kommandeur in einer Zeltbahn und wollten ihn auf dieser in den Stall tragen lassen. Der Stall hatte nämlich nach der Straße und Norden keine Fenster, und ich wußte ja nicht, was los war.

Im Stall haben wir gesehen, daß er eine sehr böse Schulterblattverletzung hatte. Wir haben ihn auf den Bauch gelegt und mußten ihn festhalten, denn er wollte immer fort. Nach einiger Zeit kam ein Kettenfahrzeug und ein Sanka und haben ihn geholt.

SS-Brigadeführer Ostendorff wird zuerst nach Sées gebracht und vom leitenden Chirurgen, Dr. Dege, operiert.

In den folgenden Stunden übernimmt der SS-Obersturmbannführer Fick bis zur Ankunft von SS-Standartenführer Binge, Kommandeur des SS-Artillerie-Regiments 17, das Kommando über die Division.

Am 18. Juni übernimmt SS-Standartenführer Baum die Divisionsführung.

Im Verlauf der Nacht vom 16. auf den 17. Juni nehmen das II./38, die Kampfgruppe Heinz und das Pionier-Bataillon „Angers" einen Uferwechsel vor, d. h. sie ziehen auf das Südufer des Vire-Taute-Kanals.

Das SS-Panzer-Grenadier-Regiment 38 mit Gefechtsstand im Schloss Mesnil-Vencroire übernimmt nun den Abschnitt zwischen St. André de Bohon und der RN 174. Dort schließen sich auch das Pionier-Bataillon „Angers", das Pionier-Bataillon 275 und die Reste der Kampfgruppe Heinz an.

Während der Abschnitt von Port-des-Planques vom I./38 übernommen wird, schließen sich im Osten das II./38 und die Kampfgruppe Heinz an.

In der Nacht vom 16. auf den 17. geht auch, wegen des wachsenden amerikanischen Druckes östlich von Vire und Elle, das II./38 in den Raum östlich von Le Dézert zurück.

Es lagert dort im Regen und bleibt auch am Folgetag. Dann rückt es am 18. Juni in eine Stellung bei Pont-Hébert ein, indem es die Vire auf einer Furt durchquert, um in den Südwesten von La Meauffe zu gelangen. Nachzügler treffen beim Bataillon ein, das somit fast volle Kriegsstärke erreicht.

Von jetzt an besetzt die 17. SS-Panzer-Grenadier-Division „Götz von Berlichingen" mit ihren unterstellten Einheiten eine Front, die sich von den Sümpfen bis zur Vire über 30 km erstreckt.

Von links nach rechts sind somit im Einsatz: Fallschirmjäger-Regiment 6 mit 2 Bataillonen, SS-Panzer-Grenadier-Regiment 37 mit 3 Bataillonen, I./38, Pionier-Bataillon 275 „Angers", Kampfgruppe Heinz und das II./38. Zur Panzerabwehr ist die Heeres-Panzerjäger Abteilung 675 (Armeereserve) zugeteilt.

Am 20. Juni trifft endlich das III./38 ein und sammelt südlich Tribehou. Es ist vorläufig Divisionsreserve. Anzumerken ist, dass es auf Fahrrädern angekommen ist!

Am 20. Juni tritt auch General der Infanterie von Choltitz die Nachfolge von General der Artillerie Fahrnbacher (Generalkommando XXV. A.K. in der Bretagne) an, der seinerseits Nachfolger des am 12.6.44 gefallenen Generals der Artillerie Marcks war. Von Choltitz bleibt an der Spitze des LXXXIV. A.K. bis er am 7. August Wehrmachtsbefehlshaber von Groß-Paris wird.

Am selben Tag steht im K.T.B. des A.O.K. 7 zu lesen:

20. 6. 1944. AOK 7. Wetterlage: Bedeckt, nachmittags aufklärend.

„Vor dem Abschnitt der 17. SS-Pz.Gren.Div. erkannte Feindbewegungen mit Panzern im Raume um und ostwärts Carentan sowie die erhöhte Späh- und Stoßtrupptätigkeit und das lebhafte Artl.-Störungsfeuer lassen auf feindliche Angriffsabsichten westlich der Vire schließen."

Am 22. Juni unternimmt die 2./ SS-Panzer-Aufklärungs-Abteilung 17 des Untersturmführers Walzinger bei Baupte einen Aufklärungsvorstoß. Die Abteilung steht am rechten Flügel der 91. Luftlande-Division. Zweck des Unternehmens ist es die Passierbarkeit des Sumpflandes nördlich von Gorges festzustellen und zu erkunden, was der Gegner bei Méautis unternimmt. Man will auch den Nachschub — und Melderverkehr zwischen Méautis und Auvers ausspähen und Feindaktivitäten bei Baupte und im Raum westlich davon aufklären.

Am gleichen Tag ergeht durch SS-Standartenführer Baum (Ia/Op. Tgb. Nr. 418/44/g.Kdos) ein Befehl betreffend der Umgruppierung der Divisionseinheiten und unterstellter Einheiten im gegenwärtigen Verteidigungsraum:

Am Abend schickt die Division ihren Tagesbericht an das Generalkommando LXXXIV. A.K.. Hieraus ein Auszug:

Am 24. Juni unternehmen die Amerikaner — wahrscheinlich die 30 th US ID — um 18 Uhr einen Vorstoß. 60 bis 80 Mann greifen im rechten Abschnitt bei der Kampfgruppe Heinz an.

Sie kommen bis zur Vire-Brücke bei Airel und gehen auf das südlich der Brücke gelegene Schloss vor. Das Füsilier-Bataillon 275 wirft sie zurück und gelangt im Gegenangriff bis über die Vire.

In der Nacht vom 24. auf den 25. Juni ist die Hauptkampflinie der Deutschen wieder hergestellt.

Im Lauf des 25. treten die Amerikaner nur durch gelegentliche Artillerietätigkeit in Erscheinung.

Um 17 Uhr 15 meldet ein Beobachtungsposten des I./38, dass er seit einer Dreiviertelstunde Landungen von durch Jäger begleiteten Transportmaschinen feststellt. Diese Landungen erfolgen offensichtlich von neuen Flugfeldern in der Gegend nordwestlich von Montmartin-en-Graignes. Die schw. Beobachtungs-Batterie 107 wird sofort eingesetzt, um die Flugfelder exakt zu lokalisieren und mit der Artillerieabteilung zu beschießen. Drexler, Ia III./SS-Artillerie-Regiment 17

In der Nacht verschießen die Amerikaner gegen 3 Uhr im Abschnitt der 2./38 zum ersten Mal einen neuen Granatentyp.

Dessen Zünder hat eine doppelte Wirkung: Er bewirkt die Explosion mit großer Flamme über dem Boden, während beim Einschlag eine zweite Detonation erfolgt und Nebel freigesetzt wird. Dieser hat einen süßlichen Geruch.

Den ganzen Tag über herrscht eine rege Jabo-Tätigkeit. Diese zerstören zwei LKW und ein leichtes Fahrzeug.

Dank der Warnungen durch den O.B. West können Gegenmaßnahmen ergriffen werden, wenn Jabos und Bomber Stellungen der Division oder Panzerbereitstellungen angreifen. Die Vorwarnungen durch den O.B. West haben sich in mehreren Fällen als zutreffend erwiesen.

Am gleichen Tag erhalten die Angehörigen der „Götz" zum ersten Mal Post. Für die meisten Soldaten ist das eine erfreuliche Sache. In anderen Fällen geht aber die Post an den Absender zurück. Der Vermerk lautet: „Gefallen für Großdeutschland". Wenn der Empfänger verwundet wurde, erhält der Absender die Nachricht, dass eine neue Anschrift abgewartet werden müsse.

Am 26. Juni steht das II./37 auf dem rechten Flügel, nördlich der Strasse von Mésnil und westlich von St-Georges-de-Bohon. Rechts lehnt es sich an den Sumpf von St-Quentin an. Der Abschnitt des III./37, nördlich von Raffoville, insbesondere derjenige der 10./37 (Obersturmführer Witt), wird zwischen 6 und 9 Uhr morgens von Granatwerfern beschossen. Es erfolgt kein Angriff.

Gehen wir hier ein wenig ins Detail:

0 Uhr 45 im Abschnitt der 5./37. Der Pionierzug der SS-Panzer-Abteilung 17 sendet einen Spähtrupp aus, der feststellen soll, wie weit die gegnerischen Angriffsspitzen entlang der Straße Mésnil — St Quentin vorangekommen sind. Er soll die Stärke der Gegne-

---

2./SS-Pz.A.A. 17 Div.Gef.Std., den 22.6.1944

Spähtruppergebnis der 2./SS-Pz.A.A. 17

Auftrag:
    1.) Gangbarkeit der Prairie
    2.) Feststellen, was in Meautis
    3.) Verkehr Meautis — Auvers überwachen
    4.) Was ist in Baupte?
    5.) Verkehr von Baupte nach Westen.

Ergebnis:

Die Prairie ist etwa 2 km nach Norden hin gangbar und schließt dann nach Osten und Westen halbkreisförmig zu einem Sumpf ab. Die Prairie ist in diesem Sumpfgelände von breiten Entwässerungsgräben durchzogen, sodaß eine Annäherungsmöglichkeit nach osten und Norden nicht möglich ist.

Ein Spähtrupp, der entlang der Prairie am rechten Flügel der Kampfgruppe Eitner vorging, stellte etwa 1 km ostw. Baupte an der Straße fest die von Launay in SW Richtung verläuft, Stellungen des Gegners. Von dort entlang des Bahndammes hart westl. Baupte befinden sich 2 Beobachtungsposten bei Tage, die in der Nacht durch ein M.G. verstärkt sind. In dem Waldstück hart westl. Baupte wurde bei Tag ein Baumbeobachter festgestellt.

Die Brücke über den Kanal hart SO Baupte wird bei Tag und Nacht von 2 patr. Posten bewacht. In der Fabrik SO. Baupte wurde ein Beobachtungsposten festgestellt. Der Spähtrupp ging zwischen den erkannten Stellungen etwas nach Norden hoch und stieß nach Westen auf die Straße nach Launay, ging entlang der Straße bis zur Straßenkreuzung und stellte kurz vor der Straßenkreuzung in einem langgestreckten Haus fest, daß sich in Richtung Baupte mehrere Telefondrähte hinzogen. Er vermutete dort einen Gef. Stand. Der Spähtrupp beobachtete dort an der Straßenkreuzung 1 1/2 Stunden und konnte doch keinen Verkehr feststellen. Motorengeräusch (LKW) wurde in NW Richtung Coigny vernommen. Der, Spähtrupp kehre auf dem gleichen Wege wieder zurück.

Ein Spähtrupp der Kp. in Stärke von 2 Mann befindet sich noch nördl. Baupte, um dort den Verkehr von Baupte aus weiterhin zu überwachen.

Ein weiterer Spähtrupp liegt kurz hinter dem Rand der Prairie bei Baupte und überwacht bei Tage das Feindgelände um Baupte.

17.SS-Pz.-Gren.Division
„Götz von Berlichingen"
Ia/Op. Tgb.Nr. 418/44 g.Kdos.

Div.Gef.St., am 22.6.1944

12 Ausfertigungen.
8. Ausfertigung.

Divisionsbefehl für die Umgruppierung
im bisherigen Verteidigungsabschnitt.

1.) Divisions-Grenzen:

a) rechts zur 352.J.D.: Verlauf der Vire.

b) links zur 91.J.D.: Le Plessis — la Lagua — Südrand Baupte.

2.) Ost-Btl. 635, dem Fsch.Jg.Rgt. 6 unterstelit, übernimmt Sicherung gegen Prairies Marecagenses de Gorges am Südrand von Anschlußpunkt Fsch.Jg.Rgt. 6 bis zur neuen linken Grenze Fsch.Jg.Rgt. 6 Gorges (6) — D von la Dubosserie — Baupte (6).

3.) 2./SS-Pz.A.A. 17, der Div. unmittelbar unterstellt, übernimmt Sicherung von linker Grenze Fsch.Jg.Rgt. 6 bis zur linken Div.-Grenze und überwacht durch starke Spähtrupps bis zum rechten Flügel 91. J.D..

4.) SS-Pz.Gren.Rgt. 37 übernimmt nach Ablösung I/37 durch III/37 im Anschluss an I/38 neuen Verteidigungsabschnitt.

Neue Rgt.-Grenze zu I./38:

Lemencerie (37) — le Doux (38) — zweites o von de Bohon (St. Georges).

Durchführung der Ablösung und Übernahme: Nacht 23./24.6.44

5.) SS-Pz.Gren.Rgt. 38 löst in der Nacht vom 23./24.6. mit zur Verfügung stehenden Kräften I./38 Teile der Kampfgruppe Heintz bis zur neuen rechten Grenze ab.

Neue Abschnittsgrenze zur Kampfgruppe Heintz:

Straßengabel nördlich des M von Mesmil — Venaron — Punkt 23 nordwestlich Goucherie — b von Brebœuf Fe.

6.) Kampfgruppe Heintz übernimmt mit freigewordenen Teilen in der Nacht vom 24./25.6. bisherigen Sicherungsabschnitt des II./38 am Westufer der Vire von Bahais bis Anschlußpunkt der 352.J.D. an der Vire westl. x von les Fourneaux.

(Vorläufiger Anscolßpunkt an Teile II./38, die ostwärts der Vire Front nach Norden stenen und deren Ablösung durch 352.J.D. in Kürze vorgesehen ist).

7.) Regiments-Reserven:

a) **SS-Pz.Gren.Rgt 38:** II./38.

Btl. ist westlieder Vire so zu verlegen, daß jederzeit Offenhalten des Vire-Überganges bei Pont Hebert nach Osten gewährleistet ist.

III./38 im befohlenen Raum,

Rgts.-Einheiten und **unterstellte Teile** wie bisher.

Rgt. erkundet Vire-Übergänge für Infanterie und schwere Waffen von le Fourneaux bis 1 km südl. St.Lô. (fmdl. voraus).

b) **SS-Pz.Gren.Rgt. 37:**

I./37 nach Herauslösung im Raum südodtw. Sainteny. Dort Auffrischung durch 2 Kp. SS-Felders-Btl. 17 beabsichtigt.

8.) Riegelstellungen:

Durch die Rgter. und Kampfgruppen sind für die Reserven hinter der Front Riegelstellungen in der allgemeinen Linie Höhe 40 (südl. Cavigny) — Höhe 27 (südl. St. Promond) — Höhe 49 (bei St. Jean de Daye) — Höhe nördl. le Mesnil-Veneron — Höhe nördl. der Waldspitze Bois du Hommet — Nordrand Tribehou — Höhe 22 800 m ostw. Sainteny — Höhe 27 bei St. Germain (1 km) westl. Gorges) — Höhe 92, 1,5 km nordostw. Leulne zu erkunden. Erkundungsergebnisse mit Skizze 1: 50 000 zum 24.6. melden.

9.) Trosse: Unterziehen der Trosse im Raum nördl. der Straße St. Lô — Periers ist verboten. Rgter. melden Troßräume zum 24.6. an Div., Ia.

T.

Bei den Trossen sind Jagdkommandor zu bilden, die bei fdl. Luftlandung bzw. Fallschirmabsprüngen eingesetzt werden können.

Führer der Jagdkommandos melden sich am 23.6., 12.00 Uhr bei Div., Ia / 01 zur Einweisung.

Versprengte Teile des Ost-Btl. 635, die sich bei den Rgtern. und Div.Truppen aufhalten, sind sofort dem Fallschirm-Jäg.-Rgt. 6 zuzuführen.

10.) Nachrichtenverbindungen wie bisher.

11.) Div.Gef.Std.: unverändert.

Im Entwurf gezeinet:

Baum

F.d.R.:

SS-Sturmbannführer u. Ia

Verteiler: auf Entwurf.

17. SS-Pz.Gren.Division
„Götz von Berlichingen"
Ia Tgb.Nr. 1111/44 gen.
Betr.: Tagesmeldung 22.6.44.
An
Gen.Kdo. LXXXIV.A.K.

Div.Gef.Std., den 22.6.1944

a) Durchgeführte Aufklärungsaufträge aller Truppenteile erbrachten folgende Ergebnisse.

Im rechten Abschnitt wurde durch II./38 Feind im Gehöft la Pouletterie festgestellt. Fahrzeugverkehr auf Straße über Punkt 108 nach Süden. Feind verdrahtet Stellungen hart westl. des Hohlweges, der durch die 2'2" von Foullerie geht.

Launay feindfrei, ebenso Bahnhofsgelände la Meauffe.

Minonsperre bei Straßenknick la Pretterie durch Feind entfernt.

II./38 erhielt Befehl, mit einem Stoßtrupp Meauffe zu besetzen und weiter nach N und NO aufzuklären.

Absicht der Div. ist die HKL zur Einsparung von Kräften über „a" von Banais — la Meauffe — „St." von St. Gerbot vorzuverlegen.

Aufklärung über die Prairies in linken Abschnitt dar Div. erbrachte folgende Ergeonisse:

Die Prairies ist etwa 2 km nach Norden hin gangbar und endet dann in einem mit breiten Wassergräben durchzogenen Sumpf.

Der Nordostteil der Prairies ist somit ungangbar.

Weitere Spähtrupps stellten eingebauten, schwächeren Feind am Südrand Baupte sowie an der Bahnlinie beiderseits Baupte und im Fabrikgelände les Fevres fest. Die Brücke über den Kanal hart südostw. Baupte wird durch Posten bewacht.

Am Nordostrand la Prieure wird ein fdl. Gef.Std. verhaftet. Fahrzeugverkehr über die Brücke bei Baupte und auf Straße nach Coigny findet kaum statt.

Im gesamten Abschnitt der Div. fdl. Art. — und Granatwerfer — Feuer in kurzen, heftigen Feuerüberfällen. Im Abschnitt Fasch.J. Rgt. 6 von 01.30 — 03.30 Uhr gleichmäßig anhaltend rollendes Granatwerferfeuer und heftiges Art. — Störungsfeuer. Nach Schätzung der Art.Gruppe Rock etwa 400 Schuß Art.

Feind schoß in der Nacht teilweise mit Phosphorgranaten.

08.45 Uhr Tieffliegerangriff auf Protzenstellung der III./A.R. 275.

Feindliche Jabo-Tätigkeit im Verlaufe des Tages gering.

Art. Gruppe Binge bekämpfte im Laufe der Nacht und des heutigen Tages durch Störungsfeuer Truppenansammlungen und Zielpunkte vor dem gesamten Abschnitt der Div.

b) Verlauf der vorderen Linie: keine Veränderung.

c) Gefechtsstände: keine Veränderung.

d) Anschluß zu Nachbarn: rechts. zur 352.J.D. hergestellt.

links; zur Kampfgruppe Eitner durch Spähtrupp hergestellt.

e) Absicht für den kommenden Tag: Abwehr.

f) Besondere Vorkommnisse: über Div. Abschnitt fanden gegen

14.30 Uhr Luftkämpfe zwischen

deutschen und fdl. Jägern statt.

Für das Divisionskommando

Der 1. Generalstabsoffizier

SS-Sturmbannführer

Zusatz zu f): Im Abschnitt Fsch.Jg.Rgt. 6 schaltete sich Feind durch Funk in die Feuerleitung der schweren Waffen ein und gab falsche Feuerkommandos.

reinheiten, ihre Zusammensetzung und eine eventuelle Verminung der Straße erkunden.

Um 2 Uhr 05 kommt der Spähtrupp ca. 600 m vorwärts der eigenen. HKL unter Feuer. Die Amerikaner ziehen sich nach dem Feuerüberfall zurück. Der Spähtrupp schließt aus den zahlreichen Mündungsfeuern, dass er es mit einem starken Gegner zu tun hat und vermutet hinter den Abschussblitzen die amerikanische Hauptkampflinie.

Der Bericht des Spähtrupps besagt auch, dass die gegnerische HKL gut besetzt und ausgebaut ist. Sobald in der deutschen HKL und bei ihren Vorposten die kleinste Bewegung entsteht, lösen die Amerikaner sofort Sperrfeuer aus.

Auch wird festgestellt, dass sowohl Straße als auch das Gelände zu beiden Seiten stark vermint sind.

Auf dem vom II./37 gehaltenen Gelände liegt zeitweilig starkes Artillerie — und Mörserfeuer. Insbesondere sind die 7./37 (Obersturmführer Wilhelmi?) und die 9./37 (Obersturmführer Tetzmann) betroffen. Gegen 0 Uhr 30 kommt das III./37 unter heftigen Artillerie — und Mörserbeschuss. Er geht im Abschnitt der 9. Kompanie des Untersturmführers Stöhr nieder.

Schließlich treten gegen 1 Uhr 15 die Amerikaner zum Sturm an, wobei sie schwerpunktmäßig die Stellungen der 9./37 angreifen.

Die Gegnerstärke wird auf ca. eine Kompanie und 10 MG geschätzt. Der Gegner besitzt Maschinenpistolen und Schnellfeuergewehre.

Im Schutze ihrer Artillerie und Mörser arbeiten sich die Amerikaner und die HKL heran. Ein kleiner Einbruch wird jedoch durch einen Gegenangriff beseitigt.

Um 2 Uhr wird ein erneuter Feindangriff abgeschlagen. Der Gegner zieht sich unter starkem Artillerie — und Mörserbeschuss zurück. Jetzt greifen die 10,5 cm F.H. 18 der I./SS-Artillerie-Regiment 17 (Sturmbannführer Ernst) und die 13. (Inf. Gesch.)/37 (Obersturmführer Borchers) ein. Die Amerikaner legen Störfeuer auf die deutschen Artillerie-stellungen.

Ab 4 Uhr 30 schießen die Amerikaner wieder Störfeuer. Von 7 Uhr 30 bis 8 Uhr 45 liegt wiederum starkes Artilleriefeuer auf dem Abschnitt des III./37 und seinen Verbindungswegen nach rückwärts. Gegen 8 Uhr nähert sich ein Gegnerspähtrupp der Stellung der 9./37. In ca. Zugstärke sucht er im Gelände nach Verwundeten und Toten. Auf deutscher Seite schätzt man die Verluste auf 8 Gefallene und 18 Verwundete. Das recht mitgenommene I./37 bezieht Unterkünfte nordöstlich von St-Germain-sur-Sèves, nachdem das III./37 seine Stellung übernommen hat.

Das SS-Panzer-Grenadier-Regiment 37 richtet seinen neuen Gefechtsstand beim sogenannten Ort „La Renaudière", der sich 1 km südwestlich Sainteny befindet, ein.

Berichtenswert scheint für diesen Tag auch das Eingreifen der deutschen Luftwaffe. 12 Jäger erscheinen über dem Gefechtsfeld von Sainteny!

Der Oberscharführer Webersberg vom III./37 berichtet:

Hier ein Bericht des Oscha. Webersberger, III./37:

„In den Schützenlöchern gab es nach 60 cm Tiefe Wasser und abends und nachts größere Schwärme von Stechmücken. Die Weiden waren mit Erdaufwürfen (Wällen), auf denen Buschwerk und Bäume wuchsen, umgeben. Der Rgts.-Gefechtsstand 37 befand sich auf einer Wiese in der Nähe von Sainteny. Der Btl.Gef. — Stand (III./38) war in einem mit Eichenstämmen abgedeckten Erdloch ca. 200 m hinter der HKL. Die 12. Kp. war links im Kampfabschnitt und zugleich Nachbar des Fallschirmjäger-Rgt. 6, dann kam die 11. Kp. (3), 10. Kp. (4) und 9. Kp. (5), die zugleich Nachbar zu einem Batl. des Rgt. 38 war. Die Kp. — Gefechtsstände befanden sich in der HKL, alles war dicht massiert, was sich später als Fehler erweisen sollte. Durch die starken und anhaltenden Feuerüberfälle und die damit verbundenen starken Verluste wurde eine Auflockerung befohlen, die bis zu zwei Kilometer Tiefe gestaffelt war.

Die Pak wurde nach ihrem verspäteten Eintreffen 600 m hinter der vordersten Linie an einem Vorderhang eingebaut; sie wurde durch drei Sturmgeschütze im Btl.-Abschnitt verstärkt. Im Laufe der späteren Kämpfe wurden zwei feindliche Panzer und ein gepanzerter Heckenräumer vor dem Btl.Gef.-Stand abgeschossen. Jeder feindliche Angriff konnte abgewiesen werden, doch der Druck ließ nicht nach, vor allem bei der 9. und 10. Kp."

Am äußersten linken Flügel kämpft mit großer Erbitterung das Fallschirmjäger-Regiment 6, das immer noch der „Götz" untersteht.

Man registriert dort, dass sich die Amerikaner verstärken, und dass ihre Spähtrupptätigkeit zunimmt.

Ein amerikanischer Spähtrupp läuft bei Moi-Sentrie auf die deutsche HKL auf.

Am Abend des 25. Juni liegen die Fallschirmjäger unter Störfeuer.

Am späten Nachmittag des 26. Juni herrscht eine rege feindliche Lufttätigkeit. Jabos fliegen mit Bordwaffen und Bomben Angriffe auf die Stellungen der leichten und schweren Geschütze der Artillerie-Abteilung Rock. Ebenso auf die Straße Raffoville — Blehou und den Ort Gonfreville.

Auf die Brücke nordwestlich Blehou wird ein Bombenangriff geflogen. Diese Brücke liegt ebenfalls unter Störfeuer.

In Richtung auf St Come du Mont — Angoville wird ein Flugfeld ausgemacht, auf dem gestartet und gelandet wird.

In der Nacht vom 26. auf den 27. 6. wird das Ost-Bataillon 635 durch die SS-Panzer-Aufklärungs-Abteilung 17 abgelöst. In Abstimmung mit der 2./SS-Panzer-Aufklärungs-Abteilung 17 wird deren Gefechtsstreifen nach Süden hin neu festgelegt.

Grenze nach Südosten: Von Gonfreville bis zum Rand der Sumpfteiche, dann Sumpfmitte zwischen Le Cul-de-Nay und Le Hommet, dann Südrand Drieux.

Das Regiment bittet diese Grenze zu bestätigen.

Am 28. Juni wird der Oberkommandierende der 7. Armee, Generaloberst Dollmann, tot im Badezimmer seines Gefechtsstandes in Le Mans aufgefunden.

Als Todesursache wird „Herzversagen" angegeben.

Anderen Quellen zufolge hat sich Dollmann nach der Einnahme Cherbourgs selbst getötet.

Nach der offiziellen Bekanntgabe von Dollmanns Tod übernimmt SS-Gruppenführer Paul Hausser, der bislang das II. SS-Panzerkorps befehligte, das A.O.K. 7. Er wird zum SS-Oberstgruppenführer befördert.

Am 30. Juni 1944 wird folgender Feindlagebericht, der vom 29. Juni 1944 stammt, weitergegeben (Ia Tgb. Nr. 885/44 geh.):

17, SS-Panzer-Grenadier-Division	Div. Gef. St.; den 30.6.44

„Götz von Berlichingen"

Ia

Tgb.Nr. 885/44 geh.

Betr.: Feindlage vom 29.6.44

KT.B. Ia

1.) Feindverhalten:

Vor Roches de Grandcamp an der Küste N. Isigny seit 2 — 3 Tagen Schiffsansammlungen, nach unsicheren Schätzungen ca. 20 Schiffe zwischen 3000-6000 t.

Landungsbootverkehr von den Schiffen beobachtet, vermutlich in Chenal du Port d'Isigny.

Am 28.6. von Isigny in Richtung Westen sehr starker LKW-Verkehr, am 29.6. schwächer. Ebenfalls lebhafter LKW-Verkehr nach Süden in Richtung Lison.

Wo der gemeldete LKW-Verkehr endet, konnte nicht beobachtet werden.

LKW-Verkehr an Strasse Coigny — Baupte geht weiter.

LXXXIV. A.K./Ic gibt durch: Nach zuverlässigen Meldungen auf der Halbinsel Cotentin stärkster Verkehr auf Strasse Nehou — St. Jacques u. St. Pierre d'Arthiglise von Osten nach Westen.

Abzeichen der 9. amerik. J.D. erkannt. Eine Kp. der 79. J.D. SW Nehou bei Fierville, eine weitere bei le Mesnil — St. Martin.

Eine Panzerzerstörer-Abt. im Raum 2 km W. Le Mesnil — St. Martin bis 3 km NO Portbail.

Bei Fermes les Moines (3 1/2 km ostw. St. Pierre d'Arthiglise) ein grosses Muni-, Verpflegungs- u. Betriebsstofflager festgestelit.

2 km NO Besneville und bei Hafen Portbail halten sich noch immer eigene Widerstandsgruppen.

Organe der gaullistischen Regierung rufen franz. Einwohner zum Wehrdienst auf. Soldatensender Calais gibt bekannt, dass die Infanterie der Division „Reich" eingesetzt wurde, während die Panzer der Division in ihrem alten Unterkunftsraum verblieben.

Der Feindsender Calais schliesst daraus, dass die deutsche Führung im Unklaren wäre, von welcher Seite der zu erwartende amerik.

Stoss geführt würde.

Feind schaltet sich in Feuerleitung der Art. ein mit dem Versuch, durch Durchgabe von falschen Feuerkommandos des Art. -Feuer zu leiten. Während des Nachmittags und im Verlauf der Nacht geringes Art. — Störungsfeuer.

Feindbeurteilung.

Nach Freiwerden von starken Feindteilen im Raum Cherbourg gliedert sich Gegner um und stellt sich bereit zum Stoss nach Süden entlang der Küste u. nach Südwesten über St. Lo zur Abschnürung der Halbinsel Cotentin in Linie St. Lo — Coutances.

2.) Truppenfeststellungen: Fehlanzeige

3.) Schwerpunkt fdl. Lufttätigkeit: Geringe Jabotätigkeit.

4.) Luftaufklärungsergebnisse: Fehlanzeige.

5.) Feindverluste (Gefangenenaussage lt. Anlage)

6.) Bandenlage, Verhalten der Zivilbevölkerung: Fenlanzeige.

7.) SSonstiges: Gegner gibt auf zahlreichen Frequenzen.

„Kein Funkverkehr". Danach Funkstille auf diesen Frequenzen.

Für das Divisionskommando
Der 1. Generalstabsoffizier
I.A.
SS-Hauptsturmführer

Vue actuelle de la route de Périers à Carentan. On voit sur cette façade de maison, un pochoir peint d'un insigne tactique de la "GvB" au lieudit "La Fourchette".

Presentday view of the Périers to Carentan road. Seen on this housefront is a stencilled tactical marking of the "GvB" at a place called "La Fourchette".

Heutiger Blick auf die Straße von Périers nach Carentan.

An dieser Hausfront im so genannten Ort "La Fourchette" sieht man ein takt. Zeichen der "GvB", das mit einer Schablone aufgetragen worden ist.

1) Maison détruite qui abritait le poste de commandement de la *Panzer-Jäger-Abteilung 17*.

2) Théo Steinfeld, à droite, peu avant la bataille de Normandie; il appartenait à cette même unité.

3) Les deux mêmes officiers.

4) Un *Sturmgeschütz* en mouvement.

5) Les blessés de la "GvB" en cours d'évacuation.

6) Les premiers prisonniers.

1) A destroyed house used as Panzer-Jäger-Abteilung 17's command post.

2) Theo Steinfeld, right, shortly before the Battle of Normandy; he belonged to that same unit.

3) The same two officers.

4) A Sturmgeschütz on the move.

5) "GvB" wounded being evacuated.

6) The first prisoners.

1) Zerstörtes Haus, in dem der Gefechtsstand der Panzerjäger-Abteilung 17 untergebracht war.

2) Theo Steinfeld, rechts, kurz vor Beginn der Normandieschlacht.

3) Noch einmal die beiden Offiziere.

4) Sturmgeschütz auf dem Marsch.

5) Verwundete der GvB beim Abtransport.

6) Erste Gefangene.

1

2

3

4

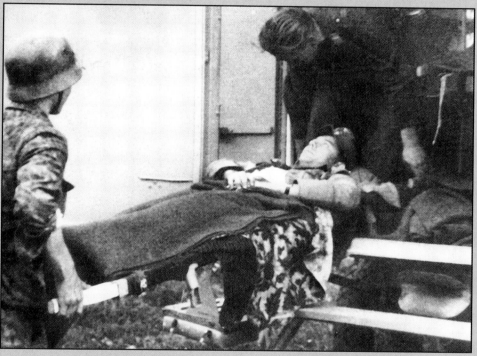

5

6

1) Dans l'attente du combat.

2) Pièce de Flak en position, peu avant la bataille de Normandie.

3 et 4) SPW en mouvement.

5) Bruno Hinz, au centre, entouré des officiers et des hommes de son régiment, peu avant la Normandie.

1) Waiting for battle to commence.

2) Flak gun in position, shortly before the Battle of Normandy.

3 and 4) SPW on the move.

5) Bruno Hinz, in the middle, amid officers and men of his regiment, shortly before the Battle of Normandy.

1) Abwehrbereit.

2) Flak in Stellung. Kurz vor Beginn der Normandieschlacht.

3) et 4) SPW auf dem Marsch.

5) Bruno Hinz, Mitte. Er ist von Offizieren und Mannschaften seines Regiments umgeben. Kurz vor Beginn der Normandiekämpfe.

3

4

5

275

À partir du 28 juin 1944, outre la *83rd USID* (*Major General* Macon), le *VII Corps* du *Major General* Collins dispose de la *4th USID* (*Major General* Barton) et de la *9th USID* (*Major General* Eddy).

Tandis que le *VIII Corps* (*Major General* Middleton) se prépare à attaquer vers La Haye-du-Puits, le *VII Corps* aura pour objectif Périers. Le secteur actuel où combat le *VII. Corps* n'est qu'à quelques kilomètres de Carentan et la route, qui passe par cette ville, est encore sous la menace de l'artillerie allemande.

Mais, en raison de l'étroitesse du secteur, seule la *83rd USID* interviendra dans les combats avec seulement deux régiments, les *330th* et *331st IR* ; le premier situé à l'est de la route Carentan-Périers, le deuxième à l'ouest dans le secteur de Méautis, dans un terrain marécageux et accidenté.

Du côté adverse, le commandement allemand ne peut opposer que les restes du *Fallschirmjäger-Regiment 6*, la *17. SS-Panzer-Grenadier-Division « Götz von Berlichingen »* (dénommée aussi *Kampfgruppe 17. SS-Pz.-Gren.-Div GvB*), plus à l'est, le long du canal Taute-Vire, le *Kampfgruppe Heinz* et le *Pionier-Bataillon « Angers »*.

Des reconnaissances lointaines à travers des zones marécageuses et inondées permettent d'observer une intense circulation de véhicules et trois aérodromes de campagne pour des *Jabos*. Ils sont hors de portée de la zone d'action de l'artillerie allemande. Sont aussi repérées de nombreuses batteries qui règlent leur tir.

Helmuth Günther, alors *SS-Untersturmführer* et chef de section à la *4. (Aufkl.) Kompanie* de la *SS-Panzer-Aufklärungs-Abteilung 17* témoigne :

« Ici, le long des marais de Gorges — telle était la dénomination régionale —, arriva une épreuve pour l'*Unterscharführer* Wihr. Depuis des jours, on observait un sacré trafic de troupes US qui passait sur la route bordant le nord du marais. Chars, camions et canons roulaient en une suite ininterrompue, vers Baupte ou en revenant, sans être nullement gênés. Quelques canons ou même seulement une pièce de 8,8cm Flak auraient suffi pour arrêter cette impertinence. Nous n'osions absolument plus croire en des aviateurs allemands. À peine savions-nous à qui ils ressemblaient. Il n'y avait rien là, l'Ami pouvait se promener devant nos yeux. La portée de nos MG était malheureusement insuffisante. Walzinger (le chef de la 4. Kp) avait rendu compte de l'observation à la Division. Résultat : la Kompanie devait faire une reconnaissance de terrain d'au moins 24 heures sur cette route. On souhaitait des données chiffrées sur la densité de ce trafic. Je dis à Walzinger : "C'est la mission pour Wihr, cette affaire lui ira comme un gant !" Après quelque hésitation, il approuva : "Espérons que tout ira bien !"

Nous accompagnâmes Wihr un bon bout de chemin, puis l'obscurité l'engloutit. Peu après, nous entendions le glouglou final du sol marécageux, puis ce fut le silence absolu. Nous rentrâmes tranquillement, moi personnellement avec le souhait du plus profond du cœur que Wihr revienne vivant et qu'il puisse exécuter sa mission avec satisfaction. »

Le **1er juillet 1944**, la *17. SS-Panzer-Grenadier-Division « Götz von Berlichingen »* transmet son rapport (*Meldung*) (*Ia 436/44 g. Kdos*) au *LXXXIV. AK*.

Bref jugement de valeur du *Kommandeur* de Division

« *Le Kampfgruppe de la Division est actuellement sur le front défensif de la presqu'île du Cotentin.*

Comportement de la troupe : très bon.

Détachements immobilisés de la Division (par suite du manque de motorisation, NDA) dans l'ancienne zone de cantonnement.

Signé : Baum. »

À cette date, la « Götz » possède encore presque de toutes les pièces de son régiment d'artillerie et envi-

---

Vue panoramique actuelle du champ de bataille, à gauche vers Saint-Lô, au centre au loin Coutances et à droite vers Gavray.

The battle field today. Left : Saint-Lô . In the middle : Countances. Right : Gavany

Blick über da Schlachtfeld, wie es heute aussieht. Links liegt Saint-Lô, in der Mitte in einiger Entfernung Coutances und auf der Rechten Gavray.

ron 31 Sturmgeschütze. Au début de juillet, la *2./SS-Panzer-Abteilung 17* dispose de 8 Sturmgeschütze et, au cours des combats, elle avait détruit 12 chars américains. Pour l'ensemble de la *SS-Panzer-Abteilung 17*, c'est un score de 25 chars. Pour sa part, la *SS-Flak-Abteilung 17* a abattu 7 *Jabos* et 2 quadrimoteurs.

Le **3 juillet** au soir, la « Götz » occupe les positions suivantes :

— Le *III./37* (*SS-Hauptsturmführer* Zorn) est raccordé près de Raffoville au *Fallschirmjäger-Regiment 6*.

— Le *I./37* (*SS-Sturmbannführer* Reinhardt) est positionné de part et d'autre de la RN 174.

— Le *II./37* (*SS-Sturmbannführer* Opificius) est en position jusqu'à la zone inondée du ruisseau de Gouffre et de la Taute.

Quant au *SS-Panzer-Grenadier-Regiment 38*, le *I./38* (*SS-Hauptsturmführer* Ertl) se trouve à l'est de la Taute sur la presqu'île de Graignes, au sud du canal Taute-Vire. À droite, il est raccordé au *Pionier-Bataillon « Angers »* et au *Kampfgruppe Heinz* (détaché de la *275. I. D*).

Le *II./38*, (*SS-Sturmbannführer* Nieschlag) a été ramené dans le secteur de Pont-Hébert après avoir été engagé dans la région de la Meauffe et le *III./38* (*SS-Sturmbannführer* Bolte) est au sud de Tribehou, à 5 km au sud-est de Sainteny.

La *9./38* (*SS-Hauptsturmführer* Krehnke) avait subi le baptême du feu avec le *II. Btl* dans les combats de Montmartin. À ce moment le secteur tenu par la « Götz » avec les unités mises à ses ordres mentionnées plus haut occupe ainsi un front qui s'étend depuis les Prairies Marécageuses jusqu'à la Vire.

Les combats pour Sainteny

La journée du 4 juillet

À l'aube, vers 4 heures, et après une préparation d'artillerie, le *Major General* Collins (*VII Corps*) lance la *83rd ID* à l'attaque en direction de Sainteny avec les *330th* et *331st IR*. Près des marais de Gorges, à l'aile droite américain, le *331st IR* se heurte aux paras du *Fallschirmjäger-Regiment 6*, menaçant d'ouvrir une brèche entre les *II*. et *III. Btle*, tandis qu'à gauche, le *330th* progresse d'environ 1 km. À partir de 5 h 15, les Américains lancent une attaque le long de la RN 171, dans le secteur tenu par les *II./* et *III./37*. La

6./37 est décimée. Il lui reste 50 survivants et son chef, le *SS-Obersturmführer* Tetzmann est blessé. Mais une contre-attaque exécutée par la *16. (Aufkl.) Kp*. du *SS-Hauptscharführer* Grüner va assainir la poche réalisée par le *330th*.

En fin d'après-midi, une nouvelle attaque est lancée contre les positions tenues par la *10./37* après une préparation d'artillerie. Le *SS-Obersturmführer* Thomas doit se replier en laissant ses blessés sous la garde du *Sanitätsdienstgrad* (sous-officier du service de santé), le *SS-Unterscharführer* Mauthauser. Devant Culot, à l'est de Raffoville, elle n'a plus que 30 hommes en position et son chef, le *SS-Obersturmführer* Thomas, est blessé.

Malgré des succès locaux, Sainteny n'est pas encore tombé. Les assauts des deux régiments d'infanterie US sont rejetés par des contre-attaques et les percées en partie verrouillées. Le *SS-Panzer-Grenadier-Regiment 37* déplore la perte de 30 tués, 120 blessés et 6 prisonniers. Depuis son engagement, la *83rd ID* (*Major General* Macon), unité peu expérimentée, a perdu 1 400 hommes. Le colonel Barndollar, qui commande le *331st IR* est tué dès le début des combats.

Dans l'ensemble, la « Götz » est parvenue à repousser les attaques américaines. Seule, la poche près de La Sadoterie ne peut être fermée. À la tombée de la nuit, les Américains réussissent à avancer jusqu'aux hauteurs au nord de Culot, au nord-est de Sainteny. Pour s'opposer à cette avance, sont engagés les *I./37* et *III./38*.

Dans le secteur du *II./37* sont engagés des détachements du *III./38*, accolés aux terrains inondés de la Taute près de St-Georges-de-Bohon. À 21 heures, la ligne de résistance principale est rétablie près du *II./37*.

À 23 heures, le *III./38* attaque avec la *11.Kp* (*SS-Obersturmführer* Petschow) à l'aile gauche, vers le nord-ouest. Après quelques gains de terrain, appuyée par de l'artillerie, l'attaque s'enlise devant La Sadoterie à cause de la résistance opiniâtre des Américains.

La journée du 5 juillet

Ce jour-là, les trois régiments d'infanterie de la *83rd ID* (le *329th* du colonel Crabill, le *333th* du colonel Mc Lendon et le *331st* du lieutenant-colonel Long) reprennent leurs attaques en direction de Sainteny. Les unités de la « Götz », principalement le *SS-Pan-*

zer-Grenadier-Regiment 37 (*SS-Obersturmbannführer* Fick), raccordé à gauche au *Fallschirmjäger-Regiment 6*, parviennent à nettoyer les poches adverses en contre-attaquant. Celle créée près de Culot, à 2,5 km au nord de Sainteny sera assainie dans la soirée avec l'appui de détachements de la *SS-Panzer-Abteilung 17*. La crise, qui avait pris naissance dans le secteur du *Fallschirmjäger-Regiment 6* peut être aussi réglée.

Ce même jour, le *III./38*, qui se trouvait à Tribehou est mis en place entre Sainteny, Culot et le Pavillon. Il se retranche en demi-cercle comme deuxième ligne de défense située autour de Sainteny depuis le nord et le nord-est.

Dans *l'Abendmeldung* (compte rendu du soir) du *Generalkommando LXXXIV A. K*, on lit :

« *Près de la* 17. SS-Panzer-Grenadier-Division, *l'ennemi a élargi sa pénétration jusqu'aux hauteurs au nord de Culot, 2 bataillons de la* SS-Panzer-Grenadier-Division *appliqués contre elle. Dans la zone de pénétration de La Butte, la pression ennemie persiste.* »

Enfin, les combats du 5 juillet sont relatés comme suit, le lendemain, par la *Heeresgruppe B* :

« *Le 5 juillet, l'ennemi a poursuivi ses attaques contre l'aile gauche de la* 17. SS-Panzer-Grenadier-Division *et sur tout le front nord du LXXXIV. A. K avec un fort appui d'artillerie et de chars. En engageant toutes les réserves locales disponibles, une percée de l'ennemi a été empêchée jusqu'ici.*

Contre l'ennemi qui est arrivé jusqu'à Culot, une contre-attaque de notre part, lancée par un régiment de la 17. SS avec des Sturmgeschütze est en cours. Au sud de Méautis, l'ennemi est parvenu à faire irruption dans notre ligne principale de résistance jusque dans la région de La Moisenterie. En contre-attaquant, la ligne principale de résistance a été recouvrée. »

Du côté américain, la *83rd ID* déplore 750 pertes nouvelles au cours de cette journée.

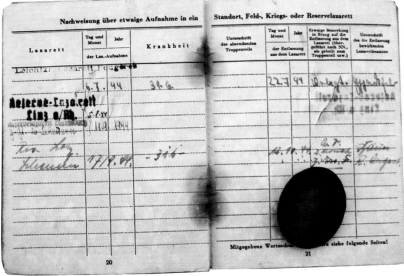

Ensemble de papiers, photo et insigne ayant appartenu à August Mollenhauer de la *2./37*. Sur la photo, Mollenhauer est à gauche, il porte d'ailleurs la bande de bras de la division. A côté de son *Soldbuch*, le diplôme pour l'insigne des blessés noir pour une blessure reçue le 5 juillet 1944. Le livret ouvert montrant le parcours après sa blessure, il est envoyé dans un hôpital provisoire à Feugères avant de partir pour une convalescence à Linz. Nous reparlerons de Mollenhauer dans le second volume.

Set of papers, photo and badge belonging to August Mollenhauer of 2./37. In the photo, Mollenhauer is on the left, wearing the divisional armband. Alongside his Soldbuch, the black qualification for the wounded badge for a wound he received on 5 July 1944. The open book showing the path taken after being wounded, he was sent to a temporary hospital at Feugères before leaving to convalesce in Linz. We shall have more to say about Mollenhauer in Volume Two.

Papiere, Bild und Abzeichen des August Mollenhauer von der 2./37. Auf dem Bild steht Mollenhauer links. Er trägt den Ärmelstreifen seiner Division. Neben seinem Soldbuch die Verleihungsurkunde des Verwundetenabzeichens in Schwarz. Verwundet wurde er am 5. Juli 1944. Das Buch zeigt seinen Weg nach der Verwundung. Von Feldlazarett in Feugéres gelangt er zum Genesungsurlaub in Linz. Von Mollenhauer wird im 2. Band noch die Rede sein.

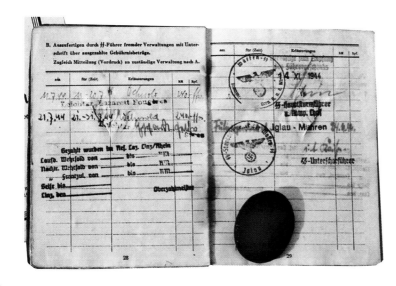

La journée du 6 juillet

Le *Major General* Collins (*VII Corps*) va engager les *329th* et *330th Regiments* ainsi que les *8th* et *12th Regiments* de la *4th ID* (*Major General* Barton). Une percée est obtenue dans le secteur du *I./37*. Son *Kommandeur*, le *SS-Sturmbannführer* Reinhardt ordonne à l'officier-adjoint du bataillon, le *SS-Untersturmführer* Tiemann de lancer une contre-attaque avec le personnel de l'état-major du bataillon, quelques soldats dispersés et avec des paras du *Fallschirmjäger-Regiment 6*. Tiemann trouve le PC de la *1./37* abandonné et le poste de secours du *III./Fallschirmjäger-Regiment 6* en train de brûler. En cherchant la liaison avec les paras, il tombe sur de l'infanterie américaine qu'il peut contenir et disperser avec sa MPi, bien qu'il soit blessé à la main et à l'épaule.

Tiemann revient en parcourant environ 4 km et trouve finalement la liaison avec des *Panzergrenadiere* isolés du *I./37* et des paras du *III./Fallschirmjäger-Regiment 6*. Après avoir opposé une forte résistance avec des détachements de son bataillon, le *SS-Sturmbannführer* Reinhardt est fait prisonnier. Il y a peu de survivants dans la *1./37* (*SS-Hauptsturmführer* Schlebes), comme dans la *2./37* (*SS-Untersturmführer* Hüner) et dans la *3./37* (*SS-Untersturmführer* Wagner). Les restes du *I./* et *III./37* sont réunis sous le commandement du *SS-Hauptsturmführer* Zorn, le *Kommandeur* du *III./37*. Le *II./37* du *SS-Sturmbannführer* Opificius a été éprouvé, lui aussi, au cours des combats.

Ces combats, qui avaient commencé la veille, comprennent tout le secteur gauche de la « Götz » où ses *Panzergrenadiere* sont engagés avec une trentaine de Sturmgeschütze employés par sections ou individuellement. Des pénétrations sont assainies par des contre-attaques. L'une d'elle, près de Culot, menée par le *I./37* avec un appui de Sturmgeschütze, permet de reprendre la localité.

La situation exige l'emploi du *III./38* pour repousser les régiments de la *83rd I. D* qui avancent depuis Méautis. Il est mis aux ordres du *SS-Panzer-Grenadier-Regiment 37*. Ses détachements, qui avaient été envoyés en avance, sont récupérés si bien que le bataillon est au complet.

Au cours de la journée, le *III./38* passe à l'attaque avec trois compagnies au sud de Culot. La *9./38* et la *10./38* sont engagées de part et d'autre d'un chemin creux et la *11./38* (*SS-Hauptsturmführer* Hübner), à droite de la *9./38*.

Après un gain de terrain initial, l'attaque s'enlise. L'aile droite de la *10.Kp* et l'aile gauche de la *9.Kp* sont repoussées, le long du chemin, serrées de près par les Américains. Une large brèche nécessite alors une contre-attaque. Elle est menée par le *SS-Oberscharführer* Schöpflin avec un groupe de réserve de la *11.Kp*, l'échelon d'estafettes et tout ce qu'il avait pu rassembler à la hâte. On parvient à assainir la pénétration et à continuer d'avancer le long du chemin creux. Peu après, le *Kommandeur* du *III./38*, le *SS-Sturmbannführer* Bolte, est tué d'un éclat d'obus à la tête. Son officier-adjoint, le *SS-Untersturmführer* Salomon, grièvement blessé, est fait prisonnier. Il mourra le jour même. Le *III./38* est alors pris en charge par le *SS-Hauptsturmführer* Schweikert. À ce moment, le *III./38* ne compte plus qu'une centaine d'hommes. Une ligne principale de résistance est reconstituée un peu plus en arrière, à peu près à l'endroit qui était tenu par le *III./38*.

Déjà, au cours de la nuit du 5 au 6 juillet, une contre-attaque de la *II./38* avait précédé l'attaque du 6, et lors de cette opération nocturne, son chef, le *SS-Obersturmführer* Petschow, blessé, avait été fait prisonnier.

Au sud de Méautis, les Américains réalisent une pénétration dans les lignes du *III./37*. Cinq chars sont mis hors de combat devant le PC du bataillon avec des moyens de combat rapproché. Une des compagnies du bataillon, encerclée près de La Moisenterie, finit par être dégagée et la ligne principale de résistance peut être rétablie.

Dans la soirée, le *Generalleutnant* von Choltitz (*LXXXIV.A.K*) donne l'ordre à l'état-major de la *2.SS-Panzer-Division* « Das Reich », arrivée dans la région de St Lô à la mi-juin 1944, de prendre le commandement du secteur situé de part et d'autre de Sainteny entre St-André-de-Bohon, à droite et Bléhou, à gauche. Le *I./« D »* (*Deutschland*) du *SS-Hauptsturmführer* Schuster, avec la *6./SS-Panzer-Regiment 2*, sera engagé près de la « Götz ». Les *5./* et *7./SS-Panzer-Regiment 2* seront mis aux ordres de la Division avec pour mission de consolider le front branlant.

Sous le commandement de la « Götz » sont engagés jusqu'ici :

— À droite, le *SS-Panzer-Grenadier-Regiment 37* avec 2 bataillons.

— À gauche, le *Fallschirmjäger-Regiment 6* avec 2 bataillons.

L'artillerie est positionnée comme suit :

— À droite, 3 batteries légères de la « Götz ».

— À gauche, 2 batteries légères de la *275.I.D* et 1 batterie légère de la *91. Luftlande-Division*.

Cette organisation restera constante et c'est le *Kommandeur* du *SS-Panzer-Artillerie-Regiment 2*, le *SS-Standartenführer* Kreutz, qui assumera le commandement de l'artillerie.

Dans le secteur droit, le long du canal Taute-Vire, c'est le calme absolu. Le *II./38* (*SS-Sturmbannführer* Nieschlag) est retiré avec ses véhicules, traverse Tribehou pour gagner Auxais, puis Pont-Hébert. Là, il se tient à disposition en réserve. Ainsi, outre le *Kampfgruppe Heinz* et un *Ost-Bataillon*, il ne reste plus que le *I./38* dans le secteur Port des Planques-Graignes.

Dans la nuit du 6 au 7 juillet, la *SS-Panzer-Aufklärungs-Abteilung 17* est retirée de la région de La Lande de Lessay pour atteindre le lieu-dit « Les Plains », à 2 km au nord-est de Périers, le long de la route Périers-Carentan, alors qu'il faisait encore nuit.

Laissons ici la parole à Helmut Günther, à cette époque chef de section (*I. Zug*) de la *2./SS-Panzer-Aufklärungs-Abteilung 17* :

« *Alerte! C'était la nuit du (6 au) 7.07.44. Pour l'*Aufklärungs-Abteilung *commence ainsi le drame de Sainteny. Cela dure quelques minutes et l'*A. *est prête à se mettre en route. En traversant rapidement La Feuille (à 4 km à l'ouest de Périers, NDA)-Périers-Les Plains (à 4 km au nord-est de cette localité, NDA), nous atteignons la région de Raids, au sud-ouest de Carentan. L'obscurité commence déjà à céder la place à l'aube quand nous sautons des véhicules. Assis dans les fossés, les hommes des compagnies attendent leur ordre d'opération, les véhicules repartent : pour beaucoup de jours, c'est la dernière fois que nous voyons nos bagnoles. Mais la plus grande partie des officiers, sous-officiers et hommes de troupe ne devait jamais plus les revoir.* »

La journée du 7 juillet

Dans le secteur gauche de la Division, les Américains poursuivent leurs attaques avec de l'infanterie, malgré les pertes élevées des jours précédents. Elles sont axées le long de la RN 171 en direction de Sainteny et elles provoquent une rupture.

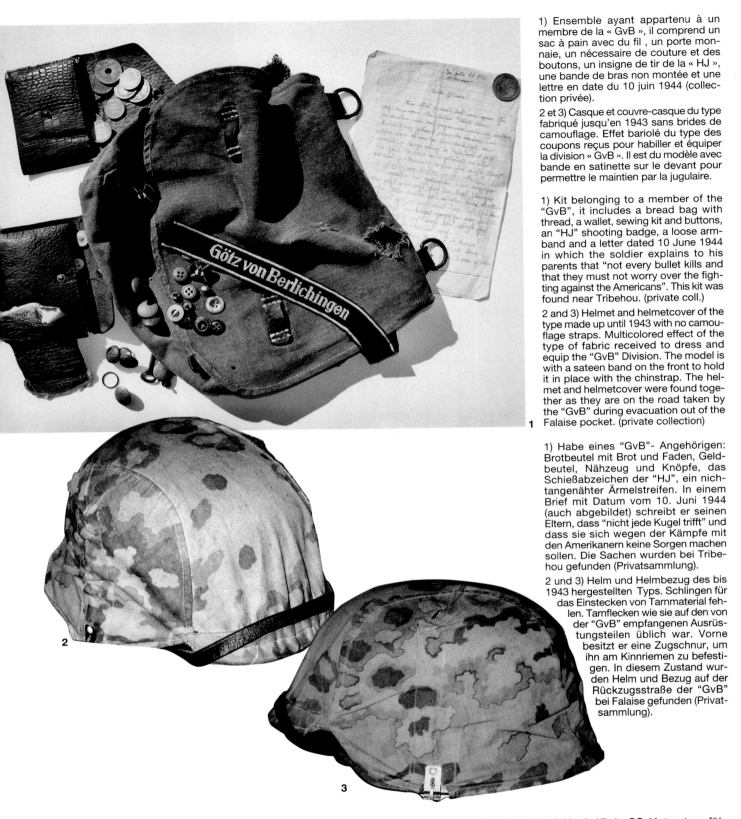

1) Ensemble ayant appartenu à un membre de la « GvB », il comprend un sac à pain avec du fil , un porte monnaie, un nécessaire de couture et des boutons, un insigne de tir de la « HJ », une bande de bras non montée et une lettre en date du 10 juin 1944 (collection privée).

2 et 3) Casque et couvre-casque du type fabriqué jusqu'en 1943 sans brides de camouflage. Effet bariolé du type des coupons reçus pour habiller et équiper la division « GvB ». Il est du modèle avec bande en satinette sur le devant pour permettre le maintien par la jugulaire.

1) Kit belonging to a member of the "GvB", it includes a bread bag with thread, a wallet, sewing kit and buttons, an "HJ" shooting badge, a loose armband and a letter dated 10 June 1944 in which the soldier explains to his parents that "not every bullet kills and that they must not worry over the fighting against the Americans". This kit was found near Tribehou. (private coll.)

2 and 3) Helmet and helmetcover of the type made up until 1943 with no camouflage straps. Multicolored effect of the type of fabric received to dress and equip the "GvB" Division. The model is with a sateen band on the front to hold it in place with the chinstrap. The helmet and helmetcover were found together as they are on the road taken by the "GvB" during evacuation out of the Falaise pocket. (private collection)

1) Habe eines "GvB"- Angehörigen: Brotbeutel mit Brot und Faden, Geldbeutel, Nähzeug und Knöpfe, das Schießabzeichen der "HJ", ein nichtangenähter Ärmelstreifen. In einem Brief mit Datum vom 10. Juni 1944 (auch abgebildet) schreibt er seinen Eltern, dass "nicht jede Kugel trifft" und dass sie sich wegen der Kämpfe mit den Amerikanern keine Sorgen machen sollen. Die Sachen wurden bei Tribehou gefunden (Privatsammlung).

2 und 3) Helm und Helmbezug des bis 1943 hergestellten Typs. Schlingen für das Einstecken von Tarnmaterial fehlen. Tarnflecken wie sie auf den von der "GvB" empfangenen Ausrüstungsteilen üblich war. Vorne besitzt er eine Zugschnur, um ihn am Kinnriemen zu befestigen. In diesem Zustand wurden Helm und Bezug auf der Rückzugsstraße der "GvB" bei Falaise gefunden (Privatsammlung).

La *SS-Panzer-Aufklärungs-Abteilung 17* (moins la *1. (Späh) Kp* du *SS-Obersturmführer* Arnken) est jetée dans la bataille après sa mise en place près des Landes, un hameau au sud-ouest de Sainteny. À l'aube, elle franchit la route entre Les Plains et Raids, à environ 500 m au nord, tandis que le *Kommandeur*, le *SS-Sturmbannführer* Holzapfel, va s'établir avec son PC près du lieu-dit « Les Forges », à 500 m au nord-ouest de Sainteny. Lors de son avance, la *A. A 17* tombe sur un adversaire disposant de troupes fraîches et d'un appui de chars. La *2./A. A 17* du *SS-Untersturmführer* Walzinger se heurte aux Américains le long de la route nationale. Lors du combat, ses pertes dépassent 30 %.

Mais, sous le feu des compagnies, les Américains abandonnent leur progression. La *3./A. A 17* du *SS-Obersturmführer* Buck, engagée à l'aile gauche, va perdre à peu près 50 % de ses effectifs !

En raison des pertes du *III./38*, le *II./38* qui, comme nous l'avons vu plus haut, était en réserve près de

Pont-Hébert, avait été mis en état d'alerte dans la nuit du 5 au 6 juillet. Il va gagner la région au nord de St-André-de-Bohon pour être mis en place afin de fermer la brèche qui existe le long de la bordure marécageuse, près de la Taute.

Dans son ouvrage, Hans Stöber relate un compte rendu du *Kommandeur* du *II./38*, le *SS-Sturmbannführer* Nieschlag à ce propos :

« *La situation s'était aggravée après l'attaque du III./38 qui avait échoué. Il existait un danger, c'était que toute l'aile droite soit serrée dans la zone inondée, le bataillon avait déjà subi des pertes légères à cause de tirs lointains, le danger était si grand que l'ordre (soi-disant direct de la Division) avait été donné d'attaquer déjà après une brève mise en place et bien que des détachements du bataillon ne soient pas encore tout près. (Le SS-Sturmbannführer Nieschlag protesta et s'efforça d'obtenir des précisions de la Division). Dans la soirée du 6, outre la mission de percer en direction du nord-ouest, il obtint la confirmation que l'ordre venait de la Division. La mise en place et la reconnaissance de terrain furent exécutées de justesse, en partie avec peu de succès. La patrouille du SS-Unterscharführer Drifftmann de la II Zug 5.Kp (IIᵉ section de la 5.Kp), par exemple, n'est jamais revenue.* »

Le long de la RN 171 et aussi, plus à l'est, sur la RN 174, les combats recommencent en s'amplifiant. Un axe d'effort se dessine le long de la RN 171 un autre sur la RN 174, et, vers midi, les unités de la *83rd ID* parviennent au nord de Sainteny où elles sont stoppées par une contre-attaque de la *SS-A. A 17* qui exécute un puissant tir défensif, puis se retranche pour repousser l'adversaire.

Les Américains se rabattent vers l'ouest et s'emparent de Raffoville, isolant ainsi provisoirement une partie du *Fallschirmjäger-Regiment 6*. À l'aile droite de ce secteur, sont engagées des compagnies du *II./38*, sauf la *7./38* (*SS-Hauptsturmführer* Hamel) qui couvre vers le nord. Les *5./* et *6./38* lancent une attaque le long de la route départementale 29 qui mène au lieu-dit « Le Port », à 500 m au sud-est de St-André-de-Bohon jusqu'au « Mesnil ». Mais le *II./38* va se trouver bloqué au sud-est de St-Georges-de-Bohon où il va subir de lourdes pertes.

Le *SS-Obersturmführer* Baldauf, chef de la *5./38* est tué, probablement par un tireur d'élite et sa compagnie recense 28 pertes. La *6./38* voit son chef, le *SS-Obersturmführer* Tramontana grièvement blessé.

Il faut signaler ici une action d'éclat réalisée ce jour : celle du *SS-Untersturmführer* Hoffmann, officier-adjoint et en même temps chef de la *Stabskompanie* du *SS-Panzer-Grenadier-Regiment 38*.

Avec 40 hommes du *II./38*, un groupe de *Pioniere* (*SS-Unterscharführer* Willenbächer) et 4 Sturmgeschütze, il reçoit l'ordre de percer au-delà de Rougeville en direction de Port-St-Pierre et d'y faire sauter le pont qui enjambe la Taute, la mission sera exécutée dans la nuit du 7 au 8 juillet et le *Kampfgruppe* reviendra après avoir saisi du matériel américain, dont deux voitures sanitaires et un lieutenant-colonel, détenteur d'une sacoche pleine de documents.

Dans l'après-midi, entre-temps, la *5./SS-Panzer-Regiment 2* mène encore une contre-attaque au nord de Sainteny pour soulager la *SS-A. A 17* qui combat toujours durement sur ses positions.

Mais la « Götz » s'épuise au cours de ces combats acharnés. La *SS-Panzer-Abteilung 17* ne dispose plus que de 22 Sturmgeschütze IV. Les pertes en hommes sont telles que les restes des *II./* et *III./38* sont rassemblés en un *Kampfgruppe* mis aux ordres

du *SS-Hauptsturmführer* Wahl, jusqu'ici officier-adjoint au *SS-Panzer-Grenadier-Regiment 38*.

Dans le compte rendu du soir de la *Heeresgruppe B*, les combats de la journée du 7 juillet sont mentionnés comme suit :

« *…Après une forte préparation d'artillerie, l'ennemi, appuyé par des chars a poussé son avance vers le sud jusqu'à La Pâture au nord-ouest d'Auxais après avoir traversé La Pâture. Là, le PC du SS-Panzer-Grenadier-Regiment 38 est encerclé. Une* Panzer-Abteilung *de la 2.SS-Panzer-Grenadier-Division (en réalité du SS-Panzer-Regiment 2, NDA) engagé depuis la région à l'est de St Lô. Dans la poche de Culot, l'ennemi, en continuant à pousser vers le sud, a atteint Sainteny nord et pris Raffoville en se rabattant vers l'ouest. Détachements du* Fallschirmjäger-Regiment 6 *coupés. Une contre-attaque de la* SS-Panzer-Aufklärungs-Abteilung 17 *a réussi à verrouiller une poche ennemie au nord de Sainteny. Les Ormeaux pris (*par l'ennemi, selon Hans Stöber). *Encore aucun compte rendu sur contre-mesures.* »

La journée du 8 juillet

Les unités de la *83rd ID* atteignent avec un front raccourci à peu près la ligne cote 43-Le Coq-Région de Mont au sud de Culot avec une irruption sur Bois-Grimot.

Cette journée va encore apporter de lourdes pertes en hommes à la « Götz ».

Lors d'un tir de surprise des Américains, le *Kommandeur* du *II./37*, le *SS-Sturmbannführer* Opificius, est blessé à la tête par un éclat d'obus. Afin de lui porter secours, deux hommes et un *SS-Untersturmführer* quittent leur protection. Sous une grêle d'obus, tous trois sont déchiquetés avant d'atteindre le *Kommandeur*. Outre les tirs inopinés, bien dirigés par des avions d'observation d'artillerie, les *Jabos* ne permettent guère de mouvements dans les positions. Arrivant par derrière, ils mitraillent les trous de protection où sont terrés les *Panzergrenadiere*, tuant aussi dans son PC le *SS-Hauptsturmführer* von Seebach, le chef de la *14.(Flak)./37*, pourtant établi dans un chemin creux.

Pendant un court moment, le *II./37* est pris en charge par le *SS-Hauptsturmführer* Hennings (chef de la *8./37*), puis par le *SS-Hauptsturmführer* Ullrich. Le Bataillon se met en position dans le secteur du château d'Auxais, à 3 km à l'est de Raids.

Ce jour-là, les *II./* et *III./38* ne sont plus que des débris avec plus de 50 % de pertes. Au *II./38*, il n'y a plus de chef de compagnie et son *Kommandeur*, le *SS-Sturmbannführer* Nieschlag, bien que blessé, reste à la tête de son bataillon. Après l'échec de l'attaque du *III./38*, alors que le *II. Bataillon* résistait aux attaques américaines, le *SS-Sturmbannführer* Nieschlag est blessé dans un fossé devant le PC du *SS-Panzer-Grenadier-Regiment 38*, près du hameau de La Pâture. Le *Kommandeur* du bataillon doit rendre des comptes au *Divisionsführer* (officier chargé temporairement du commandement de la Division), le *SS-Standartenführer* Baum, et se justifier. H. Stöber relate sa réponse :

« *Du côté de la Division, on ordonne d'abord d'attaquer et ensuite la responsabilité est rejetée sur ceux qui l'exécutent. Si, dans un cours de tactique, un élève-cadet avait pris une telle décision, il se serait fait virer du stage.* »

Il faut dire que Nieschlag avait été professeur de tactique à la *Junkerschule* de Prosetschnitz, en Tchécoslovaquie. Le *SS-Standartenführer* Baum et son *Ia* n'avaient pas donné un tel ordre.

L'officier-adjoint du *SS-Panzer-Grenadier-Regiment 38*, le *SS-Hauptsturmführer* Wahl confirma que l'ordre lui avait été donné comme venant de la Division et

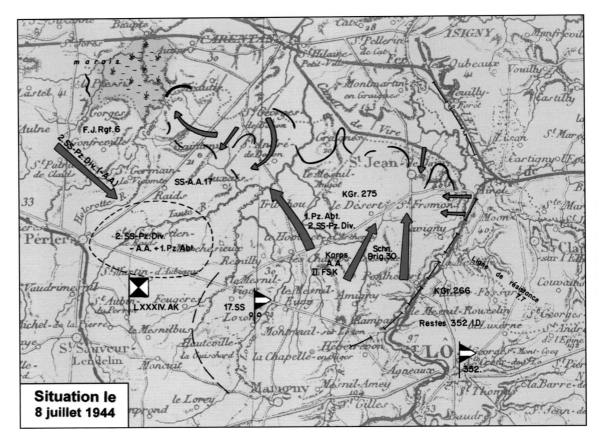

Situation le 8 juillet 1944

transmis par le *Kommandeur* du *SS-Panzer-Grena-dier-Regiment 38*, le *SS-Obersturmbannführer* Horst-mann. Estimant que les attaques-suicides des deux bataillons avaient entraîné des pertes considérables, Baum demanda une explication à Horstmann et lui déclara qu'il devait s'attendre à une procédure en cour martiale. L'*O. B* de la *7.Armee*, le *SS-Oberst-gruppenführer* Hausser, en est informé. Horstmann demande alors la permission de s'éloigner. Après avoir écrit quelques lignes à sa femme qu'il remet au médecin régimentaire, il se tira une balle dans la tête. C'est le *SS-Sturmbannführer* Nieschlag qui prend le commandement du *SS-Panzer-Grenadier-Regiment 38*.

Entre-temps, les unités de la *83rd ID* s'approchent d'une ligne au nord de la route Auxais-Le Moulin et se trouvent devant St-André-de-Bohon. Ici, l'aile droi-te du front est tenue par les détachements restants des *II./37* et *II./38*, mais les unités sont mélangées.

Au cours de la journée, des détachements du *SS-Panzer-Regiment 2* poussent sur deux routes depuis Auxais sur Giffray et tiennent deux jours durant la ligne principale de résistance sans leur propre infan-terie. L'irruption ennemie près de Sainteny est éga-lement assainie par une compagnie blindée sans son infanterie.

Dans la soirée, la *SS-A.A.17* tient toujours devant Sainteny avec ses restes.

La journée du 9 juillet

Les Américains tentent — dans un puissant choc passant d'abord à l'est de Sainteny, puis lancé ensui-te vers l'ouest —, de couper la RN 171 Sainteny-Les Landes (au sud de Sainteny), qui sert au ravitaille-ment et peut-être d'atteindre les marais de La Mau-gerie, à l'ouest. Leur objectif est de couper de leurs arrières les *I./* et *III./37*, la *SS-A. A 17* et le reste du *Fallschirmjäger-Regiment 6*. Pour contrer cette pous-sée, toutes les forces disponibles sont jetées dans la bataille. Les Américains parviennent à franchir la

route près de Bois Grimot et couper ainsi les unités à l'ouest. Une contre-attaque de détachements du *SS-Panzer-Regiment 2* va rétablir la situation.

Au cours de la nuit du 9 au 10 juillet, les unités de la *83rd ID* s'infiltrent entre Sainteny et le château de Bois Grimot. Les *Panzergrenadiere* cèdent à la pres-sion adverse mais des détachements du *SS-Panzer-Regiment 2 (II. Abteilung)*, sous les ordres du *SS-Obersturmbannführer* Tychsen, combattant de façon mobile, sous forme de points d'appui, tiennent la ligne principale de résistance.

Dans le secteur droit de la Division, au cours de la matinée, les Américains avancent vers le Haut-Ver-ney, au sud de Graignes. Malgré la résistance du *I./38* qui met 10 chars adverses hors de combat le point d'appui au sud de Port-des-Planques est coupé de ses liaisons arrières. Une tentative pour briser l'anneau d'encerclement est repoussée par les Amé-ricains. La compagnie encerclée (la *2./38* du *SS-Obersturmführer* Hinz) reçoit l'ordre de se frayer un chemin vers le sud. Le *I./38* va occuper une nouvel-le ligne de couverture sur la route Le Mesnil-Angot-Tribehou.

Dans le secteur gauche, après un violent tir d'artille-rie, les Américains lancent une attaque à l'aile droi-te du *Kampfgruppe Fick* et s'emparent de St-André-de-Bohon. Vers 22 heures, une contre-attaque permet de réoccuper la localité.

Entrons un peu plus dans le détail. Après une recon-naissance menée personnellement par le *SS-Ober-sturmbannführer* Tychsen, la *7./SS-Panzer-Regiment 2* attaque sur Lemonderie pour assurer la couvertu-re, la *5.Kp* se lance sur le village avec des détache-ments du *II./38*. Au bout de deux heures, la bourga-de est reprise et le *330th* de la *83rd ID* est anéanti. Ont aussi participé de façon décisive des détache-ments du *III./38* dont le *Kommandeur*, le *SS-Haupt-sturmführer* Schwiekert, trouve la mort au combat. Entre-temps, la *2./38*, encerclée le long de la bor-dure marécageuse de la Taute, va réussir, en deux nuits, à franchir le marécage en ramenant presque

1

2

toutes ses armes avant de reprendre le combat près de Tribehou. Le *SS-Obersturmführer* Hinz, qui avait obtenu la croix de Chevalier (le *Ritterkreuz*) sur le front de l'Est alors qu'il combattait dans la *5.SS-Panzer-Division* « Wiking » (comme chef de la *5./SS-Panzer-Grenadier-Regiment* « Westland »), se verra attribuer les Feuilles de Chêne le 23 août 1944.

Pour compenser ses pertes, la « Götz » fait acheminer depuis Saumur le *SS-Pionier-Bataillon 17* aux ordres du *SS-Sturmbannführer* Fleischer. Le bataillon est avancé jusqu'à une zone de mise en place, non loin du front, dans le secteur Hauteville-Campond. Il arrivera, dans la nuit du 11 au 12 juillet avec ses trois

1) Pause cigarette après un engagement.
2) Photo actuelle du secteur des combats de la "GvB" autour de la première décade de juillet.

1) Break for a smoke after an engagement.
2) Now, the same place of the struggle at the beginning of July 1944.

1) Zigarettenpause nach dem Gefecht.
2) Heutiges Bilds des Schlachtfeldes (Aufang juli 1944).

compagnies qui totalisent 645 officiers, sous-officiers et hommes de troupe au sud-est de Tribehou après un court repos près de Gournay. Dans la nuit, il doit atteindre la ligne Gournay-La Ramée (inclus) jusqu'à la bifurcation à l'ouest de la sortie (ouest) de La Ramée et de défendre cette ligne avec effort principal sur Gournay et le croisement au sud de Tribehou.

La journée du 11 juillet

Le combat défensif de la SS-A.A. 17 dans le secteur de Sainteny va atteindre son point culminant au cours de la journée — il faut rappeler ici que le village, sur la route de Carentan-Périers est l'objectif du VII Corps (Major General Collins) depuis le 3 juillet —. Pour étoffer ses restes, le Kommandeur de la SS-A. A 17, le SS-Sturmbannführer Holzapfel, va recevoir 40 hommes en renfort et quelques Sturmgeschütze. Des « Panther » du SS-Panzer-Regiment 2 participent également à la défense de la localité. Le PC de la SS-A. A 17, qui se trouve aux Forges, est déplacé au sud-ouest vers la Giloterie dans la journée du 9.

Après une forte préparation d'artillerie, le 329th (de la 83rd ID) se lance à l'attaque et obtient des succès partiels. Mais, du côté de la SS-A. A 17, on ne peut plus remplacer les pertes. La 1. (Pänzerspäh) Kp du SS-Obersturmführer Arnken perd une grande partie

de ses véhicules. Le SS-Sturmbannführer Holzapfel, grièvement blessé, est porté disparu, le SS-Untersturmführer Papas, l'officier-adjoint et le SS-Obersturmführer Obert, adjoint au Kommandeur, sont blessés. Les chefs de la 2.(Aufkl.) et de la 3.(Aufkl.) Kp., les SS-Obersturmführer Schröder et Buck sont tués. Il faut se résoudre à abandonner le village. Selon H. Günther, sur 17 officiers de la SS-A.A. 17, il en reste trois dans les compagnies et deux à l'état-major, avec un effectif de 40 hommes indemnes.

La journée du 12 juillet

En raison de la forte pression exercée par les Américains, la Division publie un ordre pour replier la ligne principale de résistance (Ia Tgb Nr 442/44 g. Kdos). Le mouvement aura lieu au cours de la nuit du 12 au 13 juillet.

Cette ligne principale de résistance va s'étendre sur un tracé Le Glinel-Vallée du ruisseau au sud de Bois du Hommet-Gournay-Tribehou-es Aubris-La Varde-Le Canal-Auxais-Hauteur 15.

Au cours de la journée, la 83rd ID, appuyée par des chars de la 3rd Armored Division, attaque près de Gournay et de Tribehou. À 17 heures, l'attaque près de Gournay est repoussée mais, une heure plus tard, le front est rompu près de la localité. Trois contre-attaques, lancées successivement, échouent. À

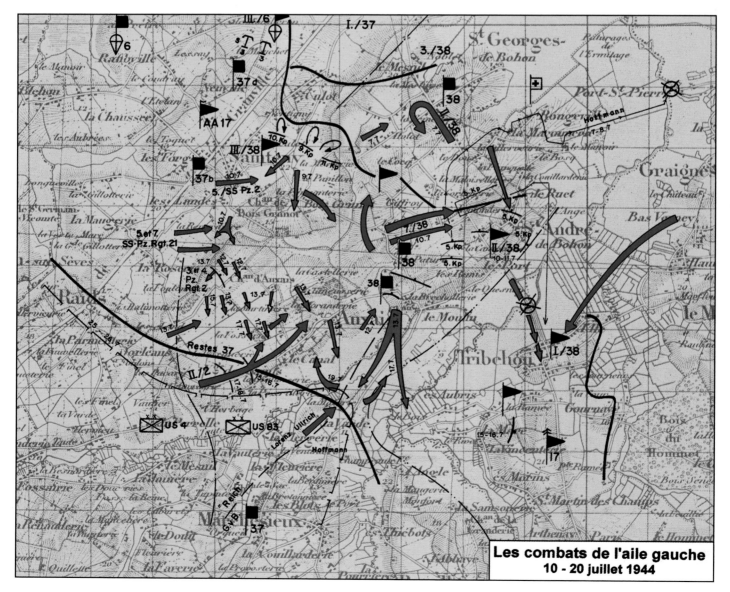

Les combats de l'aile gauche
10 - 20 juillet 1944

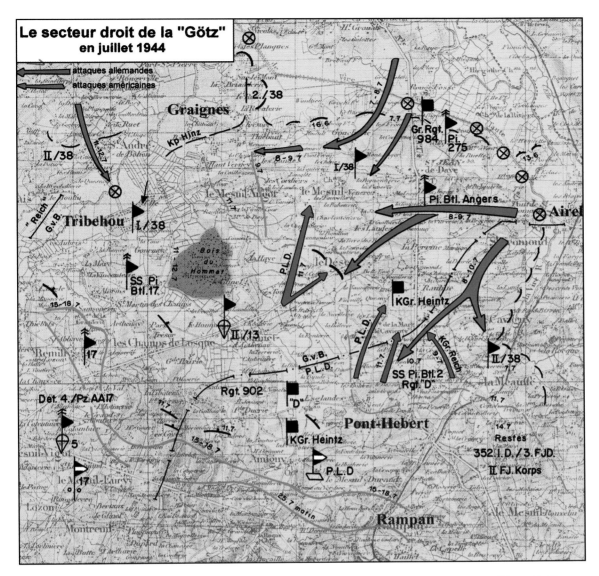

Le secteur droit de la "Götz"
en juillet 1944

→ attaques allemandes
→ attaques américaines

19 heures, les Américains sont parvenus à un kilo-mètre au sud du Glinel. Devant la supériorité adverse et l'insuffisance des forces dont il dispose, le *Kommandeur* du *SS-Pionier-Bataillon 17*, le *SS-Sturmbannführer* Fleischer évacue Tribehou pour récupérer sa *3.Kp* (*SS-Hauptsturmführer* Müller). De son côté, le *Kampfgruppe* ErtL (*I./38*) est appliqué pour verrouiller vers le nord, près de La Ramée.

Dès ce jour, les Américains ont en vue les passages sur la vallée de la Taute, près du Moulin. Ici va encore intervenir la *7./SS-Panzer-Regiment 2*. Malgré sa supériorité, l'adversaire ne réussit pas à prendre Le Port et Le Moulin. Pour le *II./38*, la lutte prend la forme de combats rapprochés dans ces deux hameaux. Entre-temps, deux passages sont détruits mais la prise des deux hameaux ne servira pas à grand chose pour les Américains. Pour approcher du passage qui se trouve le plus à l'ouest, ils doivent d'abord venir à bout des lignes de recueil de La Vierge, au sud-ouest d'Auxais et de La Pernelle. Là, ils vont se heurter au *SS-Panzer-Grenadier-Regiment 37*, ou plutôt à ses survivants, désormais regroupés dans le *Kampfgruppe Fick*.

Il faut préciser ici qu'ont été constitués des sous-groupes qui portent le nom de leur chef : *Kampfgruppe* du *SS-Hauptsturmführer* ErtL (*I./38*), du *SS-Untersturmführer* Wilhelmi (*SS-Panzer-Grenadier-Regiment 37*), du *SS-Hauptsturmführer* Ullrich (*SS-Panzer-Grenadier-Regiment 37*), du *SS-Untersturmführer* Lorenz

(Adj. *II./38*) et du *SS-Untersturmführer* Hoffmann (*Stabs-Kp* du *SS-Panzer-Grenadier-Regiment 38*). Les restes de la *SS-A. A 17* sont pris en charge par le *SS-Hauptsturmführer* Mumm.

Les derniers combats avant « Cobra »

Au cours de la nuit du 13 au 14 juillet, comme toutes les autres unités de la « Götz », le *SS-Pionier-Bataillon 17* se replie sur la « position des eaux » (*Wasserstellung*) selon l'ordre envoyé par le *Generalleutnant* von Choltitz *Generalkommando LXXXIV. AK*, (*Ia Nr 1758/44/geh*).

Suivons dans ses combats l'une des unités de la « Götz », le *SS-Pionier-Bataillon 17*.

Le **14 juillet**, il occupe des positions au sud de Tribehou. Le lendemain, les Américains attaquent sur l'ensemble du front et anéantissent, vers midi, la *1.Kp* (le *SS-Obersturmführer* Volkenand a remplacé le *SS-Obersturmführer* Schleicherd, blessé la veille) dans sa presque totalité. Toutes les forces disponibles doivent être engagées pour réussir à tenir la ligne principale de résistance. Le *Kommandeur* de la Division, le *SS-Standartenführer* Baum met à la disposition du bataillon, outre la *5.(schwere)/SS-A. A 17*, la compagnie lourde du *SS-Obersturmführer* Priehler, engagée depuis le 13, une section de canons lourds d'infanterie du *II./38* et la *3./SS-A.A. 17* (*SS-Untersturmführer* Kuske).

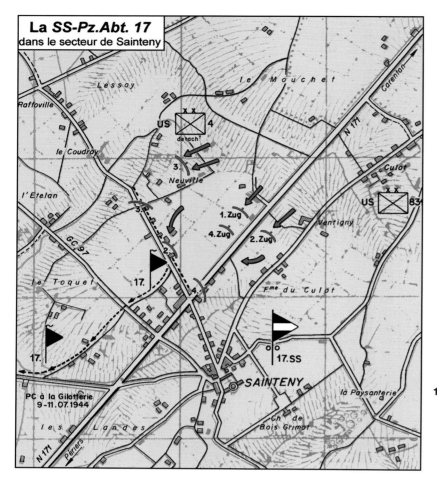

La SS-Pz.Abt. 17
dans le secteur de Sainteny

Nahkampf-tage	Tag	Ort nach Regimentsbefehl	Bescheinigung des Kompanieführers
1	22.6.44	LA MEAUFFE	
2	4.7.44	TRIBEHOU	
3	5.7.44	Gegenangriff nach CULOT	
4	10.7.44	St ANDRE BOHON	
5	23.9.44	MARIELLEN	
6		Lfd.Nr. 1 - 5	
7			
8		SS-Ostuf.u.Battr.-Chef	
9			
10			

SS-Kan. Bernh. Hovest, 9./SS.A.R1
Bescheinigung über Nahkampftage

Bescheinigung über Nahkampftage
Metten & Co., Berlin SW 61

1

1) Soldbuch von Bernhard Hovest, Kanonier in der 9./ SS-Art.-Rgt.17. Hier sind die Nahkampftage zu sehen, die nachgewiesen werden müssen, um die Spange zu erhalten. Die Gefechte, an denen er teilgenommen hat, sind auch die, welche die "GvB" im Département Manche erlebt hat.

2 und 3) Gefallenenmitteilung von Josef Pflieger, Pionier bei der "GvB". Er fand den Tod am 13.Juli 1944 anläßlich der hartem Kämpfe um Champs de Losque im Gebiet um la Chaussée. Er ruht heute auf dem Soldatenfriedhof von Orglandes.

1) Soldbuch de Bernhard Hovest canonier à la 9./SS.Art. Rgt. 17, il est ici ouvert à la page des jours de combats rapprochés pour en obtenir la décoration. Les engagements, auxquels il participe, résument le parcours des combats de la « GvB » dans la Manche (collection L. Humbert).

2 et 3) Faire-part de décès de Josef Pflieger, pionnier à la « GvB ». Il décède le 13 juillet 1944 lors des durs combats aux Champs de Losque dans la région de la Chaussée. Sa tombe actuelle au cimetière d'Orglandes.

1) Soldbuch of Bernhard Hovest, a gunner with 9./SS.Art. Rgt. 17, here it is opened at the page of days of close combat to win the decoration. The engagements in which he took part track the fighting involving the "GvB" in the Manche department.

2 and 3) Announcement of the death of "GvB" engineer Josef Pflieger. He died on 13 July 1944 during a fierce battle at Champs de Losque in the Causeway area. His grave is now at the Orglandes cemetery.

Gebetsandenken
an unseren lieben Sohn und Bruder
Josef Pflieger
Bauerssohn von Kroneck
Pionier in einer Einheit der Waffen-SS

welcher am 13. Juli 1944 bei den schweren Kämpfen bei les Champs de Losque in Frankreich im Alter von 18 Jahren den Heldentod fürs Vaterland gestorben ist.

Er ruhe im Frieden!

2

3

Le **16 juillet**, après un violent tir d'artillerie, les Américains atteignent Remilly-sur-Lozon. La *2/SS-Pionier-Bataillon 17* et une compagnie du *SS-Panzer-Grenadier-Regiment 38* se mettent en place près des Thiébots pour reprendre le village après la poursuite de l'attaque américaine vers le nord-ouest de part et d'autre de Remilly-sur-Lozon. L'objectif de l'adversaire est de faire sauter le saillant de l'Angle, au sud de La Varde. La *3./SS-A.A. 17* peut se maintenir dans la région de La Chaussée.

Dans la nuit du 16 au **17 juillet**, à 0 h 30, le *SS-Pionier-Bataillon 17* reçoit l'ordre d'élargir la tête de pont vers le sud jusqu'à la route Les Champs de Losques-Le Mesnil-Vigot.

Au cours de la journée, les Américains font irruption au point de jonction entre le *Fallschirmjäger-Regiment 13* et le *SS-Pionier-Bataillon 17* à l'ouest et à l'est de la route La Rivière, Les Champs de Losques, dans la région de La Chaussée.

Dans le secteur gauche (*Kampfgruppe Fick*) s'abat un fort tir d'artillerie sur Marchésieux, La Varde, la Maturie. Des poussées ennemies au nord-est de La Varde sont repoussées.

Le **18 juillet**, est lancée une attaque sur le saillant de La Varde. Pour cette opération, sont engagés deux régiments de la *83rd ID* : les *329th IR* (colonel Crabill) et *331st IR* (colonel York).

La Varde est un petit hameau à 1 km au nord de Marchésieux qui s'étend sur une petite langue de terre entre la vallée du Lozon et celle de la Taute.

Le secteur de La Varde est tenu par 4 *Kampfgruppen* : celui du *SS-Hauptsturmführer* Ullrich (*II./37*), du SS-Untersturmführer Hoffmann (*Stabs-Kp/SS-Panzer-Grenadier-Regiment 38*), du *SS-Untersturmführer* Lorenz (officier-adjoint du *II./38*) et du *SS-Hauptsturmführer* ErtL (*I./38*). À l'est et au sud-est de Marchésieux, où se trouve le PC du *SS-Obersturmbannführer* Fick, sont positionnées la *3./SS-A.A 17*, la *3./SS-Pionier-Bataillon 17* et la *2./SS-Pionier-Bataillon 17*.

Vers 18 heures, le *329th IR* lance une attaque de diversion tandis que l'attaque principale est exécutée par le *331st IR* pour rétablir le pont détruit sur la Taute. Une tête de pont est constituée par le *III./331st IR* à La Varde.

Le lendemain **19**, quelques renforts arrivent du côté américain tandis qu'un pont Bailey était construit au cours de la nuit pour le passage des chars.

Du côté allemand, le *Kampfgruppe Lorenz* n'est pas assez fort pour contre-attaquer. Excepté 2 Schw. Granatwerfer (mortiers lourds) du *SS-Oberscharführer* Becker (*8./38*), les Allemands ne disposent d'aucune réserve. Une contre-attaque est tout de même lancée à La Maturie, à l'est de La Varde par le *Kampfgruppe Ullrich*, appuyée par 2 Sturmgeschütze de la *3./SS-Panzer-Abteilung 17*. Mais les Américains, qui avaient réussi à transborder 2 pièces antichars, atteignent celui des 2 Sturmgeschütze qui roulait en tête. Il se range sur le bas-côté droit pour laisser passer le second. Celui-ci atteint la partie nord de la route et ouvre le feu sur les Américains. Le *331st IR* va déplorer 50 % de pertes.

Dans l'après-midi, les survivants décrochent à travers la vallée inondée de la Taute.

Le **23 juillet**, le *Generalkommando LXXXIV. A. K* adresse son compte rendu hebdomadaire sur l'état de ses unités à l'*A.O.K. 7*.

Dans celui-ci, on relève qu'à ce moment, la « Götz » dispose des unités suivantes :

« *Bataillons : 2 faibles, 5 épuisés.*

1 F.E.B (bataillon de dépôt), personnel d'encadrement en mise sur pied.

Pz. Abwehr *(défense antichars)*

a) en propre :	10 s.Pak
	10 Sturmgeschütze
Artillerie :	5 le. Battr. (batteries légères)
Mobilité :	30 %

Valeur combative IV »

Ajoutons que sont mises aux ordres de la *Panzer-Lehr-Division,* 3 batteries lourdes (16 tubes) du *SS-Artillerie-Regiment 17*.

L'opération « Cobra »

Le **24 juillet** 1944, le front tenu par la « Götz » forme un saillant dont la pointe se trouve à La Varde.

À gauche de son secteur, la *2.SS-Panzer-Division* « Das Reich » occupe aussi un saillant au nord de St-Germain-sur-Sèves. À sa droite, le long de la route Périers-St Lô, est positionné le *Fallschirm-Pionier-Bataillon 5* du *Hauptmann* Mertins.

L'intention des Américains est d'atteindre Coutances et, si possible, la côte plus au sud et d'éliminer l'ensemble du *LXXXIV. A.K.*

L'offensive, qui démarre le 25 juillet après le bombardement préparatoire, affecte peu le secteur de la « Götz » comme il est indiqué dans le K.T.B (*Ia Tgb. Nr 1305/44 geh.*)

On peut y relever la poursuite du minage, devant les positions, des bruits de chars perçus dans le secteur du *SS-Pionier-Bataillon 17*, des tirs d'artillerie et des activités de patrouilles, appui du combat défensif du *Fallschirm-Pionier-Bataillon 5*.

Dans le *Gefechtsbericht* (rapport de combat) d'un chef de section adressé à la *3./SS-Panzerjäger-Abteilung 17*, on lit :

« *Après que l'ennemi ait obtenu une percée à l'ouest de st Lô et menaçait le flanc droit de la Division, 2 pièces ont été ajoutées au* Kampfgruppe Ullrich *et engagées dans le secteur du Mesnil-Vigot.*

Dans les heures de midi du 26.07.1944, l'ennemi a attaqué avec des forces assez puissantes et a percé en maints endroits dans le secteur droit du Fallschirm-Pionier-Bataillon 5. *Pour assainir la poche, la pièce du SS-Unterscharführer Oelke a été engagée. En utilisant des obus explosifs et à charge creuse, l'ennemi a pu être repoussé.* »

En raison de la situation confuse dans la secteur de la *353.ID* (*Generalleutnant* Mahlmann) qui combat à droite du *Fallschirm-Pionier-Bataillon 5*, ce bataillon et le *Kampfgruppe Ullrich* reçoivent l'ordre de se replier à 23 heures sur la nouvelle ligne principale de résistance. Le *Kampfgruppe* du *SS-Untersturmführer* Hoffmann va laisser une section à La Varde, le *SS-Hauptsturmführer* Ullrich tente de la rappeler, mais ne peut que lui donner l'objectif de la marche qui doit se faire à pied. La section n'a jamais retrouvé le *Kampfgruppe*.

Entre temps, le *LXXXIV.A.K* avait donné l'ordre de repli pour atteindre la « Ligne jaune ». (*Gelbe Linie*) au cours de la nuit du 26 au 27 juillet 1944.

Dans un premier temps, les unités gagneront d'abord une ligne intermédiaire : Lozon-Le Mesnil-Vigot-St Martin d'Aubigny-La Feuillie-Pirou. Le voisin de droite, le *II. Fallschirmjäger-Korps* se raccordera au mouvement avec son aile gauche.

La « Götz », la « Das Reich » et les *Kampfgruppen* de la *91. Luftlande-Division* et de la *243. I. D* se replieront le 26 à 23 heures, en laissant des arrière-gardes.

Pour sa part, la « Götz », en renforçant le *Fallschirm-Pionier-Bataillon 5*, qui est à ses ordres, doit s'assurer que le pivot à l'est du Mesnil-Angot reste solide-

main entre les mains allemandes et que la liaison vers la *353. I. D* soit garantie près de Lozon.

Dans la journée du **27 juillet**, alors que les unités allemandes sont en cours de repli, les Américains percent à l'ouest, vers Coutances, avec la *1st I. D* (*Major General* Huebner) et le *CCB 3* du *Brigadier* Boudinot (*3rd Armored Division* du *Major General* Watson). Ces unités progressent en direction du Lorey et s'emparent de Camprond et de La Chapelle.

1 à 3 : Karl Heitböhmer de la *10./37.*, ici au grade d'*Oberscharführer*, peu après la campagne de Normandie. Il est décoré de l'insigne d'assaut d'infanterie, de la croix de fer de 1ere classe ainsi que de l'insigne des blessés en argent dont le diplôme est présenté ci-dessous. Il a été blessé le 17 juillet 1944 alors que le reliquat du régiment 37 était durement engagé au sein du « Kampfgruppe Fick ». A côté, le diplôme du passage de grade obtenu juste avant la Normandie.

1, 2, 3) Karl Heitböhmer of 10./37., here with the rank of Oberscharführer, shortly after the Normandy campaign. He is decorated with the Infantry assault badge, the Iron Cross 1st Class and the silver wounded badge with the corresponding qualification shown below. He was wounded on 17 July 1944 when the remnants of Regiment 37 were committed in a hardfought battle as part of "Kampfgruppe Fick". Alongside it is the qualification for promotion to the rank obtained just before Normandy.

1 bis 3) Karl Heitböhmer von der 10./ 37 hier als Oberscharführer gleich nach der Normandieschlacht. Er hat Infanteriesturmabzeichen, das EK I sowie das silberne Verwundetenabzeichen. Die Verleihungsurkunde ist unten abgebildet. Verwundet wurde er am 17. Juli 1944, als die Reste des Regiments in der Kampfgruppe Fick aufgegangen waren und harte Kämpfe durchmachten. Daneben die Beförderungsurkunde, die ihm kurz vor den Normandiekämpfen ausgehändigt wurde.

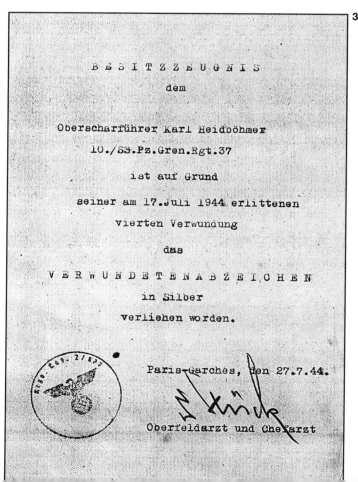

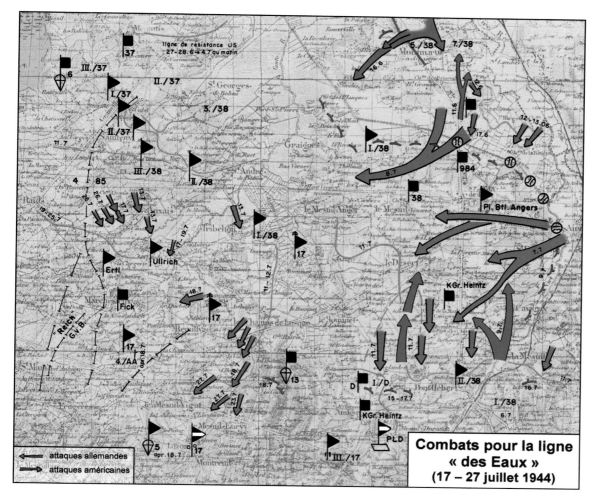

**Combats pour la ligne « des Eaux »
(17 – 27 juillet 1944)**

attaques allemandes

attaques américaines

C'est pourquoi le *SS-Pionier-Bataillon 17* reçoit l'ordre de prendre position près de la voie ferrée dans la région de Cambernon. La mission est de verrouiller le front vers l'est.

« *Le 27 juillet 1944,* rapporte encore le chef de section, le SS-Unterscharführer *Kloppmann, l'ennemi a attaqué dans la soirée avec l'effectif d'un bataillon. Devant la localité du Mesnil-Vigot, l'attaque a pu être arrêtée pour un court moment. Cette poche suffisait pour couper le chemin à nos unités qui se trouvaient encore au nord de la route St Lô-Périers et qui devaient se replier à 22 heures. Je donnais l'ordre au SS-Unterscharführer Oelke d'avancer sur le seul chemin encore libre dans le flanc de l'ennemi pour le combattre de cet endroit. La pièce est tombée sur une compagnie ennemie qui se mettait en place pour attaquer. Le feu a été aussitôt ouvert et l'ennemi anéanti avec des obus explosifs et à charge creuse ainsi qu'avec le sMG dans sa totalité. Après ce combat, l'ennemi s'est replié de la localité et le repli des unités a pu avoir lieu sans être attaquées.* »

Le 27 au soir, arrive l'ordre de repli sur la « ligne jaune » qui n'était qu'imparfaitement préparée sur les hauteurs autour de Montcuit, au sud d'Hauteville, près du Rocher.

À 23 heures, les unités reçoivent l'ordre de ne plus l'occuper, tandis que le *Fallschirm-Pionier-Bataillon 5* va se rassembler au sud-est de Courcy.

Le *Kampfgruppe Fick,* la *SS-A. A 17* et les *I./* et *II./SS-Artillerie-Regiment 17* qui devaient se replier aussi sur la « ligne jaune » avec le *Fallschirm-Pionier-Bataillon 5,* comme aile droite de la « Götz », doivent gagner la région au sud de Coutances. C'est seulement des heures plus tard que les Américains remarquent le repli.

« *Au soir du 27,* note A. Pipet, *deux profonds saillants dessinent l'avance de Collins. Au nord, à Camprond,*

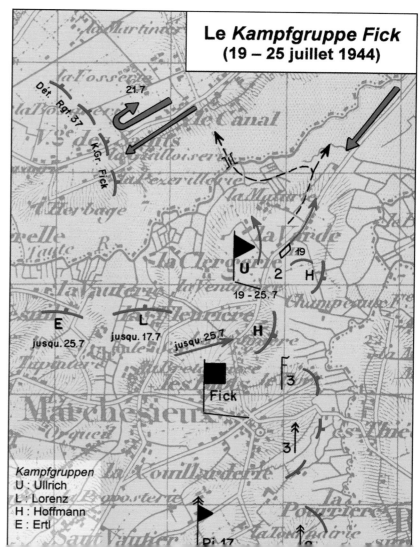

**Le *Kampfgruppe Fick*
(19 – 25 juillet 1944)**

Kampfgruppen
U : Ullrich
L : Lorenz
H : Hoffmann
E : Ertl

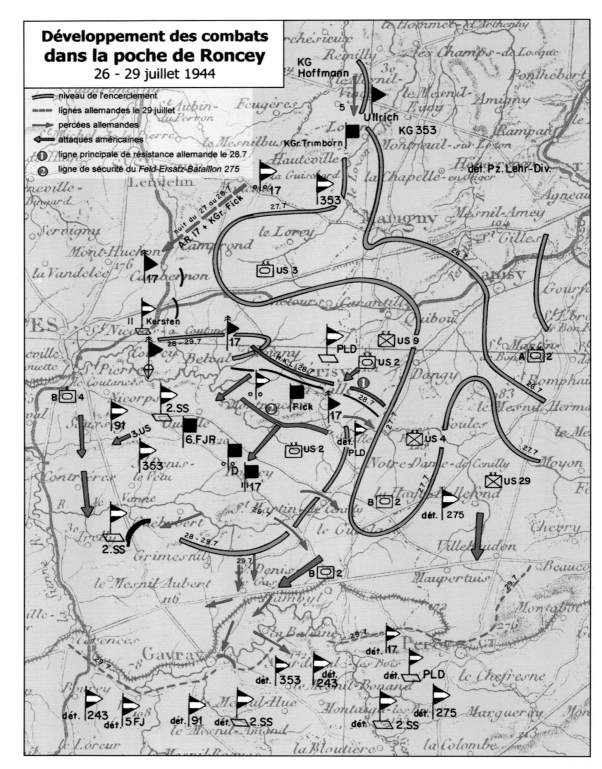

Développement des combats dans la poche de Roncey
26 - 29 juillet 1944

- niveau de l'encerclement
- lignes allemandes le 29 juillet
- percées allemandes
- attaques américaines
- ① ligne principale de résistance allemande le 28.7
- ② ligne de sécurité du *Feld-Ersatz-Bataillon 275*

Huebner a l'index tendu en direction de Coutances. Au sud, White (le Brigadier-General White est à la tête du CCB de la 2nd Armored Division, NDA), à l'extrémité de l'autre pointe filant tout droit jusqu'à Cenilly, s'apprête à atteindre la côte dans une course contre la montre.

Entre ces deux index tendus sur les arrières du LXXXIV. A. K, le Général Hickey (commandant le CCA de la 3rd Armored Division, NDA) s'apprête à déboucher de Quibou avec ses blindés. Mais déjà à l'ouest devant cette menace d'encerclement, von Choltitz commence à replier ses forces. Bradley s'en aperçoit. Il comprend aussi que « le Grand UN Rouge » (la 1st I. D du Major General Huebner, NDA) arrivera

trop tard pour fermer la nasse. Aussi, c'est au Combat Command de White qu'il importe de gagner la course qu'a perdue le Général Huebner devant Coutances, en prenant l'Allemand de vitesse sur la Sienne. Dans la soirée, White reçoit la mission de bloquer tous les croisements situés entre Notre-Dame-de-Cenilly et Lengronne et de couper tous les passages sur la Sienne », note encore A. Pipet

Le 28 juillet, est publié un ordre de la « Götz » pour verrouiller la poche des Américains au-delà de Cametours vers l'ouest et le sud-ouest. Un nouveau front est aménagé sur la ligne Pont-Brocard-Cerisy la Salle-Les Landes-Savigny, après le décrochage de la « ligne jaune ».

Sont engagés le *Fallschirm-Pionier-Bataillon 5* et le *SS-Pionier-Bataillon 17* dans le secteur de Cerisy-la-Salle et, jusqu'au point de raccordement à gauche vers la *2.SS-Panzer-Division* « Das Reich » le *Kampfgruppe Fick* et le bataillon Ullrich.

Au cours de la journée, le *SS-Obersturmbannführer* Tychsen, le chef de la *2.SS-Panzer-Division* « Das Reich » (*Divisionsführer*), qui en avait pris le commandement après la blessure du *SS-Brigadeführer* Lammerding le 24 juillet, est tué par une unité de reconnaissance américaine près de Cambry, à 4 km au nord de Trelly. À 18 h 30, le *SS-Standartenführer* Baum, le *Kommandeur* de la « Götz » réunit sous son commandement les deux divisions.

La poche de Roncey et la sortie

Jusqu'à ce jour, le commandement allemand était parvenu à maintenir la cohésion des troupes qui vont se trouver encerclées dans la poche en train de se dessiner depuis l'occupation de St-Denis-le-Gast, Lengronne et Les Hauts-Vents, au nord de cette dernière localité par les blindés américains. (*CCB 4* de la *4th Armored Division* du *Major General* Wood descendant vers le sud et *CCB 2* de la *2nd Armored Division* du *Major General* Brooks progressant vers le sud-ouest).

Il ne reste pas d'autre choix que de percer avec des forces les plus puissantes possible.

Dans la soirée du **28**, le chef d'état-major du *LXXXIV. A. K* : l'*Oberstleutnant* von Criegern, rencontre le *SS-Standartenführer* Baum à son PC pour organiser une percée à l'aube du 29 pour atteindre une ligne Hambye-Gavray-Bréhal.

Alors que von Criegern et Baum mettaient au point le plan de retrait et que le *Kampfgruppe Fick*, qui se trouvait au nord de Cerisy-la-Salle commençait à préparer son repli pour l'achever à l'aube, Le *Generalleutnant* von Choltitz reçoit l'ordre du *Generalmajor* Pemsel, le chef d'état-major de la *7.Armee*, de contre-attaquer en direction de Percy. Autrement dit, l'objectif était une action de flanc contre les pointes avancées du *VII Corps*.

« *L'ordre de la 7.Armee*, écrit O. Weidinger, *était en totale contradiction avec le mouvement prejeté vers le sud et qui avait déjà commencé. Pour des raisons de temps, il n'était plus possible d'organiser cette attaque ordonnée maintenant. Personne au PC de la Division et même le chef d'état-major général du LXXXIV. A. K ne comprit cet ordre. Ses conséquences sont clairement prévues : un embouteillage fatal des axes de marche et une confusion générale lors de la percée nocturne à travers le coin offensif ennemi, liés à un mélange complet des unités entraînant ainsi des difficultés de commandement pendant la nuit, une occupation du nouveau secteur qui ne se fera pas en temps voulu et le risque de pertes élevées causées par les Jabos quand l'aube se lèvera.* »

On ne pouvait éviter le fait que Roncey était un point d'intersection de beaucoup de mouvements, il eut pour conséquence l'imbroglio du trafic auquel l'aviation alliée allait donner le coup de grâce dans la matinée du **29 juillet**.

Entre-temps, les *Kampfgruppen* des *91. Luftlande-Division*, de la *243. I. D* et de la *353. ID* formant l'aile gauche du *LXXXIV. A. K* parviennent à se replier vers le sud, au-delà de la route Coutances-Lengronne.

Retrouvons maintenant les unités encerclées dans la poche de Roncey. Le gros des détachements, dont le *Kampfgruppe Fick*, convergent vers la localité. La journée du 29 juillet va être marquée par de violents combats à l'aube, près de la Pénetière, au carrefour 122, au même moment, à St-Denis-le-Gast, à minuit et à Cambry, à la même heure.

L'attaque lancée à La Pénetière, à 4 h du matin, pour continuer à percer vers Villebaudon et Percy est un échec. Le *SS-Standartenführer* Baum décide alors de lancer un assaut la prochaine nuit.

Au cours de l'après-midi, les *Jabos*, parmi lesquels des « Typhoons » de la *Royal Air Force*, se ruent sur les blindés et les véhicules allemands. Une partie des *Sturmgeschütze* de la *SS-Panzer-Abteilung 17* sont détruits ou abandonnés faute de carburant avec environ 250 véhicules de tous types.

À l'aube, un violent combat a lieu au carrefour 122, au sud de La Valtonaine, au sud de St-Martin-de-Cenilly. Seuls quelques *Panzergrenadiere* parviennent à se regrouper vers Hambye et Maupertuis.

À minuit, à St-Denis-le-Gast, c'est encore une lutte acharnée pour sortir de la poche. Les restes du *SS-Pionier-Bataillon 17* et de la *II./SS-Panzer-Regiment 2* parviennent à en sortir. Dans le secteur de Cambry a lieu un engagement d'une extrême violence à La-Landes-des-Morts, entre Les Hauts-Vents et Guéhébert.

« *Dans la soirée du 29,* écrit A. Pipet, *pour préparer son attaque, le* SS-Standartenführer *Baum avait lancé des éclaireurs dans toutes les directions au sud de Guéhébert. Vers minuit seulement, l'incroyable nouvelle lui parvient. "St-Denis-le-Gast et Gavray ne sont pas occupés…"* » Baum possède maintenant une issue certaine vers le sud pour rejoindre la nouvelle ligne Bréhal-Gavray-Percy.

St Denis sera tenu jusqu'au **30 juillet** à midi, permettant ainsi la sortie d'environ 1 000 hommes. À La Chapelle, à l'est de Lengronne, les combats vont se solder par une centaine de tués allemands, pour la plus grande part de la « Götz » et de la « Das Reich ».

Les deux derniers *Panzerjäger 38 (t)* de la *3./SS-Panzerjäger-Abteilung 17*, menés par le *SS-Unterscharführer* Böckmann, participent aussi à la percée. Mais, après 8 km, vers 2 heures du matin, ils tombent sur une position d'artillerie américaine et sont détruits au bout de 3/4 d'heure de combat.

De même, la *4./SS-Flak-Abteilung 17* est presque anéantie. Son chef, le *SS-Obersturmführer* Kreil, est fait prisonnier.

Quels sont les corps de troupe de la « Götz » qui ont réussi à échapper ?

Du *SS-Artillerie-Regiment 17*, un tiers seulement est parvenu à sortir de la poche : trois batteries légères et une lourde formant la *I. Abteilung*.

La *SS-Flak-Abteilung 17* a pu sauver 2 pièces de 8,8 cm Flak (sur 8) et quelques pièces de 2 cm ainsi que 3 pièces de 3,7 cm (sur 9). Les *Panzergrenadiere* des divers *Kampfgruppen* ont perdu tous la moitié de leur effectif. La *SS-Nachrichten-Abteilung 17* a eu peu de pertes, mis à part celle de son matériel. Le *Wirtschafts-Bataillon 17* avait été transféré le 22 juillet vers Alençon.

Enfin 2 compagnies de la *SS-A.A. 17* (deux faibles compagnies) réussissent aussi à sortir de la poche.

Dans le *Wehrmachtbericht* du 29 juillet 1944, on lit :

« *… Dans les durs combat dans la région de St Lô-Lessay se sont particulièrement distingués dans la défense et dans la contre-attaque au cours des dernières semaines :*

La 17. SS-Panzer-Grenadier-Division*, sous le commandement de son Kommandeur grièvement blessé, le* SS-Brigadeführer *Ostendorff et son remplaçant, le* SS-Standartenführer *Baum, ainsi que les* 353. ID *(Generalleutnant* Mahlmann*) le* Fallschirmjäger-Regiment 5 *(Major* Becker*), le* Fallschirmjäger-Regiment 9 *(Major* Stephani*) et le* Fallschirmjäger-Regiment 15 *(Oberstleutnant* Gröschke*).* »

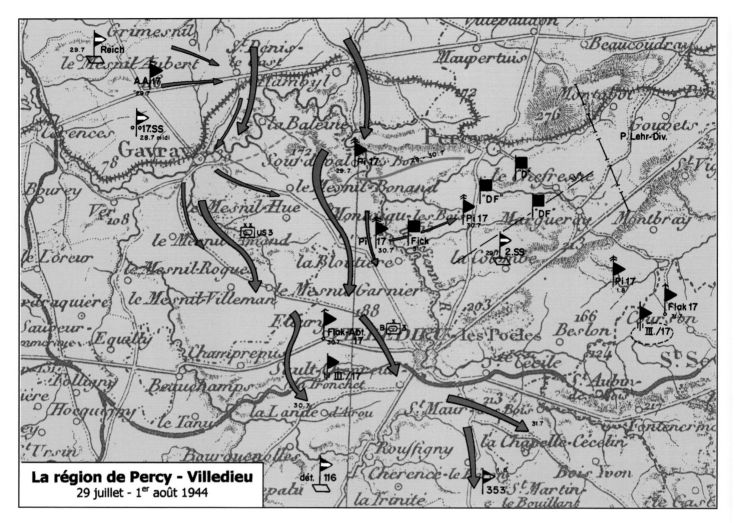

La région de Percy - Villedieu
29 juillet - 1er août 1944

Le bilan des combats de la poche de Roncey indique que les pertes en hommes sont relativement moins coûteuses que celles causées lors des combats pour Cherbourg (40 000 hommes) ou de la poche de Falaise (50 000 hommes) mais un peu plus élevées qualitativement. La plupart des tués ou capturés appartiennent à la « Götz », à la « Das Reich » et aux unités parachutistes, sans compter le matériel, soit à peu près la moitié des forces allemandes encerclées.

Le 30 juillet, la ligne de résistance allemande n'est que trop faiblement occupée. Depuis Hambye, le *CCB 3* (*3rd Armored Division*) s'élance vers le sud en direction de Villedieu-les-Poêles. Plus à l'ouest, le *CCA 3* occupe Gavray. Plus à l'ouest encore, la *4th Armored Division* lance une attaque depuis Cérences vers La Haye-Pesnel et s'approche d'Avranches dans la soirée. Le long de la côte, la *6th Armored Division* va atteindre Granville.

Le lendemain, Avranches est dépassée, la *4th Armored Division* occupe Ducey et Pontaubault. Les faibles forces du *Kampfgruppe* de la *91 Luftlande-Division* et celles du *Kampfgruppe* Bacherer (*77.I.D*) sont écrasées.

La route de la Bretagne est ouverte.

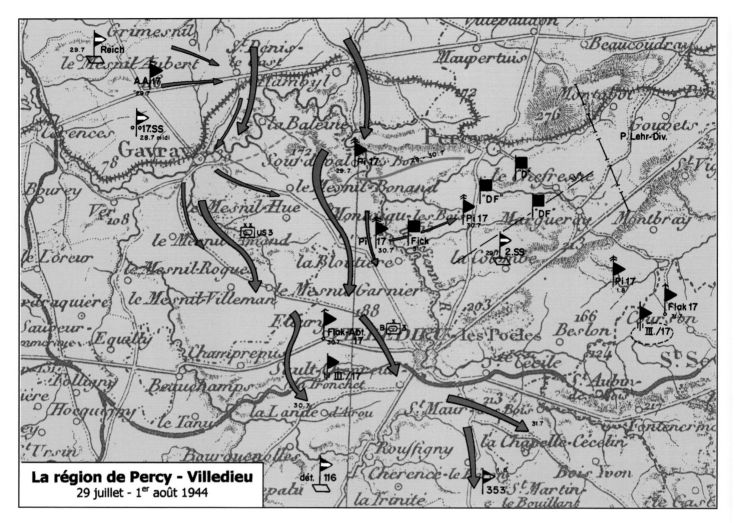

Götz von Berlichingen

1— Personnel (le jour de référence)

	Soll	Fehl	
Führer	584	231	c) Remplacement
Unterführer	3 566	1 542	Führer : 16
Mannsch	14 204	+ 369	U-Führer u. Mannsch : 104
Hiwis	(977)	(-)	
Insgesamt	18 354	1 404	

b) *Verluste und sonstige Abgänge* (Pertes et autres absences)

	tot	verw.	verm.	krank	sonst.
Führer	6	(7)	1	-	-
Unterführer u. Mannsch.	159	(507)	82	13	14
Insgesamt :	165	(514) +	83	13	14

+) Les blessés (514) figurant dans le rapport sont encore compris dans la *Ist-Stärke* (effectif réel), étant donné qu'ils ne se trouvent pas encore 8 semaines à l'hôpital militaire.

2— Matériel

		Soll	Einsatzbereit	*in kurzfristiger Instandsetzung*
Stu. Gesch.		42	31	6
Panzer III.		3	0	0
Schtz. Pz. Pz. Sp. Art. Pz. B. (o. Pz. Fu. Wg)		35	19	5
Flak (Sfl)		26	8	3
Kräder	Ketten	42	3	
	m. angtr. Bw	274	48	12
	sonst.	369	347	62
Pkw	gel.	1 043	695	91
	o.	83	236	252
Lkw	Maultiere	31	37(+)	13
	gel.	874	107	16
	o.	812	43	9
Zgkw	1-5 to	171	8	4
	8-18 to	50	7	2
RSO		2	2	
schw. Pak		65	16	
			4 (Sfl) ++	2 4 (Sfl) ++
Art. Gesch.		53	40	1
M. G		1 062 (554)	950 (868)	29 (24)
sonstige Waffen		241 +++	254	26

Commentaires :

+) 11 véhicules « Elephanten » dans l'effectif réel des Sd. Kfz 3 (Muli)

++) Pak (Sfl) Kp. 38(t) ne sont pas compris dans le *Soll* (employé pour mot. Z)

+++) Explications :

	Soll	Ist
8,14 cm Granatwerfer	94	93
le. I. G 18	27	10
s. I. G 33	12	12
é cm Flak	50	41
2 cm Flakvierling	7	7
3,7 cm Flak	9	9
8,8 cm Flak	18	12
2 cm KwK	24	13
Panzerschreck	-	30
5 cm Pak 38	-	31
I.K.H 290 (r)	-	20
7,62 Pak 36	-	2
	241	280

7

Operations in the Manche department

July 1944

As of 28 June 1944, Major General Collins' VII Corps included 4th USID (Major General Barton) and 9th USID (Major General Eddy), in addition to 83rd USID (Major General Macon).

While VIII Corps (Major General Middleton) prepared to attack towards La Haye-du-Puits, VII Corps was assigned Périers as its objective. The sector where VII. Corps was currently engaged was only a few miles outside Carentan and the road passing through the town was still within range of the German artillery.

However in such a narrow sector, only 83rd USID was involved in the fighting, with just two regiments, 330th and 331st IR; the former east of the Carentan-Périers road, the latter to the west in the Méautis sector, in hilly and marshy terrain.

On the enemy side, the German command could only oppose the remnants of Fallschirmjäger-Regiment 6, 17. SS-Panzer-Grenadier-Division "Götz von Berlichingen" (also called Kampfgruppe 17. SS-Pz.-Gren.-Div GvB), further east, along the Taute-Vire canal, Kampfgruppe Heinz and Pionier-Bataillon "Angers".

Distant reconnaissance across the inundated marshlands made it possible to observe extremely heavy vehicle traffic and three field aerodromes for Jabos. These were out of range of the German artillery. Numerous batteries were also spotted adjusting their range.

Here is the account of Helmuth Günther, then SS-Untersturmführer and platoon commander with 4. (Aufkl.) Kompanie of SS-Panzer-Aufklärungs-Abteilung 17:

"Here, along the Gorges marshes — that is how they are known locally — came a test for Unterscharführer Wihr. For days we had been seeing a tremendous stream of US troops passing on the road edging the north of the marshes. An endless roll of tanks, trucks and cannon towards Baupte or coming back, moving completely unhindered. A few guns or even just one 8,8 cm Flak gun would have been enough to put a stop to this impertinence. We absolutely dared not put any more faith in our German airmen. We hardly even knew what they looked like. There was nothing there, our Friend could just walk about under our noses. Unfortunately our MGs did not have sufficient range. Walzinger (commander of 4. Kp) had reported the observation to the Division. The upshot was that the Kompanie had to reconnoiter the ground along that road for at least 24 hours. They wanted us to put numbers on the traffic density. I told Walzinger: "That's an assignment for Wihr, the job will suit him down to the ground!" After some slight hesitation, he approved: "Let's hope it all goes well!"

We went quite a good way with Wihr, then he disappeared in the darkness. Shortly afterwards, we heard the final gurgle of the marshy soil, followed by total silence. We came back quietly, I personally wishing from the bottom of my heart that Wihr would come back alive and that he could carry through his assignment satisfactorily."

On 1st July 1944, 17. SS-Panzer-Grenadier-Division "Götz von Berlichingen" sent in its report (Meldung) (Ia 436/44 g. Kdos) to LXXXIV. AK.

TABLEAU 1

Brief value judgement by the divisional Kommandeur

"The divisional Kampfgruppe is currently on the defensive front of the Cotentin peninsula.

Troop behavior: very good.

Division detachments immobilized (for lack of motorization, author's note) in the previous quartering area.

Signed: Baum."

At that time, the "Götz" still had nearly all its artillery regiment guns as well as some 31 Sturmgeschütze. In early July, 2./SS-Panzer-Abteilung 17 had 8 Sturmgeschütze, and during the fighting it had destroyed 12 American tanks. SS-Panzer-Abteilung 17 as a whole had knocked out 25 tanks. Meanwhile, SS-Flak-Abteilung 17 brought down 7 Jabos and 2 four-engined planes.

On the evening of 3 July, the "Götz" occupied the following positions :

—III./37 (SS-Hauptsturmführer Zorn) was linked up near Raffoville with Fallschirmjäger-Regiment 6.

—I./37 (SS-Sturmbannführer Reinhardt) was positioned on either side of Highway 174.

—II./37 (SS-Sturmbannführer Opificius) was in position up to the flooded area of the Gouffre and Taute rivers.

As for SS-Panzer-Grenadier-Regiment 38, I./38 (SS-Hauptsturmführer Ertl) was east of the Taute on the Graignes peninsula, south of the Taute-Vire canal. On the right it was linked up with Pionier-Bataillon "Angers" and Kampfgruppe Heinz (detached from 275. I. D).

II./38, (SS-Sturmbannführer Nieschlag) was brought back into the Pont-Hébert sector after being committed in the Meauffe area and III./38 (SS-Sturmbannführer Bolte) was south of Tribehou, 5 km southeast of Sainteny.

9./38 (SS-Hauptsturmführer Krehnke) had had its baptism of fire with II. Btl in battle at Montmartin. At this time the sector held by the "Götz" with the aforementioned units placed under its orders thus occupied a front extending from the Marshy Prairies as far as Vire.

The battle for Sainteny

The day of 4 July

At dawn, at around 04.00, following a preliminary artillery assault, Major General Collins (VII Corps) launched 83rd I. D on the attack towards Sainteny with 330th and 331st I.R. Near the Gorges marshes, on the Americans' right flank, 331st IR encountered the paratroopers of Fallschirmjäger-Regiment 6, threatening to open a breach between II. and III. Btle, while on the left, the 330th advanced about 1 km. From 05.15, the Americans launched an attack along Highway 171, in the sector held by II./ and III./37. 6./37 was decimated. It had just 50 survivors and its commander, SS-Obersturmführer Tetzmann, was

1— Personnel (on the reference day)

	Soll	Fehl	c) Replacement
Führer	584	231	Führer : 16
Unterführer	3 566	1 542	U-Führer u. Mannsch: 104
Mannsch	14 204	+ 369	
Hiwis	(977)	(-)	
Insgesamt	18 354	1 404	

b) Verluste und sonstige Abgänge (Losses and other absences)

	tot	verw.	verm.	krank	sonst.
Führer	6	(7)	1	-	-
Unterführer u. Mannsch.	159	(507)	82	13	14
Insgesamt :	165	(514) +	83	13	14

+) The wounded (514) mentioned in the report are still included among the Ist-Stärke (actual strength), given that they have not yet been at military hospital for 8 weeks.

2— Equipment

		Soll	Einsatzbereit	in kurzfristiger Instandsetzung
Stu. Gesch.		42	31	6
Panzer III.		3	0	0
Schtz. Pz. Pz. Sp. Art. Pz. B. (o. Pz. Fu. Wg)		35	19	5
Flak (Sfl)		26	8	3
Kräder	Ketten	42	3	
	m. angtr. Bw	274	48	12
	sonst.	369	347	62
Pkw	gel.	1 043	695	91
	o.	83	236	252
Lkw	Maultiere	31	37(+)	13
	gel.	874	107	16
	o.	812	43	9
Zgkw	1-5 to	171	8	4
	8-18 to	50	7	2
RSO		2	2	
schw. Pak		65	16	
			4 (Sfl) ++	2 4 (Sfl) ++
Art. Gesch.		53	40	1
M. G		1 062 (554)	950 (868)	29 (24)
sonstige Waffen		241 +++	254	26

Comments :

+) 11 "Elephanten" vehicles in the actual strength Sd. Kfz 3 (Muli)

++) Pak (Sfl) Kp. 38(t) are not included in the Soll (used for mot. Z)

+++) Explanations :

	Soll	Ist
8,14 cm Granatwerfer	94	93
le. I. G 18	27	10
s. I. G 33	12	12
é cm Flak	50	41
2 cm Flakvierling	7	7
3,7 cm Flak	9	9
8,8 cm Flak	18	12
2 cm KwK	24	13
Panzerschreck	-	30
5 cm Pak 38	-	31
I.K.H 290 (r)	-	20
7,62 Pak 36	-	2
	241	280

wounded. But a counter-attack by 16. (Aufkl.) Kp. under SS-Hauptscharführer Grüner cleared up the pocket created by the 330th.

Late in the afternoon, a fresh attack was launched against positions held by 10./37 again after artillery preparation. SS-Obersturmführer Thomas had to fall back, leaving his wounded in the care of the Sanitätsdienstgrad (health service NCO), SS-Unterscharführer Mauthauser. In front of Culot, east of Raffoville, it was down to 30 men in position and its commander, SS-Ober-sturmführer Thomas, was wounded.

Despite some local successes, Sainteny had not yet fallen. Assaults by the two US infantry regiments were repulsed by counter-attacks and breakthroughs partially blocked. SS-Panzer-Grenadier-Regiment 37 lost 30 killed, 120 wounded and 6 taken prisoner. Since being commmitted, 83rd ID (Major General Macon), a rather inexperienced unit, had lost 1 400 men. 331st IR commander, Colonel Barndollar, was killed right at the start of the battle.

Overall, the "Götz" managed to fend off the American attacks. Only the pocket near La Sadoterie failed to be closed. At nightfall, the Americans managed to advance as far as the high ground north of Culot, north-east of Sainteny. I./37 and III./38 were committed to head off this advance.

In II./37's sector detachments of III./38 were committed, backing onto the inundated ground around the Taute near St-Georges-de-Bohon. At 21.00, the main line of resistance was restored near II./37.

At 23.00, III./38 attacked with 11.Kp (SS-Obersturmführer Petschow) on the left flank, towards the north-west. After gaining ground a few times, with artillery support, the attack came unstuck in front of La Sadoterie against some stout American resistance.

The day of 5 July

This day, 83rd ID's three infantry regiments (the 329th under Colonel Crabill, the 333rd under Colonel McLendon and the 331st under Lieutenant-Colonel Long) resumed their attacks in the Sainteny direction. The "Götz" units, chiefly SS-Panzer-Grenadier-Regiment 37 (SS-Obersturmbannführer Fick), linked on the left to Fallschirmjäger-Regiment 6, managed to clean up the enemy pockets by counter-attacking. The one established near Culot, 2,5 km north of Sainteny, was cleared during the evening with some detachments of SS-Panzer-Abteilung 17 in support. The crisis that had started in Fallschirmjäger-Regiment 6's sector was also headed off.

That same day, III./38, which was at Tribehou, was deployed between Sainteny, Culot and Le Pavillon. It dug in in a half-circle as second line of defense positioned around Sainteny from the north and north-east.

In Abendmeldung (the evening report) of Generalkommando LXXXIV A. K, we read :

"Near 17. SS-Panzer-Grenadier-Division, the enemy has widened its penetration as far as the high ground north of Culot, with 2 battalions of the SS-Panzer-Grenadier-Division applied against it. In the La Butte penetration zone the enemy is keeping up the pressure."

Lastly, the fighting on 5 July was described as follows the next day, by Heeresgruppe B :

"On 5 July, the enemy pursued his attacks against the left flank of 17. SS-Panzer-Grenadier-Division and the entire northern front of LXXXIV. A. K with strong artillery and tank support. An enemy breakthrough has so far been prevented by committing all reserves available locally.

1

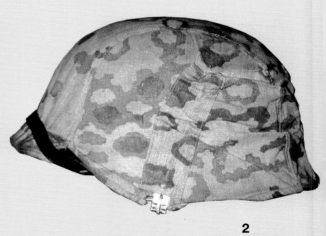

2

Against the enemy who reached Culot, a counter-attack on our part, launched with Sturmgeschütze by a regiment of 17. SS is in progress. South of Méautis, the enemy has managed to break through our main line of resistance as far as the La Moisenterie area. The main line of resistance was recovered by counter-attacking."

On the American side, 83rd ID lost a further 750 casualties that day.

The day of 6 July

Major General Collins (VII Corps) was to commit 329th and 330th Regiments alongside 8th and 12th Regiments, 4th ID (Major General Barton). A breakthrough was achieved in the sector of I./37. Its Kommandeur, SS-Sturmbannführer Reinhardt, ordered the battalion's executive officer, SS-Unter-sturmführer Tiemann, to launch a counter-attack with the battalion's HQ personnel, a few scattered soldiers and with paratroopers of Fallschirmjäger-Regiment 6. Tiemann found 1./37's CP abandoned and the III./Fallschirmjäger-Regiment 6's first-aid post ablaze. In attempting to link up with the paratroops, he fell on American infantry which he was able to contain and put to flight with his MPi, although wounded in the hand and shoulder.

Tiemann returned, covering some 4 km, and finally contrived to link up with some Panzergrenadiere isolated from I./37 and paratroops of III./Fallschirmjäger-Regiment 6. After putting up some stout resistance with detachments of his battalion, SS-Sturmbannführer Reinhardt was taken prisoner. There were few survivors among 1./37 (SS-Hauptsturmführer Schlebes), 2./37 (SS-Untersturmführer Hüner) or 3./37 (SS-Untersturmführer Wagner). The remnants of I./ and III./37 were brought together under the command of SS-Hauptsturmführer Zorn, Kommandeur of III./37. II./37 under SS-Sturmbannführer Opificius was also sorely tried in the battle.

This action which had started the day before, took in the "Götz"'s entire lefthand sector where its Panzergrenadiere were committed with about thirty Sturmgeschütze employed either in batteries or individually. Any penetrations were pushed back by counter-attacks. One such, carried out near Culot by I./37 with Sturmgeschütze in support, enabled the recapture of that locality.

The situation demanded that III./38 should be used to repulse the regiments of 83rd I. D advancing from Méautis. It was placed under SS-Panzer-Grenadier-Regiment 37. Its detachments, which had been sent on ahead, were recovered and so the battalion was at full strength.

During the day, III./38 passed onto the attack with three companies south of Culot. 9./38 and 10./38 were committed on either side of a sunken lane, and 11./38 (SS-Hauptsturmführer Hübner) to the right of 9./38.

After initialling gaining ground, the attack got bogged down. The right flank of 10.Kp and the left flank of 9.Kp were repulsed along the lane, with the Americans close on their heels. A wide breach then called for a counter-attack. This was carried out by SS-Oberscharführer Schöpflin with a reserve unit of 11.Kp, the liaison echelon and whatever he could hastily muster. The penetration was cleared and they continued forward along the sunken lane. Shortly afterwards, the Kommandeur of III./38, SS-Sturmbannführer Bolte, was killed by a shrapnel wound to the head. His second-in-command, SS-Untersturmführer Salomon, was badly wounded and taken prisoner. He died later that day. III./38 then came under the command of SS-Hauptsturmführer Schweikert. At that moment, III./38 was down to about a hundred men. A main line of resistance was reformed a little further back, roughly at the spot held by III./38.

Already during the night of 5 to 6 July, a counter-attack by II./38 had preceded the attack of the 6th, and during that night operation, its commander, SS-Obersturmführer Petschow, had been wounded and taken prisoner.

South of Méautis, the Americans broke through the lines of III./37. Five tanks were knocked out by close combat weapons in front of the battalion CP. One of the battalion's companies was encircled near La Moisenterie, but later broke free and the main line of resistance was restored.

That evening, Generalleutnant von Choltitz (LXXXIV.A.K) ordered the staff of 2.SS-Panzer-Division "Das Reich", which had arrived in the St Lô area in mid-June 1944, to take over command of the sector either side of Sainteny between St-André-de-Bohon on the right and Bléhou on the left. I./"D" (Deutschland) under SS-Haupt-sturmführer Schuster, with 6./SS-Panzer-Regiment 2, was committed alongside the "Götz". 5./ and 7./SS-Panzer-Regiment 2 were placed under the Division with the task of consolidating the crumbling front.

So far committed under the command of the "Götz" were :

— On the right, SS-Panzer-Grenadier-Regiment 37 with 2 battalions.
— On the left, Fallschirmjäger-Regiment 6 with 2 battalions.

The artillery was positioned as follows :
— On the right, 3 light batteries of the "Götz".
— On the left, 2 light batteries of 275.I.D and 1 light battery of 91. Luftlande-Division.

This organization remained unchanged and the Kommandeur of SS-Panzer-Artillerie-Regiment 2, SS-Standartenführer Kreutz, took over command of the artillery.

In the righthand sector, along the Taute-Vire canal, it was total calm. II./38 (SS-Sturmbannführer Nieschlag) was pulled back with his vehicles, passing through Tribehou on his way to Auxais, then Pont-Hébert. There he was kept at the ready in reserve. This meant that apart from Kampfgruppe Heinz and one Ost-Bataillon, there was now just I./38 in the Port des Planques-Graignes sector.

During the night of 6 to 7 July, SS-Panzer-Aufklärungs-Abteilung 17 was withdrawn from the La Lande de Lessay area to a place called Les Plains, 2 km north-east of Périers, on the Périers-Carentan road, while it was still dark.

We now hand over to Helmut Günther, then a platoon commander (I. Zug) of 2./SS-Panzer-Aufklärungs-Abteilung 17 :

"Alert! It was the night of (6 to) 7.07.44. For the Aufklärungs-Abteilung this was the beginning of the drama at Sainteny. It lasted for several minutes and the A. A was ready to set off. Passing quickly through La Feuille (4 km west of Périers, author's note)-Périers-Les Plains (4 km north-east of that locality, author's note), we came to the Raids area, south-west of Carentan. Dawn was already beginning to break as we jumped out of our vehicles. Sitting in the ditches, the men of the companies awaited orders for the operation, and the vehicles set off again. This was the last we would see of our cars for many days. But most of the officers, NCOs and men never saw them again at all.»

The day of 7 July

In the Division's lefthand sector, the Americans kept up their infantry attacks despite the heavy losses of the previous days. They followed the line of Highway 171 towards Sainteny and produced a break.

SS-Panzer-Aufklärungs-Abteilung 17 (minus 1. (Späh) Kp under SS-Obersturmführer Arnken) was thrown into battle after its deployment near Landes, a tiny village south-west of Sainteny. At dawn, it crossed the road between Les Plains and Raids, some 500 m to the north, while Kommandeur, under SS-Sturmbannführer Holzapfel, set up its CP near a place called Les Forges, 500 m north-west of Sainteny. While advancing, A. A 17 fell upon an enemy with fresh troops and tank support. 2./A. A 17 under SS-Untersturmführer Walzinger encountered the Americans along the main highway. It sustained over 30 % casualties in the ensuing battle.

But the Americans abandoned their advance in the face of the companies' fire. 3./A. A 17 under SS-Obersturmführer Buck, committed on the left flank, lost almost 50 % of its strength!

Owing to III./38's losses, II./38 which, as we saw earlier, was being held in reserve near Pont-Hébert, had been placed on the alert during the night of 5 to 6 July. It moved up to the area north of St-André-de-Bohon into position to close up the gap along the edge of the marshes, near the River Taute.

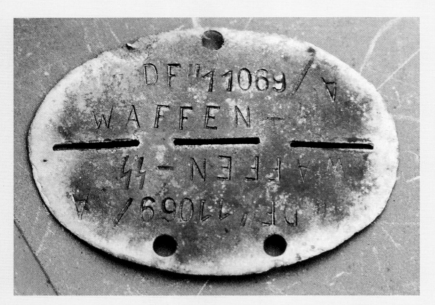

Plaque d'identité de Günther Rieck qui a été enregistré sous le numéro personnel –11069- au Panzer-Grenadier-Regiment « Der Führer » et qui a été ensuite versé à la 4eme compagnie de cette unité. Au moment de sa mort, le soldat Rieck, qui avait le grade de sturmann, appartenait à la division « GvB ». Il avait été versé à la 4./SS-Panzer-Aufklärung-Abteilung 17. Cette plaque d'identité a été trouvé en août 1985 au lieu-dit du « Varimesnil » dans le village de Méautis, près de la route de culot qui va à Sainteny. Günther Rieck était né le 6 avril 1924 à Hamburg et il a été porté disparu le 8 juillet 1944 dans le secteur de Sainteny. (collection privée)

Identity disk of Günther Rieck who was registered under number – 11069- in the Panzer-Grenadier-Regiment "Der Führer" and was later assigned to that unit's 4th Coy. At the time of his death, pfc Rieck, who held the rank of Sturmmann, belonged to the "GvB" Division. He had been assigned to 4./SS-Panzer-Aufklärung-Abteilung 17. This idenitity disk was found in August 1985 at Le Varimesnil in the village of Méautis, near the bottom road to Sainteny. Günther Rieck was born in Hamburg on 6 April 1924 and went missing on 8 July 1944 in the Sainteny sector. (private collection)

Erkennungmarke des Günther Rieck mit der Personennummer -11069- im Panzer-Grenadier-Regiment "Der Führer". Er diente Zuletzt in der 4. Kompanie dieser Einheit. Als er fiel, war er Angehöriger der "GvB". Dort kam er zur 4. /SS-Panzer-Aufklärungs-Abteilung 17. Diese Marke wurde im August 1985 am sog. Ort "Varimesnil" auf der Dorfgemarkung von Méautis, nahe dem Stichweg nach Sainteny, gefunden. Güther Rieck war am 6. April 1924 geboren worden und galt seit dem 8. Juli 1944 als bei Sainteny vermißt.

In his book, Hans Stöber mentions a report by the Kommandeur of II./38, SS-Sturmbannführer Nieschlag on this subject:

"The situation worsened after the abortive attack by III./38. There was the real danger that the entire right flank might be squeezed into the inundated area; the battalion had already suffered light casualties from long-range gunfire; the danger was so great that an order had been issued (supposedly directly from the Division) to attack already after rapid deployment and although the battalion detachments were not yet very close. (SS-Sturmbannführer Nieschlag protested and struggled to obtain further details from the Division). During the evening of the 6th, in addition to the mission to break out north-westwards, he obtained confirmation that the order came from the Division. Deployment and reconnoitering the ground were performed just in time, partly with little success. The patrol of SS-Unterscharführer Drifftmann of II Zug 5.Kp (IInd Platoon, 5.Kp), for one, never came back."

Along Highway 171 and also further east on Highway 174, the fighting started up again, becoming fiercer. A line where the effort was made passed along

Highway 171, another along Highway 174, and, towards noon, the units of 83rd ID arrived north of Sainteny where they were stopped by a counter-attack by SS-A. A 17 which unleashed a powerful defensive barrage, then dug in to repel the enemy.

The Americans fell back westwards and took Raffoville, thus temporarily cutting off part of Fallschirmjäger-Regiment 6. On the right wing of this sector, companies of II./38 were committed, except for 7./38 (SS-Hauptsturmführer Hamel) which covered the north. 5./ and 6./38 launched an attack along the D 29 secondary road leading to a place named Le Port, 500 m south-east of St-André-de-Bohon and on to Le Mesnil. But II./38 got pinned down south-east of St-Georges-de-Bohon where it sustained heavy losses.

SS-Obersturmführer Baldauf, commander of 5./38 was killed, probably by a sharpshooter, and his company registered 28 losses. 6./38 had its commander SS-Obersturmführer Tramontana seriously wounded.

One briliant feat of arms performed that day should be mentioned here: that of executive officer SS-Untersturmführer Hoffmann, who was also commander of the Stabskompanie of SS-Panzer-Grenadier-Regiment 38.

With 40 men of II./38, a squad of Pioniere (SS-Unterscharführer Willenbächer) and 4 Sturmgeschütze, he was ordered to break out beyond Rougeville towards Port-St-Pierre and there to blow up the bridge over the Taute, a task that was accomplished during the night of 7 to 8 July and the Kampfgruppe came back after seizing some American equipment, including two hospital and a lieutenant-colonel with a bagful of documents.

Meanwhile, in the afternoon, 5./SS-Panzer-Regiment 2 was still spearheading a counter-attack north of Sainteny to relieve SS-A. A 17 still fighting hard to hold its positions.

But the "Götz" wore itself out fighting this fierce battle. SS-Panzer-Abteilung 17 was down to just 22 Sturmgeschütze IV. Losses in men were so high that the remnants of II./ and III./38 were brought together as a Kampfgruppe under SS-Hauptsturmführer Wahl, until then executive officer with SS-Panzer-Grenadier-Regiment 38.

In the Heeresgruppe B evening report, the day's fighting on 7 July is mentioned as follows:

"…After powerful preliminary artillery fire, the enemy, with tanks in support, pressed on southwards as far as La Pâture north-west of Auxais after passing through La Pâture. The SS-Panzer-Grenadier-Regiment 38's command post was encircled. One Panzer-Abteilung of 2.SS-Panzer-Grenadier-Division (actually SS-Panzer-Regiment 2, author's note) was committed from the area east of St Lô. In the Culot pocket the enemy, continuing to press southwards, has reached north Sainteny and taken Raffoville falling back westward. Detachments of Fallschirmjäger-Regiment 6 cut off. A counter-attack by SS-Panzer-Aufklärungs-Abteilung 17 managed to close an enemy pocket north of Sainteny. Les Ormeaux captured (by the enemy, according to Hans Stöber). Still no report on counter-measures.»

The day of 8 July

The units of 83rd ID with a shortened front reached more or less the line Hill 43-Le Coq-Mont area south of Culot with a raid on Bois-Grimot.

The day again resulted in heavy losses in men for the "Götz".

During American surprise fire, Kommandeur of II./37, SS-Sturmbannführer Opificius, received a head wound from shrapnel. Two men and an SS-Untersturmführer left their shelter to go to his assistance. Caught in a hail of shells, all three were cut to pieces before they got to the Kommandeur. Apart from such unexpected fire, well aimed thanks to artillery spotter planes, the Jabos prevented much movement in the positions. Coming in from behind, they machine-gunned every foxhole in which the Panzergrenadiere had sought some shelter, also killing SS-Hauptsturmführer von Seebach, commander of 14.(Flak)./37, at his command post although it was located in a sunken lane.

For a brief moment, II./37 was taken over by SS-Hauptsturmführer Hennings (commander of 8./37), then by SS-Hauptsturmführer Ullrich. The battalion took up position in the Château d'Auxais sector, 3 km east of Raids.

That day, II./ and III./38 were in ruins with over 50 % casualties. At II./38, there were no surviving company commanders and the Kommandeur, SS-Sturmbannführer Nieschlag, although wounded, stayed in command of his battalion. Following the failed attack by III./38, while II. Bataillon held out against American attacks, SS-Sturmbannführer Nieschlag was wounded in a ditch in front of the CP of SS-Panzer-Grenadier-Regiment 38, near the hamlet of La Pâture. The battalion Kommandeur had to report back to the Divisionsführer (officer temporarily in command of the Division), SS-Standartenführer Baum, and explain himself. H. Stöber records his reply:

"On the Division's side, first an order was issued to attack and then the blame was laid with the people who carried out the order. If during a course in tactics, an officer cadet had taken such a decision, he would have been thrown out of the course."

It must be said that Nieschlag had taught tactics at the Junkerschule in Prosetschnitz, Czechoslovakia. SS-Standartenführer Baum and his Ia had issued no such order.

The executive officer of SS-Panzer-Grenadier-Regiment 38, SS-Hauptsturmführer Wahl, confirmed that he had received the order as coming from the Division and forwarded by the Kommandeur of SS-Panzer-Grenadier-Regiment 38, SS-Obersturmbannführer Horstmann. Judging that the two battalions' suicidal attacks had caused substantial casualties, Baum demanded an explanation from Horstmann and told him to expect to be court-martialled. The O.B of 7.Armee, SS-Oberstgruppenführer Hausser, was informed. Horstmann then asked for permission to move away. After writing a few lines to his wife which he entrusted to the regimental medical officer, he shot himself in the head. SS-Sturmbannführer Nieschlag took over command of SS-Panzer-Grenadier-Regiment 38.

Meanwhle, the units of 83rd ID were approaching a line north of the Auxais-Le Moulin road and came to St-André-de-Bohon. Here the right flank of the front was held by remaining detachments of II./37 and II./38, but the units were mixed together.

During the day, detachments of SS-Panzer-Regiment 2 pressed along two roads from Auxais on Giffray and for two days held the main line of resistance without their own infantry. The enemy raid near Sainteny was also mopped up by an infantry-less armored company.

That evening, SS-A.A.17 was still holding out with its remnants in front of Sainteny.

The day of 9 July

With a powerful blow passing initially east of Sainteny, then launched westwards, the Americans tried to cut off Highway 171 the Sainteny-Les Landes road (south of Sainteny), which was used to bring in supplies, and maybe reach the marshes at La Maugerie, to the west. The objective was to cut off in rear I./ and III./37, SS-A. A 17 and what was left of Fallschirmjäger-Regiment 6. To counter this thrust, all available forces were thrown into the battle. The Americans managed to cross the road near Bois Grimot and thus cut off the units to their west. A counter-attack by detachments of SS-Panzer-Regiment 2 restored the situation.

During the night of 9 to 10 July, units of 83rd ID infiltrated between Sainteny and Château de Bois Grimot. The Panzergrenadiere bowed under enemy pressure but detachments of SS-Panzer-Regiment 2 (II. Abteilung), under the command of SS-Obersturmbannführer Tychsen, fighting a mobile battle, in the form of strongpoints, held the main line of resistance.

In the Division's righthand sector, during the morning, the Americans advanced towards Haut-Verney, south of Graignes. Despite the resistance put up by I./38 which knocked out 10 enemy tanks, the strongpoint south of Port-des-Planques was cut off from its rear. An attempt to break out of the encircling ring was repulsed by the Americans. The encircled company (2./38 under SS-Obersturmführer Hinz) was ordered to cut a way through southwards. I./38 was to occupy a fresh covering line on the Le Mesnil-Angot-Tribehou road.

In the lefthand sector, after a fierce pounding by the artillery, the Americans launched an attack on the right flank of Kampfgruppe Fick and captured St-André-de-Bohon. After a counter-attack at around 22.00, the locality was recaptured.

Let's go into a little more detail. After a reconnaissance mission led by SS-Ober-sturmbannführer Tychsen in person, 7./SS-Panzer-Regiment 2 attacked Lemonderie to provide cover, with 5.Kp racing on the village with detachments of II./38. After two hours, the village was recaptured and the 330th, 83rd ID was wiped out. Playing a decisive role in this were detachments of III./38 whose Kommandeur, SS-Hauptsturmführer Schwiekert, was killed in action.

Meanwhile, 2./38, encircled along the marshy bank of the Taute, contrived in two nights to cross the marsh and bring back nearly all its weapons before resuming the battle near Tribehou. SS-Obersturmführer Hinz, who had won a Knight's Cross (the Ritterkreuz) on the Eastern front while fighting with 5.SS-Panzer-Division "Wiking" (as commander of 5./SS-Panzer-Grenadier-Regiment "Westland"), was awarded Oakleaves on 23 August 1944.

To make up for its losses, the "Götz" brought up from Saumur SS-Pionier-Bataillon 17 under the command of SS-Sturmbannführer Fleischer. The battalion was moved up to a deployment area not far from the front line, in the Hauteville-Campond sector. It arrived during the night of 11 to 12 July with its three companies and a total 645 officers, NCOs and rank & file south-east of Tribehou after a short break near Gournay. During the night, it was to reach the line Gournay-La Ramée (inclusive) as far as the westward fork of the western exit from La Ramée and defend that line, with the main effort on Gournay and the crossroads south of Tribehou.

The day of 11 July

The defensive battle put up by SS-A.A. 17 in the Sainteny sector reached a climax that day. It should be remembered that the village, on the Carentan-Périers road, had been the target of VII Corps (Major General Collins) since 3 July. To bolster his remnants, the Kommandeur of SS-A. A 17, SS-Sturmbannführer Holzapfel, was to receive 40 men in reinforcement and a few Sturmgeschütze. Some Panthers of SS-Panzer-Regiment 2 also helped to defend the locality. On the 9th, SS-A. A 17's command post at Les Forges was moved south-west to La Giloterie.

Following a powerful preliminary artillery bombardment, the 329th (83rd ID) launched an attack and made partial gains. But losses on SS-A. A 17's side could no longer be made up. 1. (Pänzerspäh) Kp under SS-Obersturmführer Arnken lost the greater part of its vehicles. SS-Sturmbannführer Holzapfel was badly wounded and reported missing, SS-Untersturmführer Papas, the executive officer, and SS-Ober-sturmführer Obert, the Kommandeur's second-in-command, were wounded. The commanders of 2.(Aufkl.) and 3.Aufkl.) Kp., SS-Obersturmführer Schröder and Buck, were killed. The tough decision to abandon the village had to be taken. According to H. Günther, out of 17 officers, SS-A.A. 17 was down to three in the companies and and two staff officers, with just 40 men emerging unscathed.

The day of 12 July

Owing to the heavy pressure brought to bear by the Americans, the Division issued an order to pull back the main line of resistance (Ia Tgb Nr 442/44 g. Kdos). The movement was to take place during the night of 12 to 13 July.

This main line of resistance would extend along the line Le Glinel-Stream valley-south of Bois du Hommet-Gournay-Tribehou-es Aubris-La Varde-the Canal-Auxais-Ridge 15.

During the day, 83rd ID, with 3rd Armored Division tanks in support, attacked near Gournay and Tribehou. At 17.00, the attack near Gournay was repulsed, but an hour later, the front collapsed near that locality. Three counter-attacks launched in succession all failed. By 19.00, the Americans had come within a kilometer south of Le Glinel. Given the enemy's superiority and the inadequacy of his own forces, the Kommandeur of SS-Pionier-Bataillon 17, SS-Sturmbannführer Fleischer, evacuated Tribehou to recover his 3.Kp (SS-Hauptsturmführer Müller). Meanwhile, Kampfgruppe Ertl (I./38) was applied to block the way up north, near La Ramée.

From this day, the Americans were in sight of the crossing points in the Taute valley, near Le Moulin. Here 7./SS-Panzer-Regiment 2 was again called in. Despite his superiority, the enemy was unable to capture Le Port and Le Moulin. For II./38, the struggle took the form of close combat in these two hamlets. Meantime, two passages were destroyed but capturing the two hamlets did the Americans little good. To approach the westernmost passage, they first had to deal with the fall-back lines at La Vierge, south-west of Auxais and La Pernelle. There they came up against SS-Panzer-Grenadier-Regiment 37, or rather the survivors thereof, now a part of Kampfgruppe Fick.

It should be mentioned here that small battlegroups were formed and named for their commander: Kampfgruppe of SS-Hauptsturmführer Ertl (I./38), of SS-Unter-sturmführer Wilhelmi (SS-Panzer-Grenadier-Regiment 37), of SS-Haupt-sturmführer Ullrich (SS-Panzer-Grenadier-Regiment 37), of SS-Unter-sturmführer Lorenz (Adj. II./38) and of SS-Unter-sturmführer Hoffmann (Stabs-Kp of SS-Panzer-Grenadier-Regiment 38). The remnants of SS-A. A 17 were taken over by SS-Haupt-sturmführer Mumm.

The last of the fighting prior to "Cobra"

During the night of 13 to 14 July, like all the other "Götz" units, SS-Pionier-Bataillon 17 fell back to the "water position" (Wasser-stellung) as ordered by Generalleutnant von Choltitz Generalkommando LXXXIV. AK, (Ia Nr 1758/44/geh).

Let's follow the battle fought by one of the "Götz" units, SS-Pionier-Bataillon 17.

On 14 July, it occupied positions south of Tribehou. The next day, the Americans attacked along the entire front and towards noon almost completely wiped out 1.Kp (SS-Obersturmführer Volkenand had replaced SS-Obersturmführer Schleicherd, wounded the day before). All the forces that could be mustered had to be committed in order somehow to hold the main line of resistance. The divisional Kommandeur, SS-Standartenführer Baum, made available to the battalion 5.(schwere)/SS-A. A 17, the heavy company commanded by SS-Obersturmführer Priehler and in action since the 13th, plus a heavy gun infantry platoon of II./38 and 3./SS-A.A. 17 (SS-Untersturmführer Kuske).

On 16 July, following fierce artillery fire, the Americans reached Remilly-sur-Lozon. 2/SS-Pionier-Bataillon 17 and one company of SS-Panzer-Grenadier-Regiment 38 got into position near Thiébots to recapture the village after the American attack carried on north-west either side of Remilly-sur-Lozon. The enemy's objective was to remove the l'Angle salient south of La Varde. 3./SS-A.A. 17 managed to hold out in the La Chaussée area.

During the night of 16 to 17 July, at 00.30, SS-Pionier-Bataillon 17 received orders to widen the bridgehead southwards down to the Les Champs de Losques-Le Mesnil-Vigot road.

During the day, the Americans raided the linkup point between Fallschirmjäger-Regiment 13 and SS-Pionier-Bataillon 17 west and east of the La Rivière - Les Champs de Losques road in the La Chaussée area.

In the lefthand sector (Kampfgruppe Fick) heavy artillery fire rained down on Marchésieux, La Varde and la Maturie. Enemy thrusts north-east of La Varde were pushed back.

On 18 July, an attack was launched against the La Varde salient. Two regiments of 83rd I. D were committed for this operation: 329th IR (Colonel Crabill) and 331st IR (Colonel York).

La Varde is a tiny village 1 km north of Marchésieux extending along a small spit of land between the Lozon and Taute valleys.

The La Varde sector was held by 4 Kampfgruppen: those of SS-Hauptsturmführer Ullrich (II./37), SS-Untersturmführer Hoffmann (Stabs-Kp/SS-Panzer-Grenadier-Regiment 38), SS-Untersturmführer Lorenz (executive officer of II./38) and SS-Hauptsturmführer Ertl (I./38). East and south-east of Marchésieux, where SS-Obersturmbannführer Fick had his command post, 3./SS-A. A 17, 3./SS-Pionier-Bataillon 17 and 2./SS-Pionier-Bataillon 17 were positioned.

Towards 18.00, 329th IR launched a diversionary attack while the main attack was being carried out by 331st IR to restore the destroyed bridge over the Taute. A bridgehead was secured at La Varde by III./331st IR.

The following day, on the 19th, reinforcements arrived on the American side after a Bailey bridge was erected overnight to let the tanks across.

On the German side, Kampfgruppe Lorenz was not strong enough to counter-attack. Except for 2 Schw. Granatwerfer (heavy mortars) commanded by SS-

Oberscharführer Becker (8./38), the Germans had no reserves. Nevertheless a counter-attack was launched at La Maturie, east of La Varde, by Kampfgruppe Ullrich, with support from 2 Sturmgeschütze of 3./SS-Panzer-Abteilung 17. But the Americans, who had managed to get 2 antitank guns across, reached that of 2 Sturmgeschütze leading the way. It veered over to the righthand verge to let the other past. It reached the northern section of the road and opened fire on the Americans. 331st IR sustained 50 % losses.

In the afternoon, the survivors fell back across the inundated Taute valley.

On 23 July, Generalkommando LXXXIV. A. K submitted its weekly report on its units' status to A.O.K. 7.

In it, we find that at that time, the "Götz" had the following units:

"Battalions: 2 weak, 5 exhausted.

1 F.E.B (replacement battalion), formation cadres.

Pz. Abwehr (antitank defense)

a) own:	10 s.Pak
	10 Sturmgeschütze
Artillery:	5 le. Battr. (light batteries)
Mobility:	30 %

Fighting value IV"

We may add that under the command of the Panzer-Lehr-Division were 3 heavy batteries (16 guns) of SS-Artillerie-Regiment 17.

Operation "Cobra"

On 24 July 1944, the front held by the "Götz" formed a salient with its tip at La Varde.

To the left of its sector, 2.SS-Panzer-Division "Das Reich" was also in a salient north of St-Germain-sur-Sèves. On its right, along the Périers-St Lô road, was Fallschirm-Pionier-Bataillon 5 under Hauptmann Mertins.

The Americans' intention was to reach Coutances and, if possible, its southernmost side and eliminate the entire LXXXIV. A.K.

The offensive, launched on 25 July after a preliminary bombardment, did not much affect the "Götz" sector, as indicated in K.T.B (la Tgb. Nr 1305/44 geh.)

We note continued mine-laying in front of the positions, the sound of tanks heard in SS-Pionier-Bataillon 17's sector, artillery fire and patrolling activities, support for the defensive battle fought by Fallschirm-Pionier-Bataillon 5.

In a platoon commander's Gefechtsbericht (engagement report) sent in to 3./SS-Panzerjäger-Abteilung 17, we read:

"After the enemy broke through west of St Lô threatening the Division's right flank, 2 guns were added to Kampfgruppe Ullrich and committed in the Mesnil-Vigot sector.

During the midday hours on 26.07.1944, the enemy attacked with quite powerful forces and broke through in many places in Fallschirm-Pionier-Bataillon 5's righthand sector. To open up the pockets, SS-Unterscharführer Oelke's gun was brought into action. Using explosive and hollow charge shells, the enemy was repulsed."

Owing to the confused situation in the sector of 353.ID (Generalleutnant Mahlmann) fighting to the right of Fallschirm-Pionier-Bataillon 5, this battalion and Kampfgruppe Ullrich were ordered to withdraw at 23.00 hours onto the new main line of resistance. SS-Unterstuführer Hoffmann's Kampfgruppe left

1

2

3

1 à 3) Tous ces objets ont été trouvés après-guerre sur les lieux des combats : plaque d'identité d'un membre de la compagnie d'état-major du *SS-Panzer-Grenadier-Ausbildung-und-Ersatz-Bataillon 17* ; Insigne de destruction de chars à l'arme légère en classe or trouvé à Rémilly-sur-Lozon ; Aigle de casquette d'officier de la Waffen-SS trouvé juste après les combats de juillet 1944 sur la route de Marigny à Saint-Lô. (collection privée)

1, 2, 3) All these items were found in the battlefield after the war: Identity disk of a member of the HQ Coy of SS-Panzer-Grenadier-Ausbildung-und-Ersatz-Battaillon 17; Badge for destroying tanks with light arms, gold class found at Rémilly sur Lozon; Eagle from Waffen-SS officer's helmet found just after the fighting of July 1944 on the Marigny to Saint-Lô road. (private collection)

1 bis 3) Alle diese Gegenstände wurden nach dem Krieg auf dem Schlachtfeld gefunden: Erkennungsmarke eines Angehörigen der Stabskompanie des SS-Panzer-Grenadier-Ausbildungs-und-Ersatz-Bataillons 17; goldenes Panzervernichtungsabzeichen (gefunden bei Rémilly-sur-Lozon); Mützenadler einer Officiermütze der Waffen-SS, die gleich nach den Juli-Kämpfen 44 auf der Straße von Marigny nach Saint-Lô gefunden wurde (Privatsammlung).

a platoon behind at La Varde, SS-Hauptsturmführer Ullrich tried to call it back, but could only give it the marching objective to be reached on foot. The platoon never made it back to the Kampfgruppe.

Meanwhile, LXXXIV.A.K had issued an order to pull back to the "Yellow line" (Gelbe Linie) during the night of 26 to 27 July 1944.

Initially, units reached an intermediate line: Lozon-Le Mesnil-Vigot-St Martin d'Aubigny-La Feuillie-Pirou. Next on the right was II. Fallschirmjäger-Korps which joined up in the movement with its left flank.

The "Götz", the "Das Reich" and the Kampfgruppen of 91. Luftlande-Division and 243. I. D withdrew at 23.00 on the 26th, leaving their rearguards behind.

For its part, the "Götz", reinforcing Fallschirm-Pionier-Bataillon 5, which came under its command, had to ensure that the hinge east of Le Mesnil-Angot remained firmly in German hands and secure the link with 353. I. D near Lozon.

During the day on 27 July, while the German units were falling back, the Americans broke through in the west towards Coutances, with 1st I. D (Major General Huebner) and CCB 3 under Brigadier Boudinot (3rd Armored Division under Major General Watson). These units advanced towards Lorey and captured Camprond and La Chapelle.

That is why SS-Pionier-Bataillon 17 was ordered to take up position near the railroad in the Cambernon area. Its task was to seal off the front to the east.

"On 27 July 1944, continues the platoon commander, SS-Unterscharführer Kloppmann, the enemy attacked during the evening with the strength of a battalion. The attack was halted for a short while before the village of Le Mesnil-Vigot. This pocket was enough to cut off the way through to our units still north of the St Lô-Périers road and which were to pull out at 22.00. I ordered SS-Unterscharführer Oelke to advance along the one lane still open into the enemy's flank and fight him there. The gun came upon an enemy company as it was getting into position to attack. It opened fire immediately, the enemy was wiped out with explosive and hollow-charge shells and with the whole of the sMG. After the battle, the enemy withdrew from the locality and the units were able to make their retreat without coming under attack."

On the evening of the 27th came the order to withdraw to the "yellow line" which was only partly ready on the high ground around Montcuit, south of Hauteville, near Le Rocher.

At 23.00, units were ordered no longer to occupy it, while Fallschirm-Pionier-Bataillon 5 mustered southeast of Courcy.

Kampfgruppe Fick, SS-A. A 17 and I./ and II./SS-Artillerie-Regiment 17 which were also supposed to withdraw to the "yellow line" along with Fallschirm-Pionier-Bataillon 5, as the right flank of the "Götz", were to move to an area south of Coutances. It was not for quite some hours that the Americans noticed they had withdrawn.

"On the evening of the 27th, notes A. Pipet, two deep salients showed Collins's progress. To the north, at Camprond, Huebner had his finger pointing towards Coutances. To the south, White (Brigadier-General White was commander of CCB, 2nd Armored Division, author's note), on the other tip end heading straight for Cenilly, was trying to reach the coast in a race against time.

Between these two fingers pointed at LXXXIV. A. K's rear, General Hickey (commander of CCA, 3rd Armored Division, author's note) was preparing to burst out of Quibou with his tanks.

But already, west of this threat of encirclement, von Choltitz was beginning to withdraw his forces.

Bradley saw this. He also grasped that "the Big Red One" (1st I. D under Major General Huebner, author's note) would arrive too late to close the trap.

So it was up to White's Combat Command to win the race lost by General Huebner in front of Coutances, and beat the Germans to the Sienne.

During the evening, White was detailed to block off all crossroads between Notre-Dame-de-Cenilly and Lengronne and cut off all crossing points over the Sienne", notes A. Pipet

On 28 July, the "Götz" issued an order to close the American pocket beyond Cametours to the west and south-west. A new front was set up along the line Pont-Brocard-Cerisy la Salle-Les Landes-Savigny, after falling back from the "yellow line".

Fallschirm-Pionier-Bataillon 5 and SS-Pionier-Bataillon 17 were committed in the Cerisy-la-Salle sector and as far as the linkup point with 2.SS-Pan-

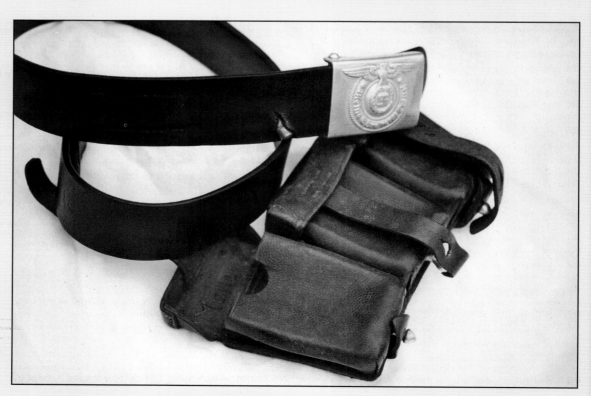

Ceinturon propre à la Waffen-SS avec boucle particulière à cette arme du modèle en aluminium et cartouchière ayant appartenu à H. Müller. Noter la balle bloquée dans le cuir. Cet ensemble a été trouvé à Saint-Martin de Cenilly. (collection privée)

Waffen-SS belt with the buckle specific to that arm of the aluminum model and cartridge belt which belonged to H. Müller. Notice the bullet blocked in the leather. This kit was found at Saint-Martin de Cenilly. (private collection)

Koppel der Waffen-SS mit Koppelschloß dieser Truppe aus Aluminium und mit Patronentaschen. Es gehörte H. Müller. Beachte: Im Leder steckt ein Kugel. Diese Gegenstände wurden bei Saint-Martin de Cenilly gefunden (Privatsammlung).

zer-Division "Das Reich", Kampfgruppe Fick and Bataillon Ullrich on the left.

During the day, SS-Obersturmbannführer Tychsen, commander of 2.SS-Panzer-Division "Das Reich" (Divisionsführer), and who took over command after SS-Brigadeführer Lammerding was wounded on 24 July, was killed by a US recce unit near Cambry, 4 km north of Trelly. At 18.30, SS-Standartenführer Baum, Kommandeur of the "Götz", brought the two divisions under his command.

The Roncey pocket and the escape route

To date, the German command had managed to maintain as an orderly unit the troops soon to be encircled in the pocket beginning to take shape since the occupation of St-Denis-le-Gast, Lengronne and Les Hauts-Vents, north of this last locality by American tanks. (CCB 4, 4th Armored Division under Major General Wood moving down south and CCB 2, 2nd Armored Division under Major General Brooks advancing south-westwards).

There was no alternative but to break out with the strongest possible forces.

During the evening of the 28th, the chief-of-staff of LXXXIV. A. K: Oberstleutnant von Criegern, met SS-Standartenführer Baum at his CP to organize a break-out at dawn on the 29th to reach the line Hambye-Gavray-Bréhal.

While von Criegern and Baum were putting the finishing touches to this plan of retreat and Kampfgruppe Fick, which was north of Cerisy-la-Salle, began preparations for withdrawal to be completed by dawn, Generalleutnant von Choltitz was ordered by Generalmajor Pemsel, chief-of-staff of 7.Armee, to counter-attack towards Percy. In other words, the objective was a flanking action against the spearhead troops of VII Corps.

"7.Armee's order, writes O. Weidinger, was in total contradiction with the planned southward movement which was actually already under way. There was no longer the time to organize this ordered attack. Nobody at divisional HQ, not even the chief of general staff at LXXXIV. A. K, could understand the order. Its consequences were clear enough to see: a fatal traffic jam on the marching lines and utter confusion during the overnight breakout through the corner of the enemy offensive, combined with a complete mix-up of units, resulting in difficulties issuing commands during the night, occupation of a fresh sector that would not be completed in time, and the risk of heavy casualties after daylight when the Jabos came into action."

There was no getting round the fact that Roncey was a point of intersection for numerous different movements, which led to an almighty snarl-up later finished off by Allied aircraft on the morning of 29 July.

Meanwhile, the Kampfgruppen of 91. Luftlande-Division, 243. I. D and 353. ID forming the left flank of LXXXIV. A. K contrived to withdraw southwards across the Coutances-Lengronne road.

Let's come back to the units encircled in the Roncey Pocket. The bulk of the detachments, including Kampfgruppe Fick, converged on the locality. The day of 29 July was marked by a fierce dawn battle near La Pénetière, at crossroads 122, at the same moment, at St-Denis-le-Gast, at midnight and at Cambry, at the same time.

The attack launched at 4 in the morning at La Pénetière, to carry on through to Villebaudon and Percy, was a failure. SS-Standartenführer Baum then decided to launch an assault the following night.

During the afternoon, the Jabos, including Royal Air Force Typhoons, swooped down on the German tanks and vehicles. Some of SS-Panzer-Abteilung 17's Sturmgeschütze were either destroyed or abandoned with empty fuel tanks, along with 250 vehicles of all types.

At dawn a fierce battle took place at crossroads 122, south of La Valtonaine, south of St-Martin-de-Cenilly. Just a handful of Panzergrenadiere managed to muster near Hambye and Maupertuis.

At midnight, at St-Denis-le-Gast, there was more fierce fighting to escape from the pocket. The remnants of SS-Pionier-Bataillon 17 and II./SS-Panzer-Regiment 2 found a way out. In the Cambry sector, there was a particularly fierce battle at La-Landes-des-Morts, between Les Hauts-Vents and Guéhébert.

"During the evening of the 29th, writes A. Pipet, SS-Standartenführer Baum had sent out scouts in every direction south of Guéhébert to prepare his attack. Not until midnight did the incredible news come through. "St-Denis-le-Gast and Gavray are not occupied…" Baum now had a sure escape route southwards to move on to the new line Bréhal-Gavray-Percy.

St Denis was held until noon on 30 July, and around 1 000 men escaped by this route. At La Chapelle, east of Lengronne, around a hundred Germans were killed in the fighting, mostly from the "Götz" or the "Das Reich".

The last two Panzerjäger 38 (t) of 3./SS-Panzerjäger-Abteilung 17, led by SS-Unterscharführer Böckmann, also took part in the breakout. But after 8 km, at about 2 in the morning, they came up against an American artillery position and were destroyed after about 3/4 hours of combat.

Likewise 4./SS-Flak-Abteilung 17 was almost wiped out. Its commander, SS-Obersturmführer Kreil, was captured.

Which of the "Götz" units managed to escape ?

Of SS-Artillerie-Regiment 17, just a third found a way out of the pocket: three light batteries and one heavy battery forming I. Abteilung.

SS-Flak-Abteilung 17 managed to salvage 8,8 cm Flak guns (out of 8) and a few 2 cm guns and 3 3,7 cm guns (out of 9). The Panzergrenadiere of the various Kampfgruppen all lost half of their strength. SS-Nachrichten-Abteilung 17 had few losses except in

Masque à gaz avec une vue rapprochée de l'intérieur du capot de filtre comportant un marquage identifiant un SS-Sturmann Hofmann et un numéro de feldpost relevant du 6./38. Pièce trouvée à Saint-Georges-de-Bohon. Théâtre des combats de la "GvB" autour du Centre-Manche. (collection privée)

Gas mask with a close up of the inside of the filter cover with a marking identifying an SS-Sturmann Hofmann and a Feldpost number assigned to 6./38. (private collection)

Innenaufnahme einer Gasmaske mit Blick auf den Namen eines SS-Sturmmanns Hofmann, seine Feldpostnummer, die zur 6./38 gehört (Privatsammlung).

equipment. Wirtschafts-Bataillon 17 had been transfered to Alençon on 22 July.

FInally 2 companies of SS-A.A. 17 (two weak companies) also escaped from the pocket.

In the Wehrmachtbericht for 29 July 1944, we read:

"… In the hardfought battle in the St Lô-Lessay area, the following have fought with particular bravery in defense and counter-attack during recent weeks:

17. SS-Panzer-Grenadier-Division, under the command of its badly wounded Kommandeur, SS-Brigadeführer Ostendorff and his deputy, SS-Standartenführer Baum, also 353. ID (Generalleutnant Mahlmann), Fallschirmjäger-Regiment 5 (Major Becker), Fallschirmjäger-Regiment 9 (Major Stephani) and Fallschirmjäger-Regiment 15 (Oberstleutnant Gröschke)."

The outcome of the battle for Roncey Pocket shows losses of men that are relatively lower than those during the battle for Cherbourg (40 000 men) or the Falaise Pocket (50 000 men) but slightly higher in terms of quality. Most of those killed or captured belonged to the "Götz", the "Das Reich" and other parachute units (not to mention equipment), totalling about half the encircled German forces.

On 30 July, the German line of resistance was held only too weakly. CCB 3 (3rd Armored Division) raced south from Hambye towards Villedieu-les-Poêles. Further west, CCA 3 entered Gavray. Still further west, 4th Armored launched an attack from Cérences on La Haye-Pesnel, approaching Avranches by evening. Along the coast, the 6th Armored Division reached Granville.

The next day, Avranches was passed, 4th Armored entered Ducey and Pontaubault. The weak Kampfgruppe forces of 91 Luftlande-Division and of Kampfgruppe Bacherer (77.I.D) were crushed.

The way to Brittany was now open.

Une de couverture d'un journal de propagande américain destiné aux soldats allemands. Daté du 29 juillet 1944, il évoque largement la percée américaine et la constitution de la poche de Roncey. (collection privée)

Cover page of a US propaganda newspaper for German soldiers. Dated 29 July 1944, it gives lengthy coverage of the American breakout and the forming of the Roncey pocket. (private collection)

Titelbild einer amerikanischen Propagandazeitung, die für deutsche Soldaten bestimmt war. Sie trägt das Datum des 29. Juli 1944 und stellt den amerikanischen Durchbruch und die Schließung des Kessels von Roncey groß heraus (Privatsammlung).

Seit dem 28. Juni 1944 verfügt das VII. US Corps des Major General Collins — abgesehen von der 83rd US ID — noch über die 4th US ID (Major General Barton) und die 9th US ID (Major General Eddy).

Während das VIII. US Corps des Major General Middleton sich zum Angriff auf La Haye-du-Puits bereitstellt, heißt das Ziel des VII US Corps.

Corps Périers. Im Augenblick liegt der Abschnitt des VII. Corps nur ein paar Kilometer von Carentan entfernt. Die Straße, welche die Stadt durchzieht, liegt immer noch in der Reichweite der deutschen Artillerie.

Da der Angriffsstreifen recht eng ist, wird nur die 83rd US ID mit 2 Regimentern angreifen. Das 330th liegt östlich der Straße Carentan-Périers, und das 331st US IR hat westlich von ihm, bei Méautis, in einem zerrissenen Sumpfgebiet Stellung bezogen.

Auf deutscher Seite allerdings stehen den Amerikanern nur die Reste des Fallschirmjäger-Regiments 6 und die 17. SS-Panzer-Grenadier-Division „Götz von Berlichingen" gegenüber. Gelegentlich wird letztere auch als „Kampfgruppe 17.SS-Pz.-Gren.Div. GvB" bezeichnet.

Am Taute-Vire-Kanal stehen weiter östlich noch die Kampfgruppe Heinz und das Pionier-Bataillon „Angers".

Fernspähtrupps, die über das Sumpfgebiet hinweg sufklären, stellen einen starken Fahrzeugverkehr sowie drei Feldflugplätze für Jabos fest. Die Ziele liegen außer Reichweite der deutschen Artillerie. Außerdem werden zahlreiche Feindbatterien festgestellt, die sich einschießen.

Am 1. Juli 1944 erstattet die 17. SS-Panzer-Grenadier-Division „Götz von Berlichingen" dem LXXXIV. AK Meldung (Ia 436/44 g.Kdos).

Kurze Beurteilung des Kampfwertes durch den Kommandeur:

Zu diesem Zeitpunkt besitzt das Artillerieregiment der „Götz" fast alle Geschütze und ca. 31 Sturmgeschütze.

Anfang Juli hat die 2./ SS-Panzer-Abteilung 17 noch 8 Sturmgeschütze.

In den vorausgegangenen Kämpfen hatte sie 12 amerikanische Panzer abgeschossen. Die SS-Panzer-Abteilung 17 meldet insgesamt 25 Feindpanzer als vernichtet. Die SS-Flak-Abteilung 17 hat ihrerseits 7 Jabos und 2 viermotorige Flugzeuge zerstört.

Am 3. Juli abends hält die „Götz" folgende Stellungen:

— das III./37 des Hauptsturmführers Zorn ist bei Raffoville an das Fallschirmjäger-Regiment 6 angelehnt.

— das I./37 des Sturmbannführers Reinhard liegt beiderseits der RN 174.

— das II./37 des Sturmbannführers Opificius liegt vor dem Überschwemmungsgebiet des Gouffre-Baches und der Taute.

Das SS-Panzer-Grenadier-Regiment 38 hat sein I./38 (Hauptsturmführer Ertl) ostwärts der Taute auf die Halbinsel von Graignes vorgeschoben, welche südl. des Vire-Taute-Kanals liegt.

Rechts hat es Anschluss an das Pionier-Bataillon „Angers" und an die Kampfgruppe Heinz (eine Splittergruppe der 275. I.D.).

Das II./38 (Sturmbannführer Nieschlag) wurde nach Kämpfen bei Meauffe auf Pont-Hébert zurückgenommen. Das III./38 des Sturmbannführers Bolte steht südl. Tribehou, 5 km südwestl. von Sainteny.

Die 9./38 des Hauptsturmführers Krehnke hat ihre Feuertaufe zusammen mit dem II. Btl. in den Kämpfen um Montmartin erhalten.

Zu diesem Zeitpunkt hält die „Götz" mit den unterstellten und vorerwähnten Einheiten eine Front, die sich von den Sumpfgebieten bis zur Vire erstreckt.

Die Kämpfe um Sainteny

Verlauf des 4. Juli

In der Morgendämmerung startet Major General Collins (VII. Corps) nach vorhergehender Artillerievorbereitung gegen 4 Uhr den Angriff.

Die 83rd US ID geht mit den Regimentern 330 und 301 auf Sainteny vor.

Auf dem rechten Flügel stößt das 331st US IR bei den Sümpfen von Gorges auf die Fallschirmjäger des Regiments 6. Die Amerikaner drohen eine Lücke zwischen die Btle. II und III zu reißen.

Links stößt das 330th IR ca. 1 km weit vor.

Um 5 Uhr 15 beginnen die Amerikaner mit einem Angriff entlang der RN 171. Hier halten das II. und III./37.Die 6. /37 wird dezimiert.

Sie hat noch 50 Mann, ihr Chef, Obersturmführer Tetzmann, ist verwundet.

Der Einbruch des 330 th IR wird jedoch durch einen Gegenangriff der 16. (Aufklärungs)-Kompanie des Hauptscharführer Grüner bereinigt.

Am späten Vormittag prallt ein neuer Angriff auf die Stellungen der 10./37, nachdem ihm ein Artillerieschlag vorausgegangen ist.

Obersturmführer Thomas muss sich zurückziehen. Die Verwundeten bleiben in der Obhut eines Sanitätsdienstgrades (Oberscharführer Mauthauser) zurück.

Vor Culot, östl. Raffoville, hat die Kompanie noch 30 Mann, ihr Führer, der Obersturmführer Thomas, ist verwundet.

Trotz örtlicher Erfolge ist Sainteny noch nicht gefallen.

Die Angriffe der beiden US-Regimenter werden im Gegenangriff zurückgeschlagen und die Einbrüche teilweise abgeriegelt.

Das SS-Panzer-Grenadier-Regiment 37 verliert 30 Gefallene, 120 Verwundete und 6 Gefangene. Seit Beginn der Kämpfe hat die unerfahrene 83. US ID des Major General Macon 1400 Mann verloren.

Zu Beginn der Kämpfe fällt auch Colonel Barndollar, der Kommandeur des 331st IR.

Meldung vom 1. Juli 1944

1— Personnelle Lage

	Soll	Fehl	c) Ersatz
Führer	584	231	Führer : 16
Unterführer	3 566	1 542	U-Führer u. Mannsch : 104
Mannsch.	14 204	+ 369	
Hiwis	(977)	(-)	
Insgesamt	18 354	1 404	

b) *Verluste und sonstige Abgänge*

	tot	verw.	verm.	krank	sonst.
Führer	6	(7)	1	-	-
Unterführer u. Mannsch.	159	(507)	82	13	14
Insgesamt :	165	(514) +	83	13	14

+) Die in der Meldung aufgeführten Verw. (514) sind noch in der Ist-Stärke enthalten, da sie sich noch nicht 8 Wochen im Laz. befinden.

2— Materielle Lage

		Soll	Einsatzbereit	in kurzfristiger Instandsetzung
Stu. Gesch.		42	31	6
Panzer III.		3	0	0
Schtz. Pz. Pz. Sp. Art. Pz. B. (o. Pz. Fu. Wg)		35	19	5
Flak (Sfl)		26	8	3
Kräder	Ketten	42	3	
	m. angtr. Bw	274	48	12
	sonst.	369	347	62
Pkw	gel.	1 043	695	91
	o.	83	236	252
Lkw	Maultiere	31	37(+)	13
	gel.	874	107	16
	o.	812	43	9
Zgkw	1-5 to	171	8	4
	8-18 to	50	7	2
RSO		2	2	
schw. Pak		65	16	
			4 (Sfl) ++	2 4 (Sfl) ++
Art. Gesch.		53	40	1
M. G		1 062 (554)	950 (868)	29 (24)
sonstige Waffen		241 +++	254	26

	Soll	Ist
8,14 cm Granatwerfer	94	93
le. I.G 18	27	10
s. I.G 33	12	12
2 cm Flak	50	41
2 cm Flakvierling	7	7
3,7 cm Flak	9	9
8,8 cm Flak	18	12
2 cm KwK	24	13
Panzerschreck	-	30
5 cm Pak 38	-	31
I.K.H 290 (r)	-	20
7,62 Pak 36	-	2
	241	280

Insgesamt hat die „Götz" die amerikanischen Angriffe zurückschlagen können. Nur der Einbruch bei La Sadoterie kann nicht abgeriegelt werden.

Bei Anbruch der Nacht gelingt es den Amerikanern bis zu den Höhen nördlich Culot, die wiederum nordöstlich Sainteny liegen, vorzustoßen.

Das I./37 und das III./38 werden den vordringenden Amerikanern entgegengestellt.

Im Abschnitt des II./37 werden Teile des III./38 eingesetzt, die sich an die Überschwemmungsgebiete der Taute bei St-Georges-de-Bohon anlehnen.

Um 21 Uhr wird die HKL im Bereich des II./37 wieder hergestellt.

Um 23 Uhr greift das III./38 mit seiner 11./Kp (Obersturmführer Petschow) am linken Flügel in Richtung Nordwesten an. Mit Unterstützung durch die eigene Artillerie gelingen einige Geländegewinne. Dann liegt der Angriff vor La Sadoterie fest. Die Amerikaner verteidigen hartnäckig.

Verlauf des 5. Juli

An diesem Tag nehmen die drei amerikanischen Regimenter den Angriff in Richtung Sainteny wieder auf. Es handelt sich um das 329th (Colonel Crabhill), das 333th (Colonel Mc Lendon) und das 331st (Lt. — Colonel Long) IR, die zur 83rd US ID gehören.

Die Einheiten der „Götz", in erster Linie das SS-Panzer-Grenadier-Regiment 37 (Obersturmbannführer Fick), das Anschluss an das Fallschirmjäger-Regiment 6 hat, können die gegnerischen Einbrüche im Gegenangriff bereinigen.

Der Einbruch bei Culot, 2,5 km nördl. Sainteny, wird am Abend mit Unterstützung der SS-Panzer-Abteilung 17 ausgeräumt. Auch die sich anbahnende Krise beim Fallschirmjäger-Regiment 6 wird unter Kontrolle gebracht.

Am gleichen Tag geht das III./38, das zuvor bei Tribehou lag, zwischen Saintey, Culot und Le Pavillon in Stellung. Als zweite Linie wird halbkreisförmig im Norden und Nordosten von Sainteny geschanzt.

Auf Seiten der Amerikaner hat die 83rd ID an diesem Tag 750 neue Verluste zu beklagen.

Der 6. Juli

Major General Collins vom VII. US-Corps wirft nun neben den Regimentern 329 und 330 auch die Regimenter 8 und 12 der 4th US ID (Major General Barton) in den Kampf.

Beim I./37 gelingt ein Einbruch. Dessen Kommandeur, der Sturmbannführer Reinhard, gibt dem Bataillonsadjutanten Untersturmführer Tiemann den Befehl mit Stabspersonal vom Bataillon, Versprengten und Fallschirmjägern des Regiments 6 einen Gegenangriff zu führen.

Tieman findet den Gefechtsstand der 1./37 verlassen vor, der Verbandsplatz des Fallschirmjäger-Regiments 6 brennt.

Beim Versuch Verbindung zu den Fallschirmjägern aufzunehmen, trifft er auf US-Infanterie, die er mit der Mpi verjagt und niederhält. Dabei wird er an Hand und Schulter verwundet.

Nachdem er 4 Kilometer durchs Gelände zurück gelegt hat, findet Tiemann Anschluss an versprengte Panzergrenadiere von I./37 und Fallschirmjäger des III./6.

Nach heftigen Widerstand mit Teilen seines Bataillons fällt Sturmbannführer Reinhard in die Hand des Feindes.

In der 1./37 des Hauptsturmführers Schlebes gibt es nur wenig Überlebende. Ebenso in der 2./37 (Untersturmführer Hübner) und in der 3./37 (Untersturmführer Wagner). Hauptsturmführer Zorn, Kdr. von III./37 fasst die Reste der Bataillone I und III zusammen.

Auch das II./37 des Sturmbannführers Opificius ist von den Kämpfen gezeichnet.

Diese Kämpfe toben seit dem Vortag auf dem gesamten linken Flügel der „Götz". Die Panzergrenadiere können auf die Unterstützung von ca. 30 Sturmgeschützen zählen, die einzeln oder zugweise eingesetzt werden. Durchbrüche werden im Gegenangriff zurückgeworfen.

Nahe Culot führt das I./37 einen dieser Gegenangriffe und kann so die Ortschaft zurückerobern.

Die Lage erfordert den Einsatz des III./38, welches die Regimenter der 83rd US ID aufhalten soll, die von Méautis her angreifen.

Es wird dem SS-Panzer-Grenadier-Regiment 37 unterstellt. Die vorgeworfenen Einheiten werden aufgefangen, so dass das Bataillon vollständig intakt bleibt.

Im Verlauf des Tages geht das III./38 mit 3 Kompanien südl. Culot zum Angriff über. Die 9. und 10./38 gehen beiderseits eins Hohlwegs vor. Die 11./38 (Hauptsturmführer Hübner) greift rechts von 9./38 an.

Nach anfänglichem Geländegewinn liegt der Angriff fest. Entlang des Hohlwegs werden der rechte Flügel der 10. Kp. und der linke Flügel der 9. Kp. zurückgeworfen. Die Amerikaner folgen dichtauf. Eine breite Frontlücke soll nun im Gegenangriff geschlossen werden.

Er wird geführt von Oberscharführer Schöpflin an der Spitze einer Reservegruppe der 11. Kompanie, der sich auch die Meldestaffel und gerade verfügbare Soldaten anschließen. Der Durchbruch wird bereinigt und der Vorstoß entlang des Hohlwegs wieder aufgenommen. Bald darauf fällt der Sturmbannführer Bolte. Ein Granatsplitter trifft ihn in den Kopf.

Sein Adjutant, Untersturmführer Salomon, gerät schwer verwundet in Gefangenschaft. Er stirbt noch am gleichen Tag. Hauptsturmführer Schweikert übernimmt nun das III./38. Das Bataillon ist nunmehr nur noch ca.

100 Mann stark. Weiter hinten wird eine neue HKL aufgebaut. Sie entspricht in etwa der Ausgangsstellung des III./38.

Ein anderer Gegenangriff des II./38 war in der Nacht vom 5. auf den 6. Juli dem Angriff des III./38 vom 6. Juli vorausgegangen.

In dem nächtlichen Kampf war Obersturmführer Petschow verwundet in Gefangenschaft geraten.

Südlich von Méautis brechen die Amerikaner in die Linien des III./37 ein.

Vor dem Bataillonsgefechtsstand werden 5 feindliche Panzer mit Nahkampfmitteln abgeschossen.

Eine Kompanie des Bataillon, die bei La Moisenterie abgeschnitten wird, hat wieder Anschluss. Die ursprüngliche Hauptkamflinie wird wieder hergestellt.

Am Abend erteilt Generalleutant von Choltitz (LXXXIV A.K.) der 2. SS-Panzer-Division „Das Reich", die seit Mitte Juni im Gebiet um St Lô liegt, den Befehl den Abschnitt beiderseits Sainteny zu übernehmen. Dieser reicht von seinem rechten Elügel bei St-André-de-Bohon bis nach Bléhou auf den linken.

Das I./ „D" (Deutschland) des Hauptsturmführers Schuste mit der 6./ SS-Panzer-Regiment 2 tritt nun neben die „Götz".

Die Kompanien 5 und 7 des SS-Panzer-Regiments 2 sind die Korsettstangen, die der Division zur Verfügung stehen, um die schwankende Front zu stützen.

Unter dem Befehl der „Götz" stehen jetzt:

— auf der Rechten das SS-Panzer-Grenadier-Regiment 37 mit 2 Bataillonen.

— auf der Linken das Fallschirmjäger-Regiment 6 mit 2 Bataillonen.

Die Artillerie ist folgendermaßen verteilt:

— rechts 3 leichte Batterien der „Götz".

— links 2 leichte Batterien der 275. I.D. sowie 1 leichte Batterie der 91. Luftlande-Division.

Diese Verteilung bleibt bestehen, und es ist Standartenführer Kreutz, Kdr. SS-Panzer-Artillerie-Regiment 2, der nun die Artillerie befehligt.

Auf dem rechten Abschnitt, entlang des Vire-Taute Kanals, herrscht absolute Ruhe. Das II./38 des Sturmbannführers Nieschlag wird mit seinen Fahrzeugen zurückverlegt.

Es durchfährt Tribehou in Richtung Auxais, dann Pont-Hébert. Dort bezieht es Reservestellungen. Im Abschnitt Port des Planques — Graignes bleiben noch die Kampfgruppe Heinz und ein Ostbataillon sowie das I./38.

In der Nacht vom 6. auf den 7. Juli wird im Schutz der Dunkelheit die SS-Panzer-Aufklärungs-Abteilung 17 bei La Lande de Lessay herausgezogen.

Überlassen wir das Wort Helmut Günther, seinerzeit Führer des I. Zuges der 2. Kompanie der SS-Panzer-Aufklärungsabteilung 17:

> „Alarm!",es war die Nacht zum 7.7.1944! Für die Aufklärungsabteilung begann damit das Drama von Sainteny. Nur Minuten dauerte es, und die Abteilung war marschbereit. In schneller Fahrt über la Feuille - Périers - les Plains erreichten wir den Raum um Raids, südwestlich Carentan. Die Finsternis begann bereits der Dämmerung zu weichen, als wir von den Fahrzeugen sprangen. Im Straßengraben sitzend, warteten die Kompanien auf den Einsatzbefehl, die Fahrzeuge fuhren zurück; für viele Tage war es das letzte Mal, daß wir unsere fahrbaren Untersätze sahen.

Der Verlauf des 7. Juli

Auf dem linken Flügel setzt die US-Infanterie ihre Angriffe fort, obwohl sie in den vergangenen Tagen hohe Ausfälle erlitten hatte.

Die Angriffe folgen dem Lauf der RN 171 und zielen auf Sainteny.

Sie führen zum Durchbruch.

Die SS-Panzer-Aufklärungs-Abteilung 17, der die 1. (Späh) Kp. unter Obersturmführer Arnken, fehlt, steht im Kampfe, seitdem sie bei Landes, einem Weiler südwestl. Sainteny, bereitgestellt wurde.

In der Morgendämmerung überschreitet sie die Straße zwischen Les Plains und Raids, 500 m weiter nördlich. Ihr Kommandeur, Sturmbannführer Holzapfel, richtet sich bei dem sogenannten Ort „Les Forges", 500 m nordwestl. Sainteny, ein.

Bei ihrem Vorgehen trifft die A.A.17 auf einen ausgeruhten Gegner mit Panzerunterstützung. Die 2./A.A.17 des Untersturmführers Walzinger stößt entlang der der Route Nationale auf Amerikaner. In den nachfolgenden Kämpfen verliert sie 30 % ihrer Kampfkraft.

Allerdings stellen die Amerikaner unter dem Feuer dieser Kompanien ihren Vormarsch ein. Die 3./A.A. 17 des Obersturmführers Buck verliert ihrerseits 50 % ihres Bestandes!

Wegen hoher Ausfälle des III./38 wird in der Nacht vom 5. auf den 6. Juli das II./38 — bisher bei Pont-Hébert in Reserve — alarmiert. Es wird in das Gebiet

von St-Anré-de-Bohon verlegt und steht bereit, die Frontlücke entlang des Sumpfgebietes nahe der Taute zu schließen.

In seinem Werk zitiert H. Stöber den Bericht des Sturmbannführers Nieschlag hierüber:

Entlang der RN 171 und auch weiter östlich, an der RN 174, leben die Kämpfe wieder auf und nehmen an Intensität zu.

Auf beiden Straßen soll der amerikanische Hauptstoß vorgetragen werden. Gegen Mittag gelangen Einheiten der 83rd US ID bis in den Norden von Sainteny, wo sie ein Gegenangriff der SS-A.A. 17 stoppen kann. Die Aufklärungsabteilung richtet sich zur Verteidigung ein und wartet abwehrbereit auf den Gegner.

Die Amerikaner weichen nach Westen aus und nehmen Raffoville ein. Durch diesen Schachzug wird vorübergehend das Fallschirmjäger-Regiment 6 abgeschnitten.

Auf dem rechten Flügel dieses Abschnitts stehen die Kompanien des II./38, mit Ausnahme der 7./38 (Hauptsturmführer Hamel) im Kampf. Die 7./38 sichert nach Norden.

Die 5. und 6. Kompanie greifen entlang der Départementstraße 29, die von „Le Port" (500 m südöstl. St-André-de-Bohon) nach „Mesnil" führt, an.

Allerdings kommt das II./38 südöstl. St-Georges-de-Bohon zum Stehen und erleidet starke Verluste.

Obersturmführer Baldauf, Chef der 5./38, wird vermutl. durch Scharfschützen getötet. Seine Kompanie hat 28 Ausfälle. Bei der 6./3 wird der Kompaniechef, Obersturmführer Tramontana, schwer verwundet.

Hier solle ein Handstreich erwähnt werden, den Untersturmführer Hoffmann an diesem Tag vollbringt. Hoffmann ist Adjutant und gleichzeitig Chef der Stabskompanie des SS-Panzer-Grenadier-Regiments 38.

Hoffmann hat Befehl über Rougeville hinaus in Richtung Port-St-Pierre vorzustoßen und dort die Brücke zu sprengen, die über die Taute führt. 40 Mann von II./38, eine Pioniergruppe (Unterscharführer Willenbach) und 4 Sturmgeschütze stehen ihm zur Verfügung.

Das Unternehmen wird in der Nacht vom 7. auf den 8. Juli ausgeführt.

Die Kampfgruppe erbeutet amerikanisches Material, darunter 2 Sanitätsfahrzeuge. Ein Lieutenant-Colonel mit einer Tasche Dokumente wird ebenfalls als Gefangener eingebrcht.

Am Nachmittag führt die 5./SS-Panzer-Regiment 2 nördl. Sainteny einen Gegenangriff, um die SS-A.A.17 zu entlasten, die immer noch in hartem Kampf um ihre Verteidigunsstellung steht.

Allerdings geht die „Götz" aus diesen erbitterten Kämpfen geschwächt hervor. Die SS-Panzer-Abteilung 17 hat nur noch 22 Sturmgeschütze IV. Die Personalverluste sind so hoch, dass die Reste von II./38 und III./38 in einer Kampfgruppe zusammengefasst werden, die nun Hauptsturmführer Wahl untersteht. Dieser war zuvor Adjutant des SS-Panzer-Grenadier-Regiments 38.

Im Bericht der Heeresgruppe B werden die Kämpfe des 7. Juli wie folgt beschrieben:

> „7.7.1944. Abendmeldung.
>
> Feind hat seinen Großangriff nun bis zur Vire ausgedehnt, westl. Airel gelang es dem Feind, seinen Einbruch zu erweitern und Pont de St. Fromond und Punkt 46 nördl. der Straße Airel - Le

Desert, St. Fromond und Le Lande zu nehmen. Hier hat der Feind seinen Brückenkopf geschaffen. Nach starter Art.-Vorbereitung stieß der Feind mit Panzern unterstützt über Le Mesnil nach Süden bis La Pature (NO Auxais) vor. Rgts.Gef-Stand des SS-Pz.Gren.Rgts. 38 dort eingeschlossen. Eine Pz.Abt. der 2.SS-Pz.Gren.Div. aus dem Raume ostwärts St. Lô dagegen eingesetzt. In der Einbruchstelle von Culot hat der Gegner weiter nach Süden vorstoßend Sainteny Nord erreicht und im Einderhen nach Westen Raffoville genommen. Teile Fallsch.Jg.Rgt. 6 abgeschnitten. Eigenem Gegenangriff der SS-Pz.Aufkl.Abt. 17 gelang es, Feindeinbruch nördl. Sainteny abzuriegeln. Les Ormeaux genommen (vom Feind! Der Verf.). Über Gegenmaßnahmen noch keine Meldungen."

Der Verlauf des 8. Juli

Die Einheiten der 83rd US ID erreichen auf einer verkürzten Front eine Linie die in groben Zügen die Höhe 43, Le Coq, das Gelände von Mont, südl. Culot, umfasst und bei Bois-Grimot einen Vorsprung in der Front des Gegners aufweist.

Der Tag fordert weitere Menschenverluste bei der „Götz".

Bei einem amerikanischen Feuerüberfall wird Sturmbannführer Opificius durch einen Granatsplitter am Kopf verletzt. Um Hilfe zu leisten verlassen zwei Mannschaften und ein Untersturmführer die Deckung. Im Granathagel werden sie zerrissen, ohne ihr Ziel, den Kommandeur, zu erreichen. Außer den Feuerüberfällen, die von Beobachtungsfluzeugen präzise gelenkt werden, überwachen auch die Jabos jede Bewegung in den Stellungen. Von hinten anfliegend nehmen sie die Schützenlöcher der Panzergrenadiere unter Bordwaffenbeschuss. So wird der Hauptsturmführer von Seebach in seinem Gefechtsstand getötet, obwohl der Chef der 14. (Flak)/37 diesen in einem Hohlweg angelgt hatte.

Für kurze Zeit wird das II./37 von Hauptsturmführer Hennings (Chef der 8./37) übernommen, dann von Hauptsturmführer Ullrich. Das Bataillon geht beim Schloss von Auxais, 3 km östl.Raids, in Stellung.

An diesem Tag bestehen II./38 und III./38 nur noch aus Resten, da sie 50 % Verluste erlitten haben.

Beim II./38 gibt es keine Kompanieführer mehr, und sein Kommandeur, der Sturmbannführer Nieschlag, der verwundet ist, behält die Führung des Bataillons.

Der Sturmbannführer zog sich die Verwundung in einem Graben vor dem Gefechtsstand des SS-Panzer-Grenadier-Regiments 38, nahe des Weilers La Pâture, zu.Der Angriff des III./38 war gerade fehlgeschlagen und das II./38 wehrte US-Angriffe ab.

Der Bataillonskommandeur muss dem Divisionsführer Bericht erstatten, der vorübergehend das Kommando über die Division hat (Standartenführer Baum). Er muss sich dabei rechtfertigen. H. Stöber berichtet hierüber:

„Erst wird seitens der Div. der Angriff befohlen und dann den Ausführenden die Verantwortung zugeschoben. Wenn ein Junker im Taktikunterricht einen solchen Entschluß gefaßt hätte, wäre er aus dem Lehrgang geflogen." (Nieschlag war vorher Taktiklehrer auf der Junkerschule Prosetschnitz, CSSR).

.Standartenführer Baum und sein Ia hatten keinen solchen Befehl erteilt.

Der Adjutant des SS-Panzer-Grenadier-Regiments 38, der Hauptsturmführer Wahl, bestätigt, dass der Befehl ihm als von der Division stammend übermittelt worden war. Übermittelnder war der Regimentskommandeur von 38, der Obersturmbannführer Horstmann. Angesichts der großen Verluste, welche die selbstmörderischen Angriffe hervorriefen, verlangte Baum eine Erklärung von Horstmann und drohte ihm mit einem Kriegsgerichtsverfahren. Auch der O.B. der 7. Armee, Oberstgruppenführer Hausser, wird hiervon unterrichtet. Horstmann bittet daraufhin um Erlaubnis, sich entfernen zu dürfen. Er schreibt ein paar Zeilen für seine Frau und übergibt sie dem Regimentsarzt, woraufhin er sich eine Kugel in den Kopf schießt. Jetzt übernimmt Sturmbannführer Nieschlag das Kommando über das SS-Panzer-Grenadier-Regiment 38.

Zwischenzeitlich haben sich die Einheiten der 83rd US ID bis auf eine Linie nördl. der Straße Auxais — Le Moulin vorgeschoben und stehen vor St-André-de-Bohon.

Hier halten Resteinheiten von II./37 und II./38 die Front.

Bei den Gefechten des Tages stoßen Teile des SS-Panzer-Regiments 2 auf zwei Straßen von Auxais nach Giffray vor und halten zwei Tage lang die HKL. Ihnen steht keine Begleitinfanterie zur Verfügung.

Der Feindeinbruch bei Sainteny wird von einer Panzerkompanie ohne Begleitinfanterie beseitigt.

Am Abend hält die SS-A.A. 17 immer noch mit Resten bei Sainteny.

Verlauf des 9. Juli

Die Amerikaner versuchen in einem kraftvollen Vorstoß die Nachschubstraße RN 171 Sainteny-Les Landes (südl. Sainteny) zu unterbrechen und wenn möglich den westl. gelegenen Sumpf von La Maugerie zu erreichen. Dabei werfen sie den Schwerpunkt von östl. Sainteny nach Westen.

Dadurch soll die Lebensader des I./37 und des III./37 unterbrochen werden. Ebenfalls die der SS-A.A.17 und des Fallschirmjäger-Regiments 6. Um dies zu verhindern werden alle verfügbaren Kräfte in den Kampf geworfen.

Dem Amerikaner gelingt es die Straße nahe Bois Grimot zu überschreiten und die westl. davon stehenden Einheiten abzuschneiden.

Ein Gegenangriff mit Einheiten des SS-Panzer-Regiments 2 stellt die Lage wieder her.

Im Laufe der Nacht vom 9. auf den 10. Juli sickern Einheiten der 83rd ID zwischen Sainteny und dem Schloss von Bois Grimot ein. Die Panzergrenadiere weichen unter dem Druck des Gegners zurück, aber Einheiten des SS-Panzer-Regiments 2 (II. Abt.), unter dem Befehl von Obersturmbannführer Tychsen, die beweglich kämpfen, können stützpunktartig die Front halten.

Im rechten Abschnitt der Division gehen die Amerikaner am Vormittag auf Haut-Verney, südl. Graignes, vor.

Trotz des Widerstands von I./38 und des Abschusses von 10 Feindpanzern wird der Stützpunkt südl. Port-des-Planques abgeschnitten.

Versuche ihn zu entsetzen, wehren die Amerikaner ab. Die eingeschlossene Kompanie, es handelt sich um die 2./38 unter Obersturmführer Hinz, erhält den Befehl, sich nach Süden durchzuschlagen.

Das I./38 bezieht eine neue Sicherungsstellung an der Straße Le Mesnil — Angot — Tribehou.

Pièce de Pak 40 avec camouflage et insigne de la "GvB" encore visible sur les lieux des combats. Ici sur la place de la commune du Dézert près de Saint Jean-de-Daye, au nord de Saint Lô.

(Photos S. Varin via J-C. Perrigault)

Pak 40 gun with camouflage and bearing the "GvB" insignia still to be seen on the scene of the battle. Here in the village square at Le Dézert near Saint Jean-de-Daye, north of Saint Lô.

(Photos courtesy S. Varin via J-C. Perrigault)

Pak 40 im Tarnanstrich und mit takt. Zeichen der "GvB". Sie ist - am Schauplatz der Kämpfe - auf dem Marktplatz von Dézert (nahe Saint-Jean-de-Daye, nördl. Saint-Lô) ausgestellt (Bilder: S. Varin und J-C. Perrigault).

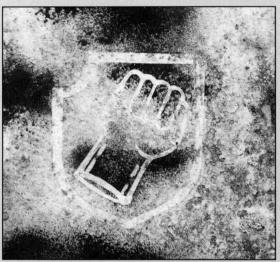

Im linken Abschnitt greifen die Amerikaner nach starker Artillerievorbereitung auf dem rechten Flügel bei der Kampfgruppe Fick an und bemachtigen sich des Orts St-André-de-Bohon. Gegen 22 Uhr gelingt es einem Gegenangriff, die Ortschaft zurückzuerobern.

Gehen wir hier etwas ins Detail: Nach persönlicher Aufklärung durch Obersturmbannführer Tychsen, greift die 7./SS-Panzer-Regiment 2 Lemonderie an, um in diese Richtung zu sichern. Die 5. Kp. geht das Dorf direkt an, wobei ihr Teile von II./38 zu Hilfe kommen. Nach zwei Stunden ist der Flecken zurückerobert und das 330th US IR der 83rd ID vernichtet. Entscheidend war, dass Teile von III./38 unter seinem Kommandeur, Hauptsturmführer Schweikert, in den Kampf eingegriffen haben. Schweikert fällt dabei.

In der Zwischenzeit ist es der 2./38 gelungen die Einschließung entlang der Taute und den Sümpfen zu durchbrechen. Sie hat fast alle Waffen gerettet und reiht sich bei Tribehou in die Verteidigung ein. Obersturmführer Hinz, der sich das Ritterkreuz im Osten, in der 5. SS-Panzer-Division "Wiking", verdient hatte (als Chef der 5. Kp. des Rgts. "Westland"), erhält am 23. August 44 das Eichenlaub.

Um die Verluste der "Götz" auszugleichen, wird von Saumur aus das SS-Pionier-Bataillon 17 des Sturmbannführers Fleischer in Marsch gesetzt.

Das Bataillon marschiert in einen Bereitstellungsraum hinter der Front bei Hauteville-Campond. In der Nacht vom 11. auf den 12. Juli kommt es mit 3 Kompanien (645 Offz., Uffz. u. Mannschaften) südöstl. Tribehou an. Zuvor hat es noch bei Gournay gerastet. In der Nacht soll es die Linie Gournay — La Ramée (bis zur Straßengabel westl. des westl. Ortsausgangs) besetzen. Diese Linie soll mit Schwerpunkt bei Gournay und der Kreuzung südl. Tribehou verteidigt werden.

Der Verlauf des 11. Juli

Der Abwehrkampf der SS-A.A.17 erreicht im Abschnitt Sainteny an diesem Tag den Höhepunkt.

Es muss nochmals erwähnt werden, dass dieses Dorf an der Straße Carentan-Périers Ziel des VII. US Corps (Major General Collins) seit dem 3 Juli ist. —

Um die Reste der SS-A.A. 17 zu verstärken, erhält der Kdr. dieser Einheit, Sturmbannführer Holzapfel, 40 Mann zugewiesen. Auch einige Sturmgeschütze sowie "Panther" vom SS-Panzer-Regiment 2 werden zur Verteidigung der Ortschaft aufgeboten. Im Tagesverlauf des 9. Juli wird der Gefechtsstand der SS-A.A.17 von Forges nach Südwesten zum Ort La Giloterie verlegt.

Nach starker Artillerievorbereitung greift das 329th IR (83rd ID) an und erzielt tw. Erfolge. Auf deutscher

Seite — bei der SS-A.A.17 kann man dagegen die Verluste nicht mehr ersetzen. Die 1. (Panzerspäh) Kp. des Obersturmführers Arnken verliert eine große Zahl Fahrzeuge.

Der Sturmbannführer Holzapfel wird schwer verwundet und gilt seitdem als vermißt. Untersturmführer Papas, der Adjutant und Obersturmführer Obert, Adjutant des Kommandeurs, werden verwundet.

Die Chefs der 2. und 3. Aufklärungskompanie, die Obersturmführer Schröder und Buck, fallen.

Das Dorf muss wohl oder übel aufgegeben werden.

H. Günther zufolge hat die SS-A.A. 17 noch drei ihrer 17 Offiziere (3 in den Kompanien und 2 im Stab), sowie 40 unverwundete Mannschaften.

Der Verlauf des 12. Juli

Wegen des starken amerikanischen Drucks, gibt die Division den Befehl heraus, die HKL zurückzuverlegen (Ia Tgb-Nr 442/44 g. Kdos).

Die Rückwärtsbewegung läuft in der Nacht vom 12. auf 13. Juli an.

Die neue HKL folgt der Linie Le Glinel — Bachtal südl. Bois du Hommet — Gournay — Tribehou — les Aubris — La Varde — Kanal — Auxais — Höhe 15.

Im weiteren Tagesverlauf greift die 83rd ID mit Panzern der 3rd Armored Division nahe Gournay und Tribehou an.

Um 17 Uhr wird der Angriff bei Gournay abgewiesen. Eine Stunde später aber bricht dort die Front. Drei aufeinander folgende Gegenangriffe schlagen fehl.

Um 19 Uhr stehen die Amerikaner 1 km südl. Glinel. Angesichts der gegnerischen Überlegenheit und der schwachen eigenen Kräfte nimmt Sturmbannführer Fleischer, Kdr. SS-Pionier-Bataillon 17, die Front hinter Tribehou zurück. So wird die, 3. Kp. von Hauptsturmführer Müller frei. Nahe La Ramée sicher die Kampfgruppe Ertl des I./38 nach Norden.

Seit heute zielen die Amerikaner auf die Taute-Übergange bei Moulin. Hier muss wieder die 7./SS-Panzer-Grenadier-Regiment 2 eingreifen. Trotz seiner Überlegenheit gelingt es dem Gegner nicht, Le Port und Le Moulin zu nehmen. In beiden Weilern hat das II./38 Nahkämpfe zu bestehen. In der Zwischenzeit sind die Brücken zerstört und die beiden Weiler haben für die Amerikaner keinen Wert. Um sich dem westlichsten Übergang zu nähern, müssen die Amerikaner erst einmal die zweite Widerstandslinie von La Vierge, südwestl. Auxais, überwinden, ebenso bei La Pernelle. Dort stoßen sie auf das Panzer-Grenadier-Regiment 37, besser gesagt auf dessen Überlebende, die jetzt zur Kampfgruppe Fick gehören.

Diese besteht wiederum aus Einzelgruppen, die die Namen ihrer Führer tragen. — Diese sind: Hauptsturmführer Ertl (I./38), Untersturmführer Wilhelmi (SS-Panzer-Grenadier-Regiment 37), Untersturmführer Lorenz (Adj. II./38), Hauptsturmführer Ullrich (SS-Panzer-Grenadier-Regiment 37), Untersturmführer Hoffmann (Stabs-Kp. d. Panzer-Grenadier-Regiments 38). Hauptsturmführer Mumm führt die Reste der SS-A.A. 17.

Die letzten Kämpfe vor „Cobra"

In der Nacht vom 13. auf den 14. Juli zieht sich das SS-Pionier-Bataillon 17 — wie die anderen „Götz" — Einheiten auf die sogenannte „Wasserstellung" zurück.

Der Befehl hierzu kommt von Generalleutnant von Choltitz, Generalkommando LXXXIV.A.K. (Ia Nr. 1758/44/geh.).

Wir folgen dem Einsatzweg einer „Götz" — Einheit, dem SS-Pionier-Bataillon 17.

14. Juli: Das Bataillon hält Stellungen südl. Tribehou. Am folgenden Tag greifen die Amerikaner auf der gesamten Frontbreite an und vernichten gegen Mittag die 1. Kp. (Obersturmführer Volkenand, der den am Vortag verwundeten Obersturmführer Schleicherd ersetzt hat) fast vollständig. Alles muss eingesetzt werden, um die HKL zu halten. Standartenführer Baum, der Divisionskommandeur, schickt dem Bataillon außer der 5. (schwere)/SS. A.A. 17 die schwere Kompanie des Obersturmführers Priehler, die seit dem 13.7. im Kampf steht und einen Zug schwerer Infanteriegeschütze vom II./38. Ebenso die 3./SS.A.A.17 des Untersturmführers Kuske.

16. Juli: Nach heftiger Artillerievorbereitung erreichen die Amerikaner Rémilly-sur-Lozon. Die 2./SS-Pionier-Bataillon 17 und eine Kompanie des SS-Panzer-Grenadier-Regiments 38 stellen sich nahe Thiébots bereit. Nachdem die Amerikaner beiderseits Rémilly-sur-Lozon nach Nordwesten vorgestoßen sind, sollen diese das Dorf zurückerobern.

Der Gegner versucht seinerseits den Frontvorsprung von L'Angle, südl. von La Varde, abzukneifen. Die 3./SS-A.A. 17 kann sich um La Chausée herum halten.

Nacht v. 16. auf 17. Juli: Um 0 Uhr 30 erhält das SS-Pionier-Bataillon 17 Befehl, seinen Brückenkopf nach Süden zur Straße Les Champs de Losques — Le-Mesnil-Vigot hin zu erweitern.

Im Verlauf des Tages brechen die Amerikaner an der Naht zwischen Fallschirmjäger-Regiment 13 und SS-Pionier-Bataillon 17 ein.

Der Einbruch erfolgt westl. und östl. der Straße La Rivière, Les Champs de Losques, im Gebiet von La Chaussée.

Im linken Abschnitt (Kampfgruppe Fick) geht auf die Orte Marchésieux, La Varde und La Maturie starkes Artilleriefeuer nieder. Der feindliche Stoß aus Nordosten auf La Varde wird zurückgeschlagen.

18. Juli: Ein Angriff zielt auf den Frontvorsprung von La Varde. An diesem Unternehmen sind zwei Regimenter der 83rd US ID beteiligt: das 329th IR (Colonel Crabhill) und das 331st (Colonel York).

La Varde ist ein kleiner Weiler, 1 km nördl. Marchésieux, der auf einer kleinen Anhöhe zwischen Lozon- und Taute-Tal liegt.

Der Abschnitt von La Varde wird von 4 Kampfgruppen gehalten.

Ihre Führer sind: Hauptsturmführer Ullrich (II./37), Untersturmführer Hoffmann (Stabs-Kp./ SS-Panzer-Grenadier-Regiment 37), Untersturmführer Lorenz (Adjutant des II./38) und Hauptsturmführer Ertl (I./38). Im Osten und Südosten von Marchésieux, wo sich der Gefechtsstand von Obersturmbannführer Fick befindet, stehen die 3./ SS-A.A. 17, die 3./SS-Pionier-Bataillon 17 und die 2./ SS-Pionier-Bataillon 17.

Gegen 18 Uhr startet das 329th IR einen Ablenkungsangriff, während das 331st IR den wirklichen Angriff vorträgt, der die Wiederherstellung der zerstörten Taute- Brücke zum Ziel hat. So wird in La Varde durch das III./331st ein Brückenkopf errichtet.

Am Folgetag, dem 19., kommen einige US-Verstärkungen nach. Des weiteren ist eine Bailey-Pionierbrücke noch in der Nacht gebaut worden, über die Panzer rollen können.

Auf deutscher Seite ist die Kampfgruppe Lorenz zu schwach, um einen Gegenangriff durchzuführen.

Mit Ausnahme von zwei schweren Granatwerfern des Oberscharführers Becker (8./38), haben die Deutschen keine Trümpfe mehr in der Hand.

Trotzdem wird ein Gegenangriff bei La Maturie, östl. La Varde, geführt. Beteiligt sind die Kampfgruppe Ullrich und 2 Sturmgeschütze der 3./ SS-Panzer-Abteilung 17. Dem Amerikaner war es aber gelungen zwei Pak-Geschütze ans andere Ufer zu bringen, und das Spitze fahrende Sturmgeschütz wird getroffen. Das getroffene Geschütz rollt nach rechts von der Straße herunter, um den anderen Wagen vorbei zu lassen. Dieser erreicht den Nordteil der Straße und eröffnet das Feuer auf die Amerikaner. Das 331st IR hat 50 % Verluste.

Am Nachmittag setzen sich die Überlebenden über das überschwemmte Taute-Tal hinweg ab.

Operation „Cobra"

Am **24. Juli 1944** bildet die Front der „Götz" einen Bogen, dessen exponiertester Punkt bei La Varde liegt.

Auch die Front der 2. SS-Panzer-Division „Das Reich" weist nördl. St-Germain-sur-Sèves so einen Frontvorsprung auf. Die Division liegt links der „Götz" in Stellung. Nach rechts liegt entlang der Straße Périers — St Lô das Fallschirmjäger-Regiment 5 des Hauptmann Mertins.

Die Absicht der Amerikaner ist, Coutances und möglicherweise weiter südlich die Küste zu erreichen. So soll das gesamte LXXXIV. A.K. ausgeschaltet werden.

Die Offensive, welche am **25. Juli**, nach vorhergehendem Luftbombardement losbricht, berührt kaum den Abschnitt der „Götz", wie das K.T.B. (Ia Tgb. Nr. 1305/44 geh.) belegt.

Es berichtet von Verminungen, der Wahrnehmung von Panzergeräuschen vor den Stellungen des SS-Pionier-Bataillons 17, Artilleriebeschuss, Spähtrupptätigkeit und Unterstützung in der Abwehr durch das Fallschirm-Pionier-Bataillon 5.

Im Gefechtsbericht eines Zugführers an die 3./SS-Panzerjäger-Abteilung 17 heißt es:

> Nachdem der Feind westlich St. Lô einen Durchbruch erzielt hatte und die rechte Flanke der Division bedrohte, wurden 2 Geschütze der Kampfgruppe Ullrich beigegeben und als Sicherung im Raume le Mesnil-Vigot eingesetzt.

Wegen der unübersichtlichen Lage im Abschnitt der 353.ID des Generalleutnants Mahlmann, die rechts vom Fallschirm-Pionier-Bataillon 5 kämpft, erhalten das Bataillon und die Kampfgruppe Ullrich den Befehl, sich um 23 Uhr auf eine neue HKL zurückzuziehen.

Die Kampfgruppe des Untersturmführers Hoffmann lässt einen Zug bei La Varde zurück. Hauptsturmführer Ullrich will ihn zurückbeordern, kann ihm aber nur die allgemeine Marschrichtung angeben.

Der Zug findet keinen Anschluss an die Kampfgruppe mehr.

Zwischenzeitlich hat das LXXXIV. A.K. Befehl gegeben, auf die „Gelbe Linie" zurückzugehen. Die Absetzbewegung soll in der Nacht vom 26. auf den 27. Juli erfolgen.

Zuerst soll dabei die Auffanglinie Lozon-Le Mesnil-Vigot-St.Martin d'Aubigny-La Feuille-Pirou erreicht werden.

Der Nachbar, das II. Fallschirm-Korps, hält mit dem linken Flügel Anschluss.

„Götz", „Reich" und die Kampfgruppen der 91. Luftlande-Division und der 243. ID gehen um 23 Uhr des 26. Juli zurück. Nachhuten bleiben am Feind.

Die „Götz" stellt durch eine Verstärkung des Fallschirm-Pionier-Bataillons 5, das unterstellt ist, sicher, dass der Angelpunkt Mesnil-Angot in deutscher Hand bleibt.

Gleichzeitig wird bei Lozon die Verbindung zur 352. ID aufrecht erhalten.

Am 27. Juli — die Deutschen sind im Rückzug begriffen — stoßen die Amerikaner mit ihrer 1st ID (Major General Huebner) und dem CCB 3 (Brigadier Boudinot), das zur 3rd Armored Division des Major General Watson gehört, im Westen auf Coutances vor.

Sie machen in Richtung auf Lorey Fortschritte und nehmen Camprond und La Chapelle.

Aus diesem Grund erhält das SS-Pionier-Bataillon 17 Befehl, an der Eisenbahnlinie, bei Camprond und La Chapelle Stellung zu beziehen.

Sein Auftrag ist es, einen Sperr-Riegel nach Osten zu bilden.

Einer der Zugführer, Unterscharführer Kloppmann, berichtet:

> Am 27.7.1944 griff in den Abendstunden der Feind erneut in Stärke eines Btl. an. Vor dem Orte le Mesnil-Vigot konnte der Angriff für kurze Zeit zum Stehen gebracht werden. Diese Einbruchstelle genügte, um unsere eigenen Verbände, die noch nördlich der Straße St. Lô — Périers standen und die sich um 22.00 Uhr absetzen sollten, den Weg abzuschneiden. Ich gab dem SS-Uscha. Oelke den Befehl, auf dem noch einzig freien Weg in die Flanke des Feindes hereinzustoßen, um den Feind von dort aus zu bekämpfen. Das Geschütz traf auf eine fdl. Kp., die sich zum Angriff bereitstellte. Das Feuer wurde sofort eröffnet und der Feind mit Spreng- und HL/B-Granaten sowie mit dem sMG total vernichtet. Nach diesem Gefecht setzte sich der Feind von der Ortschaft ab und das Absetzen der Einheiten konnte, ohne angegriffen zu werden, erfolgen.
>
> Hierbei zeichneten sich besonders aus:...

Am 27. abends trifft der Befehl zum Rückzug auf die „Gelbe Stellung" ein. Diese war nur unvollständig auf den Höhen um Montcuit, südl. Haute-ville, nahe Rocher, vorbereitet.

Um 23 Uhr ergeht ein Gegenbefehl. Das Fallschirm-Pionier-Bataillon 5 sammelt südwestl. Courcy.

Wie das Bataillon sollten auch die Kampfgruppe Fick, die SS-A.A. 17 und die I. und II./SS-Artillerie-Regiment 17 auf die „Gelbe Line" zurückgehen, um den linken Flügel der „Götz" zu halten. Jetzt verlegen sie in den Raum südlich Coutances.

Die Amerikaner bemerken ihr Verschwinden erst Stunden später.

Alber Pipet schreibt hierzu:

„Am Abend des 27. kennzeichnen zwei tiefe Einschnitte den Vormarsch von Collins. Im Norden, bei Camprond, zeigt Huebners Finger auf Coutances. Im Süden, eröffnet White (Brigadier General, Kdr. 2nd Armored Div. — die Verf.) einen Wettlauf gegen die Uhr zur Küste. Er steht bei Cenilly.

Zwischen diesen beiden Angriffsspitzen, die in den Rücken des LXXXIV.

A.K. zielen, bereitet sich General Hickey (Kdr. CCA 3rd Armorad Div. — die Verf.) vor, mit seinen Panzern aus Quibehou vorzubrechen.

Aber schon beginnt v. Choltiz, der die Gefahr der Einschließung erkennt, seine Kräfte im Westen zurückzunehmen.

Bradley bemerkt es. Er weiß, das die „Big Red One" (1st US ID, Maj. Gen. Huebner — die Verf.) zu spät kommt, um die Falle schließen zu können. So versucht das Combat Command von White das Rennen zu machen, das General Huebner schon verloren hat. Ziel ist der Fluss Sienne.

Am. Abend erhält White die Order alle Kreuzungen zwischen Notre-Dame-de-Cenilly und Lengronne zu sperren sowie alle Obergänge über die Sienne zu blockieren."

Am 28 Juli erhält die „Götz" Befehl, den Ausbruch der Amerikaner aus Cametours in Richtung Westen oder Südwesten zu verhindern.

Nach Wegfall der „Gelben Stellung" wird entlang der Linie Pont-Brocard-Cerisy la Salle-Les Landes-Savigny eine neue Front aufgebaut.

In sie werden eingebaut: Fallschirm-Pionier-Bataillon 5 und SS-Pionier-Bataillon 17 bei Cerisy-la-Salle bis zur linken Naht bei der 2. SS-Panzer-Division „Das Reich". Ebensso die Kampfgruppe Fick und das Bataillon Ullrich.

Im Tagesverlauf fällt Obersturmbannführer Tychsen im Kampf mit amerikanisohen Aufklärungskräften bei Cambry, 4 km nördl. Trelly.

Tychsen hatte die Nachfolge des am 24. Juli verwundeten Brigadeführers Lammerding als Divisionsführer der 2. SS-Panzer-Division „Das Reich" angetreten.

Um 18 Uhr 30 übernimmt Standartenführer Baum den Befehl über die Reste beider Divisionen,

Der Kessel von Roncey und der Ausbruch

Bis zu diesem Zeitpunkt konnte die deutsche Führung den Zusammenhalt der eigenen Truppen sichern, die sich in dem — seit der Einnahme von St Denis-le-Gast, Lengronne, und Les Hauts-Vents — entstehenden Kessel befinden.

Das CCB 4 der 4th Armored Division (Maj. General Wood) und das CCB 2 der 2nd Armored Division (Maj. General Brooks) stoßen nach Süden und Südwesten vor und bilden nördl. von Hauts Vents einen Einschließungsring.

Folglich müssen die stärksten verfügbaren Kräfte den Ausbruch bewerkstelligen.

Am Abend des 28. Juli trifft der Chef des Stabes beim LXXXIV. A.K., Oberstleutnant v. Criegern Standartenführer Baum, um den Ausbruch am Morgen des 29. zu organisieren und eine Verteidigunslinie Hambye — Gavray — Bréhal zu erreichen. Das Treffen findet auf Baums Gefechtsstand statt.

Zur gleichen Zeit macht sich die Kampfgruppe Fick für den Einsatz am Morgen bereit. Sie steht nördl. von Cerisy-la-Salle. Generalmajor Pemsel überbringt Generalleutnant v. Choltitz den Befehl für einen Gegenangriff auf Percy. Pemsel ist Stabschef der 7. Armee.

Es soll folglich ein Flankenangriff gegen die Spitzen des VII. US Corps geführt werden.

Es war nicht zu ändern, dass Roncey Schnittpunkt eines starken Straßenverkehrs war, und dass sich die alliierte Luftwaffe am Vormittag des 29. Juli also bemühte, diesen Verkehr vollkommen zum Erliegen zu bringen.

In der Zwischenzeit gelang es den Kampfgruppen der 91. Luftlande-Division, der 245. und der 353. ID, die den linken Flügel des LXXXIV. A.K. bildeten, sich über die Straße Coutances — Lengronne nach Süden abzusetzen.

Wie sah es bei den Einheiten innerhalb des Kessels von Roncey aus? Das Gros, darunter die Kampfgruppe Fick, suchte die Ortschaft zu erreichen. Am Morgen des 29. Juli kommt es somit zu Kämpfen bei Pénetière und der Straßenkreuzung 122, die sehr heftig sind. Um St-Denis-le-Gast und Cambry kommt es um Mitternacht zum Kampf.

Der Angriff auf la Pénetière, der um 4 Uhr erfolgt und nach Villebaudon und Percy weiterführen soll, ist ein Fehlschlag.

Standartenführer Baum verlegt den Angriff auf die darauf folgende Nacht.

Am Nachmittag stürzen sich die Jabos, darunter „Typhoons" der RAF. auf die deutschen Panzer und Fahrzeuge. Ein Teil der Sturmgeschütze der SS-Panzer-Abteilung 17 wird zerstört oder bleibt mangels Treibstoff stehen. Sie gehören zu den 250 Fahrzeugen aller Typen, die verloren gehen.

Im Morgengrauen bricht ein heftiger Kampf an der Straßenkreuzung 122 aus. Diese befindet sich südl. von La Valtonaine, im Süden von St-Martin-de-Cenilly.

Wenigen Panzergrenadieren gelingt es, sich bis Hambye und Maupertuis zurückzukämpfen.

Um Mitternacht schlägt man sich noch in St-Denis-le-Gast. Die Deutschen wollen ausbrechen. Den Resten des SS-Pionier-Bataillons 17 und der II./SS-Panzer-Regiments 2 gelingt es. Vor Cambry kommt es zu einem Gefecht, das mit unerhörter Härte geführt wird.

Umkämpft ist La-Lande-des-Morts, zwischen Les Hauts-Vents und Guéhébert.

A. Pipet schreibt: „Am Abend des 29. bereitet SS-Standartenführer Baum den Ausbruch vor und schickt Spähtrupps in den Süden von Guéhébert. Erst um Mitternacht bringt man ihm die unglaubliche Meldung. „St-Denis-le-Gast und Gavray sind feindfrei…" Baum hat nun eine sichere Lücke, um die neue Linie Bréhal-Gavray-Percy zu erreichen."

St Denis hält bis zum Mittag des 30. Juli. So entkommen 1000 Mann! Bei La Chapelle, östl. Lengronne, kosten die Kämpfe die Deutschen cà hundert Gefallene. Sie kommen zumeist von der „Götz" oder von „Reich".

Auch die beiden letzten Panzerjäger 38 (t) der 3./SS-Panzerjäger-Abteilung 17, die Unterscharführer Böckmann führt, nehmen am Ausbruch teil. Um 2 Uhr stoßen sie nach 8 km Fahrt auf eine amerikanische Artilleriestellung. Nach einer Dreiviertelstunde Kampf wird sie zerstört.

Auch die 4./SS-Flak-Abteilung 17 ist fast aufgerieben. Ihr Chef, Obersturmführer Kreil, gerät in Gefangenschaft.

Welchen Einheiten der „Götz" ist der Durchbruch geglückt?

Nur ein Drittel des SS-Artillerie-Regiments 17 ist dem Kessel entronnen: 3 leichte Batterien und 1 schwere, welche die I. Abteilung bilden.

Die SS-Flak-Abteilung 17 hat 2 8,8 cm Flak (von ursprüngl. 8) retten können. Desgleichen einige 2 cm und drei 3,7 cm-Kanonen (von ursprüngl. 9). Die Panzergrenadiere der verschiedenen Kampfgruppen haben die Hälfte ihres Bestandes eingebüßt. Die SS-Nachrichten-Abteilung hat wenig Personalverluste. Sie hat aber ihr Material verloren. Das Wirtschafts-Bataillon 17 ist bereits am 22 Juli nach Alençon abgezogen.

Schließlich gelingt noch zwei geschwächten Kompanien der SS.A.A. 17 der Ausbruch aus dem Kessel.

Wehrpass de Heinrich Kruse qui sert dans l'unité de l'*Ostuf Mumm* au cours de la bataille de Normandie. Ici les pages indiquant qu'il a disparu près de la localité de l'Alemagne lors de la sortie de la poche de Roncey, le 29 juillet 1944. La lettre de Günther explique que la deuxième partie du groupe de Kruse a disparu lors du franchissement des lignes américaines. Kruse n'a à ce jour jamais été retrouvé (coll. privée).

Wehrpass of Heinrich Kruse serving in Ostuf Mumm's unit during the Battle of Normandy. Here the pages indicating that he went missing near the locality of l'Alemagne when breaking out from the Roncey pocket, on 29 July 1944. Günther's letter explains how the second part of Kruse's squad disappeared while crossing the American lines. To this day Kruse has never been found (private coll.).

Wehrpass von Heinrich Kruse, der in der Einheit des Ostuf Mumm diente und mit ihm die Normandiekämpfe durchmachte.

Hier sind die Seiten zu sehen, die besagen, dass er nahe einer Ortschaft mit Namen "l'Allemagne" - beim Ausbruch aus dem Roncey-Kessel - seit 28.7.44 vermißt wird.

Im Brief Günthers steht, dass Kruses Teil der Gruppe verschwand, als man durch die amerikanischen Linien brach. Er wurde nie gefunden (Privatsammlung).

Im Wehrmachtsbericht vom 29. Juli ist zu lesen:

Die Bilanz der Kämpfe um den Kessel von Roncey zeigt, dass die Verluste an Menschen relativ geringfügiger waren, als in den Kämpfen um Cherbourg und Falaise. In Cherbourg gingen 40 000 Mann verloren, im Kessel von Falaise 50 000. In der Qualität sieht es anders aus: Die Mehrzahl der Gefallenen und Gefangenen von Roncey gehörten der „Götz", „Reich" oder den Fallschirmeinheiten an, die ihrerseits nur die Hälfte der Eingeschlossenen ausmachten.

Am 30.Juli ist die deutsche HKL nur schwach besetzt.

Von Hambye aus stößt das CCB 3 (3rd Armored Division) nach Süden auf Villedieu-les-Poeles vor. Weiter westlich besetzt das CCA 3 Gavray.

Noch weiter im Westen startet die 4th Armored Division von Cérences aus einen Angriff aus La Haye-Pesnel und nähert sich am Abend Avranches.

Entlang der Küste erreicht die 6th Armored Division Granville.

Am nächsten Tag wird Avranches überflügelt. Die 4th Armored Division erreicht bereits Ducey und Pontaubault. Die schwachen Kampfgruppen der 91. Luftlande-Division und die Kampfgruppe Bachert (77. ID) werden überrannt.

Der Weg in die Bretagne ist offen.

1

2

Rassemblement de prisonniers :
1) A Périers, le 28 juillet.
2) A Domfront, le 17 août.

German prisonners of war :
1) In Périers, on 17 07.
2) In Domfront, on 28 08.

Deutsche Kriesgefangenen:
1) In Périers, am 28 Juli.
2) In Domfront, am 17 August.

1) Un *Sturmgeschütz*, bien camouflé sous des branchages, attend les Américains.

2) Une rare photo d'une section de grenadiers de la « GvB » avant sa montée sur la ligne des combats dans la Manche. Noter l'architecture typique des villages du Centre Manche.

3) Un jeune *panzergrenadier* reçoit les premiers soins après une légère blessure au visage.

4) Le *SS-Oberstgruppenführer* Paul Hausser. Lors de la bataille de Normandie, il commanda le *II.SS-Panzer-Korps* jusqu'au 28 juin 1944.

5) Le *Rottenführer* Schmidt de la *3./SS-Panzer-Abteilung 17* et son chien.

6) Un *Sturmgeschütz* et son équipage. Il semble que le véhicule soit en panne, les cables sont déjà mis pour le tracter.

1) A Sturmgeschütz lies in wait for the Americans, well camouflaged under some branches.

2) A rare photo of a platoon of grenadiers of the « GvB » before moving up into the front line in the Manche. Notice the architecture typical of the villages in this central part of the department.

3) A young panzergrenadier is given first aid after receiving a slight face wound.

4) SS-Oberstgruppenführer Paul Hausser. During the Battle of Normandy, he commanded II.SS-Panzer-Korps until 28 June 1944.

5) Rottenführer Schmidt of 3./SS-Panzer-Abteilung 17 with his dog.

6) A Sturmgeschütz and its crew. The vehicle seems to have broken down as tow ropes are already in place.

1) Ein mit Buschwerk gut getarntes Sturmgeschütz wartet auf die Amerikaner.

2) Ein seltenes Foto eines Grenadierzuges der "GvB". Es wurde im Dép. Manche aufgenommen und zeigt die Vorbereitungen zum Marsch in die HKL. Typische Architektur von Häusern aus dem Zebtrum des Départements Manche.

3) Ein junger Panzergrenadier hat eine leichte Gesichtsverwundung davongetragen und erhält erste Hilfe.

4) SS-Oberstgruppenführer Hausser. Während der Normandieschlacht befehligte er das II. SS-Panzer-Korps bis zum 28. Juni 44.

5) Rottenführer Schmidt von der 3./SS-Panzer-Abteilung 17 mit seinem Hund.

6) Sturmgeschütz mit Besatzung. Das Fahrzeug scheint einen Schaden zu haben. Man hat bereits ein Abschleppseil bereit gemacht.

4

5

6

1) Un groupe de *Panzergrenadiere* prêt à attaquer.

2) Montée en première ligne. Les hommes sont grimpés sur un blindé.

3) L'*Untersturmführer* Heidrich, de la *6./37*, engage une bande de munitions dans un *MG 42*.

4) Photo américaine célèbre d'un GI près d'un *Schwimmwagen* de la « GvB ». L'insigne tactique identifie la *Stabskompanie* du *SS-Pionier-Bataillon 17* du *Sturmmbannführer* Fleischer.

5) Pour cet *Untersharführer* de la « GvB » la guerre est terminée. Pris au piège dans la poche de Roncey, il est pris par les Américains comme près de 4000 de ses camarades de combat paras et SS.

6) Les équipages de blindés sont aussi nombreux à être pris au piège. Un équipage au complet est ainsi fait prisonnier.

1) A group of Panzergrenadiere ready to attack.

2) Moving up into the front line. The men have climbed up onto a tank.

3) Untersturmführer Heidrich, of 6./37, loads a belt of ammunition into an MG 42.

4) A famous American photo of a GI near a Schwimmwagen of the "GvB". The tactical marking identifies the Stabskompanie of Sturmbannführer Fleischer's SS-Pionier-Bataillon 17.

5) The war is over for this Unterscharführer of the "GvB". Caught in the Roncey pocket, he has been taken prisoner by the Americans like nearly 4000 of his fighting comrades among the paratroops and SS.

6) Many tank crews ware also caught in the trap. Here an entire crew has been captured.

1

2

1) Panzergrenadiere vor dem Angriff.

2) Nach der esrten Linie. Die Soldaten sind auf einem Sturmgeschütz gesessen.

3) Untersturmführer Haidrich von der 6./37 legt einem MG-Gurt in das Zuführteil eines MG 42.

4) Bekanntes amerikanisches Foto mit einem GI vor einem Schwimmwagen der "GvB". Das takt. Zeichen weist auf die Stabskompanie des SS-Pionier-Bataillons 17 des Sturmbannfühers Fleischer hin.

5) Für diesen Untersturmführer der "GvB" ist der Krieg vorbei. Im Kessel von Roncey geht er mit ca. 4000 Angehörigen von Waffen-SS und Fallschirmjägern in Gefangenschaft.

6) Auch zahlreiche Panzerbesatzungen gehen in Gefangenschaft. Hier ist es eine ganze Besatzung.

3

4

5

6

1) Une pièce de *Flakvierling* en position dans un paysage de bocage.

2) Une autre pièce de *Flak* de 20 mm engagée contre les « Jabos ». Camouflé par des branchages, on distingue le véhicule qui est un *SdKfz 10/5*.

3) Un véhicule *Priest* dépasse la tombe de l'*Unterscharführer* Josef Richtsfeld, tué le 17 juin 1944 près de Saint-Gilles dans la Manche. Il appartenait à la 9ᵉ batterie du *SS-Artillerie-Regiment 17* commandé par l'*Obersturmführer* Günter Prinz.

4) Sa tombe actuelle dans le cimetière de Marigny.

5) Ensemble de diplômes et documents appartenant à l'*Unterscharführer* Heinrich Rossberg (ici en portrait) de la *2./SS-Panzer-Auklärung-Abteilung 17*. Document d'attribution de l'EKI décerné le 19 juillet 1944 au plus fort des combats, signature du Kommandeur de la division Otto Baum. Document d'attribution de l'insigne de destruction de char à l'arme individuelle. Insigne de ce type présenté également ci-contre.

6) Documents concernant Walter Quack de la *1.Bttr./SS-Artillerie-Regiment 17*. Promotion au grade d'*Oberscharführer* avec effet au 1er août 1944. Signature du Kommandeur du régiment Binge. Attribution de l'EKII au 20 août 1944. Signature du Kommandeur de la division, le *Standartenführer* Deisenhofer.

1) A Flakvierling gun in position in hedgerow country ?

2) Another Flak 20 mm gun in action against the « Jabos ». Camouflaged under branches is the vehicle, a SdKfz 10/5.

3) A Priest vehicle passing the grave of Unterscharführer Josef Richtsfeld, killed on 17 June 1944 near Saint-Gilles in the Manche department. He belonged to the 9th Battery, SS-Artillerie-Regiment 17 commanded by Obersturmführer Günter Prinz.

4) He now lies in a grave at Marigny cemetery.

5) Set of qualifications and documents belonging to Unterscharführer Heinrich Rossberg (here in a portrait) of 2./SS-Panzer-Auklärung-Abteilung 17. Document awarding the EKI won on 19 July 1944 when the battle was at its fiercest, signature of the divisional Kommandeur Otto Baum. Document awarding the badge for tank destruction with a personal weapon. Badge of this type also presented opposite.

6) Documents concerning Walter Quack of 1.Bttr./SS-Artillerie-Regiment 17. Promotion to the rank of Oberscharführer taking effect on 1st August 1944. Signature of the regimental Kommandeur Binge. Award of the EKI on 20 August 1944. Signature of the divisional Kommandeur, Standartenführer Deisenhofer.

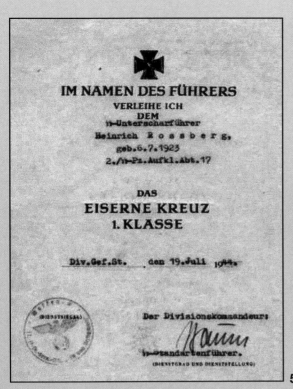

IM NAMEN DES FÜHRERS

VERLEIHE ICH
DEM
ϟϟ-Unterscharführer
Heinrich Rossberg,
geb.6.7.1923
2./ϟϟ-Pz.Aufkl.Abt.17

DAS

EISERNE KREUZ
1. KLASSE

Div.Gef.St. den 19.Juli 1944.

Der Divisionskommandeur:
ϟϟ-Standartenführer.
(DIENSTGRAD UND DIENSTSTELLUNG)

5

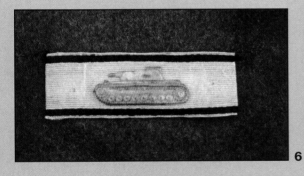

6

5

Dienststelle der FP.-Nr.   O.U., den 28. 2. 1944
22.110.

Bescheinigung!

Dem ϟϟ-Unterscharführer R o s s b e r g , Heinrich, geb. 6.7.23
von der o.a.Einheit wird bescheinigt, dass ihm am 24.11.1943 vom
Regiments-Kommandeur der Einheit der F.P.-Nr. 22.110 das
Sonderabzeichen für das Niederkämpfen von
Panzerkampfwagen
verliehen worden ist.

ϟϟ-Untersturmführer und.
Einheitsführer

5

1) Ein Flakvierling ist in der Heckenland-schaft des "Bocage" in Stellung.

2) Eine weitere 2 cm Flak wartet auf Jabos. Sie ist mit Laub getarnt. Es handelt sich um ein SdKfz 10/5.

3) Eine Selbstfahrlafette vom Typ Priest fährt am Grab des Unterscharführers Josef Richtsfeld, gef. 17.6.44 nahe Saint Gilles / Manche, vorbei. Er gehörte zur 8. Batterie des SS-Artillerie-Regiments 17, die der Obersturmführer Günter Prinz befehligte.

4) Sein Grab auf dem Soldatenfriedhof Marigny heute.

5) Papiere und Urkunden des Unter-scharführers Heinrich Rossberg (Portrait) von der 2./ SS-Panzer-Aufklärungs-Abtei-lung 17. Verleihungs-urkunde zum EK I vom 19.7.44, zum Zeitpunkt schwerer Kämpfe also. Sie ist unterschrieben von Otto Baum, dem Divisionskommandeur. Verleihungs-

urkunde für das Panzer-vernichtungsabzeichen (für Vernichtung eines Kampfwagens im Nah-kampf). Abbildung dieses Sonderabzei-chens gegenüberste-hend.

6) Urkunden des Walter Quack von der 1./SS-Art-Rgt. 17. Beförderung zum Oberscharführer zum 1. August 44. Unterschrift vom Rgtsk-dr. Binge. Verleihung des EK II am 20.7.44. Unter-schrift des Divkdr., Stan-dartenführer Deisenho-fer.

IM NAMEN DES FÜHRERS

VERLEIHE ICH
DEM
SS-Oberscharführer
Walter Quack,
geb.25.9.1921
1./SS-Art.Rgt. 17

DAS

EISERNE KREUZ
2. KLASSE

Div.Gef.St. 20.August 19 44.

Der Divisionskommandeur:
SS-Standartenführer.
(DIENSTGRAD UND DIENSTSTELLUNG)

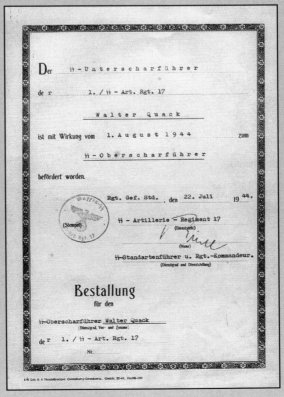

Der ϟϟ-Unterscharführer

de r 1./ϟϟ-Art. Rgt. 17

Walter Quack

ist mit Wirkung vom 1.August 1944 zum

ϟϟ-Oberscharführer

befördert worden.

Rgt. Gef. Std. den 22. Juli 1944.

ϟϟ-Artillerie-Regiment 17
(Dienststelle)

ϟϟ-Standartenführer u. Rgt.-Kommandeur.
(Dienstgrad und Dienststellung)

Bestallung
für den
ϟϟ-Oberscharführer Walter Quack
(Dienstgrad Vor- und Zuname)
de r 1./ϟϟ-Art. Rgt. 17
Nr.

6

1) Près de Roncey, le 1er août 1944, deux hommes de la *3rd Armored Division* examinent un *Sturmgeschütz III* modèle G. ayant appartenu à la « GvB » ou à la « Das Reich ». Un cadavre gît sur le canon.

2) Un pourvoyeur MG de la « GvB » abattu lors de la sortie de la poche.

3) Le soldat US Gorrethon, MP, se penche sur la tombe du *SS-Grenadier* Josef Heinz de la *6./38* de la « GvB ». Les tombes ont été creusées près de Cerisy-la-Salle, au lieu-dit L'Etourbillon.

4) Photo actuelle de sa tombe à Marigny.

5) De l'autre côté de la poche, des véhicules de la « Das Reich » détruits, unité qui elle aussi paye un lourd tribut du 29 au 30 juillet.

6) Autre blindé détruit près de Saint-Denis-le Gast, le 31 juillet 1944. Il s'agit aussi d'un modèle G mais plus récent avec son « groin » de canon arrondi.

1) Near Roncey, on 1st August 1944, two men of the 3rd Armored Division examine a model G Sturmgeschütz III. That had belonged to the "GvB" or the "Das Reich". There is a dead man lying on the gun.

2) An MG ammunition server of the "GvB" shot while trying to escape from the pocket.

3) US pfc Gorrethon, MP, leans over the grave of SS-Grenadier Josef Heinz of 6./38, the "GvB". The graves were dug near Cerisy-la-Salle.

4) Presentday photograph of his grave near Marigny.

5) On the other side of the pocket, destroyed vehicles of the "Das Reich", another unit that paid a heavy price on 29 and 30 July.

6) Another destroyed tank near Saint-Denis-le Gast, on 31 July 1944. Again a G model but a more recent one with its rounded barrel "snout".

1) August 44 nahe Roncey. 2 GIs der 3rd Armored Division untersuchen ein StuG III G, das zur "GvB" oder zu "Das Reich" gehört hat. Ein Gefallener hängt über dem Kanonenrohr.

2) Beim Ausbruch von Roncey ist der Schütze 2 eines MG der "GvB" gefallen.

3) US-Soldat Gorethon von der MP am Grab des SS-Grenadiers Josef Heinz *von der 6./38* der "GvB". Die Gräber lagen bei Cérisy-la-Salle.

4) Das Grab in Marigny heute.

5) Am Ausgang des Kessels von Roncey zerstörte Fahrzeuge von "Das Reich". Auch diese Einheit zahlte schweren Tribut.

6) Am 31.7.44 wurde dieser Wagen bei St. Denis-le-Gast zerstört. Es handelt sich um das G-Modell mit der abgerundeten neuen Kanonenblende.

1) Célèbre photo US résumant l'affrontement et la fin des unités d'élite allemandes dans la poche de Roncey. Ici, l'*Untersturmführer* Peters, blessé à la tête, officier au *III./37,* est fouillé par un MP US.

2) Photo actuelle du lieu de ces quelques scènes près de la mairie du village.

3) Un camp de triage des prisonniers près de Périers. Principalement des Waffen-SS dont quelques uns portent la bande de bras « GvB ».

4 et 5) Le 30 juillet, le nettoyage de la poche de Roncey entraîne près de 4 à 5000 prisonniers allemands parmi les meilleures unités sur ce théatre d'opération. Nous voyons ici des officiers SS et paras. Au centre, Peters et son bandage, sur la photo 4.

1) A famous US photo summarizing the confrontation and the end of the German crack units in the Roncey pocket. Here, an officer with III./37, Untersturmführer Peters, with a head wound, is searched by a US MP.

2) Presentday photograph of where these few scenes took place near the village Town Hall.

3) A prisoner sorting camp near Périers. Mostly Waffen-SS, some of them wearing the "GvB" armband.

4 and 5) On 30 July, mopping up the Roncey pocket rounded up some 4 to 5000 German prisoners from among the best units in this theatre of operations. Pictured here are some SS officers and paratroopers. In the center, Peters and his bandage, in photo 4.

1) Bekanntes foto vom Untergang der Eliteeinheiten im Kessel von Roncey. Hier wird der Untersturmführer Peters (Kopfverband) von einem MP durchsucht.

2) Der Schauplatz nahe der Bürgermeisterei heute.

3) Durchgangslager nahe Périers. Die Gefangenen kommen hauptsächlich von der Waffen-SS, einige tragen den Ärmelstreifen "GvB".

4 und 5) Bei der Säuberung des Kessels werden am 30. August 4 bis 5000 Deutsche gefangen genommen. Darunter sind die kampfkräftigsten Einheiten dieses Frontabschnitts. Wir sehen hier einige Offiziere der Waffen-SS und Fallschirmjäger. In der Mitte Peters mit Kopfverband (foto 4).

8

La bataille de Mortain

Photo américaine prise le 30 juillet 1944 montrant un char TD détruit au panzerfaust par un soldat de la Waffen-SS, revêtu d'une « Tarnjacke », mortellement blessé au premier plan. A droite, un panneau indicateur situe cette scèneau carrefour de la Bretonnière à 7 km de Marigny et 8 de Coutances. Donc en plein secteur de la percée américaine et sur l'un des secteurs tenus par des éléments de la « GvB » dont cet homme faisait probablement partie. (NA)

American photo taken on 30 July 1944 showing a TD tank destroyed with a Panzerfaust by a Waffen-SS soldier wearing a "tarnjacke", fatally wounded in the foreground. On the right, a road sign places the scene at the Bretonnière crossroads 7 km from Marigny and 8 from Coutances. So it was right in the middle of the sector where the Americans broke through and in one of the sectors held by elements of the "GvB" to which this man probably belonged. (NA).

Amerikanisches Foto, das am 30.7.44 aufgenommen wurde. Es zeigt einen TD (US-Jagdpanzer), der durch Panzerfaust abgeschossen wurde. Der Schütze, ein Soldat der Waffen-SS in Tarnjacke, liegt gefallen davor. Dem Wegweiser zufolge spielte sich diese Szene an der Keuzung von La Bretonnière, 7 km von Marigny und Coutances entfernt ab. Genau hier erfolgte der amerikanische Durchbruch, der auf den Abschnitt der "GvB" traf. Der Gefallene gehörte wahrscheinlich zu einer ihrer Einheiten. (NA).

Généralités

« *La conception fondamentale du plan d'invasion des Alliés, notent R. Lehmann et R. Tiemann, prévoyait l'enveloppement et l'anéantissement des troupes allemandes qui combattent en Normandie occidentale à l'ouest de la Seine depuis son estuaire jusqu'à Paris et au nord de la Loire depuis Orléans jusqu'à son estuaire. Avec la percée de la* 3rd US Army *près d'Avranches était créée une condition essentielle pour l'exécution du plan, le commandement allemand discerna le danger qui menaçait et ordonna une contre-attaque menée au moins par quatre* Panzer-Divisionen *afin de couper et de détruire les forces ennemies qui avaient percé vers le sud. Les* Panzer-Divisionen *devraient se mettre en place dans la région de Mortain à cet effet et percer vers Avranches en poussant au-delà de Mortain et au nord de la ville.* »

Après la prise d'Avranches, le **31 juillet**, la *3rd US Army* va s'engouffrer dans la brèche ouverte dans le front allemand avec trois axes de progression :

— vers la Bretagne avec le *VIII Corps* (*Major General* Middleton) ;

— vers la Loire avec le *XX Corps* (*Major General* Walker) ;

— vers l'est avec le *XV Corps* (*Major General* Haislip).

À l'exception du secteur d'Avranches, le front est stable. L'*A.O.K. 7* (*SS-Oberstgruppenführer* Hausser) a pu constituer un front continu fermant la partie est de la brèche. Du côté anglais, le 30 juillet, est lancée l'opération « Bluecoat » visant à contenir les *Panzer-Divisionen* qui pourraient contre-attaquer la percée américaine.

Avant la contre-attaque allemande (Opération « Lüttich »), la situation du côté américain se présente comme suit :

Le **2 août** 1944, deux groupements tactiques de la *90. ID* (*Major General* Landrum) s'emparent de St-Hilaire-du-Harcouët, tandis que des détachements de la *4th ID* (*Major General* Barton) occupent une partie de Coulouvray-Boisbenâtre au sud-ouest de la forêt de St-Sever.

De son côté, le lendemain, la *1st ID* (*Major General* Huebner), appuyée par le *CCA* du *Brigadier* Hickey de la *3rd Armored Division* (*Major General* Watson), s'approche de Juvigny-le-Tertre, à 5 km au nord-est de Mortain puis des détachements du *CCA 3* atteignent St-Barthélemy, à 2 km environ au nord de Mortain.

À 10 heures, des détachements de pointe du *I/18th IR*, de la *1st ID* occupent la cote 285, près de Romagny. Dès l'aube de cette journée, Le Mesnil-Adelée avait été atteint par le *26th IR* de la *1st ID*.

Dans la soirée du **3 août**, avec un appui de chars, le *I/18th IR* fait son entrée dans Mortain.

« *À la fin de la journée,* note le Dr G. Buisson, *le front tenu par les Américains, dans le Mortainais, dessine une vaste poche qui, partant de Coulouvray-Bois-benâtre, remonte vers Le Mesnil-Adelée, Juvigny-le-Tertre, St-Barthélemy, Mortain, Bion, St-Jean-du-Corail, puis s'incurve vers Notre-Dame-du-Touchet et Ste-Anne-de-Buais. Cette poche, dont les flancs sont très vulnérables, mesure, à sa partie inférieure, entre St-Barthélemy et St-Jean-du-Corail, une largeur de 9 km.* »

Le **4 août**, la *29th ID* (*Major General* Gerhard) reprend son offensive vers Vire. À l'aube, le *110th IR* (*28th ID* du *Brigadier-General* Wharton, puis *Major General* Cota) occupe St-Sever, tandis que la *4th ID* (*Major General* Barton) a St-Pois pour objectif, ainsi que la cote 211 près du Mesnil-Gilbert et la constitution d'une tête de pont sur la Sée, à Chérencé-le-Rous-sel, à 6 km environ à l'ouest de Sourdeval, est réalisée dans la journée.

Pour leur part, des éléments de la *3rd Armored Division* approchent du Mesnil-Toves, tandis que le *I./118th* occupe les cotes 314 et 323. Puis sont occupés St Jean-du-Corail, Bion, le Teilleul, ces localités situées au sud-est de Mortain.

Le **5 août**, les Américains s'emparent du Mesnil-Toves.

Ici s'impose un retour de quelques jours en arrière. Le 31 juillet, en fin de matinée, le *Generalfeldmar-schall* von Kluge, à la fois *O.B. West* et *O.B* de la *Heeresgruppe B* (ce commandement, depuis le 17 juillet 1944 après les blessures du *Generalfeld-marschall* Rommel le 17 juillet) vient conférer à Bion, à 5 km environ au sud-est de Mortain, avec le *SS-Oberstgruppenführer* Hausser, le commandant en chef de la *7.Armee*. Il s'agit d'établir un plan d'attaque visant à couper le point de sortie de la *3rd Army* dans la région d'Avranches.

Pour la réussite de l'Opération « Liège » (*Lüttich*), trois conditions sont nécessaires :
— une liaison étroite avec le *Panzergruppen-Kommando West* (qui deviendra la *5.Panzerarmee* le 6 août) ;
— un front solide entre la Vire et la Sée ;
— obtenir des renforts.

Par la suite, le *Generalfeldmarschall* von Kluge promet à Hausser des blindés, des mortiers, des canons, des munitions et du carburant. L'*O.B. West* se rend alors auprès du *SS-Obergruppenführer* Dietrich qui commande le *I. SS-Panzerkorps* au sud de Caen. Laissons ici la parole au Dr Buisson : « *Ce dernier (Dietrich) proteste en disant : "Nous tenons à peine avec les forces dont nous disposons ici" et ajoute avec véhémence que, "le plan de la contre-attaque*

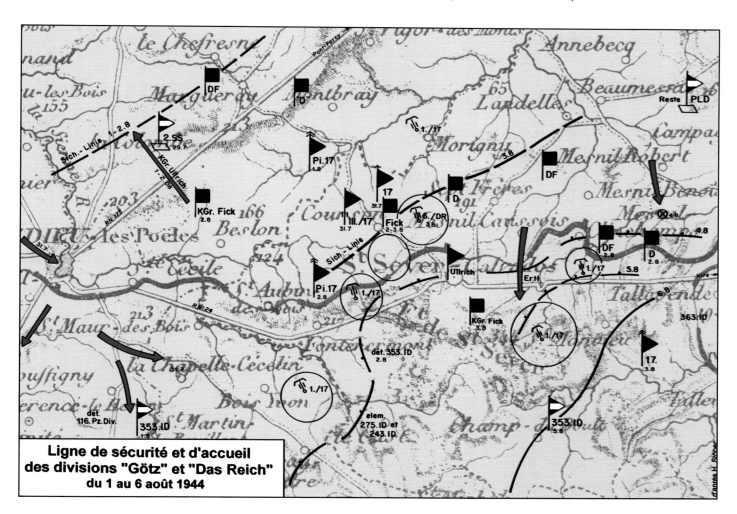

Ligne de sécurité et d'accueil des divisions "Götz" et "Das Reich" du 1 au 6 août 1944

La *Meldung* du 1.08.44 *(Ia Tgb. Nr 483/44 geh.)* est adressée au XXXXVII. *Panzer-Korps* :

1 — *Personnelle Lage*

a) *Personal*	*Soll* (effectif théorique)	*Fehl* (déficit)
Führer	583	278
Unterführer	3 597	1 807
Mannsch,	14 080	2 156
Hiwi (auxiliaires)	(977)	-
Insgesamt	18 260	4 241
+Verwundete (blessés)		3 469
		———
		7 710

Dans l'effectif réel doivent être encore compris comme blessés 87 officiers et 3 382 sous-officiers et hommes de troupe.

b) Pertes et autres départs

	tot	verwundete	verm.	krank	sonst.
Führer	5	(24)	10	8	2
Unterführer u.					
Mannsch.	346	(1 069)	1 563	18	4
	———	———	———	———	———
	351	(1 093)	(1 573)	26	6

Le nombre des disparus (*Vermisste*) a été établi arithmétiquement.

c) *Ersatz* (remplacement : Führer, U-Führer u. Mannsch : 21

2 — *Materielle Lage* (1 dotation théorique, 2 opérationnel, 3 en réparation à bref délai, environ 3 semaines)

		1	2	3
Véhicules blindés				
Sturmgeschütze		42	0	10
Panzer III		3	0	0
Panzerjäger Sfl		31	27	4
Berg. Panzer III (dépannage)		2	2	
Schtz. Pz, Pz. Sp, Art. Pz. Beob.		33	10	16
Pak Sfl		29	22	5
Kräder (motos)	Ketten (à chenilles)	67	3	3
	mit angetr. Bwg (side-cars)	293	30	20
	sonst. (autres)	315	280	80
PKW gel. (tout terrain)	1 093	530	127	
	o. (oder : ou)	86	124	266
LKW (camions) Maultiere		72	25	16
	gel.	1 103	56	52
	o.	916	120	40
Kettenfahrzeuge (véhicules à chenilles)				
Zgkw. (tracteurs)				
— 1 à 5 t		159	6	6
— 8 à 18 t		70	6	4
R.S.O (Raupen-Schlepper-Ost)		2		
Waffen				
Schw. Pak		65	25 (2 sfl)	4 Sfl
Art-Gesch.		53	13	7
MG		662 (954)	359 (340)	(32)
sonst. Waffen		241	96	17

Remarques : 11 Gleisketten-LKW (Elefant) sont à comprendre dans la dotation réelle des Maultiere ( ) dont MG 42.

3 — Bref jugement de valeur du *Kommandeur* de Division :

Le *Kampfgruppe* de la Division, mis aux ordres de la 2. SS-Panzer-Division « Das Reich » *sur le plan tactique et pour l'approvisionnement engagé dans le front défensif de la presqu'île du Cotentin. Comportement de la troupe engagée depuis le 9.06 : très bon.*

Par suite des engagements très forts de l'artillerie et des avions de l'ennemi, les pertes du Kampfgruppe *en personnel et en matériel sont très élevées.*

Des détachements non mobiles de la Division dans l'ancienne zone de cantonnement au sud de la Loire en emploi contre les terroristes.

Kampfgruppe, voir annexe ; opérationnel partiellement pour des missions défensives.

Explications pour les autres armes (*sonstige Waffen*)			
	Soll	einsatzbereit	in Instandsetzung (réparations)
8 cm Granatwerfer	94	35	4
5 cm Pak		11	2
7,62 cm Pak	-	-	-
Puppchen (lance-roquette antichars de 8,8 cm)	-	5	1
le.I.G (canons légers d'infanterie)	27	1	-
s.I.G (canons lourds d'infanterie)	12	2	1
2 cm Flak	50	23	3
2 cm Flak-Vierling	7	2	1
3,7 cm Flak 37	9	4	-
8,8 cm Flak	18	5	2
7,62 cm JKH 290 (r)	-	2	1
2 cm KwK	24	6	2
	241	96	17

est irréalisable faute de renforts, de matériel et surtout de carburant" ».

Pour Hitler, il est nécessaire de reprendre le contrôle de la situation en Normandie où sont engagées toutes les forces disponibles.

mois de juillet, (voir plus loin)

Le 2 août, l'*O.B.* West…

Des renforts montent vers le front de Normandie : la *9. Panzer-Division* (*Generalmajor* Jolasse puis l'*Oberst* Sperling) depuis la région d'Avignon, la *84.ID* (*Generalleutnant* Menny) de Seine-Maritime, la *85.ID* (*Generalleutnant* Chill) de la Somme, la *89.ID* (*Generalleutnant* Heinrichs), la *331.ID* (*Generalmajor* Steinmüller) de la région d'Arras et la *363. ID* (*Generalleutnant* Dettling) de la région de Dunkerque.

« En fait, écrit O. Weidinger, *la contre-attaque en direction d'Avranches pour garrotter les forces ennemies est un compromis entre Hilter et von Kluge. Hitler voulait faire démarrer cette attaque plus tard, par contre, von Kluge voulait la lancer plus tôt. Pour Hitler, l'attaque est une partie de son plan qui a pour objectif de reprendre Avranches et revenir à une guerre de positions comme en juin et en juillet. Le Generalfeldmarschall est d'un autre avis. Pour lui, l'attaque n'a qu'un objectif : permettre une retraite en ordre. Ce plan, en raison des forces qui étaient à disposition, était fondamentalement plus réaliste que celui du* Führer-Haupt-Quartier. »

L'intention de von Kluge était de constituer, dans le déroulement ultérieur des combats, et en liaison avec la *Heeresgruppe G*, qui se replie du Sud-Ouest, et du Sud de la France, une ligne de défense qui doit passer le long de la Seine et de la Loire, de Gien jusqu'à la frontière suisse.

Retrouvons ici la *17. SS-Panzer-Grenadier-Division « Götz » von Berlinchingen* qui va aussi participer à cette opération. La *Meldung* du 1er août 1944, transmise au *Generalkommando XXXXVII. Panzer-Korps* (*General der Panzertruppen* von Funk) dont elle relève maintenant, rend compte de son état après les combats du mois de juillet.

Le 2 août, l'*O.B. West* reçoit l'ordre de contre-attaquer depuis Mortain en direction d'Avranches. Il est impossible d'engager le *II. SS-Panzer-Korps* (*SS-Obergruppenführer* Bittrich) dont les deux divisions, la *9. SS-Panzer-Division « Hohenstaufen »* (*SS-Oberführer* Bock) et *10. SS-Division « Frundsberg »* (*SS-Oberführer* Harmel) sont aux prises dans le bocage normand avec les Britanniques (Opération « Bluecoat »). Le front du *Panzergruppen-Kommando West* ne peut être dégarni.

Au soir du **3 août**, dans la région de Mortain, le front américain se présente comme une ligne Coulouvray-Boisbenatre-Le Mesnil-Adelée-Juvigny le Tertre-St Barthélemy-Mortain-Bion-St Jean du Corail-Notre Dame du Touchet-Ste Anne du Buais.

Dès cette journée, les trois *Panzer-Divisionen* se retirent discrètement, une par nuit. La *2. Panzer-Division* d'abord, puis la « *Das Reich* » et la *116. Panzer-Division* qui vont se rassembler à l'est de Mortain.

Pour sa contre-attaque, le *Generalkommando XXXXVII. Panzer-Korps* va ainsi disposer des unités suivantes :

— La *2. Panzer-Division* (*Generalleutnant* von Lüttwitz) ;

— La *2. SS-Panzer-Division « Das Reich »* (*SS-Standartenführer* Baum) à laquelle est rattaché le *Kampfgruppe 17. SS-Panzer-Grenadier-Division « Götz von Berlichingen »* ;

— La *116. Panzer-Division* (*Generalleutnant* von Schwerin).

Enfin la *1. SS-Panzer-Division LSSAH* (*SS-Brigadeführer* Wisch) quitte ses positions au sud de Caen afin d'être en principe engagée pour l'exploitation de la percée.

Le plan d'attaque

Au nord, la *116. Panzer-Division* va attaquer le long de la rive nord de la Sée en direction du Mesnil-Gilbert en débouchant à l'ouest de la région de Sourdeval pour couvrir le flanc droit de l'opération.

Au centre, la *2. Panzer-Division* s'élancera le long de la rive sud de la Sée vers Juvigny-le-Tertre.

Elle sera renforcée par deux *Panzer-Abteilungen*, l'une provenant de la *116. Panzer-Division*, l'autre, de la *LSSAH*.

Au sud, renforcée d'éléments de la « *Götz* », dont le *Kampfgruppe Fick*, la « *Das Reich* » — l'ensemble sous les ordres du *SS-Standartenführer* Baum —, progressera vers l'ouest et le sud-ouest au-delà de Mortain pour couvrir l'aile gauche de l'attaque.

En arrière, la *LSSAH* suivra la première vague quand elle aura percé pour atteindre Avranches. Avec elle, sont acheminés des détachements de la *Werfer-Panzer-Abteilung 101*.

Tous les détails de la contre-attaque sont arrêtés le **4 août** par von Kluge et Hausser.

Le **6 août**, le tracé du front allemand se présente à peu près comme suit, du nord au sud. Il se déroule sur une ligne passant par le Mesnil-Clinchamps (à l'ouest de Vire)-Périers en Beauficel-Chèrencé le Roussel-St Barthelemy-est de Mortain-est de Bion-est de St Jean du Corail-sud-ouest de Barenton.

À cette date, le *Kampfgruppe 17. SS-Panzer-Gre-nadier-Division « Götz von Berlichingen »* est consti-tué comme suit :

Kommandeur : *SS-Obersturmbannführer* Fick.

Kampfgruppenstab (état-major), à partir de la *Stabs-kompanie* (compagnie de commandement) du *SS-Panzer-Grenadier-Regiment 37* avec section de trans-missions, échelon sanitaire et échelon d'estafettes.

Médecin du *Kampfgruppe* : Dr Delitz.

a) *Kampfgruppe* du *SS-Hauptsturmführer* Ullrich (environ 300 hommes).

Restes de 2 compagnies lourdes, environ 8 canons d'infanterie, quelques PaK.

b) *Kampfgruppe* du *SS-Hauptsturmführer* Grams

1 compagnie de la *SS-A.A 17* aux ordres du *SS-Untersturmführer* Kuske.

Artillerie-Kampfgruppe Ernst (*SS-Sturmbannführer* Ernst).

Batterie de commandement formée à partir de la *I./SS-Artillerie-Regiment 17* et 3 batteries de com-bat avec chacune 3 à 4 obusiers légers.

c) *Kampfgruppe* Schleichard (*SS-Obersturmführer* Schleichard)

2./SS-Pionier-Bataillon 17 avec 2 sections de Pio-niere, 1 section de Werfer 28/32 cm (*sans doute des SPW 251 avec 6 dispositifs de lancement Wurfrah-men für 28/32 cm Wurfgranaten, NDA*).

Détachements du bataillon économique (*Wi. Btl*) et bataillon d'approvisionnement (*Nachschub-Abt.*) d'effectif inconnu, en acheminement 1 batterie mixte (3,7 cm et 2 cm Flak) comme *Kampfgruppe Günther* (*SS-Hauptsturmführer* Günther), *3./SS-Flak-Abtei-lung 17*, indiqué avec position dans la région de Ger (*12 km au nord-est de Mortain, NDA*).

Commandement des détachements retirés pour mise sur pied à proximité du front :

- *Panzer-Grenadier-Regimenter* :

    SS-Hauptsturmführer Wahl (*Rgt 38*)

- *Pionier-Batl* :

    SS-Hauptsturmführer Müller

- *Artillerie-Regiment* :

    SS-Standartenführer Binge, en même temps *Div.-Führer* (faisant fonction)

- *Flak-Abt.* :

    SS-Untersturmführer Stettner/*SS-Ober-sturmführer* Hasselmann

Rapatriement des trains et des blindés endomma-gés.

En cours de mise sur pied :

- *Kampfgruppe Heinz*, une forte compagnie du Régi-ment 38

- *Kampfgruppe Günther*, *4./A.A. 17*

- *Kampfgruppe Krehnke*, du Régiment 38

- *Kampfgruppe Braune*, quelques pièces de la *SS-Flak-Abteilung 17*

- 1 compagnie de fantassins à partir d'artilleurs de la *Flak*, dans le cadre de laquelle est entré le *Kampf-gruppe Günther*.

- 1 compagnie de *Pioniere-SS-Untersturmführer* Sporrer

- 1 batterie d'artillerie (*KGr.*) aux ordres du *SS-Ober-sturmführer* Prinz (futur *Artillerie-Kampfgruppe « Das Reich »* — *« Götz von Berlichingen »*.)

Existant en outre :

- faibles détachements restants en zone de mise sur pied entre autres :

- colonne légère de pont du *SS-Pionier-Bataillon 17*

- *1./Schw. Flak-Abteilung 17*, toutes deux dans la région de Saumur, 4 pièces de 8,8 cm Flak et 3 pièces de 2 cm Flak.

- 2 compagnies de chacune 15 *Jagdpanzer IV*, une section de 2 cm *Flak* solo sur *Panzer 38 (t)*, une com-pagnie des services (*Versorgungs-Kp*) en achemi-nement par la région Angers-Laval.

Ces dernières unités ne participeront pas à l'Opéra-tion « Liège ».

Dès le 5 août, le *Kampfgruppe* de la « Götz » était mis aux ordres de la « Das Reich » pour se rassem-bler dans la région de St-Sauveur-de-Chaulieu-Ger, au nord-est de Mortain.

Les *Kommandeure* et les chefs d'unité sont mis au courant du plan de la contre-attaque.

Dans la nuit du 5 au 6 août, la *Luftwaffe* bombarde la ville à basse altitude pendant 20 minutes avec des bombes explosives et incendiaires lesquelles, ajou-tées aux tirs d'artillerie, détruiront la ville à 85 %.

Concernant l'emploi du *Div.-Kampfgruppe* de la *17. SS-Panzer-Grenadier-Division « Götz von Berlichin-gen »*, O. Weidinger écrit :

« *Les régiments* (de la "Das Reich", NDA) *et le* Kampf-gruppe *de la* 17. SS-Panzer-Grenadier-Division *sont amenés dans la zone de mise en place et mis au cou-rant de la conduite du combat comme suit :*

— *À droite, le "DF"* (Der Führer, NDA) *poussera au nord en longeant Mortain et prendra les hauteurs au nord-ouest de la ville* (vers Le Neufbourg, cotes 276, 285 et 273, NDA) *et maintiendra au demeurant un raccordement étroit avec la* 1. SS-Panzer-Division *qui attaquera à droite.*

— *Au centre,* Kampfgruppe 17. SS-Panzer-Grena-dier-Division *prendra la cote 317.*

— *À gauche, le "D"* (Régiment « Deutschland », NDA) *avec la* SS-Pz.A.A. 2 *mise à ses ordres, s'élancera au sud et, en attaquant rapidement, atteindra la ligne Fontenay-Milly* (respectivement à 7 km environ à l'ouest et à 8 km au sud-ouest de Mortain, NDA). *Prendre Mortain avec des détachements.*

Le SS-Panzer-Regiment 2 ("Das Reich") *suivra der-rière le Régiment "D". La* Sturmgeschütz-Abteilung *sera mise aux ordres du Régiment "DF"* ».

Le tir de préparation de l'artillerie n'aura pas lieu. Une attaque de nuit par la *Luftwaffe* sur Mortain est pro-jetée. Début de l'attaque : 7.08.44-01 h 00. Ajoutons ici que le *Generaloberst* Bülowius, de la *Luftwaffe*, avait promis la mise en ligne de 300 chasseurs pour couvrir l'opération.

Mis à part le bombardement de Mortain, aucun avion allemand n'apparaîtra sur le champ de bataille !

Avant d'exposer le déroulement de l'attaque, il faut revenir ici à la journée du 6 août. Elle est marquée par la mort du *Kommandeur* du *SS-Sturmbannfüh-rer* Kepplinger. Laissons ici la parole à H. Stöber :

« *Dans la nuit du 31.07 au 1er.08.44, le SS-Sturm-bannführer Ludwig Kepplinger, le SS-Oberscharführer Willi Imand, l'ordonnance du SS-Sturmbannführer, Otto (nom de famille inconnu) et le chauffeur rou-laient vers Chatellerault, où se trouvait la troupe de la SS-Panzer-Abteilung 17. Avec nous, roulaient trois camions avec environ 60 à 70 hommes, sous-offi-ciers et hommes de troupe* (équipages sans blindés). *Afin que ceux-ci ne soient pas "envoyés à l'abattoir" comme infanterie, nous ne voulions leur faire courir aucun risque. Il y avait un ordre pour le front de l'Est, selon lequel les spécialistes soient renvoyés immé-*

diatement au pays après la perte de leurs véhicules. On pouvait aussi appliquer cet ordre (selon Kepplinger) à ceux-ci sur le front de l'Ouest.

Le 1.08, dans la soirée, nous atteignons Châtellerault, le 3.08, nous roulons vers Mirebeau et Poitiers, le lendemain, nous allons vers Niort à la Kommandantur de forteresse, le 5.08, vers Châtellerault. Le 6.08, de bonne heure, à 6 heures du matin, vers Laval par Loudun, Saumur, la Flèche, Sablé.

Pour ne pas avoir à chercher longtemps, nous avions désigné une estafette motocycliste en vue de jalonner le chemin vers l'Ortskommandantur de Laval. En traversant la petite ville de Sablé (sur Sarthe, NDA), nous sommes surpris par les nombreux drapeaux, les fleurs et les tables avec du vin devant les maisons. Les Français attendaient leurs libérateurs, les Américains.

Ceci s'est passé à la borne kilométrique 11 avant Laval, vers 17 heures. Nous avions plus les yeux levés en l'air que sur la route. À ce moment, nous nous trouvions déjà, sans le savoir, devant notre ligne principale de résistance ou ce qu'on pouvait encore appeler à cette époque, notre ligne principale de résistance.

En l'air, un tas de Jabos, de temps en temps, un impact à droite et à gauche de la route. Soudain, nous avons essuyé un tir de la droite depuis le fossé. J'étais assis au volant, à droite, près de moi, le Kommandeur, l'ordonnance, Otto, derrière à droite, le chauffeur, derrière, à gauche. Quand j'ai réussi à arrêter le lourd Skoda (deux coups dans le bras droit, un coup dans la jambe droite), j'ai vu en travers à droite sept hommes courir sur un champ. Attraper la MPi n'a pas servi à grand-chose, car celle-ci doit mal fonctionner avec le bras gauche.

Le Kommandeur est penché, effondré sur son siège. Il a dû être tué sur le coup, son ordonnance Otto gît dans la voiture et crie. Le chauffeur est couché sur lui.

Un cheminot français qui vient à ma rencontre avec un vélo s'arrête et m'explique que les chars américains se trouvent à peu près à un kilomètre en arrière, derrière une crête. Avec l'aide de ce Français, je tourne le Skoda sur la route, qui est très étroite

et je fais marche arrière. Après avoir roulé environ un kilomètre, je vois, à droite, sur un chemin rural, un parachutiste.

Il saute sur le marche-pied et me montre le chemin vers son unité. Cette arrière-garde, un Leutnant et 6 hommes, s'apprêtent à faire sauter un pont. Après qu'on nous ait provisoirement pansés, je demande au Leutnant un chauffeur qui pourrait nous conduire au poste de secours le plus proche. En revanche, je lui promets de lui renvoyer la voiture. Kepplinger avait reçu six balles. Un coup dans la tempe droite a dû être mortel.

L'ordonnance Otto a deux balles dans la poitrine, le chauffeur, deux dans le haut de l'épaule.

Je n'ai pu malheureusement tenir ma promesse de renvoyer la voiture ; il en est allé tout autrement. »

Ce témoignage provient du SS-Oberscharführer Imand, Schirrmeister (adjudant conducteur d'équipages) de la Stabskompanie de la SS-Panzer-Abteilung 17.

On peut localiser le lieu de la mort de Kepplinger : sur la départementale 21 au nord-ouest de Meslay-du-Maine, à mi-chemin entre cette localité et Laval.

La contre-attaque

Mais la mise en place et le manque de préparation contraignent le General der Panzertruppen von Funk à téléphoner à von Kluge pour reporter l'attaque. La « LSSAH » est très en retard et n'a pu envoyer comme prévu une Panzer-Abteilung à la 2. Panzer-Division et la 116. Panzer-Division n'a pas envoyé sa II./Panzer-Regiment 16 (Major Rüder) à la 2. Panzer-Division également. La « LSSAH » doit laisser un bataillon de chars et un Panzergrenadiere, à cause du retard de la 89. I.D qui devait occuper son secteur.

Il faut rappeler ici la conversation téléphonique entre le Generaloberst Jodl, chef du Wehrmachtführungsstab (état-major opérationnel de l'O.K.W) avec le Generalfeldmarschall von Kluge :

« Le Führer observe le mouvement des armées américaines. Je pense qu'il est excellent que le plus grand nombre possible de troupes franchissent la brèche avant que nous les coupions à cet endroit. Ainsi nous

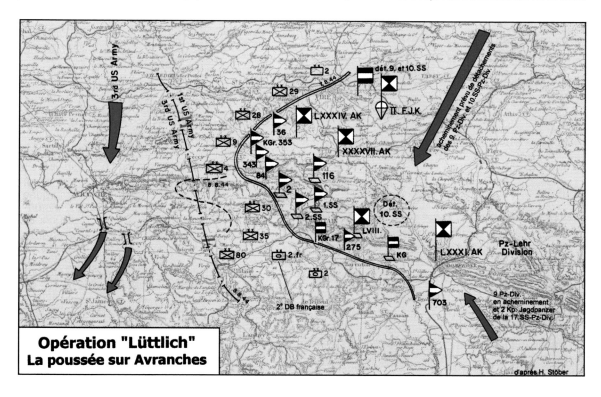

Opération "Lüttlich"
La poussée sur Avranches

d'après H. Stöber

en prendrons d'autant plus dans notre piège. Vous n'attaquerez que le 8 », relate le Dr Buisson dans son ouvrage.

Von Kluge accepte seulement de retarder l'attaque de deux heures !

Et ce, pour permettre à la « LSSAH » de gagner les positions qui lui sont assignées. Il faut rappeler que, selon O. Weidinger, l'attaque lancée par la « Das Reich » doit démarrer à 1 heure du matin.

Le 6 août, vers 10 heures, le SS-Oberstgruppenführer Hausser, le commandant en chef de la 7.Armee publie l'ordre du jour, relaté comme suit par le Dr Buisson :

« Le Führer a ordonné l'exécution d'une percée jusqu'à la côte, afin de créer une base décisive contre le front d'invasion alliée. Dans cette intention, des unités nouvelles sont en route pour renforcer l'armée. De l'heureuse exécution de l'opération ordonnée par le Führer dépend la décision de la guerre dans l'Ouest et, avec elle peut-être, la décision de la guerre elle-même. Les commandants de haut grade doivent être absolument convaincus de l'énorme importance de ce fait. Il n'y a plus qu'une seule chose qui compte : l'effort incessant et la volonté absolue de vaincre. »

Au centre, c'est la 2. Panzer-Division qui doit fournir l'effort principal. Le Kampfgruppe de droite (Kampfgruppe Nord), auquel est affecté la SS-Pz.A.A 1 (de la « LSSAH »), aux ordres du SS-Sturmbannführer Knittel, se lance à l'attaque le long de la Sée, avec la I./Panzer-Regiment 3 et le Panzer-Grenadier-Regiment 304, malgré l'absence de la II./Panzer-Regiment 16. Les défenses du 117th IR (30th ID) sont forcées au Mesnil-Tove où sont capturés des camions et des pièces antichars américaines.

À l'aube du **7 août**, à 6 heures, les Panzer atteignent le Mesnil-Adelée où ils sont arrêtés par le 39th IR (9th ID).

Par contre, le Kampfgruppe de gauche (Kampfgruppe Süd) a attendu jusqu'à l'aube l'arrivée des chars de la « LSSAH ». L'attaque démarre avec deux heures de retard.

Alors qu'elle gagne ses bases de départ, la I./SS-Panzer-Regiment 1 se fourvoie dans un chemin creux long de 2 km, près du hameau de Longueville, à 6 km à l'est de St-Barthélemy et s'y trouve bloquée par un Jabo abattu qui s'écrase sur le char de tête, bloquant ainsi toute la colonne. Il faut retirer les chars du chemin en marche arrière, ce qui demande des heures.

Avec l'appui de la II./Panzer-Regiment 3, de la Panzerjäger-Abteilung 38 et des chars du SS-Panzer-Regiment 1, le Panzer-Grenadier-Regiment 2 force les positions américaines près de St Barthélemy où sont arrivés le I/117th IR (30th ID) et des tanks destroyers du 823th Battalion. Le Kampfgruppe « LSSAH » s'empare du village et tente d'atteindre Juvigny-le-Tertre.

Sur l'aile droite, au nord, la 116. Panzer-Division se heurte à des détachements de la 4th ID qui résistent dans le secteur de Périers en Beauficel, bloquant ainsi la progression vers le Mesnil-Gilbert. Le Kommandeur de la division, le Generalleutnant von Schwerin est relevé de son commandement et remplacé par l'Oberst Reinhard, le chef d'état-major du XXXXVII. Panzer-Korps.

Retrouvons maintenant le Div.-Kampfgruppe Fick. Dans le K.T.B de la 2. SS-Panzer-Division « Das Reich » (Ia Nr 992/44 geh.), on lit :

« ... 3 - Mission pour atteindre le premier objectif d'attaque.

b) Après avoir atteint Romagny, le Rgt (SS- "D", NDA) passera à l'attaque sur Mortain sous la protection du Panzer-Regiment assurant la couverture vers l'ouest et le sud-ouest. Le régiment cherchera rapidement la liaison avec le Kampfgruppe Fick attaquant par la cote 314, auquel ensuite sera laissé principalement le nettoyage de Mortain. Le Régiment se rassemblera ensuite au sud-ouest de Romagny pour démarrer, en étant transporté, avec les Sturmgeschütze mis à contribution par le Kampfgruppe Fick contre le second objectif d'attaque.

c) Kampfgruppe Fick avec une Sturmgeschütz-Kp à ses ordres, en se mettant en marche au plus tard à 22 h 30, anéantira avec des détachements de choc, l'ennemi qui occupe la cote 314 et pénétrera ensuite rapidement dans Mortain pour prise de liaison avec le SS-"D" depuis l'est. Le Kampfgruppe nettoiera ensuite Mortain, en soulageant le plus largement possible le SS "D" jusqu'au verrou SS "DF" à la bordure nord de Mortain. La Sturmgeschütze-Kp sera renvoyée le plus tôt possible au SS « D ». Après le nettoyage de Mortain, le Kampfgruppe se rassemblera dans la région au sud-est de Mortain en dégageant toutes les routes pour la « LSSAH » au sud-est de Mortain pour pouvoir suivre vers l'ouest, transporté le plus vite possible à la disposition de la division.

4 - Missions après avoir atteint le premier objectif d'attaque.

c) Le Kampfgruppe Fick, qui remettra la Sturmgeschütz-Kp mise jusqu'ici à ses ordres au SS "D", sera appliqué à partir de sa zone de mise en place au sud-est de Mortain probablement contre Naftel (à 5 km environ au nord-ouest de St-Hilaire-du-Harcouët, NDA) par Chevreville (à 6 km au nord-est de St-Hilaire-du-Harcouët, NDA). »

Ajoutons à cela un extrait du compte rendu de combat de la 1./SS-Pionier-Bataillon 17 :

« 6.08.44 : PC de compagnie à 3 km à l'est de Mortain. Mise en place de la compagnie, dans le cadre du Kampfgruppe Fick pour attaquer sur Mortain.

• Mission : Groupes Mathieu et Becker, mis aux ordres de l'A.A (1./SS-A.A. 17 du SS-Untersturmführer Kuske, NDA) qui dégageront en combattant la route vers Mortain, nettoieront les maisons occupées et prendront la cote 314 en groupe de choc et tenir aussi longtemps jusqu'à la chute de Mortain.

23 heures : le long de la route, forte résistance ennemie, maisons occupées attaquées avec des charges concentrées, sur la route, 3 pièces antichars saisies. »

De son côté, le Div.-Kampfgruppe Fick quitte son PC à la Ferme de Rouge-Butte, à 1 km au nord-est de Rancoudray (à 6 km à l'est de Mortain).

Sur la route qui mène de Rancoudray à Mortain, le Kampfgruppe Grams, avec une compagnie de la SS-A.A. 17, renforcée par une section de Pioniere avance, vers 23 heures, en direction de la cote 314. Progressent aussi des détachements du Kampfgruppe Ullrich, mais ceux-ci doivent dépasser ceux de Grams.

« Un peu avant minuit, note le Dr Buisson, le SS-Hauptsturmführer Ullrich vient à l'avant pour se renseigner sur la situation. Sa demande d'un tir d'artillerie sur les lisières de Mortain est refusée car "sans observation possible, on ne peut conserver ni avantage ni effet de surprise". »

À 1 h 30, la cote 323 (colline St Michel) est en partie occupée et le sous-lieutenant Saalfield (de la compagnie K du I./18th IR), dont la section est postée près de la chapelle, est obligé de se replier vers la cote 314... Le groupe Ullrich enlève Mortain sans appui d'artillerie.

H. Stöber rapporte le témoignage du SS-Oberscharführer Werbersberger, qui faisait partie du Kampfgruppe Ullrich :

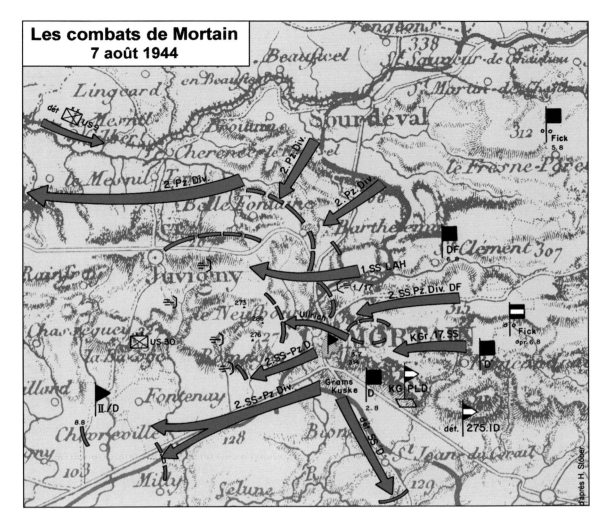

Les combats de Mortain
7 août 1944

« *Les restes des régiments 37 et 38 de la Division "Götz von Berlinchingen" furent mis en place dans un petit bois distant d'environ 2 000 m de Mortain, pour une attaque de nuit sur la ville. Après 23 heures, ils passèrent à l'attaque sur la route en direction de la ville dans la nuit sombre. Un éclaireur américain avec un chien-estafette fut mis hors de combat silencieusement et fait prisonnier. Ensuite l'avant-garde tomba sur une couverture antichars de 3 pièces, qui fut aussi désarmée sans bruit de combat. (cf. compte rendu de la 1./SS-Pionier-Btl. 17). La suite de la progression continua encore d'environ 1 000 m sans être gênée. Alors commença un tir de mitrailleuses et de fusils mêlés à des impacts de mortiers venant de la cote 317 (d'après la carte de H. Stöber) pour stopper l'attaque rapide. Les avant-postes américains derrière une haie le long de la route de progression furent neutralisés avec des grenades et des M.Pi. À l'entrée de la ville, une pièce antichar ennemie s'était mise en batterie et tenta de stopper la poursuite de l'avance de nos véhicules. L'attaque d'infanterie eut lieu dans les fossés de part et d'autre de la route. Un Sturmgeschütz, poussé en avant, détruisit bientôt la pièce, si bien que l'accès vers la ville fut dégagé aussi pour les véhicules. Les Américains quittèrent précipitamment la ville... Les combats de rues se déroulèrent durant le reste de la nuit et (le 7) à 11 heures du matin, on ne combattait plus que pour l'église et la périphérie... »*

Le *SS-Oberscharführer* Webersberger poursuit :

« *Vers la soirée du 7.08, notre attaque fut encore poussée en avant sur les routes (l'une menant à Mortain au nord de la cote 317, l'autre, vers Romagny, au sud-ouest de Mortain. Sur cette dernière, d'après* la carte de H. Stöber, environ 1 km, NDA). *Des contre-attaques sur la route (*au sud-ouest de Mortain, NDA) *furent repoussées à la bordure de la ville par des Sturmgeschütze et un groupe de Panzergrenadiere. Toute la journée, notre activité de combat fut très fortement gênée par la supériorité aérienne totale de l'ennemi. Tous les mouvements repérés chez nous depuis les airs furent en outre immédiatement perturbés par des tirs de surprise de mortiers. Il n'y avait pas de possibilité d'approvisionnement dans la journée. Les liaisons téléphoniques étaient mauvaises et constamment anéanties par des tirs de surprise. Chaque poste de radio était aussitôt repéré et ne pouvait échapper à la destruction que par un changement de position immédiat après remise d'un message-radio. Le PC de bataillon se trouvait d'abord dans une cave voûtée à côté de l'église. Il était en même temps centre de rassemblement pour blessés. Plus tard, il devait être déplacé dans une maison le long de la route (*le garage du Dr Buisson) *à cause de forts tirs de surprise de l'artillerie. »*

Ajoutons ici le récit du *SS-Hauptsturmführer* Grams sur la situation près de *SS-A.A. 17* :

« *Dans l'après-midi du 6.08.44, je reçus l'ordre de prendre et de couvrir Mortain avec les restes de l'A.A (*Kp. Kuske et détachements restants du Régiment 38). *Un deuxième groupe, sous le commandement du* SS-Hauptsturmführer *Ullrich devait ensuite attaquer vers l'ouest en nous dépassant. Après communication de l'ordre, je fis venir les chefs d'unité et pris connaissance du terrain avec eux, dans la mesure où c'était possible. Le feu et la fumée indiquaient la situation de la localité de Mortain. Il n'y avait pas*

1 et 2) Bien que prises avant les opérations d' août 1944, ces photos illustrent la supériorité de l'aviation US en juillet et août 1944 au dessus du théâtre normand, raison essentielle de l'échec de la contre-attaque allemande sur Mortain. (NA)

1 and 2) Although taken before the operations of August 1944, these photographs illustrate the superiority of the US Air Force in July and August 1944 over Normandy, a crucial element in explaining the failure of the German counterthrust at Mortain. (NA)

1 und 2) Obwohl diese Bilder vor den Operationen in August entstanden, beweisen sie die Luftüberlegenheit der Alliierten. An ihr scheiterte der Gegenangriff von Mortain. (NA).

de liaison par transmissions, des signaux lumineux furent convenus avec l'artillerie.

Dans la nuit, nous avançâmes à travers pâturages et vergers vers le nord jusqu'à la route qui mène de Rancoudray vers l'ouest, puis, sur celle-ci, c'est-à-dire de part et d'autre de la route, une couverture en avant vers l'ouest.

On tira sur la pointe, des blessés, principalement avec des coups aux jambes, arrivèrent ainsi que le rapport de Kuske d'arrêter de tirer. Dès lors, les coups venaient de biais et de derrière, donc l'ennemi était là. J'appliquais Kuske sur la hauteur avec la chapelle. Avec la lampe de poche, dont la lumière était tamisée, nous étudiâmes la carte. J'attaquais ensuite avec le reste du groupe, environ 60 hommes en direction de la localité. »

Entre-temps, le *Kampfgruppe Fick* se trouve en bordure de Mortain tandis que la *2. SS-Panzer-Division* lance son attaque et tourne la ville de part et d'autre. Au sud, le Régiment SS- « D » (2 compagnies), avec la *SS-Panzer-Aufklärungs-Abteilung 2*, fait mouvement à 2 h 30. À 4 h 30, il prend St-Jean-du-Corail après avoir occupé Bion. Le *II./« D »* poursuit son attaque vers l'ouest et, dans les heures de midi, la région de Fontenay-Chèvreville est atteinte. De son côté, le *I./« D »* oblique vers Mortain-Romagny qui est prise. De là, la liaison est établie avec le Régiment « DF ».

Pour exploiter le succès, le *SS-Panzer-Regiment 2* (*SS-Obersturmbannführer* Enseling), qui dispose encore de 24 chars, est amené dans la matinée au Régiment « D ».

La *SS-Panzer-Aufklärungs-Abteilung 2* (*SS-Sturmbannführer* Krag) pousse des reconnaissances vers le sud au-delà de la Sélune. Dans le secteur droit, le Régiment « DF », dont le *III. Bataillon* est transporté par véhicules, a avancé jusqu'à la bordure de l'Abbaye blanche. Au cours des combats qui les opposent à des détachements de la *30th ID*, les Allemands subissent des pertes sensibles dont 6 SPW et 3 autres véhicules. Deux *Sturmgeschütze* sont atteints par des *Jabos*.

Dans le secteur où opère le *SS-Hauptsturmführer* Grams, se trouvent encore des groupes de fantassins de la *30th ID*. En conséquence, dans la soirée, Grams reçoit l'ordre d'attaquer vers le nord-ouest avec 4 chars de la « LSSAH », dont 2 sont endommagés.

La journée du **7 août** est particulièrement favorable à l'activité aérienne alliée, d'autant plus que la *Luftwaffe* est absente au-dessus du champ de bataille. Les *Jabos*, en particulier ceux du *83rd Group* de la *2nd Tactical Air Force* sont actifs. Malgré tous les efforts réalisés pour le camouflage et en raison des véhicules qui embouteillent les routes, c'est un véritable jeu de massacre auquel se livrent les avions alliés, notamment sur la « LSSAH » engagée la dernière et pratiquement surprise à découvert.

P. Carell écrit à ce sujet :

« *La journée du 7 août vit un ciel clair sans nuages. Ce ciel-là, les armes miraculeuses d'Eisenhower ne furent pas longues à le meubler : Jabos, bombardiers "Thunderbolt", chasseurs armés de fusées, leurs essaims serrés parurent surgir de partout à la fois. Ils se ruèrent sur les colonnes de la 2e D.B (2. Panzer-Division, NDA) à la hauteur du Coudray, à mi-chemin d'Avranches. Balayant les routes, ils obligèrent grenadiers, chasseurs et pionniers à se mettre à l'abri. Les avions "Typhoon" envoyaient leurs projectiles-fusées au but avec une effrayante précision. Contre cette armada nouvelle, même les invincibles "Tiger" (de la SS-Panzer-Regiment 1, NDA) se sentirent désarmés. Leurs équipages, d'ordinaire si aventu-* *reux, se calfeutrent désespérément dans leurs refuges d'acier, laissant passer l'orage. Les grenadiers, épars dans les prés, n'osent bouger de crainte d'être pris pour cible à leur tour.* »

Ici, s'impose un retour en arrière.

Au soir du 4 août, le *I/18th IR* a achevé l'occupation de La Montjoie, la cote 314 et la colline St Michel (cote 323). Il forme la pointe avancée de la *1st Army*.

Le 6 août, le *120th IR* (de la *30th ID*), qui vient relever le *18th IR* (de la *1st ID*), tient, avec son Ier Bataillon la cote 285 (les hauteurs du Pilon, près de Romagny) tandis que son IIe Bataillon est à Mortain et à la Montjoie (cote 314). Cette hauteur permet de surveiller toutes les routes qui convergent vers Avranches. Elle est le pivot du système défensif américain.

Par suite de l'avance allemande dans la nuit du 6 au 7 août, le *II/120th* se trouve ainsi isolé tandis que son commandant, le lieutenant-colonel Hardaway se trouve encore dans Mortain. À la chute du jour, la situation du bataillon est extrêmement sérieuse. Parmi les soldats américains, des civils français sont pris au piège de l'encerclement réalisé par la *Kp. Kuske*. Soldats et civils seront ainsi assiégés pendant six jours et six nuits.

Quant au commandant du bataillon qui se trouve toujours dans Mortain, il tente de se cacher pour échapper à la captivité.

La situation du côté allemand se présente comme suit au soir du 7 août :

a) À l'aile droite, la *116. Panzer-Division* n'a pratiquement pas avancé. Contrainte à la défensive, elle n'a pas envoyé son bataillon de *Panzer IV* à la *2. Pan-*

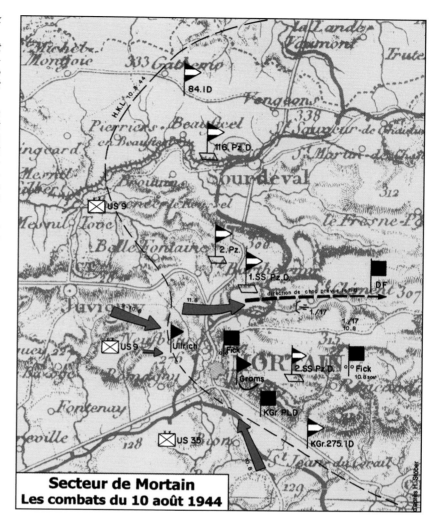

Secteur de Mortain
Les combats du 10 août 1944

zer-Division et, en conséquence, le *Generalleutnant* von Schwerin ne peut attaquer vers Brecey, puis faire mouvement ensuite vers Avranches. C'est la raison de son limogeage et son remplacement par l'*Oberst* Reinhard.

b) Au centre, à 15 heures, le *CCB 3* (*Brigadier* Boudinot) et le la compagnie B du *I/39th (9th ID)* reprennent Le Mesnil-Adelée.

c) Dans le secteur de Mortain, les cotes 314 et 285 ne sont pas encore tombées.

d) Au sud, la « Das Reich », selon l'ordre reçu à 13 heures, du *XXXXVII. Panzer-Korps*, doit tenir les positions qu'elle a atteinte au sud-ouest et au sud de Mortain (secteurs de Romagny, Chévreville et St-Jean-du-Corail).

Le **8 août**, au centre, le *III/119* et des détachements du *CCB* lancent une attaque sur Mesnil-Tove. La localité est réoccupée à 15 h 30. Le *Major* Schneider-Kowalski, le *Kommandeur* du *Panzer-Regiment 3* de la *2. Panzer-Division* est tué au cours des combats.

Dès 4 h 30 du matin, le *Kampfgruppe Ullrich* lance une attaque sur la cote 285 avec l'appui de 8 chars. Elle s'arrête sous le tir de l'artillerie américaine. Elle est reprise en début de matinée avec 3 *Panzer IV* et un *Sherman* de prise. La veille il avait été saisi par la section de Flak du *SS-Artillerie-Regiment 17*, après la fuite de son équipage canonné par un 2 cm Flak-Vierling. Le *Sherman* avance d'environ 50 m en arrière dans les positions américaines. En raison de la violence du tir américain, les *Panzergrenadiere* ne suivent pas. Un *Panzer IV* saute sur une mine, les autres se retirent. Une fois de plus, la prise de la cote 285 échoue.

L'attaque du *Kampfgruppe Ullrich* renouvelle ses attaques, vers 23 heures, au sud de la cote 285, vers la cote 276, sans succès.

Le **9 août**, le commandement allemand envisage une nouvelle bataille qui doit commencer le lendemain sous les ordres du *General der Panzertruppen* Eberbach. Celui-ci estime qu'il ne pourra attaquer que pendant la nuit et en début de matinée avec le brouillard. Les conditions météorologiques ne seront favorables qu'à partir du 20 août. Mais les avant-gardes de la *1st Army* (*Lieutenant General* Hodge) ont atteint Le Mans la veille et vont obliquer vers Alençon. La branche sud de la tenaille remonte vers le secteur de Falaise.

Au cours de cette journée, vers 18 h 20, le *SS-Unterscharführer* Tetzlaff et 5 hommes, dont l'un porte un drapeau blanc, est envoyé pour obtenir la reddition des défenseurs de la cote 314, mais cette offre est rejetée. Entre-temps, dans la matinée, le lieutenant-colonel Hardaway est fait prisonnier dans Mortain.

Le **10 août**, la cote 285, près de Romagny est réoccupée par le *I/120th* vers 10 heures, tandis que le *Kampfgruppe Ullrich*, qui avait investi avec des détachements la cote 276, la veille, se replie à l'ouest de Mortain, devant la ville.

Dans l'après-midi, la *35th ID* attaque du sud-ouest avec l'appui de chars. En même temps, les routes venant de Mortain vers l'est et les PC, dont celui du *SS-Obersturmbannführer* Fick sont pris sous le tir des blindés américains. Ce secteur est tenu ou plutôt « surveillé » par le *Kampfgruppe Grams*. Au début de cette après-midi, une poussée de chars est aperçue, venant de la région de Bion avec 15 chars. Le croisement de la route et de la voie ferrée est atteint. Un compte rendu arrive à ce sujet au PC du *SS-Obersturmbannführer* Fick, mais celui-ci ne le croit pas. Le *SS-Untersturmführer* Grams est appelé au PC. Pendant qu'il rend compte, un obus de char frappe le toit de la maison. Le PC est évacué pour gagner

un lieu-dit à l'est de Mortain. Les unités reçoivent l'ordre de repli pour la matinée du 11. En revenant à son PC, le *SS-Hauptsturmführer* Grams est grièvement blessé au visage.

Le **10 août**, est aussi publié un rapport (voir tableau).

Le **11 août**, le *Generalfeldmarschall* von Kluge et le *General der Panzertruppen* Eberbach sont d'avis qu'une nouvelle tentative de percée vers Avranches n'est plus possible en raison des pertes subies et de l'arrivée de renforts américains en blindés et en infanterie. Une menace d'encerclement des forces allemandes dans le sud de la Normandie se précise : en fin de soirée, les Américains sont à 12 km d'Alençon.

Le **12 août**, les Allemands continuent à décrocher de tous les secteurs tandis que von Kluge doit transmettre un ordre à Eberbach pour rétablir la situation vers Alençon. Il détruira l'ennemi, puis reprendra l'attaque vers Avranches.

« *Il (Hitler)* note le Dr Buisson, *va précipiter la débâcle de la 7.Armee qui, au lieu de se replier, comme le demandait* (le SS-Oberstgruppenführer) *Hausser et comme l'exigeait le bon sens, sur une ligne Falaise-Flers-Domfront, doit contre-attaquer à Alençon tout en conservant Sourdeval-Domfront.* »

À l'aube de cette journée le *320th IR* de la *35th ID* (*Major General* Baade) fait sa jonction avec le *II/120th* à la cote 314, puis, à 13 heures, le *I/119th* relève définitivement le « bataillon perdu ».

Sur les 950 hommes de ce bataillon et des unités affectées, on dénombrera 376 survivants. La ville de Mortain est libérée.

Le 10 août, est aussi publié un compte rendu sur l'effectif combattant de la Division *(la Tgb. Nr 485/44 g.Kdos)* :

1 — Effectif combattant le 5.08.44 :

a) *Kampfgruppe Fick*	Officiers	Sous-Officiers	Hommes de Troupe
État-Major	5	1	64
État-Major *I./37*	4	11	57
13./37	1	5	24
14./37	1	2	37
I./38	1	4	25
A.A.17	3	3	28
Fallsch. Jg. Rgt 14	3	8	11
Ersatz	1	7	40
JKH-Zug (section d'obusiers-canons d'Infanterie russes ?)	-	2	16
	19	54	302
Effectif de combat d'infanterie	9	21	129
b) *Art. Gruppe Ernst*			
État-Major	3	8	18
I./SS-A.R. 17	8	25	170
7./SS-A.R. 17	2	5	44
8./SS-A.R. 17	2	5	47
État-Major *III./SS-A.R. 17*	3	5	39
	18	48	318
c) *SS-Pi. Btl. 17*	1	11	64
Effectif total de combat de la Division le 5.08.44 :	38	113	684

2) Effectif de combat le 7.08.44

a) *Kampfgruppe Fick*	Officiers	Sous-Officiers	Hommes
État-Major	6	6	56
I./37	5	9	62
I./38 y compris la *SS-A.A. 17*	4	4	26
Fallsch. Jg. Rgt 14	2	9	8
1./SS-Pionier-Btl 17	1	2	20
Panzerjäger-Zug Sfl	-	2	7
Pi. Werfer-Zug	-	3	15
13./37	1	9	61
14./37	1	2	35
	20	46	290
Effectif de combat d'infanterie	11	22	96
b) *Art. Gruppe Ernst*	18	52	320
Total de l'effectif de combat de la Division au 7.08.44	38	98	610

The Battle of Mortain

Overview

The basic conception of the Allied invasion plan, note R. Lehmann and R. Tiemann, was to envelop and annihilate the German troops fighting in western Normandy west of the Seine from the Seine estuary to Paris and north of the Loire from Orléans to the Loire estuary. When the 3rd US Army broke out near Avranches, meeting one crucial prerequisite for execution of the plan, the German command saw the threatening danger and ordered a counterattack by at least four Panzer-Divisionen in order to cut off and destroy the enemy forces that had broken through towards the south. To do this, the Panzer-Divisionen were to take up position in the Mortain area and break out towards Avranches with a thrust beyond Mortain and the north of the town.

After the capture of Avranches, on 31 July, the 3rd US Army poured into the breach opened up in the German front, advancing along three lines:

— towards Brittany with VIII Corps (Major General Middleton);

— towards the Loire with XX Corps (Major General Walker);

— eastwards with XV Corps (Major General Haislip).

With the exception of the Avranches sector, the front was stable. A.O.K. 7 (SS-Oberstgruppenführer Hausser) was able to establish a continuous front to close up the eastern part of the gap. On the British side, on 30 July, Operation "Bluecoat" was launched to contain the Panzer-Divisionen liable to attempt a counterstroke against the American breakthrough.

Before this German counterstroke (Operation "Lüttich"), the situation on the American side was as follows:

On 2 August 1944, two platoons of 90. ID (Major General Landrum) took St-Hilaire-du-Harcouët, while detachments of 4th ID (Major General Barton) occupied part of Coulouvray-Boisbenâtre south-west of St-Sever forest.

The next day, for its part, 1st ID (Major General Huebner), with support from Brigadier Hickey's CCA, the 3rd Armored Division (Major General Watson), approached Juvigny-le-Tertre, 5 km north-east of Mortain, then detachments of CCA 3 reached St-Barthélemy, some 2 km north of Mortain.

At 10.00, the leading detachments of I/18th IR, 1st ID occupied Hill 285, near Romagny. 26th IR, 1st ID had reached Le Mesnil-Adelée by dawn that same day.

During the evening of 3 August, with tank support, I/18th IR entered Mortain.

"At day's end, notes Dr G. Buisson, the front held by the Americans in the Mortain area described a vast pocket which, starting from Coulouvray-Boisbenâtre, moved up to Le Mesnil-Adelée, Juvigny-le-Tertre, St-Barthélemy, Mortain, Bion, St-Jean-du-Corail, then curved off towards Notre-Dame-du-Touchet and Ste-Anne-de-Buais. This pocket, with its highly vulnerable flanks, was 9 km wide in the lower section between St-Barthélemy and St-Jean-du-Corail."

On 4 August, 29th ID (Major General Gerhard) resumed its offensive on Vire. At dawn, 110th IR (28th ID under Brigadier-General Wharton, later Major General Cota) occupied St-Sever, while the objectives of 4th ID (Major General Barton), St-Pois and Hill 211 near Le Mesnil-Gilbert in order to secure a bridgehead on the Sée river at Chérencé-le-Roussel, some 6 km west of Sourdeval, were achieved during the day.

For their part, elements of 3rd Armored Division approached Le Mesnil-Toves, while I./118th occupied Hills 314 and 323. Then St Jean-du-Corail, Bion and Le Teilleul were occupied, these places being located south of Mortain.

On 5 August, the Americans took Mesnil-Toves.

Here we need to flash back to a few days earlier.

On 31 July, late in the morning, Generalfeldmarschall von Kluge, both O.B. West and O.B of Heeresgruppe B (this command, since 17 July 1944 after the wounds sustained by Generalfeldmarschall Rommel on 17 July) came to confer at Bion, about 5 km south-east of Mortain, with SS-Oberstgruppenführer Hausser, the commander-in-chief of 7.Armee. They wanted to draw up a plan of attack designed to cut off 3rd Army's exit point in the Avranches area.

There were three prerequisites for the success of Operation "Liege" (Lüttich):

— a narrow link with Panzergruppen-Kommando West (which became 5.Panzerarmee on 6 August);

— a firm front between the Vire and Sée rivers;

— obtain reinforcements.

Later on, Generalfeldmarschall von Kluge promised Hausser tanks, mortars, guns, ammunition and fuel. O.B. West then went to see SS-Obergruppenführer Dietrich, commander of I. SS-Panzerkorps south of Caen.

This is how Dr Buisson describes it: "(Dietrich) protested, saying: "We are only barely holding on with the forces we have here" and added vehemently, "the plan for a counter-attack is not feasible owing to the lack of reinforcements, equipment and most of all fuel"".

For Hitler, it was vital to regain control over the situation in Normandy where he had committed all his available forces.

July, (see opposite page)

2 August, O.B. West…

Reinforcements were brought up to the Normandy front: 9. Panzer-Division (Generalmajor Jolasse and later Oberst Sperling) from the Avignon area, 84.ID (Generalleutnant Menny) from the Seine-Maritime, 85.ID (Generalleutnant Chill) from the Somme, 89.ID (Generalleutnant Heinrichs), 331.ID (Generalmajor Steinmüller) from the Arras area and 363. ID (Generalleutnant Dettling) from the Dunkirk area.

"In fact, writes O. Weidinger, the counter-attack on Avranches to choke the enemy forces was a compromise between Hitler and von Kluge. Hitler wanted to launch the attack later, whereas von Kluge wanted to launch it earlier. For Hitler, the attack was

The Meldung of 1.08.44 (Ia Tgb. Nr 483/44 geh.) was forwarded to XXXXVII. Panzer-Korps:

1 — Personnelle Lage

a) Personal

	Soll (theoretical strength)	Fehl (shortfall)
Führer	583	278
Unterführer	3597	1807
Mannsch,	14080	2156
Hiwi (auxiliaries)	(977)	-
Insgesamt	18260	4241
+Verwundete (wounded)		3469
		___
		7710

87 officers and 3 382 NCOs and rank & file should also be included in the actual strength as wounded.

b) Losses and other departures

	tot	verwundete	verm.	krank	sonst.
Führer	5	(24)	10	8	2
Unterführer u.					
Mannsch.	346	(1069)	1563	18	4
	___	___	___	___	___
	351	(1093)	(1573)	26	6

The number of missing (Vermisste) was worked out arithmetically.

c) Ersatz (replacement: Führer, U-Führer u. Mannsch: 21

2 — Materielle Lage (1 theoretical, 2 operational, 3 away for rapid repairs, about 3 weeks)

		1	2	3
Armored vehicles				
Sturmgeschütze		42	0	10
Panzer III		3	0	0
Panzerjäger Sfl		31	27	4
Berg. Panzer III (dépannage)		2	2	
Schtz. Pz, Pz. Sp, Art. Pz. Beob.		33	10	16
Pak Sfl		29	22	5
Kräder (motorcycles)	Ketten (tracked)	67	3	3
	mit angetr. Bwg (with sidecar)	293	30	20
	sonst. (other)	315	280	80
PKW gel (all terrain) 1093		530	127	
	o. (oder: or)	86	124	266
LKW (trucks) Maultiere 72		25	16	
	gel.	1103	56	52
	o.	916	120	40
Kettenfahrzeuge (tracked vehicles)				
Zgkw. (prime movers)				
— 1 à 5 t		159	6	6
— 8 à 18 t		70	6	4
R.S.O (Raupen-Schlepper-Ost)		2		
Waffen				
Schw. Pak		65	25 (2 sfl)	4 Sfl
Art-Gesch.		53	13	7
MG		662 (954)	359 (340)	(32)
sonst. Waffen		241	96	17

Remarks: 11 Gleisketten-LKW (Elefant) are to be included in the actual stock of the Maultiere ( ) including MG 42.

3 — Brief value judgement by the divisional Kommandeur:

The Division's Kampfgruppe, reporting to 2. SS-Panzer-Division "Das Reich" for tactics and supplies committed to the defensive front in the Cotentin penisula. Behavior of troops committed since 9.06: very good.

Following very heavy engagements by enemy artillery and aircraft, the Kampfgruppe's losses in personnel and equipment are very high.

The Division's non mobile detachments in the previous quartering area south of the Loire in use against terrorists.

Kampfgruppe, see appendix; partly operational for defensive assignments.

Explanations for the other arms (sonstige Waffen)

	Soll	einsatzbereit	in Instandsetzung (repairs)
8 cm Granatwerfer	94	35	4
5 cm Pak		11	2
7,62 cm Pak	-	-	-
Puppchen 8,8 cm antitank rocket-launchers)	-	5	1
le.I.G (light infantry guns)	27	1	-
s.I.G (heavy infantry guns)	12	2	1
2 cm Flak	50	23	3
2 cm Flak-Vierling	7	2	1
3,7 cm Flak 37	9	4	-
8,8 cm Flak	18	5	2
7,62 cm JKH 290 (r)	-	2	1
2 cm KwK	24	6	2
	241	96	17

a part of his plan the objective of which was to recapture Avranches and revert to a war of positions as in June and July. The Generalfeldmarschall did not share this view. For him, the attack had only one purpose: to enable an orderly retreat. In the light of the available forces, this plan was basically more realistic than the Führer-Haupt-Quartier's."

Von Kluge's intention was, during the subsequent course of the battle, and in conjunction with Heeresgruppe G, falling back from south-west and southern France, to establish a line of defense which would pass along the Seine and Loire Rivers, from Gien across to the Swiss border.

We come back to 17. SS-Panzer-Grenadier-Division "Götz" von Berlinchingen which also took part in this operation. The Meldung for 1st August 1944, sent in to Generalkommando XXXXVII. Panzer-Korps (General der Panzertruppen von Funk) to which it now reported, gave its status report following the fighting in July.

On 2 August, O.B. West was ordered to counterattack from Mortain towards Avranches. There was no way II. SS-Panzer-Korps (SS-Obergruppenführer Bittrich) could be committed as its two divisions, 9. SS-Panzer-Division "Hohenstaufen" (SS-Oberführer Bock) and 10. SS-Division "Frundsberg" (SS-Oberführer Harmel) were contending with the British in the Normandy bocage (Operation "Bluecoat"). No forces could be released from the Panzergruppen-Kommando West front.

On the evening of 3 August, in the Mortain area, the American front stood along the line Coulouvray-Boisbenatre-Le Mesnil-Adelée-Juvigny le Tertre-St Barthélemy-Mortain-Bion-St Jean du Corail-Notre Dame du Touchet-Ste Anne du Buais.

From that day on, the three Panzer-Divisionen began slipping away, one each night. First 2. Panzer-Division, then "Das Reich" and 116. Panzer-Division which mustered east of Mortain.

Generalkommando -XXXXVII.Panzer-Korps thus had the following units available for its counter-attack:
—2. Panzer-Division (Generalleutnant von Lüttwitz);
—2. SS-Panzer-Division "Das Reich" (SS-Standartenführer Baum) to which Kampfgruppe 17. SS-Panzer-Grenadier-Division "Götz von Berlichingen" was attached;
—116. Panzer-Division (Generalleutnant von Schwerin).

Lastly, 1. SS-Panzer-Division LSSAH (SS-Brigadeführer Wisch) left its positions south of Caen to be committed to exploit the putative breakthrough.

The plan of attack

To the north, 116. Panzer-Division was to attack towards Le Mesnil-Gilbert along the north bank of the Sée, emerging west of the Sourdeval area to cover the operation's right flank.

In the center, 2. Panzer-Division was to attack along the south bank of the Sée towards Juvigny-le-Tertre.

It would be reinforced by two Panzer-Abteilungen, one from 116. Panzer-Division, the other from LSSAH.

To the south, reinforced with elements of the "Götz", including Kampfgruppe Fick, the "Das Reich" — all under the command of SS-Standartenführer Baum — would advance west and south-west beyond Mortain to cover the left flank of the attack.

In the rear, LSSAH was to follow the first wave when it broke through and reached Avranches. With it were brought in detachments of Werfer-Panzer-Abteilung 101.

The full details of the counterattack were finalized by von Kluge and Hausser on 4 August.

On 6 August, the German front line ran more or less as follows, from north to south. It passed along a line taking in Le Mesnil-Clinchamps (west of Vire)-Périers en Beauficel-Chèrencé le Roussel-St Barthelemy-east of Mortain-east of Bion-east of St Jean du Corail-south-west of Barenton.

At this time, Kampfgruppe 17. SS-Panzer-Grenadier-Division "Götz von Berlichingen" comprised the following:

Kommandeur: SS-Obersturmbannführer Fick.

Kampfgruppenstab (staff), from the Stabskompanie (HQ company) of SS-Panzer-Grenadier-Regiment 37 with signals platoon, hospital echelon and liaison echelon.

Kampfgruppe medical officer: Dr Delitz.

a) Kampfgruppe of SS-Hauptsturmführer Ullrich (around 300 men).

Remnants of 2 heavy companies, around 8 infantry cannon, a few PaKs.

b) Kampfgruppe of SS-Hauptsturmführer Grams

1 company of SS-A.A 17 under SS-Untersturmführer Kuske.

Artillerie-Kampfgruppe Ernst (SS-Sturmbannführer Ernst).

HQ battery formed from I./SS-Artillerie-Regiment 17 and 3 combat batteries each with 3 to 4 light howitzers.

c) Kampfgruppe Schleichard (SS-Obersturmführer Schleichard)

2./SS-Pionier-Bataillon 17 with 2 Pioniere platoons, 1 Werfer 28/32 cm platoon (no doubt SPW 251 with 6 Wurfrahmen für 28/32 cm Wurfgranaten launching devices, author's note).

Detachments of the economics battalion (Wi. Btl) and supply battalion (Nachschub-Abt.) of unknown strength, on the way 1 mixed battery (3,7 cm and 2 cm Flak) as Kampfgruppe Günther (SS-Hauptsturmführer Günther), 3./SS-Flak-Abteilung 17, indicated with position in the Ger area (12 km north-east of Mortain, author's note).

Command of the detachments withdrawn for formation near the front:
- Panzer-Grenadier-Regimenter:
      SS-Hauptsturmführer Wahl (Rgt 38)
- Pionier-Batl:
      SS-Hauptsturmführer Müller
- Artillerie-Regiment:
      SS-Standartenführer Binge, at the same time Div.-Führer (acting)
- Flak-Abt.:
      SS-Untersturmführer Stettner/SS-Obersturmführer Hasselmann

Repatriation of damaged tanks and columns.

Formation in progress:
- Kampfgruppe Heinz, a powerful company of Regiment 38
- Kampfgruppe Günther, 4./A.A. 17
- Kampfgruppe Krehnke, of Regiment 38
- Kampfgruppe Braune, a few guns of SS-Flak-Abteilung 17
- 1 company of infantrymen from Flak artillerymen, Kampfgruppe Günther being entered as part of this.
- 1 company of Pioniere-SS-Untersturmführer Sporrer
- 1 battlegroup (KGr.) under the command of SS-Ober-sturmführer Prinz (future Artillerie-Kampfgruppe "Das Reich" — "Götz von Berlichingen".)

There were also:
- weak detachments still in their establishment area, including:
- bridge light column of SS-Pionier-Bataillon 17
- 1./Schw. Flak-Abteilung 17, both in the Saumur area, four 8,8 cm Flak guns and three 2 cm Flak guns.
- 2 companies each of 15 Jagdpanzer IV, a 2 cm Flak battery solo on Panzer 38 (t), a service company (Versorgungs-Kp) en route via the Angers-Laval area.

These last units did not take part in Operation "Lüttich".

As of 5 August, the "Götz" Kampfgruppe was placed under the "Das Reich" to muster in the St-Sauveur-de-Chaulieu-Ger area north-east of Mortain.

The Kommandeure and unit commanders were informed of the counter-attack plan.

During the night of 5 to 6 August, the Luftwaffe bombarded the town at low altitude for 20 minutes with high explosive and incendiary bombs which, along with the artillery shelling, destroyed 85 % of the town.

On the use of the Div.-Kampfgruppe of 17. SS-Panzer-Grenadier-Division "Götz von Berlichingen", O. Weidinger writes:

"The regiments (of the "Das Reich", author's note) and the Kampfgruppe of 17. SS-Panzer-Grenadier-Division were brought up to the deployment zone and informed of the conduct of the battle as follows:

— On the right, the "DF" (Der Führer, author's note) will press northwards along past Mortain and will take the high ground north-west of the town (towards Le Neufbourg, Hills 276, 285 and 273, author's note) and will maintain a narrow link with 1. SS-Panzer-Division which is to attack on the right.

— In the center, Kampfgruppe 17. SS-Panzer-Grenadier-Division will capture Hill 317.

— On the left, "D" (the "Deutschland" Regiment, author's note) with SS-Pz.A.A. 2 under its command, will advance southwards and with a rapid attack, reach the line Fontenay-Milly (respectively about 7 km west and 8 km south-west of Mortain, author's note). Take Mortain with detachments.

SS-Panzer-Regiment 2 ("Das Reich") will follow behind Regiment "D". The Sturmgeschütz-Abteilung will be placed under the orders of Regiment "DF"".

The preliminary artillery bombardment did not take place. A night attack by the Luftwaffe on Mortain was planned. Start of the attack: 7.08.44-01.00. It may be added here that Generaloberst Bülowius, of the Luftwaffe, had promised to line up 300 fighters to cover the operation.

Apart from the bombing of Mortain, not a single German plane appeared over the battlefield!

Before we come to a description of how the attack proceeded, we must first return to the day's events on 6 August. The day was marked by the death of the Kommandeur SS-Sturmbannführer Kepplinger. Over to H. Stöber:

«During the night of 31.07 to 01.08.44, SS-Sturmbannführer Ludwig Kepplinger, SS-Oberscharführer Willi Imand, SS-Sturmbannführer's orderly, Otto (surname unknown) and the driver were motoring to Chatellerault, where the troop of SS-Panzer-Abteilung 17 were. With us came three trucks carrying around 60 to 70 men, NCOS and rank & file (tankless crews). To avoid having them "sent to the slaughterhouse" as infantry, we wanted to take no risks with them. There was an order for the Eastern front to the effect that specialists were to be sent home immediately upon losing their vehicles. This order (according to Kepplinger) could also be applied to those on the Western front.

On the evening of 1.08, we reached Châtellerault, on 3.08, we were driving towards Mirebeau and Poitiers, the next day, we were heading for Niort to the fortress Kommandantur, on 5.08, to Châtellerault. Early on 6.08, at 6 in the morning, to Laval via Loudun, Saumur, la Flèche and Sablé.

So as not to waste a lot of time searching, we appointed a dispatch rider to show us the way to the Ortskommandantur in Laval. Passing through the small town of Sablé (sur Sarthe, author's note), we were surprised by all the flags, flowers and tables with wine laid out in front of the houses. The French people were awaiting their liberators, the Americans.

This happened at milepost 11 before Laval, at around 17.00 hours. We spent more of our time looking up at the sky than on the road ahead. At that moment, we were already, although we didn't know it, in front of our main line of resistance, or at least what could then still be called our main line of resistance.

In the air, a load of Jabos, now and again an impact to the right or left of the road. Suddenly we were caught by a shot from the ditch on the right. I was seated at the wheel, alongside me to my right was the Kommandeur, Otto the orderly, behind on the right, the driver behind on the left. When I managed to stop the heavy Skoda (two shots in the right arm, one in the right leg), I saw over on the right seven men running in a field. It did me no good taking up the MPi, as it doesn't seem to work properly using the left arm.

The Kommandeur was bent over, he had collapsed in his seat. He must have been killed instantly, Otto his orderly was lying there in the car screaming. The driver was lying on top of him.

A French railroad worker who came to meet me on a bicycle stopped and explained to me how there were American tanks about a kilometer back, behind a ridge. With the help of this Frenchman, I turned the Skoda back onto the road, which was very narrow, and reversed away. After driving for about a kilometer, on the right I saw a paratrooper.

He jumped onto the running board and showed me the way to his unit. This rearguard of one Leutnant and 6 men were preparing to blow up a bridge. After we were roughly bandaged up I asked the Leutnant for a driver to take us to the nearest first-aid post, promising however to bring the car back. Kepplinger had been hit six times. A bullet in the right temple must have done for him.

The orderly Otto got two bullets in the chest, the driver two in the top of the shoulder.

Unfortunately I was unable to keep my promise to bring back the car; that was not at all how it turned out."

This account is by SS-Oberscharführer Imand, Schirrmeister (WO crew driver) of the Stabskompanie, SS-Panzer-Abteilung 17.

It is possible to pinpoint where Kepplinger was killed: on the D 21 road north-west of Meslay-du-Maine, halfway from that locality to Laval.

The counter-attack

However, the deployment and ill-preparation forced General der Panzertruppen von Funk to telephone von Kluge to have the attack postponed. The "LSSAH" was very late and had not been able to send as scheduled a Panzer-Abteilung to 2. Panzer-Division and neither had 116. Panzer-Division sent its II./Panzer-Regiment 16 (Major Rüder), also to 2. Panzer-Division. The "LSSAH" was to leave a tank battalion and a battalion of Panzergrenadiere, on account of 89. I.D being late in taking over its sector.

We should recall here the telephone conversation between Generaloberst Jodl, commander of the Wehrmachtführungs-stab (O.K.W operational staff) with Generalfeldmarschall von Kluge:

"The Führer is observing the American armies' movement. I think it is excellent that the largest possible number of troops should cross the breach before we cut them off at this point. In this way we shall catch all the more of them in our trap. You will not attack until the 8th", recounts Dr Buisson in his book.

Von Kluge was only willing to postpone the attack by two hours!

And this was to let the "LSSAH" reach its assigned positions. It must be remembered how, according to O. Weidinger, the attack to be launched by the "Das Reich" was to start at one in the morning.

At around 10.00 on 6 August, 7.Armee commander-in-chief SS-Oberstgruppenführer Hausser issued the order of the day, recorded as follows by Dr Buisson:

"The Führer has ordered execution of a breakout right to the coast, in order to create a decisive base against the Allied invasion front. To this end, fresh units are on their way to strengthen the army. On the outcome of this operation ordered by the Führer depends the outcome of the war in the West and with it perhaps the outcome of the entire war. The high-ran-

king commanders must be absolutely convinced of the huge importance of this fact. From now on, only one thing matters: unceasing efforts and the absolute will to win."

In the center, it was 2. Panzer-Division that had to produce the main effort. The Kampfgruppe on the right (Kampfgruppe Nord), to which SS-Pz.A.A 1 ("LSSAH") was allocated, under its commander SS-Sturmbannführer Knittel, launched its attack along the Sée river, with I./Panzer-Regiment 3 and Panzer-Grenadier-Regiment 304, despite the absence of II./Panzer-Regiment 16. The 117th IR (30th ID) defenses were broken through at Le Mesnil-Tove where some American trucks and antitank guns were captured.

At dawn on 7 August, at 06.00, the Panzers reached Le Mesnil-Adelée where they were halted by 39th IR (9th ID).

On the other hand, the Kampfgruppe on the left (Kampfgruppe Süd) waited until dawn for the "LSSAH" tanks to arrive and the attack began two hours late.

While moving up to its start line, I./SS-Panzer-Regiment 1 lost its way down a 2 km long sunken lane near the hamlet of Longueville, 6 km east of St-Barthélemy, and was blocked there when a shot-down Jabo crashed onto the leading tank, holding up the entire column. The tanks had to be reversed out of the lane, which took hours.

With support from II./Panzer-Regiment 3, Panzerjäger-Abteilung 38 and the tanks of SS-Panzer-Regiment 1, Panzer-Grenadier-Regiment 2 forced a way through the American positions near St Barthélemy where I/117th IR (30th ID) and tank-destroyers of 823rd Battalion had arrived. Kampfgruppe "LSSAH" took the village and attempted to reach Juvigny-le-Tertre.

On the right flank, to the north, 116. Panzer-Division came up against some detachments of 4th ID holding out in the Périers en Beauficel sector, and holding up the advance on Le Mesnil-Gilbert. The divisional Kommandeur, Generalleutnant von Schwerin, was relieved of his command and replaced by Oberst Reinhard, chief-of-staff of XXXXVII. Panzer-Korps.

We now come to Div.-Kampfgruppe Fick.

In the K.T.B of 2. SS-Panzer-Division "Das Reich" (Ia Nr 992/44 geh.), we read:

"... 3 - Assignment to attain the first attack objective.

b) On reaching Romagny, Rgt (SS- "D", author's note) will proceed to attack Mortain under the protection of Panzer-Regiment providing cover to the west and south-west. The regiment will seek to link up quickly with Kampfgruppe Fick attacking via Hill 314, and to which the task of mopping up Mortain will chiefly fall. The regiment will then muster south-west of Romagny to start off, with transport, taking the Sturmgeschütze made available by Kampfgruppe Fick towards the second attack objective.

c) Kampfgruppe Fick with one Sturmgeschütz-Kp. under its orders, setting off no later than 22.30, with shock detachments will wipe out the enemy holding Hill 314 and will then quickly enter Mortain to link up with SS-"D" from the east. The Kampfgruppe will then clear Mortain, providing as much support as possible to SS "D" up to the SS "DF" lock on the northern edge of Mortain. The Sturmgeschütze-Kp will be dispatched at the earliest possible moment to SS "D". Once Mortain has been cleaned up, the Kampfgruppe will muster in the area south-east of Mortain, clearing all roads for the "LSSAH" south-east of Mortain so as to be able to follow westwards, transpor-

342

ted as quickly as possible for the division's disposal.

4 - Assignments upon accomplishing the first attack objective.

c) Kampfgruppe Fick, which will hand over the Sturmge-schütz-Kp until then placed under its command, to SS "D", will be applied from its deployment area south-east of Mortain probably against Naftel (about 5 km north-west of St-Hilaire-du-Harcouët, author's note) via Chevreville (6 km north-east of St-Hilaire-du-Harcouët, author's note)."

Added to that, an excerpt from a combat report by 1./SS-Pionier-Bataillon 17:

"6.08.44: company CP 3 km east of Mortain. Company deployment, as part of Kampfgruppe Fick for the attack on Mortain.

• Assignment: Mathieu and Becker groups, placed under A.A (1./SS-A.A. 17 of SS-Untersturmführer Kuske, author's note) which will fight to clear the road to Mortain, clean up occupied houses and capture Hill 314 as a shock force and then hold out for as long as necessary until Mortain falls.

23.00 hours: along the way, stout enemy resistance, occupied houses attacked with concentrated charges, on the road, 3 antitank guns seized."

Meanwhile, Div.-Kampfgruppe Fick left its command post at Rouge-Butte farm, 1 km north-east of Rancoudray (6 km east of Mortain).

On the road to Rancoudray at Mortain, Kampfgruppe Grams, with a company of SS-A.A. 17, reinforced by a Pioniere platoon advanced towards Hill 314 at around 23.00. Also advancing were detachments of Kampfgruppe Ullrich, but they had to overtake those of the Grams.

"Shortly before midnight, notes Dr Buisson, SS-Hauptsturmführer Ullrich came forward to find out how things stood. His request for artillery fire on the outskirts of Mortain was turned down because "with no observation possible, no advantage can be preserved or surprise obtained"."

At 01.30, Hill 323 (St Michel hill) was partly occupied and 2d Lt. Saalfield (of Company K, I./18th IR), whose platoon was stationed near the chapel, was forced back onto Hill 314… The Ullrich battlegroup took Mortain with no artilllery support.

H. Stöber records the personal account of SS-Oberscharführer Werbersberger, who belonged to Kampfgruppe Ullrich:

"The remnants of Regiments 37 and 38 of the Division "Götz von Berlinchingen" were deployed in a small wood some 2000 m outside Mortain, for a night attack on the town. After 23.00 hours on a dark night, they moved onto the attack along the road into town. An American pathfinder with a dispatch dog was quietly put out of action and taken prisoner. Then the vanguard fell upon a 3-gun antitank cover which was also noiselessly put out of action. (cf. 1./SS-Pionier-Btl. 17 report). They continued to advance unhindered for a further 1000 m or so. Then came a burst of machine-gun and rifle fire mixed with mortar impacts coming from Hill 317 (according to H. Stöber's map) to halt this sudden attack. The American outposts behind a hedge along the advance road were knocked out with grenades and M.Pi. At the entrance to the town, an enemy antitank gun had taken aim and tried to prevent our vehicles from advancing any further. The infantry attack took place in the ditches on either side of the road. A Sturmgeschütz was brought forward and sonn destroyed the gun, thus opening the way up into the town for the vehicles as well. The Americans got out of town in a hurry… There was street fighting throughout the rest of the night and

by 11 in the morning (on the 7th) the only fighting still going on was for the church and the outskirts…"

SS-Oberscharführer Werbersberger continues:

"On the evening of 7.08, our attack again pressed forward along the roads (one leading to Mortain north of Hill 317, the other towards Romagny, south-west of Mortain. On this last road, according to H. Stöber's map, about 1 km, author's note). Counter-attacks along the road (south-west of Mortain, author's note) were pushed back to the edge of the town by Sturmgeschütze and a Panzergrenadiere group. All day long, our combat activity was severely handicapped by the enemy's total supremacy in the air. Also, any movements we made that were spotted by aircraft were immediately disturbed by surprise mortar fire. They was no way of getting supplies up during the day. Telephone communications were poor and constantly being destroyed by surprise fire. Each wireless set was located at once and could only avoid destruction by an instant change of position after receiving a radio message. The battalion command post was initially in a vaulted cellar by the church. At the same time it was a collecting center for the wounded. Later it had to be moved to a house along the road (Dr Buisson's garage) because of heavy artillery surprise fire."

Here we add SS-Hauptsturmführer Grams' account of the situation with SS-A.A. 17:

"During the afternoon of 6.08.44, I received orders to cover Mortain with the remnants of A.A (Kp. Kuske and the remaining detachments of Regiment 38). A second battlegroup, commanded by SS-Hauptsturmführer Ullrich, was then to attack westwards, overtaking us. After passing on the order, I called up the unit commanders and reconnoitered the ground with them to the extent possible. Fire and smoke indicated how Mortain lay. There were no signalling links, and light signals were agreed upon with the artillery.

During the night, we advanced through meadows and orchards northwards to the road to Rancoudray to the west, then once on it, that is on either side of the road, to cover forward to the west.

We fired at the point, wounded men, mostly hit in the legs, arrived as did the Kuske report to cease fire. Now the shots were coming from an angle and from behind, so that was where the enemy was. I applied Kuske on the high ground with the chapel. We studied the map in the softened light of the flashlight. Then I attacked with the rest of the group, some 60 men, towards the locality."

Meanwhile, Kampfgruppe Fick was on the outskirts of Mortain while 2. SS-Panzer-Division launchd its attack and skirted the town on both sides. To the south, Regiment SS- "D" (2 companies), with SS-Panzer-Aufklärungs-Abteilung 2, moved at 02.30. At 04.30, it took St-Jean-du-Corail after occupying Bion. II./"D" followed up on its attack westward and the Fontenay-Chèvreville area was reached during the midday hours. Meanwhile, I./"D" veered off towards Mortain-Romagny which was taken, and from there linked up with Regiment "DF".

To build on this success, SS-Panzer-Regiment 2 (SS-Obersturmbannführer Enseling), which still had 24 tanks, was brought up that morning to Regiment "D".

SS-Panzer-Aufklärungs-Abteilung 2 (SS-Sturmbannführer Krag) reconnoitered to the south beyond the Sélune river. In the righthand sector, Regiment "DF", whose III. Bataillon was transported in vehicles, advanced as far as the edge of l'Abbaye blanche. During the battle they fought with detachments of 30th ID, the Germans sustained considerable losses, including 6 SPWs and 3 other vehicles. Two Sturmgeschütze were hit by Jabos.

In the sector where SS-Hauptsturmführer Grams was operating there were still squads of infantry groups belonging to 30th ID. So that evening, Grams was ordered to attack to the north-west with 4 tanks of the "LSSAH", 2 of which were damaged.

The day of 7 August was very favorable for Allied aircraft activity, especially as the Luftwaffe was nowhere to be seen over the battlefield. The Jabos were active, particularly those of the 83rd Group, 2nd Tactical Air Force. Despite all the efforts to camouflage and on account of the jam of vehicles on the roads, it was all too easy for the Allied planes to rip them apart, notably the "LSSAH", which was last to be committed and more or less caught by surprise out in the open.

This is P. Carell's take on the subject:

7 August brought clear cloudless skies. With a sky like that, Eisenhower's wonder weapons lost no time filling it with Jabos, Thunderbolt bombers, fighters armed with rockets, and they semed to come over in great swarms from all directions at once. They swooped down on the columns of 2. Panzer-Division halfway to Avranches, on a level with Le Coudray. Strafing the roads, they forced grenadiers, riflemen and engineers to dive for cover. The Typhoons fired their rockets at their targets with frightening accuracy. Against this new kind of armada, even SS-Panzer-Regiment 1's invincible Tigers felt naked. Their crews, usually so adventurous, shut themselves up desperately in their steel shelters until the storm passed. The grenadiers, scattered in the fields, dare not move for fear of in turn becoming targets.

Here a flashback is necessary.

On the evening of 4 August, I/18th IR completed occupation of La Montjoie, Hill 314 and the St Michel hill (Hill 323). It formed the spearhead of 1st Army.

On 6 August, 120th IR (30th ID), which had just relieved 18th IR (1st ID), held with its 1st Bataillon Hill 285 (the high ground at Le Pilon, near Romagny) and its 2nd Battalion Mortain and La Montjoie (Hill 314). From this high ground they could survey all the roads converging on Avranches. It was the hinge of the entire American system.

Following the German advance during the night of 6 to 7 August, II/120th was isolated while its commander, Lieutenant-Colonel Hardaway, was still in Mortain. By nightfall, the battalion was in an extremely serious position. Along with the American soldiers, some French civilians were caught in the trap in which Kp. Kuske had them encircled. Together the soldiers and civilians were besieged for six days and six nights.

As for the battalion commander who was still in Mortain, he tried to hide to escape capture.

The situation on the German side was as follows on the evening of 7 August:

a) On the right flank, 116. Panzer-Division had made practically no headway. Forced to defend, it failed to dispatch its Panzer IV battalion to 2. Panzer-Division and so Generalleutnant von Schwerin could not make his attack towards Brecey, then move on towards Avranches. Which is why he was dismissed and replaced by Oberst Reinhard.

b) In the center, at 15.00 hours, CCB 3 (Brigadier Boudinot) and B Coy, I/39th (9th ID) recaptured Le Mesnil-Adelée.

c) In the Mortain sector, Hills 314 and 285 had not yet fallen.

d) To the south, the "Das Reich", in line with the order issued by XXXXVII. Panzer-Korps at 13.00, was to hold the positions it had reached south-west and south of Mortain (Romagny, Chévreville and St-Jean-du-Corail sectors).

On 8 August, in the center, III/119 and detachments of CCB launched an attack on Mesnil-Tove. The locality was reoccupied at 15.30. Major Schneider-Kowalski, Kommandeur of Panzer-Regiment 3 of 2. Panzer-Division, was killed during the battle.

Early that morning at 04.30, Kampfgruppe Ullrich launched an attack on Hill 285 with 8 tanks in support. It was halted by American artillery fire. The hill was retaken first thing in the morning with 3 Panzer IVs and a captured Sherman. The day before it had been taken by the Flak battery of SS-Artillerie-Regiment 17, after its crew had escaped from being gunned down by a 2 cm Flak-Vierling gun. The Sherman advanced some 50 m to the rear of the American positions. Owing to the violence of the American fire, the Panzergrenadiere did not follow. A Panzer IV was blown up on a mine, the others withdrew. Another attempt on Hill 285 had failed.

Kampfgruppe Ullrich renewed its attacks at around 23.00, south of Hill 285, towards Hill 276, without success.

On 9 August, the German command planned on another battle, to begin the following day under the command of General der Panzertruppen Eberbach. Eberbach thought he could only attack at night and in the early morning fog. Weather conditions would only become favorable after 20 August. But the leading elements of 1st Army (Lieutenant General Hodge) had reached Le Mans the day before and were about to veer off towards Alençon. The southern jaw of the pincer movement began moving up towards the Falaise sector.

During this day, at about 18.20, SS-Unterscharführer Tetzlaff and 5 men, one of them bearing a white flag, was dispatched to obtain the surrender of the men defending Hill 314, but the offer was turned down. Meanwhile, during the morning, Lieutenant-Colonel Hardaway was taken prisoner in Mortain.

On 10 August, Hill 285, near Romagny, was retaken by I/120th at about 10.00, while Kampfgruppe Ullrich, which had taken over Hill 276 the day before with its detachments, fell back to west of Mortain, in front of the town.

During the afternoon, 35th ID attacked from the south-west with tanks in support. At the same time, the roads out of Mortain towards the east and the command posts, notably SS-Obersturmbannführer Fick's, came under fire from the American tanks. The sector was held, or rather "surveyed" by Kampfgruppe Grams. Early that afternoon, a tank thrust was reported to be coming from the Bion area with 15 tanks. The point where the road crosses the railroad was reached. A report on this subject reached SS-Obersturmbannführer Fick's CP, but he refused to believe it. SS-Untersturmführer Grams was called to his CP. While he was making his report, a tank shelled the roof of the house. The CP was evacuated to a small place east of Mortain. The units were ordered to withdraw by the morning of the 11th. SS-Hauptsturmführer Grams was badly wounded in the face on his way back to his command post.

On 10 August, a report was also issued (see table).

On 11 August, Generalfeldmarschall von Kluge and General der Panzertruppen Eberbach took the view that a fresh attempt to break out towards Avranches was no longer possible owing to the losses sustained and the arrival of American tank and infantry reinforcements. The threat of the German forces becoming encircled in southern Normandy was taking shape as the Americans came within 12 km of Alençon.

On 10 August, a report was issued on the fighting strength of the Division (Ia Tgb. Nr 485/44 g.Kdos):

1 — Fighting strength on 5.08.44:

a) Kampfgruppe Fick	Officers	NCOs	Rank & file
Staff	5	1	64
Staff I./37	4	11	57
13./37	1	5	24
14./37	1	2	37
I./38	1	4	25
A.A.17	3	3	28
Fallsch. Jg. Rgt 14	3	8	11
Ersatz	1	7	40
JKH-Zug (howitzer platoon-Russian infantry guns?)	-	2	16
	19	54	302
Infantry fighting strength	9	21	129
b) Art. Gruppe Ernst			
Staff	3	8	18
I./SS-A.R. 17	8	25	170
7./SS-A.R. 17	2	5	44
8./SS-A.R. 17	2	5	47
Staff III./SS-A.R. 17	3	5	39
	18	48	318
c) SS-Pi. Btl. 17	1	11	64
Total fighting strength of the Division on 5.08.44:	38	113	684

2) Fighting strength on 7.08.44

a) Kampfgruppe Fick	Officers	NCOs	Rank & file
Staff	6	6	56
I./37	5	9	62
I./38 including SS-A.A. 17	4	4	26
Fallsch. Jg. Rgt 14	2	9	8
1./SS-Pionier-Btl 17	1	2	20
Panzerjäger-Zug Sfl	-	2	7
Pi. Werfer-Zug	-	3	15
13./37	1	9	61
14./37	1	2	35
	20	46	290
Infantry fighting strength	11	22	96
b) Art. Gruppe Ernst	18	52	320
Total fighting strength of the Division on 7.08.44	38	98	610

On 12 August, the Germans continued to fall back from all sectors while von Kluge had to pass on an order to Eberbach to restore the situation in the vicinity of Alençon. He was to destroy the enemy, then resume the attack on Avranches.

"He (Hitler) notes Dr Buisson, was to precipitate the disaster for 7.Armee which, instead of falling back onto the line Falaise-Flers-Domfront as requested by (SS-Oberstgruppenführer) Hausser and as common sense demanded, had to counter-attack at Alençon while holding onto Sourdeval-Domfront."

At dawn on that day, 320th IR, 35th ID (Major General Baade) linked up with II/120th on Hill 314, then at 13.00, I/119th finally relieved the "lost battalion".

There were 376 survivors out of the 950 men in that battalion and attached units. The town of Mortain was liberated.

8 Die Schlacht um Mortain

Allgemeines

Nach der Einnahmen von Avranches am 31. Juli, wirft sich die 3rd US Army in diese Lücke, die nun in der deutschen Front klafft.

Der Stoß hat drei Richtungen:

— das VII. Corps (Major General-Middleton) macht sich auf den Weg in die Bretagne.

— das XX. Corps (Major General Walker) stößt auf die Loire zu.

— das XV. Corps (Major General Haislip) wendet sich nach Osten.

Mit Ausnahme des Abschnitts bei Avranches ist die deutsche Front stabil. Dem A.O.K. 7 (SS-Oberstgruppenführer Hausser) ist es gelungen den Durchbruch nach Osten hin abzuriegeln. Die Engländer starten am 30. Juli ihre Operation „Bluecoat", welche die Panzer-Division binden und hindern soll, den amerikanischen Stoßkeil anzugreifen.

Vor dem deutschen Gegenangriff (Unternehmen Lüttich) sah die Lage auf amerikanischer Seite so aus:

Am 2. August 1944 bemächtigen sich zwei Kampfgruppen der 90. ID (Major General Landrum) des Ortes St.Hilaire-du-Harcourt. Gleichzeitig besetzen Teile der 4th ID (Major General Barton) tw. Coulovray-Boisbenâtre, südl. des Waldes von St-Sever.

Am darauffolgenden Tag nähert sich die 1st ID (Major General Huebner), unterstützt vom CCA des Brigadier Hickey von der 3rd Armored Division (Major General Watson) dem Ort Juvigny-le-Tertre, 5 km nordöstl. von Mortain.

Teile des CCA 3 erreichen St-Barthélemy, ca. 2 km nördl. Mortain.

Um 10 Uhr stehen Spitzen des I/18th. IR der 1st ID auf Höhe 285, bei Romagny. Das 26th IR der 1st ID hat dagegen schon am Morgen Le Mesnil-Adelée erreicht.

Am Abend des 3. August nimmt das I/18th IR mit Panzerunterstützung Mortain.

Dr. Buisson schreibt: „Am Abend dieses Tages weist die amerikanische Front im Raum Mortain eine gewaltige Ausdehnung auf, die von Coulovray-Boisbenâtre über Le Mesnil-Adelée, Juvigny-le-Tertre, St-Barthélemy, Mortain, Bion, St-Jean-du-Corail reicht und sich dann nach Notre-Dame-du-Touchet und Ste-Anne-de-Buais wendet. Dieser Frontvorsprung mit seinen verwundbaren Flanken hat zwischen St-Barthélemy und St-Jean-du-Corail einen Innendurchmesser von 9 Kilometern."

Der 4. August sieht die Wiederaufnahme des Angriffs durch die 29th ID (Major General Gerhard) mit Ziel Vire. Am Morgen besetzt das 110th IR (28th ID v. Brig. Gen. Wharton, später Maj.Gen. Cota) St-Sever. Die 4th ID (Major General Barton) hat das Angriffsziel St-Pois und daneben die Höhe 112, nahe Mesnil-Gilbert. Sie soll einen Brückenkopf über die Sée bei Chérencé-le-Roussel, ca. 6 km westl. von Sourdeval, bilden. Diese Ziele werdem in Tagesverlauf erreicht.

Teile der 3rd Armored Division nähern sich Mesnil-Toves und das I/18 th besetzt die Höhen 314 und 323. Auch St-Jean-du-Corail und Bion-le-Teilleul, südöstl. Mortain, werden besetzt.

Am 5. August nehmen die Amerikaner Mesnil-Toves.

Hier sei ein Rückblick gestattet.

Am 31. Juli trifft am späten Nachmittag Generalfeldmarschall von Kluge in Bion, ca. 5 km südöstl. Mortain, mit Oberstgruppenführer Hausser zusammen. Von Kluge ist gleichzeitig O.B. West — und nach Rommels Verwundung am 17. Juli — O.B. der Heeresgruppe B.

Hausser ist Oberbefehlshaber der 7. Armee. Es geht darum, die 3. US-Army von ihrer Ausgangsbasis.... bei Avranches abzuschneiden.

Ein Gelingen des Unternehmens Lüttich hat drei Voraussetzungen:

— enge Zusammenarbeit mit dem Panzergruppen-Kommando West (ab 6. August 5. Panzerarmee).

— eine gesicherte Front zwischen Vire und Sée-Fluss.

— das Eintreffen von Verstärkungen.

Im folgenden verspricht v. Kluge Hausser Panzer, Mörser, Kanonen, Munition und Sprit.

Dann fährt der O.B. West zu Obergruppenführer Dietrich, der das I. SS-Panzerkorps befehligt, das südl. Caen liegt.

Überlassen wir das Wort Dr. Buisson: „Der letztere (Dietrich) protestiert und bringt vor: Mit den Kräften, die uns zur Verfügung stehen, können wir kaum hier halten: Heftig fügt er hinzu, dass der Plan eines Gegenangriffs nicht zu verwirklichen sei.

Dazu fehle es an Verstärkungen, Material und vor allem an Treibstoff."

Für Hitler ist jedoch wesentlich, dass er die Lage in der Normandie in den Griff bekommt. Alle verfügbaren Kräfte stehen dort im Kampf.

Der O.B. West am 2. August...

Verstärkungen sind auf dem Weg in die Normandie: Die 9. Panzer-Division (Generalmajor Jolasse, dann Oberst Sperling) kommt aus dem Gebiet Avignon, die 84. ID (Generalleutnant Menny) aus dem Département Seine-Maritime, die 85.ID (Generalleutnant Chill) aus der Somme-Gegend, die 89. ID (Generalleutnant Heinrichs) und die 331.ID (Generalmajor Steinmüller) aus dem Gebiet von Arras, die 363. ID (Generalleutnant Dettling) schließlich aus dem Gebiet von Dünkirchen.

Von Kluges Absicht war es, im weiteren Kampfverlauf zusammen mit der Heeresgruppe G, die sich aus dem Süden und Südwesten Frankreichs zurückzieht, eine Verteidigungslinie an Seine und Loire zu bilden. Sie sollte von Gien bis zur Schweizer Grenze verlaufen.

Kehren wir zur 17.SS-Panzer-Grenadier-Division „Götz von Berlichingen" zurück, die auch in diesem Plan einbezogen ist. Über ihren Zustand gibt die Meldung vom 1. August Auskunft, die an das Generalkommando XXXXVIII: Panzerkorps (General der Panzertruppen von Funk) geht, dem sie jetzt untersteht.

Am 2. August erhält der O.B. West den Befehl einen Gegenangriff von Mortain nach Avranches zu füh-

346

Meldung vom 1.08.44 *(Ia Tgb. Nr 483/44 geh.)* an *XXXXVII. Panzer-Korps* :

1 — Personnelle Lage

a) *Personal*

	Soll	Fehl
Führer	583	278
Unterführer	3 597	1 807
Mannsch,	14 080	2 156
Hiwi	(977)	-
Insgesamt	18 260	4 241
+Verwundete		3 469
		———
		7 710

In der Iststärke sind an Verwundeten noch 87 Führer, 3382 Unterführer und Mannsch. enthalten.

b) Verluste und Sonstige Abgänge

	tot	verwundete	verm.	krank	sonst.
Führer	5	(24)	10	8	2
Unterführer u. Mannsch.	346	(1 069)	1 563	18	4
	———	———	———	———	———
	351	(1 093)	(1 573)	26	6

Zahl der Vermißten wurde rechnerischen festgestellt.

c) *Ersatz* : Führer, U-Führer u. Mannsch : 21

2 — *Materielle Lage* (1 soll, 2 einsatzbereit, 3 in kurzfristiger Instandsetzung)

		1	2	3
Gepanzerte Fahrzeuge				
Sturmgeschütze		42	0	10
Panzer III		3	0	0
Panzerjäger Sfl		31	27	4
Berg. Panzer III		2	2	
Schtz. Pz, Pz. Sp, Art. Pz. Beob.		33	10	16
Pak Sfl		29	22	5
Kräder	Ketten	67	3	3
	mit angetr. Bwg	293	30	20
	sonst.	315	280	80
PKW gel.	1 093	530	127	
	o.	86	124	266
LKW Maultiere	72	25	16	
	gel.	1 103	56	52
	o.	916	120	40
Kettenfahrzeuge				
Zgkw.				
— 1 à 5 t		159	6	6
— 8 à 18 t		70	6	4
R.S.O (Raupen-Schlepper-Ost)		2		
Waffen				
Schw. Pak		65	25 (2 sfl)	4 Sfl
Art-Gesch.		53	13	7
MG		662 (954)	359 (340)	(32)
sonst. Waffen		241	96	17

Bemerkungen: 11 Gleisketten-LKW (Elefant) im Ist der Maultiere enthalten.

3 — *Kurzes Werturteil des Divisionskommandeurs:*

Kampfgruppe der Div., taktisch und versorgungsmäßig 2.SS-Panzer-Division "Das Reich" unterstellt, in der Abwehrfront der Cotentin-Halbinsel eingesetzt.

Haltung der Truppe sehr gut, seit 9.6. eingesetzt.

Durch stärkste feindliche Artillerie und Fliegereinsätze sind die personellen und materiellen Ausfälle der Kampfgruppe sehr hoch.

Unbewegliche Teile der Div. im alten U.-Raum südl. der Loire im Einsatz gegen Terroristen.

Kampfgruppe, Siehe Anlage; für Abwehraufgaben bechingt einsatzbereit.

Erläuterungen (*sonstige Waffen*)

	Soll	einsatzbereit	in Instandsetzung
8 cm Granatwerfer	94	35	4
5 cm Pak		11	2
7,62 cm Pak	-	-	-
Puppchen	-	5	1
le.I.G	27	1	-
s.I.G	12	2	1
2 cm Flak	50	23	3
2 cm Flak-Vierling	7	2	1
3,7 cm Flak 37	9	4	-
8,8 cm Flak	18	5	2
7,62 cm JKH 290 (r)	-	2	1
2 cm KwK	24	6	2
	241	96	17

ren. Es ist unmöglich das II. SS-Panzerkorps (Obergruppenführer Bittrich) einzusetzen. Seine beiden Divisionen, die 9. SS-Panzer-Division „Hohenstaufen" (Oberführer Bock) und die 10.SS-Division „Frundsberg" liegen im normannischen Heckengelände im Kampf mit den Engländern (Operation Bluecoat). Die Front des Panzergruppen-Kommandos West darf nicht entblößt werden.

Am Abend des 3. August verläuft die amerikanische Front im Raum Mortain entlang der Linie Coulouvray — Boisbenâtre — Le Mesnil — Adelée — Juvigny le Tertre — St-Bartélemy — Mortain — Bion — St Jean du Corail — Notre Dame du Touchet — Ste Anne du Buais.

Von diesem Tage an löst sich in jeder Nacht eine der drei Panzerdivisionen unbemerkt vom Feind. Den Anfang macht die 2. Panzer-Division, der „Das Reich" folgt. Dann kommt die 116. Panzer-Division. Alle drei sammeln östlich Mortain.

Das Generalkommando XXXXVII.Panzer-Korps verfügt für seinen Gegenangriff über folgende Einheiten:

— die 2. Panzer-Division (Generalleutnant von Lüttwitz),

— die 2. SS-Panzer-Division „Das Reich" (Standartenführe Baum), der die Kampfgruppe 17.SS-Panzer-Grenadier-Division „Götz von Berlichingen" unterstellt ist.

— die 116. Panzer-Division (Generalleutnant von Schwerin).

Hinzukommt die 1. SS-Panzer-Division LSSAH (Brigadeführer Wisch), die südl. Caen aus der Front gelöst wird, um den zu erwartenden Durchbruch dann ausnutzen zu können.

Der Angriffsplan

Im Norden wird die 116. Panzer-Division entlang des Nordufers der Sée in Richtung Mesnil-Gilbert angreifen, wobei sie westl. Sourdeval angesetzt wird, um die rechte Flanke des Unternehmens zu decken.

Im Zentrum geht die 2. Panzer-Division entlang des Südufers der Sée auf Juvigny-le-Tertre vor. Sie wird durch 2 Panzer-Abteilungen (eine von der 116. Panzer-Division, die andere von der LSSAH) verstärkt.

Im Süden greift „Das Reich", verstärkt durch die „Götz" mit ihrer Kampfgruppe Fick, nach Westen und

Südwesten über Mortain hinaus an, um den linken Angriffsflügel zu decken. Sie befehligt Standartenführer Baum

Hinter der ersten Angriffswelle folgt die LSSAH, um nach dem Durchbruch auf Avranches anzutreten. Mit ihr kommen Teile der Panzerwerfer-Abteilung 101 heran.

Am 4. August legen von Kluge und Hausser die Details des Gegenangriffs fest.

Am 6. August verläuft die deutsche Front wie im folgenden beschrieben: Von Norden nach Süden gesehen, läuft die Front über Mesnil-Clinchamps (westl. Vire) — Périers en Beauficel — Chérencé le Roussel — St Barthélemy — Osten von Mortain — Osten von Bion — Osten von St Jean du Corail bis Südwesten von Barenton.

Zu diesem Zeitpunkt gliedert sich die Kampfgruppe 17. SS-Panzer-Grenadier-Division „Götz von Berlichingen" folgendermaßen:

Kommandeur: Oberstumrbannführer Fick

Kampfgruppenstab: Stabskompanie des SS-Panzer-Grenadier-Regiments 37 mit Nachrichtenzug, Sanitätsstaffel und Meldestaffel.

Kampfgruppenarzt: Dr. Delitz

a) Kampfgruppe des Hauptsturmführers Ullrich (ca. 300 Mann)

Reste von 2 schweren Kompanien mit ca. 8 Infanterie-Geschützen und einigen Pak.

b) Kampfgruppe des Hauptsturmführers Grams.

1 Kompanie der SS-A.A. 17 unter Untersturmführer Kuske

Artillerie-Kampfgruppe Ernst unter Sturmbannführer Ernst.

Feuerleitbatterie aus I./SS-Art.Rgt.17 und 3 Kampfbatterien mit je 3 bis 4 leichten Haubitzen.

c) Kampfgruppe Schleichard des Obersturmführers Schleichard.

2./SS-Pionier-Bataillon 17 mit 2 Pionierzügen, 1 Werferzug 28/32 cm (vermutl. SPW 251 mit 6 Wurfrahmen für 28/32 cm Wurfgranaten — die Verf.).

Teile des Wirtschafts-Bataillons und der Nachschub-Abteilung in Zuführung. Stärke unbekannt. 1 gemischte Batterie (3,7 cm und 2 cm Flak) als Kampfgruppe Günther (Hauptsturmführer Günther),

3./SS-Flak-Abteilung 17, vermutl. bei Ger (12 km nordöstl. Mortain — die Verf.) in Stellung.

Unterstellung der zur Neuaufstellung in Frontnähe befindlichen Teile:

— Panzer-Grenadier-Regimenter:

    Hauptsturmführer Wahl (Rgt. 38)

— Pionier-Batl.:

    Hauptsturmführer Müller

— Artillerie-Regiment:

    Standartenführer Binge (gleichz. Divisionsführer)

— Flak-Abt.:

    Untersturmführer Stettner/Obersturmführer Hasselmann Rückführung ins Heimatgebiet von Trossen und Schadpanzern.

In der Aufstellung:

— Kampfgruppe Heinz, 1 starke Kompanie des Regiments 38

— Kampfgruppe Günther, 4./A.A.17

— Kampfgruppe Krehnke vom Regiment 38

— Kampfgruppe Braune, mit Geschützen der SS-Flak-Abteilung 17

— 1 Schützenkompanie aus Flakartilleristen, zu der auch Kampfgruppe Günther zählt.

— 1 Pionier-Kompanie, Untersturmführer Sporrer

— 1 Batterie (KGr) Geschütze, Obersturmführer Prinz (künftige Artillerie-Kampfgruppe „Das Reich" — „Götz von Berlichingen")

— Außerdem bestehen:

— schwache Kräfte im bisherigen Aufstellungsraum, wie:

— eine leichte Brückenkolonne des SS-Pionier-Bataillons 17

— die 1./Schw. Flak-Abteilung 17, wie die vorgenannte Einheit bei Saumur. Sie hat vier 8,8 cm Flak und drei 2 cm Flak.

— 2 Kompanien mit jew. 15 Jagdpanzern IV, ein Zug mit 2 cm Flak in Einzellafette auf Panzer 38 (t), eine Versorgungskompanie, in Zuführung, im Gebiet Angers-Laval.

Die letztgenannten Einheiten nehmen nicht am Unternehmen Lüttich teil.

Seit dem 5. August untersteht die Kampfgruppe der „Götz" der „Reich", während sie sich im Gebiet St-Sauveur-de-Chaulieu — Ger, nordöstl. Mortain, versammelt.

Die Kommandeure und Einheitsführer werden über die Planung eines Gegenangriffs verständigt.

In der Nacht vom 5. auf den 6. August fliegt die deutsche Luftwaffe mit Spreng- und Brandbomben Tiefangriffe auf Mortain, die 20 Minuten anhalten. Zusammen mit Artilleriefeuer führen die Luftangriffe zu einer 85 %-igen Zerstörung der Stadt.

Eine Artillerievorbereitung. findet nicht statt. Ein nächtlicher Angriff der deutschen Luftwaffe auf Mortain ist in Planung. Angriffszeit ist 1 Uhr 00 des 7.8.44. Merken wir an, dass Generaloberst Bülowius von der Luftwaffe den Einsatz von 300 Jägern zusagte, welche die Operation aus der Luft abschirmen sollen.

Mit Ausnahme der Bombardierung von Mortain, läßt sich die Luftwaffe über dem Schlachtfeld von Mortain nicht sehen!

Vor einer Beschreibung des Ablaufs des Unternehmens, müssen wir noch einmal auf den 6. August zurückblicken. An diesem Tag fiel der Kommandeur, Sturmbannführer Kepplinger.

Lassen wir H. Stöber berichten:

„In der Nacht vom 31. Juli zum 1. August 1944 fuhren Stubaf. Ludwig Kepplinger, Oscha. Willi Imand, der Bursche des Stubaf. Otto... [Chlebek] und der Fahrer des Kommandeurs nach Chatellerault, dort befand sich der Ersatzhaufen der Pz.Abt. 17. Mit uns fuhren drei LKW mit ca. 60-70 Unterführern und Mannschaften (panzerlose Besatzungen). Damit diese nicht als Infanterie ,verheizt' würden, wollten wir sie auf ,Nummer Sicher' bringen. — Es gab einen Befehl für die Ostfront, daß Spezialisten sofort nach Fahrzeugverlust in die Heimat zurückzuschicken seien. Diesen Befehl konnte man auch (lt. Kepplinger) an der Westfront anwenden.

Am 1. August gegen Abend erreichten wir Chatellerault, am 3. August fuhren wir nach Mirebeau und Poitiers. Am 4. August fuhren wir nach Niort zur Festungskommandantur, am 5. August nach Chatellerault. Am 6. August früh um 06.00 Uhr über Loudun, Saumur, La Flèche, Sablé nach Laval.

Um nicht lange suchen zu müssen, hatten wir einen Kradmelder zwecks Einweisung zur Ortskommandantur Laval bestellt. Beim Durchfahren der Kleinstadt Sablé wunderten wir uns über die vielen Fahnen, Blumen und Tische mit Wein vor den Häusern. Die Franzosen warteten auf ihre Befreier, die Amerikaner.

Am Kilometerstein 11 vor Laval gegen 17.00 Uhr passierte es dann. Wir hatten die Augen mehr in der Luft als auf der Straße. Zu diesem Zeitpunkt befanden wir uns bereits, ohne es zu wissen, vor der eigenen HKL, oder was man zu dieser Zeit noch HKL nennen konnte.

In der Luft jede Menge Jabos, ab und zu ein Einschlag rechts und links der Straße, ansonsten weit und breit kein Mensch. Plötzlich bekamen wir von rechts aus dem Straßengraben Feuer. Am Lenkrad saß ich, rechts neben mir der Kommandeur, der Bursche Otto [Chlebek] hinten rechts, der Fahrer hinten links. Als ich den schweren Skoda zum Stehen brachte (zwei Schuß im rechten Arm, einen Schuß im rechten Bein), sah ich querab rechts sieben Mann über ein Feld laufen. Der Griff zur MPi. nützte nicht viel, denn nur mit dem linken Arm ist diese schlecht zu bedienen.

Der Kommandeur hing zusammengesunken auf seinem Sitz. Er muß sofort tot gewesen sein, sein Bursche Otto lag im Wagen und schrie, der Fahrer lag über ihm. Ein französischer Eisenbahner, der mir mit einem Fahrrad entgegenkam und anhielt, erklärte mir, daß die amerikanischen Panzer etwa einen Kilometer zurück hinter einem Höhenrücken stehen. Mit Hilfe dieses Franzosen drehte ich den Skoda auf der Straße, die sehr schmal war, um und fuhr zurück.

Als ich etwa einen Kilometer gefahren war, sah ich rechts an einem Feldweg einen Fallschirmjäger stehen.

Der Fallschirmjäger sprang auf mein Trittbrett und zeigte mir den Weg zu seiner Einheit. Diese Nachhut, ein Leutnant und sechs Mann, war gerade dabei, eine Brücke zu sprengen.

Nachdem man uns notdürftig verbunden hatte, bat ich den Leutnant um einen Fahrer, der uns zum nächsten Hauptverbandsplatz fahren sollte, dafür versprach ich ihm, den Wagen zurückzuschicken. Kepplinger hatte sechs Schuß abgekriegt. Ein Shuß in die rechte Schläfe muß tödlich gewesen sein.

Der Bursche Otto hatte zwei Schuß in der Brust, der Fahrer zwei Schuß hoch in der Schulter.

Mein Versprechen, den Wagen zurückzuschicken, konnte ich leider nicht halten — es kam alles anders.

Wir hatten noch eine Menge Papiere verbrannt und unsere Waffen, bis auf meine Pistole, den Fallschirmjäger überlassen. Diese befestigten an der Windschutzscheibe eine kleine Rote-Kreuz-Fahne.

Die beiden Verwundeten Otto und der Fahrer lagen hinten im Wagen, der Stubaf. auf einer Tragbahre quer über dem Wagen. Ich saß vorne und der Fallschirmjäger fuhr. Da ein Hauptverbandsplatz nicht bekannt war, versuchte ich mich in südlicher Richtung abzusetzen. Nach etwa einer Stunde Fahrt, es wurde schon langsam dunkel, näherten wir uns einer Kreuzung. Als wir etwa 100 m davor waren, fuhr plötzlich ein amerikanischer Panzer auf die Kreuzung. Wir hielten an und warteten.

Von hier ab kann ich nur noch von mir berichten. Die Kreuzung, an der uns der Amerikaner geschnappt hat, war bei ‚Chateau-Gontier‘. Ein amerikanischer Ambulanzwagen brachte mich nach Rennes in ein amerikanisches Fledlazarett. Dort wurde entfernt, das Geschoß unterhalb des rechten Knies steckte im Knochen, es sitzt heute noch dort. Dies war meine vierte Verwundung."

Diesen Augenzeugenbericht verdanken wir Oberscharführer Imand, Schirrmeister der Stabskompanie der SS-Panzer-Abteilung 17.

Die genaue Stelle, an der Kepplinger gefallen ist, befindet sich auf der Départementsstraße 21, nordwestl. Meslay-du-Maine, auf halbem Wege zwischen diesem Ort und Laval.

Der Gegenanangriff

Die Bereitstellung und die fehlende Vorbereitung zwingen den General der Panzertruppen von Funk dazu, von Kluge anzurufen und den Angriffsbeginn zu verschieben.

Die „LSSAH" ist stark in Zeitverzug und war nicht in der Lage, wie vereinbart, der 2. Panzer-Division eine Panzer-Abteilung zur Verfügung zu stellen. Auch die 116. Panzer-Division hat der 2. Panzer-Division nicht ihre II./Panzer-Regiment 16 (Major Rüder) überstellt. Ein Panzer- und ein Panzergrenadierbataillon der „LSSAH" bleiben zurück, da die 89.I.D. mit Verspätung ihren Abschnitt besetzt.

In einem Telefongespräch mit Generalfeldmarschall von Kluge, sagt der Chef des Wehrmachtführungsstabes, Generaloberst Jodl:

„Der Führer beobachtet die Bewegungen der amerikanischen Armeen. Ich denke, es ist ausgezeichnet, wenn so viele Truppen wie möglich durch die Bresche strömen, bevor wir sie an diesem Punkt abschneiden. So fangen wir umso mehr in unserer Falle. Greifen Sie erst am 8. an." (Zitat nach Dr. Buisson — „Objectif Avranches")

Von Kluge ist nur damit einverstanden, den Angriff um 2 Stunden zu verschieben!

Und dies, um es der „LSSAH" zu gestatten, ihre Ausgangspositionen zu erreichen. Rufen wir uns in Erinnerung, dass nach O. Weidinger, der Angriff der Division „Das Reich" um 1 Uhr morgens erfolgen soll.

Am 6. August gibt Oberstgruppenführer Hausser, Oberbefehlshaber der 7. Armee, folgenden Tagesbefehl heraus (Zitiert. nach Dr. Buisson):

„Der Führer hat den Durchbruch bis zum Meer befohlen, um eine entscheidende Ausgangsposition gegen die alliierte Invasions-front zu gewinnen. Zu diesem Zweck sind neue Einheiten unterwegs, welche die Armee verstärken werden. Mit dem glücklichen Ausgang des Unternehmens, das der Führer befohlen hat, wird der Krieg im Westen, womöglich der gesamte Krieg, entschieden.

Die höheren Kommandeure müssen von der herausragenden Bedeutung dieser Tatsache absolut überzeugt sein. Es gibt jetzt nur noch eines, das zählt:

Verbissene Anstengung und der absolute Willen zum Sieg."

Im Zentrum muss die 2. Panzer-Division den Hauptstoß führen. Die rechte Kampfgruppe (Kampfgruppe Nord) mit der SS.-Pz.A.A. 1 (von der „LSSAH" kommend), die Sturmbannführer Knittel untersteht, geht entlang des Flusses Sée vor. Mit ihr die I./Panzer-Regiment 3 und das Panzer-Grenadier-Regiment 304, trotz Fehlens der II./ Panzer-Regiment 16. Bei Mesnil-Tove werden die Verteidigungs-stellungen des 117th IR der 30th US-ID eingenommen.

Dort werden amerikanische LKW und PaK erbeutet.

In der Morgendämmerung des 7. August erreichen die deutschen Panzer Mesnil-Adelée, wo sie vom 39th IR (9th ID) gestoppt werden.

Die linke Kampfgruppe (Kampfgruppe Süd) hat hingegen bis in die frühen Morgenstunden auf die Ankunft der Panzer von der „LSSAH" gewartet. Der Angriff beginnt mit zwei Stunden Verspätung.

Beim Marsch in die Ausgangsstellung verfährt sich das I./SS-Panzer-Regiment 1 in einem Hohlweg, der 2 km lang ist und nahe Longueville, 6 km östl. St-Barthélemy liegt. Ein abgeschossener Jabo stürzt auf den Spitzenpanzer und blockiert die ganze Kolonne. Die Panzer müssen rückwärts aus dem Hohlweg herausstoßen, was Stunden in Anspruch nimmt.

Mit Unterstützung durch II./Panzer-Regiment 3 und die Panzerjäger-Abteilung 38 sowie Panzer vom SS-Panzer-Regiment 1 gelingt es dem Panzer-Grenadier-Regiment 2 die amerikanischen Stellungen bei St-Barthélemy aufzubrechen. Dort sind mittlerweile das I/117 IR (30th ID) und Panzerjäger (Tank Destroyer) des 283rd Battalions eingetroffen.

Die Kampfgruppe „LSSAH" nimmt das Dorf und versucht Juvigny-le-Tertre zu erreichen.

Auf dem rechten Flügel, trifft die 116. Panzer-Division im Norden auf Teile der 4th ID, die ihr bei Périers en Beauficel Widerstand entgegen setzen. Damit wird der Stoß auf Mesnil-Gilbert aufgehalten. Der Divisionskommandeur, Generalleutnant von Schwerin, wird seines Kommandos enthoben. Er wird durch Oberst Reinhard, den Chef des Stabes des XXXXVII. Panzer-Korps ersetzt.

Kehren wir nun zur Kampfgruppe Fick zurück.

Beabsichtigte Angriffsführung: Rechts: „DF" stößt nördlich Mortain vorbei und nimmt die Höhen nordwestlich Mortain, hält im übrigen engen Anschluß an die rechte benachbart angreifende 1. SS-Pz.-Division.

Mitte: Kampfgruppe 17 nimmt Höhe 317.

Im K.T.B. der 2. SS-Panzer-Division „Das Reich" ist
zu lesen (Ia Nr. 992/44 geh.):

Die Div.-Kampfgruppe Fick gibt ihrerseits ihren
Gefechtsstand bei der Ferme von Rouge-Butte, 1 km

6. 8. 1944	Kp.Gef.-Stand Germain de Vallen-de bei Vire.
23.30 Uhr	Beziehen einer neuen HKL ostwärts Mortain.
6. 8. 1944	Kp.Gef.-Stand 3 km ostwärts Mortain, Bereitstellung de KP.
21.00 Uhr	im Rahmen der Kampfgruppe Fick zum Angriff auf Mortain.
	Auftrag: Gruppen Mathieu und Becker, der AA unterstellt, die Straße nach Mortain freizukämp-fen, die besetzten Häuser zu säu-bern, die Höhe 314 im Stoßtrupp zu nehmen und so lange zu halten, bis Mortain gefallen ist.
23.00 Uhr	An der Straße starker feindlicher Widerstand, besetzte Häuser wur-den mit geb. Ldg. angegangen, auf fer Straße 3 Pak erbeutet.
01.30 Uhr	Höhe 314 besetzt. Verteidigungs-stellung bezogen. Ausfälle: Ver-wundete: 9, Vermißte: 7. Waffen: 1 MG, 9 Gewehre, 12 Seitengeweh-re. Zug Thiel Kampfgruppe Ullrich unterstellt, kämpfte sich entlang der Straße nach Mortain gegen starken feindlichen Widerstand vor. Durch Gruppe Dierig wurden 8 vom Gegner gelegte Tellerminen ausgebaut.
	Erfolg: 21 Gefangene eingebracht, ca. 40-50 Feindtote und Verwun-dete.

nordwestl. von Ranccudray, auf, das wiederum 6 km
östl. von Mortain liegt.

Auf der Straße Rancoudray — Mortain geht gegen
23 Uhr die Kampfgruppe Grams, verstärkt durch
einen Zug Pioniere und mit einer Kompanie der
SS.A.A. 17, auf die Höhe 314 vor. Auch Teile der
Kampfgruppe Ullrich nehmen diesen Weg, überho-
len jedoch Grams.

Dr. Buisson vermerkt: „Kurz vor Mitternacht kommt
der SS-Hauptsturmführer Ullrich nach vorne, um sich
über die Lage zu informieren. Seine Bitte, Artilleriefeuer auf das bewachsene Gelände um Mortain zu
legen, wird abgelehnt mit der Begründung, ohne
Feuerleitung gingen Vorteil und Wirkung der Überraschung verloren."

Um 1 Uhr 30 wird die Höhe 323 (Hügel v. St. Michel)
tw. erobert. Die Gruppe des US-Leutnants Saalfield,
die zur K-Company des I/118 th IR gehört und dessen Zug nahe der Kapelle liegt, muss sich zurück-

„Der nächste Tag, der 8.8.1944, galt wieder der
Sicherung der Stadt. Auf der Straße (9) wurde weiter angegriffen und Panzerangriffe des Feindes in
harten Kämpfen abgewehrt. Auf einem Weg entlang des Friedhofes (3) konnten von einem Unterscharführer und einem Mann zwei höhere amerikanische Offiziere gefangengenommen werden,
die versucht hatten, von der Höhe (2) auf die Höhe
(7) zu gelangen, um von dort aus den weiteren
Angriff zu leiten und für die Höhe (2) Entsatz zu
bringen.

In der kommenden Nacht wurde ich mit einem
Spähtrupp auf die Höhen (7) und (12) eingesetzt.
Es handelte sich um mit viel Buschwerk besetztes
Höhengelände. Bei der Aufklärung ging es ent-
lang gespenstisch flackernden Feuerresten
zerstörter Häuser, denn der Artilleriebeschuß der
Stadt wurde durch den Feind den ganzen Tag
über fortgesetzt.

Unsere Verluste waren dabei gering, die Stellungen befanden sich im Gelände vor der Stadt. Im
Stadtgebiet war eigentlich nur der Gefechtsstand.
Die Durchquerung eines Bachgrundes entlockte
manchen Fluch, denn in der Dunkelheit waren die
vielen Brennesseln nicht zu erkennen, aber dafür
um so mehr im Gesicht und an den Händen zu
spüren. Es müssen wahre Precht-exemplare
gewesen sein. Nach der Überquerung der Bahn-
gleisanlagen ging es durch dichtes Buschwerk
der Höhenzüge, das uns zu engem Zusammenhalt zwang. Von den Höhen hörten wir amerikanische Stimmen und Geklapper von Kochge-
schirren. Die Höhe (7) mit einem Gehöft und
Feldwegen war mit drei US-Panzern besetzt, auf
der Straße (8) unbesetzt, auf der Straße (10) kein
Verkehr. Wir hatten keinen Kampfauftrag und sollten auch nicht gehört werden."

ziehen nach Höhe 314. Die Kampfgruppe Ullrich
nimmt Mortain ohne Artillerieunterstützung.

H. Stöber hat den Augenzeugenbericht des Oberscharführers Webersberger, der zur Kampfgruppe
Ullrich gehörte, aufgezeichnet:

In der Zwischenzeit hat die Kampfgruppe Fick den
Stadtrand von Mortain erreicht. Die 2. SS-Panzer-
Division startet ihren Angriff und umgeht Mortain zu
beiden Seiten.

Um 2 Uhr 30 setzt sich das Regiment „D" (2 Kompanien) zusammen mit der SS-Panzer-Aufklärungs-
Abteilung 2 von Süden her in Marsch.

Um 4 Uhr 30 nimmt es St-Jean-du-Corail nachdem
es zuvor Bion besetzt hat. Das II./„D" setzt seinen
Angriff nach Westen fort und erreicht in den Mittags-
stunden das Gebiet um Fontenay-Chèvreville. Das
I./„D" dreht nun auf Mortain-Romagny ein und kann
es nehmen. Von dort aus hat es eine sichere Verbindung mit dem Regiment „DF".

Um den Erfolg zu nutzen, wird das SS-Panzer-Regiment 2 (Obersturmbannführer Enseling), das noch
über 24 Panzer verfügt, am Vormittag dem Regiment
„D" zugeführt.

Die SS-Panzer-Aufklärungs-Abteilung 2 (Sturmbannführer Krag) treibt Aufklärung nach Süden über
die Sélune vor.

Im rechten Abschnitt wird das Regiment „D", dessen III. Bataillon auf Fahrzeuge, verlastet ist, bis zur
weißen Abtei (Abbaye Blanche) vorgeworfen. Ihm
stehen Teile der 30th ID gegenüber, und die Deutschen erleiden empfindliche Verluste. Unter anderem gehen 6 SPW und 3 weitere Fahrzeuge verlo-

ren. 2 Sturmgeschütze werden von Jabos beschädigt.

Im Abschnitt des Hauptsturmführers Grams befinden sich noch Schützengruppen der 30th ID. Folglich erhält Grams am Abend Befehl zu einem Angriff nach Nordwesten. Dazu stehen ihm 4 Panzer der „LSSAH" zur Verfügung, von denen 2 beschädigt sind.

Der Tag des 7. August bringt besonders gutes Flugwetter.

Da die deutsche Luftwaffe über dem Gefechtsfeld nicht vertreten ist, sind nur die alliierten Jabos in der Luft. Besonders zu nennen sind die Maschinen der 83 Group der 2nd Tactical Air Force.

Trotz aller Bemühungen die Fahrzeuge zu tarnen und infolge der Staus auf den Straßen, halten die alliierten Flieger ein regelrechts Schlachtfest. Besonders die „LSSAH", die als letzte zum Einsatz kam und praktisch im offenem Gelände erwischt wird, wird stark mitgenommen.

Hier ist ein Rückblick notwendig:

Am Abend des 4. August hat das I/18th IR die Besetzung von Montjoie, der Höhe 314 und des Hügels von St Michel (Höhe 323) abgeschlossen. Es ist somit die Speerspitze der 1st Army.

Am 6. August hält das 120th IR (30th ID), welches das 18th IR (1st ID) ablöst, mit dem I. Bataillon die Höhe 285 (die Höhen von Pilon, nahe Romagny).

Sein II. Bataillon liegt in Mortain und auf Montjoie (Höhe 314). Diese Höhe beherrscht alle Straßen, die in Richtung Avranches verlaufen. Sie ist der Angelpunkt des amerikanischen Verteidigungssystems.

Durch den deutschen Vorstoß in der Nacht vom 6. auf 7. August wird das II/120th abgeschnitten. Sein Kommandeur, Lieutenant Hardaway, befindet sich noch in Mortain.

Bei Tagesanbruch ist die Lage des Bataillons ausgesprochen ernst. Neben US-Soldaten sind auch französische Zivilisten von der Kp. Kuske eingeschlossen. 6 Tage und Nächte lang teilen so Soldaten und Zivilisten die Gefahren und Härten der Belagerung.

Dagegen muss sich der Bataillonskommandeur, der sich noch immer in Mortain befindet, verstecken, um der Gefangennahme zu entgehen.

Am Abend des 7. August sieht die Lage bei den Deutschen folgendermaßen aus:

a) Am linken Flügel ist die 116. Panzer-Division praktisch nicht vorangekommen. In die Verteidigung gedrängt, hat sie ihr mit Panzer IV ausgerüstetes Bataillon nicht der 2. Panzer-Division zuführen können. Generalleutnant v. Schwerin war nicht in der Lage in Richtung Brecey anzugreifen und von dort nach Avranches einzudrehen. Das ist der Grund, dass er abgelöst und durch Oberst Reinhard ersetzt wird.

b) In der Mitte nehmen um 15 Uhr das amerikanische CCB 3 (Brigadier Bourdinot) und die B-Kompanie des I/39th (9th ID) Mesnil Andelée wieder in Besitz.

c) Im Abschnitt Mortain sind die Höhen 314 und 285 immer noch nicht gefallen.

d) Im Süden hat „Das Reich" vom XXXXVII. Korps um 13 Uhr Befehl bekommen, die südl. und südwestl. Mortain (Abschnitt von Romagny, Chèvreville und St-Jean-du-Corail) erreichten Stellungen zu halten.

Am 8. August startet das III/119th und Teile des CCB einen Angriff auf Mesnil-Tove. Der Ort wird um 15 Uhr 30 wieder eingenommen. Bei den Kämpfen wird der Kommandeur des Panzer-Regiments 3 der 2. Panzer-Division, Major Schneider-Kowalski, getötet.

Schon um 4 Uhr 30 morgens fährt die Kampfgruppe Ullrich mit 8 Panzern einen Angriff auf Höhe 285. Amerikanisches Artilleriefeuer stoppt sie.

Am frühen Morgen wird der Angriff wieder aufgenommen, wobei 3 Panzer IV und ein Beute-Sherman zur Unterstützung eingesetzt werden. Der US-Panzer war am Vortag vom Flakzug des SS-Artillerie-Regiments 17 erbeutet worden. Seine Besatzung hatte ihn fluchtartig verlassen, als sie von einem 2 cm — Vierling beschossen worden war. Der Sherman kommt bis 50 m hinter die amerikanischen Linien. Unter heftigem US-Beschuss folgen die Panzergrenadiere nicht.

Ein Panzer IV fährt auf eine Mine und explodiert. Die anderen Kampfwagen rollen zurück. Ein weiteres Mal ist der Angriff auf die Höhe 285 gescheitert.

Die Kampfgruppe Ullrich nimmt gegen 23 Uhr ihren Angriff südl.

Höhe 285 in Richtung Höhe 276 wieder auf. Er ist erfolglos.

Am 9. August denkt die deutsche Führung daran am Folgetag die Schlacht neu zu beginnen. Die Führung soll bei General der Panzertruppen Eberbach liegen. Dieser meint, dass der Angriff nur in der Nacht und am frühen Morgen, unter dem Schutz des Morgennebels, geführt werden kann. Die Wetterbedingungen werden jedoch nicht vor dem 20. August günstig sein. Indessen hat die 1st Army unter Lieutenant General Hodge schon am Vortag Le Mans erreicht und dreht auf Alençon ein. Die Zange droht sich von Süden her bei Falaise zu schließen.

An diesem Tag werden gegen 18 Uhr 20 Unterscharführer Tetzlaff und 5 Männer mit einer weißen Flagge auf die Höhe 314 geschickt, um deren Übergabe zu erlangen. Das Angebot wird abgelehnt.

In der Zwischenzeit wird der Lieutenant-Colonel Hardaway in Mortain gefangengenommen. Am 10. August wird die Höhe 285, nahe Romagny, gegen 10 Uhr durch das I/120th wiederbesetzt. Die Kampfgruppe Ullrich,

die am Voraband Höhe 276 eingeschlossen hatte, zieht sich in den Westen und das Vorgelände von Mortain zurück.

Am Nachmittag greift aus Südwesten die 35th ID mit Panzerunterstützung an. Gleichzeitig liegen die östl. Ausfallstraßen von Mortain, auch die Gefechtsstände, so auch der von Obersturmbannführer Fick, unter amerikanischem Panzerfeuer. Dieser Absschnitt wird von der Kampfgruppe Grams gehalten oder vielmehr „überwacht".

Am frühen Nachmittag wird ein aus der Gegend von Brion mit 15 Panzern vorgetragener Vorstoß gemeldet. Er erreicht den Bahnübergang. Als die Meldung darüber bei Obersturmbannführer Fick eintrifft, will dieser sie nicht glauben. Er läßt Hauptsturmführer Grams auf den Cefechtsstand rufen. Während dieser noch Meldung erstattet, fährt schon eine Panzergranate ins Dach des Hauses. Der Gefechtsstand wird in den Osten von Mortain verlegt. Die Einheiten sollen befehlsgemäß am Morgen des 11. den Rückzug antreten. Als er auf dem Weg zu seinem Gefechtsstand ist, wird Hauptsturmführer Grams schwer im Gesicht verwundet.

Am 10. August ist auch der im Schaubild abgebildete Bericht entstanden.

Am 11. August kommen Feldmarschall von Kluge und der General der Panzertruppen Eberbach zu der Ansicht, dass eine Wiederaufnahme des Durchbruchsversuches auf Avranches unmöglich geworden ist. Zu groß sind die eigenen Verluste, während sich der Amerkaner laufend an Panzern und Infanterie verstärkt. Dagegen zeichnet sich ein Umfassungsversuch der im Süden der Normandie stehenden deutschen Kräfte ab: Die Amerikaner sind nur noch 12 km von Alençon entfernt.

Meldung vom Div.Gef.Std., den 10;8.1944 *(Ia Tgb. Nr 485/44 g.Kdos)* :

1 — Kampfstärke am 5.08.44 :

a) *Kampfgruppe Fick*	Führer	Ufhr.	Männer
Stab	5	1	64
Stab *I./37*	4	11	57
13./37	1	5	24
14./37	1	2	37
I./38	1	4	25
A.A.17	3	3	28
Fallsch.Jg.Rgt. 14	3	8	11
Ersatz	1	7	40
JKH-Zug	-	2	16
	19	54	302
Inf.Gef.Stärke	9	21	129
b) *Art. Gruppe Ernst*			
Stab	3	8	18
I./SS-A.R. 17	8	25	170
7./SS-A.R. 17	2	5	44
8./SS-A.R. 17	2	5	47
Stab *III./SS-A.R. 17*	3	5	39
	18	48	318
c) *SS-Pi. Btl. 17*	1	11	64
Gesamt-Kampfstärke der Div. am 5.08.44 :	38	113	684

2) Kampfstärke am 7.08.44

a) *Kampfgruppe Fick*	Führer	Ufhr.	Männer
Stab	6	6	56
I./37	5	9	62
I./38 einschl. SS-A.A. 17	4	4	26
Fallsch.Jg.Rgt. 14	2	9	8
1./SS-Pionier-Btl 17	1	2	20
Panzerjäger-Zug Sfl	-	2	7
Pi. Werfer-Zug	-	3	~~15~~
13./37	1	9	61
14./37	1	2	35
	20	46	290
Inf.Gef.Stärke	11	22	96
b) *Art. Gruppe Ernst*	18	52	320
Gesamt-Kampfstärke der Div. am 7.08.44	38	98	610

Am 12. August setzen sich die Deutschen auf der ganzen Front ab, während von Kluge Eberbach den Befehl überbringen läßt, die Lage bei Alençon zu bereinigen. Er lautet: Vernichtung des Gegners und Wiederaufnahme des Angriffs auf Avranches.

Dr Buisson schreibt dazu: „Hitler beschleunigt das Debakel der 7. Armee. Diese soll sich nicht etwa zurückziehen, wie es SS-Oberstgruppenführer Hausser und der gesunde Menschenverstand verlangen. Hausser will eine Verteidigungslinie Falaise — Flers — Domfront.

Stattdessen soll die 7. Armee bei Alençon einen Gegenangriff führen und gleichzeitig Sourdeval und Domfront halten."

Im Morgengraven dieses Tages reicht das 320th IR der 35th ID (Major General Baade) dem II/20th auf der Höhe 314 die Hand.

Um 13 Uhr wird das „verlorene Bataillon" endgültig vom I/119th abgelöst.

Von den 950 Männern des Bataillons und seinen unterstellten Einheiten, sind noch 376 am Leben.

Die Stadt Mortain ist jetzt befreit.

1) Le *Sturmmann* Kurt Hambacher. Il était agent de liaison motocycliste à l'état-major du *I./SS-Panzer-Grenadier-Regiment 37.*

2) Le *Sturmmann* Heinz Ebeling venant de la « LAH ».

3) Il n'y a guère de temps pour le repas !

4) Les servants d'un *Granatwerfer 34* en position.

5) Le servant d'un *MG 34* derrière le bouclier de protection de son arme.

1) Sturmmann Kurt Hambacher. He was a dispatch rider for the staff of I./SS-Panzer-Grenadier-Regiment 37.

2) Sturmmann Heinz Ebeling formerly with the « LAH ».

3) There is not much time for a meal !

4) The crew of a Granatwerfer 34 in position.

5) An MG 34 gunner behind his gun's protective shield.

1) Sturmmann Kurt Hambacher. Kradmelder im Stab I./SS-Pz.-Gren-Rgt.37.

2) Sturmmann Heinz Ebeling, der von der "LAH" kam.

3) Es bleibt kaum Zeit für eine Mahlzeit!

4) Bedienung eines Granatwerfers 34 in Stellung.

5) Schütze eines MG 34 hinter Schutzschild.

4

5

Toutes les pièces d'uniformes, présentées dans les pages suivantes, ont été trouvées juste après les combats dans le secteur de la poche de Roncey, Tribehou, Saint-Denis-le-Gast ou encore Saint-Martin-de-Cenilly. Elles portent témoignage de l'âpreté de l'engagement. (collections privées)

1) Veste drap modèle 43 à deux trous d'aération, montée à l'origine avec des attributs de la Waffen-SS et plus spécialement de la « GvB ». Les pattes de cols et la manche ont été découpées à l'époque et ont sans doute servi de trophées à un GI . Pièce provenant du Mesnil-Aubert.

2) Détail de la manche avec la trace de la bande de bras et d'un insigne de spécialité.

3) Bande de bras de la « GvB ».

4, 5 et 6) Superbe « Tarnjacke » du second type avec poches plaquées. Vue de face et du dos ainsi que le détail des traces de calage des coloris sur les coupons de tissus intérieurs. Cette blouse camouflée a été trouvée quelque temps après les combats avec sa veste drap dans le secteur de Saint-Martin-de-Cenilly.

All the uniform items presented in the following pages were found just after the fighting in the Roncey Pocket, Tribehou, Saint Denis-le-Gast and Saint-Martin-de-Cenilly sectors. They bear witness to the fierceness of the battle. (private collections)

1) Model 43 cloth jacket with two ventilators, originally fitted with the Waffen-SS and more specifically the "GvB" badges. The cuffs and lapels were cut at the time and were doubtless taken as trophies by some GI.

2) Detail of the sleeve with the trace of the armband and a specialist patch.

3) "GvB" armband.

4, 5 and 6) Superb "Tarnjacke" of the second type with patch pockets. Front and back view and detail of traces of the color register on the cut of the liner material. This camouflage jacket was found some time after the battle along with its cloth jacket in the Roncey sector.

Alle im folgenden vorgestellten Uniformteile fand man nach den Kämpfen im Kessel von Roncey, bei Tribehou und Saint-Denis-le-Gast. Auch aus Saint-Martin-de-Cenilly kommen Teile. Sie zeugen von der Härte der Schlacht und enstammen Privatsammlungen.

1) Tuchrock, Modell 43 mit 2 Belüftungslöchern in der Version wie sie von Waffen-SS und besonders der "GvB" getragen wurde.Kragenspiegel und Ärmelabzeichen wurden abgeschnitten und dienten sicherlich einigen GIs als Trophäen. Gefunden bei Mesnil-Aubert.

2) Detailaufnahme des Ärmels. Spuren des Ärmelstreifens sind noch sichtbar.

3) Ärmelstreifen der "GvB".

4, 5, 6) Wunderbar erhaltene Tarnjacke des späteren Modells mit aufgesetzten Taschen. Front und Rückenansicht. Stellenweise auch im Inneren getarnt. Sie wurde nach den Kämpfen zusammen mit dem Tuchrock bei Saint-Martin-de-Cenilly gefunden.

1

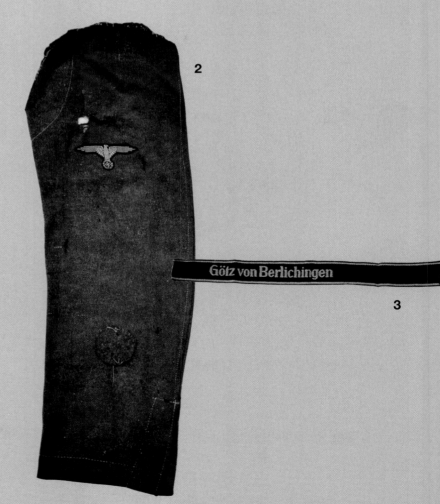

2

3

Götz von Berlichingen

4

5

6

1 à 6) Différentes vues d'une veste modèle 43 montée d'origine avec des attributs de la *Waffen-SS*. Elle offre un témoignage spectaculaire des épreuves endurées par les combattants. L'aigle de bras a été coupé par l'entrée de deux éclats qui ont traversé de part en part la veste et sont ressortis du dos, laissant sans doute peu de chances de survie à son propriétaire. Veste trouvée sur l'itinéraire d'évacuation de la « GvB » en août 1944. Pièce provenant de Gouville dans l'Eure.

1 through 6) Different views of a model 43 jacket originally fitted with the Waffen-SS badges. It is spectacular testimony to the ordeal endured by the fighting troops. The arm eagle has been cut off by two pieces of shrapnel entering and passing clean through out the back of the jacket, no doubt leaving the owner little chance of survival. Jacket found along the path taken by the "GvB" evacuating in August 1944.

1-6) Verschiedene Ansichten eines Tuchrocks im Originalzustand mit Abzeichen der Waffen-SS. Ein eindrucksvolles Stück Geschichte und Zeugnis der Kämpfe, welche die Soldaten durchmachen mussten. Der Adler am Oberarm wurde von zwei Splittern durchschlagen, die am Rücken wieder ausgetreten sind. Dem Besitzer des Rocks blieben somit wenig Überlebenschancen. Der Rock wurde an der Rückzugsstraße der "GvB", bei Gouville/Eure, gefunden.

1

2

3

4

5

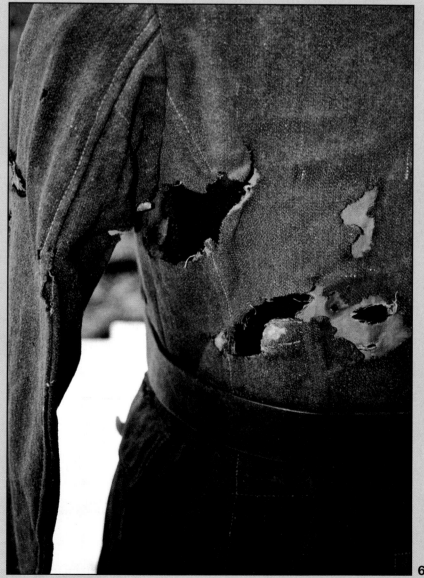

6

1à 5) Différentes vues d'une carte d'état-major trouvée sur les lieux des combats dans la Manche et montrant la situation du front à la fin du mois de juin 1944. Le secteur de Coutances à Saint-Lô est particulièrement détaillé. On retrouve les symboles tactiques des diverses unités comme la « *GvB* », la *77 ID*. ou la « *Das Reich* » plus à l'ouest. Carte ayant servi aux officiers pour appréhender la répartition des unités et des différents services juste en dessous de la « HKL » ou ligne de front principale. Cette carte a été réalisée à partir de cartes françaises assemblées. (Collection P . Fissot).

1 through 5) Different views of an ordnance survey map found on the battlefield in the Manche showing the situation of the front at the end of June 1944. The sector from Coutances to Saint-Lô is shown in particular detail. We find the various tactical markings of different units like the "GvB" or the "Das Reich" further west. Map used by the officers to see how the units and different services were distributed just below the "HKL" or main front line. (D. Fissot collection)

1 - 5) Verschiedene Ansichten einer Generalstabskarte, welche die Orte im Dép. Manche zeigt, um die gekämpft wurde. Takt. Situation gegen Ende des Monats Juni 44. Der Abschnitt zwischen Coutances und Saint-Lô ist besonders hervorzuheben: Man findet hier die takt. Zeichen von Einheiten und rückwärtigen Dienste — auch hinter der HKL — festzustellen. Es wurden dazu versch. frz. Karten zusammegenommen und verarbeitet. Die Karte wude auf dem Schlachtfeld im Dép. Manche gefunden.

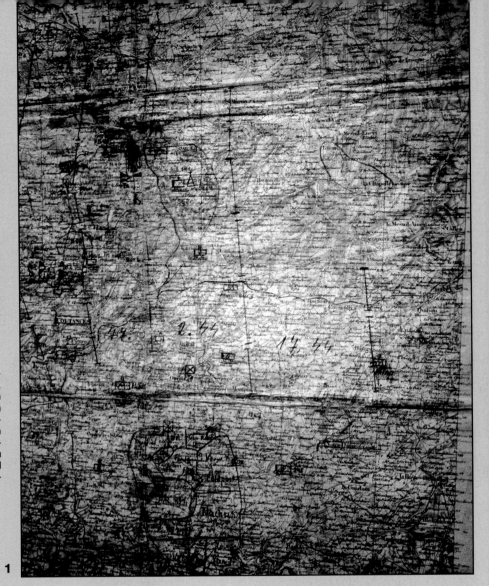

1

2

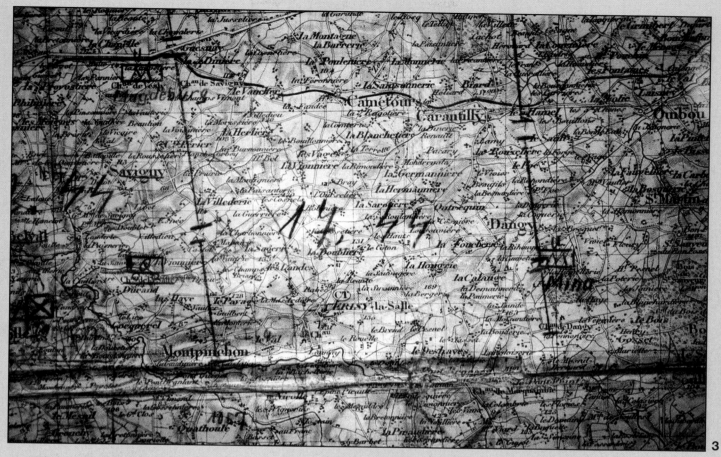

3

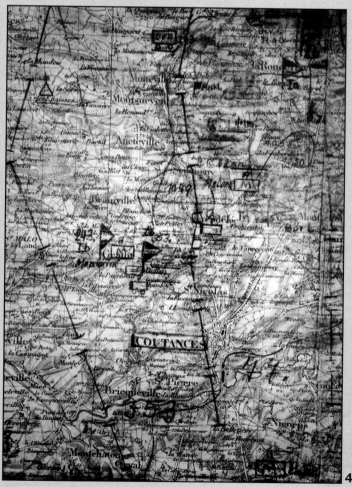

4

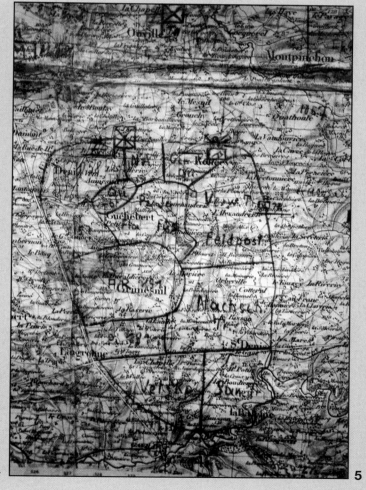

5

1 et 2) Calot monté d'origine du type en usage dans la Waffen-SS après 1940. A noter la forme très caractéristique de ce modèle dit calot « banane ». Pièce trouvée à Saint-Martin-de-Cenilly.

3) Casque et cartouchière trouvée au Mesnil-Aubert.

4 et 5) Veste et pantalon camouflés du type introduit en 1944 et équipant une partie de la division « GvB ».

6) Capote montée d'origine avec des attributs de la Waffen-SS, pièce trouvée dans la commune de Saint- Martin-de-Cenilly.

1 and 2) Cap with original fittings of the type in use in the Waffen-SS after 1940. Notice the very characteristic shape of this model known as the "banana" cap. Item found at

3) Helmet and cartridge belt found at

4 and 5) Camouflage jacket and trousers of the type introduced in 1944 and issued to part of the "GvB" division.

Greatcoat with original badges of the Waffen-SS, item found in the commune of Saint-Martin-de-Cenilly.

1 und 2) Schiffchen im Originalzustand belassen, so wie es nach 1940 in der Waffen-SS getragen wurde. Bemerkenswert ist das charakteristiche Aussehen, das ihm auch die Bezeichnung "Banane" einbrachte. Bei Saint-Martin-de-Cenilly gefunden.

3) Stahlhelm mit Patronentaschen in Mesnil-Aubert gefunden.

4 und 5) Tarnjacke mit Hose. Eingeführt im Jahre 1944 bekleideten sie einen Teil der "GvB".

6) Mantel im Originalzustand der Waffen-SS. Dieses Stück wurde in der Gemeinde von Saint-Martin-de-Cenilly gefunden.

1

2

3

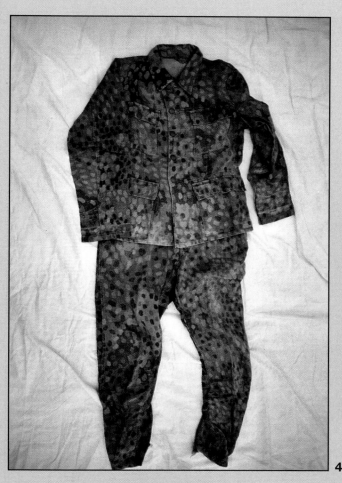

4

5

6

1 à 4) Veste troupe montée d'origine avec ses attributs et la bande de bras identifiant la « GvB ». Modèle 43 du type le plus réglementaire avec ses deux œillets d'aération. Noter les détails de l'encolure et des pattes de cols. Cette veste provient du secteur d'instruction de la division. (collection du Musée de la Poche de Royan).

1 through 4) Troop jacket with original badges and armband identifying the "GvB". 43 model of the most regulation type with its two ventilator eyelets. Notice the details of the neck and lapels. This jacket comes from the division's training sector. (Musée de la Poche de Royan collection)

1, 2, 3, 4) Uniformjacke im ursprünglichen Zustand mit einem Detail-foto des Ärmelstreifens. Sie besitzt die beiden vorschriftsmäßigen Löcher zur Belüftung und die — für das Modell 1943 typischen Taschen ohne Falten. die Jacke wurde im früheren Aufstellungsraum der "Götz" gefunden. (Sammlung des Musée de la Poche de Royan, das dem Kampf im die Festung Royan gewidmet ist).

1

2

Annexe et bibliographie

Les *Kommandeure* de la Division

1) octobre 1943 — janvier 1944 : *SS-Obersturmbannführer* Binge.

2) 26 novembre 1943, en réalité du janvier 1944 au 15 juin 1944 : *SS-Oberführer*, puis *SS-Brigedeführer* Ostendorff (20 avril 1944).

3) 16 juin 1944 — 18 juin 1944 : *SS-Obersturmbannführer* Binge.

4) 18 juin 1944 — 30 juillet 1944 : *SS-Standartenführer* Baum.

5) 1ᵉʳ août 1944 — 29 août 1944 : *SS-Obersturmbannführer* Binge.

6) 30 août 1944 — 21 octobre 1944 : *SS-Standartenführer* Deisenhofer.

7) septembre 1944 : *SS-Standartenführer* Müller.

8) septembre 1944 : *SS-Standartenführer* Mertsch.

9) 21 octobre 1944 — 29 novembre 1944 : *SS-Brigadeführer* Ostendorff.

10) 29 novembre 1944 — 10 janvier 1945 : *SS-Standartenführer* Lingner.

11) 11 janvier 1945 — 21 janvier 1945 : *Oberst (SS-Obersturmbannführer)* Lindner.

12) 21 janvier 1945 — 23 mars 1945 : *SS-Standartenführer*, puis *SS-Oberführer* Klingenberg.

13) 24 mars 1945 — 26 mars 1945 : *SS-Standartenführer* Fick.

14) 27 mars 1945 — 9 mai 1945 : *SS-Oberführer* Bochmann.

Quelques *Ritterkreuzträger* de la Division (liste non exhaustive) :

1. *SS-Standartenführer* Baum

2. *SS-Oberführer* Bochmann

3. *SS-Standartenführer* Deisenhofer

4. *SS-Sturmbannführer* Faulhaber (*49.SS-Panzer-Grenadier-Brigade*)

5. *SS-Obersturmbannführer* Fick

6. *SS-Oberscharführer* Gottke (17.12.44)

7. *SS-Obersturmführer* Hinz

8. *SS-Obersturmbannführer* Kaiser

9. *SS-Sturmbannführer* Kepplinger

10. *SS-Standartenführer* Klingenberg

11. *SS-Sturmbannführer* Kniep

12. *SS-Untersturmführer* Kuske (26.11.44)

13. *SS-Unterscharführer* Kühn

14. *SS-Brigadeführer* Ostendorff

15. *SS-Obersturmführer* Papas (27.12.44)

16. *SS-Sturmbannführer* Wahl (23.08.44 et Feuilles de Chêne (*Eichenlaub*) le 1ᵉʳ.02.45)

Ceux qui l'ont obtenu hors de la Division n'ont pas de date mentionnée.

The Kommandeure of the Division

1) October 1943 — January 1944: SS-Obersturmbannführer Binge.

2) 26 November 1943, in reality from January 1944 to 15 June 1944: SS-Oberführer, later SS-Brigadeführer Ostendorff (20 April 1944).

3) 16 June 1944 — 18 June 1944: SS-Obersturmbannführer Binge.

4) 18 June 1944 — 30 July 1944: SS-Standartenführer Baum.

5) 1 August 1944 — 29 August 1944: SS-Obersturmbannführer Binge.

6) 30 August 1944 — 21 October 1944: SS-Standartenführer Deisenhofer.

7) September 1944: SS-Standartenführer Müller.

8) September 1944: SS-Standartenführer Mertsch.

9) 21 October 1944 — 29 November 1944: SS-Brigadeführer Ostendorff.

10) 29 November 1944 — 10 January 1945: SS-Standartenführer Lingner.

11) 11 January 1945 — 21 January 1945: Oberst (SS-Obersturmbannführer) Lindner.

12) 21 January 1945 — 23 March 1945: SS-Standartenführer, later SS-Oberführer Klingenberg.

13) 24 March -1945 — 26 March 1945: SS-Standartenführer Fick.

14) 27 March 1945 — 9 May 1945: SS-Oberführer Bochmann.

Some of the Division's Ritterkreuzträger (non-exhaustive list):

1. SS-Standartenführer Baum

2. SS-Oberführer Bochmann

3. SS-Standartenführer Deisenhofer

4. SS-Sturmbannführer Faulhaber (49.SS-Panzer-Grenadier-Brigade)

5. SS-Obersturmbannführer Fick

6. SS-Oberscharführer Gottke (17.12.44)

7. SS-Obersturmführer Hinz

8. SS-Obersturmbannführer Kaiser

9. SS-Sturmbannführer Kepplinger

10. SS-Standartenführer Klingenberg

11. SS-Sturmbannführer Kniep

12. SS-Untersturmführer Kuske (26.11.44)

13. SS-Unterscharführer Kühn

14. SS-Brigadeführer Ostendorff

15. SS-Obersturmführer Papas (27.12.44)

16. SS-Sturmbannführer Wahl (23.08.44 and Oakleaves (Eichenlaub) on 01.02.45)

No date is mentioned for those obtained outside the Division.

Appendix and bibliography

Bibliographie (Bibliography)

Sources allemandes (German source)

— *Kriegstagebuch « Götz von Berlichingen »*. 30 octobre 1943 au 6 mai 1945.
M. Wind/H. Günther (Hrsg), Schild-Verlag GmbH Munich, 1998.

— *Die Sturmflut und das Ende*.
H. Stöber, Munin-Verlag GmbH, Osnabrück ,1976.

— *Division « Das Reich »* (Band V.1943-1945).
O. Weidinger Munin-Verlag GmbH, Osnabrück, 1982.

— *Das Auge der Division*.
H. Günther, Vowinckel-Verlag, Neckargemünd, 1967.

— *Die Leibstandarte, Band IV/1*.
R. Lehmann/R. Tiemann, Munin-Verlag Osnabrück, 1986.

— *Wehrmachtberichte, Band 3*.
Gesellschaft für Literatur und Bildung mbH, Cologne, 1989.

— *K.T.B. O.K.W 1944-1945*.
P.E. Schramm (Hrsg) Bernard & Graefe-Verlag, Munich, 1982.

— *« Der Freiwillige »* (6.86 et 7.02), Munin-Verlag, Pluwig.

— *Westfront 1944*. H. Ritgen, Motorbuch-Verlag, 1998.

— *Lothringen-Elsass-Hatten-Rittershoffen*.
W. Kortenhaus, Étude, 1990.

Source américaine (American source)

— *Uniforms, organization and history of the Waffen-SS*.
R. J Bender et H.P. Taylor, R. J Bending Publishing, San Jose, California, 1975.

Sources françaises (French source)

— *Hitler parle à ses généraux*.
Traduction de R. Henry, Albin Michel, Paris, 1964.

— *La Trouée de Normandie*.
A. Pipet, Presses de la Cité, 1966.

— *Opération « Cobra »*.
G. Bernage et G. Cadel, Heimdal, 1984.

— *La bataille de Normandie*.
G. Bernage L./Mari J.-P. Benamou, /R. Mc Nair, Heimdal, 1993.

— *La bataille d'Alsace*.
G. Bernage F. de Lannoy, R. Mc Nair, P. Baumann, Heimdal, 1992.

— *Mortain dans la bataille de Normandie*.
Dr G. Buisson, Presses de la Cité, Paris, 1971.

— *Opération « Nordwind »*.
P. Perny, C. Siedel, J. Voltzenlogel, A. Debs, C. Walther, L.M. Pommois, Heimdal, 1992.

— *La 21.Panzer-Division*.
J.-C. Perrigault, Heimdal, 2002.

— *Les divisions de l'Armée de Terre allemande*.
G. Bernage, F. de Lannoy, Heimdal, 1997.

— *La Luftwaffe-la Waffen-SS*.
G. Bernage, F. de Lannoy, Heimdal, 1998.

— *Panzervoran n° 8*.
A. Verwicht.

— Conservatoire de la Résistance et de la Déportation des Deux-Sèvres et des régions limitrophes Thouars.

— *Les Panzer-Normandie 44*.
Éric Lefèvre, Heimdal, 1978.

Achevé d'imprimer sur les presses de Ferré Olsina (Espagne)
pour le compte des éditions Heimdal
en novembre 2004